Liber Amicorum Mário Frota
A causa dos direitos dos consumidores

Liber Amicorum Mário Frota
A causa dos direitos dos consumidores

Comissão Organizadora
Ada Pellegrini Grinover
Guillermo Orozco Pardo
Jean Calais-Auloy
José Luís Perez Serrabona González
Manuel Januário da Costa Gomes
Vinício Augusto Pereira Ribeiro

LIBER AMICORUM MÁRIO FROTA.
A CAUSA DOS DIREITOS DOS CONSUMIDORES

COMISSÃO ORGANIZADORA
Ada Pellegrini Grinover · Guillermo Orozco Pardo · Jean Calais-Auloy
José Luís Perez Serrabona González · Manuel Januário da Costa Gomes
Vinício Augusto Pereira Ribeiro

EDITOR
EDIÇÕES ALMEDINA, S.A.
Rua Fernandes Tomás nºs 76, 78, 80
3000-167 Coimbra
Tel.: 239 851 904 · Fax: 239 851 901
www.almedina.net · editora@almedina.net

DESIGN DE CAPA
FBA.

PRÉ-IMPRESSÃO, IMPRESSÃO E ACABAMENTO
G.C. – GRÁFICA DE COIMBRA, LDA.
Palheira Assafarge, 3001-153 Coimbra
producao@graficadecoimbra.pt
Janeiro, 2012

DEPÓSITO LEGAL
338254/11

Apesar do cuidado e rigor colocados na elaboração da presente obra, devem os diplomas legais dela constantes ser sempre objecto de confirmação com as publicações oficiais.
Toda a reprodução desta obra, por fotocópia ou outro qualquer processo, sem prévia autorização escrita do Editor, é ilícita e passível de procedimento judicial contra o infractor.

 GRUPOALMEDINA

BIBLIOTECA NACIONAL DE PORTUGAL – CATALOGAÇÃO NA PUBLICAÇÃO
LIBER AMICORUM MÁRIO FROTA

Liber Amicorum de Mário Frota – (Estudos
de homenagem)
ISBN 978-972-40-4714-0

CDU 34

PREFÁCIO

Por ocasião dos 70 anos do Professor Mário Frota, alguns dos seus amigos tiveram a ideia de organizar um *Liber Amicorum* que homenageasse o homem, o jurista, o académico e, *last but not least*, o "activista" do direito do consumo e dos direitos dos consumidores.

As circunstâncias de tempo relativas à organização do *Liber Amicorum* e o facto de a comissão organizadora ter definido, por um lado, que os artigos de homenagem deveriam versar, directa ou indirectamente, temas de Direito do Consumo e, por outro, que o ano da publicação deveria coincidir com o do 70.º aniversário (2011), tiveram como consequência que não puderam ser considerados alguns contributos que, entretanto, não deixarão de se manifestar por outras vias.

A comunidade dos juristas e, porventura com maior expressão, dos consumidores, quer em Portugal quer nalguns países estrangeiros, com destaque para o Brasil, é devedora de um tributo a Mário Frota pelo seu desinteressado e abnegado empenho e esclarecido labor a favor do direito do consumo e dos direitos dos consumidores.

Esse empenho e labor tiveram, na vida e carreira de Mário Frota, um elevadíssimo preço: afastaram-no de uma promissora carreira académica, não obstante ter leccionado, desde a licenciatura, em 1977, na Faculdade de Direito da Universidade de Coimbra, em prestigiadas Faculdades e Departamentos de Direito de várias universidades, com destaque, sucessivamente, para a Faculdade de Direito da Universidade de Lisboa (entre 1978 e 1981), Faculdade de Direito da Universidade de Coimbra (entre 1981 e 1993), para a Universidade de Paris XII (de 1991 a 2006) e para a Escola Superior do Ministério Público do Pará (de 1998 a 2005).

Nesse âmbito, Mário Frota leccionou várias disciplinas, sempre na área do Direito Privado e das Ciências Jurídicas, sendo o seu ensino particularmente recordado nas disciplinas de Direito Civil, Direito do Consumo e Direito Processual Civil.

Mário Frota viria, porém, a ganhar uma grande notoriedade, que se mantém integralmente, não apenas entre os juristas mas também junto do grande público, como dinamizador de plúrimas iniciativas tendentes a sensibilizar os consumidores para os seus direitos e a exigir, sem contemporizações, dos poderes vários, privados e públicos, o respeito por aqueles.

Nesta tarefa, foram várias as associações e organizações que promoveu e erigiu, não apenas em Portugal mas também em países estrangeiros, com destaque para os de língua oficial portuguesa.

Destaque-se ainda a sua intervenção activa na imprensa e nos meios de comunicação social em geral, em milhares de intervenções e iniciativas ao longo dos anos, sem descurar outras de carácter científico, para um público mais circunscrito, em revistas, congressos ou através da publicação de livros. A sua impressionante bibliografia publicada em Portugal e no estrangeiro ultrapassa os 3.000 títulos em monografias, artigos de opinião e estudos científicos.

No âmbito da sua incansável actividade, Mário Frota presidiu a um apreciável número de manifestações científicas, quer em Portugal quer noutros países, designadamente em Espanha, França, Itália, Bélgica, Alemanha, Hong Kong, Macau, Moçambique, Brasil e Argentina.

Dentre as iniciativas científicas mais relevantes, por mais perenes, destacamos a criação de duas revistas especializadas, de que é Director: a *Revista Portuguesa de Direito do Consumo*, através da Associação Portuguesa de Direito do Consumo, de que é fundador e presidente, desde o primeiro dia, e a recente *Revista Luso-Brasileira de Direito do Consumo*, que bem espelha a amplitude do incansável dinamismo emprestado por Mário Frota ao direito do consumo e à consideração dos direitos dos consumidores.

Conforme resulta do exposto, no *curriculum* de Mário Frota incluem-se também vários livros, editados em Portugal e no estrangeiro, particularmente no Brasil, dedicados, na sua maioria, ao Direito do Consumo.

A ideia de promover a publicação de um *Liber Amicorum* foi entusiasticamente abraçada pelos promotores cujos nomes figuram em anexo, na sua esmagadora maioria colegas do homenageado no curso jurídico 1972-1977, da Faculdade de Direito da Universidade de Coimbra.

A bem dos direitos dos consumidores, que, como dizia John Kennedy, todos nós somos, longa vida ao Professor Mário Frota.

A Comissão Organizadora

Montemor-o-Velho, 21 de Agosto de 2011

Nomes dos Promotores

Alberto Fernando da Costa Oliveira
Américo Pires Santos
Amílcar Oliveira Fernandes
Ana Maria Oliveira Basto Linhares Carneiro
António Fernando Nogueira Tavares
António Ferreira Gonçalves
António José de Oliveira Couto
António Júlio Caetano Correia
Artur Fontes Valentim
Carlos Correia Vilar
Carlos Ferreira de Sousa
Delfim Jorge Lopes das Neves
Eduardo F. Brandão Machado Cruz
Eduardo Moutinho Santos
Élia Costa Gomes
Elísio da Costa Amorim
Euclides Dâmaso Simões
Eugénia Maria Dias Moura Teixeira
Fátima Marinho
Fernando Correia Cardoso
Fernando Félix de Almeida Castro
Fernando Manuel Meira Ramos
Fernando Soares Pinto Simões
Fernando Valério Pinto
Francisco Lourenço
Helder Alves de Almeida
João António Teixeira
João Correia Rebelo

João Fernando Ferreira Pinto
João Manuel Gonçalves Martins
João Marcelino Pereira
João Viana Rodrigues
Joaquim Augusto Alves de Almeida
Joaquim Augusto Domingues Damas
Joaquim Augusto Moreira Ferreira Souto
Joaquim Correia dos Santos
Joaquim Figueiredo
Joaquim Gil
Joaquim Luís Espinheira Baltar
Joaquim Pereira Gameiro
José Adalberto Amado de Azevedo
José António Garcia Rodrigues de Pina
José Elísio Lobo
José Fernandes Baptista
José Joaquim Almeida Lopes
José Macedo de Sousa
José Maria Coutinho De Almeida
Júlio Carocha Moucho
Júlio Costa Carvalho
Júlio Gomes de Abreu Viana
Justino Xavier
Lourenço Gonçalves Nogueiro
Luís André Silva
Luis Fernandes Gonçalves
Luís João de Sousa Lorvão
Luís Monteiro Duarte
Manuel Afonso da Silva Pereira Vaz
Manuel de Castro Martins
Manuel Fontoura Carneiro
Manuel Gabriel Mota Cordeiro
Manuel Januário da Costa Gomes
Manuel Joaquim David Soares Castelo
Manuel Joaquim Ferreira M. Roxo
Manuel Matos Gandarez
Manuel Natal de Oliveira
Manuel Serens
Margarida Maria Pascoal Sarmento
Maria Cristina Veiga Ferreira Gala Marques

Maria José de Oliveira Araújo
Maria Lucimar da Silva Mendes
Maria Teixeira de Sousa
Miguel Cameira
Odília Fernanda Ferreira da Mota Oliveira Leite
Olga Maria das Dores Coimbra
Serafim Ribeiro Amorim
Victor Manuel Santos de Almeida Marcos
Vinício Augusto Pereira Ribeiro
Violeta Vendas Mineiro

Direitos Individuais Homogêneos: os Requisitos da Prevalência e Superioridade e Dano Moral Coletivo

*Ada Pellegrini Grinover**

Sumário: 1. Os direitos individuais homogêneos; 2. A regra 23 das *Federal Rules*; 3. Requisitos específicos da "class action for damages": a "prevalência" das questões comuns e a "superioridade" da tutela coletiva; 4. Alguns exemplos de decisões norte-americanas; 5. Os requisitos da tutela dos interesses individuais homogêneos no sistema brasileiro: a origem comum e a homogeneidade; 6. Homogeneidade e prevalência dos interesses comuns. A possibilidade jurídica do pedido e o interesse de agir; 7. Superioridade (*rectius*, eficácia) da tutela coletiva e interesse de agir; 8. Técnica processual e efetividade do processo: a eficácia e justiça das decisões; 9. Conclusão: aplicabilidade dos requisitos de "prevalência" e "superioridade" (ou eficácia) à ação civil pública reparatória dos danos individualmente sofridos; 10. Direitos individuais homogêneos e dano coletivo.

1. Os direitos individuais homogêneos

É sabido que a grande novidade do Código de Defesa do Consumidor brasileiro, em termos de tutela jurisdicional, foi a criação da categoria dos interesses ou direitos individuais homogêneos, que são na verdade direitos subjetivos tradicionais, passíveis, ainda hoje, de tratamento processual individual, mas também, agora, de tratamento coletivo, em razão de sua homogeneidade e de sua origem comum.

Entre as ações civis públicas em defesa de direitos individuais homogêneos, a ação prevista nos arts. 91 a 100 do CDC, destinada à reparação dos danos individualmente sofridos, foi denominada "ação de classe brasileira", por

---

* Professora Titular da Faculdade de Direito da Universidade de São Paulo.

encontrar seu precedente nas "class actions for damages" do sistema norte-americano, e notadamente no art. 23 das Federal Rules, alínea (b)(3), que trata das "damage class actions", para a compreensão das dificuldades encontradas pelos tribunais norte-americanos no juízo de admissibilidade dos "mass tort cases", voltado a assegurar a eficácia e a justiça das decisões de mérito.

2. A regra 23 das Federal Rules

O instituto da "class action" do sistema norte-americano, baseada na *equity* e com antecedentes no *Bill of Peace* do século XVII, foi sendo ampliado de modo a adquirir aos poucos papel central do ordenamento. As *Federal Rules of Civil Procedure* de 1938 fixaram, no art. 23, as seguintes regras fundamentais: a – a "class action" seria admissível quando impossível reunir todos os integrantes da *class*; b – caberia ao juiz o controle sobre a *representatividade adequada*; c – ao juiz também competiria a aferição da existência da *comunhão de interesses* entre os membros da *class*. É, ainda, das regras processuais de 1938 a sistematização do grau de comunhão de interesses, da qual resulta uma classificação das "class actions" em *true*, *hybrid* e *spurious*, conforme a natureza dos direitos objeto da controvérsia (*joint*, *common* ou *secondary*, ou ainda *several*), com diversas consequências processuais[1].

As dificuldades práticas quanto à exata configuração de uma ou outra categoria de "class action", com tratamento processual próprio, induziram os especialistas norte-americanos (*Advisory Committee on Civil Rules*) a modificar a disciplina da matéria nas *Federal Rules* de 1966, dando novos contornos à antiga *spurious class action*, justamente aquela destinada aos casos em que os membros da *class* são titulares de direitos diversos e distintos, mas dependentes de uma questão comum de fato ou de direito, pelo que se possibilita para todos um provimento jurisdicional de conteúdo único. Está aqui a origem da categoria brasileira dos interesses individuais homogêneos.

A regra 23 das *Federal Rules* de 1966, que tem caráter pragmático e funcional, contém quatro considerações prévias (pré-requisitos) e estabelece três categorias de "class actions", sendo duas obrigatórias (*mandatory*) e uma não obrigatória (*not mandatory*), cada uma com seus próprios requisitos.

As considerações prévias fixam os pré-requisitos para qualquer ação de classe, da seguinte maneira:

(a) **"Pré-requisitos para a ação de classe:** Um ou mais membros de uma classe podem processar ou ser processados como partes, representando a todos, apenas se (1) a classe é tão numerosa que a reunião de todos os mem-

---

[1] Para a análise detalhada das normas de 1938 e da evolução jurisprudencial sobre a matéria, v. MICHELE TARUFFO, *I limiti soggettivi del giudicato e le class actions*, in Riv. dir. proc., 1969, pp. 619/28.

bros é impraticável, (2) há questões de direito ou de fato comuns à classe, (3) as demandas ou exceções das partes representativas são típicas das demandas ou exceções da classe e (4) as partes representativas protegerão justa e adequadamente os interesses da classe".

Trata-se dos requisitos vestibulares (*threshold requirements*).

Seguem, na alínea (b), os requisitos para o prosseguimento da ação de classe, que na verdade criam três categorias de ações:

(a) "**Prosseguimento da ação de classe:** Uma ação pode prosseguir como ação de classe quando forem satisfeitos os pré-requisitos da subdivisão (a) e ainda:

(1) o prosseguimento de ações separadas por ou contra membros individuais da classe poderia criar o risco de:

(A) julgamentos inconsistentes ou contraditórios em relação a membros individuais da classe que estabeleceriam padrões de conduta incompatíveis para a parte que se opõe à classe;

(B) julgamentos em relação aos membros individuais da classe que seriam dispositivos, do ponto de vista prático, dos interesses de outros membros que não são parte no julgamento ou que impediriam ou prejudicariam, substancialmente, sua capacidade de defender seus interesses; ou

(2) a parte que se opõe à classe agiu ou recusou-se a agir em parâmetros aplicáveis à classe em geral, sendo adequada, desta forma, a condenação na obrigação de fazer ou não fazer (*injunction*) ou a correspondente sentença declaratória com relação à classe como um todo; ou

(3) o juiz decide que os aspectos de direito ou de fato comuns aos membros da classe **prevalecem** sobre quaisquer questões que afetam apenas membros individuais e que a ação de classe é **superior** a outros métodos disponíveis para o justo e eficaz julgamento da controvérsia. Os assuntos pertinentes aos fundamentos de fato (*findings*) da sentença incluem: (A) o interesse dos membros da classe em controlar individualmente a demanda ou a exceção em ações separadas; (B) a amplitude e a natureza de qualquer litígio relativo à controvérsia já iniciada, por ou contra membros da classe; (C) a vantagem ou desvantagem de concentrar as causas num determinado tribunal; (D) as dificuldades que provavelmente serão encontradas na gestão de uma ação de classe" (grifei).

3. Requisitos específicos da "class action for damages": a "prevalência" das questões comuns e a "superioridade" da tutela coletiva

Aqui vale uma advertência: o inciso (b1), (A) e (B), assim como o inciso (b2), cuidam da ação de classe obrigatória (*mandatory*) que, na nomenclatura brasileira, corresponde às ações em defesa de interesses difusos e coletivos. Não é destas que vai ocupar-se o presente estudo, mas vale a pena observar que o inciso b-1-A significa que, se não fosse ajuizada a ação de classe, a classe dos réus ficaria prejudicada, enquanto o19 inciso b-1-B indica que a ausência da ação de classe prejudicaria os reclamantes. Por sua vez, o n. 2 contempla, também em caráter de ação de classe obrigatória, os casos de obrigações de fazer ou não fazer (*injunction*) ou de sentenças declaratórias, ainda na categoria que corresponde, no Brasil, às ações em defesa de interesses difusos e coletivos.

Mas é no inciso (b3) que vamos encontrar o regime jurídico da "class action for damages", que não é obrigatória (*not mandatory*), porquanto admite o *opt out*[2], correspondendo à ação brasileira em defesa de interesses individuais homogêneos, exatamente na espécie reparatória dos danos individualmente sofridos.

Referido inciso (b3), aplicável especificamente à "damage class action", não existia nas regras federais de 1938, podendo ser considerada a grande novidade das *Federal Rules* de 1966.

De acordo com essa regra, as "class action for damages" (observados os pré-requisitos da alínea "a") devem obedecer a dois requisitos adicionais:

1 – a **prevalência** das questões de direito e de fato comuns sobre as questões de direito ou de fato individuais;

2 – a **superioridade** da tutela coletiva sobre a individual, em termos de justiça e eficácia da sentença.

Destes dois requisitos, enunciados no inciso (b-3), decorrem as especificações seguintes (b-3 A *usque* D), que representam indicadores a serem tomados em conta para a aferição da prevalência e da superioridade.

O espírito geral da regra está informado pelo princípio do acesso à justiça, que no sistema norte-americano se desdobra em duas vertentes: a de facilitar o tratamento processual de causas pulverizadas, que seriam individualmente muito pequenas, e a de obter a maior eficácia possível das decisões judiciárias. E, ainda, mantém-se aderente aos objetivos de resguardar a economia de tempo, esforços e despesas e de assegurar a uniformidade das decisões.

O requisito da **prevalência** dos aspectos comuns sobre os individuais indica que, sem isso, haveria desintegração dos elementos individuais; e o da **superioridade** leva em conta a necessidade de se evitar o tratamento de ação de classe nos casos em que ela possa acarretar dificuldades insuperáveis, aferindo-se a vantagem, no caso concreto, de não se fragmentarem as decisões.

---

[2] Sobre a técnica do *opt out*, nas ações de classe norte-americanas, v. ADA PELLEGRINI GRINOVER, *Código Brasileiro de Defesa do Consumidor comentado pelos autores do anteprojeto*, 6ª ed., Rio de Janeiro, Forense Universitária, 1999, pp. 765/766.

4. Alguns exemplos de decisões norte-americanas

Nas diversas fases processuais da "damage class action", os tribunais norte-americanos, incorporando as *notes* da *Advisory Committee*, observam rigorosamente a exigência dos requisitos da **prevalência** e da **superioridade**, ligando-a à necessidade de escrupuloso respeito aos parâmetros de justiça e eficácia da decisão. Descrevam-se essas fases: após o juízo prévio de admissibilidade (*certification*), seguida dos possíveis acordos (sobre os quais pode haver apelação), o caso vai a júri, onde se produzem as provas no processo genérico. Em seguida, o juiz de primeira instância confirma ou rejeita a decisão do júri. Na hipótese de confirmação, o processo segue para a sentença final de mérito, genérica. E, numa etapa posterior, passa-se à liquidação dos danos, culminando na sentença final de liquidação.

A análise das decisões judiciárias mais representativas, no campo das "class actions for damages", demonstra que a existência dos requisitos da prevalência e da superioridade tem sido reconhecida, até com facilidade, em matéria de desastres ambientais, de acidentes aéreos, de desmoronamento de obras, de prejuízos aos trabalhadores. Muitas são as ações de classe reparatórias de danos individuais em que houve não só a *certification*, mas também o juízo posterior, chegando-se à sentença final.

Vale lembrar, entre todas, a recente decisão do caso Mullen et al. v. Treasure Chest Casino, julgado a 19 de agosto 1999 pelo Tribunal de Apelação do 5º Circuito[3], visando à reparação dos danos ocasionados à saúde dos empregados pelo sistema de ventilação defeituoso[4]. A prevalência das questões comuns foi reconhecida em relação à causalidade, aos danos e à negligência da ré, sem que houvesse a predominância das questões pessoais, como ocorria nos casos Amchem e Castano. E a superioridade da decisão coletiva foi afirmada com base no fato de que a controvérsia no caso não apresentaria as dificuldades de tratamento encontradas no caso Castano, possibilitando, ao contrário, economia processual e evitando a multiplicação de ações, com possíveis decisões contrastantes.

Antes deste caso, haviam sido admitidas ações reparatórias por danos provocados pela poeira de carvão (Biechele v. Norfolk and Western Railway Co.) e por descarga de material químico na Baía de Chesapeake (Pruitt v. Allied Chemical Corporation)[5], bem como pelo "agente orange" (esfoliante contendo dioxina utilizado pelas Forças Armadas Americanas no Vietnã) em benefício

---

[3] Cuja competência se exerce nos importantes Estados de Texas e Louisiana.
[4] 1999 WL 631758 (5th Cir (La.)), in Westlaw, West 1999, p. 1 ss.
[5] Cf. JOSÉ ROGÉRIO CRUZ E TUCCI, *"Class Action" e mandado de segurança coletivo*, Saraiva, São Paulo, 1990, pp. 29/30.

de combatentes e de suas viúvas e descendentes. Neste último caso, julgado pelo Tribunal de Apelação de Nova Yorque, a prevalência foi reconhecida porque, apesar da existência de relevantes questões individuais (como o estado de saúde, o estilo de vida e a natureza da exposição ao "agente orange" de cada qual), que impediriam a admissibilidade de uma ação de classe, entendeu-se predominar sobre elas uma questão jurídica comum, denominada *military contractor defense*[6].

Mas dificuldades maiores têm surgido no reconhecimento da prevalência e da superioridade com relação às "class actions for damages", em outros campos.

Como conseqüência, em cinqüenta anos de aplicação das regras federais de 1966, são poucas as obtenções de *certification* para as "damage class actions" quando a prova do nexo causal é mais difícil. Pode-se apontar, entre elas, o caso de danos ocasionados pelo consumo de produto farmacêutico (Bendectin) em que o "mass tort case" superou o juízo de admissibilidade e chegou à sentença final, que, no entanto, foi de improcedência[7]. E, ainda, os casos anteriores em que a questão versava sobre a garantia do produto adquirido, por força do *Magnuson-Moss Warranty – Federal Trade Commission Improvement Act*, de 1975 (Feinstein v. Firestone Tire and Rubber Co., sobre a produção de pneus imperfeitos e inseguros; Mullins v. Ford Motor Co., pela inadequação do sistema de lubrificação de automóveis; Skelton v. General Motors Corp., pela instalação de câmbios defeituosos)[8].

Vejamos, agora, as decisões mais significativas que não admitiram a "damage class action" por falta dos requisitos de prevalência e superioridade:

A – Caso Allison[9], versando sobre a discriminação racial na empresa, relativamente à contratação geral, promoções, compensações, danos morais e físicos. A ação objetivava o cumprimento da obrigação de fazer ou não fazer e a reparação dos danos. Examinaremos aqui tão somente os aspectos da *damage class action*, em que o tribunal se reporta aos precedentes dos Casos Castano e Amchen.

A prevalência não foi reconhecida em grau de apelação porque a responsabilidade pela reparação dos danos só poderia ser examinada através do exame das circunstâncias pessoais de cada reclamante. Entendeu-se que as questões individuais predominavam sobre as comuns, apontando-se as seguintes individualidades: qual seria a espécie de discriminação, como ela teria afetado emo-

---

[6] In Re Agent Orange Product (818 F.2d 145 e 187), 2th Circuit, n. 1140 etc., julgado aos 21.04.87.
[7] Informação da Professora LINDA MULLENIX.
[8] Cf. JOSÉ ROGÉRIO CRUZ E TUCCI, op. e loc. cit.
[9] Cf. *James E. Allison et alii v. Citgo Petroleum Corp.*, 151 F.3d 402 (5th Cir. 1998), 5º Circuito, n. 96-30489, julgado aos 18.08.98.

cional e fisicamente a cada qual, no trabalho e em casa, a que tipo de tratamento médico cada reclamante se teria submetido e qual o seu custo.

A superioridade foi afastada, por entender-se que os problemas do tratamento coletivo seriam exacerbados, por haver mais de mil reclamantes individuais e porque o valor elevado das reclamações individuais afastava as barreiras das ações individuais.

B – Caso American Medical System[10], versando sobre a responsabilidade pelo produto (pênis artificial), que havia exigido diversas substituições da prótese, prejuízos, dor e desconforto.

A prevalência não foi reconhecida porque as questões de fato e as questões legais diferiam "dramaticamente" de indivíduo para indivíduo, inexistindo uma causa comum do dano.

Observou o tribunal que, com relação ao vício do produto em geral, as questões individuais podem exceder numericamente às questões comuns. No caso específico, faltava uma causa próxima que se aplicasse a cada membro potencial da classe. A defesa (como a inobservância da orientação, aceitação do risco, a culpa concorrente e o nível de limitação) podia depender de fatos peculiares a cada reclamante. Os produtos eram diferentes, cada reclamante tinha uma queixa diversa e cada um recebeu informações distintas de seu médico, quanto a assegurar, ou não, o resultado.

No tocante à superioridade, o tribunal afirmou que o problema específico de cada reclamante levaria a problemas insuperáveis na ação de classe, tendo em vista que a controvérsia individual diferia conforme os modelos de prótese, fabricados durante 22 anos. Ao contrário, as ações individuais seriam relativamente simples, por se basearem na reclamação em torno de um modelo específico, ou nas declarações de um particular urologista.

C – Caso Rhone-Poulenc[11], versando sobre a reparação dos danos provocados a hemofílicos por infecção pelo vírus do HIV provocada por sangue contaminado, por força da negligência dos réus.

O principal argumento contra a superioridade foi o risco de falência com relação a empresas que poderiam não ser legalmente responsáveis. Teceram-se considerações sobre o fato de que uma ação de classe poderia determinar os destinos de uma inteiro setor produtivo, ressaltando-se que havia, individualmente, diversos grau de responsabilidade, até porque, nos Estados Unidos da

---

[10] V. *Paulo Vorhis et alii v. American Medical Systems et alii* (75 F.3d 1069), 6th circuit, ns. 95-3303, 95-3327, julgado aos 15.02.96.
[11] V. *Rhone-Poulenc Rober Inc. et alii*, réus (51 F. 3d 1293), 3th circuito, n. 94-3912, julgado aos 16.03.95.

América, a negligência não tem tratamento legal único, pelo que não representa um *standard*.

D – Caso Cimino[12], objetivando a reparação de danos provocados pelo asbesto. A causa já se encontrava na 3ª fase, sendo que na 1ª muitos réus haviam feito acordo e vários tinham ido à falência, de modo que só restavam cinco deles. Na 1a fase, o tribunal havia entendido que os réus conheciam ou deveriam conhecer que seus isolantes de asbesto provocavam risco de enfermidades em relação aos moradores. Na fase seguinte (de amostragem), o tribunal assentou que, se houvesse exposição ao produto entre os anos de 1942 e 1982, se a exposição se desse por tempo e intensidade suficientes para causar danos pulmonares e se o asbesto estivesse presente no produto, em alguns casos esta seria a causa da enfermidade. A indenização foi calculada para cada reclamante, de acordo com o tipo de afecção (mesotelioma, câncer de pulmão, outro tipo de câncer, asbestose, enfermidades da pleura).

O julgamento foi reformado em grau de apelação, invalidando-se o processo a partir da última fase (de amostragem) em diante, incluindo as propostas de acordo (*settling parties plan*) e os processos individuais para sua aplicação (*extrapolation cases*).

O fundamento foi a ausência de prevalência, porquanto não se podia determinar que o produto havia sido causa das enfermidades, tratando-se de um julgamento por danos em que as questões individuais predominavam sobre as comuns.

E – Caso Amchem, ainda sobre os danos causados pelo asbesto.

Em grau de apelação[13], a prevalência não fora reconhecida porque, embora houvesse uma questão comum (a capacidade de o asbesto provocar danos físicos), os membros da classe submeteram-se a diferentes produtos contendo asbesto, por períodos diferentes, de maneira distinta. Alguns membros não apresentavam enfermidades, ou só tinham afecções assintomáticas, enquanto outros sofriam de câncer do pulmão, de asbestose ou mesoteliomas. Cada reclamante tinha uma história diversa em relação ao fumo, sendo também diversas as despesas com o tratamento. Reconheceu-se que entre eles havia pouca coisa em comum, sendo assim afastada a prevalência.

---

[12] V. *Claude Cimino et alii v. Raymark Industries Inc. et alii* (151 F.3d 297), 5th circuit, n. 93-4452 th.93-4611, julgado aos 21.09.98.

[13] V. *Robert A. Georgine et alii v. Amchem Products, Inc. et alii* (83 F.3d 610) 3th circuit, ns. 94-1925 etc., julgado aos 10.05.96.

O tribunal de apelação também havia afirmado ser a barreira da "comunidade de questões" mais forte nas *damages class actions*, a qual não pode resolver todas as questões e afirmara ser a falta de predominância das questões comuns um problema típico nos casos de asbesto, nos quais existe um amplo número de importantes questões individuais.

A superioridade não fora reconhecida pelo tribunal de apelação, que levantara problemas quanto à eficiência e à justiça da decisão, por haver uma quantidade demasiada de questões não comuns e um número tão elevado de membros da classe, constituindo obstáculo à ação de classe. Por outro lado, considerou-se que cada reclamante tinha um interesse significativo em manter o controle sobre sua pretensão individual, sendo, ainda, os danos relevantes, pelo que não era conveniente que cada qual ficasse vinculado à coisa julgada do processo coletivo.

O caso Amchem chegou à Suprema Corte dos Estados Unidos[14], que entendeu que o acordo firmado em primeira instância não podia prevalecer, por serem as questões pessoais anteriores a qualquer acordo. E, reportando-se aos argumentos do tribunal de apelação, transcritas na decisão, assentou não bastar que os reclamantes tivessem compartilhado da experiência da exposição ao asbesto, dado o grande número de questões peculiares a cada categoria e a relevância das questões não comuns.

5. Os requisitos da tutela dos interesses individuais homogêneos no sistema brasileiro: a origem comum e a homogeneidade

São bem conhecidos os requisitos da lei brasileira para a tutela jurisdicional dos interesses individuais homogêneos. O inciso III do parágrafo único do art. 81 do Código de Defesa do Consumidor (aplicável à ação civil pública por força do art. 21 da Lei n. 7347, de 24 de julho de 1985, introduzido pelo art. 117 do CDC) conceitua os interesses ou direitos "individuais homogêneos" como "os decorrentes de origem comum", permitindo sua tutela a título coletivo.

A **homogeneidade** e a **origem comum** são, portanto, os requisitos para o tratamento coletivo dos direitos individuais.

Comecemos pela origem comum. A origem comum pode ser de fato ou de direito e, como observou Kazuo Watanabe, a expressão "não significa, necessariamente, uma unidade factual e temporal. As vítimas de uma publicidade enganosa veiculada por vários órgãos de imprensa e em repetidos dias de um produto nocivo à saúde adquirido por vários consumidores num largo espaço

---

[14] V. *Amchem Products, Inc.et alii v. George Windsor et alii* (521 U.S., 117 S.Ct. 2231), n. 96-270, julgado a 25.06.1997.

de tempo e em várias regiões têm, como causa de seus danos, fatos de uma homogeneidade tal que os tornam a 'origem comum' de todos eles"[15].

Sobre homogeneidade, pouco se tem dito. Talvez a própria redação do dispositivo legal induza a pensar que a "homogeneidade pela origem comum" seja um único requisito. Os direitos seriam homogêneos sempre que tivessem origem comum.

Parece evidente, no entanto, que a origem comum pode não ser suficiente para caracterizar a homogeneidade. No consumo de um produto potencialmente nocivo, não haverá homogeneidade de direitos entre um titular que foi vitimado exclusivamente por esse consumo e outro, cujas condições pessoais de saúde lhe causariam um dano físico, independentemente da utilização do produto ou que fez deste uso inadequado. Assim, também, quando se alegarem circunstâncias personalíssimas que envolvem as vítimas de danos. Não há homogeneidade entre situações de fato ou de direito sobre as quais as características pessoais de cada um atuam de modo completamente diferente.

6. Homogeneidade e prevalência dos interesses comuns. A possibilidade jurídica do pedido e o interesse de agir

Vem, então, à baila o critério da **prevalência da dimensão coletiva sobre a individual**, da Regra 23 das *Federal Rules*, para que se possa aferir, do ponto de vista prático, se efetivamente os direitos individuais são, ou não, homogêneos por sua origem comum.

Inexistindo a prevalência dos aspectos coletivos, no meu sentir, os direitos serão **heterogêneos**, ainda que tenham origem comum[16].

Nesse caso, não se tratando de direitos homogêneos, a tutela coletiva não deverá ser admitida, por falta de possibilidade jurídica do pedido ou de adequação e utilidade da via coletiva (interesse de agir).

Como é sabido, a possibilidade jurídica caracteriza-se pela previsão, no ordenamento, da tutela jurisdicional para o pedido que se formula. Se a tutela jurisdicional dos direitos individuais, a título coletivo, está circunscrita, no sistema brasileiro, aos direitos *homogêneos*, a falta dessa característica deve levar à inadmissibilidade da ação civil pública em defesa de direitos individuais homogêneos. Sendo os direitos heterogêneos, haverá impossibilidade jurídica do pedido de tutela coletiva.

---

[15] Cf. KAZUO WATANABE, *Código Brasileiro de Defesa do Consumidor comentado pelos autores do anteprojeto*, cit., p. 724.

[16] Foi o que afirmei em âmbito doutrinário: ADA PELLEGRINI GRINOVER, *Código Brasileiro de Defesa do Consumidor comentado pelos autores do anteprojeto*, 9ª ed., Rio de Janeiro, Forense Universitária, 2007, pp. 825/6.

Chega-se, por esse caminho, à conclusão de que a **prevalência das questões comuns sobre as individuais**, que é condição de admissibilidade no sistema das "class actions for damages" norte-americanas, também o é no ordenamento brasileiro, que só possibilita a tutela coletiva dos direitos individuais quando estes forem **homogêneos**. Prevalecendo as questões individuais sobre as comuns, os direitos individuais serão heterogêneos e o pedido de tutela coletiva se tornará juridicamente impossível.

E, sob o ângulo do interesse de agir (interesse adequação e interesse utilidade), no caso de direitos individuais heterogêneos a tutela coletiva será inadequada ou inútil (veja-se abaixo, n. 7).

7. Superioridade (rectius, eficácia) da tutela coletiva e interesse de agir

O requisito da **superioridade** da tutela coletiva, em relação à individual, em termos de justiça e eficácia da decisão, pode ser abordado, no direito brasileiro, sob dois aspectos: o do interesse de agir e o da efetividade do processo.

Mas, antes, é preciso observar que, ao invés de exigir a superioridade (própria de um ordenamento que, segundo alguns[17], ainda prefere a tutela processual individual à coletiva), no sistema brasileiro se falaria, mais propriamente, em necessidade de **eficácia da tutela coletiva**.

Lembra-se que o interesse de agir, nos ordenamentos de "civil law", é a condição da ação que exige, para o seu exercício, a necessidade e a utilidade do provimento jurisdicional invocado, além da adequação deste à proteção do direito reclamado. Isto quer dizer que a via judicial só pode ser buscada quando necessária, ou seja quando as forças do direito material se mostraram insuficientes para solucionar a controvérsia. E a utilidade corresponde à aferição, no plano concreto, de que o provimento jurisdicional invocado será útil para assegurar o bem da vida pretendido pelo autor. Os requisitos da necessidade e da utilidade se colocam no plano da economia processual, porquanto a função jurisdicional, que demanda dispêndio e energias, só pode ser ativada se for efetivamente necessária e útil.

Por sua vez, o requisito da adequação significa que o provimento jurisdicional invocado deve ser adequado à proteção do direito material, cabendo ao autor escolher, entre as vias processuais previstas no ordenamento jurídico, a que for apta à tutela de um determinado interesse.

---

[17] É a posição, por exemplo, da Professora LINDA MULLENIX, da Universidade do Texas, que extrai esse entendimento da própria Regra n. 23 e das considerações da *Advisory Committee*, afirmando que a prevalência das questões comuns não é suficiente em si para justificar a ação de classe sub (b-3), porquanto outro método de tratamento dos litígios pode resultar mais vantajoso: v. Rule 23, Advisory Committee Notes, 1966 Amendment, Subdivision (b)(3), in *Federal Civil Judicial Procedure and Rules*, West Group 1999, p. 123.

Não é difícil, assim, estabelecer a correlação entre a exigência de **superioridade** da ação de classe, em relação a outros meios de solução dos litígios (própria da "common law"), com o interesse-utilidade e o interesse-adequação da "civil law". Se o provimento jurisdicional resultante da ação civil pública em defesa de direitos individuais homogêneos não é tão eficaz quanto aquele que derivaria de ações individuais, a ação coletiva não se demonstra útil à tutela dos referidos interesses. E, ademais, não se caracteriza como a via adequada à sua proteção.

Explique-se: a ação civil pública de responsabilidade pelos danos individualmente sofridos, como é notório, conduz a uma sentença condenatória, genérica, que reconhece a responsabilidade do réu pelos danos causados e o condena a repará-los às vítimas ou a seus sucessores, ainda não identificados (art. 95 do CDC). Segue-se uma liquidação da sentença, a título individual, em que caberá provar, aos que se habilitarem, o dano pessoal e o nexo de causalidade entre este e o dano geral reconhecido pela sentença, além de quantificar os prejuízos[18].

Ora, a prova do dano pessoal e do nexo causal pode ser tão complexa, no caso concreto, que tornará praticamente ineficaz a sentença condenatória genérica do art. 95, a qual só reconhece a existência do dano geral. Nesse caso, a vítima ou seus sucessores deverão enfrentar uma fase de liquidação tão complicada quanto uma ação condenatória individual, até porque ao réu devem ser asseguradas as garantias do devido processo legal, e notadamente o contraditório e a ampla defesa. E a via da ação coletiva terá sido inadequada para a obtenção da tutela pretendida.

Nem todas as ações civis públicas em defesa de direitos individuais homogêneos trarão a mesma dificuldade. Pense-se num pedido de restituição de um tributo inconstitucional a uma categoria de contribuintes, ou de devolução de mensalidades escolares pagas em excesso, ou ainda de pagamento de uma diferença devida pela Previdência Social ou por Bancos na aplicação de índices de correção monetária. Nesses casos, e em muitos outros, o reconhecimento

---

[18] Observei anteriormente que o veto presidencial ao parágrafo único do art. 97 do CDC ("A liquidação da sentença, que será por artigos, poderá ser promovida no domicílio do liquidante, cabendo-lhe provar, tão só, o nexo de causalidade, o dano e seu montante") foi inócuo. Deixando de lado a questão da competência – que motivou o veto e que deve ser resolvida com base no art. 101, I, do CDC –, é da própria natureza da sentença condenatória do art. 95 que a liquidação se faça por artigos e demande a prova do dano individual e do nexo causal, além da quantificação dos prejuízos: v. ADA PELLEGRINI GRINOVER, *Código Brasileiro de Defesa do Consumidor comentado pelos autores do anteprojeto*, cit., p. 788. Sobre essa peculiar modalidade de liquidação, escreveu CÂNDIDO RANGEL DINAMARCO, *As três figuras da liquidação de sentença*, in Estudos de Direito Processual em memória de Machado Guimarães (coord. JOSÉ CARLOS BARBOSA MOREIRA), Forense, Rio de Janeiro, 1997, pp. 85/112.

do dano geral será extremamente útil e adequado para liquidações que demandarão prova bastante simples.

O problema situa-se especificamente no campo dos danos provocados por vícios do produto ou por ato ilícito e está restrito à ação reparatória pelos prejuízos individualmente sofridos (a chamada "ação de classe brasileira"): ou seja, exatamente à ação prevista no art. 91 e ss. do CDC, a qual corresponde à "class action for damages" do sistema norte-americano.

Mesmo com relação a estas ações de classe, a prova do nexo causal pode ser simples: na queda de um avião, num acidente provocado pelo desmoronamento de um edifício, na explosão de uma fábrica, na lesão aos consumidores por diferença de peso no produto vendido, a utilidade da sentença coletiva será inquestionável. Mas em outros casos, tudo deverá ainda ser provado na fase de liquidação, tornando uma falácia a sentença condenatória genérica.

Alguns exemplo darão a medida desta assertiva: tomem-se, em primeiro lugar, os próprios casos da experiência norte-americana, relativos à reparação dos danos provocado pela discriminação racial, pela prótese de pênis, pela contaminação do sangue e pelo asbesto[19].

As considerações dos tribunais dos Estados Unidos da América, incluindo a Suprema Corte, deixam patentes os problemas que ações de classe desse tipo apresentam, constituindo uma barreira insuperável à eficácia e justiça da decisão coletiva.

Parece possível estabelecer uma correlação entre o requisito da **prevalência** dos aspectos comuns e o da **superioridade** (ou eficácia) da tutela por ações de classe. Quanto mais os aspectos individuais prevalecerem sobre os comuns, tanto mais a tutela coletiva será inferior à individual, em termos de eficácia da decisão. Na linguagem do Código de Defesa do Consumidor, quanto mais heterogêneos os direitos individuais, tanto menos útil a sentença genérica do art. 95 e inadequada a via da ação civil pública reparatória de danos individuais. Assim, no nosso sistema jurídico, à impossibilidade jurídica do pedido (*supra*, n. 6) acrescentar-se-á frequentemente a falta de interesse de agir (interesse-utilidade e interesse-adequação).

8. Técnica processual e efetividade do processo: a eficácia e justiça das decisões

Examinamos, nos ns. 6 e 7, os requisitos da prevalência das questões comuns e da superioridade (ou eficácia) da decisão coletiva à luz da categoria das condições da ação. Mas a técnica processual está a serviço do processo, para que este atinja seus escopos não só jurídicos (de solução das controvérsias de direito

---

[19] V. *supra*, n. 4, alíneas "A" *usque* "E".

material), mas também sociais (de pacificar com justiça) e políticas (de participação, inclusive pelo contraditório). E é pela técnica processual que se asseguram os fins últimos da jurisdição. Por isso, a técnica processual deve ser constantemente revisitada, com vistas a garantir a eficácia da prestação jurisdicional.

Isso significa que o requisito da superioridade da tutela coletiva, em termos de "justiça e eficácia da decisão" (Regra n. 23, b-3, das *Federal Rules* de 1966), colocado acima[20] como interesse-utilidade e interesse-adequação, deve também ser examinado enquanto exigência da função social do processo, entendido como instrumento que efetivamente leve à pacificação com justiça.

Entramos agora num dos temas mais caros à moderna processualística brasileira, o da efetividade do processo e de sua instrumentalidade material, a transformá-lo num instrumento aderente à realidade social subjacente e apto à efetiva solução das controvérsias de direito material.

Uma sentença genérica que não seja idônea a pacificar com justiça e um processo coletivo incapaz de solucionar a controvérsia de direito material não podem encontrar guarida num ordenamento processual moderno, como o é o brasileiro. A técnica processual deve ser utilizada, então, para evitar e corrigir eventuais desvios de caminho de um processo que há de ser aderente à realidade social.

Reforça-se, assim, a necessidade de lançar mão de institutos como as condições da ação, para evitar que o processo leve a um resultado ineficaz (em termos de utilidade da decisão), inadequado (em termos de correspondência entre a pretensão de direito material e a tutela pretendida) ou injusto (em termos de limitação ao contraditório). Ou para corrigir o seu rumo, a qualquer momento, porquanto é sabido que não há preclusão sobre as condições da ação ou sobre as garantias do devido processo legal, que devem ser amplamente asseguradas ao réu no processo de liquidação.

Nos casos em que a sentença genérica do art. 95 do CDC for de utilidade tão diminuta, a ponto de ser inadequada para solucionar a controvérsia com justiça, a aferição do interesse-utilidade e do interesse-adequação transcenderá o âmbito da técnica processual, para se inscrever como exigência da efetividade do processo.

Não será demais lembrar que um provimento jurisdicional desprovido de utilidade prática desprestigia o processo e constitui um engodo para a generosa visão do acesso à justiça. O acesso à justiça não pode ser uma promessa vã. Facilitá-lo, por intermédio de ações coletivas, é um grande avanço, assimilado pelo direito processual brasileiro. Mas admitir ações civis públicas inidôneas para gerar provimentos jurisdicionais efetivamente úteis, só pode levar

---

[20] V. supra, n. 7.

ao descrédito do instrumento, à frustração dos consumidores de justiça, ao desprestígio do Poder Judiciário.

9. Conclusão: aplicabilidade dos requisitos de "prevalência" e "superioridade" (ou eficácia) à ação civil pública reparatória dos danos individualmente sofridos

O direito comparado tem inegável utilidade em todas as disciplinas jurídicas. Da comparação entre institutos estrangeiros e nacionais, salientando-se suas diferenças e suas similitudes, surge o melhor entendimento do direito pátrio e a inspiração para seu constante aperfeiçoamento.

É evidente que as soluções estrangeiras não podem ser importadas mecanicamente, porquanto cada sistema tem peculiaridades próprias e a realidade social, política e econômica pode variar muito de um país para outro. Mas a experiência alienígena, ao enfrentar e encaminhar soluções para problemas comuns, não deve ser desprezada.

Os Estados Unidos da América têm uma longa tradição de ações coletivas. Sobre a "class action for damages", na nova regulamentação das *Federal Rules* de 1966, os tribunais norte-americanos vêm trabalhando há cinquenta anos. O Brasil não pode simplesmente desconhecer essa experiência.

Não se trata, aqui, de acolher incondicionalmente as particularidades de institutos estrangeiros. Quando o Código de Defesa do Consumidor, em 1990, introduziu no ordenamento brasileiro a ação coletiva em defesa de interesses individuais homogêneos[21], inspirou-se sem dúvidas nas "class actions for damages" norte-americanas, mas adotou uma disciplina original, como se pode ver, por exemplo, pela inexistência do *opt out*, pelo tratamento diverso à *fluid recovery*, pela adoção de uma coisa julgada *erga omnes*, mas só para beneficiar os titulares dos direitos individuais, que ainda podem mover suas ações pessoais, após a improcedência da demanda coletiva[22].

Mas se a realidade fática é a mesma, se as questões práticas são semelhantes, se há princípios gerais comuns (acesso à justiça, efetividade do processo, justiça das decisões, devido processo legal), certamente a experiência estrangeira poderá oferecer parâmetros de inegável utilidade.

---

[21] Precedentemente, a Lei n. 7.913, de 7 de setembro de 1989, havia instituído uma forma de *class action* para a tutela dos interesses dos investidores no mercado de valores mobiliários, mas restringiu ao Ministério Público a legitimação para agir e deu à matéria um tratamento bem diferente do adotado pelo Código.

[22] Ver, sobre as peculiaridades da ação de classe brasileira, em comparação com a norte-americana, ADA PELLEGRINI GRINOVER, *Código Brasileiro de Defesa do Consumidor comentado pelos autores do anteprojeto*, cit.. pp. 766/769, 793/794, 803/809, etc.

Assim é com os requisitos da prevalência dos aspectos comuns sobre os individuais, e da superioridade da tutela coletiva em termos de justiça e eficácia da decisão, no tocante à "damage class action", à qual corresponde a ação civil pública reparatória dos danos individualmente sofridos.

A única diferença, no tocante à "superioridade" é que esta é exigida num ordenamento em que se privilegiam, mais do que no brasileiro, os aspectos individuais sobre os sociais. Por isso é que, nos Estados Unidos da América, entre um processo coletivo, de eficácia igual à dos processos individuais, se dá preferência a estes. No Brasil é diferente: a tendência é passar cada vez mais de um processo individualista para um processo social, acompanhando-se nesse ponto as tendências do direito material.

Mas, mesmo no Brasil, não se poderá dar preferência aos processos coletivos, se estes não se revestirem de eficácia, no mínimo igual, à que pode ser alcançada em processos individuais. Se uma sentença coletiva não servir para facilitar o acesso à justiça, se os indivíduos forem obrigados a exercer, num processo de liquidação, as mesmas atividades processuais que teriam que desenvolver numa ação condenatória de caráter individual, o provimento jurisdicional terá sido inútil e ineficaz, não representando qualquer ganho para o povo.

Com essas observações, parece-me que os requisitos da prevalência dos aspectos comuns sobre os individuais e da superioridade (*rectius*, eficácia) da tutela coletiva sobre a individual encontram plena aplicação à ação civil pública reparatória dos danos individualmente sofridos, devendo ser exigidos no juízo de admissibilidade correspondente, a fim de se preservar a efetividade do processo.

10. Direitos individuais homogêneos e dano coletivo

É praticamente impossível que a tutela de direitos individuais homogêneos seja acompanhada da reparação pelo dano coletivo. Com efeito, se – por definição – os direitos individuais homogêneos são direitos subjetivos individuais, que podem ser tratados no processo coletivamente, é certo que o dano – moral e mesmo o material – terá que ser apurado individualmente, enquadrando-se na reparação dos danos pessoais, incluindo os morais. Há uma verdadeira incompatibilidade entre o pedido de reparação dos danos individuais e o pedido de reparação por danos coletivos.

No caso de danos materiais, essa incompatibilidade é lógica: se o patrimônio afetado, por definição, é individual, não há como imaginar que a condenação pudesse ser coletiva porque essa só poderia ter lugar se bens que tivessem tal natureza tivessem sido atingidos. Mas, o patrimônio corpóreo que é individual não pode ser concomitantemente coletivo. Uma coisa logicamente exclui a outra, lembrando-se que, nos direitos individuais homogêneos, o que há de "comum" é a origem; e não propriamente o patrimônio que, de volta ao início, é e continua a ser individual. Pensar diferentemente seria quase como imaginar que se formaria uma espécie de sociedade ou de pessoa jurídica a partir das individualidades; o que apenas confirma que confusão dessa ordem é impossível.

Tanto isso é verdade que, no campo dos direitos individuais homogêneos – que, não custa repisar, são essencialmente individuais – a lei prevê expressamente que a sentença a ser proferida na ação coletiva prevista para a respectiva tutela será de condenação genérica (CDC, art. 99). Essa condenação, como cediço, não vai além de um componente essencialmente declaratório que reconhece o *an debeatur* e que não dispensa a posterior liquidação individual. É no contexto dessa segunda que os indivíduos que possam ser beneficiados pela eficácia da sentença de condenação genérica deverão apresentar fatos e provas, a partir dos quais se chegará ao reconhecimento do nexo causal e à fixação do *quantum* da prestação devida individualmente.

Mas, neste caso, os legitimados à ação coletiva em defesa de direitos individuais homogêneos só poderão agir na liquidação e execução como **representantes** dos titulares dos direitos subjetivos individuais, **mediante procuração.** É o que já afirmei na esfera doutrinária:

[3] LEGITIMAÇÃO E REPRESENTAÇÃO PARA A LIQUIDAÇÃO E EXECUÇÃO
O caput do art. 97 estabelece poderem a liquidação e execução da sentença condenatória ser promovidas quer pelas vítimas do dano e seus sucessores, quer pelos entes e pessoas legitimadas às ações coletivas pelo art. 82 do Código (v. comentário ao art. 82).
Tanto num como noutro caso, porém, a liquidação e a execução serão necessariamente personalizadas e divisíveis.
Promovidas que forem pelas vítimas e seus sucessores, estes estarão agindo na qualidade de legitimados ordinários.
E quando a liquidação e a execução forem ajuizadas pelos entes e pessoas enumerados no art. 82? A situação é diferente da que ocorre com a **legitimação extaordinária** à ação condenatória do art. 91 (v. comentário no. 2 ao referido dispositivo). Lá, os legitimados agem no interesse alheio, mas em nome próprio, sendo indeterminados os beneficiários da condenação. Aqui, as pretensões à liquidação e execução da sentença serão necessariamente individualizadas: o caso surge como de **representação**, devendo os entes e pessoas enumeradas do art. 82 agirem em nome das vítimas ou sucessores. Por isso, parece faltar ao Ministério Público legitimação para a liquidação e a execução individual, em que se trata da defesa de direitos individuais disponíveis, exclusivamente (art. 127 da CF) *(grifei).

* No mesmo sentido, Cândido Dinamarco. "As três figuras da liquidação da sentença', in *Estudos de Direito Processual em memória de Luiz Machado Guimarães*, coord. José Carlos Barbosa Moreira, Rio de Janeiro, Forense, 1977, pp. 101/106."[23]

É que refoge das funções institucionais do Ministério Público a representação de interesses e direitos meramente individuais, e por issodisponíveis, dos cidadão. Essa é função exclusiva do advogado ou do Defensor Público.

Não se olvida, de outra parte, prever a lei que, decorrido certo tempo sem que haja número relevante de habilitações individuais, a liquidação seja feita, aí sim, de forma coletiva, por entes legitimados para tanto – e não pelos indivíduos.

Mas isso só confirma o que foi dito: no direito positivo brasileiro, em se tratando de direitos individuais homogêneos, a liquidação e a execução de cunho coletivo só surge de forma eventual e subsidiária, a título de representação, ou – agora a título de substituição processual, sob a condição de ausência de indivíduos em número relevante para as habilitações individuais.

Então, isso tudo só confirma que a legitimação dos adequados representantes, a título de **substituição processual,** na seara dos direitos individuais homogêneos não vai além, ao menos num primeiro momento, da tutela dos interesses individuais. Não há fundamento jurídico para que, direta e originariamente, os legitimados pleiteiem, para além da condenação genérica, a liquidação e execução da sentença. Para isto, será necessário que atuem em **representação** das vítimas ou sucessores, mediante procuração. E o Ministério Público não pode ser representante dos indivíduos em suas pretensões pessoais à liquidação e execução, pois refoge de suas funções institucionais a representação de interesses e direitos meramente individuais, e por isso disponíveis, dos cidadãos. Essa é função exclusiva do advogado ou do Defensor Público.

Além disto, admitir-se pleito de um dano coletivo por assim dizer "originário", quando se trata de direitos individuais homogêneos, seria, por meio do processo, pretender-se alterar a natureza do direito no plano do direito substancial, transformando-se o que é individual em coletivo. Isso seria uma clara e indevida distorção porque ao processo cabe a tutela dos valores consagrados no plano material; mas não a alteração da natureza dos institutos situados naquele plano. O processo não define a natureza do direito material; pelo contrário, ele a respeita.

---

[23] ADA PELLEGRINI GRINOVER, *Código Brasileiro de Defesa do Consumidor comentado pelos Autores do Anteprojeto*, Rio de Janeiro, Forense Universitária, 9ª ed., 2009, p. 907.

É preciso considerar que, quando a lei permitiu a tutela coletiva (em sentido lato) de interesses tipicamente individuais buscou, dentre outros, a ampliação do acesso à Justiça, mediante a amplificação dos efeitos de uma decisão de forma "molecular", para empregar terminologia lançada por Kazuo Watanabe. Mas, a lei nunca deixou de considerar a dimensão individual que reside em tais interesses – ainda que com relevante dimensão social. Permitir que a somatória de interesses individuais perfeitamente delimitados, divisíveis e inclusive disponíveis se transforme em interesses substancialmente coletivos é desvirtuar o espírito da lei, enveredando-se para uma indesejável e até perigosa invasão estatal em valores que pertencem e devem ser tutelados pelos indivíduos. Tratar direitos individuais processualmente como coletivos não autoriza a dizer que direitos individuais sejam coletivos.

Conforme bem apontou Elton Venturi, "o sistema processual viabiliza, excepcionalmente, a proteção de direitos individuais (desde que homogêneos) pela via coletiva, prenunciando a efetividade do acesso à justiça de pretensões de milhares de pessoas que, a depender da precariedade dos canais de acesso individual ao Judiciário, jamais buscariam a tutela estatal – aliás, sequer tomariam conhecimento acerca da existência de seus direitos. Por outro lado, **condiciona-se a tutelabilidade desses direitos individuais à mera declaração (a sentença condenatória genérica corresponde a pouco mais do que isso), em função da premissa de que a imediata e direta fruição, por parte dos indivíduos beneficiados, de qualquer provimento judicial implicaria 'prejudicar-lhe a liberdade de opção pelo exercício ou não do direito material**"[24] (grifei).

Bem por isso é que não podem ser cumuladas, em ação movida pelo legitimado à defesa de direitos individuais homogêneos, pretensões a (i) condenação genérica para servir de base a subseqüentes liquidações e execuções individuais; e (ii) condenação por suposto dano coletivo com base nos mesmos fatos que autorizariam a precedente condenação. Considerando que o adequado representante obviamente não é o titular da indenização pelo dano coletivo no plano substancial[25], tal cumulação representaria inclusive indevido *bis in idem*. Conforme bem apontou Flávio Luiz Yarshell especificamente nessa matéria[26], com apoio em doutrina de Arruda Alvim, não pode haver duplici-

---

[24] Cf. ELTON VENTURI, *Processo civil coletivo – a tutela jurisdicional dos direitos difusos, coletivos e individuais homogêneos no Brasil. Perspectivas de um Código Brasileiro de Processos Coletivos*, São Paulo, Malheiros, 2007, pp. 258/259.

[25] Assim na doutrina, exemplificativamente, PAULO EDUARDO ALVES DA SILVA, *Comentários à lei da ação civil pública e lei de ação popular* (coord. SUSANA HENRIQUES DA COSTA), São Paulo, Quartier Latin, 2005, p. 497.

[26] Cf. FLÁVIO LUIZ YARSHELL, *Observações a propósito da liquidação na tutela de direitos individuais homogêneos*, in Repertório de jurisprudência e doutrina – atualidades sobre liquidação de sentença, São Paulo, Revista dos Tribunais, 1997, p. 159.

dade de condenações pelos mesmos fatos. Como foi dito acima, no sistema brasileiro, a liquidação coletiva nos interesses individuais homogêneos só surge de forma eventual e subsidiária; nunca de forma desde logo cumulada à condenação que se volta à defesa dos interesses individuais.

No caso do dano moral, não pode haver outro que não seja o individual, quando se trata de reparação dos danos pessoalmente sofridos. O dano moral coletivo visa a indenizar a coletividade que foi atingida em sua moral. Na tutela dos direitos individuais homogêneos, qual seria a coletividade lesada, a título de danos morais, para além dos indivíduos que foram pessoalmente atingidos? Nenhuma.

Por isso, a indenização por danos morais, na tutela dos direitos individuais homogêneos, só pode cingir-se às pessoas individualmente lesadas, não havendo que cogitar-se de outra coletividade, que não a composta pelos membros do grupo, que possa ser atingida por dano moral coletivo. Conforme observou Teori Albino Zavascki, "**considerando que o patrimônio moral é pessoal e indivisível, não se pode negar que o direito à reparação tem a natureza de direito subjetivo individual,** podendo, se for o caso, ser tutelado em demandas particulares"[27] (grifei).

E, nesse particular, não é possível confundir um possível e eventual dano moral coletivo que se vincula a direitos difusos ou coletivos (em sentido estrito), de um lado, com o eventual dano moral sofrido individualmente pelas pessoas, em caso de direitos individuais homogêneos, de outro[28]. Mesmo quando a jurisprudência reconhece a possibilidade de um dano moral coletivo, entende-se que ele "deve ser averiguado **de acordo com as características próprias aos interesses difusos e coletivos**, distanciando-se quanto aos caracteres próprios das pessoas físicas que compõem determinada coletividade ou grupo determinado ou indeterminado de pessoas (...)"[29]. Portanto, o adequado representante poderia, quando muito, pedir condenação genérica para indenização do dano moral sofrido individualmente; mas nunca condenação relativa a um dano moral coletivo.

---

[27] Cf. TEORI ALBINO ZAVASCKI, *Processo coletivo – tutela de direitos coletivos e tutela coletiva de direitos*, 4ª ed., São Paulo, Revista dos Tribunais, 2009, p. 43.
[28] Essa distinção foi bem lembrada por LEONARDO ROSCOE BESSA, *Dano moral coletivo*, in Revista de Direito do Consumidor, nº 59, ano 15, São Paulo, Revista dos Tribunais, julho/setembro 2006, pp. 85/86; e repetida por XISTO TIAGO DE MEDEIROS NETO, *Dano moral coletivo*, São Paulo, LTr, 2007, p. 171.
[29] STJ, RESP 1.057.274/RS, Rel. Min. Eliana Calmon, 2ª Turma, j. 1.12.2009.

Comércio Electrónico e Direito do Consumo*

*Adelaide Menezes Leitão***

Sumário: 1. Direito Europeu do Comércio Electrónico. 1.1. Directiva do Comércio Electrónico 2. Direito Nacional do Comércio Electrónico 2.1. Direito à informação. 2.2. Publicidade em Rede 2.3. Contratação electrónica. 3. Contratos à distância. 4. Perspectivas de Futuro. 5. Conclusões.

1. Direito Europeu do Comércio Electrónico

Há um conjunto de legislação europeia relevante no domínio do comércio electrónico[1]. Mencionam-se como textos fundamentais a Directiva 2000/31//CE, do Parlamento Europeu e do Conselho, de 8 de Junho de 2000, relativa a certos aspectos legais dos serviços da sociedade de informação e do comércio electrónico no mercado interno, a Directiva 97/7/CE, do Parlamento Europeu e do Conselho, relativa à protecção dos consumidores em matéria de contratos à distância, que regula os contratos ao domicílio e equiparados, as vendas automáticas e as vendas especiais esporádicas e que estabelece modalidades proibidas de venda de bens ou de prestação de serviços, e, finalmente, a Direc-

---

* O presente texto corresponde à conferência proferida no X Curso Intensivo de Direito de Autor e da Sociedade da Informação, no dia 12 de Julho de 2011. Pelo convite para a referida sessão deixa-se uma palavra de agradecimento à Associação Portuguesa de Direito Intelectual na pessoa do Professor Doutor Oliveira Ascensão. Oferece-se, agora, respeitosamente, o presente texto aos Estudos em Homenagem ao Dr. Mário Frota.
** Professora Auxiliar da Faculdade de Direito da Universidade de Lisboa
[1] *Comércio Electrónico em Portugal – Quadro Legal e Negócio*, Anacom, 2004, 171-190, Sebastião Nóbrega Pizarro, *Comércio Electrónico. Contratos electrónicos e informáticos*, 2005, 7 e ss e Mário Castro Marques, *O Comércio Electrónico – Algumas questões jurídicas, O Comércio Electrónico. Estudos Jurídico-económicos*, (coord. Glória Teixeira), Almedina, Coimbra, 2002, 35 e ss.

tiva 2002/65/CE, do Parlamento Europeu e do Conselho, de 23 de Setembro de 2002, relativa à comercialização à distância de serviços financeiros.

Como objectivos fundamentais deste corpo legislativo europeu salientam-se os seguintes: a criação de um quadro jurídico coerente à escala europeia, a eliminação das disparidades na jurisprudência dos Estados-Membros, o aumento da segurança/confiança dos consumidores e das empresas[1]. Note-se que o objecto principal se centra em fomentar o comércio electrónico, abrir novos mercados e aumentar a competitividade.

1.1. Directiva do Comércio Electrónico

No que respeita ao seu âmbito de aplicação, a Directiva dos serviços da sociedade da informação e do comércio electrónico abrange todos os serviços da sociedade de informação, neles se incluindo os serviços entre empresas, os serviços entre empresas e consumidores, os serviços sem custos para os beneficiários e os serviços que permitem efectuar transacções em linha, englobando vários sectores, como os jornais em linha, as bases de dados em linha, os serviços financeiros em linha, os serviços profissionais em linha (advogados, médicos, contabilistas, agentes imobiliários), os serviços de lazer electrónicos (vídeos a pedido), o *marketing* e a publicidade directos em linha[2].

Do simples enunciado das matérias abrangidas pode concluir-se que a Directiva ultrapassa o domínio da protecção do consumidor. Com efeito, não se centra exclusivamente no conceito de consumidor (qualquer pessoa singular que actue para fins alheios à sua actividade comercial, empresarial ou profissional); e abrange também o destinatário do serviço, (qualquer pessoa, singular ou colectiva, que para fins profissionais ou não, utiliza um serviço da sociedade de informação) (art. 2º). Em rigor, a Directiva insere-se no quadro do Direito do mercado interno, sendo a sua trave-mestra a liberdade de circulação de serviços da sociedade de informação (art. 1º).

Por razões esquemáticas destacam-se duas áreas essenciais da Directiva: *i)* uma, relativa aos prestadores de serviços da sociedade de informação, na qual se inserem a regra do país do estabelecimento/origem, o princípio da não necessidade de autorização prévia (art. 4º) e as regras de responsabilidade/não responsabilidade dos prestadores intermediários de serviços (arts. 12º a 15º); e, *ii)* uma outra, com maior proximidade com o Direito do Consumo, que abrange as informações gerais a prestar (art. 5º), as informações a prestar

---

[1] ALEXANDRE DIAS PEREIRA, *Comércio Electrónico na Sociedade da Informação: Da segurança técnica à confiança jurídica*, Almedina, Coimbra, 1999, 51 e ss.

[2] IAN WALDEN, *Regulating Electronic Commerce: Europe in the Global Economy*, O Comércio Electrónico. Estudos Jurídico-económicos, (coord. Glória Teixeira), Almedina, Coimbra, 2002, 9 e ss.

nas comunicações comerciais (art. 6º), as informações a prestar no domínio da celebração dos contratos (art. 10º), as comunicações comerciais não solicitadas (*spam*) (art. 7º) e o regime da formação do contrato (arts. 9º e 11º).

É nesta segunda área que a intersecção com o Direito do Consumo é mais nítida, uma vez que, em síntese, abrange o direito à informação do consumidor, as regras de publicidade e a formação dos negócios jurídicos em linha (contratação electrónica). Neste contexto é relevante sublinhar que certas disposições (arts. 9º e 10º) têm carácter injuntivo apenas para os consumidores e carácter supletivo relativamente a outros destinatários não consumidores.

Em conclusão, há regras na Directiva do Comércio Electrónico cujo objectivo é *prima facie* a promoção da livre circulação de serviços da sociedade de informação, de que é exemplo a regra do país de origem. Com a transposição da Directiva visa-se alcançar uma harmonização das legislações nacionais de defesa do consumidor no comércio electrónico, pelo equilíbrio que a própria Directiva corporiza entre os interesses dos prestadores de serviços e os interesses dos consumidores. A Directiva permite ainda que o acervo nacional de disposições de protecção do consumidor não possa ser utilizado para limitar a livre circulação de serviços da sociedade de informação, através do princípio da interpretação conforme à Directiva.

2. Direito nacional do comércio electrónico

O legislador português, na transposição da Directiva do comércio electrónico, a fim de esclarecer as dúvidas que podiam colocar-se em relação à Directiva no sentido de optar por uma maior protecção dos prestadores de serviços ou por uma maior protecção dos consumidores, dispôs expressamente no art. 3º/5 do Decreto-Lei nº 7/2004, de 7 de Janeiro, que o regime do comércio electrónico "*não exclui a aplicação da legislação vigente que com ele seja compatível, nomeadamente no que respeita ao regime dos contratos celebrados à distância e não prejudica o nível de protecção dos consumidores, incluindo investidores, resultante da restante legislação nacional*".

Decorre dos termos expostos, que a legislação do comércio electrónico é incompleta e que terá de ser conjugada com inúmeras outras, a saber: a legislação dos contratos à distância, das viagens organizadas, das cláusulas contratuais gerais, das práticas comerciais proibidas e com a legislação em geral de defesa do consumidor. A aplicação de toda esta legislação pressupõe, porém, a sua compatibilidade com o regime do comércio electrónico. Concluí-se, assim, que todo o acervo de legislação de defesa do consumidor existente no ordenamento jurídico português, desde que compatível com o regime do comércio electrónico, é aplicável aos serviços da sociedade de informação estabelecidos em Portugal e ainda aos prestadores de serviços de origem extra-comunitária (art. 4 do DL 7/2004).

Cumpre, por isso, fazer um exercício: analisar se a legislação do comércio electrónico acrescenta algo mais à protecção do consumidor do que o patamar de tutela que já resultaria da legislação nacional.

De acordo com os campos já referidos de maior contacto com o Direito do Consumo vamos analisar: *i)* o direito à informação; *ii)* as regras de publicidade em rede; e *iii)* a contratação electrónica.

2.1. Direito à informação

i) Em matéria de direito à informação, o art. 10º do Decreto-Lei nº 7/2004 vem estabelecer um conjunto de informações que devem ser disponibilizadas permanentemente e que podem ser úteis ao consumidor, mas que respeitam essencialmente a informação para fiscalização pelas entidades públicas. No art. 10º/4 estabelece-se, no entanto, que se os serviços implicarem custos para o consumidor, incluindo ónus fiscais e despesas de entrega, estes têm ser objecto de informação clara anterior à utilização dos serviços[3].

ii) A matéria do direito à informação do consumidor encontra-se regulada no art. 8º/1 da Lei nº 24/96, de 31 de Julho, com as alterações introduzidas pela Lei nº 85/98, de 16 de Dezembro, e pelo Decreto-Lei nº 67/2003, de 8 de Abril, que estabelece que o fornecedor de bens ou prestador de serviços deve, tanto nas negociações como na celebração de um contrato, informar de forma clara, objectiva e adequada o consumidor, nomeadamente sobre as características, composição e preço do bem ou serviço, bem como sobre o período de vigência do contrato, garantias, prazos de entrega e assistência após o negócio jurídico.

Deste modo, conclui-se que a legislação nacional dispensaria uma norma no regime jurídico do comércio electrónico com o teor do art. 10º/4 do Decreto-Lei nº 7/2004.

2.2. Publicidade na rede

O âmbito da publicidade em rede no Decreto-lei nº 7/2004 é mais restrito do que o conceito de publicidade previsto no Código da Publicidade. A comparação do art. 20º do Decreto-Lei nº 7/2004 com o art. 3º do Código da Publicidade permite compreender que o primeiro exclui do conceito de publicidade algumas comunicações em rede[4].

---

[3] Cfr. ELSA DIAS OLIVEIRA, *A Protecção dos Consumidores nos Contratos Celebrados através da Internet*, Almedina, Coimbra, 2002, 65 e ss.

[4] ADELAIDE MENEZES LEITÃO, *Publicidade na Rede*, Direito, Ano 140º, 2008, II, 358-359.

O art. 21º do Decreto-Lei 7/2004 limita-se a consagrar o princípio da identificabilidade na publicidade em rede, que já está consagrado no art. 8º do Código da Publicidade. Surgem, no entanto, alguns deveres de informação quanto ao anunciante e às ofertas promocionais que acrescem à disciplina do princípio da identificabilidade[5]. Fica, assim, como o núcleo substantivo em matéria de publicidade na rede, o regime jurídico das comunicações não solicitadas, vulgarmente chamado *spam*, ao qual, segundo Alexandre Dias Pereira, podia ser aplicado por analogia o regime da publicidade domiciliária (art. 23º do Código da Publicidade), atendendo à exclusão da Lei 6/99, de 27 de Janeiro[6]. Contra esta aplicação estão, porém, Luís Menezes Leitão, Paulo Mota Pinto e Celso Serra[7].

Diga-se, contudo, que se trata de uma matéria em que a existência de regulação não tem alcançado grandes resultados, porquanto as formas de tornar o sistema de exigência de consentimento prévio do consumidor são variadas (*opt-in*). Primeiro, a proibição de envio não se aplica a pessoas colectivas que, segundo a legislação portuguesa, podem ser consumidores (art. 22º/2). Segundo, é suficiente que tenha havido anteriormente transacções para que a exigência de consentimento prévio não se aplique. Terceiro, a prática dos prestadores de serviços e a falta de fiscalização e de reacção dos consumidores relativizam o sistema de proibição.

De referir que o art. 22º sofreu alterações com o Decreto-Lei nº 62/2009, de 10 de Março, que veio estabelecer que será da competência da Direcção-Geral do Consumidor manter actualizadas as listas relativamente às entidades que não pretendam recepcionar publicidade não solicitada.

2.3. Contratação electrónica

A contratação electrónica encontra-se regulada nos arts. 24º a 34º do Decreto-Lei nº 7/2004[8]. Cumpre referir que este regime só se aplica ao comércio electrónico massificado. Fora destes casos aplica-se o regime geral de formação dos contratos, previsto na Parte Geral do Código Civil. Com efeito, o âmbito

---

[5] ADELAIDE MENEZES LEITÃO, *Publicidade na Rede*, Direito, Ano 140º, 2008, II, 359.
[6] ALEXANDRE DIAS PEREIRA, *Comércio Electrónico na Sociedade da Informação: Da segurança técnica à confiança jurídica*, Almedina, Coimbra, 1999, 94.
[7] LUÍS MENEZES LEITÃO, *A distribuição de mensagens de correio electrónica indesejadas (spam)*, Direito da Sociedade da Informação, vol. IV, Coimbra, 2003, 210, PAULO MOTA PINTO, *Publicidade domiciliária não desejada ("junk mail", "junk calls" e "junk faxes")*, BFD 74 (1998), 275, Celso Serra, *Publicidade ilícita e abusiva na Internet*, Relatório de mestrado policopiado, Julho 2001, 93.
[8] Cfr. ALEXANDRE DIAS PEREIRA, *Comércio Electrónico e Consumidor*, Estudos de Direito do Consumidor, nº 6, 2004, 341-400, e *A via electrónica da Negociação (Alguns aspectos)*, Estudos de Direito do Consumidor, nº 8, 2006/2007, 275-290.

do art. 24º e do respectivo regime jurídico é posteriormente reduzido, no art. 30º, que exclui a aplicação do disposto nos arts. 27º a 29º aos contratos celebrados exclusivamente por correio electrónico ou meios equivalentes (contratos individualizados).

À semelhança do que foi feito em relação à área do direito à informação e da publicidade em rede, cabe perguntar se, nesta matéria, o Decreto-Lei nº 7/2004 traz algo de inovador e de substantivo em relação à protecção do consumidor. Ora, quanto ao artigo 27º, a consagração de dispositivos de identificação e de correcção de erros antes da formulação de uma ordem de encomenda parece ser um regime mais favorável aos consumidores e outros destinatários do que o resultante do erro na declaração (art. 247º do CC). A justificação para este facto encontra-se na possibilidade de o erro ser exponencial na rede, em resultado de o consumidor não estar em contacto com o serviço ou bem encomendado, e os dados serem fundamentais para a prestação do serviço. Pense-se, por exemplo, na marcação de uma viagem ou na relevância do endereço para a entrega de um bem.

Em matéria de informações prévias, o art. 28º também aponta para um acréscimo da segurança e da confiança dos consumidores. O mesmo será de concluir em relação ao regime do art. 29º. Refira-se que este artigo não põe em causa o regime regra de conclusão do contrato, apenas impõe um aviso de recepção da encomenda. Neste sentido aponta igualmente o art. 32º/2, que estabelece que o mero aviso de recepção da ordem de encomenda não tem significado para a determinação do momento da conclusão do contrato.

Note-se que a prática vai no sentido de que aquilo que é objecto de aviso é a celebração do contrato, com o envio dos termos contratuais e das cláusulas gerais (art. 31º), e não a recepção de qualquer ordem de encomenda, sendo que normalmente a confirmação da ordem de encomenda pelo consumidor está incorporada na primeira ordem de encomenda.

Por fim, o art. 32º corrobora o conceito de proposta contratual que necessita de ser firme, completa e manifestar um vontade inequívoca de contratar, sem a qual estar-se-á perante um mero convite a contratar. Ora, a necessidade de envio da ordem de encomenda e da sua respectiva confirmação não põe em causa a natureza de proposta contratual feita pelo prestador de serviço *on line*, pelo que o contrato se conclui com a recepção ou conhecimento da respectiva aceitação. Tal interpretação impõe-se para protecção dos consumidores. Caso contrário, haveria uma arbitrariedade do prestador de serviços[9].

---

[9] Como salienta Oliveira Ascensão, *Contratação Electrónica*, Direito da Sociedade de Informação, vol. IV, Coimbra, 2003, 60.

Também em matéria de contratação automática se remete para o regime comum (art. 33º/1).

Por tudo o que ficou analisado, o regime da contratação electrónica é articulável com o regime comum regulado na Parte Geral do Código Civil, não havendo aspectos substantivos que o alterem. Algumas regras impõem deveres de aviso e de informação acrescidos, que se justificam plenamente em razão do meio pelo qual opera a contratação, na qual os erros de exteriorização da vontade são mais comuns. Estas regras aos serem imperativas para os consumidores (vejam-se os arts. 27º, 28º e 29º) e meramente supletivas para outros destinatários criam a ideia de que se trata de normas que visam *prima facie* a protecção dos consumidores. Ora, não há dúvida que indirectamente acabam por proteger os consumidores, mas a sua intenção primeira é a do fomento do comércio electrónico, que não será susceptível de significativo desenvolvimento sem a confiança dos consumidores.

3. Contratos celebrados à distância

Um outro exercício que se impõe, atendendo ao enquadramento legislativo da nossa temática, passa pela análise do regime dos contratos celebrados à distância, cuja disciplina não é afastada pelo regime do comércio electrónico[10].

Também em relação ao Decreto-Lei nº 143/2001, de 26 de Abril, com as alterações introduzidas pelo Decreto-Lei nº 82/2008, de 20 de Maio, podemos autonomizar duas áreas de regulação: *i)* o direito à informação e *ii)* o direito de resolução contratual.

i) Em matéria de informação, os arts. 4º e 5º do Decreto-Lei nº 143/2001 evidenciam uma disciplina mais pormenorizada do que aquela que se encontra no art. 10º/4 do Decreto-Lei nº 7/2004.

ii) Em matéria do direito de resolução – âmago da protecção do consumidor – este direito não se encontra regulado na legislação sobre comércio electrónico, mas sim no Decreto-Lei nº 143/2001, que estabelece, em regra, um período de 14 dias (a partir da data da sua assinatura ou data da entrega dos bens) para o exercício da resolução, prazo que se aplica também ao comércio electrónico[11].

O confronto entre a legislação do comércio electrónico e a legislação sobre contratos à distância aponta para uma maior protecção do consumidor nesta última legislação.

---

[10] OLIVEIRA ASCENSÃO, *Contratação Electrónica*, Direito da Sociedade de Informação, vol. IV, Coimbra, 2003, 46, defende que se aplicam cumulativamente.
[11] Neste sentido, OLIVEIRA ASCENSÃO, *Coniratação Electrónica*, Direito da Sociedade de Informação, vol. IV, Coimbra, 2003, 47.

Chegados a este ponto, podemos tecer algumas perspectivas de futuro relativamente à evolução desta temática.

4. Perspectivas Futuras

O Parlamento Europeu aprovou, no dia 23 de Junho, a Proposta de Directiva dos Direitos dos Consumidores e o Conselho no passado 10 de Outubro. Nesta Directiva visa-se uma harmonização total, que contrarie a fragmentação jurídica do direito europeu dos contratos, de modo a fomentar o mercado único europeu, a aumentar a confiança dos consumidores e a promover as pequenas e médias empresas (art. 4º). O objectivo de harmonização total surge primeiramente com a Directiva das práticas comerciais desleais e representa uma nova etapa no direito europeu do consumo, agora igualmente aplicável ao direito europeu dos contratos.

Esta Directiva funde quatro Directivas relativas: aos contratos celebrados fora do estabelecimento; aos contratos à distância; às cláusulas abusivas; a venda de bens de consumo e às garantias.

O objectivo fundamental desta Directiva é fomentar os contratos electrónicos transfronteiriços em relação aos quais a fragmentação jurídica coloca alguma desconfiança dos consumidores, aplicando-se, por consequência, ao comércio electrónico, mas mantendo o regime da Directiva 2000/31/CE, que não revoga.

A Directiva prevê ainda em termos inovadores o exercício electrónico do direito de resolução.

5. Conclusões

O Direito Europeu do Consumo assenta no paradigma do consumo como motor da economia e tenta promover uma sociedade de mais e melhor consumo. Este paradigma pode ser vantajoso para a economia, para a competitividade e para as pequenas e médias empresas, mas nem sempre é vantajoso para o cidadão individual transformado constantemente em consumidor. O consumidor é um conceito abstracto, que fragmenta a realidade humana, reduzindo-a a uma característica que é hipervalorizada.

Quer se procure um aumento ou uma diminuição dos direitos dos consumidores, estes propósitos são instrumentais em relação ao objectivo principal, face ao paradigma assinalado, que é o de através de um equilíbrio abstracto se fomentar o aumento do consumo na área do comércio electrónico.

Os direitos digitais dos consumidores são, assim, meros instrumentos de uma política do mercado interno de promoção do comércio electrónico, que tem vantagens e desvantagens para os consumidores europeus. Gostaria, por isso, de terminar acentuando a necessidade de se desmitificarem certas políticas de consumo, na medida em que são muitas vezes a ponta do iceberg de um conjunto significativo de outras políticas públicas. Sob a etiqueta de Direito do Consumo surgem regulações em que a referência ao consumidor tem hoje propósitos puramente instrumentais, o que *in limine* pode representar o fim da autonomia do Direito do Consumo.

Da Legitimidade nas Acções Colectivas de Consumo

*Ângela Frota**

Sumário: 1. Generalidades; 2. Do Exercício Transnacional do Direito de Acção; 3. Especificidades da Acção Inibitória; 4. Da Acção Popular; 5. Da Tipologia dos Interesses e Direitos; 6. Direitos Individuais Homogéneos; 7. Interesses Colectivos; 8. Interesses Difusos.

As partes ou litigantes, como assim se quiser entender, são os sujeitos da relação jurídica processual.

Para Chiovenda[1], "parte é aquele que pede em seu nome próprio (ou em cujo nome se pede) a actuação de uma vontade de lei, e aquele frente à qual é ela pedida".

Será sempre aquele que pede a composição de um litígio e aqueles contra os quais a composição do litígio é pedida.

1. Generalidades

Nas doutas palavras do saudoso Professor Doutor João de Castro Mendes[2], a legitimidade é uma posição de autor e demandado, em relação ao objecto do processo, qualidade que justifica que possa aquele autor, ou aquele demandado, ocupar-se em juízo desse objecto do processo.

A lei processual civil põe a tónica nas partes, conceptualizando: "o autor é parte legítima quando tem interesse directo em demandar; o réu é parte legítima quando tem interesse directo em contradizer.

---
* Advogada.
[1] "*Instituciones de Derecho Procesal Civil*", tradução espanhola, II, pág. 264.
[2] *Obras Completas Professor Doutor João de Castro Mendes, Direito Processual Civil*, volume II, 1987, edição da Associação Académica da Faculdade de Direito da Universidade de Lisboa, pág. 187.

Adianto: o interesse em demandar exprime-se pela utilidade derivada da procedência da acção; o interesse em contradizer, pelo prejuízo que dessa procedência advenha.

Existindo falta de norma legal, são considerados titulares do interesse relevante para o efeito da legitimidade os sujeitos da relação controvertida, tal como é configurada pelo autor.

Atendendo ao objecto do processo – que é, no essencial, o litígio em si mesmo, ou seja, material ou estruturalmente um conflito de interesses – a legitimidade é a que resulta da posição que as partem assumem face ao mesmo.

A lei só vem conferir legitimidade aos titulares dos interesses controvertidos, para que seja pedida judicialmente a composição desse mesmo litígio.

Nos termos gerais da formulação clássica da legitimidade, o interesse teria de ser:

(i) Pessoal:
(ii) Directo
(iii) Legítimo.

Contudo, e no âmbito das Acções Colectivas (*maxime*, a acção inibitória e a acção popular), a legitimidade não terá de preencher o requisito pessoal. Por este motivo, temos de ir à conceptualização dos interesses e direitos que as acções colectivas visam tutelar.

Ficou assente que são interesses e direitos plurisubjectivos, aos quais nos referiremos *infra*.

O nº 3 do artigo 52º da Constituição da República Portuguesa estatui, em termos de legitimidade, que é conferido a todos, pessoalmente ou através de associações de defesa dos interesses em causa, o direito de acção popular nos casos e termos previstos na lei, incluindo o direito de requerer para o lesado ou lesados a correspondente indemnização, nomeadamente para:

a) Promover a prevenção, a cessação ou a perseguição judicial das infracções contra a saúde pública, os direitos dos consumidores, a qualidade de vida e a preservação do ambiente e do património cultural;

b) Assegurar a defesa dos bens do Estado, das regiões autónomas e das autarquias locais[3].

---

[3] Cfr. Acórdão do Tribunal da Relação de Lisboa de 20 de Junho de 2006, onde se pode ler "*1. O direito de acção popular, como direito fundamental, visa a protecção dos interesses difusos. A defesa destes interesses, é concedida aos cidadãos uti cives e não uti singuli, precisamente porque são interesses de toda a comunidade, e, por isso, os cidadãos uti cives têm o direito de promover a defesa de tais interesses, individual ou associativamente. 2. O art. 52º, nº 3 da C.R.P. alarga a legitimidade activa a todos os cidadãos, independentemente do seu interesse individual ou da sua posição específica com os bens ou interesses em causa. E, de uma forma exemplificativa, enumera os seguintes interesses difusos susceptíveis de tutela: a saúde pública, os direitos dos consumidores, a qualidade de vida, a preservação do ambiente e do património cultural. 3. A Lei nº 83/95 de 31-08 (lei do direito*

O Código de Processo Civil, no seu artigo 26º-A, sob a epígrafe "Acções para a tutela de interesses difusos", estabelece que têm legitimidade para propor e intervir na acções e procedimentos cautelares destinados, designadamente, à defesa da saúde pública, do ambiente, da qualidade de vida, do património cultural e do domínio público, bem como à protecção do consumo de bens e serviços, qualquer cidadão no gozo dos seus direitos civis e políticos, as associações e fundações defensoras dos interesses em causa, as autarquias locais e o Ministério Público nos termos previstos na lei[4].

Veremos que associações, colectividades e indivíduos, quer em nome próprio, quer na salvaguarda dos demais indivíduos, têm legitimidade para a intentar.

Este requisito da visão tradicionalista da legitimidade não é atendível para a verificação do preenchimento deste pressuposto processual.

Correcto será atermo-nos sobre a legitimidade activa no que às acções colectivas concerne, a *legitimatio ad causam*.

Dado que a legitimidade passiva reveste a natureza geral que grassa nas disposições do Código de Processo Civil.

2. Do Exercício Transnacional do Direito de Acção

Requisito essencial para que possa qualquer entidade portuguesa intentar acção colectiva transnacional, é o da sua inscrição e consequente aceitação e inscrição em lista para o efeito.

Quando a prática lesiva que se pretende fazer cessar tenha origem em Portugal, mas afecte interesses localizados noutro Estado membro da União

---

de participação procedimental e de acção popular) veio regulamentar a acção popular especial para a tutela dos interesses difusos, e possibilitar que fossem interpostas acções no âmbito do contencioso administrativo, na jurisdição civil (cf. art. 12º) e permitir a intervenção especial no processo penal. 4. O art. 26º-A do Cód. Proc. Civil (na redacção do Dec. Lei nº 180/96, de 25-09) deve ser articulado com o regime estabelecido na Lei nº 83/95, de 31-08. O art. 26º-A do Cód. Proc. Civil trata da legitimidade difusa. E os critérios desta legitimidade são diferentes dos previstos no art. 26º do Cód. Proc. Civil. Segundo o art. 26º-A do Cód. Proc. Civil, a acção popular tem cabimento quando estejam em causa interesses ligados à saúde pública, ao ambiente, à qualidade de vida, à protecção do consumo de bens e serviços, o património cultural e o domínio público (art. 1º da Lei nº 85/93). E a legitimidade para estas acções é conferida aos titulares referidos no art. 2º e ao Ministério Público, nos termos estabelecidos no art. 16º da Lei nº 83/95."

[4] Cfr. Acórdão do Tribunal da Relação do Porto de 10 de Abril de 2007, onde "Legitimidade activa do Ministério Público e interesse em agir. Invoca este a seu favor o disposto no art. 26-A CPC: *"Acções para a tutela de interesses difusos – têm legitimidade para propor e intervir nas acções e procedimentos cautelares destinados, designadamente, à defesa da saúde pública, do ambiente, da qualidade de vida, do património cultural e do domínio público, bem como à protecção do consumo de bens e serviços, qualquer cidadão no gozo dos seus direitos civis e políticos, as associações e fundações defensoras dos interesses em causa, as autarquias locais e o Ministério Público, nos termos previstos na lei."* Salvo o devido respeito, a legitimidade activa do Mº Pº e mesmo o interesse em agir, são manifestos."

Europeia, a correspondente acção pode ser intentada por entidade deste último Estado.

A legitimidade, nos termos da Lei nº 25/2004, de 8 de Junho, é feita depender de prévia inscrição para o efeito junto da Direcção-Geral do Consumidor, devendo a mesma ser acompanhada de documento comprovativo da sua denominação e objecto estatutário.

Na apreciação do pedido o Director-Geral deve certificar-se que a entidade requerente prossegue objectivos atinentes à defesa dos interesses e direitos dos consumidores, devendo proferir despacho no prazo máximo de 30 dias, contados da data de entrega.

As únicas entidades que, nos termos legais, se encontram dispensadas de inscrição são o Ministério Público e a Direcção-Geral do Consumidor.

Assim, por direito próprio, encontram-se na lista de entidades nacionais que têm legitimidade para o exercício transnacional do direito de acção colectiva.

3. Especificidades da Acção Inibitória

A LDC – Lei 24/96, de 31 de Julho, oferece, na pobreza dos seus termos, aos consumidores em geral uma nova esperança, alargando a acção inibitória a todos os domínios que aos consumidores concernem.

E no que toca ao seu poder de intervenção em juízo, ou seja, a legitimidade processual activa ou *legitimatio ad causam*, como referiam os romanos, há que contemplar o artigo 13º que constitui, no domínio específico dos consumidores, inovação, que confirma, de resto, a abertura iniciada com a Lei da Acção Popular.

Assim, nos termos do supra mencionado dispositivo normativo, têm legitimidade para intentar acções inibitórias:

a) os consumidores directamente lesados,

b) os consumidores e as associações de consumidores, ainda que não directamente lesados, nos termos da Lei nº 83/95, de 31 de Agosto;

c) o Ministério Público e a Direcção-Geral do Consumidor quando em causa estejam interesses individuais homogéneos, colectivos ou difusos.

Mas desde que a mesma se destine a prevenir, corrigir ou fazer cessar práticas lesivas dos direitos dos consumidores, nomeadamente:

(i) as que atentem contra a sua saúde e segurança física;

(ii) se traduzam no uso de cláusulas contratuais proibidas[5];

---

[5] Cfr. Acórdão da Relação de Lisboa de 25 de Maio de 2006, onde se pode ler: *"I – Com o regime jurídico das cláusulas contratuais gerais o legislador, confrontado com um fenómeno de tráfego negocial de massas, procurou salvaguardar o contraente mais fraco, protegendo-o de cláusulas abusivas e susceptíveis de ocasionar um desequilíbrio*

(iii) consistam em práticas comerciais expressamente proibidas por lei.

Mas, de par com a norma que estabelece a legitimidade para aquele tipo de acções, isto é, se destine a prevenir, corrigir ou fazer cessar práticas lesivas dos direitos dos consumidores, encontramos a especificidade que vem consagrada no Regime Jurídico das Condições Gerais dos Contratos, aprovado pelo Decreto-Lei nº 446/85, de 25 de Outubro, rectificado pela Declaração de Rectificação nº 114/B/95, de 31 de Agosto e com as alterações constantes dos Decretos-Lei nºs 220/95, de 31 de Agosto, 249/99, de 7 de Julho e 323/2001, de 17 de Dezembro.

Aquele diploma legal estabelece que detêm legitimidade para a acção inibitória, de molde a obter-se condenação tendente à abstenção do uso ou da recomendação de cláusulas contratuais gerais:

a) associações de defesa do consumidor dotadas de representatividade, no âmbito previsto na legislação respectiva;

b) associações sindicais, profissionais ou de interesses económicos legalmente constituídas, actuando no âmbito das suas atribuições;

c) Ministério Público, oficiosamente, ou por indicação do Provedor de Justiça, ou quando entenda fundamentada a solicitação de qualquer interessado.

Estas entidades actuam no processo em nome próprio, embora façam valer um direito alheio, pertencente, em conjunto, aos consumidores, susceptíveis de virem a ser atingidos pelas cláusulas cuja proibição se requer.

4. Da Acção Popular

A originalidade da Lei da Acção Popular é a da consentir que um indivíduo, por si só, possa, em juízo, demandar o lesante de interesses e direitos, em nome de todos, numa verdadeira "acção de classe", na esteira do sistema implementado nos Estados Unidos da América das *class actions*.

Mas as associações de consumidores continuam, porém, a não poder ir a juízo em busca de justiça para um só.

---

entre os contraentes, posto que a contratação baseada em condições negociais gerais tem implícita uma certa posição de poder do utilizador das cláusulas decorrente do próprio modo de formação do contrato. II – Com tal desiderato foram traçadas, no essencial, formas de assegurar a tutela dos interesses dos contraentes mais desprotegidos contra cláusulas contratuais absolutamente proibidas ou relativamente proibidas pela via da fiscalização ex post do controlo incidental (declaração de nulidade no quadro de apreciação de um contrato singular) e da fiscalização ex ante do controlo abstracto (acção inibitória). III – Com a acção inibitória visa-se que os utilizadores de condições gerais desrazoáveis ou injustas sejam condenados a abster-se do seu uso ou que as organizações de interesses que recomendem tais condições aos seus membros ou associados sejam condenadas a abandonar essa recomendação."

5. Da Tipologia dos Interesses e Direitos

O acervo normativo genericamente tutela "interesses legalmente protegidos".

Não podemos deixar de observar que tal conceito é demasiadamente denso, lato e ambíguo e que a doutrina achou necessário que deveria conceptualizar os diferentes tipos de interesses e direitos merecedores dessa mesma tutela.

E foi colher a conceptualização tripartida adoptada pelo Brasil.

Ponto é saber quais os interesses e direitos tutelados e que se inserem no domínio das acções colectivas.

Aqui a doutrina é unânime. estabelecendo três classes de interesses ou direitos, a saber:

(i) individuais homogéneos;
(ii) colectivos;
(iii) difusos.

Os mesmos caracterizar-se-ão pela sua origem, divisibilidade, titularidade e determinabilidade.

Mas certo é que serão as três classes de interesses e direitos classificadas como transindividuais, isto, no sentido de se traduzirem numa situação de plurisubjectividade dotada de um âmbito mínimo de factores determinantes de uma agregação, necessários à sua legitimação em termos de tratamento processual unitário.

Esta tónica é de suprema importância, uma vez que os institutos jurídicos da lei processual civil, quer o da coligação, quer o do litisconsórcio, se mostram inoperantes e desadequados face a esta nova realidade de interesses e direitos transindividuais, no que concerne à protecção dos interesses e direitos dos consumidores, e os demais que a lei estabelece que sejam merecedores da sua tutela.

Existe uma pulverização dos sujeitos titulares dos interesses e direitos legalmente protegidos.

6. Direitos Individuais Homogéneos

Os direitos ou interesses individuais homogéneos são os decorrentes de origem comum (direitos divisíveis), que afectam uma pluralidade de consumidores, ligados, por exemplo, por um contrato de base estruturalmente o mesmo. Com titulares determinados, mas que podem ser levados aos tribunais colectivamente e que poderão posteriormente ser individualizados[6].

---

[6] Veja-se o Acórdão do Supremo Tribunal de Justiça de 23 de Setembro de 1997, onde se pode ler: *"... tal norma confere prerrogativa de os membros de um grupo a que a acção popular se reporta dela se auto-excluírem, prerrogativa conferida com visto dos representados escaparem ao caso julgado da decisão. Só no âmbito de bens divisíveis (e não de bens indivisíveis, insusceptíveis de apropriação individual, objectos dos interesses difusos) é que o direito de auto-exclusão permite o afastamento do caso julgado a decisão proferida na acção popular e consequente oportunidade de o auto excluído propor, futuramente uma acção singular.*

Se a acção intentada versar a devolução de valores pagos indevidamente a título de taxa de assinatura do serviço telefónico que tenha sido já pago, estaremos perante uma acção colectiva que tutela interesses individuais homogéneos, que poderiam ser tutelados em separado por cada consumidor, e cujo resultado poderia ser distinto para os diversos consumidores.

Sempre que existe divisibilidade do objecto que se pretende ver tutelado pela acção colectiva, estamos perante interesses e direitos individuais homogéneos.

O que conduz ao tratamento diverso de cada pretensão, tendo que se atender a factores distintos de cada cidadão/consumidor.

E que encontram consagração efectiva e plena na Lei da Acção Popular.

7. Interesses Colectivos

Os interesses ou direitos difusos são transindividuais, de natureza indivisível, quanto ao seu objecto ou seja, afectam directamente não os indivíduos singularmente considerados mas uma comunidade de interesses, de que são titulares pessoas indeterminadas ligadas por circunstâncias de facto[7].

Vejamos, no campo do serviço telefónico, se existir um pedido colectivo que tenda para que o valor das chamadas telefónicas seja fixado tendo em conta determinados parâmetros, tal pretensão configura a tutela de interesses colectivos.

Veja-se uma associação de consumidores que representa os interesses dos consumidores em geral – supra ou meta-individuais – e pretende ver retirado do mercado um produto perigoso.

8. Interesses Difusos

Os direitos ou interesses colectivos, de idêntico modo transindividuais, de natureza igualmente indivisível quanto ao seu objecto, referem-se a direitos de que seja titular grupo, categoria ou classe de pessoas ligadas entre si ou com a parte contrária por uma relação jurídica de base, v.g., por um contrato.

Os bens divisíveis são objecto dos chamados "interesses individuais homogéneos", tendo presente o referenciado alcance conceitual... Nos interesses individuais homogéneos abrangidos no artigo 1º da Lei nº 83/95, destaca-se um dos direitos dos consumidores: "o caso do direito á reparação dos danos", tendo presente o seu alcance..."

[7] Veja-se o Acórdão do Supremo Tribunal de Justiça de 18 de Novembro de 1999, onde se pode ler: "O objecto da acção popular é antes de mais, a defesa de interesses difusos: os radicados na própria colectividade, deles sendo titular, afinal, uma pluralidade indefinida de sujeitos... o objecto da acção popular é, antes de mais, a defesa de interesses difusos, pois sendo interesses de toda a comunidade, deve reconhecer-se aos cidadãos uti cives e não uti singuli, o direito de promover, individual ou associadamente, a defesa de tais direitos."

Nas palavras de Mariana Sotto Mayor[8], serão os interesses, juridicamente reconhecidos, de uma pluralidade indeterminada de sujeitos, eventualmente unificada mais ou menos estreitamente com uma comunidade e que tem por objecto bens não susceptíveis de apropriação exclusiva[9].

Esta noção nasce, como aliás já foi evidenciado, da protecção dos interesses que nascem da nova realidade sócio-económica sentida e a que o direito clássico de matriz marcadamente individualista não consegue dar resposta.

A necessidade de protecção dos interesses meta-individuais vem conduzir à definição dos novos interesses e direitos que encontram tutela nas acções colectivas.

Já Luís Filipe Colaço Antunes, em 1984[10], colheu as linhas de pensamento doutrinário precisas e convergentes, das quais ressaltam os seguintes pontos:

"a) O interesse difuso é uma manifestação relevante da crise que vem colhendo a separação entre direito subjectivo e interesse legítimo e também a *magna divisio* público e privado,

b) O interesse difuso não se enquadra de per si nem nos direitos subjectivos individuais, nem entre os interesses legítimos como situações substancialmente individuais, e por isso não fornece a legitimação nem para a acção diante do juiz ordinário, nem para o recurso perante o juiz administrativo,

c) O interesse difuso põe, por sua vez, uma série de interrogações e de problemas à função dos juízes nos confrontos sociais e nas relações entre a sociedade e os poderes públicos, quer à administração pública e seus meios, mediante os quais ela pode explicar a sua actividade, sob o pressuposto de recursos e de confrontos entre interesses individuais e colectivos,

d) Os meios utilizados e por vezes acolhidos, pela introdução dos interesses difusos no processo civil e no processo administrativo, enquanto comportam uma extrapolação dos esquemas processuais clássicos função da acção individual, consentem só, na melhor das hipóteses, a realização parcial dos interesses difusos[11]".

---

[8] In *Documentação e Direito Comparado*, n.ºs 75/76, 1998.

[9] Cfr. Acórdão do Tribunal Central Administrativo Sul, de 8 de Fevereiro de 2006, onde se lê: "*1. O conceito de interesses difusos reconduz-se a interesses sem titular determinável, meramente referíveis, na sua globalidade, a categorias indeterminadas de pessoas. 2. Só por si, a colocação de dois sinais de trânsito proibido num determinado arruamento urbano sem residentes e a construção não licenciada de uma cerca e alpendre, não configuram a violação de interesses difusos da concreta comunidade urbana.*"

[10] In *Para uma Tutela Jurisdicional dos Interesses Difusos*, Boletim da Faculdade de Direito, volume LX, 1984, pág. 201.

[11] GIORGIO BIRTI, "*Interessi senza struttura*" (L.C.D. Interessi Diffusi) in *Studi in Onore di António Arnorth*, vol. 1, Giuffrè, Milão, 1982, p. 69.

Há que ressalvar as suas distinções como tão eloquentemente faz Ada Pelegrini Grinover[12]: "os interesses difusos e os colectivos têm, em comum, a transindividualidade e a indivisibilidade do objecto. Isto significa que a fruição do bem, por parte de um membro da colectividade, implica necessariamente a fruição por parte de todos eles, assim como a negação do bem, em relação a um, importa na negação para todos. A solução do conflito é, por natureza, uma para todo o grupo, podendo-se dizer que, se houvesse entre seus membros um litisconsórcio, estaríamos perante a figura do litisconsórcio unitário.

O que distingue os interesses difusos dos colectivos é o elemento subjectivo, porquanto nos primeiros não existe qualquer vínculo jurídico a ligar as pessoas entre si ou com a parte contrária, sendo consequentemente os titulares dos interesses difusos indeterminados e indetermináveis, unidos apenas por circunstâncias de facto (como a de consumirem os mesmos produtos, habitarem a mesma região, participarem dos mesmos empreendimentos). Já com relação aos titulares dos interesses colectivos, trata-se de grupo, categoria, ou classe de pessoas ligadas por uma relação jurídica base entre si (como acontece, por exemplo, para os membros de uma associação) ou com a parte contrária, como ocorre com as relações fiscais múltiplas, em que cada contribuinte é titular de uma relação jurídica com o fisco.

Já nos interesses ou direitos individuais homogéneos, tratados colectivamente por sua origem comum, os membros do grupo são titulares de direitos subjectivos clássicos divisíveis por natureza, tanto assim que cada membro pode ingressar em juízo com a sua demanda individual. E a solução não é necessariamente uma para todas as pessoas, que podem ter a sua pretensão individual acolhida ou rechaçada por circunstâncias pessoais. Trata-se, aqui de um feixe de interesses, que pode ser tratado colectivamente, sem prejuízo da tutela clássica, individualizada para cada qual."

---

[12] *O Processo Colectivo do Consumidor*, Revista Portuguesa de Direito do Consumo, nº 1, Janeiro de 1995, p. 20.

A Tutela do Consumidor de Produtos Financeiros

*António Menezes Cordeiro**

Sumário: 1. Aspetos gerais do Direito do consumo. 2. O Direito europeu e as leis nacionais. 3. A tutela no setor financeiro. 4. O provedor bancário.

1. Aspetos gerais do Direito do consumo

I. O Direito do consumo é, fundamentalmente[1], matéria civil. Todavia, ele assume uma relevância especial no moderno Direito bancário, sendo útil recordar alguns aspetos gerais.

À partida, podemos dizer que o Direito do consumo vem dispensar ao consumidor, tomado como o elo terminal do setor económico (portanto: depois do produtor e depois do distribuidor), um regime especial, tendencialmente mais favorável.

II. Desde o início que o Direito visou proteger os fracos[2]. Quer no Direito romano, quer no antigo Direito português, surgem normas destinadas a acautelar a posição dos adquirentes. Nos finais do século XIX, os progressos económicos derivados da revolução industrial e do desenvolvimento dos meios de transporte vieram multiplicar exponencialmente os bens à disposição dos interessados. Paralelamente, deu-se um alongamento do circuito económico, de tal modo que o adquirente final não tem qualquer contacto com o produtor. Quando fique mal servido, pouco ou nada poderá

---

* Professor Catedrático da Faculdade de Direito da Universidade de Lisboa.
[1] *Vide* o nosso *Tratado de Direito civil* I/1, 3ª ed. (2005), 209 ss..
[2] Quanto à História do Direito do consumo: EIKE VON HIPPEL, *Verbraucherschutz*, 3ª ed. (1986), 5 ss..

fazer junto deste, enquanto os intermediários facilmente descartariam qualquer responsabilidade.

O problema agudiza-se com a publicidade e as suas técnicas de criar necessidades aparentes, a satisfazer com bens vistosos, mas de qualidade nem sempre assegurada. O Estado intervinha em casos extremos: por exemplo, para proteger a saúde pública. Quanto ao resto: caberia ao mercado resolver.

III. A interiorização do circuito económico como algo de finalisticamente dirigido ao consumidor e os sucessivos progressos efetivados no domínio dos transportes, da eletricidade e da eletrónica, levaram a que, globalmente, toda a sociedade fosse virada para um consumo sem limites absolutos. Pensadores de diversa formação vieram exigir uma proteção.

Podemos falar numa cobertura ideológica da tutela do consumidor. No pós-guerra de 1945, economistas como J. K. Galbraith vieram sublinhar os excessos do capitalismo, no prisma dos cidadãos destinatários dos bens[3].

Em 1957, o norte-americano Vance Packard explicou que a publicidade visava a manipulação do consumidor[4]. Trata-se de um tema presente sempre que se discutam questões de excessos de publicidade[5].

Uma referência especial deve ser feita a Marcuse, alemão emigrado nos Estados Unidos, desde 1934, e Autor, em 1964, da obra *One-Dimensional Man*[6]. Com recurso às categorias da dialética hegeliana[7], é posta em causa a paridade que, supostamente, subjazeria às opções dos consumidores[8].

Uma consagração impressva da universalidade do tema ficou associada às muito citadas palavras do Presidente John F. Kennedy, na sua mensagem ao Congresso, de 1962: *Consumers, by definition, include as all*[9].

---

[3] J. K. GALBRAITH, *American Capitalism/The Concept of Countervailing Power* (1952); um troço significativo pode ser conferido em JOHN KENNETH GALBRAITH, *The Essencial Galbraith* ed. ANDREA D. WILLIAMS (2001), 2 ss..
[4] VANCE PACKARD, *The Hidden Persuaders* (1957, 46ª reimp., 1976); PACKARD especifica a persuasão como consumidores (8 ss.) e como cidadãos (155 ss.).
[5] Assim: ALFONS VOGT/STEFAN VOGT, *Die Entwicklung des Wettbewerbsrechts in der Zeit von 1975 bis 1979*, NJW 1981, 12-17 (16), a propósito de jogos publicitários e KARL-HEINZ FEZER, *Imagewerbung mit gesellschaftskritischen Themen im Schutzbereich der Meinung- und Pressfreiheit*, NJW 2001, 580-583 (581/I).
[6] HERBERT MARCUSE, *One-Dimensional Man/Studies in the Ideology on Advanced Industrial Society* (1964), com 2ª ed., nova introdução por DOUGLAS KELLNER (1991); cf., aí, p. ex., 4 ss., quanto às falsas necessidades.
[7] KLAUS ADOMEIT, *Herbert Marcuse, der Verbraucherschutz und das BGB*, NJW 2004, 579-582 (580/I).
[8] Idem, *Die gestörte Vertragsparität/ein Trugbild*, NJW 1994, 2467-2469 (2468).
[9] Vide o subtítulo com ADOMEIT, *Herbert Marcuse* cit., 579, bem como EIKE VON HIPPEL, *Verbraucherschutz*, 3ª ed. cit., 6.

A aprovação de regras de tutela do consumidor pareceria, assim, matéria fácil e consensual. Os problemas não tardariam.

IV. Por definição, o consumidor irá suportar todos os custos do processo conducente à disponibilidade dos bens que ele procura. As cautelas e os controlos que o legislador queira impor traduzem-se em novos custos pagos, fatalmente, pelo próprio consumidor. As medidas a encarar terão, de certo modo, de se custear a si próprias, reduzindo custos alhures, dentro do circuito económico. Mas essa redução só é pensável na parcela em que se combatam preços monopolistas ou práticas abusivas que distorçam a verdade do mercado. Além disso, haverá que contar com a resistência dos agentes que ocupem segmentos a montante do circuito económico. Novo obstáculo é, ainda, constituído pela postura dos consumidores, desorganizados e motivados pelo "fetichismo" das mercadorias.

O Direito tradicional português continha regras de proteção aos adquirentes, inseridas no contrato de compra e venda. Não eram suficientes para suportar um setor autónomo de tutela do consumidor. Tal setor acabaria por advir pela força das "ideologias" dos consumidores e da pressão comunitária. Assim sucederia nos diversos países europeus[10].

2. O Direito europeu e as leis nacionais

I. No domínio da tutela do consumidor – no Direito bancário como no Direito civil em geral – torna-se inevitável mencionar a influência do Direito europeu. Ela veio pontuando, nos vários países, os diversos passos no sentido da tutela em jogo.

O Tratado de Roma, na versão de 1957, não continha nenhum preceito relativo aos consumidores. Além disso, ele perfilhava um pensamento "produtivista", preocupando-se, essencialmente, em abolir os entraves à livre circulação dentro das fronteiras comunitárias[11]. Apenas 15 anos volvidos, na Cimeira de Paris, os fundadores da Comunidade assentaram em que, para além dos objetivos puramente económicos, haveria que melhorar as condições de vida das populações, com reforço da tutela dos consumidores. Em 1975, o Conselho adotou um "programa preliminar da CEE para uma política de proteção e

---

[10] Cf. as duas obras de referência: PETER BÜLOW/MARCUS ARTZ, *Verbraucherprivatrecht* (2003), 14 ss. e BETTINA HEIDERHOFF, *Grundstrukturen des nationalen und europäischen Verbrauchervertragsrechts/Insbesondere zur Reichweite europäischer Auslegung* (2004), 1 ss. e 41 ss..

[11] NORBERT REICH, *Der Verbraucher im Binnenmarkt*, em NORBERT REICH/HANS-W. WICKLITZ, *Europäisches Verbraucherrecht*, 4ª ed. (2003), 9-80 (14 ss.).

de informação do consumidor[12], assente em cinco direitos fundamentais, a ele reconhecidos:

- o direito à proteção das suas saúde e segurança;
- o direito à proteção dos seus interesses económicos;
- o direito à reparação dos danos sofridos;
- o direito à informação e à formação;
- o direito à representação ou a ser ouvido.

A consagração comunitária em conjunto com a divulgação dos temas dos consumidores levaram à aprovação da Lei nº 29/81, de 22 de Agosto: o primeiro regime de defesa do consumidor[13]. O momento foi acompanhado pelos primeiros estudos alargados sobre o Direito do consumo[14]. Verificava-se um amadurecimento que justificou o passo seguinte: a Revisão Constitucional de 1982 introduziu um artigo 110º – hoje 60º – relativo aos "direitos dos consumidores", que transcrevemos, na versão atual[15]:

> 1. Os consumidores têm direito à qualidade dos bens e serviços consumidos, à formação e à informação, à proteção da saúde, da segurança e dos seus interesses económicos, bem como à reparação dos danos.
> 2. A publicidade é disciplinada por lei, sendo proibidas todas as formas de publicidade oculta, indireta ou dolosa.
> 3. As associações de consumidores e as cooperativas de consumo têm direito, nos termos da lei, ao apoio do Estado e a ser ouvidas sobre as questões que digam respeito à defesa dos consumidores, sendo-lhes reconhecida legitimidade processual para defesa dos seus associados ou de interesses coletivos ou difusos.

É patente o enunciado comunitário de 1975, particularmente no nº 1.

II. Entretanto, o Acto Único de 1987 veio estabelecer um horizonte para o mercado interno: 31-Dez.-1992. Além disso, facilitou os esquemas de tomada

---

[12] CALAIS-AULOY/FRANK STEINMETZ, *Droit de la consommation*, 6ª ed. cit., 35 e NORBERT REICH, *Der Verbraucher im Binnenmarkt* cit., 16.

[13] A Lei nº 29/81 foi acompanhada por outros diplomas sugestivos: o Decreto-Lei nº 195/82, de 21 de Maio, sobre associações de consumidores e o Decreto Regulamentar nº 8/83, de 5 de Fevereiro, relativo ao Instituto Nacional de Defesa do Consumidor. Como curiosidade: o texto da Lei nº 29/81, de 22 de Agosto, pode ser confrontada, em língua inglesa, em anexo a EIKE VON HIPPEL, *Verbraucherschutz*, 3ª ed. cit., 392-397; desse anexo constam outras leis, da época.

[14] Com relevo para CARLOS FERREIRA DE ALMEIDA, *Os direitos dos consumidores* (1982), 360 pp., e *Negócio jurídico de consumo/Caracterização, fundamentação e regime jurídico*, BMJ 347 (1985), 11-38 e, muito especialmente, para JOÃO CALVÃO DA SILVA, *Responsabilidade civil do produtor* (1990), 27 ss., 56 ss. e *passim*.

[15] O texto foi alterado pelas Revisões de 1989 (o nº 1) e de 1997 (o nº 3).

de decisão. Com um risco: o de se proceder a uma harmonização das legislações com alinhamento pelas menos protetoras. Por isso, o artigo 100º a – hoje: 95º – do Tratado, no seu nº 3, veio dispor:

> A Comissão, nas suas propostas previstas no nº 1 em matéria de saúde, de segurança, de proteção do ambiente e de defesa dos consumidores, basear-se-á num nível de proteção elevado, tendo nomeadamente em conta qualquer nova evolução baseada em dados científicos. No âmbito das respetivas competências, o Parlamento Europeu e o Conselho procurarão igualmente alcançar esse objetivo.

No plano interno, agora fortalecido com o apoio constitucional e com a inspiração europeia, foram adotados diplomas importantes, com relevo para o Decreto-Lei nº 238/86, de 19 de Agosto, que fixa a obrigatoriedade do uso da língua portuguesa nas informações sobre bens ou serviços oferecidos ao público[16], para o Decreto-Lei nº 253/86, de 25 de Agosto, que define práticas comerciais, designadamente a da redução de preços, pelo prisma da defesa do consumidor[17] e para o Decreto-Lei nº 213/87, de 28 de Maio, que estabelece normas sobre bens e serviços que possam implicar perigo para os consumidores.

III. No plano comunitário, inicia-se uma produção de diretrizes com relevo no plano da defesa do consumidor[18]. A sua transposição origina novas regras nacionais.

Surgiram, a partir da década de oitenta do século XX, as grandes diretrizes civis de tutela do consumidor[19]: nº 85/374/CEE, de 25 de Julho, sobre responsabilidade do produtor[20], nº 85/577/CEE, de 20 de Dezembro, referente a contratos celebrados fora do estabelecimento, nº 87/102/CEE, de 22 de Dezembro, quanto a crédito ao consumo, nº 94/47/CE, de 26 de Outubro, sobre direitos reais de habitação periódica, nº 97/7/CE, de 20 de Maio, quanto a vendas à distância e nº 99/44/CE, de 25 de Maio, reportada a vendas de bens de consumo[21].

---

[16] Alterado pelo Decreto-Lei nº 42/88, de 6 de Fevereiro e reforçado pelo Decreto-Lei nº 62/88, de 27 de Fevereiro, no tocante a máquinas, aparelhos, utensílios e ferramentas.
[17] Alterado pelo Decreto-Lei nº 73/94, de 3 de Março.
[18] BETTINA HEIDERHOFF, *Grundstrukturen des nationalen und europäischen Verbrauchervertragsrechts* cit., 42 ss..
[19] *Tratado* cit., I/1, 3ª ed., 244 ss..
[20] Uma das mais referidas na nossa jurisprudência; p. ex., RPt 13-Jul.-2000 (MOREIRA ALVES), CJ XXV (2000) 4, 179-182, RPt 6-Mar.-2001 (DURVAL MORAIS), CJ XXVI (2001) 2, 166-169 e STJ 29-Mar.-2001 (MIRANDA GUSMÃO), CJ/Supremo IX (2001) 1, 192-196.
[21] Referida mesmo antes da transposição em RLx 23-Mai.-2002 (ANA PAULA BOULAROT), CJ XXVII (2002) 3, 85-86 (86).

Verifica-se, ainda, outro ponto relevante: temas de ordem mais geral vêm a ser aproximados, comunitariamente, da tutela do consumidor. Tal o caso da Diretriz nº 93/13/CEE, de 5 de Abril, sobre cláusulas abusivas nos contratos com consumidores. O Tribunal de Justiça da Comunidade vem produzindo decisões importantes que permitem modelar aspetos significativos desta área jurídica[22].

Toda esta matéria não tem unidade dogmática: a não ser por referência ao Direito civil[23].

IV. A prática colhida e os elementos comunitários recomendavam uma revisão mais aprofundada da Lei de Defesa do Consumidor, de 1981. Surgiu uma autorização legislativa: a da Lei nº 60/91, de 13 de Agosto, que invocava a adequação ao ordenamento comunitário e ao novo enquadramento constitucional. Sem seguimento. Apenas cinco anos mais tarde, a Lei nº 24/96, de 31 de Julho, fixou o regime legal aplicável à defesa dos consumidores. Poucos dias antes, a Lei nº 23/96, de 26 de Julho, criara mecanismos destinados a proteger o utente de serviços públicos essenciais. A Lei nº 24/96 – Lei de Defesa do Consumidor ou LDC[24] – originou diversa legislação complementar.

As diretrizes do consumo foram sendo objeto de transposição para leis civis extravagantes. Registaram-se atrasos: imputáveis à turbulência política mais do que à impreparação dos departamentos especializados. Todo um setor ganhou, entretanto, corpo, em torno da publicidade. Vigora o Código da Publicidade, aprovado pelo Decreto-Lei nº 330/90, de 23 de Outubro, com alterações subsequentes, a última das quais adotada pel Decreto-Lei n.º 57/2008, de 26 de Março. Há diversas diretrizes envolvidas.

3. A tutela no setor financeiro

I. O Direito bancário visa proteger o crédito: é a base ontológica sem a qual não há banca. Mas a partir daí visa, também, a tutela dos clientes do banqueiro entre os quais, como segmento cada vez mais significativo: os consumidores ou destinatários finais do circuito.

---

[22] REINER SCHULZE/HANS SCHULTE-NÖLKE (publ.), *Casebook/Europäisches Verbraucherrecht* (1999), onde podem ser confrontados vinte casos exemplares da área do consumo, acompanhados de interessantes comentários.

[23] TOBIAS TRÖGER, *Zum Systemdenken im europäischen Schuldvertragsrecht/Probleme der Rechtsangleichung durch Richtlinien am Beispiel der Verbrauchsgüterkauf-Richtlinie*, ZeuP 2001, 525-540; este Autor recorda logo o ceticismo suscitado pelas diretrizes e pondera a hipótese de uma codificação europeia plena.

[24] Alterada pela Lei nº 65/98, de 16 de Dezembro e pelo Decreto-Lei n.º 67/2003, de 8 de Abril.

As regras que prosseguem essa tutela estão dispersas por todo o Direito bancário. Adiantando a referência a certas rubricas, podemos apresentar o seguinte quadro[25]:

– regras institucionais;
– regime das cláusulas contratuais gerais;
– regime da responsabilidade bancária;
– regime do crédito ao consumo e das transferências bancárias.

II. No domínio institucional, encontramos diversas regras que visam a tutela do consumidor. No fundo, os poderes de supervisão e a técnica do seu exercício visam, precisamente, a proteção dos depositantes e do sistema: logo, dos consumidores.

Uma referência especial ao fundo de garantias de depósitos – artigos 154º e seguintes do RGIC: um fundo que tem por objeto garantir o reembolso de depósitos constituídos em instituições de crédito que nele participem (155º/1), sendo que, entre outras, participam nele, obrigatoriamente, as instituições de crédito com sede em Portugal (156º/1)[26].

III. O regime das cláusulas contratuais gerais foi aprovado pelo Decreto-Lei nº 446/85, de 25 de Outubro. Esse diploma, na sequência da Diretriz nº 93/13/CE, de 5 de Abril, foi alterado pelos Decretos-Leis nº 220/95, de 31 de Agosto e nº 249/99, de 7 de Julho, supostamente para efeitos de transposição. O artigo 22º/2 e 3 da LCCG reporta-se a aspetos bancários, isentando-os de algumas regras. De todo o modo, o grosso das proibições específicas relativas a cláusulas contratuais gerais aplica-se às condições dos banqueiros, sendo as dos artigos 20º, 21º e 22º precisamente visadas para os consumidores finais.

A jurisprudência dos nossos tribunais, particularmente no tocante ao exercício da ação inibitória e às proibições daí resultantes, tem a ver, em primeira linha, com cláusulas contratuais bancárias. Podemos adiantar que, hoje, o essencial do comércio bancário com consumidores está fortemente burilado pelo regime das cláusulas contratuais gerais e pela sua concretização. Trata-se, assim, de um aspeto fulcral na tutela do consumidor de produtos financeiros.

---

[25] Cf., com outros temas: NORBERT REICH, *Finanzdienstleistungen* em NORBERT REICH/HANS-W. MICKLITZ, *Europäisches Verbraucherrecht*, 4ª ed. (2003), 735-847, com indicações.

[26] No plano mobiliário, esta iniciativa tem paralelo no Sistema de Indemnização aos Investidores, previsto pela Diretriz nº 97/9/CE, de 3 de Março, transposta pelo Decreto-Lei nº 222/99, de 22 de Junho. Torna-se difícil, por esta via, saber até onde vai a ideia de consumidor: o investidor sê-lo-á? *Vide* KLAUS-R. WAGNER, *Sind Kapitalanleger Verbraucher? – Zum Verhältnis von Kapitalanlagerecht zum Verbraucherschutzrecht*, BKR 2003, 649-656 (656).

IV. A responsabilidade bancária – ou responsabilidade profissional do banqueiro – é, na atualidade, um capítulo clássico nas exposições de Direito bancário[27]. Em pontos importantes, ele tende a concretizar-se em torno de danos causados aos pequenos clientes ou "a consumidores finais" de produtos financeiros: assim sucede, designadamente, no campo da *culpa in contrahendo* – que tem, como eventual escopo e entre outros, a tutela, pela informação, do contraente débil –, no domínio da responsabilidade pelo uso permitido do cheque ou no da violação de deveres profissionais – artigos 73º e seguintes do RGIC.

V. Temos, depois, instrumentos diretamente vocacionados para a tutela do consumidor de produtos financeiros. É o caso da Diretriz nº 87/102/CEE, de 22 de Dezembro, alterada pelas Diretrizes nº 90/88/CEE, de 22 de Fevereiro e nº 98/7/CE, de 16 de Fevereiro, transpostas pelo Decreto-Lei nº 359/91, de 21 de Setembro e pelo Decreto-Lei nº 101/2000, de 2 de Junho, no domínio do crédito ao consumo. Aí aparecem os dois pontos típicos da tutela do consumidor:

– a informação, designadamente quanto à TAEG (5º);

– o "direito ao arrependimento" do consumidor (8º) ou direito a este reconhecido de, após reflexão e num certo prazo, revogar o contrato.

Neste momento, o crédito ao consumo é objeto da Diretriz n.º 2008/48, de 23 de Abril, que revogou a Diretriz n.º 87/102. O prazo de transposição expira em 12 de Maio de 2010 (27.º/1/II).

Uma referência deve ainda ser feita à Diretriz nº 97/5/CE, de 27 de Janeiro, relativa às transferências transfronteiriças[28], transposta pelo Decreto-Lei nº 41/2000, de 17 de Março: temos, aqui, deveres de informação (3º e 4º) e regras sobre indemnizações, a favor dos consumidores[29] (6º e seguintes). O seu artigo 5.º foi alterado pelo Decreto-Lei n.º 18/2007, de 22 de Janeiro.

VI. Ainda no domínio específico da defesa do consumidor de produtos financeiros, cumpre ter presente que o Direito bancário surge como matéria instrumental. O consumidor dirige-se para a aquisição de bens e de serviços, mas usa, para o efeito, "canais bancários". Assim, no caso das vendas à distância ou pela *Internet*, reguladas pela Diretriz nº 97/7/CE, de 4 de Junho, transposta pelo Decreto-Lei nº 143/2001, de 26 de Abril[30], estabelece-se que o pagamento por cartões de crédito ou de débito faz correr, pelo banqueiro, o

---

[27] *Vide* o nosso *Manual de Direito bancário*, 4ª ed. (2010), 281 ss..

[28] BERND HOLZNAGEL/THOMAS HOEREN (org.), *Rechtliche Rahmenbedingungen des elektronischen Zahlungsverkehrs* (1999) e HORST HEINRICH JAKOBS, *Gesetzgebung im Banküberweisungsrecht*, JZ 2000, 641-650.

[29] DOROTHEE EINSELE, *Das neue Recht der Banküberweisung*, JZ 2000, 9-19 (13/II).

[30] Diversas indicações: *Tratado* I/1, 3ª ed., 585 ss..

risco de fraude (10º)[31]. Desenvolve-se, aqui, uma "cultura do comércio eletrónico" só possível pela atuação instrumental do crédito e do Direito bancário[32].

4. O provedor bancário

I. A figura do provedor remonta à experiência sueca de 1809, do *Justitie-Ombudsman*. Consiste numa figura independente, sem poderes de decisão, mas com a possibilidade de, junto dos diversos departamentos administrativos, se inteirar do andamento de processos, propondo determinadas soluções.

A ideia teve êxito, sendo acolhida, no campo estadual, pelo artigo 23º da Constituição. Também o Tratado da UE deu guarida à figura, a nível comunitário, no seu artigo 195º. A figura do provedor tem tido diversas aplicações setoriais.

II. Com direto interesse no tocante à tutela dos consumidores de produtos financeiros surge a figura do provedor bancário[33].

Trata-se de um instituto não-estadual: ele resulta, na Alemanha, de uma iniciativa, em 1992, da Associação Federal dos Bancos Alemães[34]. Tomando este caso como exemplo, podemos adiantar que ele gere as queixas dos particulares, atuando com rapidez, em moldes simplificados e com plausabilidade de meios probatórios[35]. Verifica-se, ainda, que esta instituição do provedor bancário depende do prestígio da pessoa sobre que recaia o cargo. Além disso, ela visa mais a paz nas relações bancárias do que, propriamente, uma estrita fundamentação jurídica das suas fundamentações. Teve boa ressonância pública[36] e é avaliado positivamente[37], tendo um papel significativo nas aplicações bancárias das novas tecnologias[38].

Outros países têm seguido este exemplo[39], enquanto, nalguns casos, cabe aos bancos centrais receber e examinar as queixas dos consumidores[40].

---

[31] Cf. TORSTEN KÖRBER, *Die Risikoverteilung bei der Kreditkartenzahlung in Mailorder und E-Commerce*, WM 2004, 563-570.

[32] JOACHIM FONTAINE, *Debitkarten im Internet*, Bank 2003, 254-259 (259/II).

[33] Sobre o tema, com diversos elementos, STEPHAN STEUER, *Schlichtungsverfähren: Ombudsmann*, em SCHIMANSKY/BUNTE/LWOWSKI, *Bankrecht-Handbuch* (2007), I, 3ª ed., § 3 (34 ss.). Entre nós, *vide* o escrito importante de JOSÉ SIMÕES PATRÍCIO, *Prevenção e resolução alternativa de conflitos com clientes bancários*, Estudos em Honra do Professor Doutor Inocêncio Galvão Telles, 2 (2002), 593-617.

[34] O texto da competente *Verfahrensordnung* pode ser confrontado em STEPHAN STEUER, ob. cit., 36-38 e em NJW 1992, 2745/II a 2746/II.

[35] THOMAS HOEREN, *Das neue Verfahren für die Schlichtung von Kundenbeschwerden im deutschen Bankgewerbe*, NJW 1992, 2727-2732 (2728/I a 2731/II).

[36] THOMAS HOEREN, *Der Bankenombudsmann in der Praxis*, NJW 1994, 362-365.

[37] LEO PARSCH, *5 Jahre Schlichtungsverfahren der privaten Banken*, WM 1997, 1228-1231 (1231/II).

[38] ALFONS VAN GELDER, *Phischer, Pharmer & Co. / Angriffe und Haftung beim Online-Banking / Aus der Praxis eines Ombudsmannes*, FS Gerd Noble (2009), 55-73.

[39] Assim sucede com a Bélgica, a Suíça, a Grã-Bretanha, a Austrália, a Irlanda e a Nova Zelândia.

[40] Os casos da Espanha e da França.

III. Entre nós, um provedor bancário poderia resultar de uma iniciativa da Associação Portuguesa de Bancos. Até lá, encontramos já a figura do provedor, no âmbito de iniciativas particulares de alguns banqueiros[41].

Como incentivo de ordem geral, temos a registar a recomendação da Comissão de 14-Fev.-1990, relativa à transparência das condições bancárias aplicáveis às transações financeiras transfronteiriças[42].

---

[41] Assim sucede no BCP, que adotou a figura. Cf. *Regulamento do Provedor do Cliente do Banco Comercial Português, SA*, consultável em *www.millenniumbcp.pt*.
[42] JOCE Nr. L-67, 39-43, de 15-Mar.-1990. Segundo o "sexto princípio" enunciado na recomendação: Todas as instituições que intervêem numa transação financeira transfronteiras devem estar em condições de tratar rapidamente as queixas formuladas pelo ordenador ou pelo beneficiário, relativamente à execução ou à nota de despesas da transação.

Informação e Publicidade.
Em Especial, a Publicidade de Produtos Financeiros

Cláudia Madaleno *

Sumário: 1. Enquadramento; 2. Conceito de publicidade; 3. Relação entre a publicidade enganosa e a concorrência desleal; 4. Regulação da publicidade: a proibição de práticas comerciais desleais no Direito Comunitário e no Direito Interno; 4.1. Casos especiais; subsidiariedade; 4.2. Proibição das práticas comerciais desleais; 4.3. Consumidor médio; 4.4. Proibição em especial das práticas comerciais enganosas e agressivas; 4.5. Decreto-Lei nº 57/2008, de 26 de Março; 5. A publicidade no Direito Interno; 6. Códigos de conduta; 7. Da publicidade de produtos financeiros em especial; 7.1. Instituições de crédito e sociedades financeiras; 7.1.1. Regime geral das Instituições de Crédito e das Sociedades Financeiras e Aviso do Banco de Portugal nº 10/2008, de 22 de Dezembro; 7.1.2. Actividade de promoção financeira 7.1.3. Produtos financeiros em especial; 7.2. Valores mobiliários; 7.3. Seguros; 8. Problema das comunicações não solicitadas; Conclusão.

1. Enquadramento **
I. A publicidade é uma actividade que visa a difusão pública de ideias, sendo utilizada para suscitar o interesse de potenciais consumidores na aquisição

---

* Assistente Convidada da Faculdade de Direito da Universidade de Lisboa.
** O presente texto corresponde ao desenvolvimento da conferência proferida no XI Curso Pós-Graduado de Aperfeiçoamento em Direito do Consumo, subordinado ao tema "A Crise e os Novos Rumos do Direito do Consumo", organizado pelo Instituto de Direito do Consumo da Faculdade de Direito da Universidade de Lisboa no ano lectivo 2010/2011.
São utilizadas as seguintes abreviaturas: Art./art. – artigo; CC – Código Civil; Cit. – Citada; Cf. – Conforme; Cfr. – Conferir; CMVM – Comissão de Mercado dos Valores Mobiliários;

de um produto ou na contratação de um serviço. Através da divulgação das principais características desse produto ou serviço, a publicidade constitui um elemento determinante no aparecimento e na formação da vontade contratual. É com base nesta premissa que as empresas contratam especialistas em publicidade e *marketing*, com vista a encontrar os melhores métodos a fim de chamar a atenção dos consumidores e de suscitar o interesse na contratação.

Tendo em consideração que a publicidade desempenha um papel importante no sobre-endividamento das famílias, a sua regulação é uma questão que assume especial importância em período de grave crise económica[1]. Neste sentido, aumenta ainda mais a necessidade de responsabilidade social por parte dos agentes económicos, bem como deve ser mais intensa a intervenção legislativa e o respectivo controlo. Ainda assim, a regulação da publicidade tem que se conter dentro de certos limites, pois que, em confronto, encontramos direitos fundamentais constitucionalmente consagrados.

II. A informação e publicidade inserem-se nas faculdades conferidas aos agentes económicos no uso da sua *liberdade económica*, tendo também relação com a *liberdade de expressão*, ambas salvaguardadas pela Lei Fundamental. Neste sentido, o nº 1 do artigo 61º da Constituição determina que *"A iniciativa económica privada exerce-se livremente nos quadros definidos pela Constituição e pela lei e tendo em conta o interesse geral"*. Também o artigo 37º, dedicado à liberdade de expressão e informação, estabelece que *"Todos têm o direito de exprimir e divulgar livremente o seu pensamento pela palavra, pela imagem ou por qualquer outro meio, bem como o direito de informar, de se informar e de ser informados, sem impedimentos nem discriminações"*, acrescentando o nº 2 que *"O exercício destes direitos não pode ser impedido ou limitado por qualquer tipo ou forma de censura"*.

Destes normativos retiramos, como ponto de partida, que é de reconhecer *liberdade à publicidade*, assente constitucionalmente nas liberdades de expressão, informação e iniciativa económica, traduzindo um instrumento essencial da actuação concorrencial, que, inclusivamente, incumbe ao Estado promover

---

CP – Código da Publicidade; CPI – Código da Propriedade Industrial; CRP – Constituição da República Portuguesa; CVM – Código dos Valores Mobiliários; DL – Decreto-Lei; ICAP – Instituto da Auto--Disciplina da Comunicação Comercial; LDC – Lei de Defesa do Consumidor; Nº/nº – número; n.r. – nota de rodapé; P./p. – página; RGICSF – Regime Geral das Instituições de Crédito e Sociedades Financeiras; STJ – Supremo Tribunal de Justiça; TAEG – Taxa Anual Efectiva Global; TJUE – Tribunal de Justiça da União Europeia.

[1] Sobre as causas e a possível explicação para a crise dos tempos actuais, cfr. ANTÓNIO MENEZES CORDEIRO, *Manual de Direito Bancário*, 4ª edição, Coimbra, Almedina, 2010, pp. 135 e seguintes.

(artigo 81º, *alínea e)*, da CRP). Estamos diante de um pressuposto da realização da democracia económica (artigo 2º da CRP), donde resulta que qualquer restrição a este direito carece de uma justificação constitucional (artigo 18º da CRP)[2].

Em contrapartida, os limites à publicidade decorrem essencialmente de dois valores: (i) por um lado, da ideia de protecção da parte mais fraca; (ii) por outro, da necessidade de garantir a tutela dos consumidores através da transparência da informação, protegendo assim o próprio mercado[3].

III. A necessidade de limitar a publicidade decorre da tutela dos consumidores, que estabelece as fronteiras da sua margem de actuação. A versão actual da Constituição acolhe os direitos dos consumidores como direitos e deveres fundamentais de natureza económica, no seu artigo 60º[4], cujo nº 2 expressamente prevê que *"A publicidade é disciplinada por lei, sendo proibidas todas as formas de publicidade oculta, indirecta ou dolosa"*. São, neste preceito, consagrados os direitos fundamentais dos consumidores: 1) direito à qualidade dos bens e serviços consumidos; 2) direito à formação e à informação; 3) direito à protecção da saúde; 4) direito à protecção da segurança; 5) direito à protecção dos interesses económicos; 6) direito à reparação de danos.

IV. Esta norma constitucional é desenvolvida na lei, nomeadamente na Lei de Defesa do Consumidor, cujo artigo 3º consagra, na sua *alínea c)*, o direito do consumidor *"à formação e à educação para o consumo"*. Em concreto sobre a questão da publicidade, o artigo 7º da LDC[5] estabelece a obrigatoriedade de utilização da língua portuguesa no seu nº 3, acrescentando o nº 4 que *"A publicidade deve ser lícita, inequivocamente identificada e respeitar a verdade e os direitos dos consumidores"*. Uma garantia adicional resulta do nº 5 deste mesmo artigo, nos termos do qual *"As informações concretas e objectivas contidas nas mensagens publici-*

---

[2] Neste sentido, cfr. CARLOS COSTA PINA, *Publicidade, promoção e prospecção nos serviços financeiros*, em *Direito dos Valores Mobiliários*, Volume IV, Coimbra, Coimbra Editora, 2003, p. 255.
[3] CARLOS COSTA PINA, *Publicidade, promoção e prospecção nos serviços financeiros*, p. 255.
[4] Artigo 60º (Direitos dos consumidores): 1. Os consumidores têm direito à qualidade dos bens e serviços consumidos, à formação e à informação, à protecção da saúde, da segurança e dos seus interesses económicos, bem como à reparação de danos; 2. A publicidade é disciplinada por lei, sendo proibidas todas as formas de publicidade oculta, indirecta ou dolosa; 3. As associações de consumidores e as cooperativas de consumo têm direito, nos termos da lei, ao apoio do Estado e a ser ouvidas sobre as questões que digam respeito à defesa dos consumidores, sendo-lhes reconhecida legitimidade processual para defesa dos seus associados ou de interesses colectivos ou difusos.
[5] Aprovada pela Lei nº 24/96, de 31 de Julho, sucessivamente actualizada, sendo a última alteração do Decreto-Lei nº 67/2003, de 8 de Abril.

tárias de determinado bem, serviço ou direito consideram-se integradas no conteúdo dos contratos que se venham a celebrar após a sua emissão, tendo-se por não escritas as cláusulas contratuais em contrário".

Pela análise do quadro de Direito interno, verificamos que existe uma preocupação firme por parte do legislador em regular a publicidade e rodeá-la de limites que permitam assegurar que não se transforma num meio de ludibriar os consumidores, sendo utilizada de forma regulada e equilibrada.

V. É ainda de referir o Anteprojecto do Código do Consumidor – que não chegou a ser oficialmente adoptado – o qual tinha em vista revogar o Código da Publicidade, bem como a Lei nº 6/99, de 27 de Janeiro (publicidade domiciliária), tendo ainda como objectivo transpor a Directiva 84/450/CEE do Conselho, de 10 de Setembro de 1984, relativa à aproximação das disposições legislativas, regulamentares e administrativas dos Estados-Membros em matéria de publicidade enganosa e os artigos 10º a 17º da Directiva 89/552/CEE do Conselho, de 3 de Outubro de 1989, relativa à coordenação de certas disposições legislativas, regulamentares e administrativas dos Estados-Membros relativas ao exercício de actividades de radiodifusão televisiva.

O Anteprojecto regulava a publicidade comparativa no artigo 101º, que definia como aquela que *"identificava, explícita ou implicitamente, um concorrente ou os bens ou serviços oferecidos por um concorrente"*. Esta era apenas permitida quando (i) não fosse enganosa; (ii) comparasse bens ou serviços respeitantes às mesmas necessidades ou com os mesmos objectivos; (iii) comparasse objectivamente uma ou mais características substanciais, pertinentes, comprováveis e representativas desses bens e serviços; (iv) não desacreditasse ou denegrisse marcas, designações comerciais, outros sinais distintivos, bens, serviços, actividades ou situação de um concorrente; (v) em caso de produtos com denominação de origem, referisse, em cada caso, produtos com a mesma denominação; (vi) não tirasse partido indevido da notoriedade de uma marca, designação comercial ou outro sinal distintivo de um concorrente ou da denominação de origem de produtos concorrentes; (vii) não apresentasse um bem ou serviço como uma imitação ou reprodução de um bem ou serviço cuja marca ou designação comercial fosse protegida; (viii) e, finalmente, não criasse confusão entre os profissionais, entre o anunciante e um concorrente, ou entre uma marca, designação comercial ou outro sinal distintivo, bens ou serviços do anunciante e os de um concorrente.

Os artigos 84º a 128º do Anteprojecto tratavam em especial a matéria da publicidade, mas de forma muito próxima à que encontramos hoje no Código da Publicidade[6-7]. Como novidade, estava prevista a criação de uma Entidade Reguladora das Comunicações Comerciais.

Em termos de responsabilidade, o Anteprojecto estabelecia que os anunciantes, os profissionais, as agências de publicidade e quaisquer outras entidades que exercessem a actividade publicitária, bem como os titulares dos suportes publicitários utilizados ou os respectivos concessionários, seriam civil e solidariamente responsáveis, nos termos gerais, pelos prejuízos causados a terceiros em resultado da difusão de mensagens publicitárias ilícitas (artigo 119º).

Concretamente sobre os produtos financeiros[8], o artigo 287º do Anteprojecto determinava que *"toda a publicidade, ou qualquer oferta exibida nos estabelecimentos comerciais, em que um anunciante se proponha conceder crédito ou servir de intermediário para a celebração de contratos de crédito e em que seja mencionada a taxa de juro ou outro valor relacionado com o custo do crédito, deve indicar igualmente a TAEG"*, de preferência através de um exemplo representativo.

VI. Do quadro actual vigente, bem como do Anteprojecto de Código do Consumidor, facilmente se vislumbra a especial preocupação do legislador em regular o fenómeno publicitário e em salvaguardar os efeitos que dele decorrem para a decisão dos consumidores em adquirir ou não determinado produto ou serviço, com particular destaque para a publicidade de produtos financeiros.

2. Conceito de publicidade

I. Como ponto prévio, impõe-se delimitar o que se deve entender por publicidade. A construção de uma noção legal de publicidade não é isenta de dificuldades, derivadas não apenas da multiplicidade de situações susceptíveis de serem incluídas neste conceito, como igualmente da diversidade verificada em diferentes países[9]. É, porém, uma tarefa necessária, a partir do momento em que se pretende delimitar o conjunto de realidades reguladas[10].

---

[6] O que originou algumas críticas. Veja-se, por exemplo, JOSÉ DE OLIVEIRA ASCENSÃO, *O Anteprojecto do Código do Consumidor e a Publicidade*, em Estudos do Instituto do Direito do Consumo, Coimbra, Almedina, Volume III, 2006, p. 19.

[7] Cfr. ainda ADELAIDE MENEZES LEITÃO, *A Publicidade no Anteprojecto do Código do Consumidor*, em Estudos do Instituto do Direito do Consumo, Coimbra, Almedina, Volume III, p. 141.

[8] Relevante era ainda o artigo 308º, referente à responsabilidade subsidiária do terceiro financiador.

[9] Dá-nos conta dessa dificuldade CARLOS FERREIRA DE ALMEIDA, *Conceito de publicidade*, em Separata do Boletim do Ministério da Justiça, Nº 349, Lisboa, 1985, pp. 5 e 6, referindo que o grupo de trabalho que preparou um projecto de resolução do Conselho da Europa sobre a protecção dos consumidores contra a publicidade enganosa considerou que não seria absolutamente necessária uma definição de publicidade.

[10] CARLOS FERREIRA DE ALMEIDA, *Conceito de publicidade*, p. 6.

Qualquer que seja a conclusão a que se chegue, o ponto de partida da noção de publicidade passará sempre pela consideração de que se trata de uma forma de comunicação[11].

A publicidade inclui quer a difusão genérica de anúncios, quer a publicidade promovida *fora* do estabelecimento do profissional, em particular a publicidade domiciliária, quer ainda as comunicações comerciais não solicitadas pelo respectivo destinatário[12]. Em todos os casos, a publicidade é vista como uma forma de comunicação *em massa*, dado ser destinada a uma pluralidade de pessoas[13].

II. Actualmente, a publicidade é definida no artigo 3º, nº 1, do Código da Publicidade[14] como *"qualquer forma de comunicação feita por entidades de natureza pública ou privada, no âmbito de uma actividade comercial, industrial, artesanal ou liberal, com o objectivo directo ou indirecto de promover, com vista à sua comercialização ou alienação, quaisquer bens ou serviços ou promover ideias, princípios, iniciativas ou instituições"*. Temos assim de atender aos seguintes elementos: (i) forma de comunicação, realizada no âmbito de uma actividade comercial, industrial, artesanal ou liberal; (ii) com um objectivo específico: promover a comercialização ou alienação de bens ou produtos ou de ideias, princípios ou instituições.

Por conseguinte, para estarmos diante de publicidade não é necessário que se recorra a um profissional, que exerça esta actividade a título principal[15]. Mesmo que provenha da própria entidade que pretende beneficiar com a difusão, tratar-se-á de publicidade. A regra, porém, será a contratação de um profissional para empreender a publicidade, havendo então que diferenciar entre: (i) anunciante[16], ou aquele que procura divulgar os seus bens ou os serviços prestados; (ii) agência de publicidade, que realiza e coloca a publicidade nos meios de transmissão; (iii) titular do suporte, ou aquele que põe à disposição do anunciante o meio para transmitir a mensagem[17].

---

[11] CARLOS FERREIRA DE ALMEIDA, *Conceito de publicidade*, p. 6.

[12] CARLOS FERREIRA DE ALMEIDA, *Conceito de publicidade*, p. 8, chama a atenção para o facto de se tratar de um termo polissémico, que pode ser entendido como: (i) acção publicitária; (ii) actividade publicitária; (iii) mensagem publicitária.

[13] CARLOS FERREIRA DE ALMEIDA, *Conceito de publicidade*, p. 8.

[14] Aprovado pelo Decreto-Lei nº 330/90, de 23 de Outubro, sucessivamente actualizado, sendo a última versão a que resultou da Lei nº 8/2011, de 11 de Abril.

[15] CARLOS FERREIRA DE ALMEIDA, *Conceito de publicidade*, p. 11, dá o exemplo dos cartazes ou anúncios luminosos colocados pelo próprio para chamar o público para assistir a um espectáculo ou adquirir um produto.

[16] CARLOS FERREIRA DE ALMEIDA, *Conceito de publicidade*, p. 13, considera que o anunciante não será, necessariamente, um comerciante, podendo ser *"qualquer pessoa jurídica ou organização não personalizada, desde que o conteúdo da mensagem formada se refira à promoção de uma qualquer actividade económica"*.

[17] CARLOS FERREIRA DE ALMEIDA, *Conceito de publicidade*, p. 11.

Por outro lado, para que seja entendida como tal, é preciso que o seu objectivo seja a difusão de uma mensagem, com a finalidade específica de fazer com que terceiros adiram a essa mensagem. Todavia, esta segunda parte da norma – *promover ideias, princípios iniciativas ou instituições* – é alvo de críticas pela doutrina, por criar alguma confusão entre a publicidade, com objectivos comerciais, e a eventual divulgação de ideais políticos ou outros.

Em sentido amplo, a publicidade pode ser[18]: *informativa*, caso em que se limita, como o nome indica, a informar o consumidor, descrevendo o produto ou serviço; *sugestiva*, ou em sentido estrito, isto é, tendo em vista especificamente persuadir o consumidor à adopção de uma determinada conduta.

III. Há quem defina publicidade como um modo de difusão da informação por parte dos profissionais[19]. Contudo, publicidade (em sentido estrito) não se confunde com mera informação, precisamente porque a publicidade assume um ânimo objectivamente promocional[20], tendo como finalidade, directa ou indirectamente, criar uma atracção do consumidor pela contratação de determinado bem ou serviço, enquanto a informação tem um carácter manifestamente neutral. Através dela, o agente pretende tão-só dar a conhecer a terceiros as características de um produto ou serviço, mas não pretende, com essa difusão, atrair os terceiros para a respectiva contratação.

Porém, na prática não será muito fácil distinguir a mera informação da publicidade em sentido estrito, na medida em que a difusão das características do produto acabará, na maioria das vezes, por produzir o efeito de interesse do público para o mesmo.

IV. A nível da relação entre publicidade e informação, é ainda necessário atender ao disposto no artigo 485º do CC, nos termos do qual apenas se impõe o dever de responder por informações quando haja o dever de as dar, como é o caso, precisamente, das relações com os consumidores, com a consequente obrigação de indemnizar em caso de incumprimento[21]. Com este preceito se relaciona ainda o nº 2 do artigo 253º do CC, na medida em que pode ser anulado com base em erro provocado por dolo o negócio jurídico assente em sugestões ou artifícios usuais, sempre que o dever de elucidar o

---

[18] JOSÉ DE OLIVEIRA ASCENSÃO, *Concorrência desleal*, Coimbra, Almedina, 2002, p. 519.
[19] Segundo CARLOS COSTA PINA, *Publicidade, promoção e prospecção nos serviços financeiros*, p. 265, trata-se de *"um meio de concretização complementar do direito à informação"*, rejeitando contudo que os consumidores sejam titulares de um direito subjectivo à informação em geral (artigo 7º da LDC), admitindo, pelo contrário, que esse direito seja concretizado objectivamente pela via informativa em geral.
[20] CARLOS COSTA PINA, *Publicidade, promoção e prospecção nos serviços financeiros*, p. 259.
[21] CARLOS COSTA PINA, *Publicidade, promoção e prospecção nos serviços financeiros*, p. 267.

declarante resulte da lei, o que se verifica no caso das relações com consumidores.

Em ambos os casos, estamos diante de informação, e não de publicidade. Com efeito, pese embora o agente económica transmita a sua mensagem a um destinatário, com vista à respectiva persuasão, trata-se da relação directa com esse mesmo destinatário, e não de uma mensagem que visa uma pluralidade de pessoas. Por outro lado, a informação surge já numa fase mais avançada, posterior à publicidade, de encetamento de relações pré-negociais, ou até mesmo já negociais, suscitando na esfera jurídica das partes deveres de informação mais intensos do que antes de as mesmas terem lugar, cujo incumprimento é susceptível de dar azo a responsabilidade por culpa *in contrahendo*, ou, em contrapartida, conduzir à anulação do negócio celebrado com base numa vontade viciada em erro.

V. Fora do conceito de publicidade ficam todas as formas de comunicação que, embora dirigidas a uma multiplicidade de pessoas, não tenham em vista uma actividade económica, como será o caso da informação científica, política ou lúdica. Do mesmo modo, poderia entender-se que a propaganda e a publicidade registral seriam formas de publicidade em sentido amplo, mas não publicidade no estrito sentido do termo[22].

VI. Uma das principais medidas que é adoptada pela lei com vista a proteger os consumidores consiste em impor aos profissionais, no momento prévio à celebração do contrato, a prestação de todas as informações necessárias a esclarecer a contraparte, designadamente no que concerne ao que tenha sido anteriormente difundido pela via publicitária. Essa informação deve ser prestada em português – artigo 7º, nº 3, da LDC e artigo 7º, nºˢ 3 e 4 Código da Publicidade[23]. Neste ponto, alguma doutrina diferencia entre as *vendas activas*, que se iniciam por iniciativa do agente económico, em que se justificam particulares exigências de tutela quanto à língua usada; e *vendas passivas*, que têm lugar por iniciativa do consumidor, em que tais medidas não se justificam[24]. De qualquer modo, afigura-se-nos que, tendo havido prévia publicidade ao produto, os deveres de esclarecimento se impõem, ainda que se trate de vendas passivas, dada a motivação especial proveniente da mensagem publicitária e o risco de interpretação incorrecta da mesma.

---

[22] Neste sentido, cfr. CARLOS FERREIRA DE ALMEIDA, *Conceito de publicidade*, p. 10.
[23] Como veremos, podem haver excepções no caso do CVM.
[24] CARLOS COSTA PINA, *Publicidade, promoção e prospecção nos serviços financeiros*, p. 264, n.r. 38.

VII. A informação prestada por meio da publicidade pode assumir *relevo contratual*, uma vez que, tratando-se de informações concretas e objectivas, as mesmas se consideram obrigatoriamente integradas no conteúdo dos contratos celebrados (artigo 7º, nº 5, da LDC).

Decorre deste regime que, nalguns casos, a mensagem publicitária pode conter propostas contratuais completas, valendo efectivamente como proposta[25] que o terceiro pode, individualmente, aceitar, formando assim o contrato de acordo com os elementos contidos na publicidade.

Para que a informação contida na publicidade possa incluir o conteúdo contratual é necessário que: (i) dela conste uma informação concreta e determinada; (ii) haja oportunidade temporal e conexão, substancial e formal, adequada com a celebração do contrato[26]. Assim, este preceito não transforma toda a publicidade em proposta contratual, apenas lhe atribui alguns efeitos negociais, desde que a informação veiculada seja concreta e objectiva e contanto que o negócio possa ser celebrado sem exigências de forma adicionais (artigo 219º do CC), sendo essa a vontade inequívoca das partes.

VIII. Pode colocar-se a questão da articulação do regime constante do nº 5 do artigo 7º da LDC com a *publicidade veiculada por terceiro, que não é parte no contrato* que posteriormente é celebrado com o consumidor[27]. Com efeito, na maioria das vezes as empresas recorrem a entidades especializadas, que exercem a actividade publicitária a título profissional, pelo que há que articular a possibilidade de a informação prestada nestes moldes por um terceiro vincular o produtor do bem ou o prestador do serviço. Criticando precisamente a opção do artigo 7º, nº 5, da LDC, Carlos Costa Pina considera que teria sido suficiente o legislador impor a responsabilidade civil do agente, sem contratualizar a informação previamente veiculada pela publicidade, numa lógica que seria antes a da terceira via da responsabilidade civil[28].

Pela nossa parte, afigura-se que, mesmo recorrendo a um terceiro, será aplicável o disposto no artigo 7º, nº 5, da LDC. Com efeito, não seria lógico que o risco de informação incorrecta corresse por conta do consumidor, destinatário da publicidade. A partir do momento em que o anunciante decide lançar mão de um terceiro para veicular a mensagem publicitária, terá, a nosso ver, de suportar os eventuais riscos que daí possam vir a resultar, o que inclui o

---

[25] Só valerá como proposta contratual se, para além de conter os elementos essenciais ao negócio jurídico visado, o mesmo não carecer de forma especial (artigo 219º do CC) e se dela resultar uma intenção inequívoca de contratar.
[26] CARLOS COSTA PINA, *Publicidade, promoção e prospecção nos serviços financeiros*, p. 267.
[27] CARLOS COSTA PINA, *Publicidade, promoção e prospecção nos serviços financeiros*, p. 267.
[28] CARLOS COSTA PINA, *Publicidade, promoção e prospecção nos serviços financeiros*, p. 268.

risco de a mensagem conter informações concretas e objectivas susceptíveis de integrar o conteúdo negocial[29].

3. Relação entre a publicidade enganosa e a concorrência desleal

I. O principal limite estabelecido à publicidade, quer a nível interno, quer do ponto de vista comunitário, independentemente do produto concretamente publicitado, consiste na proibição de publicidade enganosa. Este regime visa assegurar a transparência da acção publicitária das empresas na União Europeia e a convergência para o mercado comum.

Publicidade enganosa, como o próprio nome indica, é aquela que induz ou é susceptível de induzir em erro o consumidor[30]. Portanto, a publicidade enganosa não é aquela que pode induzir em erro o concorrente, ou o especialista na matéria, mas antes o consumidor, já que o primeiro, *"com o seu olhar experiente e desperto, facilmente detectaria as diferenças"*[31].

A publicidade enganosa não se confunde com *publicidade mentirosa*, porquanto aquela é susceptível de induzir em erro mesmo que nela se contenham afirmações verdadeiras[32]. Por outro lado, também não se confunde com *publicidade hiperbólica*, já que o exagero publicitário é aceite dentro da normalidade social[33-34].

II. O artigo 11º do Código da Publicidade proíbe a publicidade enganosa, em consonância com o Decreto-Lei nº 57/2008, de 26 de Março.

Como se referiu, é necessário diferenciar a publicidade enganosa da concorrência desleal, outro limite à acção das empresas, mas cuja finalidade é substancialmente diversa[35]. A proibição da publicidade enganosa tem directa-

---

[29] Este regime vai, inclusivamente, ao encontro da lógica do artigo 800º do CC. No entanto, neste caso trata-se da utilização do terceiro para efeitos de cumprimento, enquanto na hipótese da publicidade está em causa a utilização de um terceiro com vista a promover e persuadir a adesão ao produto ou serviço divulgado.

[30] Segundo JOSÉ DE OLIVEIRA ASCENSÃO, *Concorrência desleal*, p. 515, "Protegem-se os concorrentes mas por se não admitir uma concorrência que se faça pelo esmagamento dos interesses dos consumidores. Estes ganham assim uma posição de primeiro plano, embora seja uma posição reflexa, porque continuam a ser os concorrentes os destinatários directos da protecção legal.".

[31] JOSÉ DE OLIVEIRA ASCENSÃO, *Concorrência desleal*, p. 516.

[32] JOSÉ DE OLIVEIRA ASCENSÃO, *Concorrência desleal*, p. 520.

[33] JOSÉ DE OLIVEIRA ASCENSÃO, *Concorrência desleal*, p. 520.

[34] No mesmo sentido, cfr. MARIA MIGUEL MORAIS DE CARVALHO, *O conceito de publicidade enganosa*, p. 701, salienta que o exagero publicitário é considerado uma prática legítima por não ser levado a sério pelos consumidores, logo, não ser de igual modo susceptível de induzir em erro.

[35] De acordo com JOSÉ DE OLIVEIRA ASCENSÃO, *Publicidade enganosa e produtos financeiros*, em Revista Portuguesa de Direito do Consumo, Dezembro de 1999, nº 20, p. 9, em bom rigor, *tradicionalmente*, *"a matéria da publicidade vinha enquadrada nas leis sobre concorrência desleal"*.

mente em vista a protecção dos consumidores, ainda que, de modo indirecto, beneficie igualmente os concorrentes. Por seu turno, as normas sobre a concorrência desleal protegem directamente os concorrentes, delas resultando, quanto muito, eficácia reflexa na tutela dos consumidores.

Nesta matéria, rege o disposto no Código da Propriedade Industrial[36], cujo artigo 331º estabelece a punição em caso de prática de qualquer acto de concorrência desleal definido nos artigos 317º e 318º. A concorrência desleal é aqui entendida como *"todo o acto de concorrência contrário às normas e usos honestos de qualquer ramo de actividade económica"*. Trata-se, em bom rigor, de um *tipo valorativo*, já que *"supõe a violação das normas e usos honestos de um ramo de actividade económica"*[37]. De seguida, são enunciados alguns exemplos, dos quais destacamos os constantes das *alíneas a)* e *b)*: actos susceptíveis de criar confusão com a empresa, o estabelecimento, os produtos ou os serviços dos concorrentes, qualquer que seja o meio empregue; e as falsas afirmações feitas no exercício de uma actividade económica, com o fim de desacreditar os concorrentes[38]. Nestes termos, são proibidas todas as falsas afirmações que possam ser feitas a propósito de um concorrente, admitindo-se contudo aquelas que sejam verdadeiras.

III. Apesar das clássicas diferenças entre publicidade enganosa e concorrência desleal, a verdade é que estas figuras têm vindo a diluir-se com a invasão dos sistemas vigentes noutros ordenamentos jurídicos, como é o caso da Alemanha, em que se entende haver uma *concepção integrada dos interesses protegidos pela concorrência desleal*[39], que pode assim ter em vista tanto a tutela de interesses gerais, como de interesses dos concorrentes, ou até dos próprios consumidores.

Em qualquer caso, a definição dos interesses concretamente protegidos é importante para efeitos de determinação da legitimidade de acção caso tais

---

[36] Aprovado pelo Decreto-Lei nº 36/2003, de 5 de Março, e sucessivamente alterado, sendo a última modificação proveniente da Lei nº 46/2011, de 24 de Junho.

[37] JOSÉ DE OLIVEIRA ASCENSÃO, *Publicidade enganosa e produtos financeiros*, p. 12.

[38] As restantes alíneas contemplam os seguintes casos: *"c) As invocações ou referências não autorizadas feitas com o fim de beneficiar do crédito ou da reputação de um nome, estabelecimento ou marca alheios; d) As falsas indicações de crédito ou reputação próprios, respeitantes ao capital ou situação financeira da empresa ou estabelecimento, à natureza ou âmbito das suas actividades e negócios e à qualidade ou quantidade da clientela; e) As falsas descrições ou indicações sobre a natureza, qualidade ou utilidade dos produtos ou serviços, bem como as falsas indicações de proveniência, de localidade, região ou território, de fábrica, oficina, propriedade ou estabelecimento, seja qual for o modo adoptado; f) A supressão, ocultação ou alteração, por parte do vendedor ou de qualquer intermediário, da denominação de origem ou indicação geográfica dos produtos ou da marca registada do produtor ou fabricante em produtos destinados à venda e que não tenham sofrido modificação no seu acondicionamento."*.

[39] JOSÉ DE OLIVEIRA ASCENSÃO, *Publicidade enganosa e produtos financeiros*, p. 10.

normas não sejam observadas, donde resulta uma importante consequência: os concorrentes não podem reagir contra práticas publicitárias, assim como os consumidores não podem reagir contra práticas de concorrência desleal[40]. Deste modo, há que identificar o núcleo de pessoas tuteladas pela norma, a fim de concluir se estamos perante publicidade enganosa ou concorrência desleal, uma vez que há consequências práticas dessa caracterização.

4. Regulação da publicidade: a proibição de práticas comerciais desleais no Direito Comunitário e no Direito Interno

I. A publicidade encontra um enquadramento a nível comunitário, resultante da Directiva 2005/29/CE, do Parlamento Europeu e do Conselho, relativa às práticas comerciais desleais das empresas face aos consumidores no mercado interno (*directiva relativa às práticas comerciais desleais*), que alterou a Directiva 84/450/CEE, do Conselho e as Directivas 97/7/CE, 98/27/CE e 2002/65/CE e o Regulamento (CE) nº 2006/2004[41].

Esta Directiva assenta no disposto no artigo 153º, nº 1, do Tratado[42], nos termos do qual a Comunidade deve contribuir para assegurar um elevado nível de protecção dos consumidores. De acordo com o segundo Considerando da Directiva, *"O desenvolvimento de práticas comerciais leais num espaço sem fronteiras internas é essencial para a promoção do desenvolvimento das actividades transfronteiriças"*.

II. A Directiva 2005/29/CE não se confunde com a Directiva 2006/114/CE, do Parlamento Europeu e do Conselho, de 12 de Dezembro de 2006, relativa à publicidade enganosa e comparativa. Com efeito, esta última tem um âmbito de aplicação diverso, já que visa proteger os negociantes contra a publicidade enganosa e as suas consequências desleais e estabelecer as normas permissivas da publicidade comparativa (artigo 1º).

Segundo o disposto no artigo 4º da Directiva 2006/114/CE, a publicidade comparativa é permitida desde que, entre outras condições: i) não seja enganosa; ii) compare bens ou serviços que correspondam às mesmas necessidades ou tenham os mesmos fins; iii) compare objectivamente uma ou mais características essenciais, pertinentes, comprováveis e representativas; iv) não desacredite nem desaprecie marcas; v) não tire partido indevido do renome de uma marca; vi) não origine confusão no mercado entre negociantes.

---

[40] JOSÉ DE OLIVEIRA ASCENSÃO, *Publicidade enganosa e produtos financeiros*, p. 11.
[41] Sobre a evolução da preocupação comunitária com os consumidores, cfr. ANTÓNIO MENEZES CORDEIRO, *Manual de Direito Bancário*, pp. 285 e seguintes.
[42] Versão consolidada do Tratado da União Europeia e do Tratado que institui a Comunidade Europeia.

III. Por seu turno, a Directiva 2005/29/CE surge no contexto de tutela do consumidor, tendo como objectivo primário proibir as práticas comerciais desleais e estabelecer as consequências das mesmas.

IV. A Directiva 2005/29/CE tem em vista proteger os consumidores das práticas comerciais desleais, mas dela não resulta qualquer regulação relativa às práticas comerciais desleais *que apenas prejudiquem os interesses económicos dos concorrentes ou que digam respeito a uma transacção entre profissionais* (Considerando 6). Não obstante, como se reconhece expressamente no Considerando 8, se directamente são protegidos os interesses dos consumidores, do ponto de vista indirecto são também protegidos os interesses legítimos das empresas face aos concorrentes que não respeitem as regras resultantes da Directiva, acabando assim por contribuir para uma concorrência leal e salutar.

4.1. Casos especiais; subsidiariedade

I. De acordo com o proclamado no Considerando 9 e no nº 9 do artigo 3º da Directiva 2005/29/CE, *"Atendendo à sua complexidade e aos sérios riscos que lhes são inerentes, os serviços financeiros e bens imóveis carecem de requisitos pormenorizados, incluindo da imposição de obrigações positivas aos profissionais. Por este motivo, no domínio dos serviços financeiros e bens imóveis, a presente directiva não prejudica o direito dos Estados-Membros de irem mais longe do que o nela disposto para protecção dos interesses económicos dos consumidores.".*

Neste caso, a Directiva 2005/29/CE só se aplica *"quando não existam disposições comunitárias particulares que regulem aspectos específicos das práticas comerciais desleais"* (Considerando 10). Podemos assim concluir que o legislador comunitário confere uma ênfase especial à publicidade de bens imóveis e de produtos financeiros, já que através desta directiva os profissionais estão proibidos de criar uma falsa imagem da natureza dos produtos. Isto assume particular importância no que concerne aos produtos complexos, como é o caso dos produtos financeiros, já que estes comportam riscos elevados para os consumidores, dada a sua frequente *falta de conhecimentos especializados* em matéria financeira.

II. Assim sendo, em matéria de publicidade de bens imóveis e de publicidade de serviços financeiros, os Estados Membros têm a faculdade de ir mais longe do que as prescrições da própria Directiva, atendendo às especialidades que estes produtos apresentam.

III. Ao contrário do que se verifica na maioria dos casos, a Directiva 2005/29//CE introduz uma *harmonização plena* pelo que, se a lei interna indicar informações adicionais para além das constantes da Directiva e essas não forem cumpridas, tal não constitui omissão enganosa na acepção da Directiva, desde que tenham sido fornecidas as informações nela constantes (Considerando 15). Por isso se deve entender que a harmonização é total, já que o mínimo efectivamente exigido resulta da própria Directiva, e não do Direito interno.

4.2. Proibição das práticas comerciais desleais

I. A Directiva 2005/29/CE visa contribuir para o funcionamento correcto do mercado interno e alcançar um elevado nível de defesa dos consumidores através da aproximação das disposições legislativas, regulamentares e administrativas dos Estados-Membros relativas às práticas comerciais desleais que lesam os interesses económicos dos consumidores (artigo 1º).

Com este propósito, as práticas comerciais desleais encontram-se definidas na *alínea d)* do artigo 2º como *"qualquer acção, omissão, conduta ou afirmação e as comunicações comerciais, incluindo a publicidade e o* marketing, *por parte de um profissional, em relação directa com a promoção, a venda ou o fornecimento de um produto aos consumidores"*.

II. Coloca-se a questão de saber o que se deve entender por prática comercial desleal. O primeiro ponto é constatar que prática comercial desleal deve ser mais do que publicidade desleal ou enganosa, pois aquela pode ocorrer noutro momento que não o momento prévio à celebração do contrato e determinante para a decisão contratual do consumidor.

Nos termos do artigo 5º, são consideradas práticas comerciais desleais as que preencham dois requisitos cumulativos[43-44]:
1) Por um lado, as práticas contrárias às exigências relativas à diligência profissional, atendendo ao padrão de competência especializada e de cuidado que se pode razoavelmente esperar do profissional em relação ao consumidor, considerando os usos honestos praticados no âmbito da respectiva actividade e o Princípio da boa fé[45];
2) Para além disso, deve tratar-se de práticas que distorçam ou sejam susceptíveis de distorcer substancialmente o comportamento do consumidor médio.

III. De referir que não se encontra proibida pela Directiva a publicidade-comparativa. Pelo contrário, esta é, em princípio, lícita, desde que seja objec-

---

[43] ELSA DIAS OLIVEIRA, *Práticas comerciais proibidas*, em Estudos do Instituto do Direito do Consumo, Coimbra, Almedina, Volume III, p. 151.
[44] ELSA DIAS OLIVEIRA, *Práticas comerciais proibidas*, p. 155.
[45] Neste aspecto relevam ainda os códigos de conduta adoptados no exercício de certas actividades, como é o caso da actividade bancária

tiva, comprovável, não admita engano e não seja desleal, podendo mesmo trazer um benefício para o consumidor e para a própria concorrência[46-47].

De referir que a publicidade comparativa não se confunde com a publicidade adesiva, em que o confronto não serve para afirmar que a própria prestação é melhor que a outra, mas tão só que é equivalente, visando aqui um aproveitamento da reputação da outra prestação[48].

4.3. Consumidor médio

I. A Directiva 2005/29/CE assenta na concepção do consumidor médio que tem vindo a ser desenvolvida pelo TJUE, correspondendo este ao consumidor *"normalmente informado e razoavelmente atento e advertido, tendo em conta factores de ordem social, cultural e linguística"* (Considerando 18).

Todavia, também são previstas categorias especiais de consumidores particularmente vulneráveis, atendendo-se, nessa hipótese, ao consumidor médio dentro de cada um destes grupos.

II. O conceito de consumidor médio foi desenvolvido pelo TJUE, designadamente no seu Acórdão de 16 de Julho de 1998 (Processo C-210/96)[49], no qual considerou que era aquele *"que estava normalmente informado e razoavelmente atento e advertido"*. Não obstante, fê-lo sem atender a qualquer sondagem ou estudo de opinião científico, apesar de ter assumido que nada impedia que o órgão jurisdicional nacional solicitasse tal meio de prova. Todavia, a ausência de uma base objectiva de informação tem sido motivo de algumas críticas por parte da doutrina[50].

---

[46] Em sentido similar, cfr. ALEXANDRE DIAS PEREIRA, *Publicidade comparativa e práticas desleais*, em Estudos de Direito do Consumidor – 7, p. 346: *"Com efeito, entende-se que a publicidade comparativa, quando compara características essenciais, pertinentes, comprováveis e representativas e não é enganosa, pode constituir um meio legítimo de informar os consumidores dos seus interesses."*.

[47] ADELAIDE MENEZES LEITÃO, *Publicidade comparativa e concorrência desleal*, em *Estudos em Memória do Professor Doutor António Marques dos Santos*, Coimbra, Almedina, Volume I, 2005, p. 845, define a publicidade comparativa como aquela em que: (i) é feita referência a outras prestações; (ii) se estabelece uma comparação (explícita ou implícita) ou confronto com as próprias prestações. Para que se trate de publicidade comparativa, é ainda necessário que os produtos em comparação sejam idênticos ou similares (p. 861).

[48] ADELAIDE MENEZES LEITÃO, *Publicidade comparativa e concorrência desleal*, p. 847.

[49] Disponível em www.curia.eu. Neste Acórdão, o Tribunal lembrou que, noutros casos anteriores, procedeu à apreciação sobre se a publicidade questionada era ou não susceptível de induzir em erro um consumidor médio, mas somente nos casos em que havia elementos para tal. Nos restantes, cabe ao Tribunal nacional tomar em consideração a presumível expectativa de um consumidor médio, normalmente informado e razoavelmente atento e advertido, mesmo sem recorrer a um exame pericial ou sem encomendar uma sondagem de opinião.

[50] ELSA DIAS OLIVEIRA, *Práticas comerciais proibidas*, p. 156.

III. A acrescer à adopção do conceito de consumidor médio, a segunda parte do nº 3 do art. 5º da Directiva 2005/29/CE determina que a proibição de práticas comerciais desleais *"não prejudica a prática publicitária comum e legítima que consiste em fazer afirmações exageradas ou afirmações que não são destinadas a ser interpretadas literalmente."*. Assim, para além de impor ao consumidor o dever de estar medianamente informado sobre os assuntos objecto de publicidade, a Directiva acaba por legitimar certas práticas publicitárias que, à partida, poderiam ser questionadas, dado o seu teor persuasivo e exagerado.

No entanto, este preceito não parece ter sido transposto para o DL nº 57/ /2008, onde não se encontra norma semelhante. Apesar dessa não transposição, atendendo ao efeito directo das Directivas, será de concluir pela sua vigência no plano interno. Assim sendo, como princípio, há que atender ao conceito de consumidor médio, o que pode condicionar a efectividade prática de algumas das posições jurídicas atribuídas pelo quadro legal da publicidade.

IV. A conjugação do conceito de consumidor médio com a validade de afirmações exageradas ou não destinadas a ser interpretadas literalmente pode conduzir a um efeito adverso ao visado pela Directiva, promovendo, em vez de desincentivar, certas práticas publicitárias pouco transparentes.

Por um lado, o conceito de consumidor médio pode ter um efeito inverso ao pretendido com a regulação da publicidade, impondo ao consumidor o dever de se informar, em vez do direito a ser informado. Neste sentido, se se puder afirmar que o consumidor médio, colocado no lugar do consumidor que alega ter sido ludibriado ou enganado, não o teria sido, isto terá como consequência a liberação de qualquer responsabilidade do agente ou anunciante, de forma que poderá não ser apropriada aos objectivos visados, designadamente a tutela do consumidor contra certas práticas nefastas na actividade publicitária.

Por outro lado, é de notar que, para que uma prática comercial seja qualificada como desleal não basta a mera susceptibilidade de indução em erro do consumidor, sendo igualmente necessário que haja um *risco suficientemente grave e sério de engano do destinatário*, uma vez que, em bom rigor, as limitações à publicidade constituem restrições ao mercado interno e à livre circulação de mercadorias: nesta medida, apenas perante um interesse suficientemente grave podem ser constrangidas[51]. Assim, para que tal aconteça é necessário que se verifique um risco de *influência significativa* no processo de decisão dos consumidores (médios).

---

[51] Realçando este ponto, cfr. MARIA MIGUEL MORAIS DE CARVALHO, *O conceito de publicidade enganosa*, pp. 688 e 689.

V. A Directiva salvaguarda a existência de *categorias especialmente vulneráveis de consumidores*, como é o caso dos menores de idade, em relação aos quais os profissionais devem atender às respectivas características no momento de criação da mensagem publicitária, contanto que tal vulnerabilidade seja previsível. Todavia, de um modo que se afigura algo criticável, a circunstância de se tratar de uma categoria de consumidores especialmente crédula *não impede que sejam consideradas legítimas certas práticas comerciais*, tais como o recurso às usuais afirmações exageradas normalmente utilizadas na publicidade.

VI. No Direito interno, a previsão mais próxima deste regime consta do artigo 253.º, n.º 2, do CC, não se considerando este género de afirmações como dolosas, a menos que exista o dever de elucidar o declarante, o qual deverá resultar de lei, de estipulação negocial ou das concepções dominantes no comércio jurídico. No entanto, ainda assim, o recurso a estas afirmações não permite a indução do consumidor em erro, legitimando apenas que os profissionais realcem as qualidades dos produtos sem criarem uma errada imagem dos mesmos.

VII. No que respeita ao conceito de consumidor médio na jurisprudência nacional, este foi objecto de referência recente pelo Supremo Tribunal de Justiça, com destaque para os seguintes arestos:

No Acórdão de 13 de Julho de 2010[52], o STJ definiu que o padrão a atender era o do *"consumidor médio, razoavelmente informado, mas não particularmente atento às especificidades próprias das marcas"*.

No Acórdão do STJ de 3 de Fevereiro de 2005[53], considerou-se que o consumidor médio a ter em conta deve ser *"flexível, por forma a abranger os vários subtipos, como o consumidor profissional e o especializado ou o mais atento, nos produtos de preço muito elevado, ou o menos diligente, no caso de produtos de preço baixo ou de largo consumo"*.

VIII. É ainda escassa a jurisprudência que lança mão deste conceito. A esta orientação não será decerto alheia a tendência protectora do consumidor. Reconhece-se que, não obstante ser consumidor, este terá igualmente deveres, não se podendo simplesmente alhear da informação relevante para a formação da respectiva vontade contratual. Não obstante, em contrapartida, o nível de in-

---

[52] Processo n.º 3/05.9TYLSB.P1.S1, Relator Fonseca Ramos, disponível em www.dgsi.pt, no qual se entendeu que *"Não são confundíveis o nome de um imóvel que, apenas existe em Lisboa, e uma cadeia de centros comerciais existentes em várias cidades portuguesas incluindo a capital, tendo em comum o nome "Dolce Vita", que é marca das recorridas que integram o Grupo Amorim."*.

[53] Processo n.º 05B2005, Relator Custódio Montes, disponível em www.dgsi.pt.

teresse que pode ser exigido ao consumidor não pode servir para o transformar num especialista no produto ou serviço que irá adquirir: com efeito, inerente à relação de consumo está, também, a *confiança ínsita* no profissional que aliena o produto ou presta o serviço. Há, pois, que encontrar um equilíbrio entre o nível de informação *razoável* e o desconhecimento natural, inerente à confiança no processo em que outrem é especializado. É precisamente neste ponto de equilíbrio que o conceito de consumidor médio pode revelar-se perigoso, por ser susceptível de onerar excessivamente o consumidor com uma informação cujo conteúdo ele não domina ou sequer tem capacidade para compreender.

Assim, afigura-se-nos que a *diligência* que é exigida ao consumidor, precisamente por se tratar da parte substancialmente mais fraca, não pode pôr em causa a proibição de práticas comerciais desleais, as quais devem, nessa medida, ser sancionadas[54]. Com efeito, é necessário impedir que as tendências protectoras resultem num efeito inverso, que parece ter acontecido neste caso, onde se passou da ideia do direito à informação do consumidor enquanto um homem médio razoavelmente diligente e informado acerca dos seus assuntos, para *uma espécie de obrigação do próprio consumidor de se informar*[55]. Em complemento a esta tendência, muitas vezes considera-se que não é apenas ao consumidor que incumbe informar-se devidamente, como que as afirmações exageradas dos fornecedores de bens e dos prestadores de serviços são uma prática publicitária comum que deve, em certa medida, ser relevada, não devendo ser literalmente interpretadas[56].

De certo modo, assiste alguma razão a J. Pegado Liz quando afirma que o carácter protector do Direito do consumo dos anos setenta do século XX deu lugar *"a uma visão contratualista e liberal das relações de consumo, em que o consumidor é entronizado, «empowered», e enquanto se limitar a cumprir a sua função económica de consumir"*[57]. Acresce que, muitas vezes, o excesso de informação imposto pela legislação redunda num problema de *desinformação*, por incapacidade real do consumidor para absorver e compreender realmente os aspectos importantes dessa informação[58]. Ou seja, uma das formas possíveis de gerar o desinteresse do consumidor pela informação reside em efectuá-la de modo particularmente minucioso e técnico, desmotivando a sua compreensão pelo homem

---

[54] ANTÓNIO MENEZES CORDEIRO, *Manual de Direito Bancário*, pp. 285 e seguintes, após salientar que o Direito desde o início surgiu para proteger os mais fracos, salienta que o problema se agudiza com a publicidade *"e as suas técnicas de criar necessidades aparentes"*.

[55] Em crítica a esta tendência, cfr. J. Pegado Liz, *Que informação para os consumidores?*, em *Revista Portuguesa de Direito do Consumo*, nº 54, Junho de 2008, pp. 125 e 126.

[56] J. PEGADO LIZ, *Que informação para os consumidores?*, p. 126.

[57] J. PEGADO LIZ, *Que informação para os consumidores?*, p. 129.

[58] J. PEGADO LIZ, *Que informação para os consumidores?*, p. 129.

médio, em benefício do agente, que poderá sempre argumentar que prestou toda a informação devida e se prestou aos esclarecimentos necessários. Neste sentido, a informação *por excesso* deveria de igual modo ser atendida para efeitos de prática comercial desleal, por ser susceptível de produzir um efeito adverso ao pretendido com a imposição de práticas comerciais transparentes e claras.

4.4. Proibição em especial das práticas comerciais enganosas e agressivas

I. O n.º 4 do artigo 5.º da Directiva 2005/29/CE proíbe em especial as práticas comerciais enganosas e agressivas, donde resulta que podem existir outras práticas comerciais desleais, já que estas o são "em especial"[59].

II. As práticas comerciais enganosas podem decorrer de acção ou de omissão. Existe prática comercial enganosa *por acção* (artigo 6.º) quando ocorre a prestação de uma informação falsa, que induza ou seja susceptível de induzir em erro o consumidor médio e que o conduza ou seja susceptível de o conduzir a tomar uma decisão de transacção que, de outro modo, não teria tomado, em relação a um dos elementos constantes das *alíneas a)* a *g)* do n.º 1 do artigo 6.º da Directiva.

Este conceito é objecto de extensão no n.º 2 do artigo 6.º, com particular destaque para a *alínea a)*, que indica qualquer actividade de *marketing* relativa a um produto, incluindo a publicidade comparativa, que crie confusão com quaisquer produtos, marcas, designações comerciais e outros sinais distintivos de um concorrente. De notar que este regime deve ser conjugado com o Anexo I da Directiva, onde se prevêem práticas consideradas, em qualquer circunstância, enganosas.

III. Por seu turno, verifica-se uma prática comercial enganosa *por omissão* (artigo 7.º), sempre que o profissional omita uma informação substancial que, atendendo ao contexto, seja necessária para que o consumidor médio possa tomar uma decisão de transacção esclarecida.

O conceito de informação essencial depende de uma de duas situações: (i) a existência de um convite a contratar, em que o nível de informação é mais exigente; (ii) não havendo convite a contratar, a omissão verifica-se para além de qualquer relação contratual ou pré-contratual com consumidores. Esta segunda situação deve ser conjugada com o Anexo II, onde se estabelecem requisitos de informação substanciais para diferentes tipos contratuais que se aplicam ao *marketing* e à publicidade. Trata-se, contudo, de uma lista não exaustiva.

---

[59] No mesmo sentido, cfr. ELSA DIAS OLIVEIRA, *Práticas comerciais proibidas*, p. 160.

IV. As práticas comerciais agressivas encontram-se previstas nos artigos 8º e 9º da Directiva, sendo considerada enquanto tal qualquer prática pela qual se exerça uma influência indevida sobre o consumidor médio, designadamente ameaça, coacção, assédio, entre outros. Trata-se do caso típico em que o profissional atrai o consumidor para um determinado local, alegando haver um brinde para lhe oferecer e depois o instala numa sala, normalmente fechada, sem janelas nem relógios, onde insiste persuasivamente para a contratação de um serviço ou a aquisição de um bem, podendo nalguns casos chegar mesmo a ameaçá-lo, situação em que qualquer consumidor médio sente a sua liberdade em risco[60]. Neste caso, o profissional exerce uma *influência indevida* sobre o consumidor, condicionando a sua liberdade de celebração[61].

4.5. Decreto-Lei nº 57/2008, de 26 de Março

I. A transposição da Directiva 2005/29/CE para o Direito interno foi realizada através do DL nº 57/2008, de 26 de Março, que estabelece o regime aplicável às práticas comerciais desleais das empresas nas relações com os consumidores, ocorridas antes, durante ou após uma transacção comercial relativa a um bem ou serviço.

II. De acordo com este diploma, as entidades com competência administrativa para decidir relativamente às queixas ou instaurar os procedimentos adequados são a Autoridade de Segurança Alimentar e Económica (ASAE), a Direcção-Geral do Consumidor, o Banco de Portugal, a Comissão do Mercado de Valores Mobiliários e o Instituto de Seguros de Portugal. Estas entidades podem ainda ordenar medidas cautelares de cessação temporária de uma prática comercial desleal ou determinar a proibição prévia de uma prática comercial desleal iminente. Tal como a Directiva, o artigo 2º, nº 2 deste diploma determina que, no que respeita aos serviços financeiros, podem ser criados regimes mais exigentes.

III. No geral, o diploma transpõe fielmente a Directiva, que reproduz, integrando as situações que constam do Anexo I no próprio texto dos preceitos legais.

Há no entanto uma particularidade, que consiste na circunstância de, para além da proibição de práticas comerciais desleais, o artigo 14º determinar a *anulabilidade* do contrato celebrado com base nestas práticas. Com efeito, nos termos deste preceito, *"Os contratos celebrados sob a influência de alguma prática comercial desleal são anuláveis a pedido do consumidor, nos termos do artigo 287º do*

---

[60] ELSA DIAS OLIVEIRA, *Práticas comerciais proibidas*, p. 168.
[61] ELSA DIAS OLIVEIRA, *Práticas comerciais proibidas*, p. 169.

Código Civil", sem prejuízo da possibilidade de o consumidor optar pela modificação do contrato segundo juízos de equidade, ou pela sua manutenção, mediante redução ao conteúdo válido (cf. o disposto nos n.ºs 2 e 3 do referido preceito).

De referir que a determinação da anulabilidade do negócio celebrado na sequência de uma prática comercial desleal é convergente com o regime do erro motivado pelo dolo, constante do Código Civil, em especial os artigos 251.º a 253.º. Neste caso, a vontade negocial do consumidor nasce viciada, o que é particularmente sancionado na medida em que existe uma desigualdade material entre as partes, em que o profissional usa da sua experiência para, mediante recurso a uma prática desleal, suscitar no consumidor uma vontade de contratar que não é totalmente livre ou esclarecida. Assim sendo, justifica-se que este possa requerer a anulação do negócio e que, em consequência disso, haja lugar à restituição do que tiver sido prestado (artigo 289.º, n.º 1, do CC).

Por outro lado, o artigo 15.º do DL n.º 57/2008 declara que o agente *é civilmente responsável* pelos danos causados ao consumidor. Afigura-se que a indemnização deverá variar em função da anulação ou da manutenção do contrato, havendo lugar ao ressarcimento do dano contratual negativo ou positivo, respectivamente, consoante os casos[62].

5. A publicidade no Direito Interno

I. A nível de Direito interno, o Código da Publicidade estabelece o regime geral para toda e qualquer forma de publicidade, conforme resulta do disposto no seu artigo 1.º. Nos termos deste preceito, o Código é aplicável independentemente do suporte utilizado para a difusão da publicidade.

A publicidade deve reger-se pelos princípios enunciados no artigo 6.º, designadamente os princípios da licitude, da identificabilidade, da veracidade e do respeito pelos direitos do consumidor.

A regra da *licitude* visa proibir toda a publicidade que, pela sua forma, objecto ou fim, ofenda os valores, princípios e instituições fundamentais constitucionalmente consagrados (artigo 7.º, n.º 1, do CP)[63]. Por seu turno, ao exigir a *identificabilidade*, a lei obriga que esta seja inequivocamente identificada como tal, qualquer que seja o meio de difusão utilizado (artigo 8.º do CP). Nos ter-

---

[62] À semelhança do que se verifica noutros casos especialmente consagrados no Código Civil, com destaque para o disposto no artigo 898.º, 908.º e 913.º.
[63] De acordo com o disposto no n.º 2, "*É proibida, nomeadamente, a publicidade que: a) Se socorra, depreciativamente, de instituições, símbolos nacionais ou religiosos ou personagens históricas; b) Estimule ou faça apelo à violência, bem como a qualquer actividade ilegal ou criminosa; c) Atente contra a dignidade da pessoa humana; d) Contenha qualquer discriminação em relação à raça, língua, território de origem, religião ou sexo; e) Utilize, sem autorização da própria, a imagem ou as palavras de alguma pessoa; f) Utilize linguagem obscena; g) Encoraje comportamentos prejudiciais à protecção do ambiente; h) Tenha como objecto ideias de conteúdo sindical, político ou religioso.*".

mos do artigo 9º do CP, é vedado o uso de imagens subliminares ou outros meios dissimuladores que explorem a possibilidade de transmitir publicidade sem que os destinatários se apercebam da natureza publicitária da mensagem. Por fim, o artigo 10º do CP exige a veracidade da publicidade, que não deve assim proceder à deformação dos factos.

II. Conforme referido, o artigo 11º do CP proíbe em particular a publicidade que seja considerada enganosa nos termos do Decreto-Lei nº 57/2008, de 26 de Março, relativo às práticas comerciais desleais das empresas nas relações com os consumidores. Complementando este regime, o artigo 12º do CP estabelece a proibição de toda e qualquer publicidade que atente contra os direitos do consumidor.

III. No que se refere à publicidade comparativa, isto é, aquela que identifica, explícita ou implicitamente, um concorrente ou os bens ou serviços oferecidos por um concorrente, o artigo 16º permite a sua prática, desde que respeitados certos pressupostos, a saber: a) não se pode tratar de publicidade enganosa; b) devem ser comparados bens ou serviços que respondam às mesmas necessidades ou que tenham os mesmos objectivos; c) devem ser comparadas objectivamente uma ou mais características essenciais, pertinentes, comprováveis e representativas desses bens ou serviços, entre as quais se pode incluir o preço; d) a publicidade comparativa não deve gerar confusão no mercado entre os profissionais, entre o anunciante e um concorrente ou entre marcas, designações comerciais, outros sinais distintivos, bens ou serviços do anunciante e os de um concorrente; e) a publicidade comparativa não pode desacreditar ou depreciar marcas, designações comerciais, outros sinais distintivos, bens, serviços, actividades ou situação de um concorrente; f) deve referir, em todos os casos de produtos com denominação de origem, produtos com a mesma denominação; g) não pode retirar partido indevido do renome de uma marca, designação comercial ou outro sinal distintivo de um concorrente ou da denominação de origem de produtos concorrentes; h) finalmente, não pode apresentar um bem ou serviço como sendo imitação ou reprodução de um outro bem ou serviço cuja marca ou designação comercial seja protegida.

É de salientar as críticas de alguma doutrina ao disposto neste artigo 16º, já que nele se omitiu precisamente a referência que a publicidade comparativa pressupõe a comparação entre produtos idênticos ou similares, que não consta da definição do nº 1, mas apenas da *alínea b)* do nº 2[64]. Não obstante, afigura-se que tal exigência é inerente ao próprio conceito de publicidade comparativa,

---

[64] ADELAIDE MENEZES LEITÃO, *Publicidade comparativa e concorrência desleal*, p. 861.

não sendo possível, logicamente, comparar o que não tem qualquer proximidade ou semelhança.

Em matéria de publicidade comparativa, *não é necessária a intenção de enganar*, pelo que, se o resultado for esse, haverá responsabilidade independentemente da intenção do agente[65].

IV. O Código da Publicidade estabelece ainda uma previsão de *responsabilidade civil* no seu artigo 30º, nos termos do qual os anunciantes, os profissionais, as agências de publicidade e quaisquer outras entidades que exerçam a actividade publicitária, bem como os titulares dos suportes publicitários utilizados ou os respectivos concessionários, respondem civil e solidariamente, nos termos gerais, pelos prejuízos causados a terceiros em resultado da difusão de mensagens publicitárias ilícitas[66].

Esta é ainda uma previsão de responsabilidade subjectiva, assente na culpa do agente[67], cabendo, em princípio, ao lesado, a respectiva demonstração nos termos gerais (artigo 342º, nº 1, do CC). Não obstante, nalguns casos o legislador inverteu o ónus da prova, como parece ter sido o caso do artigo 16º, nº 5, do CP, nos termos do qual *"O ónus da prova da veracidade da publicidade comparativa recai sobre o anunciante."*. De acordo com a opinião de Carlos Costa Pina, que subscrevemos, "*O nível de protecção conferido ao destinatário não se encontra, assim, adequadamente maximizado. Porém, curiosamente a própria LDC não vai mais longe, na medida em que apenas prevê uma responsabilização objectiva decorrente de produtos defeituosos, sendo a responsabilidade por informações configurada como uma responsabilidade culposa (arts. 8º/5, 12º/1 e 5 e 14º/2).*"[68].

Nos termos gerais de direito, a responsabilidade abrangerá a indemnização por quaisquer danos, quer patrimoniais, quer não patrimoniais[69].

6. Códigos de conduta

I. Para além da regulação decorrente do Direito Comunitário e da legislação interna, importa ainda referir a existência de códigos de conduta que se aplicam ao exercício de uma multiplicidade de actividades. Neste ponto, afigura-se particularmente relevante o trabalho desenvolvido pelo Instituto da Autodisci-

---

[65] ADELAIDE MENEZES LEITÃO, *Publicidade comparativa e concorrência desleal*, p. 866.
[66] Trata-se de ilicitude delitual, nos termos da segunda parte do nº 1 do artigo 483º do CC, uma vez que estamos diante de normas que visam proteger interesses alheios.
[67] CARLOS COSTA PINA, *Publicidade, promoção e prospecção nos serviços financeiros*, p. 271.
[68] CARLOS COSTA PINA, *Publicidade, promoção e prospecção nos serviços financeiros*, p. 272.
[69] Segundo CARLOS COSTA PINA, *Publicidade, promoção e prospecção nos serviços financeiros*, pp. 273 e 274, tratando-se de responsabilidade pelo conteúdo do prospecto, esta é aplicável tanto ao anunciante como aos profissionais e agências de publicidade.

plina da Comunicação Comercial (ICAP), que aprovou um Código de Conduta em matéria de Publicidade, no qual destacamos alguns aspectos.

II. Nos termos do artigo 4º do Código de Conduta do ICAP, *todas as comunicações comerciais devem ser legais, decentes, honestas e verdadeiras*. Acrescenta-se ainda que tais comunicações devem ser concebidas com sentido de responsabilidade social e profissional, devendo ser conformes aos princípios da leal concorrência, tal como estes são comummente aceites em assuntos de âmbito comercial.

III. Ainda nos termos deste código, *a comunicação comercial deve proscrever quaisquer declarações ou apresentações áudio e/ou visuais que possam ofender os padrões de decência* prevalecentes no país e cultura em causa (artigo 6º), devendo ser concebida de forma a *não abusar da confiança dos consumidores e a não explorar a sua falta de conhecimento ou de experiência* (artigo 7º). Neste ponto específico, realça o artigo 8º que a comunicação comercial deve *respeitar a dignidade da pessoa humana* e não deve incitar ou veicular qualquer forma de discriminação, seja ela fundada em questões raciais, de nacionalidade, de origem religiosa, género, etária, deficiência física ou orientação sexual.

IV. A propósito da publicidade comercial comparativa, o artigo 15º do Código de Conduta do ICAP explicita que esta não deve ser enganosa, devendo identificar apenas bens ou serviços que respondam às mesmas necessidades ou que tenham os mesmos objectivos e referir-se objectivamente a uma ou mais características essenciais, pertinentes, comprováveis e representativas desses bens ou serviços, entre as quais se pode incluir o preço; não deverá ainda desrespeitar os princípios da leal concorrência nem gerar confusão no mercado entre o anunciante e um concorrente ou entre marcas, designações comerciais, outros sinais distintivos, bens ou serviços do anunciante ou de um concorrente; a publicidade comparativa não poderá servir para desacreditar, depreciar ou retirar partido de marcas, designações comerciais, outros sinais distintivos, bens, serviços, actividades ou situação de um concorrente, não podendo ainda apresentar um bem ou serviço como sendo imitação ou reprodução de um bem ou serviço cuja marca ou designação comercial seja protegida.

Estabelece-se também que a comunicação comercial não deve imitar a comunicação de outro comerciante ou anunciante de forma a poder induzir em erro, ou confundir o consumidor, através, por exemplo, da paginação geral, do texto, slogan, tratamento visual, música ou de efeitos sonoros (artigo 20º).

V. É permitida a comunicação comercial *não solicitada*, nomeadamente através do envio de amostras para o domicílio do consumidor. Contudo, através desta prática as empresas encontram-se impedidas de exigir quaisquer tipos de contrapartidas aos destinatários de tais comunicações.

VI. Finalmente, o artigo 27º do Código de Conduta prevê a responsabilidade pela inobservância do regime estabelecido, a qual é, igualmente, subjectiva, assentando no dolo ou na mera culpa do agente. Todavia, desta feita o Código presume haver negligência sempre que alguma das suas regras não seja cumprida, o que constitui regime excepcional face ao disposto no nº 1 do artigo 342º do CC.

VII. O ICAP desenvolve também uma acção fiscalizadora do cumprimento dos requisitos da publicidade, normalmente na sequência de queixas dos seus associados, aferindo da conformidade da mesma com o seu Código de Conduta, bem como com a legislação vigente[70].

7. Da publicidade de produtos financeiros em especial

I. A análise anteriormente realizada permite-nos concluir que existe uma preocupação crescente com a regulação da publicidade, que se concretiza na imposição de regras de Direito Comunitário, de Direito interno, e ainda pela existência de códigos de conduta para o exercício de certas actividades. Muito embora se encontre inserida no direito fundamental à liberdade de iniciativa económica, a publicidade é rodeada de um regime restrito, que tem em vista a tutela do consumidor e a responsabilização social do agente, sendo que, de um ponto de vista indirecto, este regime contribui para a imposição de um ambiente leal e salutar no mercado de concorrência.

II. Na linha do regime geral de regulação da publicidade, a informação e publicidade de serviços financeiros apresenta particularidades decorrentes do produto publicitado: com efeito, os produtos financeiros, pela sua complexidade, merecem uma atenção especial em sede de publicidade[71].

---

[70] O ICAP procedeu à análise da publicidade a um seguro automóvel (produto financeiro de crédito) para a aquisição de veículos novos e usados. No caso em apreço, a publicidade recorria à simulação de negócios de compra e venda em vários locais e com diversos vendedores, terminando os anúncios com "frases-chave" que tipificam as várias "histórias de venda", nomeadamente: (i) o vendedor altruísta; (ii) o vendedor com alter ego; (iii) o vendedor amigo do seu amigo; (iv) o vendedor sentimental; (v) o vendedor generoso; (vi) o vendedor cúmplice. A associação de vendedores de automóveis entendeu que estes profissionais estavam a ser ridicularizados e desrespeitados na campanha publicitária. Por seu turno, o ICAP entendeu que, em primeiro lugar, não havia concorrência desleal, pois a actividade não era concorrente; não obstante, a publicidade em questão denegria a imagem dos vendedores de automóveis.

[71] Acerca da especial relação estabelecida entre o Direito Bancário e o Direito do Consumo, cfr. ANTÓNIO MENEZES CORDEIRO, *Manual de Direito Bancário*, p. 168. Segundo este Autor, os dois ramos intercruzam-se, e, embora obedecendo a princípios diversos, são compatíveis entre si.

III. Importa referir que o facto de estar em causa a aquisição de produtos financeiros não prejudica a qualificação do adquirente como consumidor[72]. Antes pelo contrário, já que certos produtos financeiros assumem uma especial relevância precisamente neste domínio, como é o caso do crédito à habitação e do crédito ao consumo.

IV. A publicidade de produtos financeiros obedece a um regime diverso consoante os casos, sendo de tratar separadamente a publicidade emanada de instituições de crédito e sociedades financeiras, a publicidade dos valores mobiliários, e, por fim, os seguros.

7.1. Instituições de crédito e sociedades financeiras

7.1.1. Regime geral das Instituições de Crédito e das Sociedades Financeiras e Aviso do Banco de Portugal nº 10/2008, de 22 de Dezembro

I. No domínio da publicidade de instituições de crédito e sociedades financeiras há vários diplomas e normativos a atender. Em primeiro lugar, destaca-se o Regime Geral das Instituições de Crédito e das Sociedades Financeiras, que estabelece no seu Capítulo II, concretamente no artigo 77º, o dever de informação e de assistência por parte das instituições de crédito, em especial sobre a remuneração que oferecem pelos fundos recebidos e os elementos caracterizadores dos produtos oferecidos, bem como sobre o preço dos serviços prestados e outros encargos a suportar pelos clientes.

Tratando-se de crédito ao consumo, o dever de informação é intensificado, devendo ser prestadas ao cliente, antes da celebração do contrato de crédito, as informações adequadas, em papel ou noutro suporte duradouro, sobre as condições e o custo total do crédito, as suas obrigações e os riscos associados à falta de pagamento; deve ainda ser assegurado que as empresas que intermedeiam a concessão do crédito prestam aquelas informações nos mesmos termos (artigo 77º, nº 2, do RGICSF). Com um notório objectivo de simplificação, este preceito exige ainda, no seu nº 5, que os contratos contenham toda a informação necessária e sejam redigidos de forma clara e concisa.

II. Em sede de publicidade rege o disposto no artigo 77º-C do RGICSF, considerando aplicável o regime geral, sem prejuízo da aplicação do Código dos Valores Mobiliários às actividades de intermediação de instrumentos financeiros. Todavia, o nº 2 deste preceito impõe que as mensagens publicitárias que

---

[72] JOSÉ DE OLIVEIRA ASCENSÃO, *Publicidade enganosa e produtos financeiros*, em Revista Portuguesa de Direito do Consumo, Dezembro de 1999, nº 20, p. 30.

mencionem a garantia dos depósitos ou a indemnização dos investidores se limitem a fazer referências meramente descritivas, não podendo conter quaisquer juízos de valor nem tecer comparações com a garantia dos depósitos ou a indemnização dos investidores asseguradas por outras instituições. Tratando-se de contratos de crédito, a publicidade deve ser ilustrada, se possível, através de exemplos representativos (nº 3).

III. Apesar de alguma doutrina questionar se, havendo normas específicas para as instituições de crédito e as sociedades financeiras, o regime do Código da Publicidade lhes é igualmente aplicável, parece que se deve entender que a disciplina da publicidade constitui regime comum, aplicável à publicidade de produtos financeiros. Isto mesmo parece decorrer expressamente do disposto no nº 1 do artigo 77º-C do RGICSF[73]. A única especificidade será a circunstância de a fiscalização e a repressão competirem ao Banco de Portugal, nos termos do artigo 77º-D deste diploma[74].

IV. As exigências do mercado financeiro foram recentemente concretizadas através do Aviso do Banco de Portugal nº 10/2008, de 22 de Dezembro. A adopção deste Aviso teve como pressuposto o facto de se saber que, na maioria das vezes, os consumidores fundam a sua decisão de contratar nas campanhas pré-publicitárias, sendo importante assegurar a transparência e o equilíbrio neste momento anterior à própria fase pré-contratual.

V. O objectivo prosseguido pelo Aviso 10/2008 consiste em assegurar que os clientes bancários possam *"comparar adequadamente as alternativas disponíveis no mercado e formular juízos consistentes sobre os compromissos que assumem"*, contribuindo para uma escolha livre e esclarecida. Deste aviso decorre a consagração dos princípios da transparência, do equilíbrio, da identificação e da veracidade, aplicáveis quer a publicidade seja veiculada pela própria instituição de crédito, quer por terceiro (cf. o disposto no artigo 1º, nº 2).

VI. O *princípio da transparência*, consagrado nos artigos 1º e 4º, proíbe a omissão de informação necessária à correcta avaliação das características dos produtos e serviços financeiros. Por conseguinte, a informação referente a estes

---

[73] JOSÉ DE OLIVEIRA ASCENSÃO, *Publicidade enganosa e produtos financeiros*, p. 13.
[74] Nos termos deste preceito, o Banco de Portugal pode, sempre que a publicidade não respeite a lei: a) Ordenar as modificações necessárias para pôr termo às irregularidades; b) Ordenar a suspensão das acções publicitárias em causa; c) Determinar a imediata publicação, pelo responsável, de rectificação apropriada.

produtos deverá ser completa, indicando todos os aspectos relevantes, positivos e negativos, que permitam avaliar a real funcionalidade dos mesmos[75-76].

VII. Em segundo lugar, o *princípio do equilíbrio* estabelece que as informações sobre condições de acesso, restrições ou outras limitações devem ter destaque similar ao das características dos produtos financeiros (artigo 5º). Pretende-se assegurar que certos aspectos eventualmente negativos do produto são devidamente divulgados, não constituindo surpresa após a sua contratação. Nesta medida, o impacto atribuído pela informação aos aspectos negativos deverá ser equivalente ou próximo ao que é conferido aos aspectos positivos.

---

[75] Os nºˢ 4 e 5 do artigo 4º concretizam algumas situações consideradas proibidas. Assim, nos termos do nº 4, considera-se ainda que há falta de transparência: *a)* Na publicidade a um produto ou serviço financeiro, quando a sua natureza ou finalidade não seja clara, sendo admissível a utilização da designação «multi-produto» para identificar a natureza ou finalidade de um produto ou serviço que reúne diversas componentes com diferentes finalidades; *b)* Na publicidade a condições promocionais, a omissão ou dissimulação do respectivo período de validade; *c)* Na publicidade a um produto ou serviço financeiro que permita ao cliente reduzir a prestação devida, a omissão ou dissimulação da forma como essa redução é obtida, designadamente através de carência ou diferimento do capital ou de aumento do prazo de reembolso; *d)* Na publicidade a um produto ou serviço financeiro cuja aquisição permita ao cliente aceder a produtos, serviços ou benefícios adicionais, a omissão ou dissimulação da existência de: *i)* Comissões ou encargos associados a esses produtos, serviços ou benefícios adicionais; ou *ii)* Quaisquer circunstâncias que obriguem o cliente à devolução desses produtos, serviços ou benefícios adicionais ou a compensar a instituição de crédito, nomeadamente aquando do reembolso antecipado de um empréstimo ou da rescisão de um contrato antes de um período mínimo de permanência. Por seu turno, o nº 5 determina que, em qualquer caso, há falta de transparência na apresentação de informação: *a)* Em caracteres de dimensão inferior ao valor mínimo definido no Anexo, que faz parte integrante deste Aviso, ou *b)* Em violação do disposto no Capítulo III.

[76] Sempre que os deveres de informação não sejam efectivamente cumpridos, deve o profissional ser condenado pelos danos causados à contraparte, como aconteceu no Acórdão do STJ de 10/12/2009 (Salazar Casanova), disponível em www.dgsi.pt, em que se entendeu que a mensagem de publicidade divulgada omitia elementos essenciais à formação da vontade negocial e era susceptível de induzir em erro os seus destinatários, como efectivamente acontecera: "... *a instituição de crédito, que decidiu pôr em marcha esse plano antes da sua aprovação pela entidade de supervisão, não podia deixar de advertir expressamente os interessados relativamente aos pontos essenciais, face aos interesses contratuais destes, que estavam dependentes da supervisão; um desses pontos era precisamente a possibilidade de os futuros agentes financeiros poderem constituir sociedades para dirigirem estabelecimentos onde se negociariam produtos financeiros dessa instituição de crédito num regime contratual ao tempo inovador em Portugal. (...) para além da responsabilidade da instituição de crédito por omissão dos deveres de informação, ela incorre em responsabilidade por acção ao induzir em erro os interessados na medida em que os incentivou a constituir sociedades que iriam gerir esses estabelecimentos, sociedades que não foram consentidas pela entidade de supervisão. (...) Justifica-se a indemnização a título de danos morais de 20 000 € para cada um dos lesados que viram, assim, frustrada a sua pretensão de exercer a actividade nos termos salientados, verificando-se que alguns deles deixaram emprego que exercem há anos em instituição de crédito para abraçarem este projecto inovador*".

VIII. Por sua vez, o *princípio da identificação*, constante do artigo 2º, impõe a identificação inequívoca da instituição de crédito responsável pelo produto ou serviço financeiro anunciado.

IX. Finalmente, o *princípio da veracidade*, consagrado no artigo 3º, determina que a informação deve respeitar a verdade e não deformar os factos. Para ilustrar esta ideia, o artigo 13º impõe o rigor nas expressões utilizadas, enunciando algumas situações em que certas expressões são admissíveis[77].

X. No que concerne aos meios de difusão, os artigos 7º a 12º do Aviso procuram assegurar que o cliente tem tempo suficiente para apreender a informação necessária e relevante, isto é, que a mensagem divulgada comporta um período de tempo suficiente para permitir a leitura e/ou a compreensão por parte de uma pessoa medianamente atenta.

XI. Em complemento dos princípios gerais, são ainda estabelecidas regras específicas para certos produtos nos artigos 14º e seguintes do Aviso.

Tratando-se de *crédito à habitação*, o artigo 14º impõe que a publicidade contenha, obrigatoriamente, a indicação da Taxa Anual Efectiva, bem como um exemplo representativo que inclua pelo menos o prazo de reembolso e a taxa de juro anual nominal, no caso de taxa fixa, ou o indexante e o *spread*, no caso de taxa variável, e ainda, quando exista, o período de carência ou percentagem de diferimento do capital.

No caso de *crédito ao consumo*, o artigo 15º obriga à indicação da Taxa Anual Efectiva Global, bem como à inclusão de um exemplo representativo que con-

---

[77] Assim, de acordo com este artigo 13º: *a)* A expressão «sem juros», «0 % de juros» ou similar, quando não for exigível ao cliente o pagamento de quaisquer juros; *b)* A expressão «sem custos», «sem encargos» ou similar, quando não for exigível ao cliente o pagamento de quaisquer juros, comissões ou outros encargos; *c)* A expressão «sem depósito inicial» ou similar, quando não forem devidos pelo cliente quaisquer pagamentos adiantados para adquirir o produto ou serviço financeiro; *d)* A expressão «aceitação garantida» ou similar, quando a aquisição de um produto ou serviço financeiro não estiver dependente do preenchimento de quaisquer condições relativamente ao perfil de crédito do cliente; *e)* A expressão «oferta», «presente» ou similar, quando não existirem quaisquer condições ou circunstâncias que obriguem o cliente a devolver ou a compensar a referida «oferta»; *f)* A expressão «devolvemos o seu dinheiro» ou similar, quando estiver prevista a devolução integral dos valores pagos pelo cliente; *g)* A expressão «pagamos nós» ou similar, quando a instituição de crédito ou sociedade financeira suportar integralmente os custos ou quando estes forem parcialmente suportados, desde que a respectiva parcela seja indicada com igual destaque; *h)* A expressão «novos clientes» sem mais, quando a única condição de acesso a um produto ou serviço for não ser cliente da instituição de crédito à data da respectiva aquisição; *i)* As expressões «a(o) mais baixa(o) do mercado», «a(o) mais alta(o) do mercado», «a(o) melhor do mercado» ou similares, quando forem seguidas, com igual destaque, das condições particulares do produto ou serviço financeiro que suportam a afirmação.

tenha, pelo menos, o montante do crédito, o prazo de reembolso, a taxa de juro anual nominal, no caso de taxa fixa, ou o indexante e o *spread*, no caso de taxa variável.

Em relação aos *depósitos* rege o artigo 16º, cuja publicidade deverá indicar a Taxa Anual Nominal Bruta ou média, consoante os casos, o indexante e o *spread*, quando variáveis, o prazo de depósito, caso seja inferior a um ano, a existência de penalização em caso de mobilização antecipada.

Por fim, o artigo 17º regula a publicidade a *produtos financeiros complexos*, a qual se encontra dependente de aprovação do Banco de Portugal, considerando-se no entanto a mesma aprovada se, no prazo de dez dias úteis, nada for dito. Em todo o caso, impõe-se que a publicidade identifique expressamente que respeita a "Produtos Financeiros Complexos", bem como obriga a que sejam destacados alguns elementos, tal como a existência de risco de perda do capital investido, a possibilidade de não haver remuneração do investimento e a indicação sobre onde obter informações mais detalhadas. Por outro lado, sempre que sejam utilizados exemplos representativos históricos, será de esclarecer que os mesmos respeitam ao passado, não sendo garantia de rentabilidade futura.

7.1.2. Actividade de promoção financeira

I. Dentro do sector bancário, haverá que atender ainda à actividade de promoção, a qual, em bom rigor, constitui também uma forma de publicidade, ainda que sem recurso a profissionais, mas sim a terceiros que exercem essa actividade por conta do intermediário financeiro, à distância ou fora do estabelecimento deste e, em regra, em articulação com a actividade de prospecção[78]. Neste sentido, a actividade de promoção e de prospecção deve respeitar o regime imposto para a publicidade e para os deveres de informação.

II. Neste âmbito, vigora o Regulamento da CMVM nº 12/2000, de 24 de Fevereiro, na redacção que lhe foi dada pelo Regulamento nº 32/2000, de 16 de Outubro, de acordo com o qual, em caso de incumprimento das regras a nível da publicidade, responderá civilmente a instituição por conta de quem estes promotores ou prospectores actuam, quer nos termos do artigo 500º do CC, quer por força do artigo 121º, nº 3, do CVM, conjugado com o artigo 109º, nº 2, *alínea b)*, do mesmo Código[79].

III. Para além do regime geral, há que atender ainda ao regime especial dos Produtos Financeiros Complexos sujeitos à supervisão da CMVM, decor-

---

[78] Neste sentido, cfr. CARLOS COSTA PINA, *Publicidade, promoção e prospecção nos serviços financeiros*, p. 288.
[79] CARLOS COSTA PINA, *Publicidade, promoção e prospecção nos serviços financeiros*, p. 289.

rente do Regulamento da CMVM nº 1/2009, que estabelece precisamente regras para a informação e publicidade deste tipo de produtos.

Integram o conceito de produtos financeiros complexos, entre outros, os certificados, os valores mobiliários condicionados por eventos de crédito, as obrigações estruturadas, os *warrants* autónomos e as aplicações de fundos a que estejam associados instrumentos financeiros; em contrapartida, não são abrangidos os contratos de depósito, dada a inexistência de garantia de capital.

IV. O regime especial surge na sequência do DL nº 211-A/2008, de 3 de Novembro, no qual se estabelece um regime de informação específico para os produtos financeiros complexos de forma a permitir ao público o efectivo conhecimento das suas características e riscos. Este diploma revela preocupações de clareza e transparência acrescidas em relação ao regime comum da publicidade e ao regime, já de si especial, da publicidade de produtos financeiros decorrente do RGICSF e do Aviso 10/2008 do Banco de Portugal.

De acordo com o artigo 2º, nºˢ 1 a 3 do DL 211-A/2008, os produtos financeiros complexos têm de ser identificados como tal na informação prestada aos aforradores e investidores e nas mensagens publicitárias, devendo a informação constante do respectivo prospecto informativo ser redigida em linguagem clara, sintética e compreensível; deve tratar-se de informação completa, verdadeira, actual, clara, objectiva, lícita e adequada, de modo a garantir o investimento de acordo com critérios de compreensão, adequação e transparência.

V. O artigo 2º, nº 8, do DL 211-A/2008 determina ainda que, enquanto não for aprovada lei especial, a emissão e a comercialização de produtos financeiros complexos obedecerá às regras emanadas das autoridades responsáveis pela supervisão destes produtos. Em cumprimento desta norma, foi adoptado o Regulamento nº 1/2009 da CMVM, referente aos produtos financeiros sujeitos à supervisão desta entidade.

O artigo 1º do Regulamento nº 1/2009 impõe o dever de entregar aos investidores não qualificados certos documentos, nomeadamente o documento informativo elaborado nos termos do Regulamento, o prospecto (artigos 134º e seguintes e 236º e seguintes do CVM) e as fichas técnicas e documentos informativos aprovados pelas entidades gestoras de mercados não regulamentados ou de sistemas de negociação multilateral sujeitos à supervisão da CMVM.

Destaca-se também o nº 2 do artigo 3º, que impõe uma obrigação de resultado, nos termos da qual as entidades colocadoras e comercializadoras devem assegurar que o documento informativo contém todas as informações necessárias ao bom entendimento do produto financeiro complexo e dos seus riscos pelo investidor, tendo ainda que observar o conteúdo mínimo indicado no n.º 3 deste artigo.

Com vista à respectiva fiscalização prévia, as entidades colocadoras e comercializadoras de produtos financeiros complexos devem enviar por correio electrónico à CMVM o documento informativo relativo a estes produtos e a respectiva ficha técnica até cinco dias antes da sua colocação ou comercialização, os quais não podem ser entregues ao investidor antes de divulgados ao público no sítio da CMVM (artigo 4.º).

VI. No que concerne especificamente à publicidade, o artigo 5.º deste Regulamento remete para os artigos 7.º e 121.º do CVM, pelo que a informação veiculada deve ser completa, verdadeira, actual, clara, objectiva e lícita. Para além disso, a publicidade deve obedecer ao disposto no artigo 7.º e referir a existência ou a disponibilidade futura de prospecto e indicar as modalidades de acesso ao mesmo e ainda harmonizar-se com o conteúdo do prospecto. A mensagem publicitária deverá sempre conter a indicação de que se trata de um produto financeiro complexo e respeitar o conteúdo previsto no artigo 2.º: (i) risco de perda total ou parcial do capital investido, (ii) remuneração não garantida, (iii) impossibilidade de solicitação do reembolso antecipado, (iv) penalização no reembolso antecipado pelo emitente, (v) opção de reembolso antecipado pelo emitente; (vi) existência de custos de custódia, de registo ou de depósito ou comissões de gestão; e (vii) possibilidade de ser exigido ao investidor margem ou desembolso adicionais.

Além disso, de acordo com o n.º 3 do artigo 3.º deste Regulamento, é estabelecido o conteúdo mínimo do documento informativo de forma exaustiva, exigindo-se o cumprimento do disposto nas diversas *alíneas* deste preceito, de entre as quais se destacam os seguintes aspectos: obrigatoriedade de identificação do emitente; indicação do perfil do cliente recomendado, do indexante ou do activo subjacente utilizado e modo de acesso à informação sobre ele, bem como a entidade gestora do indexante, se aplicável; quando se inclua informação sobre o desempenho passado, demonstração gráfica clara e bem inteligível da evolução do indexante ou do activo subjacente no período referido na *alínea b)* do n.º 3 do artigo 312.º-A do CVM e informação de que "rendibilidades passadas não constituem garantia de rendibilidades futuras"; se o indexante ou o activo subjacente for um cabaz construído especificamente para a emissão em causa, deve ser claramente indicada a sua composição (em sede de activos e respectivas ponderações), bem como a entidade gestora desse mesmo cabaz, devendo mencionar-se se é da exclusiva gestão de uma entidade relacionada com o emitente; a identificação das taxas de rentabilidade deve satisfazer o requisito previsto na *alínea b)* do n.º 3 do artigo 312.º-A do CVM, devendo ser claramente identificado se se trata de taxas brutas ou líquidas, de taxas anuais, e de taxas relativas a todo o período de vida do produto; principais factores de risco do produto financeiro complexo; identificação dos custos envolvidos para o subscritor e, quando possível, da Taxa Global de Custos, nos termos do artigo 68º do Regulamento nº 15/2003 da CMVM; no caso de comercialização combinada de aplicações e instrumentos financeiros, deve ser mencionado o impacto das comissões de manutenção ou gestão do instrumento na rendibilidade da aplicação durante o seu período de vida, podendo indicar-se que se trata de um impacto hipotético ou máximo, caso o montante das referidas comissões possa depender da existência de outros instrumentos na carteira do investidor; caso seja aplicável, uma simulação clara de diferentes hipóteses de evolução do produto financeiro complexo a partir das quais se possa verificar, designadamente, a inexistência de remuneração, a perda parcial ou a perda total do capital; deve ainda indicar as condições do reembolso antecipado, resgates, renúncia e eventuais penalizações.

Estes requisitos são altamente exigentes e encontram-se em plena consonância com o risco inerente aos produtos objecto de publicidade, além de que a mensagem é, por via de regra, dirigida a um público com conhecimentos técnicos acrescidos na área, justificando-se a preocupação legal em estabelecer com pormenor as exigências da publicidade.

VII. Como referido, a publicidade deve ser previamente aprovada pela CMVM, mas prevê-se a possibilidade de deferimento tácito no prazo de dez dias úteis. Em todo o caso, a mera enumeração dos requisitos legalmente exigidos permite concluir que são em elevado número e pormenor as restrições impostas à publicidade de produtos financeiros complexos, procurando com isso impedir os riscos que geralmente são associados à publicidade destes produtos. Com efeito, na ausência destas limitações, a publicidade poderia servir para atrair o investimento não ponderado ou consciente dos efectivos riscos inerentes ao produto, gerando situações de erro e de eventual aproveitamento ilegítimo por parte dos agentes de intermediação em relação a clientes menos conhecedores desta matéria. Justificam-se, assim, plenamente, as restrições colocadas à publicidade destes produtos, dado o interesse público subjacente à contratação livre e esclarecida, especialmente relevante no caso de produtos de risco e complexos.

7.1.3. Produtos financeiros em especial

I. A propósito de produtos financeiros em especial destaca-se o crédito ao consumo, que se encontra actualmente regulamentado quer a nível interno, quer a nível comunitário.

II. *A nível interno*, vigora o Decreto-Lei nº 133/2009, de 2 de Junho, que transpõe a Directiva 2008/48/CE, de 23 de Abril, do Parlamento Europeu e do Conselho, relativa a contratos de crédito aos consumidores.

No que concerne em especial à publicidade, é de mencionar o disposto no artigo 5º do diploma interno, nos termos do qual, sem prejuízo da aplicação das normas gerais reguladoras da actividade publicitária e do Decreto-Lei nº 57/2008, de 26 de Março, a publicidade ou qualquer comunicação comercial em que um credor se proponha conceder crédito ou se sirva de um mediador de crédito para a celebração de contratos de crédito deve indicar a Taxa Anual Efectiva Global para cada modalidade de crédito, mesmo que este seja apresentado como gratuito, sem juros ou utilize expressões equivalentes, a qual deve ser apresentada de forma legível e perceptível pelo consumidor, quer em termos gráficos, quer ao nível audiovisual.

De acordo com os nºs 4 e 5 deste artigo 5º, sempre que na publicidade a operações de crédito ao consumo seja indicada uma taxa de juro ou outros valores relativos ao custo do crédito para o consumidor, devem ser também incluídas informações normalizadas, as quais terão de especificar, de modo claro, conciso, legível e destacado, por meio de exemplo representativo, os elementos aí referidos (nomeadamente: *a)* a taxa nominal, fixa ou variável ou ambas, juntamente com a indicação de quaisquer encargos aplicáveis incluídos no custo total do crédito para o consumidor; *b)* O montante total do crédito; *c)* A TAEG; *d)* A duração do contrato de crédito, se for o caso; *e)* O preço a pronto e o montante do eventual sinal, no caso de crédito sob a forma de pagamento diferido de bem ou de serviço específico; *f)* O montante total imputado ao consumidor e o montante das prestações, se for o caso).

III. Uma vez que o crédito ao consumo se encontra, por via de regra, associado à celebração de outros negócios jurídicos *acessórios*, como é o caso do contrato de seguro, o nº 6 deste artigo determina que, sempre que o custo desse serviço acessório não possa ser antecipadamente determinado, deve igualmente ser mencionada, de modo claro, conciso e visível, a obrigação de celebrar esse contrato, bem como a Taxa Anual Efectiva Global.

IV. O artigo 5º do DL 133/2009 procede à transposição do artigo 4º da Directiva 2008/48/CE, sendo de referir que a norma interna confere uma protecção mais alargada no que diz respeito à TAEG, devido à pormenorização da informação referente a este elemento, o que é admissível pelo Considerando 18 da Directiva[80].

---

[80] Neste sentido, cfr. FERNANDO DE GRAVATO MORAIS, *Crédito aos consumidores*, Coimbra, Almedina, 2010, p. 40.

V. De referir que este regime, nos termos da Directiva 2008/48/CE, não prejudica a aplicação cumulativa da Directiva 2005/29/CE, nomeadamente ao nível da proibição de práticas comerciais desleais e agressivas.

VI. O regime da publicidade aplica-se independentemente do meio de difusão utilizado, bem como da circunstância de a publicidade ser veiculada pelo credor ou por intermediário deste (mediador de crédito). O traço principal que resulta do DL 133/2009 consiste, em qualquer das hipóteses, na exigência de transparência, desde logo quando através de uma mesma mensagem sejam publicitados vários produtos, sendo necessária a informação concreta em relação a cada um deles, nomeadamente a nível da menção da TAEG[81].

7.2. Valores mobiliários

I. A publicidade dos valores mobiliários encontra-se regulada no Código dos Valores Mobiliários. Neste caso, tem-se entendido que *"em matéria financeira o padrão de correcção exigido deve ser mais elevado do que o comum, dada a necessidade inderrogável de evitar o engano do público"*[82].

II. A mensagem publicitária que respeite a produtos financeiros deve ser, acima de tudo, clara. Nos restantes produtos, poderá não o ser, sem que seja, ao mesmo tempo, enganosa[83].

Estas conclusões resultam da leitura do artigo 7º do CVM, referente à qualidade da informação. Com efeito, o nº 1 deste preceito estabelece que a informação respeitante a instrumentos financeiros, a formas organizadas de negociação, às actividades de intermediação financeira, à liquidação e à compensação de operações, a ofertas públicas de valores mobiliários e a emitentes deve ser *completa, verdadeira, actual, clara, objectiva e lícita*, independentemente do meio de divulgação, sendo estas regras aplicáveis mesmo que a informação se encontre inserida em conselho, recomendação, mensagem publicitária ou relatório de notação de risco.

III. Tratando-se de ofertas públicas, rege o disposto no artigo 121º do CVM, nos termos do qual a publicidade deve obedecer aos princípios enunciados no artigo 7º, e, além disso: (i) referir a existência ou a disponibilidade futura de prospecto e indicar as modalidades de acesso ao mesmo; (ii) harmonizar-se

---

[81] Fernando de Gravato Morais, *Crédito aos consumidores*, p. 41, entende que se constar somente uma taxa, essa deverá ser aplicável a todos os produtos.
[82] José de Oliveira Ascensão, *Publicidade enganosa e produtos financeiros*, p. 28.
[83] Neste sentido, cfr. José de Oliveira Ascensão, *Publicidade enganosa e produtos financeiros*, p. 29: "Mas uma mensagem pouco clara não é por si só uma mensagem enganosa.".

com o conteúdo do prospecto. Neste caso, deve haver aprovação prévia pela CMVM[84], e, em caso de incumprimento, os danos causados devem ser indemnizados nos termos gerais da responsabilidade civil de acordo com os artigos 149º e seguintes do CVM. De notar que a regra de aprovação prévia da publicidade é excepcional neste domínio e que a mesma é estabelecida em atenção ao especial risco existente no mercado de capitais, pela *"particular sensibilidade e relevância deste mercado"*[85]. Para Carlos Costa Pina, este regime assenta no princípio da protecção dos investidores e no princípio do funcionamento regular e eficiente dos mercados[86].

IV. É de referir ainda o disposto no artigo 292º do CVM, onde se estatui que a publicidade e a prospecção dirigidas à celebração de contratos de intermediação financeira ou à recolha de elementos sobre clientes actuais ou potenciais só podem ser realizadas por determinadas entidades, a saber: (i) por intermediário financeiro autorizado a exercer a actividade em causa; (ii) por agente vinculado, nos termos previstos nos artigos 294º-A a 294º-D do CVM.

V. Como referido, a publicidade é completada pelas exigências ao nível da informação, com destaque para o disposto no artigo 312º do CVM, que impõe ao intermediário financeiro o dever de prestar todas as informações necessárias para uma tomada de decisão esclarecida e fundamentada.

VI. Muito interessante é o disposto no nº 2 do 312º do CVM, onde se estabelece uma intensidade variável do dever de informação consoante o grau de conhecimentos e a experiência do cliente[87]. Esta variabilidade contende com o conceito de consumidor médio adoptado pela Directiva 2005/29/CE, que opta por um critério abstracto. Em contrapartida, o critério de variação da intensidade da informação em consonância com a situação concreta do destinatário parece ser, efectivamente, melhor, pois permite adequação e utilidade prática dos níveis de informação.

Assim, tendemos a considerar que a informação deverá ser adequada ao caso concreto, sem prejuízo da obrigatoriedade de um nível de *informação*

---

[84] Não obstante, o artigo 122º do CVM prevê a publicidade prévia, isto é, anterior à aprovação, nos casos em que a CMVM efectue um exame preliminar do pedido e considere, na sequência disso, que a aprovação do prospecto ou o registo da oferta é viável, desde que de tal não resulte perturbação para os destinatários ou para o mercado.
[85] JOSÉ DE OLIVEIRA ASCENSÃO, *Publicidade enganosa e produtos financeiros*, p. 15.
[86] CARLOS COSTA PINA, *Publicidade, promoção e prospecção nos serviços financeiros*, p. 258.
[87] *"A extensão e a profundidade da informação devem ser tanto maiores quanto menor for o grau de conhecimentos e de experiência do cliente."*.

mínimo, aplicável em qualquer hipótese; além deste nível mínimo, a exigência de informação deverá variar em função das características do próprio adquirente do produto. Haverá, pois, em nosso entender, um sistema móvel, no qual o nível da informação prestada pelo profissional dependerá em grande medida das qualidades da pessoa com quem ele contrata, em cumprimento da regra de adequação da informação aos respectivos destinatários[88].

VII. De referir que, nos termos do artigo 6º do CVM, a língua usada na publicidade poderá não ser sempre o português, desde que neste último caso a mesma seja acompanhada da respectiva tradução devidamente legalizada[89].

VIII. A supervisão e o controlo da publicidade referente a estes produtos compete à CMVM, que pode instruir os processos de contra-ordenação, bem como aplicar as respectivas sanções (artigo 366º do CVM). Esta pode inclusivamente ordenar que sejam feitas as modificações necessárias para pôr termo à ilegalidade, a suspensão da acção publicitária ou a imediata publicação pelo responsável de rectificação apropriada.

7.3. Seguros

I. Em matéria de seguros vigora o Decreto-Lei nº 72/2008, de 16 de Abril, que aprova o regime jurídico do contrato de seguro. A publicidade encontra-se prevista no artigo 33º deste diploma, nos termos do qual *"o contrato de seguro integra as mensagens publicitárias concretas e objectivas que lhe respeitem, ficando excluídas do contrato as cláusulas que as contrariem, salvo se mais favoráveis ao tomador do seguro ou ao beneficiário"*.

II. Há também que atender à responsabilidade das empresas seguradoras pela actuação dos seus intermediários no que respeita à observância das regras de publicidade, nomeadamente: corretores de seguros, agentes de seguros e angariadores de seguros[90].

8. Problema das comunicações não solicitadas

I. É frequente o recurso a envio de publicidade não solicitada, quer para o domicílio, quer ainda para as caixas de correio electrónico ou por mensagem

---

[88] CARLOS COSTA PINA, *Publicidade, promoção e prospecção nos serviços financeiros*, p. 261.
[89] Todavia, o nº 2 do citado artigo permite à CMVM dispensar a tradução sempre que considere acautelados os interesses dos investidores.
[90] Neste sentido, cfr. CARLOS COSTA PINA, *Publicidade, promoção e prospecção nos serviços financeiros*, p. 290.

para telemóvel. Trata-se de um modo directo de atingir cada consumidor em particular, proporcionando-lhe muitas vezes o contacto com uma amostra do produto publicitado ou até mesmo esse produto, sem prévia contratação do mesmo.

II. Nesta matéria, há que atender à Lei de Defesa do Consumidor e ao Código da Publicidade. Em primeiro lugar, de acordo com o artigo 9º, nº 4, da LDC, é estabelecida a regra de que o consumidor *não fica obrigado ao pagamento de bens ou serviços que não tenha prévia e expressamente encomendado ou solicitado*, não lhe cabendo, do mesmo modo, o encargo da sua devolução ou compensação, nem a responsabilidade pelo risco de perecimento ou deterioração.

III. Por seu turno, segundo o disposto no artigo 23º do CP, *a publicidade entregue no domicílio do destinatário, por correspondência ou qualquer outro meio, deve conter, de forma clara e precisa: a) O nome, domicílio e os demais elementos necessários para a identificação do anunciante; b) A indicação do local onde o destinatário pode obter as informações de que careça; c) A descrição rigorosa e fiel do bem ou serviço publicitado e das suas características; d) O preço do bem ou serviço e a respectiva forma de pagamento, bem como as condições de aquisição, de garantia e de assistência pós-venda.*". Em todo o caso, o nº 4 salvaguarda que o destinatário não é obrigado a adquirir, guardar ou devolver quaisquer bens ou amostras que lhe tenham sido enviados ou entregues à revelia de solicitação sua.

IV. Assim sendo, podemos concluir que, de um modo geral, as comunicações não solicitadas são admitidas quando exista uma *prévia relação de clientela*, sendo também por princípio aceites mesmo na falta de tal relação, embora possam neste caso ser impedidas por oposição do seu destinatário[91].
Todavia, haverá sempre *limites*, já que a prévia relação de clientela eventualmente existente não legitima que se possa enviar uma comunicação não solicitada relativa a um produto ou serviço completamente diverso e sem qualquer conexão com aquele em que assenta essa relação prévia[92].

V. Actualmente este problema é ainda tratado no artigo 13º do DL nº 57/2008, que estabelece que aquele que receba bens ou serviços não encomendados ou solicitados *não fica obrigado à sua devolução ou pagamento*, podendo conservá-los a título gratuito. Em todo o caso, se o fizer, tem direito a

---

[91] CARLOS COSTA PINA, *Publicidade, promoção e prospecção nos serviços financeiros*, pp. 284 e 285.
[92] CARLOS COSTA PINA, *Publicidade, promoção e prospecção nos serviços financeiros*, p. 285.

ser reembolsado das despesas no prazo de trinta dias a contar da data em que as tenha efectuado.

VI Tratando-se de comunicações enviadas por meio de comércio electrónico, vigora o Decreto-Lei nº 7/2004, de 7 de Janeiro, que transpôs as Directivas 2000/31/CE e 2002/58/CE, sobre comércio electrónico e sobre a privacidade das comunicações electrónicas. Neste diploma é adoptado o sistema *opt-in*: a publicidade só pode ser endereçada em rede a quem o solicite, salvas algumas restrições. Assim, o artigo 22º[93] estabelece que *"o envio de mensagens para fins de marketing directo, cuja recepção seja independente de intervenção do destinatário, nomeadamente por via de aparelhos de chamada automática, aparelhos de telecópia ou por correio electrónico, carece de consentimento prévio do destinatário"*.

Contudo, tal como resulta expressamente do nº 1 do artigo 22º, o sistema de *opt-in* compreende excepções, a saber:
(i) Quando o destinatário seja uma pessoa colectiva[94];
(ii) Sempre que o destinatário haja celebrado anteriormente transacções com o fornecedor, se lhe tiver sido explicitamente oferecida a possibilidade de o recusar por ocasião da transacção realizada e se não implicar para o destinatário dispêndio adicional ao custo do serviço de telecomunicações.

No entanto, mesmo estando perante uma destas excepções, o destinatário pode, a qualquer momento, recusar o envio dessa publicidade para futuro, independentemente da invocação de qualquer motivo. Para esse efeito, a publicidade deve conter um endereço e um meio técnico electrónico do fornecedor, de fácil identificação e utilização, o qual deve manter uma lista actualizada de pessoas que manifestaram o desejo de não receber aquele tipo de comunicações.

VII. Para casos especiais, como acontece com os valores mobiliários, não se encontra regra específica, podendo pensar-se que as comunicações não solicitadas podem ser admitidas, o que decorre desde logo do disposto no artigo 322º do CVM, onde apenas se regula a produção de efeitos das declarações negociais que dêem origem a contratos celebrados fora do es-

---

[93] Este artigo transpõe o artigo 7º da Directiva 2000/31/CE, cujo número 1 prevê o seguinte: *"Além de outros requisitos de informação constantes da legislação comunitária, os Estados-Membros que permitam a comunicação comercial não solicitada por correio electrónico por parte de um prestador de serviços estabelecido no seu território assegurarão que essa comunicação seja identificada como tal, de forma clara e inequívoca, a partir do momento em que é recebida pelo destinatário."*.
[94] De referir que o nº 2 abre uma excepção, permitindo o envio de mensagens não solicitadas a pessoas colectivas, as quais gozam todavia, do direito de recorrer ao sistema de opção negativa.

tabelecimento, nos termos do qual tais ordens apenas produzem efeito três dias úteis após a declaração negocial do investidor, que pode, durante esse período, comunicar o seu arrependimento[95]. Esta situação apresenta algumas semelhanças com o envio de publicidade não solicitada, na medida em que, conforme resulta do n.º 4 do artigo 322.º do CVM, se presume que o contacto efectuado pelo intermediário financeiro não foi solicitado quando *não exista anterior relação de clientela entre o intermediário financeiro e o investidor*.

Apesar da ausência de regulação no CVM, poderia entender-se que a proibição decorreria de outros regimes, desde logo: (i) da Directiva 97/7//CE, de 4 de Junho, relativa à protecção dos consumidores em matéria de contratos à distância; (ii) da Directiva 97/66/CE, de 15 de Dezembro, referente ao tratamento de dados pessoais e à protecção da privacidade no sector das telecomunicações, revogada pela Directiva 2002/58//CE, relativa à mesma matéria no sector das comunicações electrónicas; (iii) da Directiva 2000/31/CE, de 8 de Junho, relativa ao comércio electrónico; (iv) da Directiva 2002/65/CE, de 23 de Setembro, sobre a comercialização de serviços financeiros à distância.

Na verdade, porém, em nenhum destes normativos se proíbem as comunicações não solicitadas a propósito dos valores mobiliários, pelo que, na sua ausência, parece de adoptar o *princípio de não proibição – não obrigação*, isto é, o de que os Estados Membros tanto podem proibir, como podem permitir, como podem ainda estabelecer regimes diferenciados[96], sem prejuízo da tutela contra métodos de venda agressivos e que são verdadeiramente invasivos da tranquilidade dos consumidores[97].

9. Conclusão

A publicidade desempenha um papel importante na veiculação de informação relativa a produtos e a serviços, contribuindo de modo decisivo para a formação da vontade contratual por parte dos seus destinatários. Numa fase posterior, já pré-contratual ou mesmo contratual, a publicidade é complementada pela existência de deveres de informação e esclarecimento por parte do agente económico.

Quer seja levada a cabo pelo próprio, quer por terceiro profissionalmente habilitado para esse efeito, a publicidade deve cumprir os trâmites legalmente exigidos, os quais têm em vista a tutela do consumidor. Através destas exigências há uma constante conciliação entre a liberdade de iniciativa económica e

---

[95] CARLOS COSTA PINA, *Publicidade, promoção e prospecção nos serviços financeiros*, p. 279.
[96] CARLOS COSTA PINA, *Publicidade, promoção e prospecção nos serviços financeiros*, p. 280.
[97] CARLOS COSTA PINA, *Publicidade, promoção e prospecção nos serviços financeiros*, p. 281.

o interesse na clareza e transparência da mensagem publicitária. Em termos indirectos, este regime tem outros efeitos, como a manutenção da concorrência leal.

A preocupação comunitária com a proibição das práticas comerciais desleais e agressivas reflectiu-se no Direito interno, quer ao nível da legislação, quer na adopção de normas regulamentares e de códigos de conduta. O regime geral é assim complementado por uma série de disposições especiais.

A publicidade de produtos financeiros é um dos casos que tem merecido particular atenção, dado o seu risco acrescido, uma vez que uma decisão livre e esclarecida carece, por via de regra, de conhecimentos técnicos suplementares. Em simultâneo, é maior a responsabilidade dos agentes económicos que promovem este tipo de produtos, cuja conduta se deve pautar por elevadas exigências ao nível da informação e dos esclarecimentos a prestar aos consumidores.

Todavia, afigura-se de evitar que a preocupação regulativa tenha efeitos contrários aos seus objectivos, desde logo que através dela se imponha aos consumidores a obrigação de conhecimento acerca dos produtos ou serviços publicitados. Com efeito, a regulação da publicidade visa, acima de tudo, o esclarecimento dos seus destinatários, e não que estes adquiram uma especial literacia, nomeadamente financeira, quando seja essa a natureza do produto ou serviço divulgado. Nesta medida, o conceito de consumidor médio criado pela jurisprudência comunitária e recentemente adoptado na Directiva 2005/29//CE pode ter esse efeito, obrigando o consumidor a informar-se. Além disso, muitas vezes o excesso de informação tem o efeito de "desinformar", sendo apropriado a suscitar o desinteresse do consumidor. Nessa ordem de ideias, é de evitar que os agentes económicos forneçam demasiada informação, no sentido de com isso desinteressarem o seu destinatário.

A nosso ver, há, pois, que assegurar dois aspectos essenciais: (i) por um lado, que o nível de informação e de esclarecimentos é adequado à natureza do produto ou serviço divulgado e, bem assim, ao tipo de consumidor em questão; (ii) por outro, que a mensagem contém os elementos essenciais à tomada de decisão livre e esclarecida, e não que assente no conhecimento exacto de todos os elementos desse produto ou serviço. Em bom rigor, em ambos os casos, tal decorreria sempre das exigências de actuação conformes à boa fé.

O Direito à Informação do Consumidor na Contratação à Distância

Fernanda Neves Rebelo[*]

Sumário: Introdução; Capítulo I – Da informação em geral do consumidor; 1. Razão de ordem; 2. O *"movimento consumerista"* e a *"assimetria informativa"*; 3. Breve nota da evolução do direito à informação do consumidor; 4. Enquadramento legal dos contratos à distância; 4.1. O DL 143/2001, de 26/4 – relativo à protecção dos consumidores nos contratos celebrados à distância aplicável à generalidade dos bens e serviços; 4.2. O DL 95/2006, de 29/5 – relativo à comercialização à distância de serviços financeiros prestados a consumidores (Directiva 2002/65/CE); 4.3. O DL 7/2004, de 7/1 – sobre o comércio electrónico; 4.4. Perspectivas de evolução legislativa: a proposta de Directiva sobre direitos dos consumidores; 5. Direito à informação/deveres de informação; 5.1.Conceito e delimitação objectiva e subjectiva; 5.2. Modalidades dos deveres de informação; 5.3.Características do dever de informação; Capítulo II – Da informação nos contratos celebrados à distância; 1. Preliminares; 1.1. Critérios de abordagem; 1.2. Requisitos da informação; 2. O regime jurídico dos deveres de informação nos contratos à distância; 2.1. Nos contratos celebrados à distância para a generalidade dos bens e serviços – DL 143/2001 (Directiva 97/7/CE); 2.1.1. Utilização de um qualquer meio de comunicação (à excepção do telefone ou da Internet); 2.1.2. Utilização de técnica de comunicação por via telefónica; 2.1.3. Utilização de técnica de comunicação por via electrónica; 2.2. A proposta de Directiva 2008/0196/(COD) sobre direitos dos consumidores (em 23.06.2011 com as alterações do Parlamento à proposta da Comissão); 2.3. Nos contratos de prestação de serviços financeiros à distância – DL 95/2006 (Directiva 2002/65/CE); 2.3.1. Utilização de *qualquer meio* de comunicação (excepto

---

[*] Docente da Universidade Portucalense Infante D. Henrique.

Internet e telefone); 2.3.2. Comunicações por telefonia vocal; 3. Consequências derivadas da violação dos deveres de informação; Conclusão.

Introdução

O direito à informação, no âmbito exclusivo do direito do consumidor[1], é o direito à prestação positiva oponível ao agente da actividade económica que fornece produtos e serviços no mercado do consumo[2]. Foi consagrado constitucionalmente como um direito subjectivo do consumidor, a partir da Revisão de 1982[3]. Actualmente, está previsto no artigo 60º da Constituição da República portuguesa, de 1976[4], como direito fundamental. Com a afirmação do "consumidor como sujeito, titular de direitos constitucionalmente protegidos", pretende-se assegurar "um grau mais elevado de realização legislativa na protecção dos consumidores"[5].

Nos termos do artigo 2º da Lei de Defesa do Consumidor[6], Lei nº 24/96, de 31/7, consumidor é "*a pessoa a quem sejam fornecidos bens, prestados serviços ou*

---

[1] Entendido como o direito privado especial de protecção dos consumidores. Sobre as razões da opção pela terminologia, v. A. PINTO MONTEIRO, *Sobre o direito do consumidor em Portugal*, in *Estudos de Direito do Consumidor*, nº 4, Coimbra, 2002, p. 121 ss. Sobre a perspectiva de evolução no nosso ordenamento jurídico e a preparação do Código do Consumidor, ver A. PINTO MONTEIRO, *O anteprojecto do Código do Consumidor*, in *Revista de Legislação e Jurisprudência*, 2006, nº 3937, p. 190 ss. Ver ainda do mesmo A. *Sobre o direito do consumidor em Portugal e o anteprojecto do Código do Consumidor*, in *Estudos de Direito do Consumidor*, nº 7, Coimbra, 2005, p. 245 ss.

[2] PAULO LUIZ NETTO LÔBO, *A informação como direito fundamental do consumidor*, in *Estudos de Direito do Consumidor*, nº 3, Centro de Direito do Consumo, Coimbra, 2001, p. 27.

[3] Cfr. o artigo 110º, 1. Estes direitos integravam a Organização Económica da Constituição e só com a Revisão de 1989 é que passaram a fazer parte do elenco dos direitos fundamentais, enquanto direitos económicos e sociais. Sobre a Constituição e os direitos dos consumidores, v. JOSÉ CARLOS VIEIRA DE ANDRADE, *Os direitos dos consumidores como direitos fundamentais na Constituição Portuguesa de 1976*, in *Estudos de Direito do Consumidor*, nº 5, Centro de Direito do Consumo, Coimbra, 2003, p. 147; CARLA AMADO GOMES, *Os novos trabalhos do Estado: a Administração Pública e a defesa do consumidor*, in *Revista da Faculdade de Direito da Universidade de Lisboa*, Coimbra, 2000, p. 634.

[4] No artigo 60º, sob a epígrafe "Direitos dos consumidores", estão consagrados o direito à qualidade dos bens e serviços consumidos; o direito à formação e à informação; o direito à protecção da saúde e à segurança; o direito à protecção dos seus interesses económicos e o direito à reparação dos danos". Também na Constituição brasileira se prevê, entre o elenco dos direitos fundamentais, o direito à informação: art. 5º, XIV: "*é assegurado a todos o acesso à informação*", cfr. PAULO LUIZ NETTO LÔBO, *op cit*, p. 27.

[5] Neste sentido, cfr. JOSÉ CARLOS VIEIRA DE ANDRADE, *op. cit.*, p. 149.

[6] Lei nº 24/96, de 31 de Julho, alterada pela Lei nº 67/2003, de 8 de Abril, que veio revogar a anterior Lei de Defesa dos Consumidores – a Lei nº 29/81, de 22 de Agosto. Esta foi a primeira lei publicada entre nós destinada à defesa e protecção do consumidor, dando assim cumprimento ao estatuído na Constituição portuguesa. Continha os direitos dos consumidores e os direitos das associações de consumidores. A partir da sua entrada em vigor, e como lei especial, foram sendo publicados no nosso país muitos diplomas legais que, dando cumprimento às directivas comunitárias que iam surgindo sobre específicos problemas das relações de consumo, formam hoje com a Lei de Defesa do Consumidor o acervo das normas de protecção do consumidor em Portugal.

transmitidos quaisquer direitos, destinados a uso não profissional, por pessoa que exerça com carácter profissional uma actividade económica que vise a obtenção de benefícios."

O direito à informação é "um dos pilares do direito do consumidor"[7] e "um instrumento imprescindível de tutela do consumidor"[8], encontrando a sua regulamentação num conjunto de diplomas legislativos de natureza geral e especial, dentro e fora do âmbito desse direito[9].

A lei portuguesa estabelece um quadro jurídico complexo de tutela do direito à informação do consumidor, que tem de ser analisado em dois planos: enquanto objecto de regulamentação genérica prevista na Lei de Defesa do Consumidor, aplicável a todos os contratos celebrados no âmbito de uma relação de consumo; e, na medida em que é objecto da regulamentação própria de uma especial relação jurídica de consumo, através de regras específicas que completam o quadro legal dos deveres de informação da Lei de Defesa do Consumidor[10].

Assim, quanto ao primeiro plano, em cada concreta relação de consumo será aplicável a Lei de Defesa do Consumidor, na medida em que esta lei visa proteger os consumidores, "constituindo o diploma principal da política de consumo e o *"quadro normativo de referência"* dos direitos do consumidor e das instituições de promoção e tutela desses direitos[11]. Quanto ao segundo plano de análise, temos de considerar o normativo especial, se existir, regulador da concreta relação de consumo, referente ao tipo contratual (contrato de compra e venda, de crédito ao consumo, prestação de serviços, etc.) ou respeitante

---

[7] PAULO LUIZ NETTO LÔBO, *op cit.*, p. 23.

[8] A. PINTO MONTEIRO, *A protecção do consumidor de serviços essenciais*, in *Estudos de Direito do Consumidor*, nº 2, Centro de Direito do Consumo, Faculdade de Direito da Universidade de Coimbra, Coimbra, 2000, p. 334.

[9] Como é evidente, sempre que estiver em causa uma relação jurídica de base contratual, o direito à informação encontra a sua regulamentação fora do âmbito do direito do consumidor, desde logo, no Código Civil, sendo-lhe aplicáveis a disciplina geral do negócio jurídico e dos contratos, em tudo o que não estiver especialmente regulado.

[10] A dispersão legislativa do direito do consumidor é fruto da inexistência em Portugal de um código do consumidor que aglutine o regime. Foi apresentado para consulta pública um Anteprojecto de Código do Consumidor, em 2006, elaborado por uma comissão de especialistas "Comissão para a Reforma do Direito do Consumo e do Direito do Consumidor", presidida por António Pinto Monteiro. O diploma visa reunir e sistematizar, dentro de uma linha de racionalização e coerência interna, o acervo legislativo vigente no domínio da defesa do consumidor com o objectivo de concentrar os mais importantes princípios e regras do direito do consumidor, harmonizando num só diploma o conjunto díspar e desordenado das muitas leis que o formam. Já decorreu o período de consulta, não se conhecendo posteriores desenvolvimentos desse processo.

[11] Assim, A. PINTO MONTEIRO, *A protecção do consumidor de serviços essenciais*, cit., p. 337; Sobre a Lei de Defesa do Consumidor v. A. MENEZES CORDEIRO, *Da natureza civil do direito do consumo*, in *O Direito*, ano 136, IV, 2004, p. 639.

a uma específica forma de contratação (através de cláusulas contratuais gerais, à distância, ao domicílio, etc.).

Na presente exposição não pretendemos fazer uma abordagem exaustiva sobre o direito à informação do consumidor, analisando-o em todas as sua manifestações, antes limitaremos o nosso estudo à informação do consumidor no âmbito exclusivo dos *contratos concluídos à distância*, à luz das directivas comunitárias e do regime jurídico interno português aplicável.

Os contratos celebrados à distância[12] constituem uma particular forma de contratação, cuja característica principal reside no facto de as partes não *se encontrarem presentes fisicamente no momento da celebração do contrato*, como é habitual no comércio tradicional. Estes contratos são celebrados através do emprego de técnicas de comunicação à distância que são utilizadas no quadro de um sistema de venda ou de prestação de serviços à distância, nomeadamente, desde as vendas por correspondência às vendas através da Internet.

O fenómeno em si não é novo, a novidade está na sua utilização crescente. Logicamente as tradicionais vendas por correspondência e por catálogo[13] são o meio de comunicação mais antigo, a partir do qual se desenvolveram os modernos métodos de comercialização que, desde o final do século passado, têm aumentado exponencialmente devido à divulgação massiva da televisão, do telefone e, sobretudo, com o avanço recente das comunicações electrónicas.

O regime especial do direito à informação do consumidor na contratação à distância é formado por um conjunto de diplomas legislativos de fonte europeia e nacional, cujo núcleo essencial deve extrair-se da regulamentação inserta nos seguintes diplomas: o Decreto-lei nº 143/2001, de 26/4, relativo à protecção dos consumidores nos contratos celebrados à distância[14] (Directiva 97/7/CE); o Decreto-lei nº 95/2006, de 29/5, relativo à comercialização

---

[12] A lei define-os como "*qualquer contrato relativo a bens ou serviços celebrado entre um fornecedor e um consumidor, que se integre num sistema de venda ou prestação de serviços a distância organizado pelo fornecedor que, para esse contrato, utilize exclusivamente uma ou mais técnicas de comunicação a distância até à celebração do contrato, incluindo a própria celebração*". Cfr. o artigo 2º, alínea a), do DL 143/2001.

[13] O Decreto-lei nº 272/87, de 3 de Julho, que transpôs para o direito interno a Directiva 85/577/CEE, definia as vendas por correspondência no seu artigo 8º, nº 1: "*...considera-se venda por correspondência a modalidade de distribuição comercial a retalho em que se oferece ao consumidor a possibilidade de encomendar pelo correio, telefone, ou outro meio de comunicação, os bens ou serviços divulgados através de catálogos, revistas, jornais, impressos ou quaisquer outros meios gráficos ou audio-visuais*". O seu regime assentava em três pilares fundamentais, que encontram fáceis paralelismos no modelo que podemos chamar tradicional do direito do consumidor: a) o dever de informação relativo ao conteúdo da oferta (artigo 9º); b) a formação por escrito do contrato (artigo 10º); c) o direito de livre resolução (artigo 11º).

[14] Este diploma, no seu Capítulo II, transpõe para a ordem jurídica portuguesa a Directiva 97/7/CE, do Parlamento Europeu e do Conselho, de 20 de Maio de 1997, relativa à protecção dos consumidores em

à distância de serviços financeiros prestados a consumidores[15] (Directiva 2002/65/CE) e o Decreto-lei nº 7/2004, de 7/1, relativo a certos aspectos dos serviços da sociedade de informação, em especial do comércio electrónico (Directiva 2000/31/CE)[16]. Embora esta lei tenha um âmbito de aplicação geral para todos os contratos celebrados por via electrónica e não se destine, portanto, a contratos *exclusivamente* celebrados entre profissionais e consumidores, também contém preceitos que directamente visam o consumidor, criando para eles uma tutela acrescida.

Ilustremos com os seguintes exemplos: supondo que um consumidor celebra um contrato de compra e venda e/ou de prestação de serviços com uma empresa que se dedica à venda e colocação de aparelhos de ar condicionado, utilizando para tal uma técnica de comunicação à distância, como o telefone, por exemplo, é aplicável o regime contido no DL 143/2001. Porém, tratando-se de um contrato que vise a comercialização à distância de serviços financeiros ao consumidor, como a emissão de um cartão de crédito, para exemplificar, rege o DL 95/2006. Pode ainda dar-se a circunstância de qualquer um destes contratos mencionados ter sido celebrado através da Internet, obrigando neste caso a ter em conta também o regime estatuído no DL 7/2004 sobre comércio electrónico.

Mas, para completar o quadro regulamentar dos deveres de informação a prestar ao consumidor, importa ainda referir dois diplomas reguladores de certos tipos contratuais ou formas de contratação, também aplicáveis na contratação à distância, como é o caso, nomeadamente: do regime das cláusulas contratuais gerais, previsto no Decreto-lei nº 446/85, de 25/10, aplicável a todos os contratos celebrados entre empresários e consumidores e entre empresários, cujas cláusulas não foram objecto de negociação individual[17] (Directiva 93/13/CEE); e do regime das práticas comerciais desleais das empresas face

---

matéria de contratos à distância, in *Jornal Oficial*, nº L 144, p.19. Doravante utilizaremos as seguintes formas abreviadas: DL 143/2001; Directiva 97/7/CE.

[15] Transpondo para a ordem jurídica nacional a Directiva 2002/65/CE, do Parlamento Europeu e do Conselho, de 23 de Setembro, relativa à comercialização à distância de serviços financeiros prestados a consumidores, in *Jornal Oficial*, nº L 271, p.16. Adiante designados: DL 95/2006; Directiva 2002/65/CE.

[16] Transpôs a Directiva 2000/31/CE, do Parlamento Europeu e do Conselho, de 8 de Junho de 2000, relativa a certos aspectos legais dos serviços da sociedade de informação, em especial do comércio electrónico, no mercado interno, in *Jornal Oficial*, nº L 178, p. 16. Adiante designados: DL 7/2004; Directiva 2000/31/CE.

[17] Com as alterações que lhe foram introduzidas pelo Decreto-lei nº 220/95, de 31 de Agosto e pelo Decreto-lei nº 249/99, de 7 de Julho. Transpôs a Directiva 93/13/CEE do Conselho, de 5 de Abril de 1993, relativa às cláusulas abusivas nos contratos celebrados com os consumidores, in *Jornal Oficial*, nº L 095, p. 29. Adiante designados: DL 446/85; Directiva 93/13/CEE.

aos consumidores no mercado interno, previsto no Decreto-lei nº 57/2008, de 26/3[18] (Directiva 2005/29/CE). Assim, se nos contratos acima exemplificados, de compra e venda de um aparelho de ar condicionado ou de emissão de um cartão de crédito através de um meio de comunicação à distância, por via electrónica ou não, o consumidor se limitou a aderir ao contrato sem ter tido qualquer possibilidade de negociar o seu conteúdo ou recebeu informações falsas ou enganosas acerca das características do bem ou do serviço, são igualmente aplicáveis ao contrato celebrado as normas constantes do DL 446/85, sobre as cláusulas contratuais gerais, ou do DL 57/2008, relativo às práticas comerciais desleais.

Por fim, importa mencionar, ainda que brevemente, o regime resultante da proposta na novíssima Directiva 2008/0196/(COD) do Parlamento Europeu e do Conselho, relativa aos Direitos dos Consumidores[19], que pretende *alterar a*

---

[18] Este diploma transpôs para o direito interno português a Directiva 2005/29/CE, do Parlamento Europeu e do Conselho, de 11 de Maio de 2008, in *Jornal Oficial*, nº L149, p. 22. Adiante designados: DL57/2008; Directiva 2005/29/CE.

[19] A opção inicial da Comissão Europeia, em Maio de 2003, consistia em rever 22 directivas sobre o direito do consumidor. Pretendia-se reunir e rever o *consumer acquis* gerado pelo princípio da harmonização mínima. Este projecto revelou-se demasiado ambicioso pelo que se reduziu a 8 directivas. As conclusões da Comissão sobre este assunto e as opções possíveis sobre a revisão do acervo comunitário sobre defesa do consumidor constam do Green paper, tendo sido realizada uma consulta pública em 08 de Fevereiro de 2007, em que foram confirmados posicionamentos favoráveis a apenas 4 directivas. Por isso a Comissão Europeia acabou por apresentar, em 8 de Outubro de 2008, uma Proposta de Directiva dos Direitos dos Consumidores, restrita às 4 directivas seguintes: a Directiva 85/577/CEE sobre vendas fora do estabelecimento comercial, a Directiva 93/13/CEE sobre cláusulas abusivas, a Directiva 97/7/CE sobre vendas às distância e a Directiva 99/44/CEE sobre venda e garantia dos bens de consumo, com a finalidade de unificar e harmonizar os direitos dos consumidores, para facilitar o tendo desenvolvimento do mercado interno. Ao contrário das directivas revistas, que assentam no princípio da harmonização mínima e permitem aos Estados-membros adoptar níveis mais elevados de protecção, o propósito da União Europeia nesta directiva foi impor o princípio da harmonização máxima, não permitindo que os Estados-membros possam criar regras mais favoráveis do que as previstas na directiva, para conseguir por esta via construir um verdadeiro mercado interno competitivo para as empresas no seio da União. Na verdade, o processo de aprovação seguiu o seu curso vindo a ser aprovada a proposta de Directiva sobre os direitos dos consumidores em 23 de Junho de 2011 pelo Parlamento Europeu, encontrando-se a aguardar a aprovação pelo Conselho, que deverá ocorrer no decurso do mês de Outubro de 2011. Esta proposta visa revogar não 4 directivas mas somente 2 directivas e introduz alterações nas outras duas. Assim, são revogadas as Directivas 85/577/CEE e 97/7/CE e são objecto de alterações as Directivas 93/13/CEE e a 99/44/CEE. Igualmente é abandonado o princípio da harmonização máxima para todas as situações, mantendo-se embora em alguns preceitos, designadamente, no regime dos deveres pré-contratuais de informação a prestar aos consumidores nos contratos celebrados à distância e fora do estabelecimento comercial, os Estados-membros estão impedidos de impor requisitos formais adicionais.

Directiva 93/13/CEE do Conselho *e a Directiva 1999/44/CE do Parlamento Europeu e do Conselho e revogar a Directiva 85/577/CEE do Conselho e a Directiva 97/7/ /CE do Parlamento Europeu e do Conselho.* Utilizaremos na nossa análise a versão mais recente aprovada em 23 de Junho de 2011 pelo Parlamento Europeu, emergente das alterações introduzidas pelo Parlamento Europeu à proposta da Comissão.

Capítulo I
Da informação em geral do consumidor

1. Razão de ordem
Neste capítulo trataremos do direito à informação em geral, focando os seus interesses determinantes, conceito e delimitação objectiva e subjectiva, bem como os correspectivos deveres de informação, modalidades e características, dando conta em sucinta nota da sua evolução histórica ao nível comunitário e nacional. Para tanto, teremos em conta o regime do direito à informação da Lei de Defesa do Consumidor portuguesa e, na medida em que se mostrem aplicáveis à matéria que elegemos, não deixaremos de considerar os regimes jurídicos das práticas comerciais desleais das empresas com consumidores e o das cláusulas contratuais gerais. O Capítulo II será dedicado ao regime específico da informação na contratação à distância.

2. O *"movimento consumerista"* e a *"assimetria informativa"*
Parte substancial da actividade económica é direccionada para o consumo, envolvendo todos os seres humanos, que dele dependem para satisfação das suas necessidades essenciais, como sejam, as da alimentação, saúde, habitação e vestuário, entre outras.

A qualidade e a segurança dos produtos e serviços lançados no mercado são cruciais, não só para assegurar a qualidade de vida dos cidadãos, como também para permitir a competitividade das actividades económicas e dos seus agentes. Para tanto, é exigível que a apresentação e a comercialização dos bens e serviços no mercado sejam transparentes e possibilitem escolhas alternativas.

Porém, tem-se constatado que o processo de produção, distribuição e consumo dos produtos e serviços atingiu nos tempos modernos níveis de complexidade e de desenvolvimento científico e tecnológico tais que tornam muito difícil ou até mesmo impossível o seu domínio pelo consumidor médio, destinatário final desses bens e serviços. Este fenómeno, que marcou o último quartel do século XX, ficou conhecido pela designação de *"movimento consumerista"*[20].

Em consequência destes "modos de actividade económica massificada, despersonalizada e mundializada" assistimos à redução significativa do direito

---
[20] V. CARLOS FERREIRA DE ALMEIDA, *Os direitos...* cit., p. 29 ss; A. PINTO MONTEIRO, *Sobre o direito do consumidor em Portugal*, in *Estudos Direito do Consumidor*, nº 4, cit., p. 126.

de escolha e da autonomia privada do consumidor, sobretudo no âmbito pré-contratual[21], tendo os profissionais maior força económica e maior domínio da informação do que os consumidores, que muitas vezes se vêm constrangidos a aceitar negócios em condições que não desejam por deficiente informação[22].

A fase que antecede o contrato é de facto decisiva para ambas as partes na relação de consumo. O profissional põe em prática a estratégia comercial que elaborou para levar o consumidor a adquirir o bem ou o serviço. O seu objectivo é o de angariar e fidelizar o maior número possível de clientes, nem que para tanto tenha que lançar mão de certas técnicas de persuasão que podem tornar-se perigosas e agressivas para os consumidores e, por isso, terem repercussões negativas sobre o mercado. O consumidor, por seu turno, ainda não prestou o seu consentimento, necessitando para o fazer de estar devidamente esclarecido e dotado de todas as informações possíveis para poder negociar os termos do contrato e, por fim, decidir.

A necessidade de protecção do consumidor surge assim ainda antes da conclusão do contrato (mantendo-se viva ao longo de todo o *iter* negocial até à sua execução), sendo bem visível nesta fase o dualismo que se apresenta nas relações de consumo: por um lado, o interesse em defender o contraente débil da relação jurídica (o consumidor) e, por outro lado, a necessidade de facilitar a livre circulação dos bens e serviços no quadro da integração europeia, favorecendo-se por esta via o mercado e as empresas.

Estas duas preocupações, não sendo embora antagónicas, também não se situam no mesmo nível.

Sobre o tema, encontra-se firmemente estabelecida na doutrina o uso da expressão "assimetria informativa", abrangendo aquelas situações nas quais "uma das partes dispõe de um número de informações incomparavelmente superior, porque opera no mercado ou porque fabricou o produto e o conhece em todas as suas componentes, enquanto a outra parte, pelo contrário, dispõe de muito menos informação"[23].

Efectivamente, as relações de consumo são caracterizadas pela *disparidade de informação* entre o profissional e o consumidor e até, por vezes, pela total ou quase total *ignorância* deste último, que tantas vezes se move no mercado

---

[21] PAULO LUIZ NETTO LÔBO, "A informação...cit., p. 44.
[22] Cfr. CARLOS FERREIRA DE ALMEIDA, *Os direitos...* cit., p. 179 ss; L. MENEZES LEITÃO, *O direito do consumo: autonomização e configuração dogmática*, in *Estudos do Instituto de Direito do Consumo*, vol. I, Faculdade de Direito da Universidade de Lisboa, Coimbra, Almedina, 2002, p. 12.
[23] STEFAN GRUNDMANN, *L'autonomia privata nel mercato interno: le regole d'informazione come strumento*, in *Europa e Dirito Privato*, 2001, p. 257 ss.

sem saber o que está a comprar, o que lhe estão a vender e quanto deverá pagar. Sabe apenas que *precisa* de um certo bem ou serviço[24].

Para a ocorrência de tal situação, contribuem alguns factores a que já fizemos referência breve: as novas modalidades de comercialização de contratação em massa introduzidas e progressivamente utilizadas a partir dos finais do século XIX vieram abalar o paradigma da autonomia da vontade e da livre composição dos interesses nas relações do consumo; seja porque o consumidor não participa na elaboração das cláusulas contratuais, limitando-se a decidir se adere ou não a uma oferta integralmente predisposta pela contraparte[25]; seja porque, frequentemente, a terminologia utilizada no processo de oferta dos bens e serviços é subtil ou pouco clara; seja porque a negociação é realizada através do recurso a múltiplas e ardilosas técnicas, nomeadamente de *marketing* directo ou pela utilização de cada vez mais agressivos métodos de promoção de bens e serviços[26], servindo-se de sofisticados e complexos meios electrónicos. Nas vendas celebradas à distância ou ao domicílio, por exemplo, o adquirente é colhido de surpresa ou não tem a possibilidade de examinar o produto antes de o adquirir ou, ainda, mercê da extrema complexidade técnica, não está em condições de avaliar de forma esclarecida a qualidade dos bens e serviços que lhe são apresentados.

Em todas as situações acabadas de descrever há um denominador comum: o facto de o consumidor se encontrar numa posição de grande vulnerabilidade perante o profissional, numa posição de "fraqueza negocial típica da pessoa que actua fora da sua actividade profissional"[27], "enquanto vítima indefesa da sociedade de consumo"[28].

Para assegurar uma real protecção do consumidor, importa repor o equilíbrio do jogo de forças entre as partes – consumidor e profissional – sendo para tanto necessário afastar as regras clássicas do direito civil[29], designada-

---

[24] TOMMASO FEBBRAJO, *L'informazione ingannavole nei contratti del consumatore*, Università di Camerino, Florença, 2004, p. 19.

[25] V. CARLOS DA MOTA PINTO, *Teoria geral do direito civil*, 4.ª edição, por A. PINTO MONTEIRO e P. MOTA PINTO, Coimbra, Coimbra Editora, 2005, p.113 ss.

[26] V. CALVÃO DA SILVA, *Responsabilidade civil do produtor*, Coimbra, Almedina, 1990, p. 35.

[27] PAULO MOTA PINTO, *Princípios relativos aos deveres de informação no comércio à distância*, in *Estudos de Direito do Consumidor*, nº 5, Centro de Direito do Consumo, Faculdade de Direito da Universidade de Coimbra, 2003, p.189.

[28] A. PINTO MONTEIRO, *Sobre o direito do consumidor em Portugal*, in *Estudos de Direito do Consumidor*, nº 4, cit., p. 127.

[29] Embora o Código Civil de 66 contenha diversos preceitos que revelam claramente a preocupação do legislador em combater as injustiças e desigualdades negociais, impedir abusos ou exploração do contraente que se encontre em posição desfavorecida face à contraparte, designadamente expressas na cláusula da boa fé (artigo 227º), na proibição do abuso de direito (artigo 334º) e dos negócios usurários (artigo 282º), na consagração da responsabilidade civil objectiva (artigo 499º) ou ainda no

mente o princípio da liberdade contratual[30] e introduzir a aplicação de um regime especial de protecção do consumidor, garantindo que este possa adquirir nas melhores condições os bens e os serviços postos à sua disposição no mercado[31].

Mas a liberdade de decisão do consumidor exige, desde logo, que ele receba *informações completas e exactas* sobre as características e o preço dos bens ou serviços que pretende adquirir, sobre a identidade do fornecedor, bem como sobre outros elementos decisivos para tomar uma decisão de contratar.

As políticas de educação e informação dos consumidores desenvolvidas pelos Estados ou comunidades internacionais nas últimas décadas têm procurado encontrar uma resposta adequada a esta problemática, através da implementação de medidas ou da criação de instrumentos que permitam aos consumidores realizarem escolhas criteriosas e adequadas à satisfação das suas necessidades no dia-a-dia.

3. Breve nota da evolução do direito à informação do consumidor

Em 15 de Março de 1962, a mensagem do presidente John F. Kennedy dirigida ao Congresso dos EUA reconheceu ao consumidor o *direito à informação*, a par com os direitos à segurança, à escolha e a ser ouvido.

O tratado que instituiu a Comunidade Económica Europeia, assinado em Roma em 25 de Março de 1957, na sua versão original não continha qualquer disposição dirigida directamente à protecção dos consumidores, enquanto parte débil nas relações de consumo, revelando não existir ao tempo uma real percepção do desequilíbrio entre profissionais e consumidores[32]. Em 1957, o direito do consumidor não existia como tal e o objectivo essencial que presidiu à assinatura do Tratado foi o de instaurar uma verdadeira concorrência entre os Estados-membros, não constituindo os interesses dos consumidores uma prioridade[33].

---

regime da alteração anormal das circunstâncias (artigo 437º), entre outros, o certo é que a evolução das relações de consumo, acompanhada do desenvolvimento das técnicas de marketing e dos meios de comunicação modernos levaram a que os perigos e os abusos aumentassem consideravelmente, exigindo medidas mais específicas e em maior número.

[30] Este princípio está consagrado no artigo 405º do Código Civil, a propósito da liberdade contratual, nas suas duas vertentes: liberdade de celebração ou conclusão dos contratos e liberdade de modelação ou fixação do conteúdo dos contratos. Sobre este princípio, v. CARLOS DA MOTA PINTO, *Teoria geral...* cit., p. 107 ss; ANTUNES VARELA, *Das obrigações em geral*, I, 10.ª ed., Coimbra, Almedina, 2000, p. 230 e ss.

[31] V. STÉPHANE PIEDELIÈVRE, *Droit de la consommation*, Economica, Paris, 2008, p. 30.

[32] Neste sentido, JEAN CALAIS-AULOY E HENRI TEMPLE, *Droit de la consommation*. 8.ª ed. Paris:Dalloz, 2010, p. 41.

[33] Sobre as relações entre o direito do consumidor e o direito da concorrência e da distribuição, v. STÉPHANE PIEDELIÈVRE, *Droit de la consommation*, cit., p.21.

Foi preciso esperar pelo começo dos anos 70 para que a protecção dos consumidores surgisse e se desenvolvesse. Efectivamente, a situação começou a mudar com a tomada de consciência da Comunidade Económica para a necessidade de contribuir para a melhoria das condições de vida e de trabalho dos cidadãos da Comunidade, levando-a a implementar novas políticas, destacando-se, em 1975, o 1º Programa preliminar do Conselho da CEE para uma política de protecção e de informação dos consumidores[34], que veio proclamar o *direito à informação* e à formação, entre outros direitos fundamentais.

Na mesma linha de defesa dos direitos dos consumidores, um 2º Programa CEE seguiu-se-lhe, aprovado por uma Resolução do Conselho, de 19 de Maio de 1981, visando a actualização e o aperfeiçoamento do 1º Programa[35].

Com a revisão de Maastricht, em 1992, a protecção dos consumidores passou a fazer parte integrante do Tratado que instituiu a Comunidade Económica Europeia, constando num artigo único intitulado "Protecção dos consumidores" e manteve-se nos Tratados seguintes. Na actualidade, consta do artigo 169º do Tratado de Lisboa, de 2009, onde é proclamado que "a União, a fim de promover os interesses dos consumidores e assegurar um elevado nível de defesa destes, contribuirá para a protecção da saúde, da segurança e dos interesses económicos dos consumidores, bem como para a promoção dos seus *direitos à informação*, à educação e à organização para a defesa dos seus interesses.

Foi sobretudo através da elaboração de directivas que o direito comunitário relativo à protecção do consumidor se foi desenvolvendo paulatinamente.

Concretamente, no domínio do direito à informação dos consumidores, é de notar ser este um dos sectores em que a actuação comunitária se desenvolveu de forma intensa nas últimas décadas do século passado, figurando na maioria das directivas relativas à segurança e à protecção dos interesses económicos[36].

Num plano ainda mais alargado, é também de registar a Resolução da Organização das Nações Unidas[37] que, em 1985, vem estabelecer a necessidade da promoção do *acesso dos consumidores à informação*. De resto, por todo o lado, os ordenamentos jurídicos mundiais de um modo geral passaram a reconhecer

---

[34] O Programa foi aprovado pelo Conselho de Ministros da Comunidade, em 14 de Abril de 1975. Cfr. A. MENEZES CORDEIRO, *Da natureza civil...*, cit., p. 609; ANA M. GUERRA MARTINS, *O direito comunitário do consumo – Guia de estudo*, in *Estudos do Instituto de Direito do Consumo*, vol. I, Almedina, 2002, p. 64.

[35] No Acto Único Europeu de 1987, a Comunidade Europeia consagrou pela primeira vez ao nível do direito originário a protecção dos consumidores como um objectivo autónomo. Artigo 100ºA, actualmente artigo 95º do Tratado.

[36] JEAN CALAIS-AULOY E HENRI TEMPLE, *Droit de la consommation*, cit., p. 46.

[37] Artigo 3º, da Resolução nº 30/248, da Assembleia Geral das Nações Unidas, de 16 de Abril de 1985.

o direito fundamental do consumidor à informação, tornando-se o direito à informação uma referência constante nas *relações com consumidores*[38].

Por sua vez, a doutrina, aqui e além fronteiras, reconhece-o como um direito fundamental, salientando a sua importância no contexto do direito do consumidor[39], o que acentua o seu carácter universal.

O recurso aos deveres de informação representou uma evolução significativa na orientação legislativa europeia[40], principalmente, após a Directiva 85/577/CE, de 20 de Dezembro[41], relativa à tutela dos consumidores nos contratos negociados fora dos estabelecimentos comerciais. Na verdade, esta Directiva inaugurou a chamada "temporada consumerista"[42], pelo menos no tocante aos contratos celebrados fora dos estabelecimentos comerciais. Estes contratos compreendem uma grande variedade de formas de distribuição, com perfis heterogéneos, mas que possuem um denominador comum: a substituição do estabelecimento, como local de oferta e contratação, por outros modos de apresentação da oferta e da realização das compras. Nesta forma especial de contratação, sentiu-se a necessidade de proteger especialmente o consumidor, enquanto contraente débil, atribuindo-lhe dois direitos relacionados entre si: o direito de rescindir o contrato, num prazo de 7 dias (direito de livre resolução) e o direito a ser informado pelo fornecedor acerca da existência e das modalidades de exercício desse direito de reflexão.

Foi, sem dúvida, a forma de contratação utilizada que ditou a necessidade de protecção do consumidor, levando o legislador comunitário a justificar as medidas adoptadas, no considerando 4: "a característica dos contratos celebra-

---

[38] A informação dos consumidores ocupa todo o Título I do *Code de la consommation francês*, de 1993, intitulado: *Information des consommateurs et formation des contracts*. No *Codice del consumo*, italiano, de 2005, o direito a uma adequada informação é reconhecido aos consumidores como um direito fundamental (artigo 2, nº 1, alínea c)). Também na Constituição brasileira se prevê, entre o elenco dos direitos fundamentais, o direito à informação: art. 5º, XIV: "*é assegurado a todos o acesso à informação*". PAULO LUIZ NETTO LÔBO, *op. cit.*, p. 27.

[39] A. PINTO MONTEIRO, *Sobre o Direito do Consumidor em Portugal*, in *Estudos de Direito do Consumidor*, nº 4, cit., p.127; C. FERREIRA DE ALMEIDA, *Os direitos dos consumidores*, cit, p. 179 ss; e do mesmo autor, *Direito do Consumo*, Almedina, Coimbra, 2005, p. 115ss; JORGE FERREIRA SEMIDE MONTEIRO, *Responsabilidade por conselhos, recomendações ou informações*, Almedina, Coimbra, 1989, p. 372 ss., ELSA OLIVEIRA DIAS, *A protecção dos consumidores nos contratos celebrados através da Internet – Contributo para uma análise numa perspectiva material e internacionalprivatista*, Almedina. Coimbra, 2002, p. 65 ss. Justamente JEAN CALAIS-AULOY E HENRI TEMPLE, *Droit de la consommation*, cit., p. 55, realça ser o direito à informação um dos temas principais de qualquer política de protecção dos consumidores; JOSÉ CARLOS VIEIRA DE ANDRADE, *op.cit.* p.140 ss; PAULO LUIZ NETTO LÔBO, *op. cit.*, p. 23 ss.

[40] V. JEAN CALAIS-AULOY E HENRI TEMPLE, *Droit de la consommation*, cit., p. 46.

[41] *Jornal Oficial*, nº L 372, p. 31. Esta directiva foi transposta para o direito nacional português através do Decreto-lei nº 272/87, de 3/7.

[42] TOMMASO FEBBRAJO, *L'informazione...* cit., p. 14.

dos fora dos estabelecimentos comerciais é a iniciativa das negociações provir normalmente do comerciante e o facto de o consumidor não estar preparado para tais negociações e ser apanhado desprevenido; que, muitas vezes, o consumidor nem mesmo pode comparar a qualidade e o preço da oferta com outras ofertas"[43].

Ao consumidor, possível "vítima" de um contrato realizado "de surpresa", sem consciência plena das suas implicações e efeitos por causa da "agressividade da abordagem" do outro contraente, um profissional, concede a lei a faculdade de, após a conclusão do contrato, em determinado prazo, se desvincular sem necessidade de apresentar qualquer justificação e sem estar sujeito a quaisquer sanções ou encargos que não os relacionados com a devolução do bem (caso já o tenha recebido), consagrando esta faculdade sob o nome de "direito de livre resolução".

À Directiva 85/577/CE, pioneira como dissemos da protecção dos consumidores nos contratos celebrados fora dos estabelecimentos, seguiu-se a Directiva 97/7/CE, relativa à protecção dos consumidores nos contratos celebrados à distância, vindo a consagrar um conjunto de deveres de informação prévios com o objectivo de permitir que o consumidor possa reflectir sem pressões, livremente, nas condições e termos do contrato antes de se vincular, reduzindo-se assim o risco de vir a celebrar contratos diferentes daqueles que esperava[44].

O mesmo se diga de outras Directivas que se seguiram, designadamente a Directiva 2000/31/CE e a Directiva 2002/31/CE, relativas ao comércio electrónico e aos serviços financeiros à distância, respectivamente, onde são bem visíveis as preocupações nesta matéria, como constataremos *infra* neste texto.

Por outras palavras, mantendo-se embora a tutela de preservação da integridade do acordo, operante por via indirecta *a posteriori* (o direito de resolução), passou também a considerar-se uma tutela por via directa e *a priori* (o direito à informação)[45].

Trata-se de uma ambiciosa opção de política legislativa que deve orientar o intérprete na compreensão de todo o normativo regulador do regime da informação ao consumidor, especialmente quando está em causa escolher entre

---

[43] Directiva 85/577/CE.
[44] Artigo 4º.
[45] Assim GUIDO ALPA, *Il diritto dei consumatori*, Roma-Bari, 2002, p. 35, destacando, numa análise das diversas fases de afirmação do *consumerism* e as diversas modalidades nas quais se tem desenvolvido a tutela do consumidor, a passagem de uma tutela "individual sucessiva", destinada a proteger o consumidor-adquirente essencialmente *a posteriori*, dotando-o de meios do tipo repressivo, para uma tutela de carácter "difuso e preventivo" que, tendo em conta a importância da dimensão colectiva do problema, dê especial atenção à promoção e informação acerca das vicissitudes do contrato, procurando *evitar*, mais do que *reparar*, as múltiplas disfunções da relação do consumo.

soluções que implicam a destruição do vínculo contratual e as que permitem a sua manutenção, através de simples ajustes do seu conteúdo.

A proliferação de normas que impõem obrigações de informação, em particular aquelas que prescrevem um preciso e detalhado conteúdo informativo, representam assim uma clara "vontade" de prevenir os conflitos, antecipando os problemas, apresentando meios e soluções para os evitar.

Além do interesse na protecção do consumidor, estas medidas revelam também claramente a preocupação das instâncias comunitárias em favorecer o desenvolvimento da livre e leal concorrência e do mercado único[46].

Com efeito, à União Europeia não é indiferente o progressivo incremento dos contratos celebrados à distância, porquanto é sabido que os meios de comunicação à distância são um veículo privilegiado e indispensável para eliminar barreiras comerciais que ainda subsistem entre os Estados-membros e permitem que, além da superação dos obstáculos comerciais e jurídicos ao estabelecimento de um mercado interno de livre circulação de mercadorias[47], se elimine a distância físico-geográfica na contratação[48].

Em suma, a informação do consumidor é vista também como um factor de transparência do mercado, portanto, de desenvolvimento da concorrência. Bem informados, os consumidores farão melhores escolhas. Tornar-se-ão capazes de avaliar nos produtos e serviços qual a relação qualidade-preço que lhes é mais favorável e, consequentemente, contribuirão para o desenvolvimento económico[49].

Não se divisa, contudo, no direito comunitário em vigor seja na formação seja após a celebração do contrato um regime geral dos deveres de informação válido para toda e qualquer relação de consumo. O que há? Diversas directivas, contendo regras limitadas a determinadas situações e por vezes restritas aos contratos com consumidores, cujo alcance está naturalmente limitado pelo âmbito de cada diploma em causa[50].

As directivas comunitárias, enquanto direito derivado, não são como é sabido directamente aplicáveis às relações privadas no espaço da União. Foram sendo transpostas para o direito interno dos Estados-membros através de

---

[46] Cfr. considerando 1 da Directiva 97/7/CE.
[47] Atente-se que estes obstáculos têm sido superados através do estabelecimento de normas comunitárias sobre livre circulação e concorrência, como salienta HENRIQUE RUBIO TORRANO, *Contratatión a distancia y protección de los consumidores en derecho comunitário; en particular, el desistimiento negocial del consumidor*, in *Estudos de Direito do Consumidor*, nº 4, Coimbra, 2002, p. 60.
[48] Neste sentido, ver, LUÍS MANUEL TELES DE MENEZES LEITÃO, *A protecção do consumidor contra as práticas comerciais desleais e agressivas*, in *Estudos de Direito do Consumidor*, nº 5, Centro de Direito do Consumo, Faculdade de Direito da Universidade de Coimbra, Coimbra, 2003, p. 164.
[49] Neste sentido, JEAN CALAIS-AULOY e HENRI TEMPLE, *Droit de la consommation*, cit., p. 55 ss.
[50] PAULO MOTA PINTO, *op. cit.*, p. 192.

diplomas legislativos de harmonização, originando por esta via a produção e o desenvolvimento em paralelo dum *acervo legislativo nacional* muito significativo no domínio da promoção e defesa dos direitos dos consumidores em geral e do direito à informação em especial.

Em seguida, vamos indicar brevemente esse acervo, seleccionando apenas os diplomas com interesse na economia deste estudo – contratos à distância –, tendo em vista principalmente determinar o seu âmbito de aplicação. Terminaremos o capítulo I com uma abordagem sobre a noção, conteúdo e notas típicas do direito à informação em geral do consumidor.

4. Enquadramento legal dos contratos à distância

4.1. O DL 143/2001, de 26/4 – relativo à protecção dos consumidores nos contratos celebrados à distância aplicável à generalidade dos bens e serviços

Os contratos celebrados à distância incidem sobre um modo de comercialização de produtos e serviços de grande importância económica. O seu regime abrange não apenas aos contratos de compra e venda mas também outros tipos contratuais e está consagrado no DL nº 143/2001[51], o qual estabelece o regime legal aplicável a "qualquer contrato relativo a bens ou serviços celebrado entre um fornecedor e um consumidor"[52]. Como resulta da noção legal, trata-se de uma forma de contratação mais do que um tipo contratual, que se estabelece entre um profissional e um consumidor. Aplica-se somente às relações com consumidores.

Para efeitos deste diploma, entende-se por "consumidor qualquer pessoa singular que actue com fins que não pertençam ao âmbito da sua actividade profissional"[53].

---

[51] Com as alterações introduzidas pelo Decreto-lei nº 57/2008, de 26/3, relativo às práticas comerciais desleais das empresas com os consumidores.

[52] O artigo 2º, alínea a), do DL143/2001, define o contrato celebrado a distância como: *"qualquer contrato relativo a bens ou serviços celebrado entre um fornecedor e um consumidor, que se integre num sistema de venda ou prestação de serviço a distância organizado pelo fornecedor que, para esse contrato, utilize exclusivamente uma ou mais técnicas de comunicação a distância até à celebração do contrato, incluindo a própria celebração"*.

[53] Artigo 1º, nº 3, alínea a). Neste texto utilizaremos a noção de consumidor definida no artigo 1º, nº 3, alínea a), do DL 143/2001, no sentido de *"qualquer pessoa singular que actue com fins que não pertençam ao âmbito da sua actividade profissional"*. Sobre o conceito jurídico de consumidor, v. A. PINTO MONTEIRO, *A protecção do consumidor de serviços de telecomunicações*, in *As Telecomunicações e o Direito na Sociedade da Informação*, Instituto Jurídico da Comunicação, Faculdade de Direito da Universidade de Coimbra, Coimbra, 1999, p. 140; CARLOS FERREIRA DE ALMEIDA, *Direito do Consumo*, cit., p. 25 e LUÍS MANUEL TELES DE MENEZES LEITÃO, *O direito do consumo...* cit., p. 19 e ss.

Estes contratos são concluídos sem a presença física e simultânea dos intervenientes – o fornecedor e o consumidor – não existindo, portanto, ao longo de todo o *iter* negocial qualquer contacto presencial entre fornecedor e consumidor[54]. Tanto a proposta como a aceitação são realizadas através de um meio de comunicação à distância. O consumidor não tem qualquer contacto prévio com o produto ou o serviço, nem sequer com o seu fornecedor, celebrando os negócios por carta, telefone, televisão, Internet ou outros meios de comunicação à distância. A característica essencial da modalidade de celebração destes contratos reside no processo utilizado pela empresa para a comercialização dos seus produtos, necessariamente integrado num sistema de vendas ou prestação de serviços à distância[55]. Este sistema implica não só a utilização exclusiva de uma ou mais técnicas de comunicação à distância durante todo o processo tendente à celebração do contrato com o consumidor, mas também a utilização dessas técnicas no momento da conclusão do contrato[56].

[54] Estes sistemas de vendas apresentam a vantagem principal de tornarem mais cómoda a realização do contrato, que pode assim ser realizado desde qualquer ponto onde a pessoa se encontre, evitando eventuais perdas de tempo com a deslocação ao estabelecimento comercial do fornecedor e com a sujeição aos seus horários possivelmente apertados ou desajustados às necessidades do concreto consumidor. Por outro lado, esta modalidade de contratação implica para o consumidor potenciais riscos, derivados, desde logo, da impossibilidade de examinar previamente o bem, que pode não corresponder às suas expectativas ou apresentar defeitos e desconformidades em face do contratado. Acresce o facto de, com frequência, as técnicas de comunicação à distância levarem o consumidor a tomar decisões irreflectidas e precipitadas. Nestes contratos, o consumidor está muitas vezes à mercê da publicidade, não raro agressiva, sem significativa liberdade de escolha dos fornecedores, sem conhecimento das reais características dos produtos que lhe são oferecidos para venda, e consequentemente sujeito a errar por deficiência própria ou em consequência do abuso de outrem.

[55] Figura incontornável desta modalidade de contratos é o operador de técnica da comunicação, cuja definição consta do artigo 2º, alínea *c*): "qualquer pessoa singular ou colectiva, pública ou privada, cuja actividade profissional consista em pôr à disposição dos fornecedores uma ou mais técnicas de comunicação à distância". Correspondente ao artigo 2º, nº 5, da Directiva 97/7/CE. A título de exemplo, podemos referir: o operador de serviços telefónicos, o fornecedor do acesso à Internet, a empresa de serviços postais, a emissora de rádio ou de televisão, etc. Estes operadores, através dos seus serviços, permitem o encontro entre as partes, estabelecendo um canal de comunicação entre ambos, embora sem interferir no conteúdo das mensagens que aí vão circular.

[56] A noção de "técnica de comunicação à distância" decorre da própria lei e faz-se essencialmente pela negativa: *"qualquer meio que, sem a presença física e simultânea do fornecedor e do consumidor, possa ser utilizado tendo em vista a celebração do contrato entre as referidas partes"*. A Directiva 97/7/CE estabelece uma lista, meramente exemplificativa, dos expedientes considerados "técnicas de comunicação". São métodos de comunicação comercial e de contratação entre ausentes há muito conhecidos e utilizados, tais como: impressos endereçados ou não; correio tradicional; publicidade impressa com nota de encomenda; catálogos; telefone com intervenção humana; fax; rádio, televisão (Teleshopping). Mas também são referidos técnicas de comunicação mais recentes: videofone (telefone com imagem); telefone sem intervenção humana (aparelho de chamada automática, áudio-texto); videotexto (micro computador, ecrã de televisão) com teclado ou ecrã táctil; correio electrónico. A evolução permanente das referidas técnicas impõe a definição de princípios válidos mesmo para aquelas que ainda são pouco utilizadas.

O artigo 3º contém a enumeração dos contratos que estão subtraídos ao âmbito de aplicação deste regime[57].

Quanto aos deveres de informação a cargo do fornecedor, relevam essencialmente as informações prévias e o dever de confirmação das informações, constantes nos artigos 4º e 5º, cujo conteúdo analisaremos no capítulo II.

4.2. O DL 95/2006, de 29/5 – relativo à comercialização à distância de serviços financeiros prestados a consumidores (Directiva 2002/65/CE)[58]

O DL 95/2006[59] vem completar o regime da contratação à distância, estabelecendo a base comum no que diz respeito às condições em que os contratos à distância são celebrados em matéria de serviços financeiros[60]. É aplicável aos serviços financeiros a retalho[61].

Sobre a informação pré-contratual do consumidor, relevam em especial as seguintes normas, que analisaremos adiante: artigos 11º a 18º.

4.3. O DL 7/2004, de 7/1 – sobre o comércio electrónico

O DL 7/2004[62] sobre comércio electrónico consiste igualmente num *processo de contratação*. Visa disciplinar "os serviços da sociedade da informação", regulando não apenas as relações de consumo mas igualmente as relações entre profissionais, embora a protecção dos consumidores seja uma preocupação deste diploma, como resulta dos artigos 3º, nº 5 e 28º, nº 2 e 29º, nº 1, pois a

---

[57] As exclusões são ditadas por razões atinentes quer ao seu objecto quer ao modo da sua celebração. São expressamente excluídos os negócios relativos à prestação de *serviços financeiros*, incluindo nesta categoria os serviços de investimento, as operações de seguros e resseguros, os serviços bancários, as operações relativas a fundos de pensões e os serviços relativos a operações a prazo ou sobre opções (alínea *a*), do nº 1).

[58] Sobre a Directiva relativa ao comércio electrónico, no tocante à protecção do consumidor, ver M. LEHMANN, *El comercio electrónico y la protección del consumidor en Europa* in *Comercio electrónico en Internet* de JOSÉ ANTÓNIO GÓMEZ SEGADE (Dir.), ÁNGEL FERNÁNDEZ-ALBOR BALTAR e ANXO TATO PLAZA (Coords.), Marcial Pons, Madrid, 2001, p. 444 ss. Para além das medidas referidas no texto, veja-se ALEXANDRE DIAS PEREIRA, *A protecção do consumidor no quadro da directiva sobre o comércio electrónico* in *Estudos de Direito do Consumo*, nº 2, Centro de Direito do Consumo, Coimbra, 2000, p. 45.

[59] Transpôs para a ordem jurídica interna a Directiva 2002/65/CE, que veio alterar as Directivas 90/619/CEE do Conselho, 97/7/CE e 98/27/CE.

[60] Sobre a opção da união europeia em separar em duas directivas os regimes da contratação à distância em geral e relativa aos serviços financeiros, v. CALVÃO DA SILVA, *Banca, Bolsa e Seguros*, Tomo I, Parte Geral, 2.ª ed. Revista e aumentada, Almedina, Coimbra, 2007, p. 98 ss.

[61] Serviços bancários, serviços de seguros, serviços de pagamentos e de investimento, incluindo fundos de pensão negociados à distância, por exemplo, por telefone, telecópia ou Internet, ou seja, por qualquer meio útil sem que haja presença física e simultânea das partes no contrato.

[62] Transpôs para a ordem jurídica interna a Directiva 2000/31/CE, bem como o artigo 13º da Directiva 2002/58/CE, do Parlamento europeu e do Conselho, de 12 de Julho de 2002, relativa ao tratamento de dados pessoais e à protecção da privacidade no sector das comunicações electrónicas.

suas exigências são imperativas para os consumidores, deixando de estar por isso na disponibilidade das partes[63].

Este diploma não afasta o regime do DL 143/2001, pois tem carácter complementar e não derrogatório. Na verdade, o DL143/2001 é mais amplo no que concerne ao objecto que visa regular, pois abrange as comunicações à distância através da utilização de qualquer meio de comunicação, mas quanto à natureza dos destinatários é mais restrita, aplica-se somente às relações entre fornecedores consumidores.

O regime do comércio electrónico, por sua vez, só se aplica em caso de utilização de um único meio de comunicação à distância – a via electrónica – abrangendo os contratos celebrados entre profissionais e os contratos entre um profissional e um consumidor.

São aplicáveis a todos os intervenientes – consumidores ou não consumidores – as seguintes disposições relativas ao direito à informação dos destinatários dos serviços: deveres gerais de informação a cargo do fornecedor de serviço aos seus destinatários (art. 10º); deveres de informação referentes à contratação electrónica (art. 28º, 29º e 31º).

4.4. Perspectivas de evolução legislativa: a proposta de Directiva sobre direitos dos consumidores

A nova ainda em proposta Directiva visa revogar a Directiva 97/7/CE relativa aos contratos à distância, devendo ser transposta em cerca de dois anos após a sua publicação. Aplica-se aos contratos compra e venda e prestação de serviços entre um profissional e um consumidor. Não introduz alterações significativas no tocante aos conceitos de contrato à distância ou técnica de comunicação à distância.

Os serviços financeiros continuam a reger-se pelo DL 95/2006 e pela correspondente Directiva 2002/65/CE.

O artigo 9º regula a informação ao consumidor seja qual for a técnica utilizada, embora continue a ser aplicável o regime previsto na Directiva sobre o comércio electrónico, sempre que esteja em causa a celebração de contratos por via electrónica.

Embora inicialmente a proposta apresentada pela Comissão em 2008 pretendesse a revisão de 4 directivas, a versão apresentada ao Parlamento Europeu e aprovada em 1ª leitura, em 23 de Junho de 2011, apenas propõe a revogação

---

[63] Cfr. os artigos 1º, nº 3, e 3º, nº 4 da Directiva 2000/31/CE. A directiva relativa ao comércio electrónico visa reforçar a segurança jurídica deste tipo de comércio com vista a aumentar a confiança dos internautas. Para o efeito, estabelece um quadro jurídico estável ao sujeitar os serviços da sociedade da informação aos princípios do mercado interno (livre circulação e liberdade de estabelecimento) e instaurar um número limitado de medidas harmonizadas.

de duas: a Directiva sobre contratos celebrados forado estabelecimento comercial (Directiva 85/577/CEE) e a directiva sobre contratos à distância (Directiva 97/7/CE), prevendo alterações quanto a outras duas directivas; sobre cláusulas abusivas (Directiva 93/13/CEE) e sobre vendas de bens de consumo a garantias a ela relativas garantias (Directiva //CE).

Em atenção ao objecto do presente estudo, limitaremos a nossa análise aos aspectos referentes à informação no comércio à distância, no capítulo II, e teremos em conta a versão aprovada pelo Parlamento em 23 de Junho de 2011.

5. Direito à informação/deveres de informação

5.1. Conceito e delimitação objectiva e subjectiva

Neste ponto procuraremos dar resposta às perguntas que necessariamente se colocam nesta sede: Quem informa? Quem é informado? Sobre o quê? Como? Quando?

Primeiramente, contudo, devemos assentar num ponto prévio: estas questões serão tratadas no campo restrito dos contratos celebrados à distância. Ainda que possa o seu regime ser extensível/comum a outras relações de consumo, não curaremos de estabelecer aqui essa correspondência, por extravasar claramente o objecto da nossa exposição.

O direito à informação é "um modo de designar situações que, tendo um reverso comum – a prestação de informações -, são muito diversificadas em função da entidade sujeita, do conteúdo da informação e dos efeitos jurídicos gerados pela sua prestação ou omissão"[64].

Com já dissemos, o consumidor é o titular do direito à informação, enquanto adquirente e utente do produto fornecido ou do serviço prestado, "para fins que não pertencem ao âmbito da sua actividade profissional"[65].

Contrapostos ao direito subjectivo à informação do consumidor, encontram-se os deveres de informação que impendem sobre o fornecedor do bem ou do serviço ao consumidor, enquanto parte num contrato de compra e venda ou de prestação de serviços, em geral ou financeiros, através da utilização de um qualquer meio de comunicação à distância, incluindo a via electrónica.

Adoptando um conceito de dever de informação *stricto sensu* e reportado ao período pré-contratual[66], informar significa comunicar à contraparte os

---

[64] CARLOS FERREIRA DE ALMEIDA, *Direito do consumo...*, cit., p.116.
[65] Conforme a noção de consumidor consagrada tanto no artigo 1º, nº 3, alínea a), do DL 413/2001, como no artigo 2º, nº 2, da Directiva 97/7/CE.
[66] Note-se que o dever de informação em sentido amplo ainda pode abarcar o dever de advertência e o dever de conselho, que neste contexto não têm aplicação. Neste sentido, v., JORGE FERREIRA

elementos de conhecimento necessários à adequada formação da sua vontade negocial, sejam os referentes aos aspectos jurídicos sejam os respeitantes às circunstâncias materiais do negócio[67]. Se, porém tal dever resultar já do contrato, então o seu conteúdo é dirigido a dotar a contraparte dos conhecimentos essenciais e necessários para o exercício dos direitos contratuais.

No âmbito do direito especial do consumidor, a informação a que este tem direito constitui uma obrigação de facto positivo para o profissional, ao impor o dever de informar com *exactidão* sobre os factos *essenciais*, não apenas para formação da sua vontade mas também para a boa execução do contrato.

Além disto, tem ainda lugar dentro do conceito amplo de dever de informação o dever de verdade. Este, por sua vez, constitui uma obrigação de facto negativo a cargo do profissional, sendo imposto a obrigação de não comunicar informações *inexactas, ambíguas ou falsas* sobre elementos *essenciais* que formam o conteúdo informativo.

Na contratação à distância, em resultado do modelo de celebração de contratos, da utilização de técnicas de comunicação à distância e dos interesses individuais e colectivos a proteger, é legítimo o alargamento dos deveres de informação que recaiam sobre o vendedor ou o prestador de serviços[68].

E, com efeito, verificamos que o regime legal, no tocante ao direito à informação, espelha esta necessidade, nomeadamente, através da consagração de uma tutela acrescida da protecção dos consumidores nos contratos à distância. Exemplos disso, são o regime da comercialização à distância de serviços financeiros prestados aos consumidores, consagrando um extenso regime de informação pré-contratual, e o regime do comércio electrónico[69].

O dever de informar compete a quem conhece bem os produtos e os serviços disponíveis no mercado: os produtores, importadores, distribuidores ou prestadores de serviços, os profissionais, em suma, sobre todos os que participam na cadeia económica, desde a produção à distribuição ou prestação do serviço (cfr. o artigo 8º, nº 2, da Lei nº 24/96). Os deveres de informação têm assim efeitos reflexos ou indirectos sobres as relações contratuais anteriores, desde a produção até ao destinatário final. É o corolário do exercício da actividade económica lícita.

SINDE MONTEIRO, *Responsabilidade* ...cit., p. 14 ss e MARIANA FONTES DA COSTA, *O dever pré-contratual de informação*, in *Revista da Faculdade de Direito da Universidade do Porto*, ano IV, Coimbra Editora, 2007, p. 374.

[67] MARIANA FONTES DA COSTA, *op. cit.*, p. 383.

[68] Os deveres de informação na contratação à distância visam a protecção da confiança tanto individual (do consumidor) como colectiva (bom funcionamento do mercado do comércio à distância). Neste sentido, PAULO MOTA PINTO, *Princípios*..., cit., p. 188 e TOMMASO FEBBRAJO, *L'informazione*...cit., p. 16.

[69] Título II (artigo 11º a 18º).

Em caso de violação deste dever, são todos responsáveis solidários pelos danos que causarem ao consumidor final do bem ou do serviço (nº 5). A responsabilidade civil solidária por esta via torna-se um importante instrumento ao serviço da protecção dos interesses do consumidor, o destinatário final e "último elo da cadeia contratual", impedindo que recaia sobre ele o ónus de identificar o responsável pela violação do dever de informação.

Frequentemente, a promoção dos interesses comerciais ou industriais impelem as empresas a *motu proprio* fornecer informação aos consumidores. É necessário, contudo, não confundir "publicidade comercial" com informação[70]. A publicidade não tem por fim informar, antes tem a finalidade de atrair os consumidores, sendo por vezes enganosa, ou então, no mínimo, tendenciosa.

5.2. Modalidades dos deveres de informação

Os profissionais podem informar os consumidores porque são obrigados a tal pelos poderes públicos ou podem fazê-lo porque necessitam para divulgar e valorizar os produtos e as marcas que propõem no mercado para consumo. No primeiro caso, a informação é obrigatória no interesse dos destinatários – os consumidores – no segundo, é facultativa e não trataremos dela neste contexto.

A informação obrigatória pode ser geral ou especial e cada uma destas pode ser pré-contratual ou contratual (consoante preexiste ao contrato ou derive dele).

Os deveres pré-contratuais de informação, pela sua natureza, influem na decisão de contratar, pelo que assumem especial relevância na protecção do consumidor que pretende contratar à distância, como veremos, embora também sejam impostos por diversos outros diplomas do direito do consumidor. Em todos eles o padrão da informação pré-contratual está fixado por disposições legais imperativas. A sua violação acarretará responsabilidade pré--contratual. Todavia, tal regime ainda que não estivesse expressamente previsto sempre resultaria da regra do artigo 227º do Código Civil, impondo-se sempre a necessidade de observar os ditames da boa fé[71].

A informação geral não é desprovida de interesse para os consumidores, mas é dificilmente utilizada por eles, sendo geralmente completada pela informação especial que é mais precisa e detalhada, tem sanções mais eficazes e é especialmente criada para proteger os consumidores em determinadas relações de consumo[72].

---

[70] CARLOS FERREIRA DE ALMEIDA, *Os direitos...*cit., p. 181.
[71] CARLOS FERREIRA DE ALMEIDA, *Direito do consumo*, cit., p. 118.
[72] JEAN CALAIS-AULOY e HENRI TEMPLE, *Droit de la consommation*, cit., p. 62.

A Lei de Defesa do Consumidor estabelece genericamente o direito do consumidor à informação para o consumo, no artigo 3º, alínea d), no elenco dos direitos do consumidor.

Os deveres de informação obrigatória de âmbito geral podem decorrer de duas fontes principais: dos poderes públicos (Estado e Entes Públicos Menores)[73] e dos profissionais, intervenientes na relação jurídica do consumo.

Estes dois tipos de informação diferem profundamente e devem ser estudadas em separado. Ambos estão previstos na Lei de Defesa do Consumidor portuguesa, nos artigos 7º e 8º, *direito à informação em geral* e *direito à informação em especial*, respectivamente.

O direito à informação em geral, previsto no artigo 7º, nº 2 e 3, incumbe ao Estado, às Regiões Autónomas e às Autarquias Locais no desenvolvimento de funções informativas, mediante a adopção de diversas medidas, tais como o apoio às acções de informação, a criação de serviços municipais de informação ao consumidor, etc[74]. Este direito à informação em geral deve ser entendido como um interesse difuso dos consumidores mais do que um verdadeiro direito subjectivo[75].

Apenas releva para a presente exposição *o direito à informação em particular*, regulado no artigo 8º, o qual é composto por precisos e detalhados deveres de informação que impendem sobre o fornecedor de bens ou o prestador de serviços de informar de forma *clara, objectiva e adequada* o consumidor, nomeadamente sobre: características, composição e preço do bem ou serviço; período de vigência do contrato; garantias; prazos de entrega; assistência após o negócio jurídico.

Quanto aos deveres de carácter obrigatório especial, contam-se os que podem extrair-se de múltiplos diplomas que, com maior ou menor alcance, regulam aspectos específicos das relações de consumo, e não só, como é o caso,

---

[73] Com exclusão das informações fornecidas pelas associações de consumidores, as quais configuram antes direitos de associação e o direito do associado perante a associação. CARLOS FERREIRA DE ALMEIDA, *Direito do Consumo*, cit., p. 116. Sobre a participação adequada das organizações de consumidores nas políticas da União Europeia no que toca à educação (formação) do consumidor sobre os seus direitos, v. MÁRIO FROTA, *A União Europeia e a educação do consumidor*, in *Revista Portuguesa de Direito do Consumo*, nº 36, Dezembro, Coimbra, Associação Portuguesa de Direito do Consumo, 2003, p. 88 ss.

[74] Sobre os deveres de informação que competem ao Estado e outros Entes Públicos desenvolver, no âmbito das políticas de consumidores, v. MÁRIO FROTA, *Por uma política de consumidores à escala europeia. Por uma política de consumidores para Portugal*, in *Revista Portuguesa de Direito do Consumo*, nº 63, Setembro, Coimbra, Associação Portuguesa de Direito do Consumo 2010, p. 5 ss.

[75] Neste sentido, v. CARLOS FERREIRA DE ALMEIDA, *Direito do consumo* cit., p. 116. Refere-se ainda o A. ao direito "geral" ou "colectivo" à informação dos consumidores que se opõe, já não ao Estado e outras entidades públicas mas que recai sobre os fornecedores e outros intervenientes na actividade de produção e comercialização de produtos. São os deveres referidos no artigo 7º, nº 4 e nº 2 do art. 8º da LDC.

por exemplo, do regime das cláusulas contratuais gerais, das práticas comerciais desleais, dos contratos negociados à distância ou através da Internet, do crédito ao consumo ou da publicidade enganosa.

Em todos estes diplomas estão previstas regras especiais relativas à informação das partes intervenientes na relação jurídica abrangida pela lei. Algumas destas leis destinam-se a regular exclusivamente negócios jurídicos de consumo, aplicando-se apenas estando em causa uma relação entre um profissional//comerciante e um consumidor, contendo normas de informação especialmente concebidas para a defesa dos interesses do consumidor.

Enquanto outras, além da protecção do consumidor também visam regular relações entre profissionais ou utentes do serviço em geral, possuindo neste caso duas categorias de normas informativas: as que só valem para as relações em que intervém um consumidor e as que são aplicáveis às restantes relações jurídicas.

5.3. Características do dever de informação

a) Na Lei de Defesa do Consumidor

A Lei de Defesa do Consumidor estabelece um *conjunto de deveres essenciais* que constituem o objecto do dever pré-contratual de informação a cumprir pelo fornecedor de qualquer bem ou serviço perante o consumidor, aplicáveis às relações de consumo em geral. O artigo 8º, nº 1, exige que a informação incida sobre os seguintes elementos informativos: características, composição e preço do bem ou serviço, bem como, sobre o período de vigência do contrato, garantias, prazos de entrega e assistência após o negócio jurídico". A estes elementos acresce o dever de informação quanto aos riscos para a saúde e segurança dos consumidores que possam resultar da normal utilização de bens ou serviços perigosos, previsto no nº 3 do mesmo preceito.

Quanto ao *modo de transmitir a informação*, o artigo 8º distingue duas situações, consoante o objecto da informação. Assim, se a informação incidir sobre aspectos fundamentais do produto a adquirir ou do serviço a prestar, o fornecedor tem a obrigação de informar de forma *clara, objectiva e adequada* (nº 1). Em relação aos deveres de informação sobre os riscos para a saúde e segurança dos consumidores que possam resultar da normal utilização dos bens ou serviços perigosos, devem ser cumpridos de modo *claro, completo* e *adequado* (nº 3).

Na Lei de Defesa do Consumidor, não se faz distinção quanto *ao momento da prestação* das informações essenciais, sendo que devem ser fornecidas *tanto nas negociações como na celebração de um contrato* (cfr. o artigo 8º, nº 1).

Em suma, do artigo 8º da Lei de Defesa do Consumidor portuguesa parecem resultar as seguintes características da informação do consumidor: essencialidade, clareza, objectividade, adequação e tempestividade.

b) No regime das cláusulas contratuais gerais

Numa referência breve ao disposto no regime das Cláusulas Contratuais Gerais, diremos que é um modo de contratação que acarreta perigos e problemas sobretudo no plano da formação do contrato, pois aumenta muito o risco de o aderente desconhecer as cláusulas que vão fazer parte do contrato. Estas regras de inserção de cláusulas contratuais gerais em contratos singulares aplicam-se também aos contratos à distância, qualquer que seja o meio de comunicação empregue[76]. Sobre os requisitos dos deveres de informação a fornecer ao consumidor, visando neste caso particular combater o risco de desconhecimento de aspectos importantes do contrato, a lei prevê um *dever de comunicação* no art. 5º e um *dever de informação* no artigo 6º.

Quanto a dever de comunicação prévia, deve ser cumprido pelo proponente (empresário) perante o aderente (consumidor) e tem como objecto todo o conteúdo (na íntegra) das cláusulas contratuais gerais que o empresário pretenda inserir no contrato, as quais devem ser comunicadas de modo: *adequado* e com a *antecedência* que se mostre *necessária* para permitir o seu conhecimento completo e efectivo. Por outras palavras, o proponente tem o dever de comunicação *integral, adequada e oportuna* das cláusulas e *esclarecimento de dúvidas* postas pelo aderente.

A lei impõe ainda a cargo do predisponente um *dever de informação* que torne acessível ao aderente o conhecimento e a compreensão do integral conteúdo das cláusulas e dos seus aspectos técnicos. A *extensão da informação* e a *forma* por que deve ser feita dependerá das circunstâncias necessárias para permitir a sua cognoscibilidade (de forma clara e compreensível) pelo aderente[77], prevalecendo na dúvida a interpretação mais favorável ao aderente consumidor[78].

c) No regime das práticas comerciais desleais

No tocante aos deveres de informação a prestar ao consumidor no âmbito da celebração de um contrato, é necessário e atender-se ao preceituado no DL 57/2008 que estabelece o regime jurídico aplicável às práticas comerciais desleais das empresas nas relações com os consumidores, quer ocorram antes,

---

[76] Segundo CARLOS FERREIRA DE ALMEIDA, *Direito do Consumo*...cit., p. 129, neste campo dos contratos à distância, a prática viola a teoria constantemente, alegadamente resultante de obstáculos técnicos.
[77] A. PINTO MONTEIRO, *Teoria geral*...cit., p. 654.
[78] Como consequência pela violação destes deveres a lei prevê a sua exclusão dos contratos singulares (artigo 8º alíneas a) e b), isto é, não são consideradas integradas no contrato, dado que essas cláusulas não obedecem aos requisitos que a lei exige para a inclusão. No sentido de que estas medidas são de eficácia reduzida, v., A. PINTO MONTEIRO, *Teoria geral*...cit., p. 657.

durante ou após uma qualquer relação contratual entre um profissional e um consumidor[79].

O DL 57/2008 prevê uma proibição geral das práticas comerciais desleais que distorcem o comportamento económico dos consumidores e aplica-se às práticas comerciais desleais que prejudicam directamente os interesses económicos dos consumidores, abrangendo as práticas comerciais desleais enganosas e as práticas comerciais agressivas[80]. A categoria que releva para efeitos de direito à informação do consumidor é a respeitante às práticas enganosas, as quais são classificadas pela presente lei como acções enganosas e omissões enganosas. Em relação às omissões, o artigo 9º estabelece um número limitado de elementos essenciais de informação para que, em determinados casos, o consumidor possa tomar uma decisão de transacção esclarecida.

---

[79] A presente directiva introduz uma harmonização plena. Só se aplica quando não existam disposições comunitárias particulares que regulem aspectos específicos das práticas comerciais desleais, tais como requisitos de informação e regras relativas à forma como as informações. Assegura a protecção dos consumidores nos casos em que não exista legislação sectorial específica ao nível comunitário.

[80] "É desleal qualquer prática comercial desconforme à diligência profissional, que distorça ou seja susceptível de distorcer de maneira substancial o comportamento económico do consumidor seu destinatário ou que afecte este relativamente a certo bem ou serviço" (v. artigo 5º, nº 1). Sendo o carácter leal ou desleal da prática comercial aferido utilizando-se como referência o consumidor médio (artigo 5º nº 2).

Capítulo II
Da informação nos contratos celebrados à distância

1. Preliminares

1.1. Critérios de abordagem

Os diplomas que contêm a disciplina da informação que o profissional está obrigado a prestar aos consumidores no comércio à distância estabelecem um conjunto de disposições específicas sobre esses deveres, variáveis consoante o objecto ou o tipo do contrato a realizar, a técnica ou o meio de comunicação utilizado e a fase do *iter* contratual em que têm de ser fornecidas.

No que respeita ao objecto ou o tipo contratual, é necessário estabelecer a distinção entre os contratos relativos ao fornecimento de bens ou prestação de serviços em geral à distância dos contratos relativos a serviços financeiros prestados a consumidores através de meios de comunicação à distância. Para cada uma destas categorias está prevista uma disciplina própria, também em matéria de informação, conforme decorre dos respectivos diplomas legislativos: artigos 4º e 5º do DL 143/2001 e artigos 11º a 17º do DL 95/2006.

Quanto à técnica de comunicação à distância utilizada, distingue a lei efectivamente três regimes jurídicos: um aplicável unicamente às comunicações por *via electrónica*, outro também especial para regular as comunicações operadas por *via telefónica* e o terceiro é o regime "geral" da informação a prestar nos contratos à distância celebrados através de qualquer *outro* meio de comunicação.

No tocante ao momento da prestação das informações, importa determinar a fase ou fases do *iter* negocial em que tais informações devem ser fornecidas, isto é, se devem ser recebidas pelo consumidor antes da formação do contrato e/ou se têm que ser disponibilizadas após a celebração do contrato ou se devem estar permanentemente disponibilizadas e acessíveis.

Por fim, apurado qual o momento da prestação dos deveres de informação, resta saber quais os elementos essenciais a fornecer, isto é, o seu conteúdo mínimo, bem como os requisitos de natureza formal a que estão sujeitos.

No seguimento destes critérios de abordagem, dividiremos a nossa exposição em dois momentos: no primeiro, trataremos dos contratos celebrados à distância relativos à generalidade dos bens e serviços, referindo sucessivamente a matéria aplicável às várias técnicas de comunicação à distância utilizadas; no segundo momento, analisaremos os contratos de prestação de serviços financeiros à distância, percorrendo as regras específicas de informação consoante o meio de comunicação empregue.

1.2. Requisitos da informação

Tendo em conta o regime jurídico da informação a prestar ao consumidor estabelecido nos diversos diplomas comunitários e nacionais sob análise, podemos extrair quatro requisitos gerais ou comuns da informação: um de *natureza substancial* (respeitante ao conteúdo da informação), dois *de natureza formal* (quanto ao *modo* de informar e ao *meio* de transmitir a informação) e um de *natureza temporal* (relativo ao momento da prestação da informação).

Quanto ao conteúdo da informação a prestar, é imposto ao profissional que forneça um conjunto de informações mínimas e obrigatórias a inserir na proposta ou oferta. São elementos informativos essenciais, não só para a decisão de aquisição de um produto ou serviço pelo consumidor, antes da conclusão do contrato, como também para, após o contrato, permitir uma correcta utilização do bem ou serviço[81].

Quanto à forma, podemos distinguir os requisitos formais, referentes ao modo ou à maneira de fornecer as informações, do meio ou do veículo de transmissão dos elementos informativos: por um lado, a informação deve ser prestada de maneira que o seu destinatário, o consumidor, compreenda o seu sentido e verdadeiro alcance; por outro lado, é necessário que seja empregue um meio que possibilite o seu acesso pelo consumidor.

Quanto ao momento da prestação da informação, temos de diferenciar, em primeiro lugar, a informação a disponibilizar permanentemente da informação a fornecer apenas em certo momento do *iter* negocial; em segundo lugar, é necessário separar a fase da oferta ou proposta de contrato da fase da execução do contrato.

Vamos em seguida abordar o regime dos deveres informativos especialmente previsto nos diplomas nacionais e nas directivas respectivas, já referidos, procurando determinar, por um lado, os seus elementos comuns mais relevantes, por outro lado, os aspectos que os diferenciam, tendo em vista saber se é possível extrair da disciplina legal um regime jurídico comum, baseado em princípios uniformizadores ou, pelo menos, traçar um quadro básico de referência que nos permita caracterizar a matéria da informação na contratação à distância.

Para tanto, analisaremos os requisitos que as diversas leis nacionais aqui em confronto impõem.

---

[81] Neste sentido, JEAN CALAIS-AULOY e HENRI TEMPLE, *Droit de la consommation*, cit., p. 62. Para o A., estas informações especiais mínimas não dispensam os profissionais do cumprimento das suas obrigações gerais de informação e de conselho.

2. O regime jurídico dos deveres de informação nos contratos à distância

2.1. Nos contratos celebrados à distância para a generalidade dos bens e serviços – DL 143/2001 (Directiva 97/7/CE)

Os deveres de informação resultam dos artigos 4º e 5º, que se referem às informações prévias e à confirmação das informações, respectivamente[82].

2.1.1. Utilização de um qualquer meio de comunicação (à excepção do telefone ou da Internet)

Em princípio, nos termos do artigo 2º, alíneas *a)* e *b)*, podem ser utilizadas quaisquer técnicas de comunicação à distância, prevendo a lei um regime aplicável em geral, independentemente da técnica utilizada.

Os requisitos da informação que o consumidor tem o direito a receber do fornecedor dos bens ou do prestador de serviços devem ser analisados, tendo em conta dois momentos distintos: o momento que antecede a formação do contrato, correspondente à oferta ou proposta contratual e o momento relativo à fase de execução do contrato.

2.1.1.1. Requisitos da informação na fase da oferta ou proposta contratual

Quanto às informações a fornecer antes de o consumidor se vincular, a epígrafe do artigo 4º é desde logo elucidativa, mencionando as informações "prévias" e no corpo da norma pode ler-se que o consumidor deve dispor das informações "previamente à celebração de qualquer contrato". São portanto, informações pré-contratuais, sendo apontados, desde logo, algumas exigências respeitantes *ao conteúdo* da informação, aos seus *requisitos de forma* e ao *momento* da prestação das informações. Vejamos cada um deles em separado.

a) Conteúdo essencial

Qual é o objecto essencial do dever pré-contratual de informação? Quais são os elementos informativos *essenciais* para a decisão de aquisição de um produto ou serviço pelo consumidor?

A Directiva 97/7/CE refere expressamente "que a utilização de técnicas de comunicação à distância não deve conduzir a uma diminuição da informação prestada ao consumidor; que convém, pois, determinar as informações a transmitir *obrigatoriamente* ao consumidor, seja qual for a técnica de comunicação utilizada; (...) verificando-se excepções à obrigação de prestar informações, cabe ao consumidor, numa base discricionária, pedir determinadas *informações*

---

[82] Igualmente, artigos 4º e 5º da directiva 97/7/CE.

básicas como a identidade do fornecedor, as características principais dos bens e dos serviços e o respectivo preço"[83].

Os deveres pré-contratuais de informação estão enumerados no artigo 4º, nº 1, alíneas *a)* a *i)*, do DL143/2001, formando o conteúdo essencial dos deveres de informação.

Efectivamente, encontramos, quer na Directiva[84] relativa à protecção dos consumidores em matéria de contratos à distância quer no diploma nacional de transposição, um elenco de informações obrigatórias que devem ser fornecidas ao consumidor antes da celebração de qualquer contrato à distância: a saber, a identidade do fornecedor e, no caso de contratos que exijam pagamento antecipado, o respectivo endereço; as características essenciais do bem ou do serviço; o preço do bem ou do serviço, incluindo taxas e impostos; as despesas de entrega, caso existam; as modalidades de pagamento, entrega ou execução; a existência do direito de resolução do contrato, excepto nos casos referidos no artigo 7º; o custo de utilização da técnica de comunicação à distância, quando calculado com base numa tarifa que não seja a da base; o prazo de validade da oferta ou proposta contratual e a duração mínima do contrato, sempre que necessário, em caso de contratos de fornecimento de bens ou prestação de serviços de execução continuada ou periódica".

Estes requisitos formam o conteúdo mínimo a observar pelo fornecedor na fase pré-contratual nos contratos celebrados à distância. Nas palavras de Ferreira de Almeida[85], "visam compensar a situação de debilidade em que se encontra o consumidor, melhorar a consciência efectiva e a memória das cláusulas do contrato (...) e facilitar a prova e aumentar a probabilidade de êxito no exercício de pretensões pelo consumidor".

Na contratação à distância a imposição de um conjunto mínimo de informações sobre o objecto do contrato é de suma importância. Assim, impondo a informação sobre a descrição detalhada sobre as características dos bens ou serviços e respectivos preços e custo total, permite-se que o consumidor, na posse desses elementos, tenha plena consciência do que pretende adquirir e possa comparar com outras ofertas homólogas, escolhendo a que melhor lhe sirva.

Igualmente, assume particular relevo nos contratos à distância a informação acerca da identidade e endereço do profissional, pois sendo estes contratos necessariamente concluídos sem a presença física e simultânea das partes, o consumidor pode encontrar-se numa posição de desvantagem, por não conhe-

---

[83] Considerando 11.
[84] Artigo 4º da Directiva 97/7/CE.
[85] *Direito do Consumo...cit.*, p. 126.

cer a contraparte. O conhecimento desta informação contribuirá e muito para a confiança e a segurança contratual.

Note-se, todavia, que na alínea *a)*, do nº 1, do artigo 4º do DL 143/2001, não se exige ao fornecedor a obrigação de informar o seu endereço em qualquer caso, isto é, em *todos os contratos* que celebre com consumidores, mas *apenas* no caso de o contrato exigir pagamento antecipado. Seria certamente mais efectiva a protecção do consumidor se tal informação lhe fosse prestada sempre, atenta a natureza da contratação à distância[86].

É revelador da evolução que se tem feito sentir no domínio dos contratos celebrados a distância o regime que se extrai da Proposta de Directiva do Parlamento Europeu e do Conselho, relativa aos direitos dos consumidores, onde tal preocupação está bem patente, como resulta do artigo 9º, nº 1, alínea *b-A)* e alínea *c)*[87] que impõe, como requisito de informação geral, aplicável tanto aos contratos celebrados à distância como aos contratos celebrados fora do estabelecimento comercial, ao profissional o dever de informar sobre o "endereço geográfico *em que o profissional está estabelecido, o seu número de telefone e de fax, bem como o seu endereço de correio electrónico, se existirem, para permitir ao consumidor contactá-lo rapidamente e comunicar com ele de modo eficaz e, se for o caso, o endereço geográfico e a identidade do profissional por conta de quem actua;* no caso de ser diferente do endereço *comunicado nos termos da alínea b-A)*, o endereço geográfico do estabelecimento comercial do profissional (e, se aplicável, do profissional por conta de quem actua) onde o consumidor possa apresentar uma reclamação.

b) Requisitos formais

Em relação aos requisitos formais, é necessário distinguir o meio ou veículo da sua transmissão do modo ou maneira de prestar a informação: as informações prévias à conclusão do contrato devem ser fornecidas de "forma clara e compreensível" e através de um meio "adaptado à técnica de comunicação

---

[86] Neste sentido, acerca do artigo 4º (preceito homólogo) da Directiva 97/7/CE, v. ELSA OLIVEIRA DIA, *A protecção*...cit., p. 68. Note-se, que no regime da contratação via electrónica tal situação já se encontra acautelada pois o DL 7/2004, sobre o comércio electrónico, exige aos prestadores de serviços em linha a *disponibilização permanente* de certos elementos, entre eles "o endereço geográfico em que se encontra estabelecido e o endereço electrónico, em termos de permitir uma comunicação directa". (cfr. o artigo 10º, nº 1 alínea *a)*). O mesmo se diga do regime estabelecido no DL 95/2006, relativo à prestação à distância de serviços financeiros, que, no seu artigo 13º, alínea *a)*, impõe expressamente ao prestador do serviço a obrigação de informar acerca da sua "identidade, sede ou domicílio profissional onde se encontra estabelecido e qualquer outro endereço geográfico relevante para as relações com o consumidor".

[87] As indicações relativas às alíneas e à numeração irão sofrer certamente ajustamentos, dado que nos baseamos na versão aprovada com as alterações introduzidas pelo Parlamento Europeu, em 23 de Junho de 2011.

à distância utilizada", como resulta do disposto no artigo 4º, nº 2, do DL 143/2001[88].

A informação deve, portanto, estar facilmente *acessível* ao consumidor, no sentido de que o consumidor a possa conhecer ou lhe seja cognoscível, seja qual for a técnica de comunicação utilizada, e tem de ser fornecida de forma *clara e compreensível*, sendo que o objectivo comercial das informações deve ser *inequivocamente* explicitado.

Logo, é necessário que o consumidor possa *conhecer* e *compreender* a informação que lhe é veiculada. Ou seja, que lhe seja fornecida de modo *transparente*[89]. Para atingir essa finalidade, não só é importante o *meio* utilizado ("adaptado à técnica de comunicação e adequado ao seu destinatário") como também é indispensável que a informação seja transmitida *de maneira*, "em termos ou de forma"[90], a permitir a sua cognoscibilidade. Não se exige naturalmente que seja um conhecimento e compreensão efectivos, mas sobre o fornecedor impende o dever de encontrar os meios que permitam e tornem mais fácil o conhecimento e a compreensão da informação pelo consumidor típico daquele bem ou serviço, segundo o modelo do consumidor médio[91].

Mas antes de mais para ser compreendida a informação tem de ser veiculada numa língua que o destinatário entenda. Na Directiva 97/7/CE sobre contratos à distância não existe qualquer preceito sobre a língua das informações a prestar ao consumidor, tendo o legislador comunitário intencionalmente remetido a regulamentação da língua em matéria de contratos à distância para a competência dos Estados-membros[92].

Ora, no plano do direito nacional[93], o diploma de transposição da Directiva para a ordem interna portuguesa – o DL143/2001 – é omisso sobre este assunto.

---

[88] Cfr. o artigo 4º, nº 2, da Directiva 97/7/CE.
[89] V. TOMMASO FEBBRAJO, *L'informazione* ...cit., p. 36.
[90] Neste sentido, PAULO MOTA PINTO, *Princípios relativos...*, cit., p. 198.
[91] Segundo um critério geral de apreciação de conduta em abstracto. Para PAULO LUIZ NETTO LÔBO, *op.cit.*, p. 42, "o direito à informação do consumidor tem em vista assegurar a cognoscibilidade por ele, ou seja o conhecimento e compreensão". O Código de Defesa do Consumidor brasileiro impõe ao fornecedor o dever de assegurar ao consumidor cognoscibilidade e compreensibilidade prévias do conteúdo do contrato (artigo 46º), sob pena de ineficácia jurídica (artigo 54º).
[92] Considerando 8, da Directiva 97/7/CE. Contudo, PAULO MOTA PINTO, *op. cit.*, p. 198, defende que "certas exigências relativas à língua são já de deduzir quer a partir da Directiva 97/7/CE, no seu art. 4º nº 2, quer do diploma de transposição, o DL 143/2001, também no seu artigo 4º, nº 2, porque ambos os diplomas exigem que a informação seja *clara e compreensível* e que seja fornecida "por qualquer meio adaptado à técnica de comunicação à distância utilizado".
[93] Mas tal referência expressa à utilização da língua portuguesa na prestação das informações prévias à celebração do contrato já resulta do diploma nacional sobre comercialização de serviços financeiros

A Lei de Defesa do Consumidor portuguesa dispõe, no seu artigo 7º, nº 3, relativo ao *Direito à informação em geral*, que "a informação ao consumidor é prestada em língua portuguesa" E no artigo seguinte – art. 9º – relativo ao *Direito à informação em particular* resulta que a informação deve ser prestada *de forma clara, objectiva e adequada (nº 1)*. Ainda sobre a obrigatoriedade da informação ser prestada em português, é de referir o Decreto-lei nº 238/86, de 8 de Agosto, alterado pelo Decreto-lei nº 42/88, de 6 de Fevereiro, que considera o direito à informação um dos mais relevantes direitos do consumidor e esclarece que as informações sobre a natureza, características e garantias de bens ou serviços oferecidos ao público no mercado nacional, quer as constantes de rótulos, embalagens, prospectos, catálogos, livros de instruções para utilização ou outros meios informativos, deverão ser prestadas em *língua portuguesa*. Acrescentando-se no artigo 2º que "no caso de as informações escritas se encontrarem redigidas em língua ou línguas estrangeiras, aquando da venda de bens ou serviços no mercado nacional é obrigatória a sua tradução integral em língua portuguesa, devendo, conforme os casos, o texto traduzido ser aposto nos rótulos ou embalagens ou aditado aos meios informativos referidos no artigo anterior".

c) **Momento da prestação das informações**

Decorre do regime jurídico dos deveres de informação prévia a prestar ao consumidor nos contratos celebrados à distância a exigência comum de as informações serem prestadas atempadamente: "em tempo útil previamente à celebração de qualquer contrato" (cfr. o artigo 4º, nº 1, do DL 143/2001)[94]. Por outras palavras, a tempo de permitir que o consumidor possa tomar uma decisão reflectida sobre o produto ou o serviço que vai adquirir.

O que significa, por um lado, que as informações devem ser fornecidas *antes* da celebração do contrato – o que sempre resultaria da natureza pré-contratual das informações – por outro lado, que as informações têm de ser prestadas com a *devida antecedência*, variável embora de acordo com as circunstâncias específicas de cada caso, de molde a garantir que o consumidor dispõe do tempo *necessário e suficiente* para o conhecimento, a compreensão e a ponderação acerca do objectivo comercial e dos elementos necessários para a correcta execução do contrato.

à distância o DL 95/2006, artigo 9º. É de referir ainda que também o DL 67/203, de 8.04, relativo a certos aspectos da venda de bens de consumo e das garantias a ela relativas, no art. 9º, nº 3, estabelece que a garantia deve ser redigida em língua portuguesa.

[94] Artigo 4º, nº 1, da Directiva 97/7/CE.

2.1.1.2. Requisitos dos deveres de informação a prestar em sede de execução do contrato

a) Conteúdo essencial das informações

Em sede de execução do contrato, como resulta expressamente do artigo 5º do DL 143/2001, nº 1, impendem sobre o fornecedor do bem ou serviço as seguintes obrigações (pós-contratuais): *confirmar* as informações (prévias) fornecidas previamente à celebração do contrato, constantes do artigo 4º, nº 1, alíneas a) a f) e, adicionalmente, *fornecer* novas informações, cujo conteúdo está fixado nas alíneas a) a d) do nº 3 do referido artigo 5º: informação por escrito sobre as condições e modalidades de exercício do direito de resolução; endereço geográfico do fornecedor para a apresentação de reclamações; informações sobre o serviço pós-venda e garantias e as condições de resolução do contrato quando este tiver duração indeterminada ou superior a um ano.

Este conjunto de obrigações constitui o núcleo mínimo e obrigatório a observar pelo profissional perante o consumidor, salvo se estivermos em presença de "serviços cuja execução seja efectuada através de uma técnica de comunicação à distância, desde que tais serviços sejam prestados de uma só vez e facturados pelo operador da técnica de comunicação, em que neste caso as informações constantes das alíneas *a) c) e d)*, do nº 3 do artigo 5º, já não são obrigatórias (nº 4 do artigo 5º). Ou seja, apenas mantém o carácter obrigatório o cumprimento do disposto na alínea *b)*: informação referente ao endereço geográfico do fornecedor para o consumidor eventualmente poder apresentar as suas reclamações.

Suscita, no entanto, perplexidade esta obrigação prevista no artigo 5º, nº 3, de o fornecedor do bem ou serviço prestar informações adicionais às já indicadas no artigo precedente (artigo 4º), que devem ser sempre fornecidas (antes ou no momento da execução do contrato). Com efeito, este artigo, que é dedicado à *confirmação por escrito* das informações, indica ainda *outras informações ulteriores* que devem ser prestadas ao consumidor e que certamente encontrariam um lugar mais adequado no artigo 4º, relativo às informações preliminares.

b) Requisitos formais

Estas informações pós-contratuais estão também sujeitas a exigências de natureza formal, prescrevendo-se que sejam fornecidos certos elementos relativos às vicissitudes do contrato através de meio que assegure ao consumidor facilidade de acesso às informações.

As exigências respeitantes ao meio e ao modo de transmissão das informações consistem na prestação ao consumidor das informações essenciais referidas *por escrito ou através de suporte durável*, de forma que permaneçam *facilmente acessíveis*.

No presente caso da contratação à distância, o requisito da acessibilidade assume contornos especiais, suscitando particular preocupação das instâncias comunitárias. Com efeito, considerando que "a informação divulgada por algumas tecnologias electrónicas tem frequentemente carácter efémero, na medida em que não é recebida em suporte durável; que é, deste modo, necessário que o consumidor receba por escrito, em tempo útil, as informações necessárias para a correcta execução do contrato"[95].

Assim, exige o DL 143/2001 que em sede de execução do contrato, pelo menos até à entrega do bem, o consumidor receba a *confirmação das informações pré-contratuais*, constantes do artigo 4º, nº 1, alíneas *a)* a *f))*, "por escrito ou através de outro suporte durável à sua disposição e facilmente utilizável", salvo se o consumidor já as recebeu pela mesma forma antes da celebração do contrato (artigo 5º)[96].

O que se pretende com este regime é garantir que o consumidor tenha a possibilidade de aceder com facilidade e a todo o tempo às informações que lhe foram prestadas antes da celebração do contrato[97].

As informações, sendo transmitidas por escrito ou por outro suporte durável, ficam à disposição do consumidor e, em caso de dúvida deste acerca dos termos do contrato que vai celebrar ou já celebrou, podem ser sempre consultadas, podendo servir eventualmente como meio de prova[98]. Além disso, a confirmação por escrito das informações tem ainda por finalidade permitir o exercício do direito de resolução (*jus poenitendi*), cuja disciplina está vinculada ao cumprimento da obrigação de informar do artigo 5º[99].

Todavia, o fim prosseguido poderá ainda ser outro: o de assegurar que o profissional, ao enviar por escrito ou em suporte duradouro as informações, fique vinculado às informações previamente divulgadas[100]. Além disto, poderá servir para controlar se o profissional cumpre a obrigação de inserir o conteúdo publicitário no contrato[101].

---

[95] Considerando 13 da Directiva 97/7/CE.
[96] No mesmo sentido, dispõe a Directiva 97/7/CE, nos artigos 4º, nº 2 e 5º.
[97] Neste sentido, v. PAULO MOTA PINTO, *op. cit.*, p. 199.
[98] V. ELSA OLIVEIRA DIAS, *op. cit.*, p. 76.
[99] Ver CARPIO, JUAN MANUEL BADENAS/RODA, CARMEN BOLDÓ, *Régimen jurídico de la llamada "venta directa". Las ventas domiciliarias y a distancia*, Valência, 2003, p. 201; no mesmo sentido, ver TEYSSIERE, JAVIER SOLA, *La venta a distancia en el comercio minorista – Régimen jurídico y control administrativo*, Valencia, 2002, p. 505.
[100] Neste sentido, v. ELSA OLIVEIRA DIAS, *op. cit.* p. 76
[101] V. TOMMASO FEBBRAJO, *op. cit.*, p.33.

Com esta exigência formal visa-se, em suma, garantir "a boa execução do contrato", como resulta do considerando 13 da Directiva 97/7/CE.

Embora a Directiva 97/7/CE não defina o que deve entender-se por "suporte durável", encontramos tal conceito no respectivo diploma nacional de transposição: "qualquer instrumento que permita ao consumidor armazenar informações de um modo permanente e acessível para referência futura e que não permita que as partes contratantes manipulem unilateralmente as informações armazenadas"[102].

c) Momento da prestação das informações

Os deveres pós-contratuais de informação também estão sujeitos a uma exigência temporal, além da que resulta do facto de terem de ser prestados na fase da execução do contrato, ocorrendo, após a vinculação do consumidor ao contrato, devem ser recebidos pelo consumidor "em tempo útil" e o mais tardar no *momento da entrega* do bem.

Na verdade, a confirmação das informações prévias, por escrito ou outro suporte durável, no caso de o consumidor ainda não as ter recebido por esse modo antes da celebração do contrato e a prestação das restantes informações, previstas no n.º 3 do artigo 5.º, têm que ser *atempadas*, para terem qualquer utilidade e servirem a função de esclarecer o consumidor. É imperioso que o consumidor tenha a possibilidade de aceder a essas informações *até ao momento* em que o bem lhe é entregue. É sabido que o consumidor até esse momento não teve a possibilidade de ver o bem que já adquiriu, em virtude da forma de contratação em causa: à distância. Só assim poderá, nesse mesmo instante ou a partir daí, se quando o pretender, exercer os direitos decorrentes da celebração do contrato. O livre (e informado) exercício de todos esses direitos, na verdade, pressupõe a posse do bem pelo adquirente. Nomeadamente, os direitos referidos nas alíneas *a)* a *d)* do n.º 3 do artigo 5.º: o direito de livre resolução (arrependimento) do contrato e respectivas condições e modalidades de exercício; o direito de apresentar reclamações; o direito de acesso às condições do serviço pós-venda e garantias; as condições do direito de resolução do contrato quando este tiver duração indeterminada ou superior a um ano.

2.1.2. Utilização de técnica de comunicação por via telefónica

Em caso de comunicação através do telefone, o legislador comunitário exige mais alguns elementos informativos muito específicos, além das informações básicas a prestar obrigatoriamente ao consumidor (previstas nos n.ºs 1 e 2

---

[102] Alínea *d)*, do artigo 2.º, do DL 143/2001.

para as restantes técnicas de comunicação, excepto pela Internet), sendo de destacar o que diz respeito ao *momento da prestação de certa informação*.

Assim, o artigo 4º, n.º 3, reportando-se à fase pré-contratual, impõe os seguintes requisitos de tempo, de conteúdo e de forma: que no *início* da comunicação, o fornecedor defina a própria *identidade* e o *objectivo comercial* da chamada de *forma explícita*, de molde a que o consumidor receba informações suficientes logo no começo da chamada para decidir se deseja continuar ou não[103].

2.1.3. Utilização de técnica de comunicação por via electrónica

O regime especial decorrente da utilização da técnica de comunicação por via electrónica ou informática, consta do DL 7/2004, aplicando-se quer às relações entre profissionais quer às relações de consumo. Como esclarecem o diploma nacional e a correspondente Directiva 2000/31/CE, o regime especial do comércio electrónico não prejudica o nível de protecção concedido aos consumidores em directivas anteriores, antes pressupõe o que já é conteúdo delas, nomeadamente a Directiva 97/7/CE e o seu instrumento de transposição, o DL 143/2001, as quais se aplicam igualmente aos serviços da sociedade da informação, dado o seu carácter de direito subsidiário.

Todavia, na exposição que se segue, atento o seu objecto limitado ao direito do consumidor à informação, abordaremos o regime da informação a fornecer pelo prestador de serviços em rede na contratação electrónica, apenas supondo a sua aplicação às relações entre profissionais e consumidores, não considerando o regime aplicável às relações entre profissionais. Procuraremos realçar os aspectos típicos dos contratos celebrados através do recurso aos serviços da sociedade da informação, no confronto com o regime geral da contratação à distância, já traçado, decorrente do emprego de técnicas mais clássicas.

Para começar, este modelo de celebração dos contratos, que emprega as modernas e sofisticadas modalidades de comunicação pela via electrónica, apresenta-nos especificidades importantes no plano do desenvolvimento do processo contratual. Neste domínio, temos de considerar não duas mas três situações, quanto ao tempo da prestação da informação: ao longo do processo contratual, o momento da oferta ou proposta e o período após a encomenda. Com efeito, a celebração de um contrato através da Internet pressupõe certas exigências especiais, sendo de destacar agora duas. A primeira consiste no facto de o profissional ter a obrigação de disponibilizar informação permanentemente; e a segunda, na formação do contrato, a qual pressupõe três passos: a ordem da encomenda pelo destinatário, o aviso de recepção da ordem de enco-

---

[103] Em conformidade com o disposto no Considerando 12 e artigo 4º, n.º 3, da Directiva 97/7/CE.

menda pelo prestador do serviço e a confirmação da ordem da encomenda pelo destinatário.

2.1.3.1. Requisitos a observar ao longo de todo *iter* negocial

Os prestadores de serviços via electrónica devem disponibilizar *permanentemente em linha* certas informações *obrigatórias*, com observância de requisitos *formais adequados* a esta técnica de comunicação.

a) Quanto ao conteúdo das informações

À semelhança do regime da contratação à distância traçado no ponto anterior, também na disciplina do comércio electrónico, tanto ao nível comunitário como nacional, transparece a exigência de essencialidade no cumprimento do dever de informação. Efectivamente, o conteúdo mínimo da informação a fornecer encontra-se elencado nos artigos 5º (*Informações gerais a prestar*) e 10º (*Informações a prestar nos contratos celebrados por meios electrónicos*) da Directiva sobre o comércio electrónico. Neste último, expressamente é imposto aos Estados-membros que, além de outros requisitos de informação constantes do direito comunitário, assegurem que o prestador do serviço forneça, imperativamente nos contratos celebrados com consumidor, as informações pré-contratuais previstas nos seus nº 1 e nº 2.

Por força da obrigação de harmonização da Directiva com o ordenamento jurídico português, todas as informações gerais constantes dos preceitos citados foram transpostas para a ordem interna portuguesa pelo DL 7/2004, através dos artigos 10º e 28º, respectivamente.

Assim, o art. 10º do diploma interno prevê a obrigação de os prestadores de serviços disponibilizarem permanentemente em linha informações gerais sobre os elementos completos da sua identificação: nome ou denominação social e número de identificação fiscal, endereço geográfico e electrónico, inscrições do prestador em registos comerciais ou públicos e respectivos números de registo (nº 1, *a), b) c) e d)*); bem assim como outras informações relevantes para o perfeito conhecimento da actividade ou profissão exercida pelos prestadores de serviços por parte dos destinatários, tais como, informações sobre a entidade competente para conceder autorizações prévias para o exercício da actividade, quando aplicável (nº 2), ou, tratando-se de profissão regulamentada, informações relativas à identificação da associação profissional em que se encontra inscrito, condições de acesso e exercício, título profissional e o Estado-membro em que foi concedido (nº 3); por fim, sempre que os serviços prestados implicarem custos para os destinatários, além dos custos dos serviços de telecomunicações, incluindo ónus fiscais ou despesas de entrega, estes devem ser objecto de informação clara anterior à utilização dos serviços (nº 4).

b) Quanto à forma e ao momento da prestação da informação

Os requisitos da informação a observar no comércio electrónico reportam-se, por um lado, ao meio a utilizar: *permanente em linha*, a fim de veicular essa informação, e, por outro, ao modo: *fácil e directo*, do seu acesso pelo consumidor (cfr. o artigo 10º).

2.1.3.2. Requisitos exigíveis na fase da oferta contratual

a) Conteúdo essencial

No capítulo dedicado à contratação electrónica, prescreve o artigo 28º, nº 1, o *carácter essencial* e *imperativo*, nos contratos celebrados com consumidores[104], do conjunto das "Informações prévias" impostas ao prestador de serviços em rede que celebre contratos em linha: *informação mínima* que inclua, desde o processo de celebração do contrato e o seu arquivamento ou não pelo prestador de serviço e a acessibilidade àquele pelo destinatário, passando pelos termos contratuais e as cláusulas gerais do contrato a celebrar, a língua ou línguas em que o contrato pode ser celebrado, até aos meios técnicos que o prestador disponibiliza para poderem ser identificados e corrigidos erros de introdução que possam estar contidos na ordem de encomenda e os códigos de conduta de que seja subscritor, bem como a forma de os consultar electronicamente[105].

b) Quanto à forma e ao momento da prestação da informação

No período da proposta ou oferta de contratação electrónica, são feitas duas exigências: uma relativa à forma e a outra ao momento: que a informação seja facultada de *forma inequívoca* e imperativamente *antes* da ordem de encomenda.

A Directiva 2000/31/CE sobre comércio electrónico prescreve que a informação sobre "as línguas em que o contrato pode ser celebrado" é um requisito mínimo do dever de informação a cargo do prestador do serviço (salvo acordo em contrário das partes que não sejam consumidores), devendo ser prestada em termos *exactos*, *compreensíveis* e *inequívocos*. No diploma nacional de transposição encontramos no seu artigo 28º, nº 1, alínea c) igual referência à obriga-

---

[104] Note-se que, tal como se dispõe no artigo 10º da Directiva 2000/31/CE, as informações prévias enumeradas têm carácter supletivo nos contratos entre profissionais, podendo por tal facto serem afastadas por acordo em contrário das partes que não sejam consumidores.

[105] Este regime consta do artigo 10º (*Informações a prestar*) da Directiva sobre comércio electrónico, no âmbito dos contratos celebrados por meios electrónicos, estabelecendo-se aí que o prestador de serviços tem a obrigação de informar: se o contrato celebrado será ou não arquivado pelo prestador do serviço e se será acessível (nº 1, alínea b)); sobre eventuais códigos de conduta de que é subscritor e a forma de consultar electronicamente esses códigos (nº 2). Por fim, é imposto ao prestador de serviços o dever de fornecer aos destinatários os termos contratuais e as condições gerais através de uma forma que permita o seu armazenamento e reprodução (nº 3).

toriedade de informação sobre "a língua ou línguas em que contrato pode ser celebrado".

O DL 7/2004 sobre comércio electrónico não estabelece qualquer obrigatoriedade de que a informação pré-contratual seja em *língua portuguesa*[106]. No entanto, tal exigência sempre estará subjacente nos contratos celebrados com consumidores, por força da previsão do nº 3 do artigo 7º da Lei de Defesa do Consumidor, enquanto "quadro normativo de referência" da protecção do consumidor.

2.1.3.3. Requisitos exigíveis após a recepção de ordem de encomenda exclusivamente por via electrónica: quanto ao conteúdo, à forma e ao momento da prestação da informação

A matéria encontra-se vertida no artigo 29º do DL 7/2004 sobre o comércio electrónico, o qual prescreve[107], quanto ao *conteúdo* da informação, que o prestador de serviços deve acusar a recepção da encomenda, enviando aviso que contenha a *identificação fundamental do contrato* a que se refere (nº 1 e 3), salvo no caso de imediata prestação em linha do produto ou do serviço (nº 2).

No que respeita à *forma* e ao *momento* pelos quais a obrigação deve ser cumprida, o aviso de recepção deve ser enviado para o endereço electrónico utilizado ou indicado pelo destinatário do serviço, logo que seja recebida a ordem de encomenda (nºˢ 1 e 4). Ainda quanto ao *meio da comunicação da informação*, deve ser referido que, nos termos do artigo 31º, "os termos contratuais, as cláusulas gerais e o aviso de recepção devem ser sempre comunicados de maneira que permita ao destinatário armazená-los e reproduzi-los".

2.2. A proposta de Directiva 2008/0196/(COD) sobre direitos dos consumidores (em 23.06.2011 com as alterações do Parlamento à proposta da Comissão)

Quanto aos deveres de informação na fase pré-contratual: a proposta prescreve requisitos de informação pré-contratual gerais (artigo 9º) e formais (artigo 11º). Os quais incidem sobre o *conteúdo* (artigo 9º), a *forma* (artigos 9º e 11º) e o *momento* da prestação das informações (artigo 9º e 11º).

Assim, a proposta de Directiva sintetiza em dois preceitos a matéria. Um preceito de carácter mais geral (artigo 9º) e o outro preceito de aplicação exclusiva aos contratos celebrados à distância (artigo 11º).

No artigo 9º é apresentado um conjunto de *informações essenciais*, a fornecer ao consumidor na fase pré-contratual, que são comuns às duas formas de

---

[106] Ao invés do diploma nacional sobre comercialização serviços financeiros à distância, o DL 95/2006.
[107] Note-se que estes requisitos são imperativos nos contratos celebrados com consumidores.

contratação: aos *contratos celebrados à distância* e aos contratos celebrados fora do estabelecimento comercial". Estas informações devem ser facultadas pelos profissionais *antes* de o consumidor ficar vinculado por um contrato à distância ou por uma proposta correspondente, de *forma clara e compreensível*. Formam o conteúdo essencial dos deveres de informação e farão parte integrante do contrato (nº 5, do artigo 9º). São as constantes das alíneas *a)* a *g)* do nº 1, do artigo 9º[108] e incluem: as características principais do produto; a identidade e endereço do comerciante ou da sua sede comercial; o preço com todas as taxas e despesas referentes a transporte, entrega e franquia; as despesas não especificadas pelo comerciante não serão devidas pelo consumidor; as modalidades de pagamento, entrega e execução; a existência de um serviço pós-venda e de garantias comerciais; a existência de um direito de resolução; a duração do contrato ou respectivas condições de denúncia, em caso de contrato por tempo indeterminado; a duração mínima das obrigações do consumidor ao abrigo do contrato; a existência de um dever do consumidor de pagar uma caução ou de fornecer garantias financeiras.

Os contratos celebrados por intermediários por conta de consumidores//vendedores (por exemplo, uma loja de artigos usados) não são abrangidos pela Directiva, sendo considerada uma celebração entre dois consumidores, à excepção dos contratos nos quais os intermediários se abstêm de referir que actuam por conta de um consumidor/vendedor.

O artigo 11º, por sua vez,[109] estabelece os requisitos formais de informação *apenas* exigíveis aos contratos celebrados à distância. Não sendo admitido aos Estados-membros imporem requisitos adicionais aos previstos neste artigo 11º da proposta de Directiva, vingando neste domínio dos deveres de informação o nível de harmonização máximo (cfr. nº 5).

Quanto aos deveres de informação *pós-contratuais* e respectivos requisitos: vale o disposto no nº 4 do artigo 11º: o profissional deve fornecer ao consumidor uma *confirmação* do contrato celebrado, incluindo, se for caso disso, do acordo e da aceitação do consumidor e de todas as informações prévias, em suporte duradouro, num *prazo razoável* após a celebração do contrato à distância e, o mais tardar aquando da entrega dos bens ou antes do início da execução

---

[108] Artigo 9º, da versão aprovada em 23 de Junho de 2011 pelo Parlamento Europeu. Segundo o disposto no nº 2 do artigo 9º da Proposta, foram incluídos os contratos de fornecimento de água, gás e electricidade, quando não forem postos à venda em volume ou quantidade limitados, bem como os contratos relativos ao aquecimento urbano e aos conteúdos digitais que não forem fornecidos num suporte material, aos quais se aplicam os mesmos deveres de informação constantes do nº 1 do preceito.

[109] O artigo 10º trata dos requisitos formais exclusivos para os contratos celebrados fora do estabelecimento comercial.

do serviço, salvo se a informação já tiver sido dada ao consumidor em suporte duradouro antes da celebração do contrato à distância.

A proposta regula também os aspectos implicados com a utilização de técnicas de comunicação *via electrónica* e *via telefónica*, prevendo requisitos especiais na utilização desses meios. No que respeita à celebração do contrato por via electrónica, são fixados especiais deveres no artigo 11º, nºs 1-A, 2-A e 3, atinentes à situação de o contrato envolver a obrigação de o consumidor fazer um pagamento, recaindo sobre o profissional deveres de natureza formal acrescidos, incluindo o de "velar" para que, ao efectuar a encomenda, o consumidor confirme explicitamente que sabe tratar-se de uma "encomenda com obrigação de pagamento". Na comunicação através de telefone, releva o disposto nos nºs 3, 3-A e 3-B, do artigo 11º, consagrando um regime muito próximo do que está em vigor entre nós para a comercialização à distância de serviços financeiros (comunicações por telefonia vocal, artigo 18º do DL 95/2006) embora represente um avanço face à protecção estabelecida actualmente no artigo 4º, nº 3, do DL 143/2001, para os contratos à distância relativos à generalidade de bens e serviços.

Por fim, é de referir que estes requisitos de informação previstos na nova directiva completam os do regime do comércio electrónico (DL 7/2004) e em caso de conflito prevalecem sobre ele.

2.3. Nos contratos de prestação de serviços financeiros à distância – DL 95/2006 (Directiva 2002/65/CE)[110]

2.3.1. Utilização de *qualquer meio* de comunicação (excepto Internet e telefone)[111]

O DL 95/2006 prevê no seu Título II, designado por "Informação pré--contratual", um conjunto de normas, desde o artigo 11º ao 17º, onde se encontra vertida a toda a matéria dos deveres de informação. Além da informação pré-contratual, a lei prevê duas outras situações em que tal obrigação deve ser cumprida: no momento imediatamente a seguir à celebração e a *qualquer*

---

[110] A Directiva 2002/65/CE consagra em três normas o regime das informações a prestar obrigatoriamente aos consumidores de serviços financeiros à distância: o artigo 3º, sobre a informação essencial sobre o prestador do serviço, o serviço financeiro, o contrato à distância e os recursos, a fornecer ao consumidor antes da celebração do contrato à distância, o artigo 4º, sobre os requisitos de informação adicionais e o artigo 5º, sobre a comunicação dos termos do contrato e das informações prévias.

[111] Se os serviços financeiros à distância forem prestados através da Internet, aplica-se o DL 7/2004 sobre o comércio electrónico, valendo o que dissemos para os contratos celebrados à distância em geral, não existindo, portanto, especificidades a considerar.

momento o consumidor pode exigir que lhe sejam fornecidos os termos do contrato em papel (o artigo 11º, nº4).

2.3.1.1. Requisitos da informação na fase da oferta ou proposta contratual

a) Conteúdo essencial

Os elementos informativos mínimos a fornecer pelo profissional ao consumidor constam dos artigos 12º a 17º do diploma e incidem, designadamente, sobre os objectivos comerciais do prestador (artigo 12º); informação relativa ao prestador de serviços, sua identidade, actividade, sede e qualquer outro endereço e de seus representantes (artigo 13º); informação relativa ao serviço financeiro, sobretudo as características, o pagamento, preço e custo total do serviço (artigo 14º); informação relativa ao contrato, com incidência nos direitos de resolução e condições de exercício, lei aplicável e duração (artigo 15º); informação sobre mecanismos de protecção (artigo 16º); informação adicional (artigo 17º).

b) Quanto à forma (meio e modo) e ao momento de comunicação das informações

Relativamente ao *meio de comunicação* das informações pré-contratuais, exige-se que sejam prestadas em *língua portuguesa* (sempre que o consumidor seja português, excepto quando este aceite a utilização de outro idioma, nos termos do artigo 9º)[112], que a informação pré-contratual e os termos do contrato sejam depois comunicados *em papel* ao consumidor ou *noutro suporte duradouro* (cfr. o artigo 11º, nº 1). A noção de "suporte duradouro" corresponde no essencial à noção já referida no âmbito dos contratos à distância para a generalidade dos bens e serviços[113]. Segundo o Preâmbulo, entende-se por suporte duradouro nomeadamente, disquetes informáticas, CD-ROM, DVD, bem como o disco duro do computador que armazene o correio electrónico. Acresce que o legislador nacional ao transpor a Directiva teve especial preocupação com o requisito da clareza da informação, dedicando-lhe uma norma – o artigo 12º – nela estabelecendo que a informação pré-contratual deve ser prestada de modo

---

[112] Este preceito da lei nacional veio dar cumprimento ao preceituado na Directiva 2002/65/CE, o artigo 3º, nº 1, 3, alínea *g*)).

[113] Artigo 11º, nº 2, do DL 95/2006, "considera-se suporte duradouro aquele que permita armazenar a informação dirigida pessoalmente ao consumidor, possibilitando no futuro, durante o período de tempo adequado aos fins a que a informação se destina, um acesso fácil à mesma e a sua reprodução inalterada".

claro e perceptível, de forma adaptada ao meio de comunicação à distância utilizado e com observância dos princípios da boa fé[114].

Segundo o artigo 11º, nº 1, as informações pré-contratuais e os termos do contrato devem ser comunicados ao consumidor "*em tempo útil e antes de este ficar vinculado por uma proposta ou por um contrato à distância*"[115].

2.3.1.2. Requisitos da informação a prestar após a celebração do contrato

Se o consumidor tiver a iniciativa e se o meio não permitir a transmissão da informação e dos termos do contrato, deve ser comunicada toda a informação constante dos artigos 12º a 17º, imediatamente *após a celebração do contrato* e através de forma escrita ou outro suporte duradouro.

2.3.2. Comunicações por telefonia vocal

2.3.2. 1. Requisitos a observar na fase da oferta ou proposta contratual

Tendo em conta a especificidade do meio empregue – a via telefónica – todo o comportamento informativo a cargo do profissional desenrola-se na fase do *iter* negocial respeitante à proposta contratual, não devendo ser prestada qualquer informação após o consumidor estar vinculado. Deve distinguir-se: o início da comunicação, o período durante o qual decorre a chamada e a fase posterior à chamada.

No início da chamada, são fornecidos de *forma inequívoca* a *identidade do prestador* e o *objectivo comercial*. Durante a chamada, com a anuência ou a pedido do consumidor, poderão ser fornecidas *outras informações* e respectiva natureza. Após a chamada, profissional deve transmitir de novo, mas agora dentro dos trâmites previstos no artigo 11º (de conteúdo e de forma da comunicação através de qualquer outro meio), as informações já prestadas pelo telefone (nº 4).

3. Consequências derivadas da violação dos deveres de informação

As informações, sobretudo as preliminares, que o profissional predispõe e transmite no cumprimento dos deveres previstos nas normas que analisamos, desempenham um papel decisivo na maturação da "decisão de transacção"[116]

---

[114] Esta norma corresponde ao disposto no nº 2 do artigo 3º da Directiva, a qual impõe que a informação deve ser prestada *de maneira clara e compreensível*.
[115] Correspondente aos artigos 3º, nº 1 e 5º, nº 1, da Directiva 2002/65/CE.
[116] Cfr. o artigo 3º, alínea *l*), do DL 57/2008, sobre práticas comerciais desleais.

do consumidor, pois são o único instrumento à sua disposição para conhecer o conteúdo do contrato.

As cláusulas contratuais gerais não são, dada a sua natureza e a "malícia" com que são predispostas, aptas a desempenharem um verdadeiro papel de informação e de esclarecimento acerca dos elementos essenciais do contrato. O mesmo se diga da publicidade que, enquanto verdadeiro instrumento de *marketing*, é concebida para estimular e atrair mais do que para orientar os consumidores. Assim, o que o profissional *anuncia* na publicidade é para o consumidor o conteúdo do contrato.

Por tudo isto, a informação desempenha um papel fulcral para assegurar a confiança dos consumidores na contratação em geral e especialmente nos contratos concluídos à distância entre um profissional e um consumidor, quer se reporte ao período da negociação quer ao da formação quer ao da execução do contrato. A informação deve ser transparente, clara e compreensível, mas ao mesmo tempo tem de respeitar fielmente o conteúdo das cláusulas contratuais e deve ser completa quanto possível.

No plano estrutural, a informação dever ser composta por todos seus elementos (indicados na lei como obrigatórios), obedecendo à exigência da *essencialidade*, e deve ainda ser apta a satisfazer o requisito da *transparência* (*rectius*: da clareza e compreensibilidade do seu conteúdo), como vem regulado nos artigos 4º e 5º do DL 143/2001 relativo à protecção dos consumidores nos contratos à distância, para citar apenas um exemplo, embora, como sabemos, existam normas similares no regime da comercialização à distância de serviços financeiros aos consumidores.

Assim, o que consumidor espera da informação é, não só que ela seja verdadeira, mas também fiel e completa em relação ao conteúdo do contrato.

Estaremos, contudo, em presença de um vício estrutural sempre que o consumidor não recebe toda ou nenhuma da informação a que tem direito ou, tendo-a recebido, a informação não é compreensível ou clara por causa da sua opacidade, ambiguidade ou até falsidade.

Na primeira situação descrita, trata-se de *omissão enganosa* (informação total ou parcialmente omissa) e, na segunda, de *acção enganosa*, susceptível de múltiplas leituras, que não permite recolher dados precisos sobre o conteúdo do contrato.

Se, por um lado, o fornecedor oculta informação considerada *relevante* ou *necessária* para o consumidor, do ponto de vista do seu interesse económico, essa informação considera-se integrada no contrato como se nele estivesse expressamente consagrada. A sua omissão não beneficia o fornecedor que delas não está exonerado, antes encontra-se vinculado. É o que designamos de informação não explícita, no sentido de informação *insuficiente* ou *deficiente*[117].

Se, por outro lado, a informação omissa não é relevante ou indispensável para a decisão de o consumidor se vincular, então essa informação considera-se excluída do conteúdo contratual. O que o profissional *não diz* na informação, não é parte constitutiva do contrato.A simples omissão ou meia verdade pode ser extremamente nociva para a decisão de transacção do consumidor e causar--lhe graves danos ou prejuízos. Pense-se, por exemplo, que a omissão de um mero custo acessório de um serviço ou de um bem, pode tornar a oferta mais vantajosa do que o é na realidade.

Deste modo, a informação pode ser um factor de perturbação no processo de formação da vontade e "distorcer substancialmente o comportamento económico dos consumidores", levando-o a tomar uma decisão de transacção que não teria tomado de outro modo.

Nos termos do artigo 9º, do DL 57/2008[118], podemos dizer que será *informação enganosa*[119] e consubstancia uma prática comercial desleal proibida, na modalidade de "omissão enganosa".

O conceito de omissão enganosa está consignado no seu nº 2, com interesse muito particular para o actual estudo. Assim, omissão enganosa é a prática comercial que "*omite uma informação* com requisitos substanciais para uma decisão negocial esclarecida do consumidor (alínea a)) ou que o profissional *oculte* ou apresente de modo *pouco claro, ininteligível* ou *tardio* a informação substancial" (alínea b)) ou ainda que o profissional não refere a *intenção comercial da prática*, se tal não se puder depreender do contexto (alínea c))". Para efeitos do disposto no DL 57/2008, entende-se por *substanciais* as informações a incluir na proposta contratual ou no convite a contratar, previstas no seu artigo 10º e que resumidamente são: as características principais do bem ou do serviço; o endereço geográfico e a identidade do profissional ou do seu representante; o preço total a pagar incluindo custos acessórios; as modalidades de pagamento e mecanismos de reclamação e a existência de direitos de resolução ou de anulação.

No caso de o profissional prestar informações falsas ou que, mesmo sendo factualmente correctas, por qualquer razão, nomeadamente a sua apresentação geral, induza ou seja susceptível de induzir em erro o consumidor em relação a um ou mais elementos enumerados no artigo 7º, nº 1, alíneas *a) a h)*, e que,

---

[117] PAULO LUIZ NETTO LÔBO, *op.cit*, p. 41, cita como exemplo as normas técnicas sobre segurança de certo produto.
[118] Artigo 7º, da Directiva 2005/29/CE.
[119] Sobre as "patologias da informação pré-contratual" V. TOMMASO FEBRAJO, *op. cit.*, p. 37 e ss.

em ambos os casos, pode ser susceptível de conduzir o consumidor a tomar uma decisão de transacção que não tomaria de outro modo, já estaremos em presença de uma "acção enganosa".

Como podemos observar, na definição legal de omissão enganosa constam, embora pela negativa, os requisitos substanciais, formais e temporais que integram os deveres de informação ao consumidor requeridos na contratação à distância, pelo que, a "informação enganosa" consiste assim na não observância desses requisitos da informação.

Do exposto podemos concluir que a "informação enganosa", em ambas as suas vertentes: omissão enganosa e acção enganosa, constitui um vício estrutural da informação, "susceptível de prejudicar sensivelmente a aptidão do consumidor para tomar uma decisão esclarecida" e, por isso, consubstancia uma prática comercial desleal, devendo ficar submetida ao regime sancionatório do respectivo regime legal previsto e regulado no capítulo III[120].

Além deste regime sancionatório de carácter administrativo e contra-ordenacional, pode ter lugar a aplicação de sanções no campo civilístico, tais como: a anulabilidade do contrato[121], a modificação segundo juízos de equidade ou a redução negocial (artigo 14º); a responsabilidade civil nos termos gerais (artigo 15º) e o recurso à acção inibitória prevista na Lei nº 24/96, de 31 de Julho (artigo 16º).

O DL 143/2001 prevê por sua vez outras consequências que devem ser acrescentadas às já apontadas. Uma delas é a que decorre do *prolongamento do prazo do exercício do direito de livre resolução,* previsto no artigo 6º do DL 143/2001: de 14 dias passa para 3 meses (a contar da data da recepção dos bens pelo consumidor ou, tratando-se de uma prestação de serviços, da data da celebração do contrato ou do início da prestação), se o fornecedor não cumprir as obrigações a que está adstrito nos termos do artigo 5º (*Confirmação das informações*).

Segundo o regime da nova Directiva sobre Direitos dos Consumidores, em caso de omissão pelo profissional do dever de informação ao consumidor sobre o direito de retratação antes da celebração de um contrato à distância o prazo de retractação deve ser alargado. Contudo, a fim de garantir a segurança

---

[120] O legislador comunitário não se ocupou directamente da matéria, remetendo para os Estados--membros a competência para criar legislação interna que preveja a existência de meios adequados e eficazes de combate às práticas comerciais desleais, bem como para determinar as sanções aplicáveis às violações das disposições nacionais que apliquem a directiva (cfr. os artigos 11º e 13º da Directiva 2005/29/CE).

[121] Propugnado, em vez da anulabilidade, a opção pela sanção da nulidade, v. MÁRIO FROTA, *Das práticas comerciais agressivas no espaço económico europeu*, in *Revista Portuguesa de Direito do Consumo*, nº 62, Junho, Coimbra, Associação Portuguesa de Direito do Consumo, 2010, p. 60.

jurídica ao longo do tempo, deverá ser introduzido um prazo de prescrição de 12 meses[122].

Decorre ainda do DL 143/2001 que a consequência derivada do não cumprimento do dever de informação nos contratos celebrados à distância é a que resulta da cominação prevista no artigo 32º, prevendo-se aí que constituem infracções puníveis com coimas, que são agravadas se o sujeito infractor é uma pessoa ou colectiva, especificamente a violação do disposto nos artigos 4º e 5º. Pode ainda ser aplicada uma sanção acessória de perda de objectos, em simultâneo com a coima[123].

Quanto às consequências pelo não cumprimento das obrigações de informação, no âmbito do regime resultante da técnica de comunicação por via electrónica, é aplicável o disposto no artigo 37º do regime legal, constituindo contra-ordenação sancionável com a aplicação de coimas, sempre que não sejam disponibilizadas a informações aos destinatários, constantes, nomeadamente, dos preceitos 10º e 28º, já analisados. Acresce a aplicação eventual de sanções acessórias nos termos do artigo 38º e de providências provisórias previstas no artigo 39º.

No regime da Lei de Defesa do Consumidor, segundo o artigo 8º, nº 5, o não cumprimento dos deveres de informação nos precisos termos enunciados nos seus nºs 1 e 3, acarreta responsabilidade civil solidária para todos os elementos da cadeia económica. Por seu turno, o nº 4, diz expressamente que, em caso de "falta de informação, informação insuficiente, ilegível ou ambígua que comprometa a utilização adequada do bem ou do serviço", é atribuído ao consumidor o direito de retractação do contrato no prazo de 7 dias úteis".

Para completar o quadro das consequências da violação dos deveres de informação, é devida uma referência ao ónus da prova, que recai sobre o fornecedor, a quem compete fazer prova da prestação das informações prévias, da respectiva confirmação por escrito, do cumprimento dos prazos e do consentimento do consumidor (artigo 12º).

Conclusão

Embora as directivas sobre contratos à distância e comércio electrónico não prevejam expressamente a cláusula geral da boa fé, parece que podemos concluir que subjaz ao regime jurídico dos deveres de informação nos contratos celebrados à distância tal princípio, impondo-se ao profissional no cumprimento da obrigação de informação perante o consumidor o dever de proceder segundo as regras da boa fé.

---

[122] Artigo 13º da versão aprovada pelo Parlamento em 23 de Junho de 2011.
[123] Cfr. o artigo 33º, do DL 143/2001.

PAULO MOTA PINTO considera que se impõe claramente ao profissional na sua relação com o consumidor uma "conduta (que) deve ser correcta, leal e honesta – de um fornecedor que actua segundo a regra da boa fé[124].

Para NETTO LÔBO, o dever de informar radica no tradicional princípio da boa fé, considerando que "o direito à informação e o correspectivo dever de informar têm raiz histórica na boa-fé, mas adquiriram autonomia própria, ante a tendência crescente do Estado Social de protecção ou tutela jurídica dos figurantes vulneráveis das relações jurídicas obrigacionais"[125].

A boa fé, na sua dimensão objectiva, segundo o disposto no artigo 227º, nº 1, do Código Civil português consiste na obrigação de actuar de forma honesta, correcta e leal, abrangendo os deveres de protecção (não causando danos à outra parte), de informação (fornecendo à contraparte as informações necessárias ao conhecimento das circunstâncias relevantes para o seu consentimento) e de lealdade (não a induzindo em erro). Nesta conformidade, a cláusula geral da boa fé já engloba os deveres de informação[126].

Na Directiva 2000/31/CE sobre comércio electrónico e na Lei de Defesa do Consumidor encontramos manifestações legislativas que revelam a natureza dos deveres de informação a prestar pelo profissional perante o consumidor, no sentido de se materializarem no princípio da transparência das informações e no princípio da proibição de comportamentos enganosos ou susceptíveis de induzir em erro os destinatários de tais deveres. Designadamente, nos artigos 5º e 10º da Directiva sobre comércio electrónico exige-se, respectivamente: a obrigação do prestador de serviços facultar aos destinatários do seu serviço e às autoridades competentes um acesso *fácil, directo e permanente* às informações; e que nos contratos electrónicos o prestador de serviços forneça em termos *exactos, compreensíveis* e *inequívocos* as informações" concernentes a diversos elementos reputados como essenciais do contrato[127]. Na Lei de Defesa do

---

[124] *Princípios relativos aos deveres..., cit*, p. 193.
[125] *A informação como direito fundamental ...*, cit., p. 24. O A. realça a questão dos limites objectivos do princípio da boa-fé nos contratos do consumo, considerando que a boa fé não apenas é aplicável à conduta dos contratantes na execução de suas obrigações mas aos comportamentos que devem ser adoptados antes da celebração (*in contrahendo*) ou após a extinção do contrato (*post pactum finitum*) e que o Código de Defesa do Consumidor brasileiro acolhe claramente esse princípio.
126 Neste sentido, A. PINTO MONTEIRO, *A protecção do consumidor de serviços essenciais...*, cit., p. 343. A Directiva 97/7/CE impõe que o profissional, quanto à forma de prestar as informações ao consumidor, respeite os "princípios da lealdade em matéria de transacções comerciais" e os "princípios da protecção da pessoa com incapacidade jurídica em virtude da legislação dos Estados-membros, como os menores" (cfr. artigo 4º, nº 2). O DL 143/2001 vem acrescentar a estes princípios o respeito pelo "princípio da boa fé" no nº 2, do artigo 4º.
[127] De modo semelhante o faz a lei nacional de transposição: o DL 7/2004, no seu artigo 10º.

Consumidor, no art. 8º, nº 1, refere-se expressamente o dever de o fornecedor ou prestador de serviços (...) informar o consumidor de forma *clara, objectiva e adequada*...". O DL 95/2006 proclama expressamente, em preceito dedicado à "*clareza da informação*", que a informação pré-contratual a fornecer pelo prestador de serviços financeiros à distância deve ser prestada "com observância pelos princípios da boa fé"[128].

A partir da análise das fontes externas e internas da informação ao consumidor nos *contratos celebrados à distância*, podemos concluir que o regime jurídico da informação não se apresenta uniforme, antes é variável em função do objecto ou o *tipo negocial* em causa (contratos à distância em relação a produtos e serviços que não sejam os serviços financeiros e contratos de prestação de serviços financeiros à distância), da *técnica de comunicação* à distância utilizada (Internet, telefone e outras), bem como, da *fase do iter negocial* em que têm de ser disponibilizadas (antes, durante e/ou após o contrato).

Não obstante, pensamos poder extrair do normativo legal que delimitamos nesta exposição um conjunto *mínimo comum* de exigências legais que integram os deveres de informação a prestar pelo profissional e que, como vimos, se repetem em cada regime específico analisado, com diferentes matizes embora, sobretudo ao nível da nomenclatura usada.

Também na Lei de Defesa do Consumidor é possível vislumbrar esses requisitos, ainda que se encontrem previstos de forma mais simples e genérica.

No que respeita à nova Directiva 2008/0196/(COD) sobre os direitos dos consumidores, os requisitos gerais e formais da informação a prestar ao consumidor nos contratos à distância correspondem também a estas exigências, mas de uma forma mais extensa e completa em alguma situações, como pudemos constatar. Os novos preceitos procuram intensificar os deveres de informação a prestar ao consumidor. Efectivamente, resulta do capítulo III, dedicado à "Informação ao consumidor nos contratos à distância" que a informação deve ser *essencial e atempada*, *clara e compreensível*, *adequada* aos meios de comunicação à distância utilizados, em linguagem *simples, inteligível e legível*[129].

Assim, e sintetizando, esses requisitos comuns de natureza substancial, formal e temporal, visam, por um lado, assegurar ao consumidor uma informação *essencial e em tempo útil*, mediante a exigência, em certo momento, da prestação de um núcleo mínimo obrigatório de elementos informativos; e, por outro lado, impor certas *formalidades*, quanto ao modo e quanto ao meio de transmissão da informação, para que a informação seja *clara e compreensível*, *acessível* e *adequada à técnica utilizada*.

---

[128] Artigo 12º, do DL 95/2007.
[129] Artigos 9º e 11º da versão aprovada no Parlamento Europeu, em 23 de Junho de 2011.

A propósito destes elementos comuns da informação e referindo-se às directivas sobre contratos celebrados à distância e sobre comércio electrónico, PAULO MOTA PINTO[130] distingue os seguintes princípios relativos aos deveres de informação: essencialidade, compreensibilidade, acessibilidade e tempestividade. Já NETTO LÔBO[131] fala-nos em três requisitos cumulativos ou princípios orientadores do dever de informar e que são: a adequação a suficiência e a veracidade

Antes de finalizar o elenco das conclusões, impõe-se uma reflexão acerca da quantidade e da qualidade da informação. Efectivamente temos vindo a falar largamente de informação essencial, mínima, para assegurar o conhecimento completo e rigoroso sobre os diversos aspectos que envolvem a celebração do contrato, desde a identificação do fornecedor, às características do produto ou do serviço, às condições do preço e aos restantes termos do contrato. Mas ninguém ignora que não basta. Para a protecção do consumidor ser eficaz ou efectiva, é necessário que o consumidor, desde logo, esteja *bem informado,* que *compreenda* o real sentido e alcance do conteúdo informativo. Excesso de informação pode ser sinónimo de confusão e consequentemente de falta de apreensão. Especialmente quando, o consumidor até se esforça por entender, mas a complexidade das cláusulas contratuais ou os meios empregues lhe não permitem a compreensão cabal das condições do contrato, não conseguindo por vezes discernir o que é relevante do que é meramente acessório.

Para se atingir um nível de *qualidade de informação* satisfatório será importante que a informação seja clara, simples, legível e inteligível, depurada dos artifícios linguísticos excessivos, pretensiosos ou inúteis, das fórmulas pseudotécnicas próprias de certos sectores de actividade económica, da terminologia hermética e específica, das longas listas das condições gerais, mas que omitem ou ocultam a informação essencial, e outros elementos, que frequentemente se encontram nos contratos a que o consumidor "precisa" de aderir e que o impedem de tomar uma decisão de transacção *livre e esclarecida.*

Ora, pensamos que para combater esta situação de informação altamente *"complexa e excessiva",* valiosos contributos poderão advir dos regimes jurídicos das cláusulas contratuais gerais e das práticas comerciais desleais, complementando e modelando pela negativa, digamos assim, tal como os deveres de informação da contratação à distância traçam positivamente, os contornos do *instituto da informação* integrado pelos deveres de informação a cumprir perante o consumidor.

Porto, 28 de Junho de 2011

---

[130] *Op. cit.,* p. 192.
[131] *Op. cit.,* p. 35.

A *Alternatividade* dos Meios de Defesa do Consumidor no Caso de Desconformidade da Coisa com o Contrato de Compra e Venda

*Fernando de Gravato Morais**

Conheci pessoalmente o Prof. Doutor Mário Frota quando fui convidado no âmbito do Colóquio sobre o Anteprojecto do Código de Consumidor, organizado pela Associação Portuguesa do Direito do Consumo, em 15 de Dezembro de 2006.

A partir de então, a colaboração com o Prof. Doutor Mário Frota, através da Associação Portuguesa do Direito do Consumo, tem ocorrido com alguma frequência, o que muito me honra e me orgulha.

Foi para mim um privilégio ter conhecido quem tanto deu (e dá) em especial ao Direito do Consumo em Portugal.

Gostaria ainda de realçar a disponibilidade, a simpatia e o carinho com que tenho sido tratado sempre que tenho tido a oportunidade de colaborar nas iniciativas promovidas pelo Prof. Doutor Mário Frota.

Queria dar, deste modo, nota da admiração que nutro pelo Prof. Doutor Mário Frota.

Sumário: § 1. Introdução. § 2. Noção de desconformidade da coisa com o contrato. § 3. **Meios de defesa do consumidor perante o vendedor.** 1. Enquadramento legal. 2. O problema da *alternatividade* dos remédios jurídicos. 2.1. Argumento de texto. 2.2. Argumento histórico. 2.3. Argumento sistemático. 2.4. Argumento racional. 2.4.1. A denúncia do defeito. 2.4.2. Princípios basilares determinantes da procura da conformidade. 2.4.3. O abuso do direito. 2.4.4. Apreciação dos pressupostos gerais que

* Professor da Escola de Direito da Universidade do Minho.

legitimam o recurso aos quatro remédios jurídicos em especial. 2.4.5. Regras que conferem privilégio à resposição da conformidade no caso de privação do uso dos bens. 2.4.6. A protecção do consumidor não justifica uma alternatividade pura. §3. **Resultado da interpretação. § 4. O direito à indemnização.**

§ 1. Introdução

O regime jurídico da venda de bens de consumo, o DL 67/2003, de 8 de Abril, alterado pelo DL 84/2008, de 21 de Maio, cura da desconformidade dos bens com o contrato[1].

Na sua versão inicial, o diploma transpôs para a ordem jurídica interna a Directiva 1999/44/CEE, do Parlamento Europeu e do Conselho, de 25 de Maio de 1999, relativa a certos aspectos da venda de bens de consumo e das garantias a ela referentes[2].

---

[1] O diploma segue de perto, embora com algumas alterações significativas, o Anteprojecto de diploma de transposição, 2ª possibilidade, elaborado por PAULO MOTA PINTO que previa duas possibilidades de transposição. O autor, bem como a doutrina maioritária, privilegiavam uma solução ampla que envolvia também modificações no Código Civil (Cumprimento Defeituoso do Contrato de Compra e Venda. Anteprojecto de diploma de transposição da Directiva 1999/44/CE para o direito português. Exposição de motivos e articulado, Lisboa, 2002, pp. 10 ss., *Anteprojecto de diploma de transposição da Directiva 1999/44/CE para o direito português. Exposição de motivos e articulado*, in *Estudos de Direito do Consumidor*, nº 3, Coimbra, 2001, pp. 165 ss. e *Reflexões sobre a transposição da Directiva 1999/44/CE para o direito português* in Themis, 2001, p. 207). Assim não se entendeu em sede de transposição.
Vejamos como a Directiva foi transposta para o direito interno de alguns Estados-membros.
Na Alemanha, em função da reforma do direito das obrigações, para além das normas apenas aplicáveis à venda de bens de consumo – Verbrauchsgüterkauf (§§ 474 a 479 BGB), há que atender ainda às disposições do regime geral da compra e venda (v.g., §§ 433 a 435, 437 BGB) e à disciplina do "direito da perturbação da prestação" – Leistungsstörungsrecht (v.g., § 280 BGB). Ver PALANDT/PUTZO, Gesetz zur Modernisierung des Schuldrechts, 61. Aufl., München, 2002, esp. pp. 279 ss.
Em Itália, o Decreto Legislativo. 2 febbraio 2002, n. 24, insere no CCIt, designadamente nos arts. 1519-bis ss., as normas de transposição (ver ALESSIO ZACCARIA/GIOVANNI DE CRISTOFARO, *La vendita dei beni di consumo. Commento agli artt. 1519 bis – 1519 nonies del Codice Civile*, Padova, 2002). Entretanto, o Decreto Legislativo 6 settembre 2005, n. 206 – *Codice del Consumo* – integrou a matéria em causa nos arts. 128 ss., relevando o art. 130º.
Em França, o *Code de la Consommation*, trata do tema nos arts. L211 – 4 ss., realçando-se em especial os arts. L211-9 e L211-10, que abordam esta problemática em especial.
Em Inglaterra, em 31 de Março de 2003, entrou em vigor o *Sale and Supply of Goods to Consumers Regulations 2002*, a qual foi integrada no *Sale of Goods 1979*, não se limitando o legislador a uma mera transposição da directiva (ver ROBERTO CALVO, *La vittoriosa lotta del legislatore britannico contro il copy-out delle direttive comunitarie* in Contratto e Impresa/Europa, 2002, pp. 1208 ss.).
Em Espanha, foi transposta a directiva, através da *Ley 23/2003, de 10 de julio, de Garantías en la Venta de Bienes e Consumo*, tendo sido posteriormente derrogada pelo *Real Decreto Legislativo 1/2007, de 16 de noviembre* (um texto mais amplo, que trata em geral dos direitos dos consumidores).
[2] JOCE, L 171/12, de 7 de Julho de 1999.

Este texto modificou, por via disso, alguns preceitos da Lei 24/96, de 31 de Julho, comummente designada Lei de Defesa do Consumidor.

Cinco anos volvidos, o DL 84/2008 de 21 de Maio, introduziu modificações apreciáveis no texto originário, sem que existissem quaisquer antecedentes a nível comunitário que o impusessem, conquanto no seu preâmbulo se afirme que, nalguns casos, se faz uso da prerrogativa conferida pela Directiva 1999/44/CE.

§ 2. Noção de desconformidade da coisa com o contrato[3]

O conceito de defeito vigente não envolve substanciais mudanças em relação ao direito anterior.

Para além da nova terminologia adoptada - usam-se predominantemente as locuções "falta de conformidade" ou "desconformidade" –, pode sustentar-se que a nova disciplina contribui para um melhor enquadramento e um melhor esclarecimento das concepções clássicas[4].

Os "factores de referência relevantes", previstos no art. 2º, nº 2 DL 67/2003, na esteira do art. 2º, nº 2 Dir. 1999/44/CE, com ressalva da alusão à rotulagem, encontravam-se já consagrados quer no CC, quer na LDC[5-6].

A desconformidade – que o art. 2º, nº 2 DL 67/2003 presume, caso se verifiquem as circunstâncias nele previstas[7] – engloba o vício da coisa que a desva-

---

[3] Saliente-se que o diploma abarca não só a venda de bens de consumo, como também a locação de bens de consumo e ainda alguns contratos de empreitada de consumo.
Quanto a estes, releve-se a integração dos contratos de fornecimentos de bens de consumo a fabricar ou a construir (art. 1º, nº 2), assim como a equiparação à venda de coisa não conforme dos defeitos de instalação da coisa executada pelo vendedor ou de instruções para instalação (art. 2º, nº 3 DL 67/2003, na esteira do art. 2º, nº 5 Dir. 1999/44/CE). Ver CALVÃO DA SILVA, *Venda de bens de consumo*, Coimbra, 2003, pp. 51 a 53, 70 e 71, ROMANO MARTÍNEZ, *Empreitada de Consumo* in Themis, 2001, pp. 161 ss.; CARLOS FERREIRA DE ALMEIDA, *Orientações de política legislativa adoptadas pela Directiva 1999/44/CE sobre vendas de bens de consumo. Comparação com o direito português vigente* in Themis, 2001, p. 118, PAULO MOTA PINTO, "*Conformidade e garantias na venda de bens de consumo. A Directiva 1999/44/CE e o direito português* in *Estudos de Direito do Consumidor*, nº 2, Coimbra, 2000, pp. 218 ss.).

[4] Era esta, de resto, a posição de CARLOS FERREIRA DE ALMEIDA, em sede de comentário à Dir. 1999/44//CE, *Orientações de política...*, cit., p. 117.

[5] CARLOS FERREIRA DE ALMEIDA, *Orientações de política...*, cit., pp. 117 e 118.

[6] O BGB adopta, no § 434, uma noção de vício da coisa (*Sachmangel*) semelhante (ver PALANDT/PUTZO, ob. cit., pp. 241 ss.).

[7] CALVÃO DA SILVA, *Venda de bens de consumo*, cit., pp. 59 ss.
A norma inverteu a posição seguida na directiva. Aí se consagram presunções de conformidade. O BGB não aderiu ao sistema de presunções – ao contrário do legislador inglês (cfr. Sec. 13, 14 e 15 *Sale of Goods 1979*) – por se entender que a descrição da coisa integra a prestação contratual (*ein Element der Vertragsinhalt*). Ver, sobre este assunto, KLAUS DOHRMANN, *Un nuevo Derecho de Obligaciones. La Reforma 2002 del BGB*, ADC, 2002, p. 1201.

lorize ou que impeça a realização do fim a que se destina, a falta de qualidades da coisa asseguradas pelo vendedor, a qualidade diversa da coisa e ainda a prestação de coisa de tipo diverso da devida – *aliud pro alio* (art. 2º DL 67/2003)[8-9].

§ 3. Meios de defesa do consumidor perante o vendedor

Vejamos agora os meios de defesa ao alcance do consumidor (comprador) perante o vendedor, em sede de desconformidade da coisa com o contrato.

Na hipótese mais frequente, a de que o defeito é apenas detectado posteriormente[10] (ou se a prestação desconforme é aceite com reserva), importa saber que remédios jurídicos se encontram ao dispor do consumidor.

---

[8] CARLOS FERREIRA DE ALMEIDA, *Orientações de política...*, cit., p. 117 CALVÃO DA SILVA, *Compra e venda de coisas defeituosas. Conformidade e segurança*, Coimbra, 2001, pp. 116 ss. e pp. 39 ss.; ROMANO MARTÍNEZ e JOANA VASCONCELOS, *Vício na formação do contrato, interpretação do negócio jurídico, condição resolutiva e incumprimento contratual* in RDES, 2003, pp. 236 ss. (os autores prevêem "nove classes de hipóteses de cumprimento defeituoso"), ROMANO MARTÍNEZ, *Direito das Obrigações. Parte Especial. Contratos.* 2ª Ed., Coimbra, 2001, pp. 130 ss. e *Cumprimento defeituoso em especial na compra e venda e na empreitada*, Coimbra, 1994, pp. 185 ss.
No regime anterior, ver os arts. 4º e 12º LDC, conjugado com os arts. 913º e 919º CC.
A uma noção ampla de desconformidade se referia, em sede de comentário à Dir. 1999/44/CEE, HANS-W. MICKLITZ (*Die Verbrauchsgüterkauf-Richtlinie* in EuZW, 1999, p. 485).
Aliás, a Directiva prevê também uma uniformização do regime da compra e venda de coisas genéricas e de coisas específicas. Neste sentido, NORBERT REICH (*Die Umsetzung der Richtlinie 1999/44/EG in Das deutsche Recht* in NJW, 1999, p. 2400) quando refere que é obsoleta a distinção entre *Gattungskauf* (compra de coisa genérica) e *Stückkauf* (compra de coisa específica).
Quanto à distinção, em face do nosso Código Civil, entre a venda de coisa genérica e a venda de coisa específica, ver CARNEIRO DA FRADA, *Erro e incumprimento na não-conformidade da coisa com o interesse do comprador* in O Direito, 1989, pp. 478 ss. e TEIXEIRA DE SOUSA, *O cumprimento defeituoso e a venda de coisas defeituosas* in Ab Vno Ad Omnes, 75 anos da Coimbra Editora, 1920-1995, Coimbra, 1998, pp. 567 ss.
[9] Realce-se que o cumprimento inexacto engloba três situações distintas: a desconformidade da coisa, a violação de deveres secundários e a infracção de deveres laterais ou acessórios de conduta (*v.g.*, o dever de cuidado com a pessoa e com o património da outra parte). Ver, entre outros, ANTUNES VARELA, *Das Obrigações em Geral*, II, 7ª Ed., Rev. e Act., Coimbra 1997 (reimp. 2001), p. 130; ALMEIDA COSTA, *Direito das Obrigações*, Coimbra, 10ª Ed., Reelaborada., 2006 p. 1058; ROMANO MARTÍNEZ, *Cumprimento defeituoso. Em especial na compra e venda e na empreitada*, Coimbra, 1994, pp. 517 ss.
[10] Se, no momento da entrega efectiva da coisa, o consumidor conhece ou detecta o vício pode, desde logo, recusar a prestação desconforme. O direito de recusar tal prestação, limitado pela regra da boa fé, encontra o seu fundamento no princípio da integralidade do cumprimento (art. 763º, nº 1 do CC) – MENEZES CORDEIRO, *Violação positiva do contrato. Cumprimento imperfeito e garantia de bom funcionamento da coisa vendida; âmbito da excepção do contrato não cumprido* in ROA, 1981, p. 135; ROMANO MARTÍNEZ, *Cumprimento defeituoso...*, cit., p. 321.
Por sua vez, a aceitação sem ressalva pelo consumidor da coisa não conforme, com conhecimento do defeito ou sem poder razoavelmente ignorá-lo, não permite ulteriormente o exercício dos direitos que, em princípio, lhe assistem. É o que resulta do art. 2º, nº 3 DL 67/2003 A solução decorria já do anterior art. 12º, nº 1 LDC, encontrando também expressão no art. 2º, nº 3 Dir. 1999/44/CE.

1. Enquadramento legal

Impõe-se uma visão da evolução legislativa, que nos permita compreender o problema.

Na redacção inicial da Lei de Defesa do Consumidor – Lei 24/96, de 31 de Julho –, o art. 12º, nº 1 dispunha o seguinte:

– "o consumidor a quem seja fornecida a coisa com defeito, salvo se dele tivesse sido previamente informado e esclarecido antes da celebração do contrato, pode exigir, independentemente de culpa do fornecedor do bem, a reparação da coisa, a sua substituição, a redução do preço ou a resolução do contrato" (sublinhado nosso).

Por sua vez, a Directiva 1999/44/CE consagrava no art. 3º, nº 2, que

– "em caso de falta de conformidade, o consumidor tem direito a que a conformidade do bem seja reposta sem encargos, por meio de reparação ou de substituição, nos termos do nº 3, a uma redução adequada do preço, ou à rescisão do contrato no que respeita a esse bem, nos termos dos nºs 5 e 6" (sublinhado nosso).

Na redacção originária do regime jurídico da venda de bens de consumo – o DL 67/2003 –, que operou a transposição da directiva, determina-se, dentro da mesma lógica do texto comunitário, que

– "o consumidor tem direito a que esta [a coisa desconforme] seja reposta sem encargos, por meio da reparação ou de substituição, à redução do preço ou à resolução do contrato" (sublinhado nosso).

A alteração do diploma de 2003, operada pelo DL 84/2008, de 21 de Maio[11], não modificou a regra enunciada[12].

---

[11] Que nada teve a ver com a transposição de uma directiva comunitária.
[12] Atentemos nalgumas regras de alguns diplomas dos Estados-membros da União Europeia, pois permitem uma visão global do problema.
O art. 118º do *Real Decreto Legislativo 1/2007, de 16 de noviembre*, parece seguir a redacção da anterior LDC ("El consumidor y usuario tiene derecho a la reparación del producto, a su sustitución, a la rebaja del precio o a la resolución del contrato, de acuerdo con lo previsto en este título"). Todavia, logo em seguida, cria-se um regime jurídico para cada par de remédios jurídicos – arts. 119º, 120º e 121º (este, em particular, dispõe "la rebaja del precio y la resolución del contrato procederán, a elección del consumidor y usuario, cuando éste no pudiera exigir la reparación o la sustitución y en los casos en que éstas no se hubieran llevado a cabo en plazo razonable o sin mayores inconvenientes para el consumidor y usuario. La resolución no procederá cuando la falta de conformidad sea de escasa importancia". Também em França se caminha no mesmo sentido. Assim, o art. L211-9 do *Code de la*

2. O problema da alternatividade dos remédios jurídicos

À luz do diploma vigente – o DL 67/2003 –, impõe-se saber se se acolhe, em sede de compra e venda de bens de consumo, uma ideia de alternatividade pura entre os 4 remédios jurídicos naquele previstos ou se essa alterantividade é apenas relativa, restando saber, em caso afirmativo, em que sentido.

Cumpre interpretar a lei, relevando os vários elementos da interpretação, para ulteriormente extrair algumas conclusões.

2.1. Argumento de texto

Literalmente, do art. 4º, nº 1 do DL 67/2003, decorre que os direitos enunciados (ao exacto cumprimento do contrato – ou, dito de outro modo, à reposição da conformidade, sob a forma de reparação[13] ou de substituição da coisa –,

---

Consommation determina que "en cas de défaut de conformité, l'acheteur choisit entre la réparation et le remplacement du bien", sendo que o art. L211-10 do mesmo texto, assinala que "si la réparation et le remplacement du bien sont impossibles, l'acheteur peut rendre le bien et se faire restituer le prix ou garder le bien et se faire rendre une partie du prix", e acrescenta que "la résolution de la vente ne peut toutefois être prononcée si le défaut de conformité est mineur". O BGB privilegia o cumprimento posterior (*Nacherfüllung*), encontrando-se os restantes remédios, redução do preço e resolução (*Minderung und Rücktritt*) numa posição subsidiária (cfr. §§ 437, 439, 440 e 441). Neste quadro, a regra é a de que o comprador só após ter concedido um prazo para o vendedor repor a conformidade e que esse prazo tenha decorrido sem que o comprador tenha sido satisfeito pode socorrer-se destas pretensões (neste sentido, PETER GRUBER, *Die Nacherfüllung als zentraler Rechtsbehelf im neuen deutschen Kaufrecht – eine methodische und vergleichende Betrachtung zur Auslegung*, www.jura.uni-freiburg.de/Junge/Zivilrechtswissenschaftler/Freiburg2001/Tagungsband/Gruber.pdf, p. 188; JAN HOFFMANN, *Verbrauchsgüterkaufrichtlinie und Schuldrechtsmodernisierungsgesetz* in ZRP, 2001, pp. 349 ss.; CANARIS, *A transposição da directiva sobre compra de bens de consumo para o direito alemão* in *Estudos de Direito do Consumidor*, nº 3, Coimbra, 2001, p. 54; FERRANTE, *Il nuovo Schuldrecht: ultimi sviluppi della riforma tedesca del diritto delle obbligazioni e dei contratti* in CIE, 2001, p. 769).
O legislador inglês aderiu de igual modo ao sistema sequencial dos remédios jurídicos. É o que resulta da Sec. 48, B e C *Sale of Goods 1979* (ver ROBERTO CALVO, ob. cit., pp. 1218 ss, esp. p. 1221).
Semelhantemente, em Itália, o art. 130º, nº 7 do Codice del Consumo retrata esta realidade. Vejamos: "*Il consumatore può richiedere, a sua scelta, una congrua riduzione del prezzo o la risoluzione del contratto ove ricorra una delle seguenti situazioni:* a) *la riparazione e la sostituzione sono impossibili o eccessivamente onerose*; b) *il venditore non ha provveduto alla riparazione o alla sostituzione del bene entro il termine congruo di cui al comma 6*; c) *la sostituzione o la riparazione precedentemente effettuata ha arrecato notevoli inconvenienti al consumatore.*

[13] O consumidor pode - sem prejuízo da tentativa de obter do vendedor, voluntariamente, a reparação da coisa - intentar, também aqui, uma acção de cumprimento, no sentido de exigir a reparação da coisa pelo vendedor. Condenado este à reparação, mas não cumprindo a sentença, ao consumidor resta o recurso à acção executiva, nos termos dos arts. 933º ss. CPC. Nesta acção pode requerer a prestação por outrem, caso se trate de uma prestação de facto fungível, e ainda uma indemnização pelos danos moratórios sofridos. Em alternativa, pode exigir uma indemnização pelo dano sofrido com a não realização da prestação.
Quanto à possibilidade de o consumidor previamente proceder à reparação da coisa e exigir ao vendedor, em acção de condenação, o custo dessa reparação deve entender-se que, em regra, tal não se mostra possível, pois isso implica admitir o recurso à auto-tutela. Apenas em casos de manifesta

à redução do preço ou à resolução do contrato) se encontram situados no mesmo nível, ou seja, o consumidor pode indistintamente exercer qualquer deles.

A utilização da conjunção alternativa "ou" assim o indicia.

Aliás, esta ideia emerge também do n.º 5, primeira parte do mesmo normativo. Com efeito, aí se assinala que

– "O consumidor pode exercer [indistintamente] qualquer dos direitos referidos nos números anteriores..."

No entanto, e ainda em função do texto legal, é legítimo sustentar-se que, embora o uso da conjunção "ou" sugira a ideia de alternatividade, não é menos verdade que há uma (outra) sequência subjacente ao preceito (reparação, substituição, redução, resolução) – como já havia no anterior art. 12.º, n.º 1 da LDC –, que não pode considerar-se arbitrária.

Sob um outro prisma – mas sempre de um ponto de vista textual – dos n.ºs 2, 3 e 4 do art. 4.º do DL 67/2003 transparece uma hierarquização dos direitos em razão da sua sucessão ordenada. Aliás, nesses números as pretensões são mesmo agrupadas duas a duas.

Pode, desta sorte, afirmar-se que a letra da lei não é completamente elucidativa.

2.2. Argumento histórico

Interessa-nos aqui apreciar sobretudo as fontes da lei, seja por via de diplomas que inspiraram o nosso legislador, seja por via de opiniões doutrinárias ou jurisprudenciais.

No quadro do antigo art. 12.º, n.º 1 LDC, alguma doutrina usava expressões sintomáticas, referindo-se prudentemente à existência, "pelo menos formalmente", de uma "perfeita alternatividade"[14-15].

---

urgência se permite o recurso a tal via, com fundamento no estado de necessidade – art. 339.º CC (ROMANO NARTÍNEZ, *Cumprimento defeituoso...*, cit., pp. 388 ss.).

[14] PAULO MOTA PINTO, *Conformidade e garantias...*, cit., p. 256.
SINDE MONTEIRO considera, dentro da mesma lógica, que "formalmente, o n.º 1 do art. 12.º da Lei n.º 24/96 coloca os diversos direitos em alternativa", mas deve questionar-se se "as condições de exercício de cada um deles não deverão ser as estabelecidas na lei geral", por exemplo, "a reparação parece ter precedência sobre a substituição" (*Proposta de Directiva do Parlamento Europeu e do Conselho relativa à venda e às garantias dos bens de consumo* in *Revista Jurídica da Universidade Moderna*, 1998, pp. 467 e 468, nota 22).

[15] À luz do Código Civil, saliente-se a posição de BAPTISTA MACHADO, quando referia que "o credor deverá primeiramente exigir nova prestação exacta ou a eliminação dos defeitos da prestação feita. Só no caso de o devedor não proceder à eliminação dos defeitos ou à nova prestação exacta dentro do prazo razoável que para o efeito lhe tenha fixado, nos termos do art. 808.º, é que o credor pode

Em sede de comentário à Directiva 1999/44/CE, Carlos Ferreira de Almeida entende que esta contribui "para esclarecer a sequência do seu exercício [dos direitos], embora na sua transposição se possam introduzir melhorias para tornar mais claros os requisitos de cada uma das pretensões e os critérios de precedência ou de alternatividade"[16-17].

Com efeito, se a ideia de pura alternatividade no que toca ao exercício dos direitos, à primeira vista, transparece do art. 3º, nº 2 Dir. 1999/44/CE, uma leitura mais atenta do preceito afasta-a. Destacam-se dois grupos de pretensões, o primeiro (e preferencial) abrange a reparação e a substituição (cfr. nºs 3 e 5, do art. 3º), o segundo (e subsidiário) engloba a redução e a "rescisão".

A doutrina, no quadro do texto comunitário e em face da lei vigente, refere-se em geral a uma hierarquização dos direitos. É o caso de Calvão da Silva, que peremptoriamente afirma: "o consumidor tem o poder-dever de seguir preferencialmente a via da reposição da conformidade devida ... sempre que possível e proporcionada, em nome da conservação do negócio jurídico, tão importante numa economia de contratação em cadeia, e só subsidiariamente o caminho da redução do preço ou resolução do contrato"[18]. De igual modo, Paulo Mota Pinto entende que "o comprador não pode desde logo escolher entre os quatro direitos, estando, num primeiro momento, limitado à reparação e à substituição"[19-20].

2.3. Argumento sistemático

Recorrendo ainda ao regime jurídico da venda de bens de consumo (contexto da lei), cabe destacar o art. 6º, nº 1, 2º trecho do DL 67/2003.

---

considerar a obrigação como definitivamente não cumprida – parcial ou totalmente – e proceder à redução da contraprestação ou à resolução do contrato" (*Pressupostos da resolução por incumprimento* in JOÃO BAPTISTA MACHADO. *Obra Dispersa*, Vol. I, Braga, 1991, p. 171).

[16] "Orientações de política legislativa...", cit., p. 118.

[17] Ver ainda DÁRIO MOURA VICENTE, *Desconformidade e garantias na venda de bens de consumo: a Directiva 1999/44/CE e a Convenção de Viena de 1980* in *Themis*, 2001, p. 137, Adolfo di Majo, *Garanzia e inadempimento nella vendita di beni di consumo*, EDP, 2002, pp. 9 ss.

[18] *Venda de bens de Consumo – Comentário*, 4ª Ed., Revista, Aumentada e Actualizada, Coimbra, 2010, pp. 106 e 107.

[19] Conformidade e garantias, cit., p. 253.

[20] De igual modo, algumas decisões dos tribunais superiores apontam no mesmo sentido. Ver Ac. Rel. Lisboa, de 18.6.2009 (MANUEL GONÇALVES), onde se afirma que "o preceito citado, corresponde no essencial, ao art. 3º da Directiva nº 1999/44/CEE, que se pretende transpor para ordem jurídica nacional. Neste preceito (art. 3º da Directiva) prevê-se uma hierarquia, entre os vários direitos conferidos ao consumidor. Assim, (art. 3º nº 3) o consumidor, deverá começar por exigir a reparação ou substituição do bem. No art. 4º DL 67/2003, não se faz expressa referência a esta hierarquia, mas deverá entender-se que ela resulta dos princípios gerais e que está implícita no preceito, quando se estabelece como limite a *impossibilidade e o abuso de direito*".

No quadro dos direitos do consumidor perante o produtor, parece dar-se continuidade à prioridade ao exercício do primeiro par de direitos. Com efeito, determina-se que

– "o consumidor que tenha adquirido coisa defeituosa pode optar por exigir do produtor a sua reparação ou substituição..." (art. 6º, nº 1, 2º trecho do DL 67/2003).

Tal significa igualmente que se o consumidor não passar para o degrau seguinte (onde se encontram os direitos potestativos), mantém a possibilidade de exigir o cumprimento exacto do contrato a mais do que um sujeito.

Note-se que se o consumidor porventura exerceu – porque preenchidos os respectivos requisitos – o direito à resolução do contrato junto do vendedor, não pode socorrer-se ulteriormente de qualquer dos mecanismos de reposição da conformidade junto do produtor.

À luz do Código Civil (lugar paralelo), onde está em causa um problema semelhante entre os 4 remédios jurídicos – arts. 913º ss. –[21], saliente-se a posição de Baptista Machado, ao referir que "o credor deverá primeiramente exigir nova prestação exacta ou a eliminação dos defeitos da prestação feita. Só no caso de o devedor não proceder à eliminação dos defeitos ou à nova prestação exacta ... é que o credor pode considerar a obrigação como definitivamente não

---

[21] O regime previsto no Código Civil estabelece, no âmbito da compra e venda de coisas defeituosas, uma hierarquia clara. Por um lado, consagra-se o direito do comprador a exigir a reparação da coisa ou, se for necessário, e esta tiver natureza fungível, a sua substituição (art. 914º CC). Por outro lado, prescreve-se, a título subsidiário, a possibilidade de o consumidor pedir a redução do preço, mas apenas em determinadas circunstâncias (art. 911º CC), e a "anulação" – ou melhor, **resolução** – do contrato (art. 905º CC), estes dois últimos preceitos aplicáveis por força da remissão do art. 913º CC. Note-se que muitas vozes (na doutrina e na jurisprudência) se manifesta contrárias à tese da "anulabilidade por erro ou dolo" em face do art. 905º CC, defendendo, ao invés, no quadro do regime civilista, a aplicação do instituto da resolução (neste sentido, ROMANO MARTÍNEZ, *Direito das Obrigações*, cit., pp. 136, 137 e 125 ss. e Cumprimento defeituoso..., cit., pp. 324 ss. e PAULO MOTA PINTO, "Conformidade e garantias...", cit., p. 256; na jurisprudência, veja-se o Ac. STJ, de 30.4. 1997, CJ (STJ), T. II, p. 75 e o Ac. Rel. Coimbra de 20.4.1999, CJ, 1999, T. II, p. 34). Note-se que a própria Convenção de Viena (ainda não ratificada por Portugal) prevê, no art. 49º, um direito de resolução, em caso de violação do contrato (ver, DÁRIO MOURA VICENTE, ob. cit., p. 137).

Em sede de contrato de empreitada segue-se um raciocínio mais claro e explícito. Em primeiro lugar, alude a lei à eliminação dos defeitos (art. 1221º, nº 1, 1ª parte CC). Se a sua execução não for possível assiste ao dono da obra a possibilidade de exigir a realização de uma obra nova (art. 1221º, nº 1, 2ª parte CC). Se as pretensões não forem realizadas pelo devedor pode o credor, em via subsidiária, pedir a redução do preço (art. 1222º, nº 2 CC). Como última via, surge a resolução, sempre que os vícios de que a obra padece a tornem inadequada à sua finalidade (art. 1222º, nº 2, 2ª parte CC).

cumprida – parcial ou totalmente – e proceder à redução da contraprestação ou à resolução do contrato"[22].

Embora se reconheça a especificidade do direito do consumo em relação ao direito civil, não cremos que a hierarquização dos direitos inerente a este deva ser *in casu* absoluta ou cegamente desconsiderada. Pelo contrário, a ideologia civilista – onde a hierarquização é mais perfeita – deve ser tida em conta, como pano de fundo, para perspectivar (e permitir perceber) as particularidades no tocante ao exercício dos direitos do consumidor/comprador.

2.4. Argumento racional

Cabe agora ponderar os interesses tidos em vista na redacção do art. 4º (em especial o nº 1) do DL 67/2003 (que seguiu dominantemente o art. 3º, em particular o nº 2, da Dir. 1999/44/CE) – sem deixar de sopesar outras normas do mesmo diploma com reflexo nesta temática –, sendo este o elemento de maior peso na interpretação da lei.

2.4.1. A denúncia do defeito

Deve, desde já, realçar-se que da necessidade de denúncia do defeito se intui a opção primacial do legislador pela via da reposição da conformidade (art. 5º-A, nº 1 e nº 2 do DL 67/2003).

Esta denúncia da desconformidade ao vendedor[23] sugere, claramente, uma preferência pelo exercício do primeiro par de direitos.

2.4.2. Princípios basilares determinantes da procura da conformidade

Os princípios da conservação dos negócios jurídicos, da prevalência do cumprimento e até mesmo da prioridade da restauração natural apontam no sentido do exercício, num primeiro momento, dos direitos referentes à reposição da conformidade. Aliás, a procura da conformidade é o cerne do diploma.

Sendo possível a reparação ou mesmo até a substituição, dificilmente se compreende que a ordem jurídica legitime, como regra, a invocação (em via alternativa) de outros direitos, de natureza diferente e com funções diversas, porquanto se mostra não só desproporcionado, como também provoca uma quebra do valor "confiança" inerente às relações jurídicas de matriz privatista.

---

[22] BAPTISTA MACHADO, *Pressupostos da resolução por incumprimento* in JOÃO BAPTISTA MACHADO – *Obra Dispersa*, Vol. I, 1991, Braga, p. 171.

[23] "Para exercer os seus direitos, o consumidor deve denunciar ao vendedor a falta de conformidade num prazo de dois meses, caso se trate de bem móvel, ou de um ano, se se tratar de bem imóvel, a contar da data em que a tenha detectado" (art. 5º-A, nº 2 do DL 67/2003), sob pena de caducidade de todos os direitos.

Num primeiro nível, como se deixou antever, situam-se os direitos à reparação ou à substituição da coisa (art. 4º, nºs 1, 2 e 3 do DL 67/2003). Ora, constatado o defeito, cabe proceder à denúncia do mesmo à contraparte, sendo que a reposição da conformidade, posto que possível, deve ser executada num prazo razoável tendo em conta a natureza do defeito, e tratando-se de um bem móvel, num prazo máximo de 30 dias, em ambos os casos sem grave inconveniente para o consumidor" (art. 4º, nº 2 do DL 67/2003)[24].

2.4.3. O abuso do direito

O recurso ao segundo critério usado no art. 4º, nº 5 do DL 67/2003 – a referência ao abuso do direito – reforça a interpretação tida em vista[25].

Desta sorte, o princípio da boa fé (art. 762º, nº 2 CC)[26], uma das expressões do instituto do abuso individual do direito, impõe que, *v.g.*, se a reparação do bem é viável e pouco onerosa não pode o consumidor exercer nenhuma das outras pretensões ou se a desconformidade é insignificante, ao consumidor apenas cabe exigir a reparação da coisa, mas jamais o exercício do direito de resolução[27].

---

[24] No âmbito destes dois remédios jurídicos, pode também afirmar-se a existência de limites à pura alternatividade, o que está em consonância com a Dir. 1999/44/CE.
Nas hipóteses em que a prestação do cumprimento posterior, sendo possível, é inexigível ou desproporcionada, cremos que ao vendedor assiste o direito de recusar a prestação pretendida pelo comprador (tal pretensão encontra-se expressamente prevista no § 439, Abs. 3 BGB — ver PALANDT/PUTZO, ob. cit., pp. 253 ss.).
Desde logo, a natureza infungível da coisa determina a impossibilidade de o consumidor exigir a sua substituição. Tratando-se de coisas usadas também a substituição é, em regra, impossível. É a aplicação do critério do art. 4º, nº 5, 2ª parte. Do confronto entre os dois remédios jurídicos, de igual modo, a substituição cede o seu lugar à reparação em razão, entre outras, da importância do defeito ou dos seus custos desproporcionados. A título ilustrativo, realce-se que se o automóvel adquirido tem uma deficiência no sistema de aquecimento, não se encontram razões que sustentem, num primeiro momento, a sua substituição, atendendo à falta de proporcionalidade do meio. Tal conclusão decorre da aplicação ao caso concreto da regra da boa fé. Note-se, no entanto, que também a regra da boa fé pode servir para determinar a primazia da substituição perante a reparação. É que esta "pode ser cara ou excessivamente onerosa e a troca por uma coisa nova, do mesmo tipo ou categoria estandardizada, pode sair económica ao vendedor e dar até mais garantias ao comprador" – CALVÃO DA SILVA, últ. ob. cit., p. 80. Estes são, todavia, casos menos frequentes.

[25] A sua concretização normativa tem mero cariz confirmatório e clarificador, pois sempre resultaria da aplicação do art. 334º CC.

[26] Fazendo alusão também à regra da boa fé no sentido mencionado, pouco antes da publicação do DL 67/2003, CALVÃO DA SILVA, últ. ob. cit., pp. 80 e 81.
Note-se que no caso de ser fácil a reparação da coisa nem mesmo a excepção de inadimplência (quando possível) pode ser invocada pelo consumidor, apesar de este meio de tutela não exigir um "inadimplemento" tão relevante como o necessário para alegar a resolução.

[27] Note-se, no entanto, que também a regra da boa fé pode servir para determinar a primazia da substituição perante a reparação. É que esta "pode ser cara ou excessivamente onerosa e a troca por

Pode assim afirmar-se que, na larga maioria das hipóteses, o instituto do abuso do direito é uma limitação à alternatividade pura sugerida pela norma.

2.4.4. Apreciação dos pressupostos gerais que legitimam o recurso aos quatro remédios jurídicos em especial

Importa seguidamente analisar os pressupostos que legitimam o recurso aos vários remédios jurídicos previstos, procurando saber se isso influencia o modo (não alternativo) do seu exercício.

A reparação e a substituição são meios de carácter geral, que só não assistem ao consumidor quando houver impossibilidade no que tange à sua execução ou quando se mostrem desproporcionados.

Acresce que os critérios cumulativamente usados, quer em geral – o grave inconveniente para o consumidor –, quer, em especial, em função do tipo de bem (o prazo razoável e a natureza do defeito, nas coisas imóveis, o prazo (razoável) máximo de 30 dias, nas coisas móveis) são indicadores da tendencial preferência pelo exacto cumprimento do contrato (art. 4º, nº 2 do DL 67/2003).

Em sede de reposição da conformidade, saliente-se ainda a desconsideração do pressuposto da culpa do vendedor no que toca ao exercício dos direitos em causa. Portanto, o vendedor responde objectivamente perante o consumidor. Isto porque, as pretensões são encaradas como "mera expressão do direito ao cumprimento". Ora, este "não depende, no seu exercício, da existência (ou da falta de prova da ausência) de culpa do vendedor"[28].

Já a redução do preço, enquanto figura de tradição romanista[29], tem uma lógica diversa dos mecanismos anteriores, em virtude de o consumidor pretender ficar com a coisa desconforme. Nesse sentido, e embora releve a conservação de uma parte do negócio (dependendo da relevante circunstância de o comprador pretender ficar com a coisa desconforme, no estado em que esta se encontra), é a restauração do seu equilíbrio que se fomenta.

Por sua vez, a resolução do contrato – que está dependente da não escassa importância do incumprimento – provoca a destruição do vínculo negocial, com a subsequente restituição, em regra, das prestações já entregues. É, portanto, o meio mais gravoso para o vendedor.

Estas duas últimas pretensões configuram direitos potestativos do comprador, que podem ser exercidos mediante declaração unilateral receptícia,

---

uma coisa nova, do mesmo tipo ou categoria estandardizada, pode sair económica ao vendedor e dar até mais garantias ao comprador" – CALVÃO DA SILVA, últ. ob. cit., p. 80.

[28] PAULO MOTA PINTO, *Cumprimento defeituoso...* cit., p. 41.

[29] Desconhecida até há bem pouco tempo dos países da *common law* (ROSANNA DE NICTOLIS, Comentário ao art. 50º, *Convenzione di Vienna sui contratti di vendita internazionale di beni mobili*, Padova, 1992, p. 235), a figura é actualmente reconhecida na Sec. 48 C *Sale of Goods 1979*.

não se encontrando igualmente dependentes da culpa do vendedor (nem de uma qualquer actuação deste, já que lhe são impostos, posto que verificados os respectivos pressupostos do seu exercício)[30].

Pressupõem, para além disso, uma situação de incumprimento definitivo (que no caso da redução do preço é até parcial), ao invés do que sucede quando se pretende a reposição da conformidade, onde a situação é de incumprimento temporário. O que siginificava pôr ao mesmo nível a excepção de não cumprimento (quando fosse possível utilizar tal meio de defesa)[31] e a resolução do contrato. Tal não se afigura admissível.

2.4.5. Regras que conferem privilégio à reposição da conformidade no caso de privação do uso dos bens

Há, por outro lado, regras que reflectem uma primazia implícita à reposição da conformidade.

Assim, os prazos de garantia legal (de 2 anos ou de 5 anos, consoante se trate de bens móveis ou de bens imóveis) "suspende[m]-se, a partir da data da denúncia, durante o período em que o consumidor estiver privado do uso dos bens".

A mesma lógica vale para o caso dos prazos para o exercício dos direitos (2 anos ou 3 anos a contar da denúncia dos defeitos, consoante se trate de bens móveis ou de bens imóveis). Assim, "suspende-se [o respectivo prazo] durante o período em que o consumidor estiver privado do uso dos bens com o objectivo de realização das operações de reparação ou substituição...".

---

[30] Qualquer destas pretensões não resulta prejudicada pelo perecimento ou pela deterioração da coisa por motivo não imputável ao comprador (art. 4º, nº 4 DL 67/2003). Deste modo, se a destruição da coisa desconforme é causada pelo vendedor ou se deriva de uma circunstância fortuita ainda assim o consumidor mantém a faculdade de exercício de qualquer daqueles remédios. Derroga-se, em certa medida, o regime geral resultante do art. 432º, nº 2 CC, o qual prevê que o comprador está impedido de resolver o contrato se não está em condições de restituir o que recebeu, por circunstâncias não imputáveis ao outro contraente. Nos termos da lei civil, se a perda da coisa se deve a circunstâncias fortuitas não pode o comprador resolver o contrato.

[31] Nesta sede, saliente-se que a não previsibilidade, no quadro do DL 67/2003, do recurso à *exceptio non rite adimpleti contractus* não prejudica o seu exercício nos termos gerais (arts. 428º ss. CC). Exigida a reposição da conformidade, no caso de não ter sido ainda pago, parcial ou totalmente, o preço ao vendedor, pode o consumidor, invocando essa excepção material dilatória, suspender o cumprimento da sua obrigação O vício é, em regra, detectado posteriormente, o que prejudica a invocação da excepção de não cumprimento se o preço já foi pago. Sendo o vício conhecido antes ou no momento da entrega, o consumidor pode opor aquele meio de defesa (MENEZES CORDEIRO, *Violação positiva do contrato. Cumprimento imperfeito e garantia de bom funcionamento da coisa vendida; âmbito da excepção do contrato não cumprido*, ROA, 1981, p. 150). Este é um meio de tutela ao dispor do comprador que visa compelir o fornecedor ao cumprimento ANTUNES VARELA, *Das Obrigações em geral*, Vol I, 10ª Ed., Rev. e Act., Coimbra, 2000, p. 400, JOSÉ JOÃO ABRANTES, *A excepção de não cumprimento no direito civil português*, Coimbra, 1986, pp. 92 ss.

Ora, a suspensão dos prazos no caso de privação do uso dos bens promove a via da reposição da conformidade.

2.4.6. A protecção do consumidor não justifica uma alternatividade pura

A eventual utilização do argumento de que a protecção do consumidor permite justificar uma alternatividade pura é, quanto a nós, falacioso.

Uma tutela do consumidor a este nível provocaria uma inversão da lógica e da realidade do mercado que prejudicaria, num primeiro momento, de forma excessiva a posição do vendedor, que se veria confrontado com pretensões do consumidor que não podia satisfazer (por exemplo, a substituição em vez da reparação) ou contra as quais não podia lutar (imagine-se uma resolução contratual com critérios pouco exigentes, não sujeita às regras gerais de direito).

Mas, para além disso, poder-se-ia subverter a própria lógica do sistema: a pessoa que se pretendia proteger seria, em concreto, a mais prejudicada, em especial com o aumento do preço dos bens e com a retracção do mercado.

3. Resultado da interpretação

No tocante aos meios de defesa do consumidor, o novo preceito – art. 4º, nº 1 do DL 67/2003 – manteve praticamente inalterado o homólogo normativo do diploma comunitário – art. 3º, nº 2 da Directiva 1999/44/CE –, afastando-se, na sua formulação, do anterior art. 12º, nº 1 LDC.

Os elementos da interpretação, de uma forma ou de outra, e em especial o mais relevante – o elemento racional – apontam no sentido da inexistência de uma alternatividade pura, como a norma poderia, numa primeira leitura, fazer crer[32].

---

[32] A ideia de prevalência dos direitos à reparação ou à substituição sobre os direitos à redução do preço ou à resolução do contrato é também afirmada por CARLOS FERREIRA DE ALMEIDA ("*Orientações de política legislativa...*", cit., p. 113).

Tal ocorre quando o consumidor não tem direito à reparação ou à substituição da coisa, porque, por exemplo, não é possível a reposição no estado de conformidade ou qualquer das soluções apresentadas se mostra desproporcionada. BAPTISTA MACHADO aludia já, no quadro do CC, a esta situação. Há lugar imediatamente à redução ou à resolução, conforme o caso, quando "implique dispêndio excessivo para o devedor (excessiva onerosidade) e desproporcionado em relação ao proveito que daí possa advir para o credor...", podendo ainda "dar-se o caso de não ser possível a substituição da prestação nem a eliminação dos defeitos" (ob. cit., p. 170). Pode ainda acontecer que o vendedor não tenha encontrado uma solução num prazo razoável, o que legitima ao comprador o recurso à redução do preço ou à resolução do contrato. Por fim, pode suceder que a solução encontrada pelo vendedor acarrete graves inconvenientes para o comprador. Estas duas últimas hipóteses são susceptíveis de gerar dificuldades de aplicação, visto que são utilizados conceitos indeterminados, cujo preenchimento valorativo se mostra difícil de concretizar.

Só a frustração dos instrumentos postos à disposição do consumidor – deve permitir o recurso aos direitos de segundo nível, ou seja, a redução do preço ou a resolução do contrato (art. 4º, nº 1, *in fine* DL 67/2003).

Da mesma sorte, uma alternatividade entre cada par de remédios jurídicos parece uma via longe da realidade, como se sustentou.

Pode, pois, concluir-se que, em bom rigor, não é concedida uma total discricionariedade, em termos materiais, quer quanto à invocação indistinta dos quatro direitos, quer quanto à invocação alternativa do respectivo par de direitos previstos no art. 4º do DL 67/2003.

§ 4. O direito à indemnização

Assiste ainda ao consumidor o direito a ser indemnizado pelos danos patrimoniais e não patrimoniais decorrentes do fornecimento de bens defeituosos (art. 12º, nº 1 LDC), posto que preenchidos os pressupostos da responsabilidade civil contratual[33].

O texto legal nada dispõe quanto ao requisito da culpa do vendedor. A nosso ver, do silêncio do legislador não pode retirar-se uma responsabilidade objectiva daquele. Esta deve decorrer directamente da lei, sendo insuficiente a invocação de "uma razão de paralelismo" com os direitos "à reparação e à substituição também feitos depender de culpa pelo Código Civil e para os quais a LDC [actualmente, o regime jurídico da venda de bens de consumo] a dispensa"[34] para justificar tal tipo de responsabilidade. Embora não se prescinda da culpa do vendedor, esta todavia presume-se, como dispõe o art. 799º CC.

O direito à indemnização, previsto na LDC, pode cumular-se com qualquer das quatro pretensões analisadas.

22 de Junho de 2011

---

[33] Matéria não prevista – estranhamente – no DL 67/2003.
[34] Invocando esta razão e suscitando o debate, PAULO MOTA PINTO, *Conformidade e garantias...*, cit., p. 212, nota 38.
ROMANO MARTÍNEZ aduz, acertadamente, um vasto conjunto de argumentos, no sentido de afastar o regime da responsabilidade objectiva do vendedor (*Compra e venda...*, cit., pp. 121 ss.).

Da Garantia de Produtos Defeituosos ou Não-Conformes no Brasil e em Portugal

*Flávio Citro**

Sumário: 1. Introdução; 2. O defeito é inerente ao risco do empreendimento na produção em massa; 3. Das garantias e das políticas de pós-venda; 4. Da garantia de produtos e serviços no Brasil; 5. Da responsabilidade por vício do produto ou serviço; 6. Dos defeitos no produto e no serviço; 7. Da garantia de conformidade da coisa na compra e venda em Portugal; 7.1. Da partilha de competências entre a União e os Estados-Membros; 7.2. Da Diretiva 1999/44/CE do Parlamento Europeu e do Conselho, de 25 de Maio de 1999; 7.3. Da transposição operada pelo DL 84/2008; 7.4. Dos remédios contra as não--conformidades; 7.5. Da forma e dos prazos de exercício e gozo dos direitos dos consumidores em razão da não-conformidade; 8. Do quadro comparativo; 9. Da conclusão; 10. Bibliografia

1. Introdução

O trabalho tem o propósito de estabelecer uma análise comparativa entre as garantias nos contratos de consumo e as obrigações a cargo dos agentes econômicos ante a ocorrência dos "males" que inquinam o produto ou serviço, bem como da tutela reconhecida pelas normas de proteção dos consumidores no Brasil e em Portugal.

A teoria da qualidade dos produtos e serviços encontra no Código do Consumidor do Brasil (CDC) uma distinção que caracteriza o modelo protetivo brasileiro. O vício é menos grave e ocorre em razão do mau funcionamento ou do não funcionamento do produto ou serviço, previsto no art. 18 do CDC na sua relação com a qualidade esperada, com a adequação do produto ou ser-

---

* Juiz Estadual no Rio de Janeiro, Brasil.

viço à finalidade a que se destina e oferece tutela jurídica do patrimônio do consumidor (art. 6º, inciso VI, do CDC). Este sistema estabelece uma relação aproximada com o conceito de não-conformidade da coisa, previsto na legislação portuguesa, no art. 4º, nº 1, do Decreto-Lei nº 67/2003, de 8 de Abril, com as alterações emergentes do Decreto-Lei nº 84/2008, de 21 de Maio, que o republica. O conceito de vício, por outro lado, é adotado na legislação portuguesa para as relações que se entreteçam fora da órbita das relações jurídicas de consumo, nos contratos civis, no art. 911 do Código Civil Português, como nos contratos mercantis, no art. 471 do Código Comercial.

Já o conceito de defeito no Brasil pressupõe lesão mais grave, diz respeito a problema no produto ou serviço susceptível de comprometer a sua segurança. É tratado no art. 12 do CDC e cuida do fato do produto ou do serviço (acidente de consumo) atraindo a responsabilidade objetiva do fornecedor. O defeito está relacionado com a proteção da vida, saúde e segurança do consumidor (art. 6º, inciso I, do CDC) e se afasta do âmbito intrínseco da garantia. No quadro comparativo com Portugal, se distancia do conceito de não-conformidade, se aproxima da noção de risco que impende sobre o produtor, a que alude a Diretiva 85/374/CEE, de 25 de Julho de 1985, transposta para o ordenamento jurídico interno pelo DL 383/89, de 06 de Novembro.

Portanto, o trabalho se concentrará na proteção dos consumidores brasileiros e portugueses e nas legítimas expectativas que têm em relação à qualidade e adequação dos produtos, enfrentando, para tanto, os diversos argumentos mercadológicos de venda, os regimes e prazos de garantias legais e comerciais de produtos e serviços e os respectivos alcances e dimensões, os prazos de caducidade e exercício desses direitos, a conceituação dos vícios e não-conformidades e os remédios postos à disposição dos consumidores.

2. O defeito é inerente ao risco do empreendimento na produção em massa

A produção de bens em larga escala busca atender à demanda de consumo e satisfazer às necessidades dos homens.

Produzir serviços de consumo e bens econômicos para satisfação das nossas necessidades "significa criar coisas ofélimas (coisas desejadas). A palavra "ofelimidade" (ophélimité) foi criada pelo economista francês Vilfredo Pareto (1848-1923) para designar o caráter de uma coisa qualquer que corresponde ao nosso desejo".[1]

Produzir cada vez mais, com maior qualidade e com a menor incidência de erros, para satisfazer os desejos de muitos consumidores, exige criatividade

---

[1] http://www.sociedadedigital.com.br/artigo.php?artigo=102&item=4

e superação no processo de transformação, pelo aproveitamento da matéria ou insumos para criação de bens desejáveis. A indústria automobilística é um parâmetro perfeito para retratar a evolução desse modelo produtivo de massa.

O Taylorismo (1911) propôs a divisão e especialização de tarefas para produzir mais, em menor tempo.

O Fordismo (1914) partiu dessa proposição e mecanizou o processo, implantando a especialização de tarefas na linha de montagem para produzir ainda mais, em menos tempo, criando a noção de produção e consumo em massa.

O Toyotismo (1960) de Enji Toyoda e Taichi Ohno, inspirado nas idéias de Henry Ford que nunca foram colocadas em prática, modernizou e flexibilizou o trabalho, com adoção do processo *just-in-time*, caracterizado pela polivalência da mão-de-obra, inovação, produção em lotes, gestão participativa, círculos de qualidade, uso de nova tecnologia e automação.

O Volvismo de Emti Chavanmco (1970), engenheiro da Volvo, nascido na Índia, cunhou o modelo Sueco baseado no altíssimo grau de informatização e automação, mão-de-obra altamente qualificada, com alto grau de experimentalismo, em que o operário dita o ritmo das máquinas, conhece todas as etapas da produção, é constantemente reciclado e participa, através dos sindicatos, de decisões no processo de montagem da planta da fábrica, o que o comprometem no sucesso dos projetos, com aumento de produção, redução de perdas e defeitos e, por conseguinte, de eliminação dos custos de não--conformidade.[2]

Depois do Toyotismo, se cogita do Tatatismo (2008), porque Ratan Tata, presidente da montadora indiana TATA, surpreendeu o mercado automobilístico com o lançamento do carro popular mais barato do mundo, o Nano, com preço de US$ 2.500, que pode revolucionar os mercados massificados emergentes com um modelo econômico, acessível e ecologicamente correto.

Nesta evolução histórica da produção em massa são inevitáveis as oportunidades para que os produtos apresentem defeito. O número de defeitos varia de acordo com a complexidade do produto. Exemplo: o número de oportunidades em um equipamento eletrônico pode ser superior a 3 000. Os defeitos são praticamente inevitáveis na cadeia produtiva: um bloco de óleo do motor com vazamento, ar condicionado que não refrigera, tecido com manchas, etc.

A engenharia de produção calcula a probabilidade de ocorrência de "defeitos por milhão de oportunidades ou DPMO: A medida DPO pode ser

---

[2] http://notassocialistas.vilabol.uol.com.br/mundotrab.html

traduzida para defeitos em um milhão de oportunidades (ou "partes por milhão": ppm)"[3].

Diante da inevitabilidade dos defeitos na produção, a engenharia classifica as suas intensidades como: defeito crítico, aquele que cria condição perigosa ou insegura; defeito maior, com redução da qualidade; defeito menor, um desvio das especificações, sem reduzir o uso do produto.[4]

Os defeitos podem ainda ser classificados geograficamente em 3 (três) espécies: **de criação**; que ocorrem na concepção do produto, afetando as características gerais do bem, com riscos à saúde e segurança do consumidor, **de produção**; que decorrem de falha inserida em determinada etapa do processo produtivo, por defeito de alguma máquina ou falta de um trabalhador, exemplo: a trava do cinto de segurança do veículo (no momento de impacto) não é colocada adequadamente, apenas um lote específico e determinado é atingido pelos defeitos de produção, **de comercialização**; em razão de informações insuficientes ou inadequadas sobre a utilização e seus riscos, ex: um brinquedo elétrico, por exemplo, ainda que estética e funcionalmente perfeito, pode ser defeituoso se não trouxer informações adequadas quanto ao uso correto e seguro, de modo a evitar lesões.[5]

A ocorrência do defeito traduz risco do empreendimento que deve ser suportado exclusivamente pelo empreendedor e, em hipótese alguma, pode ser transferido para o consumidor. A álea da produção defeituosa não pode acarretar, para a compra de bens de consumo pelo consumidor, uma equação de sorte ou azar.

A insatisfação do consumidor numa experiência de compra ou contratação deve ser tutelada pelo Estado, em razão da hipossuficiência e debilidade do consumidor como a parte mais fraca da relação de consumo e sua incapacidade de reagir perante o agente econômico. Ademais, a satisfação do consumidor é determinante para motivá-lo a consumir mais, com óbvios reflexos positivos na economia, e especialmente para sua eventual fidelidade à marca do fornecedor.

3. Das garantias e das políticas de pós-venda

O consumidor, quando adquire um produto ou contrata um serviço, tem a natural expectativa de qualidade e segurança e a sua satisfação dependerá

---

[3] http://engenhariadeproducaoindustrial.blogspot.com/2009/09/visualisando-defeito-defeituoso.html
[4] www.boaspraticasfarmaceuticas.com.br/.../Características%20Gerais%20de%20uma%20Inspeção
[5] http://academico.direito-rio.fgv.br/ccmw/Defeito_do_Produto

da verificação de o produto ou serviço corresponder, nos mínimos detalhes, às suas expectativas e se adequar ao contrato e à finalidade a que se destina.

Os agentes econômicos têm desenvolvido estratégias comerciais que buscam atender a este desejo do consumidor, anunciando políticas voluntárias de pós-venda, ora com campanhas de satisfação ou reembolso imediato e imotivado, ora assegurando prazos cada vez maiores de garantia comercial voluntária de qualidade dos produtos, em que asseguram ao consumidor que, em caso de eventual falha do produto, se obrigam a consertar, substituir ou pôr termo ao contrato com a restituição da coisa e a devolução do preço.

O objetivo destas políticas de satisfação do cliente se presta exatamente à conquista da confiança do consumidor em relação àquela marca ou produto. As garantias voluntárias traduzem uma necessidade mercadológica[6] que pode, muitas vezes, ser decisiva no momento em que o consumidor realiza uma pesquisa de compra e decide consumir. Quanto maiores as garantias voluntárias, mais fácil e mais rápida a decisão de consumir tomada pelo consumidor. O ato de consumo não pode ser presidido pela eventual circunstância de que o risco da produção defeituosa traduz sorte ou azar na compra de um produto ou na contratação de um serviço, em prejuízo do consumidor.

E não se esgotam aí as preocupações mercadológicas dos fornecedores com a conquista dos consumidores, já que, além das garantias voluntárias, existem práticas que, por liberalidade, buscam a satisfação integral do cliente: "***satisfeito ou reembolsado***" – que aos fornecedores é lícito praticar, com as limitações que, no caso, se definem em documento separado ou por qualquer outro meio, franqueando uma política de devolução de produtos sem qualquer vício ou defeito *("RMA – Return Material Authorization")* ou troca de mercadorias por mera insatisfação do consumidor.

Essa política mercadológica de desfazimento do negócio quando não há defeito, com devolução do preço ou a troca do produto, condicionada à subjetiva e imotivada decisão do cliente, sem qualquer justificativa, dentro de prazos cada vez mais alargados, consagra, na realidade, um período de reflexão assegurado voluntariamente pelo fornecedor, durante o qual o consumidor, dentro de 10, 20, 30 ou até mesmo de 60 dias, poderá decidir se mantém ou devolve a mercadoria.

---

[6] A garantia comercial também representa uma forma de concorrência: o consumidor tende a vê-lo como um selo de qualidade. O fabricante está oferecendo um serviço de apoio, bem como o próprio produto. KENDALL, VIVIENNE. *EC Consumer Law (European Practice Library)*, 1994, pág. 149. **(tradução livre)**

Se a lógica de mercado exige que o enfoque incida no consumidor, é evidente que, diante da garantia de troca ou devolução do dinheiro, o cliente se sente seguro ao consumir nestas circunstâncias e pode ainda se dar ao luxo de tomar uma decisão de consumo por impulso, de forma irrefletida, já que no período franqueado poderá desfazer o negócio, sem manifestar qualquer justificativa. Essa prática, portanto, não se confunde com a garantia voluntária de qualidade e adequação do produto, nem com a garantia legal e muito menos com a responsabilidade do agente econômico por vícios ou não-conformidades que exigem remédios próprios de reparação do legítimo direito do consumidor de receber exatamente aquilo que foi comprado ou contratado, com todas as características asseguradas.

No Direito da União Europeia e no Direito Português, há previsão de um prazo legal de reflexão que parte da premissa de proteção do consumidor e de confiança nas vendas fora do estabelecimento e à distância, disciplinadas nas Diretivas 85/577/CEE e 97/7/CE, transpostas e reguladas pelo DL 143/2001, alterado pelo DL 82/2008, de 21 de Maio, que consagra o arrependimento dos consumidores que podem exercer a faculdade de devolução imotivada do produto dentro do prazo de 14 dias, tendo o legislador nacional fixado o prazo de 30 (trinta) dias para o agente econômico devolver o dinheiro, sob pena de reembolso em dobro. Já no CDC brasileiro o arrependimento nas compras não presenciais pode ser exercido em 7 dias, na forma do art. 49 do CDC.

Tanto o prazo de 15, 30 ou 60 dias, fixado pelo fornecedor na política de mercado que faculta a devolução imotivada da mercadoria, como os prazos de reflexão ou arrependimento na compra não presencial, não podem ser confundidos com os prazos de garantia legal ou voluntária para vícios e falta de conformidade, que acionam direitos e remédios para reparção, substituição, redução do preço ou resolução do contrato.

Há ainda à disposição dos consumidores o serviço, a cada dia mais difundido, de "garantia estendida" que, na verdade, consiste na contratação de um seguro, materializado no certificado de apólice, contra vícios ou não-conformidades, que ocorram após o término dos prazos de garantia legal e de garantia voluntária. O seguro de cobertura 'Troca Garantida' oferece ao consumidor a troca do bem, uma única vez, durante o período de vigência ou o indeniza dos custos de mão-de-obra e de reposição de peças ou componentes para o conserto do produto afetado pela ocorrência de um defeito. Este serviço nenhuma semelhança guarda com a garantia voluntária ou contratual e tem lugar exatamente quando ambas se encerram.

O serviço de pós-venda se projeta para além do prazo de garantia legal e voluntária. Deve ser mantido especialmente para prover as peças de reposição para substituição de componentes avariados, bem como de um serviço de assistência para realização da manutenção dos produtos durante o prazo expectado de vida útil do produto. No Código do Consumidor brasileiro há previsão no art. 32[7] de que o fornecedor deve manter peças de reposição durante um prazo razoável, que a jurisprudência tem entendido como sendo de 5 (cinco) anos, que é motivo de preocupação na União Européia, mas ainda sem tradução no direito comunitário, segundo Vivienne Kendall:

> Serviços pós-venda não têm sido regulados na legislação comunitária. No entanto, a necessidade de oferecer aos consumidores um serviço de pós-venda de alta qualidade é uma das razões que justificam a isenção de sistemas de distribuição seletiva das regras de concorrência nos termos do art. 85 (3) do Tratado de Roma. A decisão da Comissão que incide sobre o serviço pós-venda é a de Vlleroy e Boch de Dezembro de 1985 (JO 1985, l376), que remete para o fabricante o compromisso de garantir a disponibilidade de peças de reposição por 15 anos, que em parte justifica a operação de um sistema de distribuição seletiva para garantir a continuidade dos fornecimentos.[8]

Os fornecedores, em sua maioria, não denotam ainda preocupação quanto à política mercadológica de pós-venda de longo prazo, após expirarem os limites da garantia, como instrumento para o asseguramento da confiabilidade do produto ou serviço. Se o interesse comercial é inibido, quando confrontado com os custos para se manter um sistema de distribuição seletiva para garantir a continuidade dos fornecimentos por períodos razoáveis, compatíveis com a expectativa de vida útil dos produtos, então se justifica a necessidade de que tais serviços pós-venda venham a ser regulados na legislação comunitária.

4. Da garantia de produtos e serviços no Brasil

O Código de Defesa do Consumidor disciplina, desde 1990, a garantia contra vícios nos produtos e serviços. O CDC é uma lei especial que prevalece sobre o Código Civil[9] e o Código Comercial, no segmento da relação jurídica de consumo. É uma lei caracterizada por princípios intervencionistas que tute-

---

[7] Art. 32. Os fabricantes e importadores deverão assegurar a oferta de componentes e peças de reposição enquanto não cessar a fabricação ou importação do produto.
[8] KENDALL, VIVIENNE. *EC Consumer Law (European Practice Library)*, 1994, p. 150. (*tradução livre*)
[9] Lei de Introdução ao Código Civil, prevalece a lei especial sobre a geral... TRIBUNAL DE JUSTIÇA STJ RESP 407667.... EMBARGOS DO DEVEDOR. LEI N. 5.741/71. PRINCÍPIO DA ESPECIALIDADE. PETIÇÃO INICIAL RECURSO ESPECIAL REsp 421508 PR 2002/0033084-5 (STJ)

lam a parte mais vulnerável da relação e, portanto, traça a Política Nacional das Relações de Consumo.

Trata-se de norma de sobredireito[10] que se aplica a diversos ramos do Direito, desde que se destine à disciplina da relação de consumo. O CDC se espraia sobre toda a dimensão das relações de consumo regulando produtos e serviços e todas as leis especiais, não podendo elas jamais derrogá-lo para prejudicar o consumidor. O CDC institui um microssistema especial com assento nos arts. 5º, XXXII e 170, V, da Constituição da República, cuja premissa é a intervenção do Estado para reequilibrar o regime de forças, diante da hipossuficiência do consumidor.

O Código do Consumidor, à luz da norma de interface prevista no seu art. 7º, não esgota, nem exaure, as fontes normativas para solução e regulação das lides consumeristas e autoriza a aplicação de outras normas decorrentes de tratados ou convenções internacionais, de que o Brasil seja signatário, da legislação interna ordinária, de regulamentos expedidos pelas autoridades administrativas competentes, bem como dos que derivem dos princípios gerais do direito, analogia, costumes e eqüidade. É que, para a persecução do seu fim, manifesta-se absolutamente imprescindível essa conexão do CDC com outras leis, evitando, por conseguinte, o seu engessamento e promovendo, por outro lado, a sua constante atualização. Sabe-se que o mercado de consumo é extremamente dinâmico, o que exige que o diploma de proteção possa reagir em tempo hábil aos abusos dos agentes econômicos.

Lei especial, que prevalece sobre a lei geral (o CPC). 2. Agravo... DE INSTRUMENTO. RECURSO DE APELAÇÃO. DESERÇÃO. LEI 9.289/96. ART. 14,II. 1. Para STJ – 09 de Maio de 2006 AGRAVO DE INSTRUMENTO AG 101337 DF 1999.01.00.101337-9 (TRF1)

Lei de Introdução ao Código Civil, prevalece a lei especial sobre a geral... TRF1 – 12 de Dezembro de 2000 Apelação Cível AC 448221 PE 2008.83.00.003947-0 (TRF5)

[10] O Código do Consumidor veio a lume para cumprir uma missão constitucional – promover a defesa do consumidor –, conforme expressamente estabelecido no art. 5º, inciso XXXII, da Lei Maior. Aliás, pela primeira vez em nossa história constitucional a defesa do consumidor foi incluída entre os direitos e garantias individuais e os princípios da ordem econômica – art. 170, V, da CF -, no mesmo *status* dos princípios da soberania nacional, da propriedade privada e da livre concorrência, para cumprir essa vocação constitucional, o Código do Consumidor implantou uma política nacional de consumo e uma disciplina jurídica única e uniforme para tutelar todos os direitos materiais e morais dos consumidores em geral. ... Tendo sustentado que o Código do Consumidor realmente fez foi criar uma sobrestrutura jurídica multidisciplinar, normas de sobredireito aplicáveis em todos os ramos do direito – público ou privado, contratual ou extracontratual, material ou processual – onde ocorrem relações de consumo. Em outra palavra sem retirar as relações de consumo das áreas de direito onde, normalmente ocorrem, sem afastá-las do seu **habitat** natural, o CDC estendeu sobre todos sua disciplina. CAVALIERI FILHO, SÉRGIO. *A Responsabilidade Médica-Hospitalar à luz do Código do Consumidor* in Revista de Direito do Tribunal de Justiça do Rio de Janeiro, nº 37, 1998, pág. 18.

Ao tratar da Política Nacional de Relações de Consumo, no art. 4º, II, alínea '*d*', o CDC estabelece o objetivo de o Estado promover "ação governamental no sentido de proteger efetivamente o consumidor" ... "pela <u>garantia dos produtos</u> e <u>serviços com padrões adequados de qualidade, segurança, durabilidade e desempenho</u>."

Existem dois tipos de garantia: a legal e a contratual. A garantia legal não depende do contrato, está prevista na lei (arts. 26 e 27, ambos do CDC).

A garantia contratual completa a legal e é oferecida pelo próprio fornecedor, mediante termo escrito, padronizado, esclarecendo a forma, o prazo e o lugar em que pode ser exercitada e os ônus a cargo do consumidor e todas as condições devem constar do termo ou certificado de garantia, que deve ser entregue devidamente preenchido pelo fornecedor, na forma do art. 50 do CDC.

O art. 24 do CDC dispõe que a garantia legal independe de termo expresso e veda a exoneração contratual do fornecedor.

No que respeita à oferta, o art. 31 prevê que a apresentação de produtos ou serviços deve assegurar informações corretas, claras, precisas, ostensivas e em língua portuguesa sobre suas características, qualidades, quantidade, composição, preço, **garantia**, prazos de validade e origem, entre outros dados, bem como sobre os riscos que acarretam à saúde e segurança dos consumidores. Na forma dos arts. 30, 31, 35 e 48 do CDC, a garantia oferecida, na publicidade, vincula o fornecedor.

A garantia não pode ser frustrada, sob pena de responsabilidade criminal tipificada nas condutas, de 'fazer afirmação falsa ou enganosa' ou 'omitir informação sobre garantia' e 'deixar de entregar o termo de garantia', que configuram crimes contra as relações de consumo, previstos nos arts. 66 e 74 do CDC.

A garantia dos produtos por vícios aparentes, aqueles visíveis, perceptíveis sem maior dificuldade, pela análise exterior do produto ou serviço, que não requerem teste ou perícia, como no caso dos alimentos, remédios, dedetização e pela análise exterior de um eletrodoméstico, é de 30 dias, se não duráveis, e de 90 dias para os duráveis, computados a partir da entrega efetiva do produto ou do término da execução dos serviços, na forma do art. 26, I e II, do CDC, e no caso de vício oculto esses prazos têm início no momento em que ficar evidenciado o defeito.

Esses prazos de garantia legal são extremamente curtos e não guardam qualquer relação com a expectativa de durabilidade ou de vida útil do bem ou serviço, razão pela qual a análise comparativa com o sistema português, que assegura um prazo longo de 2 (dois) anos de garantia legal para bens móveis, demanda um estudo mais amplo que o do sistema brasileiro de vícios e defeitos que depende, quase que exclusivamente, das garantias voluntárias ou comerciais, bem como do regime de responsabilidade do fornecedor.

Esses prazos curtos de garantia exigem que o consumidor reclame ou denuncie o vício em 30 dias, no caso de se tratar de bens não duráveis e em 90 dias para os duráveis, sob pena de caducidade ou decadência, com perda do direito de ver o vício reparado pelo fornecedor. A decadência admite interrupção pela reclamação comprovadamente formulada pelo consumidor perante o fornecedor de produtos e serviços, até a resposta negativa correspondente, que deve ser transmitida de forma inequívoca ou da instauração até o encerramento de Inquérito Civil Público, promovido pelo Ministério Público.

A decadência supõe um direito em potência cuja faculdade, não exercida, caduca. Atinge o direito de reclamar, afeta o direito ante o fornecedor, quanto ao defeito do produto ou serviço.

5. Da responsabilidade por vício do produto ou serviço

O direito positivo brasileiro conceitua a anormalidade menos grave, que afeta o produto ou o serviço, como vício. A impropriedade e inadequação da qualidade e quantidade, bem como a divergência do conteúdo, com as indicações constantes do recipiente, da embalagem, rotulagem ou mensagem publicitária, são vícios, ao passo que no direito português se adota o conceito de **não-conformidade**.

Os vícios dos produtos podem ser de qualidade, disciplinados no art. 18 do CDC, como aqueles que os tornam impróprios à fruição ou lhes diminuem o valor, não correspondendo às normas regulamentares de prestabilidade.

Já os vícios de quantidade do art. 19 do CDC são aqueles que apresentam disparidade entre o conteúdo e as medidas indicadas pelo fornecedor, como por exemplo: a embalagem do produto que indica peso líquido de 1 (um) quilo, mas contém apenas 900 gramas, são decorrentes da discrepância entre a oferta ou mensagem publicitária e os serviços efetivamente prestados.

Há certa medida de hierarquização dos remédios. Ocorrendo vício, o fornecedor deverá promover a reparação em 30 dias. Somente no caso de não ser sanado o vício, poderá o consumidor exigir alternativamente, quaisquer dos outros 3 (três) remédios: a substituição do produto por outro da mesma espécie, em perfeitas condições de uso; a resolução do contrato com restituição imediata da quantia paga, monetariamente atualizada, sem prejuízo de eventuais perdas e danos ou o abatimento proporcional do preço, nos termos do art. 18, I, II e III, do CDC.

O § 3º, do art. 18 do CDC, aproxima a solução adotada pelo CDC da concorrência eletiva, quando alude à possibilidade de o consumidor fazer uso imediato das alternativas do § 1º, de substituição do produto, da resolução do contrato ou redução do preço sempre que, em razão da extensão do vício, a substituição das partes viciadas puder comprometer a qualidade ou características do produto, diminuir-lhe o valor ou se tratar de produto essencial.

A responsabilidade dos fornecedores quanto aos vícios de qualidade ou quantidade do produto é objetiva e solidária, tendo o consumidor direito de exigir de todos os fornecedores, de alguns, ou somente de um dos que, efetivamente, participaram da cadeia de fornecimento do produto.[11]

Muito embora exista previsão no § 2º do art. 18 do CDC de que as partes podem convencionar a redução ou ampliação do prazo previsto de 30 dias para realização da reparação, desde que não inferior a sete, nem superior a cento e oitenta dias, não há registro dessa prática nem mesmo nos contratos de adesão.

O fornecedor de serviços responde pelos vícios de qualidade que os tornem impróprios ao consumo ou lhes diminuam o valor, assim como por aqueles decorrentes da disparidade com as indicações constantes da oferta ou mensagem publicitária, na forma do art. 20 do CDC, podendo o consumidor exigir, alternativamente e à sua escolha: a reexecução dos serviços, sem custo adicional e quando cabível; a restituição imediata da quantia paga, monetariamente atualizada, sem prejuízo de eventuais perdas e danos ou o abatimento proporcional do preço.

Quanto aos serviços públicos, os arts. 14 e 22 do CDC exigem dos fornecedores, sob pena de responsabilidade objetiva, que sejam prestados de forma adequada, eficiente, segura e, quanto aos essenciais, de forma contínua, especialmente aqueles prestados por concessionários ou permissionários ou sob qualquer outra forma de empreendimento.

É vedada toda e qualquer fuga da responsabilidade do fornecedor: a ignorância sobre possíveis vícios dos serviços não o exime de responsabilidade.[12]

---

[11] Pesquisa do Idec mostra que as lojas confundem o consumidor com prazos inferiores para troca. Uma prática irregular é o carimbo na nota fiscal estipulando o prazo de dois a sete dias para reclamar de um produto com vício, quando o CDC prevê trinta dias. Outro abuso do fornecedor é avisar que não se responsabiliza por defeitos aparentes. Muitos consumidores ficam confusos e aceitam as regras das lojas. Resultado: quando o defeito aparece após o prazo, acham que não têm mais direito de reclamar ou vão parar nas mãos da assistência técnica. Para evitar cair na armadilha é importante conhecer os prazos e as condições em que os produtos com defeito ou vício podem ser trocados. MAÍRA FELTRIN, advogada do Idec, diz que o primeiro passo é saber que o comerciante e o fabricante são solidários na relação de consumo. "O consumidor pode reclamar para um ou outro ou para ambos. Qualquer cláusula contratual que isenta o fornecedor da responsabilidade é considerada abusiva e nula", alerta. ROSA FALCÃO http://www.diariodepernambuco.com.br/2010/05/02/economia10_0.asp

[12] "Os fornecedores de produtos de consumo, duráveis ou não, respondem solidariamente pelos vícios de qualidade ou quantidade que os tornem impróprios ou inadequados ao consumo que se destinam ou lhes diminuam o valor". E o consumidor tem um mês para reclamar de produtos não duráveis e

A responsabilidade é objetiva, não sendo aplicáveis excludentes de responsabilidade do fornecedor, pois segundo os incisos I, II e III, § 3º, do art. 12, só na hipótese de fato do produto, caracterizadora de acidente de consumo, pode ser afastada a responsabilização do fornecedor que provar que: não colocou o produto no mercado; que o defeito inexiste ou se se afirmar culpa exclusiva do consumidor ou de terceiro.

O CDC (Lei 8.078/90) não elencou como causas excludentes de responsabilidade do fornecedor o caso fortuito ou a força maior, prevendo tão-somente, as excludentes relativas a fato do produto do art. 12, § 3º, quando se tratar de produtos, e também do art. 14 § 3º, quando se tratar de prestação de serviços.

A força maior e o caso fortuito não são causas de exclusão da responsabilidade objetiva prevista no CDC, mas podem eventualmente elidir, quando muito, o nexo de causalidade entre o produto defeituoso e o dano.

Na substituição de componentes não genuínos há obrigatoriedade de utilização de componentes de reposição originais adequados e novos, sob pena de sujeitar o fornecedor às sanções previstas nos incisos do art. 20 do CDC e, segundo o art. 70 do CDC, configura crime quando o fornecedor emprega peças ou componentes de reposição usados, sem autorização do consumidor.

6. Dos defeitos no produto e no serviço

A responsabilidade pelos produtos defeituosos que causem risco à segurança do consumidor ou de terceiro ou danos pelo fato do produto ou do serviço caracteriza o acidente de consumo gerador do dever de reparação por parte do fabricante, produtor, importador ou equivalente.

---

três para o caso de duráveis, diz a lei. Para as redes varejistas, no entanto, a responsabilidade costuma durar de três a sete dias após a compra. Passado esse prazo, as lojas tiram seu time de campo, e passa a ser missão exclusiva do consumidor buscar seus direitos junto ao fabricante. É o que mostra levantamento feito pelo Instituto Brasileiro de Defesa do Consumidor (Idec), com dez redes varejistas, em que nenhuma delas cumpre o prazo estabelecido pelo CDC. O Idec já havia realizado pesquisa semelhante, em outubro de 2008, e as 13 empresas pesquisadas cometiam o mesmo erro. Na pesquisa atual foram avaliadas as lojas de Americanas, Carrefour, Casas Bahia, Extra, Fast shop, Kalunga, Magazine Luiza, Ponto Frio, Sam's Club e Walmart, e as virtuais das redes Americanas, Extra, Magazine Luiza, Fast Shop e Ponto Frio. – A escolha por comprar em uma e não em outra loja não é uma questão apenas de preço, mas também da confiança que o consumidor deposita no comerciante. É essa confiança a que ele recorre quando tem algum problema com o produto – diz MAÍRA FELTRIN ALVES, advogada do Idec. – O vendedor não pode se eximir dessa responsabilidade, até porque ele tem muito mais poder de barganha junto ao fornecedor do que o cliente.Jornal: O GLOBO LUCIANA CASEMIRO e EMANUEL ALENCAR 14/04/2010.

A **responsabilidade** é objetiva por defeitos criação, de produção ou de informação que comprometem a segurança do consumidor e de outros destinatários equiparados na forma do art. 17 do CDC, que protege todas as vítimas de um acidente de consumo, ainda que não tenham contratado e mesmo que não sejam consumidores.

O fato do produto ou do serviço, tratado no art. 12 do CDC, não diz respeito ao âmbito intrínseco da garantia. Mas, sim, da responsabilidade objetiva do fornecedor. O defeito está relacionado com a proteção da vida, saúde e segurança do consumidor e, no quadro comparativo com Portugal, se afasta do conceito de não-conformidade e se aproxima do risco do produtor, a que alude a Diretiva 85/374/CEE, de 25 de Julho de 1985, transposta pelo DL 383/89, de 06 de Novembro.

O produto defeituoso ameaça a integridade física do consumidor por não oferecer a segurança esperada e pelos riscos que acarretam, nos termos do art. 12, I, II e III, do CDC. É de ressaltar que o produto não é considerado defeituoso pelo fato de outro de melhor qualidade se achar ou haver sido colocado no mercado.

Prescreve em cinco anos a pretensão à reparação pelos danos causados por fato do produto ou do serviço, nos termos do art. 27 do CDC. A prescrição atinge a pretensão de deduzir em juízo o direito de ressarcir-se dos prejuízos à reparação pelos danos causados pelo fato do produto ou do serviço. A prescrição não fere o direito em si mesmo, mas sim a pretensão à reparação. O que se perde com a prescrição é o direito subjetivo de deduzir a pretensão em juízo, uma vez que a prescrição atinge a ação e não o direito.

7. Da garantia de conformidade da coisa na compra e venda em Portugal

7.1. Da partilha de competências entre a União e os Estados-Membros

A base jurídica da Diretiva, na proposta originária da Comissão, tem assento no art. 95 do Tratado, que se reporta ao funcionamento do 'mercado interno':

> Art. 95. Em derrogação do art. 94 e salvo disposição em contrário do presente Tratado, aplicam-se as disposições seguintes à realização dos objetivos enunciados no art. 14. O Conselho, deliberando nos termos do art. 251, e após consulta ao Comitê Econômico e Social, adota as medidas relativas à aproximação das disposições legislativas, regulamentares e administrativas dos Estados-membros que tenham por objeto o estabelecimento e o funcionamento do mercado interno.

O Parlamento Europeu reforçou a base jurídica com a adoção da referência do art. 153 (art. 169 na Versão consolidada após o Tratado de Lisboa), que trata especificamente do direito dos consumidores, o que descortina, já na eleição da base jurídica, a filosofia que lhe subjaz, colocando em planos equivalentes o fomento da ótica econômica do 'mercado interno'[13] e a proteção do consumidor, que não pode ser tratado como um mero "agente racional do mercado"[14].

O Tratado de Lisboa estabelece o princípio de delimitação e partilha da competência entre a União e os Estados-membros para disciplinar o Direito do Consumo.

À luz dos arts. 169 e 114 do Tratado de Roma, a União pode legislar sobre matéria atinente aos direitos dos consumidores, devendo observar os princípios da subsidiariedade[15] e da proporcionalidade:

> DA UNIÃO EUROPEIA (Versão consolidada após Tratado de Lisboa, que entrou em vigor em 1 de Dezembro de 2009)
> Art. 4º
> 1. A União dispõe de competência partilhada com os Estados-membros quando os Tratados lhe atribuam competência em domínios não contemplados nos arts. 3º e 6º
> 2. As competências partilhadas entre a União e os Estados-membros aplicam-se aos principais domínios a seguir enunciados:
> a) ...
> f) *Defesa dos consumidores;*
> Art. 12 (antigo nº 2 do art. 153 do TCE)
> As exigências em matéria de **defesa dos consumidores** serão tomadas em conta na definição e execução das demais políticas e ações da União.

---

[13] *"O mercado único é o alvo do esforço da Europa. Para os cidadãos, ele representa o direito a viver e trabalhar noutro país da EU e aceder a uma vasta escolha de produtos de qualidade e serviços a baixo preço. Para as empresas, significa operar num mercado doméstico de 500 milhões de pessoas, baseado na lei e no respeito e confiança mútuas. O mercado único é mais importante do que nunca. Quero vê-lo fortalecido e adaptado ao mundo globalizado do século XXI".* Presidente JOSÉ MANUEL BARROSO No início de 2007, o presidente da Comissão Européia, JOSÉ MANUEL DURÃO BARROSO, apresentou a sua visão do mercado interno da UE no futuro. http://www.eu4journalists.eu/index.php/dossiers/portuguese/C44

[14] BATALLER, BERNARDO HERNÁNDEZ, **RPDC** – *Revista Portuguesa de Direito do Consumo*, Coimbra, nº 58, junho de 2009, pág. 221.

[15] http://europa.eu/scadplus/european_convention/subsidiarity_pt.htm

TÍTULO XV – A DEFESA DOS CONSUMIDORES

Art. 169 (antigo art. 153 do TCE)

1. A fim de promover os interesses dos consumidores e assegurar um elevado nível de defesa destes, a União contribuirá para a proteção da saúde, da segurança e dos interesses econômicos dos consumidores, bem como para a promoção do seu direito à informação, à educação e à organização para a defesa dos seus interesses.

2. A União contribuirá para a realização dos objetivos a que se refere o nº 1 através de:

a) Medidas adotadas em aplicação do artigo 114 no âmbito da realização do mercado interno;

b) Medidas de apoio, complemento e acompanhamento da política seguida pelos Estados-membros.

3. O Parlamento Europeu e o Conselho, deliberando de acordo com o processo legislativo ordinário e após consulta ao Comité Econômico e Social, adoptarão as medidas previstas na alínea *b*) do nº 2.

4. As medidas adotadas nos termos do nº 3 não obstam a que os Estados--membros mantenham ou introduzam medidas de proteção mais estritas.

Este mercado interno de compra e venda transfronteiras, dentro da União Europeia, tem como elementos o livre trânsito do cidadão europeu, ampliação do mercado de trabalho e livre comércio intracomunitário de mercadorias e serviços, nos 27 (vinte e sete) Estados-membros, como se não existissem fronteiras, como se tratasse de um só Estado.

O consumidor pode usufruir de uma vasta gama de produtos e beneficiar do diferencial de preços e de qualidade em toda a Europa, adquirindo produtos em qualquer outro país da União Europeia, sem pagar tarifas aduaneiras no retorno ao país de domicílio ou nas compras pela *Internet*, pelo telefone ou correio.

O fornecedor pode, pois, vender para todos os Estados-membros, explorando um mercado de 500 000 000 (quinhentos milhões) de consumidores.

7.2. Da Diretiva 1999/44/CE do Parlamento Europeu e do Conselho, de 25 de Maio de 1999

A Diretiva 99/44/CE representa, na verdade, a norma de regência do cotidiano do consumidor, no que tange à expectativa de qualidade e conformidade dos produtos, e, portanto, é certamente o mais importante instrumento legislativo comunitário que regula a desigual e difícil relação do protagonista mais fraco da relação de consumo – o consumidor – frente ao poderio do agente económico, em um contexto dualista, em que se pretende assegurar um elevado nível de defesa dos consumidores na União Europeia, mas, ao mesmo tempo, harmonizar horizontalmente os diferentes níveis de proteção do consumidor, nos 27 Estados que integram o 'mercado interno' da UE. Acerca da importância da Diretiva ninguém terá dito melhor que Paulo Mota Pinto:

> Acresce que a própria natureza da matéria versada na directiva relativa ao negócio mais importante para a vida quotidiana do cidadão europeu[16] e atinente a pontos verdadeiramente nucleares do regime da compra e venda, já de proveniência romanística – mostra a importância, teórica e prática, do diploma. Na verdade, não se trata agora apenas de pontos de elaboração relativamente recentes: a Directiva 1999/44/CE versa sobre as relações de compra e venda entre consumidores e profissionais, que constituem a maioria das relações integrantes da "vida quotidiana do cidadão comum" no domínio patrimonial, tocando, quanto a elas, o cerne mesmo de um regime civilístico central no direito dos contratos em especial: o regime da venda de coisas defeituosas. É, pois, o resultado que séculos de evolução da "tradição jurídica" europeia e nacional decantaram no regime da garantia edilícia ou dos vícios redibitórios – o regime das acções concedidas no direito romano pelos edis curúis romanos (designadamente, a *actio redhibitoria* e da *actio quanti minoris*) – que é agora tocado pela harmonização legislativa comunitária, naquela que, como se disse, se afigura constituir a maior incursão do legislador comunitário, até hoje, em matérias civilísticas tradicionais.[17]

A Diretiva Comunitária tutela, no art. 3º, a conformidade dos produtos (bens móveis corpóreos) e, excepcionalmente, a instalação de um bem quando esta fizer parte da compra.

A Diretiva Comunitária não abrange os serviços, o que representa uma desvantagem para a tutela dos consumidores quanto à garantia de adequação e qualidade dos serviços, que tem tratamento fragmentado por diversas Diretivas: das viagens e férias organizadas, na Diretiva 90/314/CEE, de 13 de junho; de serviços financeiros e de crédito, na Diretiva 2008/48/CE, de 23 de abril de 2008; de serviços de pagamentos, na Directiva 2007/64/CE, além de várias outras Diretivas que tratam de serviços prestados ao consumidor e ao utente.

---

[16] NORBERT REICH, *Die Umsetzung der Richtlinie 1999/44/EG*, in *Das Deutsche Recht*, NJW, 33, 1999, págs. 2397-2403 (2398).
[17] Conformidade e Garantias na Venda de Bens de Consumo. A Diretiva 1999/44/CE e o direito português. *In* Estudos de Direito do Consumidor, nº 2, 2000, do Centro de Direito do Consumo adstrito à Faculdade de Direito da Universidade de Coimbra, pág. 204.

Conquanto nela se abranjam os contratos de fornecimento de bens de consumo a fabricar ou a produzir e aos contratos de empreitada, pois, em geral.

O bem móvel corpóreo deve corresponder às exigências do contrato de compra e venda. Qualquer falta de conformidade (vício) que se manifeste, presume-se que existia à data da entrega.

A garantia legal dos bens, prevista no art. 3º, nº 2, assegura que, em caso de não-conformidade do bem com o contrato, os consumidores têm direito a que os bens sejam tornados conformes, sem encargos, podendo escolher entre a reparação ou a substituição, ou, se isso não for possível, a redução do preço ou a resolução do contrato. A Diretiva Comunitária consagrou uma hierarquização dos remédios[18] no nº 3 que, como se verá, na regra de transposição, do DL 67/2003 (alterado e republicado pelo 84/2008), não foi adotada na legislação nacional portuguesa, já que em se tratando de harmonização mínima,

---

[18] MENEZES LEITÃO (2002, 288): esta hierarquização ... parece ... lógica, já que o princípio do aproveitamento dos negócios jurídicos deve impor a prevalência das soluções que conduzem à integral execução do negócio sobre soluções que implicam uma sua ineficácia total ou parcial. A anterior redacção do art. 12/1 LDC, não previa expressamente qualquer hierarquia entre os quatro direitos conferidos, contrariamente ao previsto na lei para o regime da empreitada, onde a hierarquização dos direitos é feita expressamente, arts. 1221 e 1222 CC: esses direitos eram conferidos ao consumidor em concorrência electiva, ou seja, o consumidor podia escolher indistintamente qualquer um deles (o consumidor pode exigir...). Mas, nos termos da Directiva 99/44, o consumidor não poderia escolher livremente entre os direitos. Pelo contrário, existia uma clara hierarquia entre os quatro direitos atribuídos ao consumidor/comprador. Primeiro que tudo, o consumidor deveria solicitar a reparação ou a substituição do bem. E apenas preenchidas determinadas condições, lançava mão dos instrumentos da redução do preço ou rescisão contratual. Com efeito, o art. 3/3 da Directiva referia que o consumidor tinha, em primeiro lugar, direito à reparação ou substituição do bem. Depois, o art. 3/5 do mesmo diploma estipulava que o consumidor poderia exigir a redução adequada do preço ou a rescisão do contrato, no caso de não ter direito à reparação ou à substituição do bem. A Directiva acabava, assim, por conferir uma maior importância à manutenção do contrato, ao favor negotii. Todavia, nos termos da Directiva, a hierarquia existente entre os quatro direitos poderia sofrer alguma moderação: era permitido às partes convencionar, por exemplo, que no caso de falta de conformidade do bem com o contrato, fosse reduzido o seu preço. Por outro lado, o vendedor podia propor ao comprador qualquer outro tipo de reparação, por exemplo, a oferta de outro bem, nos termos do considerando (12) da Directiva 99/44. De outro ponto de vista, na doutrina nacional, e até à entrada em vigor do DL 67/2003, entendeu-se que a concorrência electiva das pretensões reconhecidas ao comprador pela LDC não era um absoluto, podendo e devendo sofrer atenuações. A escolha devia ser, antes de mais, conforme ao princípio da boa fé, e não cair no puro arbítrio do comprador, sem de algum modo ter em conta os legítimos interesses do vendedor (Calvão da Silva, 2001, 80/1 e 120). Aliás, entendia-se que o comportamento do consumidor se devia pautar, sempre, pela boa fé, princípio incontornável, acolhido naturalmente na LDC, art. 9/1]. MENEZES LEITÃO, LUÍS MANUEL TELES DE – 2002, *Caveat venditor? A Directiva 1999/44/CE do Conselho e do Parlamento Europeu sobre a venda de bens de consumo e garantias associadas e suas implicações no regime jurídico da compra e venda*, Estudos em Homenagem do Professor Doutor Inocêncio Galvão Telles, Vol. I, *Direito Privado e Vária*, Separata, Almedina.

podem os Estados-membros assegurar ou manter níveis mais elevados de tutela dos consumidores.

A Diretiva estabeleceu que a reparação ou substituição deve ser realizada dentro de um prazo razoável e sem grave inconveniente para o consumidor, tendo em conta a natureza do bem e o fim a que o consumidor o destina. Todavia, na regra de transposição o DL 84/2008 fixou, em 21 de maio de 2008, o prazo de 30 dias no ordenamento jurídico português.

O bem defeituoso é considerado como não conforme se não corresponder à descrição dada pelo vendedor e não possuir as qualidades da amostra ou do modelo – exemplo: o veículo não tem o *airbag* conforme descrito nos catálogos ou manuais de marca.

A coisa também é não conforme quando inadequada ao uso especial – *v. g.*: a máquina fotográfica subaquática que não pode tirar fotografias debaixo de água.

Há não-conformidade quando o bem não atende à finalidade a que se destina – a saber, o congelador que refresca, mas não congela.

A falta de conformidade se caracteriza também quando a coisa não tem as qualidades e desempenho habituais nos bens do mesmo tipo ou frusta a expectativa do consumidor à luz do que razoavelmente se poderia esperar, tendo em conta a natureza do produto e as declarações públicas do vendedor, incluindo a publicidade e a rotulagem – por exemplo: o automóvel consome muito mais combustível do que o anunciado na publicidade.

A não-conformidade ocorre ainda quando o defeito resultar da má instalação do bem e esta fizer parte do contrato de compra, e tiver sido efetuada pelo vendedor ou sob a sua responsabilidade, ou quando o produto seja instalado pelo consumidor e a má instalação se ficar a dever a incorreções postadas nas instruções de montagem.

No caso de defeito, o vendedor é responsável durante o prazo legal de garantia, que principia da data de entrega do bem: dois anos para bens móveis.

Nos bens móveis usados, o prazo pode ser reduzido a um ano, desde que haja convenção com o consumidor. Se não houver acordo ou no silêncio do contrato, o prazo de dois anos de garantia legal subsiste.[19]

---

[19] Cfr. o acórdão da Relação de Lisboa de 23 de Maio de 2002 (ANA MARIA BOULAROUT) que estabelece a doutrina segundo a qual: "I – O comprador de veículo usado tem sempre direito, imperativamente, à garantia de um ano quanto ao bom estado e bom funcionamento do veículo, sendo que, aquele, conjuntamente com o vendedor, poderão estabelecer um regime mais favorável mas o que não podem é restringir o limite imposto por lei nem afastá-lo. II – Desta sorte o consumidor a quem tenha sido vendido um veículo automóvel usado defeituoso poderá exigir a redução do preço ou até a resolução do contrato independentemente de culpa do vendedor salvo se este o houver informado previamente

Uma não-conformidade que se manifesta nos dois anos seguintes à entrega, presume-se existir desde a venda.

O consumidor não pode invocar a não-conformidade do bem se for informado ou tiver conhecimento do defeito; se não puder razoavelmente ignorá-la ou se o defeito resultar de materiais fornecidos pelo consumidor.

A norma comunitária, no seu nº 6, dispõe que o consumidor não tem direito à [resolução] (*no original vem grafado impropriamente rescisão*) do contrato se a falta de conformidade for insignificante, mas a regra de transposição do DL 67/2003, republicado pelo DL 84/2008, adotou como limite o conceito do abuso de direito.

A Diretiva franqueou aos Estados-membros a faculdade da garantia assacada diretamente ao produtor.

Como refere Paulo Mota Pinto,[20] a Diretiva 99/44/CE não tratou de tema preocupante, já enfrentado no capítulo III do trabalho, tal seja, do serviço de pós-venda de longo prazo, como instrumento para garantia da confiabilidade

---

– antes da celebração do contrato – sendo irrelevantes quaisquer declarações do comprador a renunciar à mesma por nulidade de tal renúncia. III – A "idade" do veículo não poderá constituir sem mais, qualquer óbice à operância das exigências técnicas para a venda a não ser que os eventuais defeitos dela decorrentes tenham sido previamente assinalados. IV – Mesmo que a reparação do veículo seja eventualmente superior ao seu custo, sibi imputet, pois é sobre o vendedor que impende uma especial atenção, atenta a actividade comercial desenvolvida, de verificar a qualidade dos bens vendidos de forma a não lograr as expectativas de quem os adquire nem ficar prejudicado pois tal dever de verificação tem um duplo objectivo".

[20] No *Livro verde* enunciavam-se, partindo da responsabilização directa do fabricante, três soluções possíveis: uma primeira, consistente numa obrigação uniforme de manutenção de peças sobressalentes à disposição do consumidor durante um determinado prazo; uma segunda, de base voluntária, baseada em códigos de conduta, normalização ou negociações directas entre autoridades públicas, empresas e consumidores; e uma terceira, centrada no aspecto informativo do prazo durante o qual o fabricante se compromete a manter existências de peças sobressalentes, dando à concorrência a possibilidade de desempenhar o seu papel. O *anteprojecto de directiva* a que tivemos acesso, para além de uma obrigação de informação a cargo do vendedor quanto à impossibilidade de assegurar ele próprio o serviço pós-venda e quanto à disponibilidade e acesso a um serviço pós-venda (sancionada com uma obrigação de ressarcir o comprador pela correspondente redução do valor do bem), previa obrigações para o caso de o vendedor oferecer um serviço pós-venda (assegurar a manutenção e a rápida reparação dos bens em caso de avaria ou de mau funcionamento, praticar preços justos e transparentes e cornunicá-los antecipadamente ao consumidor, nomeadamente através da entrega de um orçamento pormenorizado dos trabalhos necessários, e o consumidor assim o solicitasse, e fornecer toda a informação técnica aos consumidores). Para além disso, os membros de redes de distribuição deveriam poder fornecer eles mesmo o serviço pós-venda ou assegurar 'O acesso a esse serviço. Por último, previa-se que o produtor devia "zelar no sentido de as peças sobressalentes e a informação técnica necessárias para assegurar a manutenção e a reparação dos bens se encontrarem disponíveis no mercado durante o período normal de vida dos bens" (ou, pelo menos, durante um período razoável do qual o consumidor devia ser informado). A *proposta de directiva* optou por não tratar dos serviços pós-venda "por razões relacionadas com a aplicação do princípio da subsidiariedade". *op. cit.*, págs. 212 e 213.

do produto ou serviço, após a expiração dos prazos de garantia, que garanta ao consumidor a continuidade do fornecimento de peças e componentes sobressalentes por períodos razoáveis compatíveis com a expectativa de vida útil dos produtos.

7.3. Da transposição operada pelo DL 84/2008

Na transposição da Diretiva, o DL 67/2003 (republicado pelo DL 84/2008) adotou a margem de manobra conferida aos Estados-membros na transposição da legislação comunitária sobre proteção dos consumidores, decorrente do princípio da harmonização mínima, mantendo e aprimorando o acervo normativo de defesa dos consumidores, com um nível mais elevado que o da Diretiva.

A Diretiva, que assenta na harmonização mínima, permite que os Estados-membros adotem níveis mais elevados de proteção, franqueando ao Estado-membro a edição de regras mais valiosas do que as que nela se consagram. Essa equação permite que Portugal possua um acervo de normas de proteção dos consumidores de alto nível, em relação à maioria dos Estados da União Europeia. O nível de proteção do consumidor português é dos mais elevados, de par com o dos países nórdicos.

A Diretiva 99/44/CE que trata dos contratos de consumo e das garantias a eles conexas, transposta pelo DL 67/2003, com as alterações do DL 84/2008, regula a compra e venda de consumo de bens móveis, tendo o legislador português estendido garantias análogas aos imóveis, não regulados obviamente na Diretiva Comunitária por se tratar de matéria pertinente à propriedade e a outros modos de aquisição da titularidade de imóveis com as inerentes garantias.

A especialidade do DL 67/2003 (republicado pelo DL 84/2008) (doravante DL 84/2008) tem por escopo regular os contratos de consumo e garantias a eles conexas. Se as relações se enquadrarem no domínio mercantil ou empresarial, o regime aplicável é o dos arts. 463 e *ss* do Código Comercial e, se tratar de relação entre particulares, a disciplina é a que decorre do Código Civil – arts 913 e *ss*.

O DL 84/2008 tutela a qualidade e adequação da coisa ao contrato de compra e venda de bens de consumo, móveis ou imóveis, novas ou usadas, para uso não profissional.

A Diretiva Comunitária não abrange os serviços, assim como o DL 84/2008 não trata da garantia de adequação e qualidade dos serviços em geral, conquanto o contrato de empreitada se traduza em um serviço, o que se traduz no mais em desvantagem manifesta para a tutela dos consumidores.

O serviço defeituoso prestado, por exemplo, por uma empresa concessionária de uma auto-estrada, com cobrança das portagens, na hipótese de um sinistro por falta de uma placa de sinalização, de separadores de sentido de trânsito ou de sinalização de emergência, exige a responsabilização da concessionária desde que demonstrado o nexo de causalidade entre a conduta da concessionária da auto-estrada e o dano, para se concluir pela ilicitude por violação do dever de agir para evitar danos a terceiros, por aplicação do n.º 2 do art. 2.º, n.ºs 1 e 8 do art. 9.º e n.º 1 do 12.º, todos da Lei n.º 24/96, de 31 de Julho (LDC – Lei de Defesa do Consumidor), especialmente em vista da inversão do *ónus* da prova do cumprimento das obrigações de segurança nas auto-estradas em desfavor da concessionária. Entendimento contrário foi manifestado pelo STJ em 01 de Outubro de 2009, em acórdão de lavra do Cons.º Santos Bernardino.[21]

Já os serviços públicos de água, energia, gás, comunicações eletrônicas, serviços postais, captação e tratamento de águas residuais, resíduos sólidos e telefonia, por outro lado, são regidos pela Lei n.º 23/96, de 26 de Julho, retratando uma fragmentada regulamentação da proteção do consumidor, inclusive no que se refere à telefonia fixa e móvel:

"I – A Lei n.º 23/96, de 26-07, aplica-se ao serviço de telefone móvel.
II – O n.º 1 do art. 10.º da Lei n.º 23/96 e o n.º 4 do art. 9.º do DL n.º 381-
-A/97, de 30-12, afastaram para a prestação de serviços de telefone móvel o prazo

---

[21] A responsabilidade da BRISA por danos sofridos pelos utentes das auto-estradas de que esta é concessionária situa-se no campo da responsabilidade extracontratual... A BRISA responde por culpa presumida, nos termos do n.º 1 do art. 493.º do Cód. Civil... Ao lesado caberá provar, num plano puramente objectivo, a existência do vício e o nexo de causalidade entre este e o dano... A formação de um lençol de água no pavimento da auto-estrada, em condições de fazer com que os veículos entrem em hidroplanagem por falta de aderência dos pneumáticos, constitui um evento que obriga a concessionária a tomar as medidas necessárias para evitar a causação de danos aos condutores, designadamente pela sinalização adequada do local... O ónus da prova da formação de um lençol de água, em condições de provocar a entrada em hidroplanagem do veículo sinistrado e o consequente despiste para fora da via – matéria cuja objectiva demonstração era, no caso concreto, necessária para que pudesse presumir-se quer a violação, pela BRISA, do dever de assegurar a circulação em condições de segurança, quer a culpa na violação desse dever – impendia sobre os lesados, os autores. Não provada, por estes, a anomalia, nem, consequentemente, o nexo de causalidade entre esta e o dano, não chega a colocar-se a questão da ilicitude da conduta da ré nem a sua culpa na produção dos danos verificados... Para haver obrigação de indemnizar, nos termos do art. 483 do CC, exige-se, além do mais, a prática de um acto ilícito ou antijurídico, que se revela ou através da violação de um direito de outrem ou através da violação de qualquer disposição legal destinada a proteger interesses alheios... Não pode, assim, haver-se por verificado, na conduta da BRISA, o requisito da ilicitude, inexistindo, por isso, obrigação de indemnizar o referido dano não patrimonial. Acordão do Supremo Tribunal de Justiça, 01 de Outubro de 2009, Cons.º Santos Bernardino.

de cinco anos previsto na al. g) do art. 310º do CC, passando a ser de seis meses o prazo de prescrição dos créditos correspondentes. III – Do nº 5 do art. 9º do DL nº 381-A/97 não resulta o sentido de que a lei dissocia o prazo de apresentação das facturas (os seis meses) do prazo de prescrição do direito ao pagamento dos serviços prestados (cinco anos). 1088/05.3TVLSB.L1.S1 Nº Convencional: 7ª SECÇÃO Relator: Maria dos Prazeres Pizarro Beleza. Nº do Documento: SJ Data do Acordão: 20/01/2010 Votação: unanimidade. Texto Integral: N Meio Processual: revista decisão: concedida parcialmente."

A fragmentação do direito do consumidor por inúmeros diplomas normativos dificulta, não só a construção de um sistema protetivo harmônico, mas principalmente a familiarização dos operadores do direito com estas diversas disciplinas tratadas em dezenas de leis, decretos-leis, decretos, decretos regulamentares, portarias e despachos, para além dos diplomas legislativos das Regiões Autónomas, que regulam a defesa do consumidor, além de se tornar praticamente impossível exigir do consumidor leigo que se informe e exerça seus direitos para que eles se tornem efetivos[22].

O princípio constitucional de acesso à Justiça não deve ser uma quimera, mas sim uma garantia efetiva de concretização dos direitos que lhes são assegurados. No particular, parece ser unânime a convicção dos doutrinadores lusos acerca da necessidade de reunião de toda a legislação esparsa de defesa do consumidor num Código de Defesa do Consumidor.[23]

7.4. Dos remédios contra as não-conformidades

Na desconformidade da coisa garantida na relação de consumo, o direito português consagra 4 (quatro) remédios sem a observância de qualquer hierar-

---

[22] Qualidade dos serviços. ... Se são muitas vezes deficientes as normas jurídicas (e as suas aplicações jurisprudenciais) de garantia dos consumidores, quanto à qualidade dos produtos e sua adaptação real às necessidades, se são inúmeras as violações dessas normas e difícil a reparação dos consumidores, pior um pouco é a situação em relação aos contratos de prestação dos serviços aos consumidores. Almeida, Carlos Ferreira. *In* Os Direitos dos Consumidores, 1982, Livraria Almedina, p. 112.

[23] A legislação ... publicada na área do consumo – em decorrência do postulado constitucional, da lei-quadro e das várias diretivas da Comunidade Européia em prol do consumidor – tem sido intensa. Infelizmente, porém, nem sempre a *Law in the books* tem correspondido a *Law in the action!* E isto, muitas vezes, por deficiências do próprio sistema legal, a começar pela proliferação legislativa a que se tem assistido, a qual apresenta inconvenientes vários, desde logo pela dispersão e falta de unidade de que dá mostra. Essa é uma das razões por que decorrem em Portugal os trabalhos de elaboração de um Código do Consumidor. *In* PINTO MONTEIRO, ANTÓNIO, *A Proteção do Consumidor de Serviços Públicos Essenciais*, in *Estudos de Direito do Consumidor*, nº 2, 2000, do Centro de Direito do Consumo adstrito à Faculdade de Direito da Universidade de Coimbra

quia: reparação, substituição, redução do preço ou resolução do contrato, por opção do consumidor. A opção pelo consumidor deve ser exercida de boa-fé, sob pena de configurar abuso do direito.

Aplica-se, na hipótese, concorrência eletiva. A Lei não impõe a obediência a qualquer hierarquia no quadro dos direitos. Há, na realidade, concurso eletivo dos vários remédios de que o comprador pode lançar mão, sendo-lhe dada "a possibilidade de escolher, indistintamente, entre um ou outro direito previsto na lei".[24] Não tem, pois, em primeiro lugar, de ensaiar a reparação, se não for possível, buscar a substituição, se a substituição se tornar inviável, por já não haver o modelo, passar à redução do preço e, só em último recurso, a resolução com devolução da coisa e a restituição do preço. O consumidor pode ante a gravidade da não-conformidade e a perda de confiança na marca e no fornecedor, reivindicar o direito de pôr termo ao contrato, especialmente quando convencido de que produto não se presta à finalidade a que se destina.

Conquanto a doutrina e a jurisprudência em Portugal tenham divergido sobre a hierarquização dos remédios[25-26] conferidos pela diretiva, vale o regi-

---

[24] Dispõe o nº 1 do artigo 4º do supracitado D.L. que "em caso de falta de conformidade do bem com o contrato, o consumidor tem direito a que esta seja reposta sem encargos, por meio de reparação ou substituição, à redução adequada do preço ou à resolução do contrato", clarificando o nº 5 do mesmo artigo que "o consumidor pode exercer qualquer dos direitos referidos nos números anteriores, salvo se tal se manifestar impossível ou constituir abuso de direito, nos termos gerais". Verifica-se, assim, um concurso electivo dos vários remédios de que o comprador pode lançar mão, sendo-lhe dada "a possibilidade de escolher, indistintamente, entre um ou outro direito previsto na lei" Acórdão da Relação do Porto de 07.03.2005 (Processo 0456404), in www.dgsi.pt.. Sentença de Julgado de Paz. Processo: 11/2006-JP Relator: ÂNGELA CERDEIRA. Descritores: resolução do contrato de compra e venda por defeito do produto. Data da sentença: 10/12/2006 Julgado de Paz de TROFA.

[25] Na hipótese de compra e venda de coisa defeituosa, os direitos à reparação ou substituição, contemplados nos arts. 914º do CC e 12º nº 1 da Lei nº 24/96, de 31 de Julho (redacção anterior), não constituem paradigma de concorrência electiva de pretensões, não absoluta, embora, por acontecer eticização da escolha do comprador através do princípio da boa fé, antes tais díspares meios jurídicos facultados a quem compra, no caso predito, não podendo ser exercidos em alternativa, por subordinados, antes, estarem a uma espécie de sequência lógica: o vendedor, em primeiro lugar, está adstrito a eliminar o defeito, tão só ficando obrigado à substituição, a antolhar-se como não possível, ou demasiado onerosa, a reparação. Supremo Tribunal de Justiça Nº Recurso nº JSTJ000, Conselheiro PEREIRA DA SILVA Nº Sentença ou Acórdão07B4302 de 24 Janeiro 2008

[26] Resulta do artigo 12º, nº 1, da Lei nº 24/96, de 31 de Julho que perante a venda de uma coisa defeituosa, o consumidor pode escolher, a reparação que mais lhe convém, sem qualquer ordem sucessória: a reparação da coisa, a sua substituição, a redução do preço, a resolução do contrato. Processo: 2805/06-2 Relator: GAITO DAS NEVES Data do Acórdão: 03/15/2007 Votação: UNANIMIDADE Meio Processual: APELAÇÃO CÍVEL Decisão: REVOGADA A SENTENÇA Decisão Texto Integral: PROCESSO Nº 2805/06 ACORDAM NO TRIBUNAL DA RELAÇÃO DE ÉVORA.

tro de que Calvão da Silva[27], ao posicionar-se a este propósito, refere de forma menos perceptível que na *electio* – na tutela do consumidor – comprador, cabe tanto a posição de Fonseca Ramos[28] (afirmação absoluta de hierarquização dos remédios) como a de Gaito das Neves[29] (ausência absoluta de hierarquização dos remédios). Uma coisa não pode ser igual a si mesma e ao seu contrário, sob pena de uma enorme confusão, de todo indecifrável. Ao aludir, quiçá erroneamente a estes dois arestos, como se sufragassem a mesma posição, quando não é esse o entendimento, o autor confunde os planos e perturba a compreensão do leitor.

Desde o advento do DL 67/2003, a Lei das Garantias, em vigor em Portugal a partir de 08 de abril de 2003, confere a faculdade ao consumidor de poder lançar mão de qualquer das soluções, contanto que não exceda os limites impostos pela boa-fé, pelos bons costumes e pelos critérios definidos pela função econômica e social dos direitos de que se trata. A jurisprudência consagra essa solução:

> Como decorre do artigo 4º nº 1, desse DL, "em caso de falta de conformidade do bem com o contrato, o consumidor tem direito a que esta seja reposta sem encargos, por meio de reparação ou de substituição, à redução adequada do preço ou à resolução do contrato". E a reparação deve ser efectuada em prazo razoável (nº 2), sem graves inconvenientes para o comprador. Acrescentando o nº 5 desse artigo que "o consumidor pode exercer qualquer dos direitos referidos nos números anteriores, salvo se tal se manifestar impossível ou constituir abuso de direito, nos termos gerais". Esta norma parece conceder ao credor/comprador a escolha alternativa ("qualquer dos direitos") do exercício de algum desses direitos sem necessidade de obedecer a qualquer ordem ou prevalência, contanto que a exigência não seja abusiva. Escolhe o que melhor realizar os seus interesses, de forma a ser plenamente ressarcido. À liberdade do credor, a norma apenas traça o limite da boa-fé, podendo ser-lhe recusada concreta pretensão no caso de abuso do direito. Assim, se pretende a substituição do bem quando, e perante pequena anomalia ou defeito facilmente reparável, o vendedor se dispõe a repará-la prontamente; ou resolve o contrato por defeito insignificante. Nesta situação, em apelo às regras da boa-fé, a pretensão,

---

[27] Os quatro direitos assinalados são reconhecidos ao consumidor adquirente em concorrência eletiva: "pode exigir...". Valem, pois, aqui, na *electio*, as considerações já expendidas para a compra e venda em geral (supra nº 43) – neste sentido, entretanto, o acórdão do STJ, de 13/12/2007 (Proc. nº 07A4160); o acórdão da Relação de Évora, de 15/03/2007 (Proc. nº 2805/06-2); diferente do que sucede na empreitada em que a ordenação ou hierarquização dos direitos conferidos ao dono da obra é feita pela Lei de modo expresso (supra nº 48.2). in *Compra e Venda de Coisas Defeituosas*, 2008, 5ª Edição, Edições Almedina, página 130.

[28] Acórdão do STJ de 13/12/2007 (Proc. nº 07A4160).

[29] Acórdão da Relação de Évora de 15/03/2007 (Proc. nº 2805/06-2).

por abusiva, teria de ser recusada. Como escreve João Calvão da Silva [2], a "«concorrência electiva das pretensões reconhecidas por lei ao comprador não é um absoluto: sofre em certos casos atenuações e a escolha deve ser conforme ao princípio da boa-fé, e não cair no puro arbítrio do comprador, sem olhar aos legítimos interesses do vendedor...A etização da escolha do comprador através do princípio da boa-fé é irrecusável". E do mesmo autor "se a escolha entre as pretensões cabe ao comprador, essa deve obedecer ao princípio da boa-fé e não cair no puro arbítrio. Pelo que, se num caso concreto a opção exercida exceder indubitavelmente os limites impostos pela boa-fé ..., poderão intervir as regras do abuso do direito" [3]. Tribunal da Relação do Porto. Apelação nº 1362/05.9TBGDM.P1 – 3ª sec. Data – 04/02/2010. Coisa defeituosa – Avaria – Indemnização. Porto, 04 de Fevereiro de 2010. José Manuel Carvalho Ferraz, António do Amaral Ferreira e Ana Paula Fonseca Lobo.

No estado actual da legislação, portanto, e em caso de falta de conformidade do bem com o contrato, o consumidor tem direito a que seja reposto, sem encargos, por meio de reparação ou de substituição, à redução adequada do preço ou à resolução do contrato [Art. 4/1 DL 67/2003]. E o consumidor pode exercer qualquer destes direitos, salvo se tal se manifestar impossível ou constituir abuso de direito nos termos gerais [Art. 4/5 DL 67/2003. Nos termos da Directiva (contrariamente à nova solução portuguesa), a reparação encontrava-se condicionada tanto pela sua própria possibilidade, como pela não desproporção em relação à substituição. Parece, assim, que o direito nacional é, neste particular, mais favorável do que a solução prevista na Directiva. Acórdão do Tribunal de Relação do Porto, Processo: 0456404 Nº Convencional: JTRP00037860 Relator: Santos Carvalho. Data do acórdão: 07/03/2005. Votação: unanimidade. Meio processual: apelação. Decisão: revogada.

Entendimento diverso foi manifestado, em Dezembro de 2007, pelo STJ, que concluiu pela existência de hierarquia dos 'remédios', em acórdão da lavra do Conselheiro Fonseca Ramos:

> O comprador de coisa defeituosa pode, por esta ordem, exigir do fornecedor/
/vendedor: 1º – a reparação da coisa; 2º – a sua substituição; 3º – a redução do preço ou a resolução do contrato, conquanto exerça esse direito, respeitando o prazo de caducidade – art. 12º da LDC. Acórdão do Supremo Tribunal de Justiça. Processo: 07A4160. Relator: Fonseca Ramos nº do documento: Sj200712130041606. Data do acórdão: 13/12/2007. Votação: Unanimidade.

No mesmo sentido, o Conselheiro Ferreira da Silva em Janeiro de 2008:

> Na hipótese de compra e venda de coisa defeituosa, os direitos à reparação ou à substituição, contemplados nos art.s 914 do CC e 12º nº 1 da Lei nº 24/96, de 31 de Julho (redacção anterior), não constituem paradigma de concorrência electiva de pretensões, não absoluta, embora, por acontecer eticização da escolha do comprador através do princípio da boa-fé, antes tais díspares meios jurídicos facultados a quem compra, no caso predito, não podendo ser exercidos em alternativa, por subordinados, antes, estarem sujeitos a uma espécie de sequência lógica: o vendedor, em primeiro lugar, está adstrito a eliminar o defeito, tão só ficando obrigado à substituição, a antolhar-se como não possível, ou demasiado onerosa, a reparação. Processo: 07B4302. Relator: Pereira da Silva. Nº do Documento: Sj200801240043022. Data do acórdão: 24/01/2008. Votação: Unanimidade. Meio Processual: Revista. Decisão: Negada a Revista.

A equação retrata a diminuta eficácia do direito legislado em Portugal. Para além da *"law in the books"*, que diz respeito ao acatamento ou cumprimento voluntário do direito por aqueles a quem as normas se dirigem, há a *"law in action"*, ou seja, o modo como as normas legais são interpretadas e aplicadas pelos destinatários, nomeadamente a administração pública, em particular as empresas e os cidadãos em geral e, especialmente, a imposição ou aplicação coerciva do direito, em princípio pelos tribunais, como órgãos do Poder Judicial[30], mas também por outras instâncias administrativas com poder para forçar ao cumprimento ou sancionar o incumprimento de normas jurídicas.[31]

A jurisprudência portuguesa releva para um plano secundário a norma especializada de regência da relação jurídica que cumpre apreciar, o que fragiliza e traz insegurança à comunidade jurídica. Se está diante de uma típica relação jurídico-privada de consumo, já que de um lado se encontram os agen-

---

[30] O Conselheiro Neves Ribeiro, à época vice-presidente do Supremo Tribunal de Justiça, afirmou em voto vencido, num acórdão de 2003, que as instâncias – e o que é pior – o STJ, não despertaram ainda, nem se deixaram sensibilizar, para o Direito do Consumo: "...Firme convicção é a nossa de que as Instâncias, e agora o Supremo Tribunal de Justiça, não tiveram minimamente em conta a protecção do consumidor lesado, valor em que fundamentalmente assenta o direito de consumo, de raiz comunitária, como é o caso. ... Aliás, por fim, permita-se a liberdade de expressão: O direito de consumo ainda não sensibilizou, de vez, os operadores judiciários. *Infelizmente, nem os recorrentes (tanto pior, o autor!) invocaram este valor a benefício da sua protecção." A denegação de justiça que a ignorância revelada – tantas vezes! – arrosta exigirá decerto profunda reflexão: dos direitos plasmados nos diplomas legais ao direito em acção dista, com efeito, um abismo." Voto de vencido no Ac. do STJ de 3/3/03, CJ, STJ, Tomo III, 2003, pág. 21, proferido pelo Sr. Conselheiro António da Costa Neves Ribeiro.

[31] Parecer do Comité Econômico e Social Europeu sobre a Comunicação da Comissão ao Conselho COM (2009) 330 final Relator: Jorge Pegado Liz INT/503 Bruxelas, 29 de Abril de 2010.

tes económicos – profissionais – que com as suas atividades econômicas visam a obtenção de benefícios decorrentes da atividade e, por outro lado, o consumidor – não profissional –, esta deve reger-se exclusivamente por normas e princípios fundamentais que regulam as relações jurídicas deste jaez e que se encontram em legislação específica de consumo, nomeadamente na LDC e no DL 84/2008.

Para exemplificar o uso atécnico do Código Civil para reger a relação especial de consumo, basta a análise do acórdão de lavra do Desembargador Custódio M. da Costa, de 09 de Novembro de 2006, do Tribunal de Relação de Coimbra:

> O prazo de garantia da empresa vendedora de automóveis usados é o de seis meses definido no nº 2 do art. 921 do CC, sendo desnecessário no caso de avaria verificada dentro desse prazo, o recurso ao definido na Lei de Defesa do Consumidor (Lei 24/96 de 31 de julho, alterado pelo DL 67/2003, de 8 de Abril).[32]

No mesmo sentido, o acórdão do Supremo Tribunal de Justiça da relatoria do Conselheiro Alberto Sobrinho:

> Ao comer uma "*sandes*" de frango desfiada, anunciada como desossada, ingeriu um osso que continha no seu interior, o que lhe ocasionou uma perfuração de esófago.... a autora, mediante a retribuição exigida, adquiriu uma sandes de frango no estabelecimento de café-pastelaria do chamado, que consumiu. E foi ao ingeri-la que um osso, que era suposto aí não existir, lhe ocasionou determinados danos. Nesta perspectiva, terá havido negligência na preparação da sandes por omissão do diligente cuidado exigível na sua confecção, tendo a autora recebido uma coisa cujas características não correspondiam às legitimamente esperadas. A autora, compradora, não estava alertada para eventuais riscos e perigos para a sua saúde que poderiam advir da ingestão desta sandes. Esta sandes não se apresentava intrinsecamente defeituosa, mas concretamente revestia-se de manifesta perigosidade. Por isso, a responsabilidade do vendedor não emerge do regime de venda de coisa defeituosa previsto nos arts. 913 e ss do Código Civil, mas da inadequação de informação, ou mesmo, de uma informação errónea (1). Há aqui claramente uma responsabilidade contratual subjectiva do vendedor. A venda de coisas defeituosas permite ao comprador a reparação ou substituição da coisa e ainda o ressarcimento dos danos na hipótese de anulação do contrato, por dolo ou erro (arts. 913 nº 1, 914, 915 e 909 do Código Civil), mas já não permite a satisfação do

---

[32] Recurso nº 2451/04, de 09/11/2004, da Comarca de Coimbra. Relator do acórdão Custódio M. Costa, *in* Coletânea de Jurisprudência – tomo V – Ano 2004 –, págs. 16 a 18.

prejuízo directamente ocasionado pela entrega da coisa viciada. O comprador pode não ter interesse na anulação do contrato ou esta anulação não ser já sequer viável e a entrega e uso da coisa viciada terem-lhe ocasionado prejuízos que, por esta via, ficariam sem satisfação. Este direito de indemnização, baseado no cumprimento defeituoso, há-de encontrar acolhimento nos princípios gerais de responsabilidade civil, designadamente do art. 798 do Código Civil. Só que esta responsabilidade contratual por violação culposa dos deveres do vendedor, não abrangida pelo art. 913 do Código Civil, está sujeita ao prazo ordinário de prescrição, ou seja, ao prazo de vinte anos previsto no art. 309 do mesmo diploma (2). De igual modo, a Lei-Quadro de Defesa do Consumidor (Lei 24/96, de 31 de Julho), visando dar cumprimento aos imperativos constitucionais nesta matéria, salvaguarda o direito à indemnização do consumidor em termos gerais, ao ressarcimento pelo dano patrimonial ou não patrimonial causado ao consumidor pela coisa, em consequência do vício desta. ... o tribunal, ao classificar juridicamente a causa de pedir de modo diferente daquela que o fizeram as partes e ao extrair daí consequências diversas, concluindo pela não prescrição do direito, moveu-se apenas dentro daquela liberdade de indagação, interpretação e aplicação das regras de direito que legalmente lhe é permitida, repondo, em suma, a relação material controvertida na sua correcta figuração jurídica. Este Tribunal podia, por isso, conhecer da invocada excepção nos precisos termos em que o fez. Processo: 07B111. Nº Convencional: JSTJ000. Relator: ALBERTO SOBRINHO. Nº do Documento: SJ200702220001117. Data do Acordão: 22/02/2007. Votação: UNANIMIDADE. Meio Processual: REVISTA. Decisão: CONCEDIDA A REVISTA

Não se cogita nem sequer da aplicação *in casu* da doutrina do 'diálogo das fontes' idealizada pelo alemão Erik Jayme e importada para o Brasil pela Profª Cláudia Lima Marques, segundo a qual as normas gerais mais benéficas supervenientes à norma especial, a qual foi concebida para dar um tratamento mais privilegiado a certa categoria, a esta deve preferir, em homenagem à coerência do sistema.[33]

Ora, na compra e venda de veículos usados entre uma empresa e um consumidor, desde 08 de abril de 2003, em plena vigência do DL 67/2003, o prazo de garantia já era de dois anos na venda de bens móveis não consumíveis, com possibilidade de redução para um ano, mediante acordo entre comprador e vendedor. Portanto, se é consumidor (adquiriu de uma empresa um veículo usado para seu uso privado) e não fez nenhum acordo em contrário, o veículo

---

[33] MARQUES, CLÁUDIA LIMA. *Superação das antinomias pelo diálogo das fontes: o modelo brasileiro de coexistência entre o Código de Defesa do Consumidor e o Código Civil de 2002*. Revista da Esmese, Aracaju, 2004, nº 7, págs. 15-54.

tem dois anos de garantia e a legislação comum do Código Civil prejudica o destinatário da norma. Aplica-se, por óbvio, a Lei especial mais benéfica, que prevalece sobre a geral, no caso o Código Civil Português.

Ademais, existe clara distinção entre o Direito do Consumo e o Direito Civil ou o Direito Comercial, dada as suas peculiaridades e a multidisciplinariedade de seu conteúdo. O Direito do Consumo se caracteriza por aspectos técnicos específicos, típicos da relação de desigualdade entre os protagonistas da relação de consumo. Para cada tipo de relação jurídica deve se aplicar uma norma ou regime, sob pena de gerar insegurança no meio jurídico. Existe todo um sistema para atuar em defesa dos direitos da parte mais fraca com regras próprias destinadas a proteger esse vulnerável partícipe do processo econômico.

Todavia, a jurisprudência portuguesa nos fornece inúmeros exemplos da correta aplicação da norma especial de proteção do consumidor, tal como nos demonstra a decisão plasmada no acórdão da Relação de Lisboa, de 08/10/09, que, por se tratar de relação de consumo havida em Junho de 2007, versando sobre o regime de compra e venda de consumo, afastou a aplicação do art. 921 do CC, para fundamentar a solução jurisdicional na Lei 24/96 – Lei de Defesa do Consumidor, pela redação introduzida pela Lei de Garantias, o Dec. Lei 67/2003, de 8 de Abril, o que retrata, o enquadramento da norma de regência especializada:

> I – Mediante a garantia do bom funcionamento, o vendedor assegura, durante certo período de tempo, o bom funcionamento e as boas condições de utilização da coisa, em termos de uso normal, assumindo a responsabilidade pela sanação das eventuais deficiências de materiais ou componentes, avarias e deficiências de funcionamento. II – Cumulável com o direito à reparação ou substituição da coisa defeituosa, seja nos termos gerais, seja por via da obrigação da garantia a que alude o indicado art. 921, e paralelamente com ele, pode existir o direito a indemnização pelos danos decorrentes do mau funcionamento. III – Na situação dos presentes autos estamos perante uma compra e venda abrangida pelo âmbito e pelo regime de aplicação da Lei nº 24/96, de 31 de Julho (Lei de Defesa do Consumidor) – art. 2º, nº 1. IV- A privação do uso do veículo, é reparável, se aquele provar, como é ônus do lesado, quais os danos em concreto que derivaram daquela privação. V – Se o montante de uma indemnização for determinado através da equidade, tem de se entender que esse quantitativo está actualizado. Acórdãos TRL Acórdão do Tribunal da Relação de Lisboa. Processo: 3359/07.5TBVD.L1-8 Relator: Catarina Arêlo Manso. Nº do documento: RL data do acórdão: 08/10/2009. Votação: unanimidade. Apelação.

O apego à estrutura formal dos atos jurídicos permite que o agente econômico se valha da burla, para se furtar à observância da lei das garantias. É o que ocorre, por exemplo, na garantia mínima de 1 (um) ano assegurada aos veículos usados, que, em muitos casos, ao invés de serem oferecidos nos *stands* de veículos usados, são anunciados por vendedores autônomos nas ruas, exatamente para que a compra e venda de consumo não seja enquadrada na LG – Lei de Garantias, já que os negócios entre particulares são regidos pelo direito privado comum – Código Civil – e o comprador tem que provar que o vendedor conhecia o problema do carro antes de vendê-lo e, portanto, mais difícil exigir as soluções decorrentes dos artigos 913º e seguintes do CC.

Há ainda dificuldade da jurisprudência portuguesa de descortinar o véu do negócio jurídico formalmente entabulado, para encarar a realidade do objetivo das partes na celebração do negócio, à luz das regras de experiência comum, para adoção do princípio da primazia da realidade[34].

A estratégia destes vendedores de rua deveria ser levada em consideração, especialmente pelo Poder Judicial, para estender a obrigação de garantia àqueles que habitualmente realizam a venda de carros usados nas ruas, nos estacionamentos e na beira das estradas, a exemplo do que ocorre nos EUA, onde qualquer pessoa que venda quatro veículos ou mais no período de um ano é considerada um revendedor pela Lei de Garantia de Veículos Usados.[35]

Portanto, muito embora Portugal possua um elevadíssimo nível de proteção legal dos consumidores, não há sensibilidade dos operadores do direito na aplicação das normas especiais de defesa do consumidor e a perspectiva futura deste quadro normativo não é favorável, em razão da pressão exercida pelos

---

[34] AMÉRICO PLÁ RODRIGUEZ – *Princípio da primazia da realidade*. "o significado que atribuímos a este princípio é o da primazia dos fatos sobre as formas, as formalidades ou as aparências. isto significa que em matéria de trabalho importa o que ocorre na prática, mais do que aquilo que as partes hajam pactuado de forma mais ou menos solene, ou expressa, ou aquilo que conste em documentos, formulários e instrumentos de controle" (Américo Plá Rodriguez, princípios de direito do trabalho, editora LTR – SP, 1ª ed., 3ª tiragem, 1994, p. 227). (TRT 1ª R. – RO 20661-96 – 6ª T. – Rel. *Juíza Doris Luise de Castro Neves – DORJ 25.03.1999*)... "Importa o que ocorre na prática, mais do que aquilo que as partes hajam pactuado de forma mais ou menos solene, ou expressa, ou aquilo que conste em documentos, formulários e instrumentos de controle". Ou seja, "o princípio da primazia da realidade significa que, em caso de discordância entre o que ocorre na prática e o que emerge de documentos ou acordos, deve-se dar preferência ao primeiro, isto é, ao que sucede no terreno dos fatos" (Américo Plá Rodrigues). (TRT 10ª R. – RO 3991/99 – 1ª T. – Rel. Juiz Fernando Américo Veiga Damasceno – J. 29.03.2000)

[35] Qualquer pessoa que venda quatro veículos ou mais no período de um ano é considerada um revendedor pela Lei de Garantia de Veículos Usados (Used Vehicle Warranty Law) que protege os consumidores que compram veículos usados de revendedores de automóveis ou de particulares no Estado de Massachusetts. **Guia do Consumidor do Estado de Massachusetts.** Chapter 90: Section 7N1/4. Express warranty by dealer of used motor vehicle; issuance; consumer's rights and remedies. http://www.mass.gov/?pageID=ocaterminal&L=3&L0=Home&L1=Consumer&L2=Informacao+para+consumidores+em+portugues&sid=Eoca&b=terminalcontent&f=used_vehicle_warranty_law_pt&csid=Eoca

agentes econômicos no sentido de se buscar uma harmonização total dos direitos dos consumidores na União Europeia.

A proposta de Diretiva do Parlamento Europeu e do Conselho para os Direitos dos Consumidores – Com (2008) 614 Final 2008/0196, de 08 de Outubro de 2008, é exemplo dessa harmonização total horizontal pretendida, que pode vir a reduzir direitos adquiridos dos consumidores como, por exemplo, o de submeter os remédios à disposição do consumidor na compra e venda de consumo decorrente da não-conformidade de um bem, a uma hierarquia: primeiro, a reparação e, depois, a substituição; o comerciante escolhe e se tal se traduzir em excessivo esforço para ele, haverá opção pela redução do preço ou resolução do contrato. Prejuízo óbvio no contraste de regimes, a vingar a proposta de Directiva, cujos termos se discutem no seio das instâncias europeias.

7.5. Da forma e dos prazos de exercício e gozo dos direitos dos consumidores em razão da não-conformidade

No que respeita ao prazo de exercício, a não-conformidade que se detecta ao longo de dois anos, tratando-se de coisa móvel duradoura, é susceptível de reposição ou de remédios outros, contanto que a denúncia ocorra no lapso de dois meses após a sua detecção.

A devolução do dinheiro, no direito constituído, deve ocorrer em 30 (trinta) dias, nos termos do artigo 4º, 2, do DL 84/2008, que alterou o DL nº 67/2003, que transpôs a Diretiva nº 1999/44/CE e introduziu novas regras para ajustar a solução à realidade do mercado, fazendo uso da prerrogativa conferida pelo artigo 8º da Diretiva nº 1999/44/CE, estabelecendo o prazo limite de 30 dias para a realização das operações de reparação ou de substituição de um bem móvel, dado que a ausência da regulamentação anterior tinha como consequência o prolongamento, por um tempo excessivo, das operações de substituição e de reparação pouco complexas.

O termo *a quo* da garantia adota o marco da entrega do bem.

A garantia do bem móvel que é de 2 (dois) anos, com ônus da prova invertido para que o fornecedor comprove que a não-conformidade não decorre da produção.

A lei nacional atual consagra a "responsabilização" do vendedor ou do produtor. A garantia é susceptível de ser exigida ao produtor, por meio de ação direta, como admite a lei portuguesa no DL 383/89, de 06 de Novembro. Com efeito, no preâmbulo do DL 67/2003, de 08 de Abril, se sublinha exatamente:

> "Inovação bastante significativa consiste na consagração da responsabilidade directa do produtor perante o consumidor, pela reparação ou substituição de coisa defeituosa. Trata-se, nesta solução, tão-só de estender ao domínio da quali-

dade a responsabilidade do produtor pelos defeitos de segurança, já hoje prevista no Decreto-Lei nº 383/89, de 6 de Novembro, com um regime de protecção do comprador que já existe em vários países europeus e para que a directiva que ora se transpõe também já aponta."

Os consumidores podem exigir do vendedor a reparação ou a substituição do bem móvel no prazo de 30 dias, a menos que isso se revele impossível ou desproporcionado; se impuser custos excessivos em relação à outra solução; custos significativamente mais elevados que os da outra forma de reparação do prejuízo. A expressão «sem encargos» reporta-se às despesas necessárias para repor a coisa em conformidade com o contrato, incluindo, designadamente, as despesas de transporte, de mão-de-obra e material.

A garantia legal envolve as despesas inerentes à remoção da coisa e sua recolocação no lugar original ou a indicar pelo consumidor, observadas as regras da transparência, da lealdade; os encargos impostos pela mão-de-obra especializada, os sobressalentes, os acessórios ou componentes que precisam ser substituídos para a reposição da coisa na íntegra e na sua individualidade. Se um telemóvel tem a garantia de 2 anos – a garantia terá que ser integral, de todo o produto, a bateria não pode ter, por exemplo, uma simples garantia de 6 meses.

Em Portugal, segundo a orientação da jurisprudência do STJ que aplicava o artigo 916 do Código Civil,[36] a garantia do imóvel era de apenas 6 meses, quadro alterado desde 1994, quando a garantia de bens imóveis passou a ser de 5 (cinco) anos, por força do DL 267/94, de 25 de Outubro, que alterou o art. 916 do CC. Na fase de elaboração da Lei nº 24/96, de 31 de Julho – Lei de Defesa do Consumidor, o Anteprojeto consagrava a garantia de 10 anos, prevalecendo, todavia, os 5 (cinco) anos já consagrados no Código Civil. A Lei das Garantias de Bens de Consumo, DL 67/2003, englobou bens móveis e imóveis, quando – na sua origem – se aplicaria tão só às coisas móveis e repetiu a garantia dos 5 (cinco) anos, em lugar de aproveitar o ensejo para elevá-la para 10 (dez) anos.

A denúncia da desconformidade do bem por parte do consumidor deve observar os prazos que se mantêm inalterados, de 2 (dois) meses ou 1 (um) ano, caso se trate, respectivamente, de bem móvel ou imóvel. Já o prazo geral de

---

[36] O Supremo Tribunal de Justiça, no seu Acórdão 2/97, veio dar prevalência a uma tese conservadora de que a garantia dos imóveis se limitava ao período de seis meses. O Acórdão gerou alguma controvérsia no seio dos juízes-conselheiros, salientando-se os votos de vencido de Cardona Ferreira e Agostinho Manuel Fontes Sousa Inês. Cardona Ferreira começa mesmo, na sua declaração de voto de vencido, por lembrar que "já Cabral Moncada ensinava que o direito tem de estar ao serviço da vida e que o pensamento deve acompanhar a evolução social", defendendo que deveria ter prevalecido a tese do prazo de 5 anos para reclamar." FRANCISCO TEIXEIRA DA MOTA, no "Público" de 1 de Fevereiro de 1997, http://www.netconsumo.com/2009/04/apdc-exige-de-novo-do-poder-que-fixe.html

caducidade dos direitos atribuídos ao consumidor, de seis meses foi alargado para dois ou três anos, consoante esteja em causa, respectivamente, um bem móvel ou imóvel, sob pena de caducidade.

O bem móvel sucedâneo ou substituto, em caso de substituição, na lei nacional, rende ensejo a novo prazo de garantia, de dois ou de cinco anos de garantia para imóvel.

O DL 84/2008, de 21 de Maio, estabeleceu no art. 5º-A, nº 3, um novo prazo – a contar da denúncia – de dois (2) anos (em substituição do de seis (6) meses)[37] para a caducidade (decadência) do exercício do direito, no caso dos móveis, e de três (3) anos, no dos imóveis.

Tratando-se de imóvel, a reparação ou a substituição deve ser realizada dentro de um prazo razoável, tendo em conta a natureza do defeito, na forma do art. 4º, nº 2, do DL 84/2008.

Há transmissão dos direitos conferidos pela garantia aos terceiros adquirentes do bem.

As informações sobre garantias voluntárias ou comerciais podem ter assento nas condições gerais apostas no documento de compra e venda, na embalagem, em documento autônomo de que conste a declaração ou qualquer outro meio ou suporte, ínsito na comunicação social – televisão, rádio, imprensa, prospectos, brochuras. Em todas as formas há vinculação do fornecedor.

O DL 84/2008 instituiu um regime sancionatório de mera ordenação social para a hipótese de denegação dos direitos dos consumidores. Cabe à Direção-Geral do Consumidor, organismo da Administração Pública Central do Estado, vinculado ao Ministério da Economia, Inovação e Desenvolvimento, a aplicação das infrações, passíveis de coimas de 250 a 30 000 euros, consoante as circunstâncias e a titularidade do estabelecimento em causa.

---

[37] Os prazos de caducidade previstos no art. 917 do Código Civil para a acção de anulação de venda de coisa defeituosa aplicam-se aos demais meios de reacção do comprador contra aquela venda: reparação/substituição da coisa, redução do preço, resolução do contrato ou indemnização. II. Prevendo a Directiva... nº 1999/44/CE, de 25-05-1999, que os meios de defesa do comprador-consumidor de coisa defeituosa ali previstos: reparação/substituição da coisa, redução do preço e [resolução], não possam caducar antes de decorridos dois anos da entrega da coisa em causa, não respeitou tal norma o DL nº 67/2003, de 8/4, que declarando proceder à transposição da Directiva, manteve o prazo de seis meses para a caducidade daqueles direitos que já constava quer da Lei de Defesa do Consumidor – Lei nº 24/96, de 31/7 – quer do art. 917 do Código. Civil. III. As Directivas Comunitárias têm aplicação directa no ordem jurídica interna – mesmo entre particulares, ou seja, têm efeito horizontal -, mesmo que não transpostas ou transpostas em termos que as violem, desde que haja decorrido o prazo para a sua transposição e sejam suficientemente claras e precisas, se mostrem incondicionais e não estejam dependentes da adopção de ulteriores medidas complementares por parte dos Estados-membros. Acórdãos STJ. Acórdão do Supremo Tribunal de Justiça. Processo: 2212/06.4TBMAI.P1.S1. Nº Convencional: 6.ª SECÇÃO. Relator: JOÃO CAMILO. Nº do Documento: SJ Data do Acórdão: 12/01/2010. Votação: UNANIMIDADE Meio Processual: REVISTA. Decisão: CONCEDIDA

8. Do quadro comparativo

	BRASIL – Art. 5º, XXXII, CF/88	PORTUGAL – Art. 60 CRP
PRAZO – GARANTIA BEM MÓVEL NÃO DURÁVEL	30 dias – art. 26, I, CDC.	2 anos – inciso I do art. 5º do DL nº 84/2008, de 21 de Maio.
PRAZO – GARANTIA BEM MÓVEL DURÁVEL	90 dias – art. 26, II, CDC.	2 anos – inciso I do art. 5º do DL nº 84/2008, de 21 de Maio.
PRAZO – REPARAÇÃO BEM MÓVEL	30 dias – art. 18, caput, CDC.	30 dias – art. 4º, 2 do DL nº 84/2008, de 21 de Maio.
GARANTIA BEM IMÓVEL	5 anos – art. 618, CC Empreitada – REsp 411535-SP Construtor – Resp 215832-PR	Art. 5º do DL nº 84/2008, de 21 de Maio.
	1 ano – art. 441, CC. Vício redibitório – Resp 488867-SP	
GARANTIA SERVIÇO	Arts. 20 e 22, CDC Reexecução Restituição Abatimento do preço	Não há qualquer referência às garantias. Lei 23/96, de 26 de Julho – serviços públicos DL 96/06 de 29 de Maio – serviços financeiros DL 12/99 de 11 de Janeiro – viagens organizadas DL 317/09 de 30 de Outubro – meios de pagamento
BEM MÓVEL ENQUADRAMENTO	Vício – art. 18, CDC.	Não-conformidade – art. 4º, I do DL 84/2008.
REMÉDIOS	Primeiro, a reparação em 30 dias – art. 18, §§ 1º a 3º, CDC. Segundo, a resolução com restituição, redução do preço, substituição do produto – opção do consumidor.	Art. 4º, I do DL 84/2008. Reparação Substituição Redução do preço Resolução do contrato
PRAZO – CADUCIDADE BEM MÓVEL	Não-durável: 30 dias – art. 26, I, CDC. Durável: 90 dias – art. 26, II, CDC.	Móvel: 2 meses Imóvel: 1 ano
PRESCRIÇÃO – BEM MÓVEL	5 anos – art. 27, C (contados da denúncia)	Móvel: 2 anos (idem) – art. 5º-A, nº 3 do DL 84/2008. Imóvel: 3 anos (idem)
ACIDENTE DE CONSUMO FATO DO PRODUTO RESPONSABILIDADE DO PRODUTOR	art. 12, CDC	Diretiva 85/374/CEE, de 25 de Julho de 1985 Responsabilidade do produtor DL 383/89, de 06 de Novembro.
EXCLUDENTES	Só para responsabilidade do produtor – fato do produto – art. 12, § 3º, CDC.	Art. 5º do DL 383/89, de 06 de Novembro.

9. Da conclusão

A análise do regime de garantias na compra e venda de consumo de Portugal revela uma multiplicidade de normas que regulam a proteção do consumidor em um nível extremamente elevado, com grande amplitude de variados segmentos, o que é invejável, todavia, não sistematizado e fragmentado em normas avulsas, que nem os próprios protagonistas do cenário judicial são familiarizados, afeiçoados e muito menos sensibilizados para a especialidade característica da legislação do consumidor, razão pela qual esse direito autônomo não possui efetividade e é desconhecido da população.

A codificação dessa imensa legislação portuguesa avulsa de proteção do consumidor é urgente, instante, para que se possa colher os frutos que o Brasil colheu com a implantação do Código de Defesa do Consumidor, responsável pela popularização e efetividade do direito do consumidor no Brasil.

A proteção do consumidor brasileiro, no que toca à qualidade dos produtos e serviços, encontra no CDC um modelo de reparação ou ressarcimento dos vícios por mau funcionamento ou não funcionamento do produto ou serviço, previsto no art. 18 do CDC, que perde significância na medida em que assenta a sua base quase que exclusivamente nas garantias voluntárias.

Os prazos de garantia legal no Brasil são de 30 e 90 dias para bens não duráveis e duráveis, respectivamente, obviamente insuficientes para a construção de um verdadeiro sistema de garantias, porque não guardam qualquer relação com a expectativa de durabilidade do produto, mormente diante do prazo de garantia de 2 (dois) anos para coisas móveis, adotado em Portugal e harmonizado na União Européia pela Diretiva 99/44/CE.

Portanto, o sistema brasileiro de garantia legal se subordina à liberalidade do agente econômico e às circunstâncias e políticas mercadológicas que orientam as garantias comerciais, razão pela qual, na comparação de regimes, pode-se dizer que, na prática, não existe um sistema legal eficiente de garantia de produtos no Brasil.

Em Portugal, o sistema legal de garantia de bens de consumo é exemplo do elevado nível de proteção legal dos consumidores. Construído a partir do conceito de não-conformidade do bem e previsto no art. 4º, nº 1, do DL 84/2008, o sitema de garantias português tem nível protetivo infinitamente superior ao sistema de vícios do CDC brasileiro e ostenta prazos largos de garantia de 2 (dois) dois anos para bens móveis e de 5 (cinco) anos para imóveis, que se iniciam da data de entrega do bem.

No CDC brasileiro a hierarquização dos remédios contra os vícios é flexibilizada. Na hipótese de o vício não ser sanado no prazo de 30 dias, poderá o consumidor exigir alternativamente, quaisquer dos outros 3 (três) remédios: a substituição do produto por outro da mesma espécie, todavia, há previsão de uma concorrência eletiva se, na forma do art. 18, §3º, do CDC, o vício comprometer a finalidade a que se destina o bem. Portanto, neste particular, há quase equivalência com o sistema português que consagra 4 (quatro) remédios sem a observância de qualquer hierarquia: reparação, substituição, redução do preço ou resolução do contrato, por opção do consumidor. A opção pelo consumidor deve ser exercida de boa-fé, sob pena de configurar abuso do direito.

Todavia, é flagrante a baixa efetividade dessas regras de proteção dos consumidores, portanto, a *law in the books* nem sequer se aproxima da *law in the action*.

A implantação de um sofisticado e variado modelo protetivo, em países com avançados sistemas judiciais, pode garantir um elevado nível de proteção e defesa dos consumidores, mas em nações sem um sistema judicial bem desenvolvido ou sem um bom funcionamento do sistema judicial, exigiria a criação de um eficiente sistema extrajudicial de solução de conflitos de consumo para dotá-lo de efetividade, garantindo real proteção aos consumidores.

O sistema de defesa do consumidor necessita de se amoldar na sociedade em que está sendo desenvolvido, e deve partir de uma perspectiva prática que precisa levar em consideração a disponibilidade ou não de uma estrutura extrajudicial de solução dos abusos e excessos praticados contra consumidores, o que exige que o Estado capacite e treine conciliadores e mediadores imparciais e estimule, através de treinamento e sensibilização, o Poder Judicial por forma a absorver essa nova onda de processos de consumidores que perante os seus órgãos se suscitem.

BIBLIOGRAFIA

CALVÃO DA SILVA, João – *Compra e Venda de Coisas Defeituosas*, 2008, 5ª Edição, Edições Almedina.

Parecer do Comité Económico e Social Europeu sobre a Comunicação da Comissão ao Conselho COM (2009) 330 final Relator: Jorge Pegado Liz, INT/503, Bruxelas, 29 de Abril de 2010.

CAVALIERI FILHO, Sergio. *A Responsabilidade Médica-Hospitalar à luz do Código do Consumidor* in *Revista do Direito do Tribunal de Justiça do Estado do Rio de Janeiro*, nº 37, 1998.

CAVALIERI FILHO, Sergio. *Programa de responsabilidade Civil*, 2ª Edição, São Paulo, Editora Malheiros, 1998.

KENDALL, Vivienne. *EC Consumer Law (European Practice Library)*, 1994.

PINTO, Paulo Mota – *Conformidade e Garantias na Venda de Bens de Consumo. A Diretiva 1999/44/CE e o direito português*, in *Estudos de Direito do Consumidor*, nº 2, 2000, do Centro de Direito do Consumo da Faculdade de Direito da Universidade de Coimbra.

BATALLER, Bernardo Hernández in *RPDC - Revista Portuguesa de Direito do Consumo*, Coimbra, nº 58, junho de 2009.

PINTO MONTEIRO, António – *A Proteção do Consumidor de Serviços Públicos Essenciais*, in *Estudos de Direito do Consumidor*, nº 2, 2000, do Centro de Direito do Consumo da Faculdade de Direito da Universidade de Coimbra.

ALMEIDA, Carlos Ferreira – *Os Direitos dos Consumidores*, 1982, Livraria Almedina.

MENEZES LEITÃO, Luís Manuel Teles de – *Caveat venditor? A Directiva 1999/44/CE do Conselho e do Parlamento Europeu sobre a venda de bens de consumo e garantias associadas e suas implicações no regime jurídico da compra e venda*, Estudos em Homenagem do Professor Doutor Inocêncio Galvão Telles, Vol. I, Direito Privado e Vária, Separata, Almedina, 2002.

The Common Frame of Reference and the Europeanization of the Private Law

Guido Alpa*

Summary: 1. "European Private Law": definitions; 2. The frame of the DCFR; 3. The objections to a "Europeanization" of private law; 4. The DCFR, the European Charter of Human Rights, the Nice Charter and consumer law; 5. Fundamental rights, the European Charter of Fundamental Rights and the DCFR; 6. Consumer rights; 8. The drafters' choices;

1. "European Private Law": definitions

One of the most interesting subjects of private law today is the proposal for a frame of rules – a "common frame", as the text, which I will concisely deal with in reference to my remarks, defines itself – aimed at introducing a terminology, a series of notions and a series of principles which at the same time constitute the "minimum common denominator" of private law practiced in the European countries, the result of the Community directives on the subject of obligations and contracts and consumer protection, but also a proposal to harmonise a considerable part of "European private law".

This branch of law, this perspective from which private law can be considered, has undefined boundaries, it is affected by different currents of thought, by a great circulation of ideas, and by various "cultural trends": in a volume published some years ago[1] with Mads Andenas we proposed various definitions of European private law, taking into account the shared values of the legal

---
* Professor of Civil Law University of Rome La Sapienza. President of the Italian Bar Council.
[1] ALPA/ANDENAS, Fondamenti del diritti privato europeo, Milano, 2005.

systems of continental Europe, Scandinavia and common law, taking into account the contents of the Community directives and the implementation rules introduced by the main legal systems, taking into account the attempts by academic research centres to draft «model codes», and also taking into account the various interventions made by the Community bodies in this sector since 1989, with resolutions, communications and proposals for general content directives. For several years I have participated in the meetings of Study Group for a European Civil Code, coordinated by Christian von Bar, and we have compared our ideas

This work has been a real training ground not only to understand the importance and the influence of comparative law in the evolution of legal forms of economic and social relationships, but also to deal with the problems of harmonisation of principles and the standardization of law. I have promoted this initiative to Italian and European lawyers. Now that I see the result of this work, for now a text only in outline[2], I am satisfied with it; and within the limits of the time I have been allocated, I would like to go over my reasons for this assessment.

The DCFR pursues the aim of guaranteeing uniform principles on the subject of contracts in general and obligations in general, specific contracts, civil liability, unjustified enrichment, negotiorum gestio (benevolent intervention in another's affairs) and trusts, and it comprises the principles pertaining to the acquis communautaire on consumer law as well as terminological and notional definitions. It is the result of the process taking place in which the national legal systems are coming closer together, not only with regard to the Community directives passed, but also in the sector of general rules concerning the "common core" of civil law. Similar efforts are also being made in the fields of family law, insurance law and procedural remedies. It is not a simple restatement of the law in force, rather it proposes to introduce innovative rules to meet the needs of a modern and complex society like the one in which we operate. It does not sacrifice national models, rather it subsumes their shared principles, employing a terminology which is adaptable to different local contexts.

2. The frame of the DCFR

Before entering in medias res I would like to clarify the framework or, I should say, the frame for this talk. Given my training, which apart from the study of

---

[2] Principles, Definitions and Model Rules of European Private Law. Draft Common Frame of Reference, (DCFR), Munich, 2009.

private law in the formal sense (this was the method used in Italy until the 1960's) also involves aspects of economic, political and social analysis of law, the text of the Draft cannot be considered in a reductive way as a simple "toolbox" which jurists, lawyers, judges and legislators can make use of to perform their tasks and achieve their aims. In the first place it is a precious casket in which the cultures, trends and policies belonging to the European countries' national experience and to Community experience converge. It is not without reason that I use the expression "experience" rather than "legal rules" or "legal systems", because I am an earnest assertor of "legal realism", which has found fertile ground also here in Norway and in all of Scandinavia, which is its homeland, to an equally important extent as the North American branch. Precisely in this perspective, it is necessary to take account not only of the text but its cultural origins and then of its practical application, since, as we know, legal texts have an actual life, which feeds on cases which see them "in action", on the additions of the interpreter and on the environmental conditions, so to speak, in which they are applied.

Seen from this perspective, then, the DCFR is a document which, for now, can only be examined superficially: we know how it originated, we know the aims it proposes, we know what its literal meaning is. A few months ago six volumes of commentary have been published (with a total of over six thousand pages): so we will be able to find out what its cultural roots were and the meaning that its authors wanted to give it. But we will only be able to understand it fully when it begins to be used in academic studies, in decision models and in legislation models. The other side of the coin has yet to be sculpted: and it will be sculpted by time, which is a great sculptor as Marguerite Yourcenar said, observing how the text is used.

In other words, for now it is only possible for us to see one side of the coin; a side which we can appreciate partly through the advance information collected in the studies which the authors of the Draft have begun to publish.

External observers have not, however, been idle. There has been an increase in seminars and opportunities for reflection, on the function of the "codes" in contemporary society, on "contractual justice" and on the economic aspects of the proposals for European contract law codification.

In order to discuss the Draft jurists must carry out three complex operations.

The original text was written in English, and this will also be the case for the commentary prepared by the authors. The use of this language is not neutral, it presents positive and negative aspects, in other words it comes at a price. It is a known fact that legal texts are never translated literally, because the translation of a text from one language to another implies a conceptual translation, in which the nuances, the authentic meaning, the "flavour" of the words, the concepts, the figures of speech that are typical of every national culture, are lost. Law by its nature is a product of national cultures, as the experts on legal realism, sociologists and anthropologists of law have taught us.

European Community law is no exception to this rule, because the regulations, the directives and the other sources of law are translated into the national languages and therefore imply the "conversion" of English and French terms (the languages in which the texts are initially written) in a context which is normally different to the original one; and comparative law is no exception either, because the jurist, however cosmopolitan he may be, has a "stamp", a kind of original sin, a mindset which he carries with him wherever he goes and whichever text he examines. Maybe, if we had all studied Roman Law alone, we could speak a lingua franca, Latin, and understand each other immediately in our use of terms and concepts, as occurred throughout the Middle Ages and the Renaissance; moving further along in time, a similar phenomenon occurred for the French language and law, from the end of the eighteenth century and for the first half of the nineteenth century in association with the Code Napoléon, or for the study of the Pandects and for the German language, from the second half of the nineteenth century to the 1940's.

However, today we live in a very different world, we have crossed national borders, even the Nòmos has been separated from the Earth; a universally known language is required, precisely the one I am using. The English language necessarily brings with it the ideas of common law, and an extraordinary experience of a pragmatic nature and of case law. But precisely for this reason further mediation is needed which goes beyond a simple literal translation.

The first operation therefore consists in understanding to what extent the English terms either correspond to their English meanings or allude to a non-autochthonous meaning, as the authors claim. This is why the definitions are useful: agreed or "stipulative" definitions, like those offered by the authors in their comments, or binding definitions, if they are offered by the Draft text itself. Indeed, in appendix to the text one finds a long list of definitions of the terms used in the formulation of the rules.

The second operation consists in translating the terms into the interpreter's own language: it is a necessary operation if one wants to share the text with jurists from each country of the Continent; it is an operation which on the one hand is psychologically spontaneous, and on the other hand complex, because the term, the notion, even the principle may not find its equivalent in the language and in the panorama of notions and concepts belonging to national experience. Therefore it is necessary either to create "new" terms, concepts and principles, or to proceed with similitude, absorption, fiction.

The third operation consists in a comparision with national experience, to check whether the choices made by the authors are better than those made by the legislators, judges, interpreters of a given system. Otherwise how would it be possible to persuade legal practitioners to abandon their system in order to substitute it with another? And would it be possible to impose a new system with a binding instrument?

By posing some of these questions I am already performing a manipulation: I am treating the Draft as if it were a civil code, which it is not, because the idea of a "code" belongs to bygone times; but it is true that, for those like me who come from a background of over two centuries of codified law, it is entirely natural to see the image of a new code in the Draft: a modern, flexible, tendentially systematic code, open to changes.

3. The objections to a "Europeanization" of private law

Whether or not it is a code, the DCFR does, nonetheless, constitute the most significant result of the "Europeanization" process of private law. Rather than waiting for national systems to spontaneously converge towards a "common law" built on practice and case law, with the circulation of ideas and models which contribute to maturing a shared concept of choices and concrete solutions, the authors of the DCFR proposed to set down in a text "negotiated" among academic experts from all the European countries, principles deemed acceptable and shareable also by legal practitioners. Thanks to the method used by the European Commission which supported this decision, the text was discussed with the stakeholders, representatives of businesses, consumers and professionals. The competence of the European Union to deal with this material was contested, the purely academic origin of the work was contested, the feasibility of a decision which would impose a new model on all legal practitioners, on all economic practitioners, on all its users, was contested.

Reasons of economic and social usefulness, of uniform treatment of EU citizens and of appropriateness and modernity of the text support this undertaking. They are arguments which can be used to face other, more substantial objections to the "Europeanization" process of private law.

The first is a direct objection, and concerns the general intention of the processes underway.

This aversion also emerged during the discussion held in some seminars that I organised on behalf of the Italian Bar Council: it stems from the fear that national identities will be suppressed for the benefit of an insipid model, a kind of Harlequin costume, which would end up marginalizing the aspects which characterize the models upon which the distinguishing features of the various systems are built. It is easy, however, to answer this objection, not only with arguments of an economical nature, which favour the harmonisation of the rules in order to facilitate market integration, but also with arguments of a political nature, given that a uniform model would guarantee an equal status to all the legal systems, to all the citizens and to all the jurists in the European Union. And if the harmonisation models were welcomed in non-EU countries too, a uniform system for the whole Continent would be created, and so, crossing the borders, it would not be necessary to change stagecoach horses, to use Voltaire's metaphor on particularistic law. From the point of view of Italian law, I can assure you that the benefit would outweigh the cost, given that Italian law, like the Italian language, are these days little known abroad, and Italian law is rarely chosen by the contracting parties as the law of the contract, hence both the law and the language are recessive. Professionals, consumers, lawyers and judges would therefore be greatly helped if they could use a common regulatory text rather than having to apply foreign texts.

The second objection attacks this process from the viewpoint of "social" policy: consumer law is considered as a law belonging to "ordoliberal" systems, seemingly aimed at protecting the weakest sectors of society but actually concerned with guaranteeing the protection of strong interests; the convergence of fundamental rights and consumer rights in a European contract law would end up giving priority to strong interests to the detriment of weak interests. One could, however, answer that the balance between economic and social interests at stake will never affect fundamental rights, which constitute the inflexible core of relationships between individuals.

Moreover, it is these instruments of standardization that guarantee the protection of fundamental rights, as provided by the Draft in its introductory provisions.

And from the viewpoint of Italian law I can confirm that the initiatives to benefit the consumer have increased protection of the right to health, have strengthened the bargaining position of the individual and have allowed judges to check economic operations with greater powers compared to those which the civil code allowed.

The third objection involves the fear that the harmonization process is too timid and sacrifices the protection standards already reached at national level. This seems to me to be the most convincing objection: yet considering some national models, like the French one, the English one and the German one, I do not think that this will be a risk.

However, I would like to add that these objections, like others which have emerged during thirty years of discussions, tend to only take account of the editorial component of regulatory processes. But we know very well – as the exponents of legal realism have taught us – that legal phenomena, cultural trends and the practice of applying the rules, are complex phenomena, of which the textual component is just one of the many aspects to be considered. Equally important, perhaps more so, is the creation of the rule, which reflects the mentality, the culture, the social environment, even the mood, of the interpreter. Therefore, with respect to one text, jurists who have different training do not react univocally; the Draft may have a propulsive function, and where its rules could seem less advanced than the national ones, it can be interpreted and adapted in order not to produce negative effects.

One should not, then, go too far in assigning a text a sacred value.

One example says it all. The Italian Constitution is one of the first and most modern constitutions in the post-war period. Despite coming into force in 1948 it is highly protective of civil rights, given the catalogue of individual and collective rights it contains. In some ways it is even more progressive than the Nice Charter, where it distinguishes between fundamental rights and economic rights, or where it awards the collectivity, as well as individuals, the protection of rights relating to "social groups". Therefore one could think that it offers Italian citizens greater – and better – protection than that which is provided by constitutions which do not contain a "bill of rights". And yet, this is not the case if one thinks of the present situation in which the legislature has prohibited the use of stem cells, it has introduced a status for embryos, it has limited access to artificial procreation, it chose not to grant legal status to de facto couples and it has suppressed the use of living wills. These are all issues which could be dealt with in a secular and positive way on the basis of the constitutional text in force, and instead they have been resolved by the Italian legislature in a completely negative way.

4. The DCFR, the European Charter of Human Rights, the Nice Charter and consumer law

The first text of the Draft has been published last year. To fully understand its importance it needs to be placed in the context of the evolution of private law. The Draft came to attention by coming into existence with other important documents: on 12th December 2007 the Charter of fundamental rights, signed in Nice in 2000, was solemnly proclaimed, awarding the Charter legal status and no longer only political status (C 303 /01) GUC 303 of 14.12.2007, 1); on 8th October 2008 a proposal for a Community directive on consumer contracts was published (COM 2008, 614/4).

According to traditional interpretation, the Nice Charter, as a document of constitutional importance, should not involve civil law and relationships between individuals, because constitutions primarily concern relationships between the citizen and the State. Therefore the document should not regard the field of interest of civil law and the civil law scholar. This interpretative model has been abandoned for half a century now in Germany and in Italy, for thirty-five years in Spain and for a few years in Great Britain and in France. In the first place the discussion concerned fundamental rights as recognised and guaranteed by national constitutions; it then spread to constitutional principles shared by Member Countries of the European Union; then to subjective legal positions protected by the European Charter of Human Rights signed in Rome in 1950 and applied by the court based in Strasbourg; and then to the application of that Charter by the European Community Court of Justice based in Luxembourg; further still it spread to the application of the Nice Charter by that Court; and finally to the importance of fundamental rights in the context of relationships between individuals in Community rules and in national rules of Community origin.

Even where written constitutions do not exist, but there are laws which recognize fundamental rights, or where the European Charter of Human Rights signed in Rome in 1950 has been absorbed, the problem of applying fundamental rights to relationships between individuals has been resolved in a positive way. For its part, the European Court of Justice has, for many years, applied fundamental rights as belonging to the entirety of universally recognised general principles of law; recently it has applied the Nice Charter as if it were a document which already has legal status. Even where the written constitutions contain a bill of rights, fundamental rights have been strengthened by recognizing the binding nature of the European Charter of Human Rights. Recently this hermeneutic operation was carried out by the Italian Constitutional Court, with decisions nos. 348 and 349 of 2007. From this it can be hoped that the Court can be invested with the issue of the constitutionality of the recent laws which I mentioned before.

We are therefore dealing with a complex cultural, political and practical process, as an outcome of which – in the law in books and in the law in action – fundamental rights have taken on a vital role which pervades all relationships, of all types.

Alongside this process is the process of legally protecting the rights and interests of consumers. Here too we find different regulatory models in the national legal systems, which have introduced actual "consumer rights codes", as occurred in France, in Italy and as they are planning to introduce in Luxembourg; or there are general laws, like in Spain; or ad hoc rules have been added to existing civil codes, as occurred in Germany. On a Community level the acquis concerning relationships between individuals has particularly developed in the sector of relationships with consumers. In order to avoid overlapping and grey areas, at Community level there has been a proposal for a general content directive to regulate, in a systematic way and at the highest level of harmonisation, contracts which have a professional as one party, and the consumer as the other. In this way the issue discussed at national level of relationships between general contract law and consumer law has been raised to a Community level. That is, whether the latter constitutes a specification of the former or a derogation of the former, or whether the latter tends to spread over the former, partially replacing it, or whether "radiating" over it, it constitutes an evolutionary factor.

The application of fundamental rights in relationships between individuals, the formation of a consumer rights code in the field of contracts and the drafting of a common frame of private law rules, are processes which for now are moving in parallel, they intersect in several places, but they seem destined to merge.

5. Fundamental rights, the European Charter of Fundamental Rights and the DCFR

Since 1 December 2009 the Treaty of Lisbon is in force; the Treaty includes a Part II which is the text of the Charter of Nice which is now a binding text, displaying legal effects.

And so we come to one of the crucial aspects of private law, also reflected by the Draft, the issue of applying fundamental rights to relationships between individuals. In actual fact, the Draft is not only aimed at the Member States of the European Union, but it is only natural to consider it in the light of Community law, also considering the interest that it has aroused in the Community bodies.

Among the European Union's objectives, the European Charter of fundamental rights establishes human dignity (art. 1-2) as a basic value and specifies that sustainable development in Europe is based on a "a balanced economic growth and price stability, a highly competitive social market economy, aiming at full employment and social progress" (art. 1-3). The Charter recognizes and guarantees the rights of the individual to physical and mental integrity (art. II-63), reaffirmed in the form of health protection (art. II-95), respect for family life (art. II-67) and personal data (art. II-68) and it specifically provides for "a high level of protection" for the consumer (art. II-98).

Therefore, it is necessary to distinguish between the demands of citizens which concern fundamental rights recognized in the Member Countries' constitutions and reaffirmed, in an even more extensive way, in the European Charter, and the so-called "economic rights", which are found on the same level as the rights of the "professional". The Resolution on consumer rights and interests of 1975 dealt, even then, with both categories of rights, but today the perspective has changed: even in Community law (which constitutes a legal system in itself, not assimilable to the national legal systems) it is now possible to use the formal categories which distinguish the sources of law and order them according to a priority, as occurs in the national legal systems.

And since it is inconceivable that EU policies conflict with the fundamental rights recognized by the European Charter, the fundamental rights become a limit to Community action in this sector. Therefore art. 153 (ex 129) of the EC Treaty -- which imposes on the Community the task of "contributing" to the protection of the health, safety and economic interests of consumers, and of considering their needs, must be reread in the light of the European Constitution provisions. Like national constitutions for which an interpretative process of "direct application to relationships between individuals" was created, the European Charter of fundamental rights also implies the direct application of the provisions contained within in to relationships between individuals.

What are the remedies for the violation of fundamental rights in an economic operation with a contractual legal guise?

Normally the regime of remedies is entrusted by Community law to the national systems and their application to national judges. However, in the case of violation of the principle of non-discrimination (which, naturally, does not exhaust the list of fundamental rights) the principles in which the acquis on consumer law has been consolidated (Acquis Principles) provide for compensation of economic and non economic loss (art. 3:201 (2)); on the other hand the DCFR provides for the application of remedies for "non performance" (art. III. 2:104); if the non-performance cannot be excused it is also possible to request "specific performance" (III. 3.101), or compensation, including non economic loss: III. 3.701).

The DCFR is therefore more advanced, from the perspective of protection of the individual, than the Acquis Principles. But this is, however, a sector which can only partially coincide with that of consumer protection in general, because from a contractual perspective it should not be possible (in my opinion) to take into account previous behaviour, which takes place in the pre-contractual phase, or in the case of a simple social contact which did not result in a contractual relationship. In other words, if the violation occurred before the contract was concluded, there is only room for compensation, but not for "specific performance" which would entail obligatory conclusion of the contract.

6. Consumer rights

In considering the responses to the Green Paper on the acquis concerning consumers (of 8.2.2007) as a whole, the Directorate general on the health and protection of consumers revealed that most of the interlocutors showed a propensity for adopting a general instrument aimed at the horizontal harmonisation of the rules on both cross-border and national contracts, an instrument which could entail greater legal consistency in the specific sectors considered. The majority (with 62%) is in favour of an instrument which introduces full harmonisation, this is a position shared by the European Parliament, by the organization representing businesses (at least for some essential aspects, like the definition of consumer and professional), while most of the consumer associations are in favour minimum harmonisation. The notion of consumer should be maintained within the most circumscribed limits, concerning the natural person. Disagreements persist over the application of the good faith clause, which bodies representing business are opposed to. The negotiation of individual terms should, according to most people, exclude unfairness tests; the combination of the black list and the grey list of unfair terms is welcomed, while most interlocutors are against extending the unfairness test to terms which define the contract content and price. More articulated were the responses to questions on remedies for non-performance of information obligations; in most cases withdrawal is considered appropriate, this is accompanied by other remedies for individual types of breach. Instead, there are no univocal positions either on general remedies to contractual non-performance or on compensation.

Following the consultation the European Commission drafted a proposal for a European Parliament and Council directive on "consumer rights" [COM (2008) 614/4 of 8.10.2008]. The text provides fifty articles and several annexes comprising comparative forms and tables. The exposé des motifs includes sixty-six recitals and covers over twenty pages: the directive is aimed at revising the acquis communautaire on consumption, at simplifying the legal framework in force, at improving the functioning of the internal market and at resolving problems posed by the conclusion of transnational contracts. In this regard provisions were introduced on the choice of the applicable law with regard to contractual obligations (the so-called "Rome I Regulation" n. 593 of 17.6.2008). However, the Commission acknowledged that the application of the Regulation, which allows the consumer to invoke national rules (art. 6), does not rule out the possibility of interpretational conflicts which could hinder the circulation of goods and services. This led to a very important decision, consisting in getting around the problem of the applicable law by providing uniform contractual rules concerning the relationships between professionals and consumers so that in every national legal system of the European Union the same rules can apply. This result is obtained – in accordance with the Commission's intentions – by carrying out two operations: the drafting of a single text which coordinates the Community directives on the relationships between professionals and consumers, and choosing the level of harmonisation, described as "complete" or "total" and "targeted" (ciblé).

This is a very important decision because, until now, Community consumer law was entrusted to "minimum" directives, which, having established a "minimum common denominator" consisting of mandatory principles to be implemented in all the national legal systems, allowed individual legislatures to raise the level of protection. This system had the advantage of not lowering the protection of rights in the legal systems in which it was stronger compared to the legal systems offering less protection of civil rights, and at the same time of allowing the latter to gradually adapt to the stronger models, in the sectors considered on different occasions. However, two negative aspects were found: the legal treatment of relationships with consumers ended up being different, and the level of protection they were guaranteed varied from country to country. Complete harmonisation, proposed by the Commission, is pressed for by professionals, who currently have to face significant transactional costs due to the variety of applicable rules, and by consumer associations, who on each occasion should advise their members on which law, of the two in consideration, is the best to apply to the contract. This, however implies a kind of restriction of the sector, whose evolution will exclusively depend – if the proposal is approved – on Community legislature, which will therefore limit domestic decisions.

The proposal does not concern all of the sector's directives, but just those covering some types of methods of concluding contracts (contracts concluded away from business premises, distance contracts) and some areas concerning content (unfair terms and sales guarantees). The outcome is a "mini consumer code" which regulates, according to the definitions and scope (arts. 1-4), information (arts. 5-7), withdrawal rights (arts. 8-20), some aspects of sales (arts. 21-29), contract terms (arts. 30-39) and aspects regarding application of the directive (arts. 40-50).

Art. 43 establishes that if the "applicable law" is that of a Member State's legal system, consumers cannot waive the rights conferred on them by the directive. This implies that the rules are imperative and that the fundamental difference between a directive like this, leaning towards complete harmonisation, and an actual regulation is scant, mainly consisting in legislative technique (implementation of principles, for the one, immediate enforcement, for the other), and in implementation times.

Another important choice involves the definitions of "consumer" and "professional", in which the sector of "liberal" work has been included. To tell the truth, this is simply a clarification, given that the notion of "professional" already included the businessman and the professional who carries out intellectual work, as defined in the civil code.

Some of the notable new elements are the obligations imposed on intermediaries acting on behalf of consumers, the uniform time limits for withdrawal rights, the imposition of risk of loss or damage of goods during delivery on the trader, the provision of a list of contract terms described as unfair and a list of contract terms that are presumed to be unfair in the absence of proof to the contrary, to be provided by the professional.

Rules which have remained outside the scope of the directive, despite being included in the acquis communautaire, regard unfair commercial practices, labelling, product safety, the liability of the manufacturer, tourism services, consumer credit and remedies. Nothing is said about the directive concerning services, which must be implemented by the Member States by December 2009, even though a partial overlapping of the rules is possible, especially as far as information and contract terms are concerned.

The directive will certainly also have an impact on the drafting of uniform principles regarding contracts, sources of non-contractual obligations and the discipline of sales.

At the same time two important works have been published: a compendium of the directives concerning consumer contracts and the progress of their implementation in the Member Countries, and a systematic reconstruction of the acquis communautaire on the matter. We are therefore moving towards a "codification" of Community consumer law.

The DCFR does not have a section dedicated to consumer law as part of its structure. Rather, it has followed the model of the BGB and has included special rules within the general structure concerning all private law relationships, thus relationships between consumers, relationships between professionals and consumers, and relationships between stronger and weaker parties: indeed, there are rules which try to rebalance the asymmetry of contracts when one of the parties is a "weaker" consumer, or a "weaker" professional.

The Draft marks, then, the expansion of consumer law into the field of general contract law, thus legitimizing the idea that today it is no longer relevant to talk about "consumer contracts" but it is necessary to talk about "asymmetrical" contracts, that is to say, about contracts that are regulated by taking into consideration the situation in which one party finds himself in a minority position compared to the counterpart, even if this does not involve a party ascribable to the category of consumers, minors, the naturally incompetent and so forth. I will return to this point shortly.

7. The drafters' choices

In order to appreciate, on the one hand, the enormous effort made by the authors, and on the other hand, the basic choices which they made in writing the Draft, it is necessary at this point to go into some details. Naturally, this is a brief analysis, given that the Draft is composed of ten books and an appendix containing definitions; each book is composed of dozens of rules, the definitions go on for dozens of pages; really, each rule, each definition deserves a comment; when the annotated edition is published, it will be possible to go on to make a more thorough analysis.

Even though, as I mentioned at the outset, the aims are different, comparison between the Draft and the codes in force is inevitable: for my part, the comparison will involve the Italian civil code, introduced in 1942, amended for the section on family law and succession in 1975, and updated on many other occasions. Unlike that which happened in Germany, or that which is happening in France and in Spain, there are no official projects in Italy to reform the law of obligations and of contracts; however in 2005 a «consumer code» was introduced, a sector-specific code in which the provisions on almost all relationships with consumers, including of course the implementation rules for the directives on contracts and consumers, were brought together. Initially, the implementation rules for the directive on unfair terms and those for the directive on sales guarantees were added to the civil code, but in 2005 those rules converged in the sector-specific code.

I will not dwell upon the structure of the Draft, even though it would be interesting to understand the reasoning behind the positioning of the rules on obligations, which are placed after (Book III) rather than before contract rules (Book II) while, since the contract is one of the sources of obligations, we would expect a different choice. Also of interest are the rules on the «acquisition and loss of ownership of goods» (Book VIII), which in the Italian civil code are spread out in the book on property and in the other books, with regard to the discipline of individual contracts or the protection of rights; in the same way one can understand the emphasis placed on the «proprietary security rights in movable assets» (Book IX), which in the Italian civil code are just hinted at, given that one of the aims of the Draft consists in providing rules to encourage the integration of the internal market and the circulation of goods and services by giving certainty to relationships, confidence to businesses and protection to users. Instead, what is completely new for the Italian jurist are the rules on «trusts» (Book X), which in Italian law are either replaced with legal rules concerning trust agreements (negozio fiduciario) or they derive from the international convention on this matter, as it is claimed that it also contains substantive law provisions.

There are many new elements on the subject of contracts. I will only dwell on a few of them, choosing those which may appear more important in the eyes of an Italian jurist.

The rules on contractual freedom, found at the beginning of book II, were the subject of extensive analysis during the seminar organised by the Italian Bar Council, which I mentioned before, but also in a seminar held at the Law Faculty of the University of Rome, La Sapienza.

In these two seminars the limits of contractual freedom were examined, understood as those involved in the relationship between mandatory and non mandatory rules, in the relationship between the legitimization of bargaining power and the abuse of bargaining power, and in applying the principle of transparency and the principle of good faith and fairness.

However, there are two aspects which are the most striking – I would say in a positive sense – to the Italian jurist, who in the Draft finds many rules which are congenial because they are already provided for by the civil code, on contract interpretation, on simulation etc.

I am referring to "pre-contractual duties" and to "unfair terms".

As I pointed out a few moments ago, Book II of the Draft contains rules on contracts in general, but within each institution it distinguishes between (i) rules aimed at regulating contracts concluded by contracting parties who are not qualified, (ii) rules aimed at regulating contracts concluded by consumers, (iii) rules aimed at regulating contracts concluded between "weak" professionals, and (iv) rules aimed at regulating contracts concluded by "weak" consumers. The first group of rules is not, however, neutral, as one may think at first sight. Because despite being aimed at all contracting parties, these rules contain correctives based on transparency of the contract, on good faith and fair behaviour, and on the prohibition of contractual abuse, which meet both the demand to "moralize" the market, and the demand to accommodate social needs which would not be fully met by the free play of the forces concerned.

Now then, Chapter 3 of Book II concerns the subject of «Marketing and pre-contractual duties» (II.-3:101 – 3:501). This subject is completely new with respect to the civil code which (the first of the modern codes) contains specific rules on the subject of negotiations and precontractual liability (arts. 1337-1338). In connection with the general principles relating to the application of the general "good faith" provision in the phase prior to contract conclusion and the obligation to inform the other party of the causes of the invalidity of the contract, Italian jurisprudence has completed the statutory provision by establishing the extra-contractual nature of the liability for violation of these provisions and the extent of the reimbursable loss contained in the so-called pre-contractual liability (reimbursement of the costs sustained during the negotiations and payment of the profits lost through not concluding other contracts. Obligations in the precontractual phase are therefore limited and not standardized: they particularly concern the suspension of negotiations without justification, but do not concern the obligation to disclose facts and circumstances, except for the causes of invalidity of the contract.

The fulfilment of precise precontractual information obligations concerning the list of data and the provision of explanatory notes and documents is only provided for by specials laws on contracts with the consumer and contracts concluded by banks, by insurance companies and by financial brokerage companies with their clients.

On the other hand the Draft raises the information obligations of businesses to a general rule (to be complied with vis-à-vis anyone, as the text says "another person") in the case of the sale of goods, assets and services: it does not specify in detail the information which must be given, but it employs a general clause, based on the reasonable expectation ("...reasonably expect...") of the counterpart, and takes account of the standards of quality and performance, described as "normal" under the "circumstances" (II.-3:101).

In the case of the counterpart also being a business, the violation of this duty corresponds to the failure to provide information which would be expected taking account of "good commercial practice"). Certainly, this is absolutely new in our experience, where negotiations between professionals are normally entrusted to the free market, except, precisely, for special rules.

The Draft also regulates precontractual information obligations with respect to the consumer who we may describe as "average" (II.-3:102) and the particularly disadvantaged consumer (II.-3:103); it provides rules on information provided in real time and by electronic means (II.-3:104, 3:105). It also provides that the price, the name and the address of the business are provided (II.-3:107, 3:108).

On a general level, it provides that the information is clear and precise, and expressed in a plain and intelligible language (II.-3:106). This too is very new: in our legal system such a principle has not been codified; similar rules only apply to consumer contracts by virtue of the Community directive on unfair terms.

A similar principle is provided by the draft regarding terms which have been prepared by one party and submitted to the other (II.-9:402). In this case too, with a provision which is mandatory for the parties (II.-9:401) the terms must be drafted and communicated in a clear, simple and intelligible way.

In the case of breach of the precontractual obligations the penalty is the right to damages for loss ("loss") (II.-3:501), which goes beyond the simple precontractual liability. When the commentary is published it will be necessary to check whether the authors ascribe this case to the area of extra-contractual liability, rather than to that of contractual liability, with all the consequences that arise from this on the subject of the burden of proof and the limitation period of the legal action for damages. The choice of the authors, however, is clear: a contract concluded in breach of the precontractual obbligations is in itself valid, and not rescindable; on the other hand, in the case of "unfair" terms the term is not binding (II.-9:408).

Recent jurisprudence from the Italian Court of Cassation, on the other hand, provides for termination of the contract, if the information obligation is provided for by law, with the resulting compensation for contractual damage; but there are decisions which apply the remedy of nullity, with the resulting restitutions.

The Draft also provides special rules when the contract is concluded with the consumer (II.-3:102).

Another example of raising consumer rights to the level of general legislation is provided by the application of the principle of invalidity of the terms prepared by one party and submitted to the counterpart.

First time among modern codes, the Italian civil code provides rules on the standard terms drafted by one party and imposed to the other, without making distinctions of status; the terms are not invalid if they are approved by being specifically signed (art. 1341 para. 2).

In the DCFR instead the terms are submitted to the scrutiny of "unfairness", that is "significant disadvantages" imposed on the contracting party through conduct contrary to good faith and fair dealing (II.-9:404), it does not make a difference whether the counterpart is a consumer or otherwise.

However, if the counterpart is a business, the Draft extends protection to it also and this goes beyond Community law itself which reserves this protection to the consumer only. The Draft, then, does not reflect, at least from this point of view, the tendency of the national legal systems nor the tendency of Community law; here it neither works as a restatement nor as a reflection of Community law, but accommodates the demands of certain academic opinion and certain bodies (such as the English Law Commission) which had expressed their wish for the "moralization" of the market in the drafting of terms and in their imposition through controlling the abuse of bargaining power. In the case of contracts between businesses reference is not made to disadvantages but rather to serious breach of good commercial practice, good faith and fairness ("...grossly deviates from good commercial practice, contrary to good faith and fair dealing": II.-9:405). It is not exactly a test of abuse, since commercial practice is legitimized, in so far as it is "good", but the use of good faith and fairness in drafting the contract, in the appraisal of the individual clauses and in the comparison of them with clauses applied in normal practice, is however an important step forward.

The text has a number of implications, and it would be possible to continue this analysis for pages and pages. As you can see, the Draft is truly playing a driving role in the academic world and in the legal culture of every country, and it involves those whose who practice the legal professions: it is therefore a training ground in which jurists today test themselves in order to prepare the law of tomorrow. According to the programs of the Commission, on 26 April 2010, the Commission set up an expert group on a Common Frame of Reference in the area of European contract law (Commission Decision 2010/233/EU). On 1 July 2010 the Commission has approved a Communication (COM 2010 n. 348) a Green Book asking to the States, Governments, stakeholders to reply to some questions concerning the instrument though which a CFR should be enacted.

Problemática de la Ejecución Hipotecaria en el Contexto de la Crisis Financiera

Guillermo Orozco Pardo *
José Luis Perez Serrabona González **

Sumário: 1. Introducción; 2. Notas sobre el contrato de préstamo; 3. Aplicación en el crédito hipotecario; 4. La ejecución hipotecaria y sus problemas; 5. Posibles soluciones; 6. Medidas adoptadas; 7. Conclusión.

1. Introducción***

La situación de crisis financiera que vivimos en la actualidad ha puesto de relieve la rigidez y falta de equidad de nuestro ordenamiento jurídico a la hora de adaptarse al cambio de circunstancias económicas que afectan a los consumidores adquirentes de un bien tan básico como su vivienda habitual.

La situación del mercado de la vivienda y, por ende, del hipotecario es cada vez mas complicada. Si revisamos los datos actuales podemos comprobar la confluencia de varios factores que así lo indican:

1. Un descenso acusado de las adquisiciones de vivienda y, por tanto, de las hipotecas:
El saldo total del crédito hipotecario de las entidades financieras se estableció en abril en 1,056 billones de euros, lo que supone un descenso del 3,42% en 12 meses y la mayor caída

---

* Catedrático de Drecho Civil. Universidade de Granada.
** Catedrático de Drecho Civil. Universidade de Granada.
*** El presente trabajo se realiza al amparo del *Proyecto Instrumentos jurídicos de mejora del acceso a la vivienda y de estimulo a la financiación y promoción inmobiliaria.* Der 2009-09624.

desde 1992, año en que comenzó a publicarse la serie histórica, según los datos publicados por la Asociación Hipotecaria Española (AHE). Este descenso superior al 3% contrasta con los crecimientos superiores al 20% que el saldo hipotecario llegó a alcanzar en la fase más aguda del "boom" inmobiliario en España. En marzo de 2010, el saldo subía un 0,7% en tasa interanual y marcaba 1,095 billones de euros. El saldo hipotecario cayó en abril en cerca de 4.000 millones de euros si se compara con el mes de marzo (-0,52%), mientras que experimenta una merma de 37.349 millones de euros en relación al mismo mes de 2010. Por tipos de entidades, el saldo vivo del crédito hipotecario de las cajas de ahorros registró el mayor recorte (-7,38%) y se estableció en 558.634 millones de euros, mientras que en el caso de los bancos sumó 412.319 millones de euros, un 2,33% más. El saldo hipotecario total disminuyó en las cooperativas de crédito y se estableció en 69.653 millones (-2,38%), mientras que en los establecimientos financieros de crédito (EFC) se estableció en 15.740 millones, lo que significa un 3,14% menos.

2. El aumento de los tipos de interés:
El tipo de interés medio en abril se situó el 4,04%, lo que supone un aumento del 3,1% en tasa interanual y un incremento del 2,5% respecto a marzo de 2011. Por entidades, el tipo de interés medio de los préstamos hipotecarios de las cajas de ahorro fue del 4,04% y el plazo medio de 22 años. En cuanto a los bancos, el tipo medio de sus préstamos hipotecarios fue del 4,24% y el plazo medio de 21 años. El 94,2% de las hipotecas constituidas en abril utilizó un tipo de interés variable, frente al 5,8% de tipo fijo. Entre los variables, el Euribor fue el tipo de referencia más utilizado en la constitución de hipotecas, en concreto en el 84,1% de los nuevos contratos.[1]

3. El aumento de las ejecuciones hipotecarias hasta cifras no imaginable antes de la crisis: *La banca sigue acumulando activos inmobiliarios procedentes de ejecuciones hipotecarias. Los problemas de los deudores, tanto promotores como particulares, para hacer frente a sus cuotas por la dureza de la crisis desembocaron el año pasado en 93.622 solicitudes de embargo a los juzgados españoles. La cifra supone un nivel récord y cuadruplica las 25.943 ejecuciones realizadas al inicio de la crisis, en 2007. No obstante, se mantiene en niveles muy similares a los de 2009, cuando se registraron 93.319 ejecuciones, lo que apenas supone un 0,32% más. Este incremento resulta ínfimo si se tiene en cuenta que en 2009 los procedimientos se dispararon un 59% respecto a 2008, en plena crisis del sector. Desde 2007 se han producido un total de 250.000 embargos y ejecuciones, si bien esta cifra puede ser mayor por cuanto a veces se realizan sobre varias fincas a la vez.*[2]

---

[1] Vid. Revista *Consumers*. Julio de 2011.
[2] Vid. Diario *Cinco días* del 25/03/2011.

El instrumento fundamental de financiación que adquirentes han utilizado para poder acceder a la compra de inmuebles ha sido la compraventa vinculada a contrato de préstamo hipotecario, que se ha convertido así en un típico contrato de consumo: celebrado por adhesión, vinculado y casi *forzoso*. A ello debemos sumar la falta de conocimiento del consumidor de la complejidad y alcance de este tipo de contrato, donde muchos de sus aspectos esenciales – sistemas de fijación del tipo de interés, comisiones, sistema de amortización o alcance de la responsabilidad hipotecaria – eran desconocidos para el contratante medio. Como afirma Lasarte, *las entidades financieras o bancarias, prestamistas por condición, cuentan a su favor con gabinetes de estudio y potentes unidades de asesoramiento jurídico; mientras que, por lo general los prestatarios son personas individuales o sociedades de mucho menor fuste y preparación. Por ende, el contrato de préstamo y la operación financiera acaban por ser un supuesto más de contrato de adhesión con condiciones predispuestas por entidades financieras. Las circunstancias referidas han traído consigo la consecuencia inicial de que las escrituras de préstamo hipotecario sean sumamente complejas y llenas de expresiones de difícil intelección, tanto en relación con los gastos preparatorios de la operación financiera subyacente cuanto sobre los tipos de interés, tarifas o comisiones de general aplicación.*[3]

En su seno, además, se han introducido cláusulas y prácticas abusivas varias de las cuales han sido declaradas nulas por la jurisprudencia del Tribunal Supremo en distintas resoluciones, y otras están pendiente de que se consolide tal doctrina, tal y como sucede con la cláusula suelo/techo declarada nula por la alguna resolución judicial que aún no alcanza firmeza y frente a la que el legislador se ha comprometido a reaccionar.

Nuestro legislador ha sido consciente de ello y en su reciente ley 41/2007 así lo expone:

El mercado hipotecario es uno de los segmentos del sistema financiero con mayor influencia en la estabilidad macroeconómica y financiera. De su funcionamiento depende la financiación de la vivienda, que representa alrededor de dos tercios del valor de la riqueza total de los hogares españoles y condiciona sus decisiones de consumo e inversión. Al mismo tiempo, el crédito hipotecario tiene un gran peso en el balance de las entidades de crédito y supone más de la mitad del total del crédito al sector privado residente. Debe recordarse que el reciente periodo de extraordinaria aceleración de la actividad ha coincidido con una notable estabilidad en la regulación del mercado hipotecario. Las normas básicas del marco jurídico relativas a la transparencia, los mecanismos de movilización de préstamos y la subrogación y novación no se han alterado, de forma sustancial, en los últimos años. Esta

---

[3] Vid. *Principios de Derecho Civil IV. Derechos reales y Derecho Hipotecario*. Barcelona, 2009. Página 44. Este autor crítica, con razón, la ineficacia que de facto tiene en este ámbito la Le 2/2009 de 31 de marzo, culpable, en parte, de muchos de los problemas que abordamos.

estabilidad contrasta con la intensa producción normativa en los restantes ámbitos del sistema financiero, y aunque la perdurabilidad de las normas es siempre deseable, durante este tiempo han cambiado algunos factores fundamentales cuyas implicaciones deben introducirse en nuestro ordenamiento jurídico.

En particular, se ha producido en los últimos diez años una fase de expansión del crédito hipotecario con finalidad residencial en España. Esta expansión se ha reflejado en el crecimiento del mercado español de cédulas hipotecarias que ha alcanzado las primeras posiciones por volumen emitido en Europa. El fuerte ritmo de desarrollo de ambos mercados ha adelantado la necesidad de tomar medidas dirigidas a su correcto funcionamiento, de forma que se consolide el crecimiento del mercado de títulos hipotecarios, por un lado, y no se discrimine regulatoriamente entre las diferentes opciones de préstamo o crédito hipotecario abiertas a los clientes por el otro. Especialmente, en una coyuntura actual de subida moderada de los tipos de interés de referencia. Las líneas de acción en que puede estructurarse la presente Ley referida al mercado hipotecario son, fundamentalmente, la eliminación de los obstáculos a la oferta de nuevos productos, la modernización del régimen de protección mediante la búsqueda de una transparencia más efectiva, que permita a los prestatarios tomar sus decisiones en función del riesgo real de los productos y la mejora de los instrumentos de financiación.

No obstante, el problema fundamental que suscita nuestro interés es el de las consecuencias no equitativas que se deducen del sistema de ejecución hipotecaria que se aplica en nuestro país, junto con el efecto del principio de responsabilidad universal deducido del artículo 1911 del Código Civil a cuyo tenor *del cumplimiento de las obligaciones responde el deudor con todos sus bienes, presentes y futuros*. En consecuencia, una vez producido el impago la garantía *real* – cubierta por el valor de la vivienda – se ve reforzada por la *personal*, de manera que el consumidor/prestatario pierde su vivienda *habitual* y sigue respondiendo del resto de la deuda con todos sus bienes actuales y futuros. La situación de grave crisis que atravesamos ha puesto de relieve la *dureza* de este sistema e, incluso, la dudosa equidad del propio procedimiento de ejecución.

Las causas que han conducido a la situación actual son muy complejas, pero en lo que a nosotros interesa pueden sintetizarse de la siguiente forma:
1. El aumento del suelo urbanizable por aplicación de una legislación sobre el suelo que pretendía aumentar el número de viviendas en el mercado que fomentara la competencia y disminuyera los precios.
2. El crecimiento exponencial de la demanda por distintas razones: satisfacción de una necesidad básica; las desgravaciones fiscales y la idea de realizar una *inversión* segura y rentable que atrajo a los *especuladores* a este mercado.
3. El consiguiente aumento de los precios.
4. El descenso de los tipos de interés y la entrada de dinero en este mercado para financiar la construcción y venta de viviendas.

A consecuencia de todo ello, se produjo un aumento del numero de hipotecas que, para cubrir el 80% máximo del valor de la finca que se permitía por ley a esta financiación, lleva a aumentar el valor de tasación, que en la mayoría de las veces realizaban la propias agencias de las entidades financieras. Al haberse concedido operaciones de dudosa viabilidad, aumentan las llamadas hipotecas *basura*, lo que junto a la *titulización* de estas y su entrada en el mercado financiero, producirá una caída del mercado, el aumento de los impagos y, por tanto de las ejecuciones, y una bajada del valor de las vivienda objeto de la hipoteca que está muy por debajo del total del crédito al que sirve de garantía.

A modo de ejemplo, podemos citar el caso de una persona que comprara una vivienda en el año 2007 con el 100% de financiación y dejara de pagar en 2009; actualmente habrá perdido su vivienda y seguirá respondiendo por una cantidad igual o superior a la recibida inicialmente (una vivienda tasada en 150.000€ responde de una deuda total de 300.000€)

Todo ello ha devenido en un panorama que pone de relieve la falta de sintonía de nuestro ordenamiento jurídico con la realidad actual, que ha quedado de manifiesto en algunas resoluciones judiciales *polémicas* que nos inducen a una necesaria reflexión sobre el tema.

2. Notas sobre el contrato de préstamo

Este contrato supone la entrega de dinero, o cosa fungible, por una parte al otro contratante que queda obligado a restituir el equivalente de lo recibido y a pagar intereses si así se hubiese estipulado. En este sentido, es un contrato real por el que el prestatario adquiere la propiedad de lo recibido y sólo queda obligado a pagar intereses cuando expresamente se ha estipulado así. Sin embargo, los códigos más modernos presumen la onerosidad del contrato, por lo cual exigen pacto en contra para que no exista obligación de pago de intereses (así italiano y portugués). Nuestro Código de comercio, por su parte, prevé la posibilidad de exigir el pago de intereses cuando éstos se hubiesen pactado por escrito (art. 314) por lo que, de no haberse realizado el pacto expreso, nos encontraríamos ante el *absurdo* de un préstamo mercantil gratuito, lo que sorprende aún más si el prestamista es una entidad de crédito.

En este contrato la relación entre *tiempo*, *riesgo* e *interés* es básica por lo que el artículo 1127 C.c. entiende que el plazo se establece en beneficio de ambas partes, pues el prestatario tiene más tiempo para devolver la suma recibida y el prestamista percibe un mayor rendimiento por ello. Lógicamente, conforme existe un mayor grado de riesgo en la operación el interés será mayor, así como se aplicaran una serie de medidas que tiendan a asegurar la devolución del capital y el cobre de los intereses acordados. La STS de 1/3/1887 afirmaba que

"... el prestamista coloca su capital con la esperanza legítima de obtener una ganancia determinada, de la cual se vería privado a voluntad del deudor, desde el instante en que éste pudiera lícitamente devolverle lo prestado antes del tiempo convenido, viniendo por este hecho a hacerse desigual la condición de los contratantes". En razón de ello, se pactan unas cláusulas que penalizan al prestatario si decide devolver el préstamo con anterioridad al plazo convenido, que funcionan como auténticas cláusulas que penalizan al prestatario aunque se denominen "comisiones por cancelación anticipada", y que pueden ser consideradas como auténticos intereses.

Afirma la doctrina que el interés debe consistir en una fracción del género prestado, por unidad de tiempo de duración del préstamo, incidiendo así en la ecuación tiempo/interés que antes citábamos como "principio inspirador" de la naturaleza y regulación de este contrato.[4] MARIN PEREZ afirma que "pocos contratos han revelado con tanta claridad los efectos del desequilibrio entre el poder de negociación de las partes como el contrato de préstamo con interés".[5] Una parte, el prestatario, necesita el dinero solicitado a préstamo y ello, unido a la falta de conocimiento de muchas de las variadas y complicadas operaciones de cálculo que se aplican para obtener la Tasa Anual Efectiva (TAE), le lleva a asumir muchas veces cláusulas que posteriormente se revelan como "dudosas" en su licitud a la luz de los parámetros que antes hemos citado. Por otro lado, el prestatario busca obtener la mayor ganancia posible en la operación, a la vez que impone toda una serie de condiciones que le permitan asegurar el cobre del capital y sus intereses, razón por la cual el problema no reside en las actuales circunstancias en determinar si un interés es o no usurario, por elevado, sino si el contrato contiene cláusulas abusivas que colocan a una parte en una posición injusta de desequilibrio en favor de la otra. Es decir, si de ese contrato se puede deducir que una parte asume unas condiciones "leoninas" como consecuencia de un estado de necesidad o ignorancia que le hizo asumir unas condiciones no ajustas a Derecho.

La vinculación de la historia de este contrato con la *usura*, término que en un primer momento equivalía al de interés y no tenía ese significado infamante que después adquirió, ha provocado la intervención del Legislador y los Tribunales de justicia buscando la aplicación de una equidad que rectificase los excesos que se derivan de una interpretación del Derecho estricto.

El *interés* puede definirse como el *provecho* que el prestamista estipula como precio por el disfrute de la suma que confiere al prestatario; se trataría del

---

[4] Vid. LACRUZ BERDEJO, *Elementos de Derecho civil*, Barcelona, Bosch, tomo II, vol. 1º.
[5] Vid. *Comentarios al Código civil y Compilaciones Forales*. Dir. ALBALADEJO Y DÍAZ ALABART, EDERSA, Madrid, 1982, tomo XXII, vol.1º, página 101 y siguientes.

"precio" del dinero prestado en razón de la suma, el plazo y el riesgo. VON THUR lo definió como la remuneración que el acreedor puede exigir al deudor por privarse de la suma de dinero que le adeuda, siempre que se ajuste a la cuantía de la suma debida y al plazo de duración de la deuda.[6]

Es por tanto unánime la exigencia de proporcionalidad de la cuantía de los intereses al tiempo de duración del préstamo y al riesgo asumido, en razón de la pérdida de rentabilidad por parte de quien presta el dinero. No obstante, como queda dicho, el ánimo de lucro y la práctica de reforzar la seguridad del préstamo pueden llevar a imponer condiciones que comporten un desequilibrio injusto de las partes o, incluso, un interés usurario. Es por ello que históricamente el préstamo con interés ha sido tratado con cierta desconfianza por el Legislador quien ha pretendido poner coto a los posibles excesos con un sistema de interés tasado en función del tipo de crédito.

En Roma se admitió el préstamo con interés pero limitado por una tasa de interés legalmente establecida, así Justiniano aplicaba una tabla que variaba entre el 4 y el 12%, en función de la dignidad de la persona, lo cual le liga al riesgo; no obstante, se sancionaba el interés abusivo. En España, el Fuero Juzgo y el Fuero Real lo admitieron, pero las Partidas, influidas por el Derecho Canónico, prohibieron el préstamo con interés y si bien no penalizaban la usura, la sancionaron con pena eclesiástica (privación de sepultura eclesiástica). El Ordenamiento de Alcalá dispuso que lo dado o prestado a interés no se podía recobrar, imponiendo penas pecuniarias a la usura. En 1405 Enrique III prohibió los contratos entre judíos y cristianos, lo cual fue revocado por Enrique IV. Los reyes católicos mantienen la postura del Ordenamiento de Alcalá, pero variando las penas impuestas. Don Carlos y Doña Juana mantuvieron una postura más flexible pues admitían un interés máximo del 10% en el préstamo en caso de lucro cesante, daño emergente o peligro de pérdida. Felipe II prohibió exigir interés del dinero dado en depósito, por préstamo o cualquier otro título, fuera de los casos admitidos en Derecho. Felipe IV, Carlos III y Carlos IV reconocen la licitud del interés, si bien el primero rebajó la tasa al 5%. Con ello se consagra una línea que admite y justifica el interés pero le señala una tasa que limita su cuantía en función de determinadas circunstancias, siendo este sistema abolido por la Ley de 14 de marzo de 1856 que sanciona la libertad de la cuantía de los intereses, exigiendo que dicho pacto conste por escrito, so pena de nulidad, y reputando como interés "toda prestación pactada en favor del acreedor". No es de extrañar que el liberalismo acabe con el sistema de interés tasado pues ve en ello un problema de naturaleza económica, ajeno a la ética jurídica, según sus parámetros. Ello dio lugar a tales abusos que se hizo nece-

---

[6] Citado por LACRUZ en *op. cit.* en página 114.

sario reaccionar contra los mismos aprobando una solución de "compromiso" como fue la Ley Azcárate de 1908, donde se confía al criterio judicial la decisión de si el contrato es usurario, pese a que en la discusión parlamentaria de esta Ley se planteó la vuelta al sistema de tasas por algunos diputados, como el Sr. RUIZ JIMÉNEZ, que veía en la flexibilidad del criterio judicial una fuente de casuística complicada de resolver que provocaría inseguridad jurídica. Por tanto, hoy nadie duda que la idea legitimadora de los intereses reside en la presunción de productividad del dinero que el acreedor pierde en favor del deudor, lo cual supone una suerte de aplicación de la doctrina del enriquecimiento injusto. El concepto moderno de interés surge así mediante el "descubrimiento" del dinero como bien productivo, así como el hecho de que la inflación impone una depreciación del mismo: se remunera el préstamo a causa de la pérdida de valor del dinero o de la productividad cesante que sufre el acreedor/prestamista. Esto supone que la cuantía y el plazo son factores decisivos a la hora de fijar la tasa de interés a aplicar en el contrato. Así mismo, se pretenden introducir cuantas medidas permitan asegurar el cobro del capital y sus intereses, lo cual incide en la idea de que a menor garantía, mayor interés.

Por otra parte, no cabe afirmar que hoy usura e interés sean términos sinónimos, pues éste supone la remuneración lícita que el prestamista recibe por su dinero, mientras que aquella supone una percepción excesiva en provecho del prestamista, cualquiera que sea la condición con la que se revista. Afirmaba TOMAS DE MERCADO que "*de arte que es tan abominable la usura que raro osa andar sola; siempre anda metida en los negocios y tratos que tienen siquiera buen nombre y apariencia, para entrar con aquél título ajeno sin ser conocida por el suyo propio*".[7] Esta diversidad de "ropajes" del interés usurario que se vale de distintas "argucias" para asegurar la ganancia excesiva, tales como las multas por mora, las indemnizaciones en caso de reclamación judicial u otras similares, llevaron a la STS de 30/6/1967 a concebir como interés toda "prestación pactada en favor del mutuante como retribución o precio por el aplazamiento de la obligación de restituir el "tantundem"; lo cual se conecta con el artículo 1.1 de la Ley de 1908 que entiende por interés toda prestación pactada en favor del prestamista, cualquiera que sea la denominación o apariencia externa.

Pero ello no implica que tratemos de eliminar todo interés, sino de impedir una diversidad de prácticas que, en la práctica, suponen una ganancia superior a la justificada por aquél "enriquecimiento" perdido, el plazo de tiempo convenido y el riesgo asumido por el prestamista. La Ley Azcárate reacciona con fuerza frente a esta práctica decretando la nulidad del contrato donde se estipula un interés "notablemente" superior al interés normal del dinero

---

[7] Vid. *Suma de Tratos y Contratos*. Edición del Ministerio de Economía, volumen segundo, página 512.

y manifiestamente desproporcionado a las circunstancias del caso o cuando se estipulen tales condiciones que resulte "leonino", existiendo motivos para pensar que ha sido aceptado por causa de las circunstancias del prestatario: necesidad, ignorancia, inexperiencia o limitación de facultades.

La jurisprudencia del Tribunal Supremo ha mantenido que esta flexibilidad de conceptos del amplio criterio judicial obedece al hecho de que la usura suele presentarse como práctica encubierta, por lo que no es fácil presentar una prueba directa de la misma. A tenor del catálogo flexible que consagra el artículo 1 de la Ley de Usura, cabe destacar como supuestas básicos los siguientes:

- Contratos en los que se estipula un interés netamente superior al normal.
- Los falsificados: aquellos en que se supone recibida una cantidad mayor de la real.
- Leoninos: aquellos que se prevalen de las circunstancias antes citadas.

No obstante, la línea más actual se decanta por un criterio claro: existencia de un interés excesivo pactado y aceptación por el prestatario a causa de las circunstancias. Por tanto, será el mercado el que nos indique si un interés supera el límite normal del momento de acuerdo a las circunstancias. No obstante, la jurisprudencia viene estimando que ha de tenerse muy presente el fin al que el destinatario destina el dinero y el riesgo que corre el prestamista. En cuanto a las circunstancias del prestatario, debe atenderse a la realidad fáctica personal del sujeto, permanente o transitoria, cualquiera que sea la causa.

Hoy cabe imputar el descenso de los litigios sobre esta materia a la "profesionalización" de las entidades que actúan en el ámbito del mercado de préstamos, la existencia de una "tasa indirecta" que supone el interés que fija el Banco de España, así como el aumento de la competencia entre entidades y la disciplina bancaria. Ciertamente, hoy es difícil que en el ámbito del mercado de los préstamos al consumo y los hipotecarios se fijen intereses usurarios, por excesivos, merced a que el dinero está sometido al control indirecto que suponen los tipos que fija el Banco de España y la política agresiva de algunas entidades financieras que han provocado un descenso generalizado de los tipos, impensable hace algunos años.

Es también cierto que el efecto de la inflación puede hacer que las operaciones a largo plazo concertadas a un interés elevado, no resulten leoninas en la medida en que la moneda ha podido perder un poder adquisitivo importante en el tiempo que transcurre entre nacimiento y vencimiento de la operación. Por ello la STS de 25/1/1984 estimó que un interés no es excesivo cuando ni siquiera llegó a cubrir los efectos de la inflación. Pero para analizar de verdad el carácter de un interés debemos atender al conjunto de toda la operación, determinado que parte de ese interés actúa como medida de estabilización, de manera que todo lo que exceda de la misma es auténtico interés/ganancia y es entonces cuando podremos decidir si es o no usurario.[8]

En definitiva, la usura proviene del precio por el uso del dinero prestado mediante justo título, y esta ligada a operaciones lícitas en principio en las que se obtiene una ganancia excesiva, merced a una quiebra del equilibrio contractual sobre la base de una voluntad viciada por necesidad o ignorancia, en virtud de la cual el prestamista puede imponer sus condiciones, que han de ser necesariamente aceptadas por la otra parte.[9] Es por ello que la Ley 26/1988 de 21 de julio, de crédito al consumo, aplicable en parte a los créditos hipotecarios, pretende evitar cualquier enriquecimiento injusto por estas operaciones declarando no válidas cualquiera de las cláusulas contractuales contrarias a lo dispuesto en ella, salvo que sean beneficiosas para el consumidor. En consecuencia, sintoniza con el resto de las normas de protección del consumidor y usuario en preceptos comunes tales como los referidos a la publicidad sobre ofertas de crédito, coste total del mismo y tasa anual equivalente o las medidas ejercitables a los contratos vinculados con el de crédito.

En este sentido y sin pretender, por nuestra parte, entrar en materia de diferenciación entre préstamo civil y préstamo mercantil (entre otras razones por la de índole práctica de que todas las prescripciones del Código civil sobre el préstamo son de aplicación al préstamo mercantil) sí queremos precisar que para calificar a un préstamo como mercantil son necesarias dos condiciones: que alguno de los contratantes sea comerciante, de un lado; y que las cosas prestadas se destinen a actos de comercio, exigencias del artículo 311, dificultando la segunda, de modo rotundo, que pueda calificarse como mercantil o como civil un préstamo, hasta después que el prestatario haya afectado las cosas prestadas a un fin concreto o (en una interpretación mucho más flexible y no con certeza segura)si hace una declaración de voluntad por medio de la cual advierte sobre su intención o compromiso de dedicar el objeto prestado a la finalidad concreta requerida (a un acto de comercio). Pero esta exigencia ha encontrado una excepción en la doctrina y en la jurisprudencia como señala MORAN BOVIO: la hipótesis de préstamos concedidos por entidades de crédito, con la consecuencia inmediata de calificar como mercantil a las operaciones de crédito al consumo.

---

[8] -Vid. LACRUZ en *op. cit. loc. cit.*
[9] -Vid. MARIN PÉREZ en *op. cit.* página 118.

3. Aplicación en el crédito hipotecario

Decía ROCA SASTRE que el préstamo con hipoteca constituye un modo de colocación del dinero a crédito con acusada seguridad.[10] Efectivamente, el factor riesgo es en este caso menos elevado que en los créditos personales, pero el capital si suele ser mayor, razón por la cual se amplia el plazo de amortización. En un contrato de estas características, y simplificando mucho la cuestión, podemos distinguir dos elementos:

1. El contrato principal de préstamo por el que la entidad presta el dinero al deudor, que suele ser el comprador del inmueble.
2. La hipoteca, que es el derecho de realización de valor que otorga el deudor/propietario en garantía y que grava a un bien inmueble para asegurar el pago.

Este tipo de operaciones son muy comunes en nuestro país merced a la tendencia acusada de adquirir la vivienda habitual en propiedad, en detrimento del mercado de arrendamiento, lo cual ha favorecido el mercado de la construcción y sus consecuentes operaciones. Ello ha provocado que estas operaciones crediticias sean auténticos contratos en masa regidos por condiciones generales que las entidades presentan a sus clientes para que se adhieran a ellas, de suerte que muchas veces ni siquiera les son conocidas algunas de ellas, salvo el plazo y el interés a pactar (e incluso ello.se le traslada de una forma absolutamente inapropiada o poco clara).

El "protocolo" que se suele seguir en estas operaciones es el siguiente:

– El banco realiza una oferta vinculante al cliente que se refleja en un documento que contiene las condiciones financieras del futuro contrato y tiene una validez mínima de 10 días que se conceden al cliente para examinarlo. No obstante, cuando el cliente se subroga en el contrato que suscribió el promotor de la construcción tales prolegómenos son mucho más breves, pues las condiciones están recogidas en la escritura que figura en la Notaría y el cliente suele conocer sólo el tipo y el plazo.

– Una vez aceptado, se envía al notario que prepara la escritura de formalización, que puede ser examinada por el cliente dentro del plazo de 3 días hábiles antes de la firma. En este documento deben figurar todas las condiciones financieras para que se pueden negociar y hacer contra ofertas.

– Aceptadas las condiciones, se otorga la escritura, firmándola el notario, quien deberá haber leído y explicado al cliente el contenido de la misma para aclarar cualquier extremo.

---

[10] Vid. *Derecho Hipotecario*. Barcelona, 6ª edición, tomo IV, página 199.

- El contrato lo firman el apoderado de la entidad financiera, la persona que recibe el préstamo y el dueño del inmueble, que suelen coincidir.
- Se liquidan los impuestos y se inscribe en el Registro de la Propiedad. Normalmente, todos los gastos se imputan al consumidor, incluida la copia autorizada para la entidad, lo cual es excesivo.
- La cancelación se produce al pagar la totalidad del crédito para lo cual se otorga una nueva escritura ante notario, cuyos gastos suelen recaer sobre el consumidor, aunque la otorga la representación del banco.

Lo cierto es que muchas entidades financieras se limitan a mandar una "minuta" al notario con las condiciones básicas acordadas con el cliente, que se suelen referir a la tasa anual efectiva, comisiones de estudio, valoración y pago anticipado y al plazo. No obstante, en la práctica se suelen incluir otras condiciones tales como:

- Para la cesión del crédito la entidad establece la aceptación previa del cliente y la no necesidad de la notificación.
- Imposición de los tributos presentes y futuros que generen el capital y los intereses.
- Sometimiento a Tribunales determinados por ella.
- Repercusión de cualquier gasto, previsto o no.
- Imposición de costas procesales, incluidos los honorarios de los abogados de la entidad.
- Imposición de seguros de vida en favor de la entidad y seguro *multiriesgo* del inmueble por importe del crédito.
- Imposición de cláusula de estabilización a la vez que los intereses remuneratorios.
- Pago anticipado de los intereses.

Como puede observarse, existen en este catálogo cláusulas cuya licitud es más que dudosa A mero título de ejemplo, podemos citar la STS de 15/2/1997 que declaró nula la cláusula de estabilización en un préstamo hipotecario con intereses y la SAP de Orense de 15/5/1977 que declaró como nula, por oscuridad, la cláusula de repercusión sobre el cliente del gasto de tasación inmobiliaria no asumido expresamente al solicitar el préstamo hipotecario. Cabe también afirmar que la exigencia de seguros en favor de la entidad puede suponer una sobre-garantía toda vez que ya existe el inmueble como "garantía natural" del contrato; algunas otras pueden constituir condiciones abusivas de crédito. **Y cabe citar, de un modo especial, la importantísima STS de 16/9/2009, en materia relativa a la protección de los consumidores y usuarios en la perspectiva de las cláusulas – tipo previstas para diversos contratos celebrados entre bancos y cajas de ahorros y sus clientes, usuarios de sus servicios** relativos a préstamos, de ahorro, depósitos, etc., que ha traído consigo la nulidad de diez y siete cláusulas bancarias y ello en virtud del ejercicio por parte de una Asociación de Consumidores y Usuarios de una acción colectiva.

4. La ejecución hipotecaria y sus problemas

La hipoteca garantiza que la obligación incumplida será impuesta de manera forzosa por medio de un procedimiento judicial establecido en la Ley. Los dos preceptos básicos de carácter sustantivo de la Ley Hipotecaria de 1946 sobre los que se construye el sistema serían el artículo 104, a cuyo tenor *La hipoteca sujeta directa e inmediatamente los bienes sobre que se impone, cualquiera que sea su poseedor, al cumplimiento de la obligación para cuya seguridad fue constituida*. El artículo 105, dispone: *La hipoteca podrá constituirse en garantía de toda clase de obligaciones y no alterará la responsabilidad personal ilimitada del deudor que establece el artículo 1.911 del Código Civil*. La jurisprudencia del Tribunal Supremo ha dejado muy claro que no hay abuso de derecho por parte del acreedor que se vale de esta responsabilidad universal y que por tanto, no es abusiva la cláusula por la que en la escritura publica de constitución se pactase también[11] la responsabilidad ilimitada de los deudores. (STS 1ª 829/2008 de 25 de septiembre)

Junto a este se aplica el artículo 579 de la Ley de Enjuiciamiento Civil 1/2000 en el que se prevé que, si se subasta el bien hipotecado y su producto es insuficiente para cubrir el crédito, el ejecutante puede pedir el embargo por la cantidad que falta, continuándose la ejecución de acuerdo a lo previsto en la Ley. (Arts. 681 y ss. del mismo texto) Partiendo de esta base, podemos constatar que nuestro sistema difiere del anglosajón que admite el sistema de dación en pago, es decir la entrega de la vivienda objeto del crédito hipotecario implica la satisfacción del mismo.

En nuestro Derecho están previstos cinco procedimientos distintos de ejecución hipotecaria:
- El procedimiento judicial hipotecario o de ejecución directa, reformado por la Ley de Enjuiciamiento civil en sus artículos 681 a 698 y en el que se aplican diversos preceptos de la Ley Hipotecaria, que será objeto de posterior comentario.
- El procedimiento extrajudicial del artículo 129 de la LH y 234 a 236 de su Reglamento.
- El juicio ejecutivo hipotecario de los artículos 126 y 127 LH asi como otros preceptos de su Reglamento y la LEC 1/2000.

---

[11] Vid. García Crespo, J. M. *Mercado hipotecario y seguridad jurídica*. La Ley, Junio de 2011.

- El procedimiento ejecutivo ordinario de la LEC sobre la base del titulo ejecutivo documentado previsto en el artículo 517.2-4 de dicha ley.
- El juicio declarativo ordinario de la misma LEC.

Como puede verse, el acreedor hipotecario está bien protegido por el Ordenamiento y puede escoger a su arbitrio entre tales procedimientos y goza de una posición reforzada frente a la que el deudor puede verse, de alguna forma, *indefenso*, como veremos en líneas posteriores.[12]

En medio de este panorama se han dictado una serie de resoluciones judiciales, alguna contradictoria, que pretenden hacer frente a esta situación de *estado de necesidad* en el que las circunstancias de crisis económica – paro, aumento de tipos, etc. – han colocado a muchos consumidores adquirentes de su vivienda habitual.

Partamos de la base, ya enunciada al principio de estas líneas, de que el crédito hipotecario es un contrato complejo cuyo alcance y consecuencias no son siempre conocidos por el deudor, con la consiguiente presencia de cláusulas y prácticas abusivas. Este problema lo puso de relieve nuestro legislador en la ley 41/2007:

Otro de los efectos no deseados fue el aumento de las operaciones de *refinanciación* que ofrecían englobar diversos créditos en uno solo con una modificación sustancial a la baja de las cantidades periódicas a pagar, que fue una nueva fuente de abusos a la que hubo de hacer frente el legislador con la Ley 2/2009 de 21 de marzo que regula la contratación con consumidores de prestamos e hipotecas y los servicios de intermediación.[13]

Pasemos ahora a comentar algunas de las resoluciones judiciales que han dado pié a la reflexión sobre la necesidad de abordar una reforma legal en esta materia. En primer lugar, el Auto del Juzgado de 1ª Instancia número 44 de Barcelona de febrero de 2011 que conoce de una ejecución hipotecaria. Esta resolución se basa en el presunto abuso de derecho pues constata que el ejecutante a través del mecanismo del artículo 671 de la LEC se adjudica el bien por una cantidad igual al 50% del valor de tasación, por lo que el valor de dicha adjudicación resulta insuficiente para el pago total de la cantidad reclamada por principal, intereses y costas. Ello no obstante, señala la especialidad con la que nos encontramos, en el caso que nos ocupa, es la confrontación entre el valor de adjudicación (156.250 €) y el valor real o tasado por la parte eje-

---

[12] Vid. ROCA SASTRE, R.; ROCA SASTRE MUNCUNILL, L. Y BERNÁ I XIRGO, J.: *Derecho Hipotecario*. Barcelona, Bosch, 9ª edición. Tomo X, páginas 255 y siguientes.

[13] El Real Decreto 106/2011 de 28 de enero crea un registro de entidades de esta especie e impone el deber a los Notarios y Registradores de no autorizar ni inscribir los instrumentos públicos que no cumplan los requisitos la citada ley 2/2009.

cutante del bien hipotecado a efecto de subasta (312.500 €) siendo la reclamación por principal la de 254.343,73 € cantidad inferior a la de tasación, pues no debe olvidarse que **la adjudicación no se produce a favor de un tercero**, en cuyo caso el ejecutante recibiría solo el valor de la adjudicación o aprobación de remate, sino a favor del propio ejecutante que, si bien, nominalmente paga por el bien una cantidad igual al 50% del valor de tasación, **en su patrimonio no entra con tal valor sino el real del mercado** que, atendiendo a la valoración de la subasta acordada en la escritura de crédito hipotecario es de 312.500€.

En consecuencia, su pretensión sería abusiva ya que ese valor de mercado, tasado en su momento y aceptado por la entidad, es el verdadero incremento de valor que obtiene en la ejecución. En consecuencia, concluye:

Por todo ello es evidente que la petición de la continuación de la ejecución solicitada por la parte ejecutante no es procedente, dado que la parte ejecutante ha logrado la satisfacción de su crédito mediante la adjudicación del bien, por lo que la pretensión se muestra abusiva para el presente caso concreto, y no solo por los principios que inspiran este procedimiento, sino por los principales del art. 11 de la LOPJ, **que proscriben el atender cualquier petición que supongan un manifiesto abuso de derecho**, *como sería el hecho de que a pesar de que el bien adquirido por el ejecutante tiene un valor superior a la deuda del principal. Por tanto, el ejecutante se extralimita en su petición, como consecuencia real, por lo que la ley debe privarla de protección al suponer un perjuicio para el ejecutado.*

Finalmente, dispone: *No ha lugar a la continuación del procedimiento de ejecución por las cantidades que la parte ejecutante solicita en su escrito de fecha tres de febrero de dos mil once, dejando la vía de ejecución por las cantidades que en su día puedan resultar de la Tasación de Costas y Liquidación de Intereses que se practiquen. Se tiene por finalizada la presente ejecución hipotecaria, sin perjuicio de solicitar tasación de costas y liquidación de intereses.*

En parecido términos se expresó el Auto del Juzgado de Primera Instancia e Instrucción nº 2 de Estella/Lizarra, de 1 de noviembre de 2009, que fue recurrido ante la Sección 2ª de la Audiencia Provincial de Navarra, que dicto su Auto el 17 de diciembre de 2010 a cuyo tenor procede confirmar el auto recurrido. En principio, admite la objeción del propio recurrente frente al *abuso de derecho*:

En relación con la primera consideración, esto es, le relativa al abuso de derecho, ciertamente podemos considerar, desde el punto de vista formal y de estricto ejercicio del derecho, que no estaríamos ante un abuso de derecho, dado que en definitiva la ley procesal permite a la parte ejecutante solicitar lo que solicita, esto es, que se continúe la ejecución respecto de otros bienes del ejecutado, dado que con los objeto de realización mediante la subasta no han sido suficientes para cubrir la deuda reclamada.

Sin embargo, utiliza el principio de la *buena fe* y de los *propios actos* para denegar la pretensión:

La segunda parte o línea argumental del recurso, vendría dada porque el bien ejecutado en subasta no es suficiente para cubrir la deuda reclamada, de manera que habiendo sido subastado, el valor obtenido es de 42.895 €, ahora bien la afirmación de la parte recurrente de que la finca en sí tiene un valor real que es inferior a la deuda reclamada, debe contrastarse con la propia valoración que se hace en la escritura de préstamo con garantía hipotecaria, que formalizaron las partes y singularmente por lo que supone un acto propio, del propio banco cuando, con arreglo a las cláusulas séptima, novena bis y décima, siendo el objeto y finalidad del préstamo la adquisición de la finca finalmente subastada, y a los efectos de su valor en subasta, se fijó la cantidad 75.900 €.

Es decir, el propio banco en la escritura de préstamo con garantía hipotecaria y en relación con la finca que es objeto de subasta y que se ha adjudicado materialmente la citada entidad bancaria, la valorada en una cantidad que era superior al principal del préstamo, que recordemos era de 71.225,79 €.

*Siendo ello así, es atendible las razones por las cuales la juzgadora de instancia no considera oportuno en este caso continuar la ejecución, por entender que **el valor de la finca**, no obstante el resultado de la subasta, **es suficiente** para cubrir el principal de la deuda reclamada e incluso encontrándose por encima de dicho principal, siendo circunstancial el que la subasta, al haber resultado desierta, tan sólo sea adjudicada en la cantidad de 42,895€, pero lo cierto es que, como señala el Auto recurrido, el banco se adjudica una finca, que él mismo valoraba en una cantidad superior a la cantidad adeudada por el préstamo concedido, a salvo el tema de intereses y costas.*

La argumentación de que el valor real de la finca al tiempo en que se le adjudica es inferior, vendría dado o apoyado en una eventual nueva tasación, que aportó con el escrito de recurso siendo desestimada su aportación por Auto de la Sala de fecha 6 de septiembre de 2010, al que nos remitirnos y cuya razones para rechazar dicho documento damos por reproducidas. Como consecuencia de dicho Auto, que no fue recurrido y por lo tanto es firme, lo cierto es que no consta en las actuaciones otro valor de tasación de la finca, que no sea el que consta en la escritura de préstamo con garantía hipotecaria. Consecuentemente con lo anterior, la Sala considera correctas las consideraciones que hace la juzgadora de instancia para entender que en el caso presente, la adjudicación material de la finca al banco ejecutante, cubre más del principal reclamado, por lo que la ejecución únicamente cabrá continuar respecto de las costas y de la liquidación de intereses.

En definitiva, el propio banco tasó el valor de mercado de la finca y, por tanto, no es coherente con sus propios actos el pretender aportar ahora una nueva tasación para desvirtuar aquella, ni tampoco pretender que dicho valor era inferior al de mercado.[14] En consecuencia de todo ello, concluye: *A la razón*

---

[14] Hace finalmente una consideración de orden de política jurídica que queremos destacar: *Cabe además hacer una pequeña consideración, que podríamos unir con lo ya señalado en relación con el abuso de derecho, en el sentido de que si bien formalmente cabría entender que la actuación del banco se ajusta a la literalidad de la ley y que efectivamente tiene derecho a solicitar lo que ha solicitado, por lo que cabría entender que no existiría el abuso de derecho que se le imputa, pero ello no obstante no deja de plantemos una reflexión, cuando menos moralmente intranquilizante, relativa a la razón por la que la parte apelante impugna el Auto recurrido, por considerar que en*

expuesta de la falta de acreditación del valor real de la finca, en cuanto a que sea inferior a la que fue fijada en su momento, cabe añadir que la adjudicación de la finca materialmente al banco, habida cuenta la tasación que en su día se aceptó por el banco ejecutante, determina que consideremos ajustada a derecho la resolución de la Magistrada-Jueza de Primera Instancia y ello a los efectos de entender que con su adjudicación el principal y algo más ha sido cubierto con dicho bien, de manera que tan sólo con respecto a las costas y liquidación de intereses restantes deberá continuar la ejecución, en cuanto que es lo que establece el Auto recurrido que no ha sido objeto de impugnación.

Por último, aludiremos al Auto del Juzgado de 1ª instancia de Sabadell de 30 de septiembre de 2010, porque aborda diversas cuestiones de hondo calado que la llevan a plantear la cuestión de inconstitucionalidad del sistema de ejecución establecido en la LEC 1/2000 ante el Tribunal Constitucional. Esta resolución parte de la base de la complejidad del contrato de crédito hipotecario, fuente de conflictos por sus cláusulas abusivas, que difícilmente podría comprender una persona mayor, con nivel cultural y auditivo disminuido y que percibe una pensión reducida. Además, entiende el Juez que el sistema le impide entrar a conocer del fondo de la cuestión, pues *obliga a la instancia judi-*

---

realidad el valor de la finca subastada y adjudicada materialmente al banco, hoy por hoy, tiene un valor real inferior al que en su día se fijó como precio de tasación a efectos de subasta. Y decimos esto, porque la base de la manifestación de que la finca subastada tiene hoy por hoy un valor real inferior, se base en alegaciones como que la realidad del mercado actual ha dado lugar a que no tuviera la finca el valor que en su momento se le adjudicó como tasación, disminución importante del valor que une a la actual crisis económica, que sufre no sólo este país sino buena parte del entorno mundial con el que nos relacionamos. Y siendo esto así y en definitiva real la importantísima crisis económica, que ha llegado incluso a que la finca que en su día tasó en una determinada cantidad, hoy en día pudiera estar valorada en menos, no podemos desconocer que ello tiene también en su origen una causa precisa y que no es otra, y no lo dice esta Sala, sino que ha sido manifestado por el Presidente del Gobierno Español, por los distintos líderes políticos de este país, por expertos en economía y por líderes mundiales, empezando por el propio Presidente de Estados Unidos, que la mala gestión del sistema financiero del que resultan protagonistas las entidades bancarias, recuérdense las "hipotecas basuras" del sistema financiero norteamericano.

No queremos decir con esto que el BANCO X sea el causante de la crisis económica, pero sí no puede desconocer su condición de entidad bancaria y por lo tanto integrante del sistema financiero, que en su conjunto y por la mala gestión de las entidades financieras que sean, en definitiva bancos y otras entidades crediticias y de naturaleza financiera, han desembocado en una crisis económica sin precedentes desde la gran depresión de 1929. **El artículo 3 del Código Civil**, en apartado 1, señala que las normas se interpretarán según la realidad del tiempo en que han de ser aplicadas, atendiendo fundamentalmente al espíritu y finalidad de aquéllas, y ello nos obliga a hacer la presente reflexión, en el sentido de que, no constituirá un abuso de derecho, pero **moralmente** es rechazable que se alegue para intentar continuar la ejecución la pérdida de valor de la finca que servía de garantía al préstamo, que no se hubiera concedido si no hubiera tenido un valor suficiente para garantizar el préstamo concedido, que *fue fijado por la entidad bancaria ahora ejecutante*, o cuando menos aceptado, siendo que dicha pérdida de valor es directamente achacable a la crisis económica, fruto de la mala praxis del sistema financiero, que repetimos, aun cuando no quepa atribuirla directa y especialmente al BANCO X, sí que no deja de ser una realidad que forma parte de los protagonistas de dicho sistema financiero, y de ahí que resulte especialmente doloroso, que la alegación que justifica su pretensión, esté basada en unas circunstancias que esencialmente y como vulgarmente se dice, ha suscitado una gran sensibilidad y levantado "ampollas".

cial a desestimar la oposición por no haberse alegado un motivo legalmente tasado. Ello no obstante, es consciente de la posible existencia de un vicio de nulidad en el contrato – a titulo de ejemplo alude a la STS de 16/12/2009 – que podría afectar decisivamente al titulo que se aporta para solicitar la ejecución. El Juzgador es consciente de que solo se pueden abrir dos vías de actuación: *si el legislador, de modo expreso, prohíbe al ejecutado alegar como motivo de oposición la ausencia de vencimiento o la concurrencia de una causa de nulidad, lógicamente ello no podrá ser apreciado de oficio por el tribunal, aunque puedan darse sus presupuestos, por lo que habrá que subastar la vivienda. Es por ello que la instancia judicial dispone de una única* **alternativa**: *aplicar los preceptos de la LEC y desestimar la oposición sin entrar en el fondo o, de considerar la posible concurrencia de un vicio de inconstitucionalidad, plantear la correspondiente cuestión ante el Tribunal Constitucional.*

Esta será la opción elegida: plantear la cuestión de inconstitucionalidad de los artículos 579, 675 y 679 de la LEC, en cuanto su aplicación pueda generar una lesión en el derecho fundamental a la **tutela judicial efectiva** del ejecutado hipotecario (artículo 24 de la CE), en relación con el derecho a la **vivienda digna** y adecuada (artículo 47 de la CE) y el principio de **interdicción** de la **arbitrariedad** en la actuación de los poderes públicos (artículo 9.3 de la CE).

De forma esquemática, podemos sintetizar los argumentos de la siguiente manera:

1. La imposibilidad de examinar en sede de oposición posibles nulidades relativas a las circunstancias en que se suscribió tanto la obligación garantizada como la garantía hipotecaria o al mismo contenido objetivo de las cláusulas contractuales, eventualmente determinante de su carácter abusivo. Ello es especialmente relevante en un contrato como el que nos ocupa pues *es innegable que la misma naturaleza jurídica de la garantía hipotecaria justifica que el ámbito de cognición de la ejecución sea limitado, pero no (al menos no necesariamente, en términos constitucionales) que lo sea de un modo* **absoluto** *y respecto de todos los supuestos que puedan darse, incluso cuando el bien afectado es la vivienda*. Entiende el Juez que pretender que la garantía hipotecaria debe ejecutarse con total abstracción de la posible existencia de abusos determinantes de su nulidad, podría ser contrario a la seguridad jurídica y, por tanto, a la Justicia.

Según dispone el artículo 551 de la LEC, presentada la demanda ejecutiva, el tribunal despachará en todo caso la ejecución siempre que (es decir, si no concurre alguno de estos elementos, denegará el despacho) concurran los presupuestos y requisitos procesales, el título ejecutivo no adolezca de ninguna irregularidad formal y los actos de ejecución que se solicitan sean conformes con la naturaleza y contenido del título. La ejecución se despachará mediante auto, que no será susceptible de recurso alguno, sin perjuicio de la oposición que pueda formular el ejecutado. El artículo 552 de la LEC advierte que si el tribunal entendiese que no concurren los presupuestos y requisitos legalmente exigidos para el despacho de la ejecución, dictará auto denegando el despacho de la ejecución, que será directamente apelable.

El artículo 695 de la LEC establece un sistema *tasado* de motivos de oposición para la ejecución hipotecaria:

1ª Extinción de la garantía o de la obligación garantizada, siempre que se presente certificación del Registro expresiva de la cancelación de la hipoteca o, en su caso, de la prenda sin desplazamiento, o escritura pública de carta de pago o de cancelación de la garantía.

2ª Error en la determinación de la cantidad exigible, cuando la deuda garantizada sea el saldo que arroje el cierre de una cuenta entre ejecutante y ejecutado. Formulada la oposición, se suspenderá la ejecución y el tribunal, mediante providencia, convocará a las partes a una comparecencia, en la que oirá a las partes, admitirá los documentos que se presenten y acordará en forma de auto lo que estime procedente.

Ello no obstante, entiende el juzgador que las limitaciones que acaban de indicarse se refieren sólo a los motivos de oposición de fondo, mientras que los motivos de oposición procesales, generales para la ejecución de título no judicial, resultan, por su propia naturaleza, de plena aplicación a la ejecución hipotecaria, por la remisión que efectúa el artículo 681 de la LEC:

En efecto, son aplicables las normas generales del proceso de ejecución (entre ellos el artículo 551 de la LEC). Por ello, sobre la base del artículo 559.1.3 puede discutirse si la deuda no ha nacido o se ha extinguido por una causa recogida expresamente en el título. En efecto, si de la lectura del título y de las alegaciones contenidas en el escrito de demanda ejecutiva se aprecia que no ha concurrido un presupuesto expresamente previsto en el título para el nacimiento, despliegue o exigibilidad de la garantía real en que consiste la hipoteca, en tal caso el juzgado puede apreciar que el título no cumple con un requisito legal para llevar aparejada ejecución, siempre por referencia a un presupuesto que consta en el mismo título como condicionante para su fuerza ejecutiva. Este tipo de examen queda enmarcado en el ámbito de los requisitos y presupuestos procesales y, por ello, puede ser apreciado de oficio para denegar el despacho de la ejecución o, en su caso, alegado por el ejecutado como motivo procesal de oposición. De todos modos, este supuesto consiste meramente en la concurrencia en la realidad jurídica de un presupuesto previsto en el mismo título para poder desplegar su fuerza ejecutiva.

Seguidamente, aborda la cuestión de las dudas que merece el concepto de "incumplimiento de la obligación de pago" por parte del deudor en un contrato como este que no es negociado, se rige por condiciones generales y ha sido fuente de clausulas nulas por abusivas en diversas resoluciones judiciales.

La duda sobre la posible existencia de una causa de nulidad afectante al titulo, que no puede ser analizada por el juzgador cuando se pide la ejecución, cobra especial relevancia en este caso pues entre el crédito y la hipoteca hay una cierta relación de subordinación, de suerte que afirma: *así, dada la consustancial y estructural accesoriedad existente entre relación obligacional (**crédito**) y garantía real (**hipoteca**), la crisis o los defectos jurídicos originarios de la primera se erigen como presupuesto o condicionantes, respectivamente, para la viabilidad y exigibilidad de la segunda, circunstancia que nos permite afirmar que las cuestiones de fondo de la primera se transmutan en cuestiones procesales de la segunda, con independencia de que, a pesar de dicha trasmutación, sigan siendo, de modo simultáneo, cuestiones de fondo respecto de la relación obligacional.*

Seguidamente, aborda la diferencia entre el régimen jurídico anterior que, a su juicio, permitía al Juez entrar a conocer más a fondo de la cuestión:

*El **antiguo** artículo **131 de la Ley Hipotecaria** daba cierta base para permitir al tribunal examinar cuestiones relativas a la relación jurídica documentada, es decir, el crédito asegurado (certeza, subsistencia, exigibilidad y cuantía), a cuyo efecto disponía no sólo del título y del escrito de demanda, sino también del acta notarial del requerimiento previo, en el que el deudor podía hacer constar las alegaciones que considerara oportunas. En efecto, el artículo 131 de la Ley Hipotecaria establecía como **requisito indispensable** para el despacho de la ejecución que el juez examinara la certeza, subsistencia y exigibilidad del crédito. Además, el acreedor debía hacer constar en la demanda los hechos y las razones jurídicas determinantes de la certeza, subsistencia y exigibilidad del crédito y la cantidad exacta. Se requería un pronunciamiento del juez relativo a que el crédito había nacido, cuando ello no se desprendiera directamente del mismo título, y que no se había extinguido, que había llegado a su término natural o anticipado el vencimiento. Ello se explica porque el título ejecutivo únicamente refleja la existencia y contenido de la relación jurídica documentada en el momento de la creación del título, pero no en el momento de despacharse la ejecución. En el anterior sistema el juez debía atender no sólo al escrito de demanda sino también a las alegaciones que pudiera hacer el deudor al contestar el requerimiento de pago, que era previo al despacho de la ejecución.*

Sin embargo, la actual regulación no permite esa labor de control pues, en principio, la actual LEC únicamente exige que en la demanda ejecutiva se exprese la cantidad reclamada. En consecuencia, *el tribunal no **dispondrá de la información necesaria** para ponderar si no ha concurrido en la realidad un incumplimiento sustancial con los efectos indicados o si en la suscripción se produjo algún vicio del consentimiento invalidante, por lo que se ve impelido a despachar la ejecución sobre la base de las alegaciones efectuados exclusivamente por el ejecutante.* Ello en definitiva deriva en una situación de quiebra de la tutela del deudor ejecutado pues, afirma, *el legislador no permite que el tribunal pueda entrar a valorar de ningún modo las circunstancias fácticas que han rodeado el impago, la suscripción de la escritura pública o la negociación de determinadas cláusulas, eventualmente abusivas y por ello nulas.*

En definitiva, concluye:

No parece razonable ni admisible, desde el punto de vista del **derecho fundamental a la tutela judicial efectiva**, *que en el marco de una ejecución hipotecaria que afecta a un bien de primera necesidad como es la vivienda el propio sistema legal impida, de modo absoluto y sin ninguna alternativa interpretativa por parte del tribunal, que se introduzca en el proceso de ejecución un mínimo examen de estas circunstancias, objetivamente relevantes para la viabilidad jurídica de la fuerza ejecutiva del título. Debemos plantearnos si la mera naturaleza ejecutiva del proceso y la especial fuerza ejecutiva del título (una escritura pública de garantía en forma de préstamo hipotecario) justifican, por sí mismas, este tan restrictivo y perjudicial régimen procesal. No parece razonable ni, quizás, constitucional, que, en atención a los delicados bienes e intereses* **afectados cuando el bien que desea ejecutarse es una vivienda habitual**, *ni el modo en que suelen suscribirse estos documentos (a pesar de la intervención notarial, suelen estar predispuestos por la entidad que presta el dinero, como parece admitir la propia Sala Civil del Tribunal Supremo en su reciente sentencia de 16 de diciembre de 2009), se* **siga un régimen procesal en el que ni siquiera se permita**, *en abstracto, con independencia absoluta de las concretas circunstancias concurrentes,* **que el tribunal pueda llegar a tener conocimiento de los antecedentes fácticos relevantes, como presupuesto para el despliegue de la garantía hipotecaria**.

Por tanto, se produce una situación de ***indefensión*** que afecta a dos derechos fundamentales – tutela judicial efectiva y vivienda digna – pues las garantías que ofrece al ejecutado hipotecario la posibilidad de acudir a un proceso declarativo ulterior son en todo caso insuficientes para poder concluir que con ellas se elude la indefensión generada por el hecho de no poder tratar esta cuestión en el marco procesal adecuado y oportuno, es decir, la misma ejecución hipotecaria. Como es evidente, el legislador no podía limitar de modo absoluto las reclamaciones que con ocasión de la ejecución hipotecaria pudiera instar el deudor. Por ello lo que hace es desplazar gran parte de las mismas a otro proceso declarativo futuro, con la problemática de que algunas de ellas constituyen precisamente un presupuesto esencial del despacho de la ejecución hipotecaria, que, paradójicamente, no podrá ser examinado en la misma.

Así lo afirma la resolución cuando dice:

Con el actual régimen procesal, no parece que los principios y derechos que puedan verse afectados (en perjuicio del acreedor hipotecario o incluso del sistema económico general) por la ampliación del ámbito de cognición de la oposición a la ejecución justifiquen, en términos de proporcionalidad, negar cualquier facultad de alegación y prueba al ejecutado. Por el contrario, no se dispone de la posibilidad procesal de alcanzar un tipo de información que, en su caso, podría motivar la denegación del despacho de la ejecución o la estimación de la oposición, a cuyo efecto ya hemos analizado que las garantías que ofrece al ejecutado la remisión legal al juicio declarativo correspondiente son tan frágiles e insubstanciales que no permiten superar el referido juicio de proporcionalidad constitucional.[15]

5. Posibles soluciones

Diversas son las propuestas que están sobre la mesa, que van desde medidas de mera política financiera a opciones de carácter técnico jurídico.

1. Aprobar una "ley de economía familiar" que haga frente a la actual situación de sobre-endeudamiento de las familias, lo cual se acompañaría de medidas como establecer planes de ayudas públicas para personas y familias en estado de necesidad por causas objetivas – paro, enfermedad, pérdida de rentas, etc. – que les permita refinanciar con la garantía del Estado. Ello permitiría hacer frente a estos sistemas de refinanciación que se realizaron mediante entidades de dudosa práctica legal que elevaron la carga financiera de los consumidores mediante la aplicación de tipos usurarios y otras cláusulas abusivas que originaron una gran inseguridad jurídica a la que hizo frente el legislador mediante varias medidas. La primera, establecer qué entidades podían ofrecer créditos hipotecarios. A tal propósito se reformó el artículo 2 de la Ley 2/1981, de 25 de marzo, de Regulación del Mercado Hipotecario, con el siguiente tenor literal:

Las entidades de crédito que, a continuación, se detallan podrán otorgar préstamos y créditos y emitir los títulos que se regulan por la presente Ley, en las condiciones que reglamentariamente se determinen:

  a. los bancos y, cuando así lo permitan sus respectivos estatutos, las entidades oficiales de crédito,
  b. las cajas de ahorro y la Confederación Española de Cajas de Ahorros,
  c. las cooperativas de crédito,
  d. los establecimientos financieros de crédito.

Así mismo, se impuso un control de las entidades de intermediación por medio de la ya citada le 2/2009 de 28 de marzo y el real decrato106/2011 que la desarrolla en lo tocante al acceso al Registro estatal de estas entidades y el control de su actividad[16].

---

[15] Sobre el tema de la indefensión en el procedimiento hipotecario véase GIMENO SENDRA: *Constitución y proceso*. Técnos, Madrid, 1998.

[16] A efectos prácticos, la única ayuda que han recibido los hipotecados fue la **Línea de moratoria ICO para hipotecas**, que permitía reducir la cuota de la hipoteca al 50% durante dos años, pero capitalizando el capital e intereses no pagados a las cuotas futuras. Esto fue una refinanciación en toda regla que no tenía sentido financiero alguno para los hipotecados. La **inutilidad manifiesta de dicha línea del ICO** se puso de manifiesto al principio, cuando con tipos de interés por encima del 5% a comienzos del 2010, sólo se habían tramitado 11.800 aplazamientos de hipotecas. A cierre de la

2. Reformar para los artículos 670 y 671 de la Ley de Enjuiciamiento Civil para que permitir la dación en pago, bien sea por pacto o "ex lege" cuando el acreedor se adjudique la vivienda en subasta desierta – por una cuantía del 50% al 75% – de su valor de tasación. Recordemos que el artículo 1859 CC prohíbe el llamado "pacto comisorio" por el que el acreedor puede, de forma directa o indirecta, apropiarse de la cosa hipotecada y disponer de ella... No obstante, nada impide que mediante un acuerdo posterior, el acreedor reciba la finca en concepto de "dación en pago" para satisfacer su crédito. Esta figura supone un cambio de prestación y no está regulada específicamente en nuestro Código Civil[17], pero el respeto al principio de autonomía de la voluntad – ex artículo 1255 CC – permite admitirla si bien debe respetar los límites establecidos por la buena fe para evitar abusos. Es un acto "especial" extintivo de la relación obligatoria pues ni se cambia el objeto, ni se sustituye la obligación, que puede provenir de la voluntad de las partes o de una norma legal que la prevea.

En resumen, el acuerdo consiste en que el deudor que no puede cumplir la obligación pactada – pago de la hipoteca – entrega la finca al acreedor quien le libera de la obligación, cuando se cumplan determinadas circunstancias establecidas en la Ley. Ello no impide que se acompañe de la firma de un nuevo contrato, normalmente de arrendamiento, que permite al deudor ocuparla como arrendatario y pagando una renta inferior en su cuantía.

En este punto, destaquemos que el Grupo parlamentario mixto del Congreso ha presentado una Proposición de Ley que pretende resolver esta problemática[18] mediante la reforma de determinados preceptos de la Ley de Enjuiciamiento Civil y el Código Civil tratando de mitigar la rigidez del marco legal existente en la actualidad sobre la materia, inadecuado a todas luces para resolver el problema planteado por la crisis a muchas familias. A tal efecto, nos recuerda el proponente que dicho marco legal *no admite ni siquiera un proceso contradictorio donde se analicen alternativas diferentes al pago total e inmediato de la deuda vencida, tales como la entrega de la vivienda como pago de la deuda contraída, el diferimento del pago en tanto no se supere la negativa situación económica o incluso la conversión en contratos de arrendamiento que, en muchos casos, repararían a las partes en conflicto (entidad financiera acreedora y deudor en dificultades económicas transitorias) de manera más satisfactoria que la subasta apresurada de los inmuebles hipotecados.*

---

línea ICO el pasado 28 de febrero, sólo se habían cursado 14.000 aplazamientos hipotecarios utilizando un 1,3% del capital dispuesto (77,99 millones de euros de los 6.000 millones de euros iniciales).

[17] La doctrina entiende como supuestos recogidos en el Código Civil los artículos 1521, 1636 y 1849 de dicho texto lega.

[18] BOCG. Congreso número 322 de 27 de junio de 2011.

De su texto cabe destacar lo siguiente:
1. Admite la dación en pago bien a propuesta del ejecutante – reformando el artículo 670.4 LEC – cuando la situación de insolvencia del deudor sea de buena fe y el valor de tasación admitido en su momento por el acreedor sea superior a la deuda pendiente.
2. La misma opción se concede al deudor – ex artículo 671 LEC – en caso de subasta sin postor y el acreedor pretenda adjudicarse los bienes por cantidad igual o superior al 75% del valor de tasación o por la cantidad que se le deba por todos los conceptos. En este caso, la propuesta del deudor de dación en pago exige los mismos requisitos de buena fe y valoración antes citados.
3. Eleva al 70% del valor en que el bien saliera a subasta el mínimo de adjudicación. Si la mejor postura es inferior a ese porcentaje, puede el ejecutado presentar un tercero que mejore esa postura o aporte la cantidad suficiente para satisfacer el derecho del ejecutante.
4. Reforma el artículo 695 LEC dando entrada a determinadas causas de oposición a la ejecución, de entre la cuales es destacable la del párrafo cuarto: *Cuando la ejecución se dirija contra bienes inmuebles hipotecados cuyo destino sea la vivienda habitual del deudor, éste haya actuado de buena fe, tenga un nivel de rentas inferior a las obtenidas en el momento de formalización del crédito con garantía hipotecaria, y acredite imposibilidad de acceder a una vivienda digna en función de sus actuales circunstancias durante el plazo de duración estimada del proceso ejecutivo.* Ciertamente esta causa es bastante difícil de probar en su segundo requisito. Lo que llama la atención es que queda fuera cualquier oposición basada en los vicios del consentimiento o la existencia de una cláusula abusiva que decrete nulidad del crédito.

Finalmente, introduce un segundo párrafo en el artículo 1911 del Código Civil a cuyo tenor:

Del cumplimiento de las obligaciones responde el deudor con todos sus bienes, presentes y futuros.

No obstante lo dispuesto en el párrafo anterior, mediante norma de rango legal o por acuerdo voluntario pactado válidamente entre las partes podrá estipularse que la obligación garantizada mediante bienes hipotecados o pignorados alcance exclusivamente a dichos bienes, de forma que la responsabilidad del deudor y la acción del acreedor queden limitadas al importe de los bienes hipotecados o pignorados, y no alcanzarán a los demás bienes del patrimonio del deudor. Con ello pretende dar carta de naturaleza – por vía de acuerdo o por ley – a la hipoteca limitada del artículo 140 LH antes comentada.

Como quiera que esta proposición pretende tener eficacia retroactiva y va en contra de la postura avanzada por el partido del Gobierno, estimamos que no tendrá mucha acogida en la Cámara.

3. Promover la denominada hipoteca *limitada* del 14º LH que en la práctica no se ha utilizado Efectivamente, es perfectamente admisible un pacto entre las partes que permite, por ejemplo, una ejecución extrajudicial o establecer ciertos requisitos, p. ej. un valor de la finca para subasta. Ello no obstante, un sector doctrinal se ha opuesto a ello desde antiguo, por entender que la materia ha de ser de orden público y por los posibles abusos que se derivan de esta posibilidad, ya que generalmente tales cláusulas las predisponen las entidades financieras y son origen de abusos por su parte. Ejemplo de lo anterior es la STS de 19/02/1904 que declaró nula la cláusula de referencia a ejecución extrajudicial convenida por la que el acreedor podía vender la finca hipotecada, bastando con anunciar en dos periódicos la subasta.[19] Tal posibilidad está recogida en el artículo 140 LH a cuyo tenor: *No obstante lo dispuesto en el artículo 105, podrá válidamente pactarse en la escritura de constitución de la hipoteca voluntaria que la obligación garantizada se haga solamente efectiva sobre los bienes hipotecados. En este caso, la responsabilidad del deudor y la acción del acreedor, por virtud del préstamo hipotecario, quedarán limitadas al importe de los bienes hipotecados, y no alcanzarán a los demás bienes del patrimonio del deudor. Cuando la hipoteca así constituida afectase a dos o más fincas y el valor de alguna de ellas no cubriese la parte de crédito de que responda, podrá el acreedor repetir por la diferencia exclusivamente contra las demás fincas hipotecadas, en la forma y con las limitaciones establecidas en el artículo 121.*

La idea seria que, o bien se pacta expresamente esta modalidad de hipoteca limitada, o bien se convierte en *"presuntiva"*: se establecería por el legislador que ésta es la que las partes suscriben, salvo pacto expreso en contra. Seria una buena opción para viviendas sociales, de promoción oficial y para colectivos de escasos recursos o consumidores en especial situación de inferioridad. Por tanto, se trata de que se limita la responsabilidad al bien hipotecado, sin posibilidad de pacto en contra – por ejemplo en viviendas sociales – o restringiendo las clausulas que impidan su aplicación. Ello se critica por los sectores financieros porque supone trasladar los riesgos de depreciación de la vivienda al acreedor, conservando el deudor las ventajas de un posible aumento de valor. Esta medida llevará a una disminución de los valores de tasación, reduciendo el porcentaje de financiación que se conceden al consumidor adquirente "enfriando" el mercado.[20]

---

[19] Véanse también las STS1ª 9/07/1910 Y 6/02/1942. Vid. CAMY SÁNCHEZ CAÑETE, B.: *Comentarios a la legislación hipotecaria*. Pamplona, 1969. Tomo VI. Páginas 212 y siguientes.
[20] Esta sociedades de tasación "sobrevaloraron" en muchos casos las tasaciones de viviendas para superar "de facto" el limite del 80% impuesto por el artículo 5 de la Ley 2/1981, de 25 de marzo, de Regulación del Mercado Hipotecario. Por ello el *Artículo 3* de esta Ley pretende asegurar la independencia y claridad de su actuación:

El procedimiento *extrajudicial* ante Notario, posible mediante pacto, es una característica de nuestro Derecho, tiene sus antecedentes en el Derecho Romano que pasó a las partidas, pero no fue hasta la llegada del Código Civil cuando adquirió plena carta de naturaleza y comenzó a pactarse en las escrituras de hipoteca, siendo admitidos tales pactos por el Tribunal Supremo y la Dirección general de los registros y el Notariado, salvo para la hipoteca de seguridad. Se recogió en el artículo 201 del reglamento Hipotecario y su límite estaba en el artículo 1255 CC, siendo el procedimiento del RH supletorio del acuerdo de las partes. Sin embargo, actualmente ello ha cambiado ya que el artículo 129 LH impone que el procedimiento a seguir será el establecido en los artículos 235 y siguientes de su Reglamento. Ciertamente, se produjeron conductas obstructoras por parte de algunos deudores que motivaron su reforma por el RD de 27 de marzo de 1992, que también suscitó polémica sobre la constitucionalidad del procedimiento, resuelta por nuestro Tribunal Constitucional en su sentencia de 18 de diciembre de 1985 que estimó que la ausencia de controversia y demás formalidades no genera una vulneración del derecho a la defensa del ejecutado. Afirma Magariños[21] que en estos procesos no se trata de juzgar ni ejecutar lo juzgado, sino de ejercitar un derecho y que el papel del Juez o el Notario es de mero control de legalidad, visión *aséptica* que, en otras circunstancias, se podría compartir, pero no en las actuales circunstancias.[22] En cualquier caso, este es un procedimiento aplicable en virtud de

---

1. Las sociedades de tasación y los servicios de tasación de las entidades de crédito estarán sometidas a los requisitos de homologación previa, independencia y secreto que se establezcan reglamentariamente.

2. Las sociedades de tasación que presten sus servicios a entidades de crédito de su mismo grupo, así como las sociedades de tasación cuyos ingresos totales deriven, en el período temporal que reglamentariamente se establezca, al menos en un 25 % de su relación de negocio con una entidad de crédito o con el conjunto de entidades de crédito de un mismo grupo, deberán, siempre que alguna de esas entidades de crédito haya emitido y tenga en circulación títulos hipotecarios, disponer de mecanismos adecuados para favorecer la independencia de la actividad de tasación y evitar conflictos de interés, especialmente con los directivos o las unidades de la entidad de crédito que, sin competencias específicas en el análisis o la gestión de riesgos, estén relacionados con la concesión o comercialización de créditos o préstamos hipotecarios. Esos mecanismos consistirán al menos en un reglamento interno de conducta que establezca las incompatibilidades de sus directivos y administradores y los demás extremos que la entidad, atendiendo a su tamaño, tipo de negocio, y demás características, resulten más adecuados. El Banco de España verificará dichos mecanismos y podrá establecer los requisitos mínimos que deban cumplir con carácter general y requerir a las entidades, de manera razonada, para que adopte las medidas adicionales que resulten necesarias para preservar su independencia profesional. La obligación de disponer de esos mecanismos afectará también a los propios servicios de tasación de las entidades de crédito, y a aquellas sociedades de tasación controladas por o en las que ejerzan una influencia notable en su gestión, accionistas con intereses específicos en la promoción o comercialización de inmuebles, o en actividades que, a juicio del Banco de España, sean de análoga naturaleza.

[21] Vid. *El procedimiento extrajudicial de realización de la hipoteca. Su viabilidad.* RCDI, numero 641 de 1997.
[22] En la misma línea el Auto de la sala 3ª del TS, de 4 de abril de 1995 pone de relieve la legalidad del procedimiento, por ser aceptado convencionalmente y realizarse ante notario. Ello no obstante, no podemos abordar aquí las interesantes sentencia del Tribunal Supremo, sala 1ª, de de 4 de mayo de

pacto, que debería potenciarse concediendo al Notarios un papel de *mediador* que mitigara la rigidez que de alguna forma lo inspira.

4. Reformar la Ley Concursal, en la misma línea de las medidas adoptadas en los años 2008 y 2009 para proteger a las empresas ante la crisis, para adoptar procedimientos sencillos, claros y protectores a favor de los consumidores y familias en situación de necesidad para liquidar y ejecutar deudas relativas a bienes y servicios esenciales, entre los cuales estaría la vivienda familiar. La reforma de la Ley Concursal recientemente operada, ha articulado un nuevo mecanismo de renegociación de la deuda para empresas en estado de insolvencia que permite evitar el concurso de acreedores cumpliendo con la legalidad y evitando responsabilidades de los administradores. La Ley vigente permite que el deudor insolvente (el que no puede atender sus pagos regularmente) inicie un proceso de negociación extrajudicial de la deuda con sus acreedores previa comunicación al Juzgado, que permitirá dotarle de un "escudo protector" ante las demandas de concurso interpuestas por sus acreedores. Además, logrará ampliar el plazo de 2 meses (plazo en que es obligatorio solicitar el concurso) en tres más, para llegar a cerrar un acuerdo de pago con sus acreedores que puede incluir quitas y esperas.

A tal efecto, establece una nueva definición de los *acuerdos* de *refinanciación*, que serán "*los alcanzados por el deudor en virtud de los cuales se proceda al menos a la ampliación significativa del crédito disponible o a la modificación de sus obligaciones, bien mediante la prórroga de su plazo de vencimiento, bien mediante el establecimiento de otras contraídas en sustitución de aquéllas. Tales acuerdos habrán de responder, en todo caso, a un plan de viabilidad que permita la continuidad de la actividad del deudor en el corto y el medio plazo.*" Para que estos acuerdos de refinanciación se vean protegidos y no sean objeto de rescisión, deben haberse producido extrajudicialmente y deben cumplir con tres requisitos:

1. Que el acuerdo sea suscrito por acreedores cuyos créditos representen al menos tres quintos del pasivo del deudor en la fecha de adopción del acuerdo de refinanciación.
2. Que el acuerdo sea informado por un experto independiente designado por el registrador mercantil del domicilio del deudor.
3. Que el acuerdo se formalice en instrumento público, al que se unirán todos los documentos que justifiquen su contenido y el cumplimiento de los requisitos anteriores.

1998 y 20 de abril de 1999, que declaran inaplicables por opuestos a la Constitución los artículos 129.2 LH y 234 a 236 de su Reglamento.

Incluso, se refuerza este mecanismo por lo que si un acreedor intenta incumplir o entorpecer los contratos que tuviera firmados con el deudor, **podrá ver sus créditos clasificados como subordinados**, lo que implica que pasarían a ser los últimos en cobrar.[23]

5. Adoptar una solución inmediata mediante el establecimiento de una moratoria por tres años de los embargos hipotecarios para aquellas personas o familias que pudieran justificar el carácter sobrevenido de este problema, tal y como se ha llevado a cabo en los Estados Unidos y otros países como Hungría.

6. En sede judicial, aplicar la cláusula "rebus sic stantibus" en los supuestos en los que se acredite la concurrencia de los requisitos establecidos por la jurisprudencia, entendiendo esta insolvencia sobrevenida por paro, elevación de tipos, etc. como de buena fe por parte del deudor y tratándose de vivienda habitual del grupo familiar..[24]

7. Promover la adhesión de las entidades financieras a los Sistemas institucionales, o crear uno ad hoc, de Mediación y Arbitraje de consumo, pues ni sus Oficinas de atención/defensa del cliente, ni la destacable labor del Servicio de Reclamaciones del Banco de España – no median, ni son dirimentes – han sido suficientes para evitar la proliferación de reclamaciones contra ellas por parte de los consumidores y el "sonrojante" numero de cláusulas abusivas que vienen anulando los tribunales en este campo es palmaria demostración de la falta de control preventivo y protección del consumidor en este ámbito de la contratación.

6. Para hacer frente a la posible "indefensión "del deudor hipotecario en la fase de ejecución que pone de manifiesto la resolución judicial de Sabadell, se pueden proponer varias medidas:

A. Una de carácter preventivo, que supone aumentar desde luego la *trasparencia* y *formalismo* en cuanto al contrato de préstamos garantizado con hipo-

---

[23] Por ejemplo, el Real Decreto-ley 3/2009, de 27 de marzo, de medidas urgentes en materia tributaria, financiera y concursal ante la evolución de la situación económica, ha introducido medidas dirigidas a mitigar este efecto entre las empresas como facilitar la refinanciación de las empresas que puedan atravesar dificultades financieras que no hagan ineludible una situación de insolvencia, agilizar ciertos trámites procesales, reducir o eliminar algunos de los costes de la tramitación, mejorar la posición jurídica de los trabajadores de empresas concursadas que se vean afectados por procedimientos colectivos. Así mismo, crea el Registro Público Concursal, para dar publicidad a través de internet a los concursos de acreedores. En esta misma línea, véase el Real Decreto-ley 5/2010, de 31 de marzo, por el que se amplía la vigencia de determinadas medidas económicas de carácter temporal.
[24] Vid. VALIÑO, V. *Ejecuciones hipotecarias y derecho a la vivienda: estrategias jurídicas frente a la insolvencia familiar.* Observatorio DESC, septiembre de 2009.

teca en todo lo relativo a cláusulas, sistema de amortización, contratos conexos que se le vinculen, tasación de vivienda y alcance de la responsabilidad hipotecaria y forma de ejecución. A tal efecto, el artículo 48, apartado 2, letra a de la Ley 26/1988, de 29 de julio, sobre Disciplina e Intervención de las entidades de crédito, dispone:

Establecer que los correspondientes contratos se formalicen por escrito y dictar las normas precisas para asegurar que los mismos reflejen de forma explícita y con la necesaria claridad los compromisos contraídos por las partes y los derechos de las mismas ante las eventualidades propias de cada clase de operación, en especial, las cuestiones referidas a la transparencia de las condiciones financieras de los créditos o préstamos hipotecarios. A tal efecto, podrá determinar las cuestiones o eventualidades que los contratos referentes a operaciones financieras típicas con su clientela habrán de tratar o prever de forma expresa, exigir el establecimiento por las entidades de modelos para ellos e imponer alguna modalidad de control administrativo sobre dichos modelos. La información relativa a la transparencia de los créditos o préstamos hipotecarios, siempre que la hipoteca recaiga sobre una vivienda, se suministrará con independencia de la cuantía de los mismos.

En esta misma línea, el apartado 2 del artículo 48.2 de la misma Ley 26/1988, dispone:

h) Determinar la información mínima que las entidades de crédito deberán facilitar a sus clientes con antelación razonable a que estos asuman cualquier obligación contractual con la entidad o acepten cualquier contrato u oferta de contrato, así como las operaciones o contratos bancarios en que tal información pre-contractual será exigible. Dicha información tendrá por objeto permitir al cliente conocer las características esenciales de los productos propuestos y evaluar si estos se ajustan a sus necesidades y, cuando pueda verse afectada, a su situación financiera.

Con ello se eliminarían posibles causas de invalidez por vicios en el consentimiento o aplicación de cláusulas abusivas, tal y como sucede ahora con la clausula suelo o las relativas a la cuantía de los intereses moratorios o el pago de costas de ejecución. Así mismo, se debe intensificar el deber de control.

Paralelamente, se propone un sistema procesal de ejecución más flexible:

a) En caso de impago, el Juez podría ordenar una nueva tasación *independiente* por peritos más acorde con el valor actual del mercado.[25]

b) Esto permitiría a su vez una venta "libre" realizada por el propio deudor o, subsidiariamente, una dación en pago en base a esa valoración.

---

[25] La derogada Ley 50/1965, de 1 de julio, de ventas a plazos de bienes muebles disponía ya de esa posibilidad en su Artículo 13:
Los Jueces y Tribunales, con carácter excepcional y por justas causas apreciadas discrecionalmente, tales como desgracias familiares, paro, accidentes de trabajo, larga enfermedad u otros infortunios, podrán señalar nuevos plazos o alterar los convenidos. En estos casos el propio Juzgado o Tribunal determinará el recargo que, como consecuencia de los nuevos aplazamientos, deberá experimentar el precio.

6. Medidas adoptadas

En este punto, se ha aprobado el Real Decreto-ley 8/2011, de 1 de julio, *de medidas de apoyo a los deudores hipotecarios, de control del gasto público y cancelación de deudas con empresas y autónomos contraídas por las entidades locales, de fomento de la actividad empresarial e impulso de la rehabilitación y de simplificación administrativa*. En lo que afecta a nuestro propósito, cabe destacar las siguientes medidas legales:

1. Ingresos mínimos familiares no embargables:
Cuando en el proceso de ejecución de una hipoteca, sea preciso proceder a embargar parte del sueldo del deudor, la cantidad inembargable establecida en el artículo 607.1 de la Ley de Enjuiciamiento Civil se incrementará en un 50 por ciento y además en otro 30 por ciento del salario mínimo interprofesional por cada miembro del núcleo familiar que no disponga de ingresos propios regulares, salario o pensión superiores al salario mínimo interprofesional. Esto supone en el momento actual que la cuantía de los ingresos inembargables, una vez ejecutada la hipoteca y subastado el bien, pasa a 961 euros en el caso de individuos o parejas sin cargas familiares. En el caso de una familia con dos miembros de su familia nuclear sin ingresos propios verá elevado el límite de inembargabilidad hasta 1.350 euros, una cantidad que alcanza los 1.500 euros para casos en los que una familia tenga además personas dependientes a su cargo. El Real Decreto-Ley también establece la definición de *núcleo familiar* a estos efectos: el cónyuge o pareja de hecho, así como los ascendientes y descendientes de primer grado que convivan con el ejecutado.

Por tanto, se podrán embargar los salarios, sueldos, jornales, retribuciones o pensiones que sean superiores al salario mínimo interprofesional y, en su caso, a las cuantías que resulten de aplicar la regla para la protección del núcleo familiar que se citan más arriba, se embargarán conforme a la escala prevista en el artículo 607.2 de la Ley de Enjuiciamiento Civil.

Con esta medida pretende el legislador que aquellas familias que han perdido su vivienda como consecuencia de sus difíciles circunstancias económicas no deben verse privadas de un mínimo vital que les garantice tanto sus necesidades más esenciales, como la posibilidad de superar en el corto plazo su situación económica.

2. Elevación del precio mínimo en la subastas de bienes inmuebles:
Cuando en el acto de la subasta no hubiere ningún postor, podrá el acreedor pedir la adjudicación de los bienes por cantidad igual o superior al 60% de su valor de tasación. Cuando el acreedor, en el plazo de veinte días, no hiciere uso de esa facultad, el Secretario judicial procederá al alzamiento del embargo, a instancia del ejecutado. A tal efecto el artículo 670.4 LEC queda redactado de la siguiente forma:

El segundo párrafo del apartado 4 del artículo 670 queda redactado como sigue:
«*Transcurrido el indicado plazo sin que el ejecutado realice lo previsto en el párrafo anterior, el ejecutante podrá, en el plazo de cinco días, pedir la adjudicación del inmueble por el 70% de dicho valor o por la cantidad que se le deba por todos los conceptos, siempre que esta cantidad sea superior al sesenta por ciento de su valor de tasación y a la mejor postura.*»

3. Dación en pago a petición del acreedor:
Se reforma la LEC de manera que su artículo 671 queda modificado como sigue:
«*Si en el acto de la subasta no hubiere ningún postor, podrá el acreedor pedir la adjudicación de los bienes por cantidad igual o superior al sesenta por ciento de su valor de tasación. Cuando el acreedor, en el plazo de veinte días, no hiciere uso de esa facultad, el Secretario judicial procederá al alzamiento del embargo, a instancia del ejecutado.*»

4. Rebaja de la cuantía del depósito exigido a los postores para participar en la subasta:
A tal efecto, se modifica el apartado 1 del artículo 669 de la Ley de Enjuiciamiento Civil que a partir de ahora establece:

Para tomar parte en la subasta los postores deberán depositar, previamente, el 20 por ciento del valor que se haya dado a los bienes según lo establecido en el artículo 666 de Ley de Enjuiciamiento Civil. El depósito se efectuará conforme a lo dispuesto en el número 3º del apartado 1 del artículo 647 de la Ley de Enjuiciamiento Civil. De este modo, se pretende mejorar la eficacia de las subastas con la presencia de postores y la mejor adjudicación de los bienes hipotecados, se equiparara el importe de este depósito con el previsto por la propia ley para los bienes muebles y se recuperara el porcentaje que sobre este punto ya establecía la Ley de Enjuiciamiento Civil desde 1881.

7. Conclusión

Las medidas legales adoptadas suponen una mejora del rígido marco legal que antes comentábamos, pero no pueden paliar en su totalidad el problema planteado. Cierto es que pasar de modo directo, inmediato y retroactivo a una dación en pago "forzosa" sería contrario a la seguridad jurídica y no resistiría fácilmente un control de constitucionalidad; además de crear un grave problema económico a las entidades financieras[26] se presupone que disminuiría la cuantía media de las hipotecas concedidas, enfriando el mercado de la vivienda y provocando una caída de los precios.. Sin embargo, frente a estas

---

[26] Según la AEB supondría unas perdidas de 4.200 millones de euros y la adjudicación de unas 250.000 viviendas a la ya sobrecargada cartera inmobiliaria de las entidades.

dudas y suposiciones tenemos la certeza de que las soluciones aportadas por nuestro legislador son parciales y no resuelven muchos de los problemas planteados. Desde luego implantar ya la hipoteca limitada como presunta, aprobar planes de ayuda a familias en situación de perder su vivienda, renegociar plazos y cuantías a través de mediación – actualmente en fase de regulación legal – reformar la Ley Concursal en el sentido apuntado, son medidas posibles, acertadas y no gravosas para el sistema.

Por otra parte, regular el contrato de préstamo con garantía hipotecaria como un verdadero contrato de consumo, extremando los controles de transparencia y equilibrio de sus contenido y efectos, implicando más a Notarios y Registradores en esta tarea, fomentar la adhesión de las entidades financieras a los sistemas institucionales de ADR, con Colegios y árbitros especializados, son medidas sin coste alguno que el Estado debe asumir.[27]

Lo cierto es que el número de hipotecas concertadas en nuestro país sigue descendiendo de forma inexorable, con el consiguiente perjuicio para las empresas y profesionales vinculados al sector (inmobiliarias, entidades financieras, notarios, registradores, etc.) y, sobre todo, para los ciudadanos que no pueden acceder a una vivienda digna, tal y como la Constitución ampara. Otros, se están viendo privados de la suya mediante procedimientos objetivos que, sin embargo, sólo atienden al interés de una parte, provocando una gran contestación social y ello porque falta una visión social del concepto de familia y de consumidor en nuestra legislación que ignora el factor positivo que ambos poseen como motores del sistema económico y social.

---

[27] En este punto, la recién aprobada Ley 16/2011, de 24 de junio, de contratos de crédito al consumo, en su artículo 3.a deja fuera de su ámbito a los contratos de crédito garantizados con hipoteca inmobiliaria.

Les Recours Collectifs: vue d'ensemble, Modes d'action, Résultats, Perspectives

*Henri Temple**

Le nouveau (novembre 2011) Premier ministre italien, mon collègue Mario Monti, avait signé un rapport en mai 2010 («Nouvelles stratégies pour le marché unique»), réalisé pour le compte de la Commission européenne. Il y cite une étude économique selon laquelle les indemnités non recouvrées, les préjudices pour lesquels des victimes ne sont jamais indemnisées, atteindraient un montant de vingt milliards d'euros par an. Certes, il n'est pas dit comment cette étude a été conduite, mais cela donne néanmoins une indication crédible sur la portée et l'ampleur du problème. Est-il est normal que des victimes de toutes sortes d'abus et de transgressions, dont le total atteindrait 20 milliards d'euros/an, ne soient pas indemnisées? Bien entendu, c'est profondément anormal, tant en raison de la désespérance provoquée chez les victimes, que par l'encouragement, pour les auteurs de ces infractions au droit, à continuer.

Or, depuis 1873, le droit américain autorise, par un acte du Parlement des USA, une partie à un procès à plaider pour le compte de nombreuses autres. Si l'on introduisait en France les actions de groupes ce ne serait pas du tout d'une révolution qu'il s'agirait, mais simplement de la consécration d' une évolution indispensable en droit européen et en droit français.

On espère que le Premier Ministre italien se souviendra de ses recommandations avancées du temps qu'il était universitaire, et qu'il dotera son pays

---

* Avocat. Conseiller de l'Ordre des Avocats. Expert international, Professeur de Droit Économique – Université de Montpellier I. Directeur du Centre du Droit de la Consommation et du Marché (CNRS UMR 5815). Master Consommation et Concurrence. European Master in Consumer Affairs.

d'un système d'actions de groupe pour les consommateurs italiens. Mais sans trop y croire: mon collègue ne fut-il pas aussi conseiller international de Goldman Sachs depuis 2005, groupe financier qui a tout à redouter de *class actions* initiées par des consommateurs épargnants...

La tâche qui m'est confiée, dans le cadre de ce *liber amicorum* en hommage à mon très cher ami Mário Frota, est redoutable, puisqu'il s'agit de donner une vue d'ensemble sur un sujet complexe, en revenant aux notions fondamentales. Mais je l'accomplirai avec beaucoup d'amitié et d'émotion, mais aussi avec beaucoup de confiance car le Professeur Frota a toujours aimé – ce qui en fait un vrai universitaire, espèce presque disparue – le combat d'idées et le retour aux fondements.

Il sera nécessaire, en conséquence, dans un premier point, de revenir sur quelques distinctions (I), pour éviter les confusions. Dans son livre 1er de la méthodologie analytique (*Organon*), Aristote insiste sur la nécessité d'effectuer les distinctions. Car aucun raisonnement ne peut aboutir à un résultat juste si les concepts de base sont erronés.

On pourra, alors, décrire les modes d'actions des recours collectifs (II), avant d'esquisser les résultats et les perspectives (III).

I. Quelques utiles distinctions

Le sujet des recours collectifs est, en effet, propice aux confusions.

Pour les non juristes, d'abord, il ne faut pas confondre «recours collectifs» et «procédures collectives». Ce n'est pas parce qu'il y a le mot *collectif*, qu'il y a une analogie entre les deux. Les procédures collectives, pour simplifier, c'est le droit des faillites. Les puristes nous pardonneront d'avoir utilisé, pour être clair, un terme qui n'existe plus dans ce sens mais désigne, encore aujourd'hui, dans le langage courant, les règles applicables aux droits de l'ensemble des créanciers d'une entreprise en difficulté .

Et les **recours collectifs** alors? Il n'en existe pas vraiment de définition, car ils sont de plusieurs types. Mais ce qui caractérise les **recours collectifs**, c'est qu'un grand nombre de personnes veulent être indemnisées de leur préjudice (un préjudice en général identique), ou faire cesser ce préjudice. Techniquement, dans le cadre des règles procédurales, ces recours collectifs peuvent s'exprimer par:
- des actions plurales,
- des actions associatives,
- des actions collectives,
- et, peut-être un jour, aussi en France, comme dans certains pays, tel le Portugal, par des **actions de groupe.** Tout ceci mérite d'être précisé avant d'aller plus loin, pour éviter les contresens.

A. Les actions **judiciaires plurales**
Elles sont exercées par ceux qu'on appelle parfois aussi les coplaideurs ou les cointéressés, et qui peuvent être des centaines, des milliers, et pourquoi pas des dizaines de milliers de demandeurs, agissant en même temps, contre le même défendeur, pour être indemnisés d'un dommage comparable, résultant du même préjudice: actions de copropriétaires, de riverains, de consommateurs (victimes d'un médicament par exemple), et même, parfois, actions des clients-professionnels contre une entreprise indélicate. Et ces contentieux de masse sont de plus en plus fréquents car les dommages de masse sont, eux aussi, de plus en plus fréquents, surtout dès lors que le marché est devenu tellement plus vaste; mais ils se heurtent à de lourdes contraintes judiciaires:
- Quel sera le tribunal compétent?
- Pourra-t-on centraliser le litige?
- Comment les greffes vont-ils gérer les procédures avec 100, 1000, 10.000 victimes? N'oublions pas que, en France, nous sommes à la veille d'une grande inconnue informatique pour la gestion judiciaire des dossiers, que l'on appelle le RPVA: lorsque les greffes vont recevoir par e-mail, de la part des avocats, les milliers de dossiers de pièces des victimes, il n'est pas sûr que leur système informatique y résiste...
- Prolifération d'avocats: il peut y avoir des centaines d'avocats sur un même contentieux. Et les audiences, alors?... On ose à peine y penser.

Or, dans le code de procédure civile français, il n'y a que deux articles qui traitent de l'action plurale (art. 323 et 324 CPC). L'idée maîtresse est que l'on va conduire séparément chaque procédure. S'il y a 2.000 demandeurs, il y aura 2.000 contentieux indépendants les uns des autres. Il existe, certes, quelques passerelles, en cas d'appel, en cas de pourvoi en cassation... (art. 474, 529, 552, 615 CPC). Mais l'idée générale c'est que chacun des contentieux des demandeurs pluraux est un contentieux singulier, traité individuellement: «...les actes de chaque cointéressé ne profitent ni ne nuisent aux autres ...» (art. 324 CPC).

B. Les actions **associatives**
La loi de 1901 a fait proliférer, en France, quantités d'associations. Et, immédiatement, s'est posé le problème de savoir si les associations peuvent agir en justice, comment, avec quels objectifs.

1. La jurisprudence a été extrêmement prudente. Elle a d'abord, il est vrai, dès 1913, par un arrêt des Chambres réunies de la Cour de Cassation (5 avril 1913), accueilli l'action d'un groupement ressemblant à une association, mais une association très particulière, **le syndicat**: syndicats de travailleurs, syndicats d'entreprises. Des actions en justice de syndicats, y compris des actions

pénales, sont donc accueillies depuis fort longtemps par les tribunaux. Et un syndicat, s'il se porte partie civile dans une action pénale, déclenche les poursuites répressives ou au moins l'instruction pénale.

Nous touchons ainsi à des mécanismes très puissants, puisque, par le biais de la **plainte avec constitution de partie civile** un syndicat peut déclencher les poursuites pénales même si le Procureur n'avait pas songé à les enclencher de lui-même, et sans que ce dernier puisse s'y opposer.

Quant aux véritables **associations ordinaires**, il y eut une grande prudence de la part de la Cour de Cassation. Un arrêt de 1923 les débouta de leurs prétentions aux motifs que les actions collectives des associations ne pouvaient être admises, car «une association ne défend que son intérêt de personne morale ou celui de ses adhérents»[1]. Impossible donc, pour une association, d'agir en justice pour demander la réparation du **préjudice collectif d'une catégorie ouverte de citoyens**. Et c'est donc la loi, et seulement la loi, qui est venue lever cet empêchement alors que, depuis le début des années 60, les demandes en réparation de préjudice collectif, formées par des associations, notamment de consommateurs, devenaient très nombreuses.

2. C'est ainsi que le législateur est intervenu. A ma connaissance, la première fois qu'il l'a fait, c'est par la loi dite Royer, une loi du 27 décembre 1973, qui autorise les associations de consommateurs à se constituer partie civile, c'est-à-dire soit à déclencher des poursuites pénales, soit à intervenir dans le cadre d'un contentieux pénal déjà engagé.

Et, à la suite de la loi de 1973, plusieurs dizaines (au moins 33, sans être sûr du nombre) de textes spécifiques vont autoriser des associations à objet spécial à agir devant les tribunaux. Autrement dit s'il n'y a pas un texte spécial pour chaque type d'intérêt défendu par une association, celle-ci ne peut pas agir pour des intérêts qui ne seraient pas ses intérêts propres, ses intérêts personnels.

2.1. Cela veut dire, qu'encore aujourd'hui, une association ad hoc, qu'on appelle aussi une association *ex post* (créée a *posteriori*), ne peut pas exercer les droits reconnus à la partie civile. Autrement dit les victimes de l'atome, ou de l'amiante, ou du sang contaminé, ou du *Médiator* ne peuvent pas, en tant que victimes, constituer postérieurement à l'événement une association pour plaider, en représentation de toutes les victimes ou malades potentiels. Il faut que l'association, nous le verrons plus bas, soit déjà constituée, et, dans certains cas, qu'elle bénéficie d'un agrément ministériel.

---

[1] Ch. réun. 15 avr. 1923, Cardinal de Luçon.

2.2. Si on fait un portrait commun de cette trentaine de textes qui permettent à des associations d'agir en justice, y compris pour exercer des actions pénales, on s'aperçoit qu'il faut:
- avant tout un texte de loi spécial pour chaque type d'intérêt collectif à défendre,
- ensuite que les statuts de l'association, pour être autorisée, par la loi, à agir, visent la défense de l'intérêt collectif spécifique visé par le texte législatif,
- que l'association soit, la plupart du temps, déjà déclarée en préfecture.
- dans certains cas, des conditions supplémentaires, telles que la durée de vie de l'association, un agrément administratif, un certain nombre d'adhérents…

C. Dernière distinction : les **actions collectives et les actions de groupe**
Seules existent à ce jour en France les actions collectives[2], c'est-à-dire, par exemple, lorsqu'une association de consommateurs, va agir au nom et pour le compte non seulement de ses intérêts associatifs, mais aussi pour les intérêts de toute une catégorie de consommateurs, anonymes, diffus, non désignés (on n'en connaît pas les noms): c'est **l'intérêt collectif du groupe de consommateurs**, de la collectivité des consommateurs. Cela permet à l'association d'exercer des recours et d'obtenir des dommages et intérêts. Ces sommes ne sont pas redistribuées directement aux consommateurs, par hypothèse inconnus, puisqu'ils sont tous concernés, mais affectées au financement des activités de l'association au profit des consommateurs. C'est ainsi que ces associations jouent un rôle très important dans la régulation du marché.

On ne doit pas confondre ces actions dans un intérêt collectif avec des **actions de groupe**, qui permettraient, elles, à l'association d'agir au nom et pour le compte de consommateurs-victimes, connus ou même non-connus, afin de permettre à ces victimes d'obtenir, chacune, réparation du préjudice qu'elles ont subi.

Et on ne doit pas confondre, non plus, les systèmes d'action de groupe, dont nous parlons en Europe, et notamment le projet de l'École de Montpellier, appelé aussi le projet Calais-Auloy, de 1989[3], avec les «class actions»[4]. Les actions de groupe sont ou seront entourées de précautions suffisantes, à la différence du désordre certain que nous constatons outre Atlantique avec les

---

[2] J. CALAIS-AULOY / H. TEMPLE, *Droit de la consommation*, 8ª éd., Dalloz, 2010, n° 560 et s.
[3] *Propositions pour un code de la consommation*, La documentation française, 1990.
[4] H. TEMPLE, «*Class action*» *et écomie de marché*, in JCP 2005, I, 284; V. MAGNIER, «*La class action américaine*» in *L'action collective ou action de groupe*, Larcier, Bruxelles, 2010, p. 47 et s.

class actions à l'américaine, encore qu'il semble que le législateur ait, récemment, un peu tempéré ce désordre.

Les actions de groupe existent et fonctionnent dans différents pays: le Québec est souvent cité comme ayant une action de groupe exemplaire. Mais le Portugal, l'Autriche, et, désormais, la Pologne, depuis 2009 avec une entrée en vigueur en 2010, connaissent la technique, et même le Cameroun vient de l'adopter (un texte de loi audacieux de mai 2011).

II. Modes d'actions pour les recours collectifs

On présentera une vue générale de la question avant d'insister sur le cas des associations de consommateurs.

A. En général le législateur français a étroitement encadré les **domaines** dans lesquels les associations peuvent entreprendre des actions collectives. Et on trouve, de ce fait, en France, un incroyable fatras de dispositions. Dans le Code de procédure pénale, il y a 21 articles (art. 2-1 à 2-20 du Code de procédure pénale), adoptés entre 1981 et 1995, concernant (on ne va pas tout énumérer), le racisme, les violences familiales, l'atteinte à la mémoire de la résistance, l'exclusion sociale, la défense de la langue française, les accidents collectifs, la toxicomanie, etc... Toutes les associations qui ont pour objet la défense d'intérêts collectifs ainsi définis, se voient investies, par le législateur, d'une autorisation d'exercer les actions collectives **et** les actions civiles. Il faut encore rappeler que *l'action civile* se déroule, techniquement, dans un contexte d'infraction pénale, et que ses règles figurent dans le Code de procédure pénale.

Mais on trouve, aussi, dans le Code de l'urbanisme (Art. L. 160-1; L. 480-1) des autorisations, pour des associations, d'exercer des actions collectives; il faut que ces associations soient agréées par le Ministère de tutelle.

On en trouve, encore, dans le Code de l'environnement (Art. L. 141-1, L. 142-1/2) avec des conditions supplémentaires: agrément après trois ans d'activité. Ces associations ont le droit d'agir devant les tribunaux administratifs.

On en trouve aussi dans le code monétaire et financier, évidemment pour les procédures qui sont enclenchées par les associations de défense des porteurs d'actions, ou des investisseurs, de manière générale, dans les produits financiers. Les conditions posées par le texte sont nettement plus souples: on peut accorder, à ces associations, l'agrément pour agir en justice au bout de six mois. Il suffit qu'elles comportent seulement 200 membres. Ajoutons que le législateur du Code monétaire et financier (article L. 452-2) accorde à ces associations le droit d'exercer des actions en représentation conjointe, sur lesquelles nous reviendrons plus bas, et qu'on appelle, aussi, la «petite *class-action*».

On en trouve, enfin, dans le Code du travail (droit d'ester pour les syndicats, art. L 411-11), dans le Code de la famille et de l'aide sociale (L 211-3/11/14), et on en trouve même, ô surprise, dans le Livre des procédures fiscales... Car l'État a dans l'idée que des syndicats, ou des organisations professionnelles, pourraient débusquer des lièvres fiscaux, et l'aider dans la poursuite des fraudeurs. Ce sont les articles 233 du Livre des procédures fiscales. Ainsi, un syndicat, une association professionnelle, peut saisir le juge pour faire constater, et sanctionner, des fraudes fiscales.

B. Quant aux associations de consommateurs[5], ce sont, à la fois, les plus anciennes (1973) associations investies du pouvoir d'agir comme partie civile dans un intérêt collectif, et ce sont également les plus abouties. Leur rôle, en effet, est d'assainir le marché. Non seulement de protéger la partie faible dans la négociation économique, mais également d'assainir le marché des pratiques nuisant à la concurrence. Ce rôle, très important, n'est pas parachevé, et l'on peut penser que les associations de consommateurs sont appelées à jouer un rôle croissant; elles l'ont prouvé, d'ailleurs, dans l'affaire de la téléphonie mobile (Avis du Conseil de la concurrence de Décembre 2005), car c'est une association de consommateurs qui a fait condamner les trois opérateurs historiques à une sanction financière de 420 millions d'euros. Mais certains économistes affirment que si une action de groupe avait été intentée, le remboursement aux usagers lésés aurait été du triple ou du quadruple! C'est donc, finalement, tout bonus pour les opérateurs économiques qui paient des sommes très inférieures, et bien tard, au dommage causé aux victimes et au bénéfice (indu) restant.

Les associations de consommateurs disposent de **toute une gamme de droits judiciaires**, à condition de remplir les conditions prévues par le législateur (agrément ministériel 10.000 membres, un an d'activité...).

1. **Les droits de partie civile,** d'abord, qui leur permettent de déclencher les poursuites pénales ou de s'y associer, d'obtenir des dommages et intérêts, désormais de plus en plus importants, et d'obtenir aussi, si nécessaire, une injonction judiciaire de cessation des pratiques illicites, par exemple: clauses abusives, prix illicites, publicité trompeuse, et toute une série de pratiques illicites qui peuvent être débusquées (Art. L 421-1 Code Consommation). C'est un bon moyen d'assainir le marché, un moyen qui profite aussi aux concurrents: les entreprises concurrentes vont bénéficier, elles qui sont juridiquement plus vertueuses, du moins on le suppose, des effets de l'action en justice initiée par les associations de consommateurs.

---

[5] J. CALAIS-AULOY / H. TEMPLE, *op. cit.*, n° 553 et s.

2. Mais il y a, aussi, hors de toute infraction pénale, le droit pour les associations de consommateurs d'exercer **des actions purement civiles en cessation**. Et elles peuvent le faire, en principe, non seulement sur le territoire national, mais aussi de façon transfrontière: ainsi, par exemple, une association de consommateurs espagnole pourrait demander à une association française de faire cesser, en France, des pratiques illicites portant préjudice à des consommateurs espagnols. C'est très captivant sur le plan théorique, mais les applications pratiques sont rarissimes. On doit le regretter, car cela permettrait à des associations d'agir efficacement sur les domaines qui sont prévus expressément par les textes pour les actions transfrontières en matière de ventes à distance (y compris le commerce électronique), services financiers à distance, ventes à domicile, pratiques commerciales déloyales, clauses abusives, crédit à la consommation, médicaments, services, *timeshare*. Ce bel outil, qui permettrait d'assainir les pratiques du marché, ne fonctionne pas aussi bien que ce que ses concepteurs en attendaient[6].

3. De même, la **possibilité d'intervention** pour les associations de consommateurs, (c'est-à-dire le droit d'entrer dans un contentieux individuel de consommation déjà né), pour demander la cessation de pratiques ou de clauses illicites, est assez rarement utilisée, elle aussi.

4. Et encore plus rarement utilisée, malheureusement, celle qu'on appelle parfois la petite *class action* ou la «petite action de groupe», c'est à dire **l'action en représentation conjointe**, déjà évoquée à propos des associations de petits actionnaires.

Il y a, bien sûr, un intérêt à ces «petites actions de groupe»: celui de faire indemniser des victimes sans que celles-ci aient à se soucier d'un contentieux, car les particuliers redoutent les procès. Ils ont peur de la justice, des coûts, de l'inconnu... Voilà donc un système qui, en apparence, est confortable: l'association de consommateurs va faire le procès au nom et pour le compte des victimes. S'il y a gain d'instance, la victime sera indemnisée, sans avoir eu le souci du contentieux.

Mais les conditions légales pour pouvoir exercer ces actions en représentation conjointe sont telles que les associations de consommateurs y ont très peu recours.

– Il faut d'abord, en effet, qu'il y ait plusieurs consommateurs **identifiés**,
– puis des préjudices individuels causés par le même opérateur, du même fait, ayant une origine commune.

Le mot «identifié» pose problème, parce que, dans les actions de groupe telles qu'on les envisage ici, on n'a pas besoin de connaître le nom des victimes:

---

[6] J. CALAIS-AULOY/H. TEMPLE, *op. cit.*, nº 557,558.

on exerce une action en quelque sorte «pour le compte de qui il appartiendra», au profit des victimes qui se déclareront pendant ou après le contentieux. Au contraire, dans le système actuel de représentation conjointe, il faut que les victimes soient identifiées auparavant.

Pire encore, il faut qu'elles aient donné **un mandat, écrit et détaillé, long et complexe**, à l'association de consommateurs pour que celle-ci puisse les représenter en justice. Dès lors, c'est certainement cette exigence qui fait redouter aux associations de consommateurs de s'engager dans cette voie: il y a très peu d'actions en représentation conjointe, même si l'on n'est pas totalement convaincu par les arguments qui sont donnés par les associations de consommateurs pour ne pas les utiliser. De plus, les Associations se voient interdire, par l'article L.422-1, alinéa 2, du Code de la Consommation, de solliciter ce mandat «par voie d'appel public télévisé ou radiophonique ni par voie d'affichage de tract ou de lettre personnalisée». Il ne resterait, dès lors que la possibilité de lancer un appel par voie de presse écrite, la presse des consommateurs et le texte ne prohibe même pas expressément la diffusion dans la grande presse. Malheureusement un arrêt critiqué, et erroné, de la Cour de cassation vient de donner un coup d'arrêt à l'idée, qu'avait eue une association de consommateurs, de solliciter les mandats sur son site internet (il s'agissait du volet indemnitaire, pour les usagers de la téléphonie mobile, de l'affaire des opérateurs de téléphonie, sanctionnés par l'ancien Conseil de la Concurrence en 1975). En effet, un malheureux arrêt du 26 mai 2011 assimile à tort, une publication sur l'internet, par une association, d'un appel à agir en justice, aux méthodes limitativement prohibées dans l'article L. 422-1,C.Conso[7].

Rappelons, encore, que, par rapport à la «grande action de groupe», celle qui n'existe pas encore, si ce n'est au Portugal, en Autriche, en Pologne[8] et au Québec, il n'est pas besoin de donner mandat: on dit que c'est un système d'*opt out*. Et le consommateur n'a pas besoin d'être identifié. C'est une situation nettement plus facile sur le plan processuel. On n'a pas besoin de connaître le nom, l'adresse et d'avoir le mandat des victimes pour agir. Une fois la décision rendue sur le principe de l'existence d'une responsabilité du défendeur, chaque victime présentera les éléments de son dossier propre pour que le Tribunal fixe son indemnité selon les paramètres d'indemnisation qu'il a déjà fixés dans sa décision. Toutefois, les modalités de la fixation du montant de l'indemnité de chaque consommateur, en quelque sorte le retour du groupe

---

[7] N. DUPONT, *L'action en représentation conjointe des associations de consommateurs à propos de Civ.26 mai 2011*, D.2011 n° 27, p. 1884).

[8] H. TEMPLE/E. WOJTOWICZ, *Regards croisés franco-polonais sur le modèle polonais d'action de groupe*, à paraître, 2011.

à l'individu – ce que ne fait pas la *class action* américaine – sera une phase de haute technique judiciaire[9].

III. Résultats et perspectives

Enfin, pour conclure, il convient de faire un bilan des résultats et des perspectives.

A. Les **résultats:** en France, non seulement il n'existe pas de véritable action de groupe, mais encore les recours collectifs, comme on l'a vu, sont inscrits dans une incroyable mosaïque législative: plus de 30 textes différents, créant des systèmes différents, ce qui n'est pas de nature à rassurer les avocats. Le système manque beaucoup de lisibilité. Faut-il, dès lors, rassembler ces 30 versions d'un même type d'action collective, les simplifier? C'est une des questions qu'il faudra se poser aujourd'hui, en Europe, pour éviter la constitution de systèmes trop différents d'un pays à l'autre.

Quelle est l'efficacité de ces actions collectives? Elle est incontestable. Insuffisante mais incontestable. Notamment pour faire sanctionner les infractions pénales. Il est vrai que si l'on se fiait seulement au travail du Parquet (Ministère public), beaucoup de ces infractions ne seraient pas poursuivies devant les tribunaux, et la loi ne serait pas vraiment appliquée; il y a donc une réelle utilité, dans le cadre de ces actions, pour faire appliquer la loi pénale, mais une moindre efficacité pour traquer les pratiques et clauses abusives. Et une efficacité égale à zéro pour l'indemnisation personnelle des victimes.

B. Et les **perspectives**? Le système français est insatisfaisant, alors qu'à l'étranger, de plus en plus, prospèrent les actions de groupe, ce qui conduit à se poser un certain nombre de questions.

– Faut-il, premièrement, dépénaliser le droit économique, c'est-à-dire supprimer les sanctions pénales qui accompagnent, notamment, le droit de la consommation? En 2008 le rapport Coulon (un haut magistrat) sur la dépénalisation du droit des affaires s'oppose à cette idée. Car le droit de la consommation est intimement lié à l'ordre public monétaire, financier, économique, et pour que l'ordre public soit respecté, il y a besoin d'infractions pénales. La «Grande récession» américaine de septembre 2008 n'est-elle pas due, en grande partie, à la déréglementation, notamment du droit des consommateurs?

---

[9] H. TEMPLE, *Actions collectives et actions de groupe: les mécanismes de réparation* in *L'action collective ou action de groupe*, Larcier, Bruxelles, 2010, p. 93 et s.

– Faut-il instituer l'action de groupe, et quel type d'action de groupe (il en existe une palette très vaste)? Et à quelles conditions? Ou bien, peut-on perfectionner les actions en représentation conjointe? Suffirait-il d'enlever -ou d'ajouter quelques mots aux textes actuels sur l'action en représentation conjointe pour passer insensiblement à une action de groupe qui ne fasse pas surgir trop de débordements judiciaires?

– Qui doit le faire? Est-ce que la France doit agir seule? Est-ce à la Commission européenne de le faire? On est, à ce jour, dans la perspective d'une initiative de la Commission européenne. Mais à quel terme, à quel horizon? Sachant qu'il n'y a pas que le Portugal, l'Autriche et la Pologne qui ont déjà adopté ce type de procédure, de manière plus ou moins approfondie, que de nombreux autres pays s'y emploient et que l'on ne pourra pas gérer un marché européen à ce point asymétrique.

Est-ce que le montant, la plupart du temps faible, des intérêts en jeu, doit nous conduire à dire: «c'est à passer par pertes et profits»? Est-ce que les risques encourus par les entreprises doivent nous amener, là aussi, à être trop prudents, jusqu'à l'immobilisme?.

C. Proposons, pour terminer, **trois débuts de réponse**.
Je citerai, d'abord, celui qui est, probablement, le plus grand juriste français de tous les temps et, peut-être même, d'Europe: **Louis Josserand**.

Louis Josserand nous explique dans sa «théorie de l'abus de droit et de la fonction sociale des droits» que le principe général de la responsabilité est «l'expression de cette loi suprême d'interdépendance sociale sans l'observation de laquelle il n'y aurait point de communauté humaine». L'idée de réparer les préjudices est fondamentale dans la vie en société. D'ailleurs cela rejoint sur ce point la thèse de Maurice Allais sur la «maximation du rendement social»: les juristes et les économistes se rejoignent. Et je vois, aussi, que Adam Smith et Jean-Baptiste Say ont mis, depuis longtemps, le consommateur au centre de l'économie.

Pour Adam Smith[10], «...la consommation est l'unique but, l'unique terme de toute production». Car elle touche à l'essentiel: autrement dit à l'être humain. Et Jean-Baptiste Say rajoute «si on appauvrit les consommateurs...» (et si on ne les indemnise pas on les appauvrit bien évidemment) «...comme la classe des consommateurs embrasse la Nation toute entière, c'est la Nation qui est plus pauvre»[11]. Et en terme de macro économie, une Nation qui s'appauvrit c'est mauvais signe, bien sûr, pour son développement et son équilibre sociétal.

---

[10] RDN, trad. Garnier, T.2, Liv. 4, chap. 8.
[11] (*Traité d'économie politique*, Liv. I, Charp. 17, 1841).

Nous avons, en 2011, l'illustration effrayante, que les hommes politiques ne veulent pas comprendre.

La dernière citation est extraite du rapport Monti (mai 2010, «Nouvelles stratégies pour le Marché unique») sur lequel nous ouvrions notre étude. Monsieur Monti propose à Monsieur Barroso (c'est à lui qu'il destine son rapport) de faciliter le règlement des litiges transfrontières (la tâche est immense car en l'état cela ne marche pas) et de mettre en place, enfin, également, un mécanisme européen pour les recours collectifs[12], à propos desquels il insiste beaucoup: «...il faut les recours collectifs, les actions de groupe en évitant – dit notre collègue de Milan – les *class actions* à l'américaine, et tout en encourageant les modes alternatifs de règlement des conflits».

Le fera-t-il en tant que Premier Ministre? Ce serait une bonne surprise...

---

[12] Page 47 de son rapport.

Nótula sobre a Venda à Distância e a Limitação Contratual da Responsabilidade dos Prestadores de Serviços em Rede

*Hugo Ramos Alves**

Sumário: § 1. Introdução. 1. A venda à distância e a Internet 2. Sequência § 2. Serviços da Sociedade de Informação § 3. Os prestadores de serviços em rede § 4. A limitação de responsabilidade do prestador de serviços em rede 1. Razão em ordem 2. Regime geral 3. Contratos de adesão § 4. Conclusões

§ 1. Introdução**

1. A venda à distância e a Internet

I. Resultará ocioso afirmar a importância económica do contrato de compra e venda, dado que, como é consabido, a transacção de bens assume um papel

---

* Assistente da Faculdade de Direito da Universidade de Lisboa.
** Os preceitos legais em que não seja indicada a fonte, pertencem ao Decreto-Lei nº 7/2004, de 7 de Janeiro actualmente em vigor. Abreviaturas mais utilizadas: **ADC** – *Anuario de Derecho Civil;* **APD** – *Archives de Philosophie du Droit;* **AAVV** – Autores Vários; **art.** – artigo; **arts.** – artigos; **BFDC** – Boletim da Faculdade de Direito (Coimbra); **BGB** – *Bürgerliches Gesetzbuch* (Alemanha); **BMJ** – *Boletim do Ministério da Justiça;* **CC** – Código Civil; **cfr.** – confira; **cit.** – citado; **ed.** – edição; **HLR** – *Harvard Law Review;* **FDNUL** – Faculdade de Direito da Universidade Nova de Lisboa; **i.e.** – *id est;* **JILT** – *The Journal of Information, Law and Technology;* **JZ** – *Juristen Zeitung;* **LSSICE** – *Ley de Servicios de la Sociedad de la Información y de Comercio Electrónico;* **nº** – número; **NJW** – *Neue Juristische Wochenschrift;* **Nm** – Número de margem; **p. ex.** – por exemplo; **polic.** – policopiado; **p.** – página; **pp.** – páginas; **RDP** – *Revista de Derecho Privado;* **reimp.** – reimpressão; **RFDUL** – Revista da Faculdade de Direito da Universidade de Lisboa; **ROA** – Revista da Ordem dos Advogados; **segs.** – seguintes; **TDG** – *Gesetz über die Nutzung von Telediensten;* **TMG** – *Telemediengesetz;* **vol.** – volume.

primordial em qualquer sociedade, sendo que, em termos dogmáticos assume-se como o contrato paradigmático dos contratos onerosos, por força do art. 939º do CC[1].

No entanto, o regime vertido no CC está pensado, passe a expressão, para um cenário tradicional, isto é, em que comprador e vendedor estão em posição de igualdade. Ora, como é consabido, a realidade desmente tal situação, na medida em que a massificação das relações de consumo obrigou a que fossem sendo aprovados regimes legais destinados a conferir uma maior tutela do consumidor-comprador, porquanto o regime do CC, por exemplo, assenta numa noção de cumprimento defeituoso que deveria ser equiparado ao incumprimento, quando a lei o trata como um mero cumprimento, e, simultaneamente, exclui a responsabilidade do vendedor quando ele não tenha culpa no defeito da prestação[2]. Ademais, estruturalmente, a disciplina edilícia adoptada pelo CC está modelada para a compra e venda de coisa específica, situação que, actualmente, está longe de constituir a regra, dado que impera a compra e venda de coisas genéricas e de produtos fabricados em série, sendo que, aliás, o próprio CC ignora a relação produtor-consumidor[3]. Precisamente para conferir maior tutela aos consumidores, surgiu, sob o influxo comunitário, o Decreto-Lei nº 67/2003, de 21 de Julho, que regula a venda de bens de consumo[4].

Este Decreto-Lei realça a situação de inferioridade/fragilidade contratual do consumidor, que esteve no centro do surgimento do Direito do Consumo, a partir da verificação do facto de o ideário liberal não ser atreito à protecção do consumidor, em função de reinar, de forma absoluta, o primado do princípio da igualdade, que obstava à concessão de qualquer privilégio ou protecção

---

[1] Sobre a compra e venda, cfr., numa primeira aproximação, BAPTISTA LOPES, *Do Contrato de compra e venda no direito civil, comercial e fiscal*, Coimbra: Livraria Almedina, 1971, CARNEIRO DA FRADA, *Perturbações Típicas do Contrato de Compra e Venda* in MENEZES CORDEIRO, *Direito das Obrigações*, Tomo III – *Contratos em Especial*, Lisboa: AAFDL, 1991, pp. 49-96, PEDRO ROMANO MARTINEZ, *Direito das Obrigações (Parte Especial) Contratos. Compra e Venda, Locação, Empreitada*, Coimbra: Livraria Almedina, pp. 19-151, NUNO PINTO DE OLIVEIRA, *Contrato de Compra e Venda. Noções Fundamentais*, Coimbra: Livraria Almedina, 2007, PEDRO DE ALBUQUERQUE, *Direito das Obrigações – Contratos em Especial*, Vol. I, *Compra e Venda*, Tomo I, 2008, LUÍS MENEZES LEITÃO, *Direito das Obrigações*, Vol. III – *Contratos em Especial*, 7ª ed., Coimbra: Livraria Almedina, 2010, pp. 11-170.

[2] MENEZES LEITÃO, *Direito das Obrigações*, 7ª ed., Vol. III, cit., p. 137.

[3] CALVÃO DA SILVA, *Responsabilidade Civil do Produtor*, Coimbra: Livraria Almedina, 1990, p. 239-241. Aliás, o autor salienta igualmente o facto de o modelo do CC estar orientado para o valor de troca e não para o valor de uso ou consumo.

[4] Sobre esta, cfr., ARMANDO BRAGA, *A Venda de Coisas Defeituosas no Código Civil - A Venda de bens de Consumo*, Lisboa: Vida Económica, 2005, MENEZES LEITÃO, *Direito das Obrigações*, Vol. III, pp. 137-170 e JANUÁRIO DA COSTA GOMES, *Ser ou não ser conforme, eis a questão. Em tema de garantia legal de conformidade na venda de bens de consumo* in *Estudos de Direitos das Garantias*, Vol. II, Coimbra: Livraria Almedina, 2010, pp. 113-140.

especial[5]. Ora, sucede que, no que à Internet diz respeito, a posição do consumidor[6] pode ser ainda mais fragilizada, porquanto, o mais das vezes, a celebração de contratos é sobremaneira facilitada, dado que um simples clique num botão dizendo "Aceito" será o suficiente para que exista vinculação obrigacional[7].

Na verdade, com o advento da Internet, progressivamente, o número de contratos celebrados à distância em linha (*"on line"*) aumentou exponencialmente, facto que é facilmente verificável, por exemplo, com o surgimento de imensas livrarias em linha, a par de sítios *web* de cadeias de distribuição alimentar onde são alienadas *on line*, com posterior entrega física, várias mercadorias. Ora, neste contexto, proliferam igualmente várias cláusulas de exclusão de responsabilidade nos sítios *web* de tais entidades, motivo pelo qual nos propomos expender algumas reflexões sobre a validade das mesmas nas páginas que seguem.

II. De qualquer modo, cumpre salientar que, para além da regulação das situações relativas à conformidade da prestação, o Direito tem vindo a ser chamado a procurar tutelar o consumidor no âmbito do contrato de compra e venda, *maxime* nos casos da venda fora de estabelecimento, *rectius*, na venda à distância, a qual, entre nós, tem assento legal no Decreto-Lei nº 143/2001, de 26 de Abril, que transpôs para a ordem jurídica interna a Directriz nº 97/7/CE, do Parlamento Europeu e do Conselho, de 20 de Maio[8].

---

[5] Sobre esta questão, cfr., entre nós, FERREIRA DE ALMEIDA, *Os direitos dos consumidores*, Coimbra: Livraria Almedina, 1982, pp. 11 e segs, FERREIRA DE ALMEIDA, *Negócio Jurídico de Consumo* in BMJ 347 (1985), pp. 11-38 (p. 19 e segs), CALVÃO DA SILVA, *Responsabilidade Civil do Produtor*, cit, pp. 31 e segs., ELSA DIAS OLIVEIRA, *A protecção dos consumidores nos contratos celebrados através da Internet*, Coimbra: Livraria Almedina, 2002, pp. 24 e segs.
[6] Ao longo deste texto, consideraremos "consumidor" a pessoa singular que actua com fins estranhos ao âmbito da sua actividade empresarial, comercial ou profissional. Sobre a noção de consumidor, cfr. CALVÃO DA SILVA, *Responsabilidade Civil do Produtor*, cit., p. 58 e segs. De acordo com FERREIRA DE ALMEIDA, *Os direitos dos consumidores*, cit., pp. 206 e segs, esta noção abrange vários elementos, a saber: (i) o elemento subjectivo (a necessidade de se tratar de uma pessoa em sentido jurídico), (ii) um elemento objectivo (bens e/ou serviços adquiridos pelo consumidor), (iii) um elemento teleológico (finalidade dos bens ou serviços adquiridos pelos consumidores) e (iv) um elemento relacional (referente ao co-contratante, exigindo-se que seja uma empresa ou entidade profissional)
[7] ELSA DIAS OLIVEIRA, *A protecção dos consumidores nos contratos celebrados através da Internet*, cit., pp. 29-30.
[8] À imagem do que sói verificar-se em diplomas similares, este Decreto-Lei contém uma lista de exclusão do âmbito de aplicação assaz considerável. Assim, as normas relativas à venda à distância não se aplicam a: (i) serviços financeiros, nomeadamente os referentes a serviços de investimento, operações de seguros e resseguros, serviços bancários, operações relativas a fundos de pensões, serviços relativos a operações a prazo ou sobre opções, (ii) através de distribuidores automáticos ou de estabelecimentos comerciais automatizados, (iii) com operadores de telecomunicações pela

III. Este regime, actualmente, deve ter em consideração as disposições constantes do Decreto-Lei nº 7/2004, na medida em que este diploma consagrou o regime aplicável a todo o tipo de contratos celebrados por via electrónica ou informática, independentemente de serem ou não qualificáveis como comerciais (artigo 24º), situação que, em princípio, não obsta à aplicação de quaisquer outros diplomas que visem tutelar os consumidores[9]. De qualquer modo, é mister salientar que, em alguns casos[10], este regime assenta na noção de "prestador de serviços da sociedade da informação", motivo pelo qual, a aplicação deste diploma carecerá, necessariamente, da verificação deste requisito.

Ademais, cumpre igualmente não olvidar que alguns negócios jurídicos não são passíveis de serem celebrados em linha. Efectivamente, o artigo 25º afasta (i) os negócios familiares e sucessórios, (ii) os negócios que exijam intervenção de tribunais, entes públicos ou outros entes que exerça, poderes públicos, (iii) negócios reais imobiliários, com excepção do arrendamento e (iv) de caução e de garantia, quando não integrados na actividade profissional de quem as presta.

2. Sequência

Afigura-se conveniente ter presente as avisadas palavras de LAWRENCE LESSIG, autor para quem será sempre necessário que os utilizadores se habituem a este novo Espaço, de molde a terem perfeita noção do novo espaço que de facto é. Apenas quando essa experiência for comum se deverá esperar que estejamos em posição de compreender o seu significado. Quando a tecnologia, quando a experiência, a vida no ciberespaço nos pressionarem, apenas aí poderemos esperar que a lei a compreenda de modo suficiente a poder resolver as questões correctamente.[11]

Por este motivo, uma vez definido, nos seus traços gerais, o regime da venda à distância, procuraremos, se bem que de forma sintética, definir a noção de "serviços da sociedade da informação", a par da figura do "prestador de serviços em rede", para, de seguida, efectuarmos algumas breves reflexões sobre as cláusulas tendentes a limitar a sua responsabilidade, *maxime*, a limitação de exclusão de responsabilidade extracontratual do prestador de serviços em rede.

---

utilização de cabinas telefónicas públicas, (iv) para a construção e venda de bens imóveis ou relativos a outros direitos respeitantes a bens imóveis, excepto o arrendamento e (v) em leilões.

[9] Cfr. Considerando 11 da Directriz. Dito de outro modo, estamos perante um princípio que consagra a complementaridade do regime vertido no Decreto-Lei nº 143/2001. Assim, OLIVEIRA ASCENSÃO, *Contratação Electrónica* in AAVV, *Direito da Sociedade da Informação*, Vol. IV, 2003, Coimbra: Coimbra Editora, pp. 43-68 (p. 47).

[10] *Verbi gratia*, os artigos 27º, 28º ou 29º.

[11] *The path of cyberlaw* in The Yale Law Journal, vol. 104 (Maio de 1995), pp. 1743-1755.

§ 2. Serviços da Sociedade de Informação

I. O legislador interno, tal como a Directriz nº 2000/31/CE, parte da definição de "serviços da sociedade da informação" para construir o regime jurídico atinente aos prestadores de serviços em rede. Todavia, contrariamente à Directriz, o legislador optou por definir o que são tais serviços, considerando que se trata de qualquer serviço prestado à distância por via electrónica, mediante remuneração ou pelo menos no âmbito de uma actividade económica, em consequência de pedido individual do destinatário (art. 3º, nº 1)[12].

Deste modo, temos de estar perante um serviço (i) prestado à distância, i.e. sem que as partes estivessem presentes, (ii) prestado por via electrónica, ou seja um serviço enviado desde a origem e recebido no destino através de instrumentos electrónicos de processamento e (iii) mediante pedido individual de um destinatário de serviços[13]. A estes elementos acresce um quarto elemento, meramente natural, consistente na retribuição pelos serviços prestados, uma vez que o serviço pode ser prestado no âmbito de uma actividade económica, ainda que não esteja envolvida qualquer contraprestação[14-15].

---

[12] Com efeito, a Directiva não definia "serviços da informação", limitando-se a remeter para o conceito firmado no nº 2 do art. 1º da Directriz 83/34/CE, alterada pela Directriz 94/48/CE, de acordo com a qual se considera como serviço *"qualquer serviço da sociedade da informação, isto é, qualquer serviço prestado normalmente mediante remuneração, à distância, por via electrónica e mediante pedido individual de um destinatário de serviços"*. Pese embora tal remissão legal, entendia ARNO LODDER, *Directive on certain legal aspects of information society services, in particular electronic commerce in the Internal Market* in LODDER/KASPERSEN, *eDirectives: Guide to European Union Law on E-Commerce*, Haia/Londres/Nova Iorque: Kluwer Law International, 2002, pp. 67-93, (p. 71), que a definição de serviços da sociedade da informação podia ser encontrada no Considerando 17 da Directriz nº 2000/31/CE.

[13] Assim LUÍS MENEZES LEITÃO, *A Responsabilidade Civil na Internet* in AAVV, *Direito da Sociedade da Informação*, vol. III, Coimbra: Coimbra Editora, 2002, pp. 147-167 (pp. 156-157), ARNO LODDER, *Directive on certain legal aspects of information society services, in particular electronic commerce in the Internal Market*, cit., pp. 71, por seu turno, exige que estejamos perante uma prestação de serviços remunerada. Já CARLOS FUENZALIDA, *Responsabilidad contractual y extracontractual en el comercio electrónico*, in ADC LV (Janeiro- -Março de 2002), pp. 67-90 (p. 71) salienta que não há necessidade de estarmos perante serviços não remunerados, uma vez que o legislador comunitário terá pensado nos casos de fornecimento de acesso gratuito à rede que, por vezes, as companhias telefónicas fornecem.

[14] Neste sentido, ALEXANDRE DIAS PEREIRA, *Serviços da Sociedade da Informação: alguns problemas jurídicos do comércio electrónico*, (polic.) Lisboa: FDNUL – Working Papers, 2001, p.8. Todavia, note-se que o mesmo autor em *The Protection of Intellectual Property in E-Commerce* in BFDC LXXVI, pp. 289-369 (pp. 306-307) já parece incluir o conceito de remuneração na definição de serviços da sociedade da informação.

[15] Em tom bastante crítico, ANA LAMBEA RUEDA, *El correo electrónico* in RDP (Dezembro de 2002), pp. 936-961 (p. 937), salienta o facto de a Directriz conter escassas referências ao serviço de correio electrónico, o que não implica que, obviamente, ela não lhe seja aplicável. Indo um pouco mais longe, a autora, IDEM, *Ibidem*, cit. p. 940 considera que quer a Directriz quer a Lei que a transpôs para o ordenamento espanhol deveriam distinguir vários tipos de serviços, referindo-se, em concreto,

Estamos, pois, perante uma situação em que o conceito reitor do regime legal fundamental do comércio electrónico em geral, e da responsabilidade dos prestadores de serviços em rede em particular, é um conceito fundado no acervo comunitário, dado que o legislador não curou de procurar criar um conceito novo, limitando-se a remeter para um conceito já existente.

II. Em qualquer caso, cumpre salientar que comércio electrónico é, na acepção da Directriz (e, consequentemente, do Decreto-Lei interno), a actividade de prestação de serviços da sociedade da informação, o que corresponde a uma noção ampla de comércio electrónico, dado que esta actividade não tem de ter natureza comercial em sentido restrito. Todavia, nem todas as realidades são reconductíveis a esta noção de comércio electrónico, uma vez que o comércio electrónico indirecto não é abrangido quer pela Directriz quer pelo Decreto-Lei interno que operou a sua transposição[16].

Por outro lado, nos termos do art. 2º, alínea b) da Directriz 2000/31/CE, seria considerado "prestador de serviços", *"qualquer pessoa, singular ou colectiva, que preste um serviço do âmbito da sociedade de informação"*. Conforme facilmente se intui, trata-se de uma definição propositadamente abrangente, permitindo incluir nela não apenas as operadoras, mas também os próprios cibernautas, que, ocasionalmente, podem prestar serviços no âmbito da sua intervenção em rede e mesmo a título gratuito[17].

Adicionalmente, era ainda necessário proceder à distinção com a figura do "prestador de serviços estabelecido" (art. 2º, alínea c) da Directriz 2000/31//CE), que mais não seria do que o *"prestador que efectivamente exerça uma actividade económica através de uma instalação fixa, por um período indefinido"*. De qualquer modo, o legislador comunitário curou de esclarecer, a propósito desta última figura, que a presença e a utilização de meios técnicos e de tecnologia necessários para prestar o serviço não constituem, em si mesmos, o estabelecimento do prestador. Ou seja, a Directriz estabelece que cabe ao Estado em que o prestador de serviços está estabelecido assegurar o cumprimento das regras

---

aos requisitos que cada um deve observar, em virtude de ser impossível lograr a unificação num universo tão díspar. Trata-se, cremos, de uma opção que o legislador pátrio deveria ponderar *de jure condendo*.

[16] DÁRIO MOURA VICENTE, *Problemática Internacional da sociedade da informação*, Coimbra: Livraria Almedina, 2005, pp. 203-204.

[17] LUÍS MENEZES LEITÃO, *A Responsabilidade Civil na Internet*, cit., p. 157. A este propósito, saliente-se que já CARNEIRO DA FRADA, *Vinho novo em odres velhos? A responsabilidade civil das "operadoras" da Internet* in ROA 59 (1999), pp. 665-692 (p. 669), tinha salientado que o carácter amador e esporádico que caracteriza a actuação dos cibernautas não os exime de toda a responsabilidade, uma vez que estão, seguramente, vinculados a deveres genéricos de comportamento *on-line*.

(internas) de exercício da actividade, pelo que o prestador que se submeta a tais regras tem título para o exercício em toda a União Europeia[18].

Assim, o legislador nacional, na senda das normas comunitárias, estabeleceu expressamente que um prestador de serviços que exerça uma actividade económica no país mediante um estabelecimento efectivo considera-se estabelecido em Portugal, independentemente da localização da sua sede, não configurando a mera disponibilidade de meios técnicos adequados à prestação do serviço, só por si, um estabelecimento efectivo (art. 4º, nº 2)[19].

III. Finalizamos salientado que a noção de "serviços da sociedade da informação" não se refere ao contrato de prestação de serviços constante do artigo 1154º do CC. Com efeito, estamos perante uma realidade bem mais ampla, na medida em que estarão aqui incluídas, por exemplo, não só a venda de mercadorias em linha, mas, outrossim, serviços remunerados pelo destinatário, contanto que sejam prestados em linha, como será o caso, designadamente, do fornecimento de ferramentas de pesquisa, acesso ou descarregamento de dados, bem como o fornecimento de acesso a uma rede de comunicações ou de armazenagem de informações prestadas por um destinatário do serviço[20].

Note-se, no entanto, que estão fora do âmbito da noção de serviços da sociedade da informação: (i) a matéria fiscal, (ii) a disciplina da concorrência, (iii) o regime do tratamento de dados pessoais e da protecção da privacidade, (iv) o patrocínio judiciário, (v) os jogos de fortuna, incluindo lotarias e apostas em que é feita uma aposta em dinheiro, (vi) a actividade notarial ou equiparadas[21], bem como os serviços de radiofusão[22].

---

[18] OLIVEIRA ASCENSÃO, *Bases para uma transposição da Directriz nº 00/31, de 8 de Julho (comércio electrónico)*, cit., p. 224. Cumpre salientar que permanecem pertinentes as críticas tecidas pelo autor ao Anteprojecto de transposição, uma vez que o diploma actual parece ter em linha de conta os prestadores de serviços da sociedade da informação estabelecidos em Portugal, quando a Directriz visa todos os prestadores de serviços comunitários.

[19] A este propósito, é mister salientar, seguindo DÁRIO MOURA VICENTE, *Problemática Internacional da Sociedade da Informação*, cit., pp. 209-210, que o art. 4º, nº 1 deu origem a uma regra de conflitos unilateral, que define as condições em que são aplicáveis em Portugal as normas nacionais reguladoras dos serviços da sociedade da informação, sendo que, atendendo ao disposto no art. 5º, nº 1, procedeu-se a uma bilateralização imperfeita da regra contida no art. 4º, nº 1 submetendo-se também os serviços aí visado à lei do respectivo país de origem. Bilateralização imperfeita, dado que apenas são abrangidos pelo preceito os serviços prestados por entidades estabelecidas noutros Estados-Membros das Comunidade.

[20] CLÁUDIA TRABUCO, *Responsabilidade e desresponsabilização dos prestadores de serviços em rede* in AAVV, *O Comércio electrónico em Portugal – o quadro legal e o negócio*, Lisboa: ANACOM, 2004 pp. 142-156 (p. 143).

[21] Artigo 2º, número 1.

[22] Artigo 3º, número 2 e alíneas a) e b) do Anexo do Decreto-Lei nº 58/2000. Note-se, no entanto, que esta exclusão deve ser lida *cum grano salis*, porquanto o serviço de vídeo a pedido (*"vídeo on demand"*) constitui um serviço da sociedade da informação, conforme decorre do Considerando 18 da Directriz.

§ 3. Os prestadores de serviços em rede

I. Não ignoramos que não cabe ao jurista curar dos detalhes da informática, uma vez que a sua tarefa se prende com a captação da originalidade do processo informático, dado que, em última análise, tudo se resume a tratar juridicamente, tendo como pano de fundo a álgebra de Boole e a linguagem binária, informações convertidas em formato numérico[23]. Todavia, essa explicitação permitirá a identificação dos vários intervenientes no processo de transmissão de informação pela Internet, bem como a enunciação das diversas formas de apresentação da informação transmitida pela Internet[24].

II. Ao efectuar a transposição[25] da Directriz 2000/31/CE, o legislador pátrio sentiu a necessidade de concretizar o conceito de "prestador intermediário de serviços" no art. 4º, nº 5, definindo-o como aquele que presta serviços técnicos para o acesso, disponibilização de informações ou serviços em linha independentes da geração da própria informação ou serviço. A Directriz não continha tal definição no capítulo dedicado à "responsabilidade dos prestadores intermediários de serviços"[26].

À partida, nada obsta à consagração desta definição, porquanto os prestadores de serviços podem ser distinguidos em duas categorias diferenciadas. Por um lado, teremos os que oferecem serviços finais e, por outro, teremos os que o oferecem serviços instrumentais para a actuação em rede, estando abrangidos nesta última categoria os que provêem o transporte ou transmissão de mensagens, o acesso à rede, à armazenagem intermédia ou definitiva em servidor e a outra funções intermediárias ou análogas[27].

---

[23] LUCAS/DEVEZE/FRAYSSINET, *Droit de l'informatique et de l'internet*, Paris: Presses Universitaires de France, 2001, p. XIII.

[24] Assim SOFIA CASIMIRO, *A Responsabilidade Civil pelo Conteúdo da Informação transmitida pela Internet*, Coimbra: Livraria Almedina, 2000, p. 29.

[25] Note-se que, p. ex., em Itália têm sido tecidas algumas críticas à transposição da Directriz 2000/31/CE. Cfr., p. ex., ZENO-ZENCOVICH, *Note critiche sulla nuova disciplina del commercio elettronico dettata dal D. Lgs. 70/03*, in *Il Diritto dell'Informazione e dell'Informatica*, XIX (2003), pp. 505-519.

[26] Em qualquer caso, sempre poderemos afirmar, acompanhando SALVATORE SICA, *Le responsabilità civile* in AAVV, *Commerzio elettronico e servizi della società dell'informazione*, Milão: Giuffrè, 2003, pp. 267-302 (p. 272), que a noção de prestador de serviços acolhida pelo legislador mais não é do que o "decifrar" das várias categorias de prestadores de serviços em rede que a *praxis* conhece. Aliás, o autor, IDEM, *Ibidem*, cit., pp. 272-273, acertadamente, reconhece que a própria evolução tecnológica foi a responsável pela fragmentação de uma noção unitária de prestador de serviços, pelo que será sempre necessário atender, em primeiro grau, à efectividade do serviço prestado e às suas características, de molde a podermos destrinçar as várias categorias de prestadores de serviços em rede pensáveis.

[27] OLIVEIRA ASCENSÃO, *Introdução à perspectiva jurídica* in AAVV, *O Comércio Electrónico em Portugal – O Quadro Legal e o Negócio*, Anacom, Lisboa, 2004, pp. 104-116 (p. 106).

Deste modo, podemos concluir que os prestadores de serviços são intermediários entre o fornecedor dos conteúdos e o seu destinatário, podendo ter uma intervenção mais ou menos significativa, que poderá relevar em sede de responsabilidade civil. Antes de prosseguir, convém salientar que, para efeitos de responsabilidade, pode proceder-se à distinção de várias categorias de prestadores de serviços de informação, atendendo quer aos próprios prestadores de serviços da informação, quer atendendo às actividades por estes exercidas.

De acordo com um critério que atenda às actividades exercidas, podemos distinguir entre (i) fornecimento de conteúdos, que consiste na colocação dos mais variados conteúdos em linha à disposição dos utilizadores da rede, (ii) fornecimento de acesso dos utilizadores à rede informática, (iii) o fornecimento de serviços em geral, que incluem a disponibilização de meios que possibilitam ou facilitam a prestação e a recepção desses serviços, e (iv) o fornecimento de espaço, ou seja, a colocação de uma certa área do ciberespaço à disposição de outrem quer para a criação de uma página ou para envio e recepção de informações de e pelos utilizadores, quer para a colocação em rede dos mais variados conteúdos, designadamente através da gestão e da organização da informação disponibilizada por terceiros nos boletins electrónicos[28].

Da nossa parte, seguiremos a classificação propugnada por MENEZES LEITÃO, pelo que poderemos distinguir entre: (i) fornecedor de conteúdos, correspondendo à entidade que coloca conteúdos *on-line*, à disposição dos utilizadores da Internet, (ii) fornecedor de acesso, correspondendo à entidade que permite aos utilizadores o acesso à rede, (iii) intermediário de serviços, correspondendo à entidade que exerce actividades de intermediação, em relação aos serviços que circulam na rede, facilitando a prestação e a recepção desses serviços; e (iv) o fornecedor de espaço, correspondendo à entidade que se limita a colocar certa área do ciberespaço à disposição de outrem, para esta aí colocar conteúdos[29].

---

[28] Trata-se da classificação proposta, entre nós, por CLÁUDIA TRABUCO, *Responsabilidade e desresponsabilização dos prestadores de serviços em rede*, cit., p. 144.

[29] *A Responsabilidade Civil na Internet* in AAVV, *Direito da Sociedade da Informação*, Coimbra: Coimbra Editora, 2002, pp. 147-167 (pp. 157-158). Classificação similar é propugnada também por THOMAS HOEREN, THOMAS HOEREN, *Internetrecht*, Abril de 2011, p. 450 e segs (disponível em http://www.uni-muenster.de/Jura.itm/hoeren/materialien/Skript/Skript%20Internetrecht_April_2011.pdf. Acesso: 17 de Julho de 2011), GERALD SPINDLER, *Das Gesetz zum elektronischen Geschäftsverkehr – Verantwortlichkeit der Diensteanbieter und Herkunflandprinzip*, in NJW 2002, pp. 921-927 (p. 922 e segs.), que, à luz da TDG, prefere seguir de perto a sistemática da TDG, distinguindo as situações de simples transporte (*"Reine Weiterleitung"*), de armazenagem temporária (*"Zwischenspeichern"*), de armazenagem em servidor (*"Bereithalten"*), para, finalmente, tecer considerações sobre problemas não resolvidos pela TDG (*"Nicht geregelte Problemfelder"*), mormente as situações de responsabilidade decorrentes de hiperligações e

III. Nos termos do disposto no art. 11º, a responsabilidade dos prestadores de serviços em rede está sujeita ao regime comum, nomeadamente em caso de associação de conteúdos. Estamos, pois, perante uma situação que visa equiparar, para efeitos de responsabilidade civil, o comportamento *on-line* e o comportamento *off-line*, porquanto se afirma que a Internet não é um espaço sem regras. Pelo contrário, é-lhe aplicável, plenamente, o regime comum de responsabilidade civil[30].

Nesta situação, o legislador começou por esclarecer que a responsabilidade dos prestadores é a comum, não fosse entender-se que o benefício dos prestadores intermediários se estenderia também aos prestadores finais de serviços em rede[31]. Neste particular, o diploma interno, aparentemente, foi um pouco mais longe do que a Directriz, porquanto o princípio da equiparação não está previsto no diploma comunitário.

Todavia, há que ter em conta que esse princípio estava já implícito nas regras estabelecidas na Directriz a propósito da responsabilidade dos prestadores de serviços em rede. Ou seja, é lícito afirmar, à luz da Directriz 2000/31/ /CE, que seriam aplicáveis as normas gerais de responsabilidade, excepto se estivessem reunidos os requisitos de exoneração de responsabilidade nos casos de simples transporte, armazenagem temporária e de armazenagem em servidor[32].

Em qualquer caso, somos do entendimento que este princípio da equiparação, de certo modo, mais não é do que o reconhecimento do facto de o ciberespaço não consubstanciar uma realidade peculiar, nem possuir uma natureza

---

de motores de busca. Saliente-se que a Alemanha foi um dos primeiros países a aprovar legislação específica relativa à responsabilidade dos prestadores de serviços da Internet, através da adopção da *Informations – und Kommunikationsdienste Gesetz* (IuKDG), que entrou em vigor em 1 de Agosto de 1997. Esta lei compreendia três leis distintas, a saber: (i) a TDG, (ii) a Lei de Protecção de Dados de Teleserviços ("*Teledienstdatenschutzgesetz*") e (iii) a Lei da Assinatura Digital ("*Signaturgeesetz*"). A TDG visou estabelecer condições económicas uniformes para as diferentes aplicações dos serviços electrónicos de informação e comunicação, sendo que é aí que deparamos com os *Tatbestände* específicos relativos à responsabilidade dos prestadores de serviços em rede. Aliás, é mister salientar que, com a transposição da Directriz 2000/31/CE, a TDG viu a sua redacção alterada. Todavia, com a entrada em vigor da TMG, em 1 de Março de 2007, quer a TDG quer a Lei de Protecção de Dados de Teleserviços foram revogadas, mantendo-se, no essencial, o regime de responsabilidade dos prestadores de serviços em rede, em termos similares aos constantes na TDG. Sobre a TMG, em termos perfunctórios, veja-se, p. ex., THOMAS HOEREN, *Internetrecht*, cit.,p. 420-422

[30] Conforme salientava CARNEIRO DA FRADA, *Vinho novo em odres velhos? A responsabilidade civil das "operadoras" da Internet*, cit., p. 681, a circunstância de uma conduta lesiva de posições delitualmente protegidas a ocorrer por meios informáticos (*"on line"*) não coloca nenhum problema específico de responsabilidade.

[31] OLIVEIRA ASCENSÃO, *Introdução à perspectiva jurídica*, cit. p. 108.

[32] AAVV, *Lei do Comércio Electrónico Anotada*, Coimbra: Coimbra Editora, 2004, p. 48.

específica[33]. Efectivamente, conforme poderemos verificar adiante, o regime específico de responsabilização dos prestadores de serviços em rede limitou-se a reconhecer a sua incapacidade, *rectius*, a inexigibilidade de estes poderem levar a cabo um controlo sistemático da informação que disponibilizam, devido à multiplicidade desta, não se apresentando, por esse motivo, como uma realidade autónoma[34].

§ 4. A limitação de responsabilidade do prestador de serviços em rede

1. Razão de ordem

Uma vez efectuado o estudo da tipologia dos prestadores de serviços em rede, somos do entendimento que se afigura pertinente traçar algumas notas sobre a limitação convencional da responsabilidade extracontratual dos prestadores de serviços em rede.

Com efeito, esse estudo justifica-se pelo facto de, cada vez com maior frequência, os prestadores de serviços incluírem vários anúncios (*"disclaimers"*) nos seus sítios *web*, onde declaram não serem responsáveis pelos conteúdos albergados, bem como estabelecem que a aceitação dos termos e condições – aceitação que, por via de regra, condiciona o acesso às páginas albergadas – equivale à sua irresponsabilização[35]. Ademais, não são igualmente incomuns as cláusulas em que um prestador de serviços se exonera de responsabilidade relativamente às mercadorias disponibilizadas nos seus sítios *web*.

---

[33] Neste particular, seguimos de perto o entendimento de LAWRENCE LESSIG, *The law of the horse – What cyberlaw might teach*, cit., p. 509, para quem o ciberespaço não tem natureza própria, dado que a sua arquitectura (o seu código), mais não é do que o conjunto de *software* e *hardware* que o constituem e criam um núcleo de limites que, à imagem da arquitectura nos espaços reais, estabelecem condições de acesso às áreas do ciberespaço. Aliás, cumpre salientar que o autor IDEM, *Ibidem*, cit., p. 514 e ss., entende que a regulabilidade do ciberespaço, i.e., a possibilidade de criar normas jurídicas capazes de o regular, depende, apenas do seu código, que, no entendimento do autor, é neutro.

[34] O que não impede que, conforme salienta WANDA CAPELLER, *Un net pas tres net – réflexions sur la criminalité virtuelle*, in APD 43 (1999), pp. 167-185 (p. 173), no ambiente electrónico, as questões relativas à confiança e ao risco sejam colocadas num novo contexto, em virtude de estarmos perante uma ordem social pré-virtual, em que a construção de uma relação entre um acontecimento possível e um capital valorizado se produz sem a presença física dos sujeitos em causa.

[35] Conforme refere PEDRO DE MIGUEL ASCENSIO, *Derecho Privado de Internet*, 3ª ed., Madrid: Ediciones Civitas, 2002, p. 532, uma das vias relativas à tentativa de limitação da responsabilidade dos prestadores de serviços em rede é a inclusão de declarações unilaterais ou de uma cláusula que se incorpora ao eventual contrato a celebrar com o utente, em que o prestador se exime de responsabilidade. Aliás, o autor salienta que é prática corrente o facto de sítios *web* que prestam informação sem subordinar tal actividade à celebração de um contrato, é usual a inclusão na sua página principal aviso sobre isenção de responsabilidade.

Uma vez que tais práticas enquadrar-se-ão na problemática relativa aos contratos de adesão, cremos ser útil fazer um breve enquadramento da eficácia e validade da limitação convencional da responsabilidade extracontratual, uma vez que tal enquadramento terá a virtualidade de facilitar a análise das regras disciplinadoras dos contratos de adesão.

2. Regime geral

I. À partida, poderá pensar-se que a convenção de irresponsabilidade extracontratual carece de sentido, uma vez que tal forma de responsabilidade resulta da violação de direitos absolutos ou de normas aplicáveis a uma generalidade de pessoas (art. 483º CC), pelo que dificilmente se vislumbra a possibilidade de alguém, antecipadamente, excluir a responsabilidade perante pessoas que se apresentam como terceiros.

Com efeito, sendo a responsabilidade extracontratual o resultado da violação de um dever geral de abstenção, é dificilmente compaginável determinar todas as pessoas que poderão vir a ser lesadas. Todavia, há que ter em conta que o homem prudente pode prever certo tipo de danos que possa vir a produzir, tal como as pessoas particularmente ameaçadas por eles. Precisamente por esse motivo, e apesar de não poder excluir ou limitar a sua responsabilidade perante toda a gente, o presumível lesante pode, no entanto, afastar ou atenuar a responsabilidade em face de pessoas cuja situação de facto, atendendo à sua relação de proximidade ou vizinhança, faça prever apresentarem-se como potenciais vítimas[36].

II. Todavia, há que dar um passo mais e procurar indagar dos limites à liberdade de estipulação das partes. Neste particular, é entendimento pacífico que as cláusulas de irresponsabilidade extracontratual têm como limite a ordem pública. Se é certo que poderá relevar o consentimento do lesado nos termos do art. 340º CC para afirmar a validade de princípio destas cláusulas, é de crer

---

[36] PINTO MONTEIRO, *Cláusulas limitativas e de Exclusão de Responsabilidade Civil*, Coimbra: Livraria Almedina, 2003 (reimp. da ed. de 1985), p. 393. PESSOA JORGE, *A limitação convencional da responsabilidade civil*, in BMJ 281 (1972), pp. 5-32 (p. 21). Por seu turno, VAZ SERRA, *Cláusulas modificadoras da responsabilidade. Obrigação de garantia contra responsabilidade por danos a terceiros* in BMJ 79 (1958), pp. 105-159 (p. 124) conclui que, no domínio da limitação convencional da responsabilidade contratual, a isenção de responsabilidade irá contra a ordem pública nos casos em que se preveja a irresponsabilidade do devedor quando este actue dolosamente, uma vez que tal situação violaria a ordem pública e seria contrária aos bons costumes. Note-se, também, que o autor, IDEM, *Ibidem*, cit., p. 132-133, entende que os mesmos princípios regem os casos de cláusulas de exclusão e limitação da responsabilidade extracontratual.

que tal consentimento encontrará o limite imposto pela ordem pública, pelo que, serão consideradas nulas as cláusulas exoneratórias que se reportem a danos que afectem a própria pessoa na sua saúde, integridade física ou moral, *maxime*, na sua personalidade[37]. Com efeito, a limitação da responsabilidade extracontratual não pode ser considerada válida nos casos de dolo e de violação da ordem pública ("*gutten Sitten*"), uma vez que a limitação contratual não visa consentir a ofensa à pessoa, mas sim, pelo contrário, delimitar o risco de danos a suportar[38].

Ora, uma vez admitida, em princípio, a admissibilidade de cláusulas de irresponsabilidade extracontratual, urge apurar se, por força do contrato celebrado, ocorre uma transformação da responsabilidade extracontratual em responsabilidade contratual. Neste particular, é de crer que a celebração de um contrato não acarretará a alteração da natureza da responsabilidade. Efectivamente, tudo dependerá da fonte de onde promane a responsabilidade. Assim, esta será contratual ou extracontratual consoante a sua fonte resida na violação de deveres emergentes de uma obrigação ou, pelo contrário, na violação de um dever geral de abstenção – o *neminem laedere*[39].

Ademais, somos do entendimento que o art. 809º CC não será aplicável à limitação da responsabilidade extracontratual, uma vez que o preceito refere-se apenas à responsabilidade obrigacional. Para além disso, admitindo-se, como é o nosso caso, que o princípio da liberdade contratual estende-se ao domínio da responsabilidade civil, é forçoso concluir que o art. 809º CC representa uma derrogação a esse princípio, tendo, assim, carácter

---

[37] PINTO MONTEIRO, *Cláusulas limitativas e de Exclusão de Responsabilidade Civil*, cit., pp. 408-409. PESSOA JORGE, *A limitação convencional da responsabilidade civil*, cit., p. 22. Neste particular, cumpre salientar que o autor entende que é possível estipular cláusulas de limitação da responsabilidade objectiva, baseando-se no facto de, caso esta fosse proibido, o art. 504º, nº 3 ser inútil. Assim, o autor, baseado no argumento *a contrario*, entende que tais cláusulas serão válidas nos casos não previstos no art. 504º, nº 3 CC. Salvo o devido respeito, cremos que o argumento prova em demasia. Com efeito, se se admite a limitação da responsabilidade nos casos de responsabilidade objectiva, que é independente de culpa, porque não adoptar um entendimento semelhante, por maioria de razão, para responsabilidade objectiva, uma vez que, adicionalmente, no art. 508º CC a limitação legal de responsabilidade refere-se a morte ou lesão de uma pessoa?

[38] DEUTSCH/AHRENS, *Deliktsrecht*, 4ª ed., Colónia-Berlim-Bona-Munique: Carl Heymanns Verlag KG, 2002, Nm. 172. Já CARNEIRO DA FRADA, *Teoria da confiança e responsabilidade civil*, Coimbra: Livraria Almedina, 2004, pp. 324 (nota 316), não negando que a ordem pública ou os bons costumes constituem limites gerais à disponibilidade do ilícito, entende que deverá ser exigida uma especial fundamentação nos casos de exclusão ou limitação da responsabilidade delitual, uma vez que os sujeitos não se podem apropriar da responsabilidade ou do critério de responsabilidade, sob pena de manipulação e de subversão do carácter fundamentalmente imperativo do direito delitual.

[39] PINTO MONTEIRO, *Cláusulas limitativas e de Exclusão de Responsabilidade Civil*, cit., pp. 396-397.

excepcional e, como tal, configura uma norma insusceptível de aplicação analógica[40-41].

Finalmente, é mister salientar que a exclusão de responsabilidade operada pelos prestadores de serviços, por via de regra, nas páginas iniciais dos seus sítios, afigura-se duvidosa, uma vez que o normal comportamento dos declaratários (aceitação, com um *click,* de tais condições, p. ex.) não pode ser visto como declaração negocial tácita de aceitação, uma vez que não é um comportamento concludente, ou seja, não constitui um facto que, com toda a probabilidade, revele aceitação da declaração de irresponsabilidade. Dito de outro modo, tais declarações unilaterais, em princípio, não valerão como convenções de irresponsabilidade, dado que falta o acordo do destinatário, uma vez que este não pode deduzir-se de comportamentos destituídos, por via de regra, desse significado e alcance[42-43].

---

[40] PESSOA JORGE, *A limitação convencional da responsabilidade civil*, cit., p. 23. Similarmente, PINTO MONTEIRO, *Cláusulas limitativas e de Exclusão de Responsabilidade Civil*, cit., p. 406 sublinha que o art. 809º CC assenta em fundamentos alicerçados na natureza jurídica do vínculo obrigacional, i.e, em razões que manifestamente não abrangem as convenções de exclusão da responsabilidade extracontratual, uma vez que tais razões reportam-se a situações de violação de direitos de crédito e não a hipóteses de violação de direitos absolutos fundados directamente na lei. Sublinhe-se, em qualquer caso, que do exposto parece decorrer que o autor nega a hipótese de violação do direito de crédito por terceiro, situação que, a ser admitida, será tutelada pelo art. 483º, nº 1 CC. Efectivamente, a constante referência a direitos absolutos parece indiciar esta conclusão. Note-se, no entanto, que a proibição da aplicação analógica de normas excepcionais será, passe a expressão, uma solução de ordem geral, porquanto, em termos puramente metodológicos, a proibição de aplicação analógica de normas excepcionais constante do artigo 11º do CC seria, na prática, uma posição tão ingénua como a pura proibição da interpretação da lei, porquanto tal proibição carece de metodológica condição de possibilidade. Neste sentido CASTANHEIRA NEVES, *Metodologia jurídica – Problemas fundamentais*, Coimbra: Coimbra Editora, 1993, p. 275. Donde, sempre que haja analogia (pressupondo-se, obviamente, uma lacuna) entre a *ratio* de carência de regulação do caso decidendo e a *ratio* da norma potencialmente aplicável, será possível a aplicação analógica de normas excepcionais.

[41] No tocante ao Direito alemão, DEUTSCH/AHRENS, *Deliktsrecht*, cit., Nm. 171, salientam que o § 276 BGB, apesar de se referir apenas à responsabilidade contratual deve ver o seu campo de aplicação generalizado, de modo a que possa abarcar de igual modo as cláusulas de limitação e exclusão da responsabilidade extracontratual.

[42] PINTO MONTEIRO, *Cláusulas limitativas e de Exclusão de Responsabilidade Civil*, cit., pp. 400-401. Não ignoramos que, objectivamente, ao aceder a uma página onde conste uma declaração de exoneração de responsabilidade, tal comportamento pode ser interpretado no sentido de concordante com tal cláusula. Todavia, cremos que o condicionamento do acesso a uma página à aceitação de tal declaração é manifestamente abusivo. Acerca do nexo de concludência e da determinação da declaração tácita, cfr., PAULO MOTA PINTO, *Declaração tácita e comportamento concludente no negócio jurídico*, Coimbra: Livraria Almedina, 1995, pp. 760-786. Um exemplo prático é-nos fornecido pelo serviço de blogs Sapo (http://blogs-beta.sapo.pt/create.bml Acesso: 8 de Julho de 2011). Como afirmar que o utilizador pôde ler, efectivamente os termos e condições do serviço, se estes são apresentados em página diversa daquela onde têm de manifestar a sua aceitação? Basta lembrar que a esmagadora maioria dos utilizadores aceitará tais condições sem as ler. Dito de outro modo, somos do entendimento

3. Contratos de adesão

I. Como é consabido, a contratação com base em condições ou cláusulas negociais gerais, previamente elaboradas, constitui uma faceta típica da sociedade industrial moderna[44]. No que ao Direito diz respeito, estes contratos de adesão colocam problemas de três ordens: no plano da formação do contrato, aumentam consideravelmente o risco de o aderente desconhecer cláusulas que vão fazer parte do contrato; no plano do conteúdo, favorecem a inserção de cláusulas abusivas e no plano processual mostram a inadequação e insuficiência do normal controlo judiciário, que actua *a posteriori*, depende da iniciativa processual do lesado e tem os seus efeitos circunscritos ao caso concreto[45].

Na verdade, as cláusulas de exoneração são perigosas, pois a sua inclusão em contratos nos quais a liberdade de estipulação da contraparte não existe ou está fortemente reduzida tende a favorecer a negligência da contraparte, embora, concomitantemente, podem servir para tornar possível ou mais fácil a realização de certos contratos[46].

II. Atendendo às finalidades do nosso estudo, interessam-nos sobremaneira as disposições constantes do Decreto-Lei nº 446/85, de 25 de Outubro. Neste particular, e fazendo uma brevíssima síntese, podemos assentar no facto de o legislador ter adoptado uma série de cláusulas consideradas proibidas em

---

que estas condutas, relativamente correntes no ciberespaço são abusivas, pelo que só serão válidas, cremos, se as condições de utilização do serviço forem disponibilizadas na mesma página em que se subscreve o serviço.

[43] Em qualquer caso, não deixa de salientar THOMAS HOEREN, *Internetrecht*, cit., p. 452, a importância de as páginas *web* conterem avisos afirmando: "Não assumimos a responsabilidade pela correcção e completude da informação fornecida nesta página" (*Wir übernehmen keine Gewähr für die Richtigkeit und Vollständigkeit der auf der Homepage befindlichen Informationen*.). Conforme referimos no texto, somos do entendimento que avisos deste género serão ineficazes.

[44] Neste particular, ANA PRATA, *Cláusulas de exclusão e limitação da responsabilidade contratual* (reimp.), Coimbra: Livraria Almedina, 2005, p. 325, chama a atenção para o facto de que considerar o contrato de adesão como a situação em que um dos contraentes se acha confrontado com uma proposta contratual inalterável, de tal forma que a alternativa de atitudes possíveis se reduz à total aceitação ou completa rejeição do conteúdo contratual, acaba por traduzir-se na desvalorização de aspectos que podem assumir decisiva importância para a análise e valoração de situações contratuais e do seu conteúdo.

[45] PINTO MONTEIRO, *Contratos de adesão – O regime jurídico das cláusulas contratuais gerais*, instituído pelo DL nº 446/85, de 25 de Outubro in ROA 46 (Dezembro 1986), pp. 735-769 (pp. 742-745). Similarmente, ALMENO DE SÁ, *Cláusulas Contratuais Gerais e Directiva sobre Cláusulas Abusivas*, 2ª ed., Coimbra: Livraria Almedina, 2005, p. 59, salienta que a lei portuguesa submete as condições gerais do contrato a um apertado sistema de controlo, que funciona a vários níveis, em primeiro lugar, ao nível da inclusão das cláusulas no contrato singular; depois, ao nível da interpretação e, finalmente, ao nível do próprio conteúdo das condições gerais.

[46] VAZ SERRA, *Cláusulas modificadoras da responsabilidade. Obrigação de garantia contra responsabilidade por danos a terceiros*, cit., p. 119.

termos absolutos (arts. 18º e 21º) e de cláusulas proibidas em termos relativos (arts. 19º e 22º), sendo que, de igual modo, foi efectuada a destrinça entre as relações entre empresários ou entidades equiparadas e as relações com consumidores finais.

Assim, enquanto nas relações entre empresários as cláusulas absoluta ou relativamente proibidas são apenas as que constam dos arts. 18º e 19º, tratando-se de relações com consumidores também serão proibidas, de modo absoluto ou relativo, as que constam dos arts. 21º e 22º, conforme decorre do disposto no art. 20º do Decreto-Lei nº 446/85[47].

Conforme é consabido, o regime das cláusulas contratuais gerais é informado pelo princípio da boa fé, (art. 16º do Decreto-Lei, nº 446/85), o que implica que, em face de um situação concreta, devem ponderar-se valores fundamentais do direito, designadamente a confiança suscitada pelas partes, pelo sentido global das cláusulas contratuais em causa, pelo processo de formação do contrato singular celebrado, pelo teor deste e ainda por quaisquer outros elementos atendíveis, bem como o objectivo que as partes visam atingir negocialmente, procurando-se a sua efectivação à luz do tipo de contrato utilizado (art. 17º do Decreto-Lei nº 446/85)[48]. Dito de outro modo, a listagem de cláusulas absoluta e relativamente proibidas são feridas por esta suspeição, *rectius*, proibição, porque, num plano abstracto, colidem com o princípio da boa fé[49].

---

[47] Tendo por referência o ordenamento jurídico italiano, *verbi gratia*, a responsabilidade contratual, Tosi, *Le responsabilità civili* in EMILIO TOSI (a cura di), *I problemi Giuridici di Internet. Dall' E-Commerce all'E-Business*, 2ª ed., Milão: Giuffrè Editore, 2001, pp. 280-354 (p. 294), considera que a validade das cláusulas de exclusão de responsabilidade em contratos de adesão está balizada por um duplo limite, a saber: (i) a nulidade do acordo que exclua ou limite preventivamente a responsabilidade do devedor por dolo ou culpa grave, e (ii) as cláusulas de exclusão da responsabilidade, mesmo verificando-se culpa leve, se o acto do devedor ou dos seus auxiliares consubstanciar violação de obrigações derivadas da ordem pública.

[48] ALMEIDA COSTA/MENEZES CORDEIRO, *Cláusulas Contratuais Gerais – Anotação ao Decreto-Lei nº 446/85, de 25 de Outubro*, Coimbra: Livraria Almedina, 1987, p. 39 salientam que o art. 16º reporta-se à boa fé objectiva, não se fornecendo ao julgador uma regra apta a aplicação imediata, mas apenas uma proposta ou plano de disciplina, exigindo a sua mediação concretizadora. ALMENO DE SÁ, *Cláusulas Contratuais Gerais e Directiva sobre Cláusulas Abusivas*, cit., pp. 70-71, sublinha que não há uma total sintonia entre a lei portuguesa e a Directriz comunitária sobre cláusulas abusivas, uma vez que a Directriz exige que uma cláusula abusiva cause, contra as regras da boa fé, um desequilíbrio dos direitos e obrigações das partes, que surgirá em consequência de uma perturbação do processo formativo do contrato, sendo que essa perturbação será exposta pela ausência de negociação individual. Ou seja, enquanto a Directriz se apoia no binómio boa fé e significativo desequilíbrio de direitos e obrigações, a lei portuguesa convoca, em exclusivo, o princípio da boa fé.

[49] Neste sentido, à luz do Direito Alemão, pronunciam-se LARENZ/WOLF, *Allgemeiner Teil des Bürgerlichen Rechts*, 9.ª ed., Munique: Verlag C.H. Beck, 2004, § 43 Nm. 54, considerando que a listagem de cláusulas proibidas constantes dos § 308 e 309 BGB mais não é do que uma concretização da cláusula geral contida no § 307 BGB.

No que concerne à destrinça entre cláusulas absoluta e relativamente proibidas, esta terá como principal efeito o facto de as cláusulas sujeitas a uma proibição relativa permitirem ao tribunal a sua apreciação em cada caso concreto, ainda que segundo um modelo objectivo, enquanto as cláusulas absolutamente proibidas são proibidas em qualquer caso. Ou seja, umas só são proibidas após valoração judicial, enquanto outras são-no imediatamente, conquanto constem do elenco de cláusulas proibidas[50].

III. Neste particular, e na impossibilidade de analisar o vasto elenco de cláusulas absoluta e relativamente proibidas, afigura-se conveniente, atender ao disposto no art. 18º, alínea a) do Decreto-Lei nº 446/85, que prevê que são em absoluto proibidas as cláusulas que excluam ou limitem, de modo directo ou indirecto, a responsabilidade por danos causados à vida, à integridade moral ou física ou à saúde das pessoas. Conforme facilmente se verifica, o legislador comina com a proibição absoluta das cláusulas de irresponsabilidade extracontratual o que, de certo modo, confirma o entendimento acabado de sustentar em sede de regime geral[51-52]. Pensemos na seguinte situação, a qual não será, certamente, inverosímil:

Caio, encomendou, no sítio *web* da cadeia de distribuição alimentar Tício, seis embalagens de leite pasteurizado, as quais seriam entregues no prazo máximo de 24 horas a contar do pagamento. Após a entrega das mesmas, Caio ingere leite e é acometido de uma forte indisposição gástrica. Já no hospital, apura-se que o leite estava impróprio para consumo, pese embora estar dentro do período de validade constante da embalagem, fruto do mau acondicionamento nos armazéns da cadeia de distribuição alimentar Tício.

Ora, conforme acabámos de ver, na maioria dos casos, as cláusulas que visem a irresponsabilidade do prestador de serviços seriam ineficazes, em virtude de não ser possível afirmarmos estar perante um verdadeiro e próprio

---

[50] PINTO MONTEIRO, *Contratos de adesão*, cit., pp. 754-755, ALMEIDA COSTA/MENEZES CORDEIRO, *Cláusulas Contratuais Gerais*, cit., p. 50 e 52, ALMENO DE SÁ, *Cláusulas Contratuais Gerais e Directiva sobre Cláusulas Abusivas*[2], cit., pp. 256-257.

[51] ALMEIDA COSTA/MENEZES CORDEIRO, *Cláusulas Contratuais Gerai*, cit. p. 43 salientam que esta proibição (tal como as constantes das alíneas b) c) e d) do art. 18º do Decreto-Lei nº 446/85), independentemente de saber se duplica, reforça, especifica ou contraria o regime geral, confinou-se a fixar as regras mais adequadas, em seu critério, para prevenir abusos através da utilização de cláusulas contratuais gerais.

[52] Neste particular, em sede de Direito Comparado, veja-se a disposição similar contida no § 309, 7 BGB. Note-se que, com a aprovação da Lei sobre a modernização do Direito das Obrigações ("*Gesetz zur Modernisierung des Schuldrechts*"), o BGB passou a incluir a matéria até aí disciplinada pela AGBG ("*Allgemeine Geschäftsbedingungen Gesetz*").

acordo, pelo que, na maioria dos casos, não chegará a ser necessário lançar mão deste preceito[53].

Não obstante este entendimento de ordem geral, cumpre salientar que nas situações em que se efectivamente se comprove que existe um verdadeiro acordo, *verbi gratia* porque o utente do serviço assinou, presencialmente, um contrato[54] – pense-se num contrato de fornecimento de espaço num servidor – ou porque foi enviado um e-mail por parte do prestador declarando considerar celebrado um determinado acordo, somos do entendimento que, caso o instrumento negocial em causa contenha cláusulas visando a irresponsabilização do prestador de serviços em rede, haverá que afirmar que estamos perante um clausula absolutamente proibida e, como tal, esta deverá ser considerada nula nos termos do disposto no art. 12º do Decreto-Lei nº 446/85, sendo que, naturalmente, caso exista um dano, haverá lugar à sua reparação.

§ 5. Conclusões

No Admirável Mundo Novo da tão propalada era digital, a Internet e o comércio electrónico constituem o aspecto mais recente da globalização do tráfego que caracterizou o comércio internacional em medida sempre crescente a partir da segunda metade do século XX, o que levou a que fosse considerada como a terceira revolução industrial, uma vez que estaria na base de três avanços tecnológicos distintos: (i) a computação baseada em circuitos integrados, (ii) *software* avançado que tornou os computadores mais poderosos, mais fáceis de utilizar e mais baratos, o que facilita a sua aquisição e (iii) uma rede de telecomunicações de banda larga que liga toda esta tecnologia[55]. No entanto, perante estes novos mundos, levantam-se, com maior acuidade, velhos problemas. *In casu*, conforme pudemos verificar, o da tutela do consumidor.

Ora, neste particular, julgámos ter demonstrado que permanecem plenamente justificáveis às máximas avançadas pela doutrina tradicional a propósito da limitação convencional da responsabilidade da responsabilidade extracontratual. Aliás, a este propósito, cabe, ainda, deixar uma questão: como compatibilizar, em termos práticos, estas situações que tendem a proliferar com o direito à livre resolução conferido pelo Decreto-Lei nº 143/2001 num prazo

---

[53] Em sentido contrário, ALEXANDRE DIAS PEREIRA, *Serviços da Sociedade da Informação: alguns problemas jurídicos do comércio electrónico*, cit., pp. 21-22, considerando que nos contratos de adesão, tal como nas licenças *schrink-wrap*, os consumidores não estão impedidos de solicitar todos os esclarecimentos razoáveis que lhe são devidos pelo proponente por força do dever de informação que sobre este impende.

[54] Situação de verificação diminuta, naturalmente.

[55] Assim BRADFORD SMITH, *The Third Industrial revolution Law and Policy for the Internet* in *Recueil des Cours de L'Académie de La Haye de Droit International*, vol. 282 (p. 2000), pp. 229-464 (p. 242).

mínimo de 14 dias, sem pagamento de indemnização e sem necessidade de indicar o motivo? Naturalmente, pela prevalência deste último.

No entanto, surge aqui uma nova questão: como efectivar os direitos dos consumidores quando, o mais das vezes, o próprio prestador de serviços não cumpre com os deveres que sobre ele impendem, *maxime*, o da identificação? Eis-nos, pois, perante a já tradicional discrepância entre a letra da lei e a realidade dos factos, numa situação em que o contraente mais débil, tende a sair prejudicado, situação que, aliás, poderá ser um óbice ao desenvolvimento sustentado do comércio electrónico.

Notas Breves Sobre os Mecanismos de Garantia do Cumprimento no Crédito ao Consumo

Isabel Menéres Campos [*]

Sumário: 1. Considerações prévias; 2. A relevância das garantias «tradicionais» elencadas no Código Civil para os contratos em estudo; 3. A fiança; 4. A utilização de títulos de crédito com a função de garantia; 5. A reserva de propriedade; 6. Considerações finais.

1. Considerações prévias

O crédito ao consumo, através do qual uma dada entidade concede a um consumidor crédito para aquisição de bens de consumo, a pagar de forma diferida, está regulado actualmente no Decreto-Lei nº 133/2009, de 2 de Junho de 2009 que veio dar corpo às necessidades sentidas de tutela mais forte do consumidor a crédito, considerado como a parte mais débil neste tipo de negócio. O seu antecessor, o Decreto-Lei nº 359/91 de 21 de Setembro, consagrava já uma regulamentação *apertada* nesta matéria, tendo o novo diploma vindo a disciplinar ainda mais este negócio de utilização tão frequente no comércio jurídico.

Podemos afirmar que, na década de noventa, o crédito ao consumo permitiu um crescimento apreciável da economia ao facilitar a circulação e a transacção de bens que, inalcançáveis a classes modestas incapazes de comprar "a contado", passaram a poder ser adquiridos a crédito, dinamizando-se, assim, as trocas comerciais de uma forma até então pouco conhecida. Os tempos difíceis de crise económica que vivemos são resultado de uma conjugação de vários factores mas um deles, parece ser consensual: o endividamento galopante

---

[*] Professora Auxiliar da Escola de Direito da Universidade do Minho.

que se faz sentir entre as famílias e os consumidores portugueses que se atribui, em grande parte, à facilidade com que, ao longo dos últimos anos, foi concedido o crédito ao consumo. Geralmente, o endividamento é conotado negativamente, como algo condenável, e o sujeito endividado é, por regra, pouco merecedor de confiança. O recurso massificado ao crédito ao consumo por parte dos particulares é responsável por essa conotação e esta gera insegurança nos credores e leva a que estes, aquando da decisão de contratar, se preocupem em rodear-se dos instrumentos que lhes permitam melhor acautelar os riscos de incumprimento por parte do devedor. Daí a importância do Direito das Garantias.

Este nosso estudo tem em perspectiva as possibilidades de o credor se assegurar nas operações de concessão de crédito ao consumo. Com efeito, o património do devedor, que representa a garantia comum do cumprimento das obrigações de acordo com o preceituado no artigo 601º do Código Civil, afigura-se com frequência insuficiente para o credor e, por isso, este busca outras garantias especiais ou adicionais que assegurem, mais eficaz e fortemente, o seu direito.

Sendo o crédito ao consumo um programa negocial que prevê, por natureza, o desfasamento temporal entre a concessão do empréstimo e o seu pagamento, o tema das garantias de cumprimento que lhe estão associadas é de inquestionável interesse. No regime do crédito aos consumidores há que conciliar dois interesses antagónicos: o interesse do credor em ver satisfeito o crédito que concedeu e o interesse de protecção do consumidor, considerado como a parte mais fraca do negócio ou, no mínimo, a parte mais fragilizada perante a outra parte. É, pois, nessa perspectiva que tem de centrar-se a análise da matéria em assunto: a óptica da protecção do consumidor a crédito. Refira-se, no entanto, que a perspectiva do concedente do crédito e os seus interesses não podem ser menosprezados. É que, sem garantias adequadas, não há concessão de crédito ou o crédito torna-se mais dificultado e mais oneroso, na medida em que o risco que representa para o credor é maior.

Além da necessidade das garantias do crédito, há que ponderar também, no estudo deste tema, que a garantia tem de ser de fácil constituição e deve ser eficaz, isto é, só relevam os mecanismos de segurança que sejam constituídos de forma ágil e pouco onerosa e que permitam ao credor, de um modo célere, obter a satisfação do seu crédito em caso de incumprimento.

O Decreto-Lei nº 133/2009, alargando o campo de aplicação, veio prever, expressamente, que estão incluídas no seu âmbito de protecção operações tão variadas como a *pura* venda a prestações, a prestação de serviços com pagamento fraccionado (como sejam a viagem organizada), o mútuo bancário para diversas finalidades, o mútuo concedido pelo próprio fornecedor, o descoberto bancário, a emissão de cartão de crédito ou de débito, a locação financeira, o aluguer de longa duração, a locação-venda.

Ficam de fora as operações mencionadas no artigo 2º do Diploma, entre outras, os contratos crédito garantidos por hipoteca imobiliária ou os contratos de crédito cuja finalidade seja a de aquisição ou a manutenção de direitos de propriedade sobre terrenos ou edifícios existentes ou projectados (vulgarmente designados por crédito à habitação ou financiamento à construção), os créditos de valor inferior a € 200,00 ou superior a € 75.000,00 ou os contratos de crédito sem juros e ainda aqueles cujo reembolso previsto é de curtíssimo prazo.

No artigo 6º, faz-se alusão às garantias utilizadas, exigindo-se, entre as informações pré-contratuais a prestar, a necessidade de especificar "as garantias exigidas, se for o caso". Por outro lado, no artigo 12º, estabelece-se que o contrato de crédito deve especificar de forma clara e concisa, entre uma série de outros elementos "as eventuais garantias". E também, no artigo 22º, fala-se da utilização de títulos de crédito com a função de garantia. Todavia, são apenas essas escassas referências que encontramos no diploma.

O presente trabalho centra-se, portanto, nas garantias em uso nos contratos de crédito deste tipo. O Decreto-Lei regulador do crédito ao consumo não parece conter nenhuma limitação no que respeita à estipulação das garantias reais mas, na verdade, as garantias em uso constituem um leque mais limitado do que aquelas que estão previstas no nosso Código Civil – não têm aplicação figuras civilísticas como os privilégios creditórios, o direito de retenção ou a consignação de rendimento e o próprio diploma exclui os contratos de crédito exclusivamente garantidos por penhor constituído pelo consumidor (alínea m) do artigo 2º, nº 1)[1]

Contudo, no crédito ao consumo são utilizados, com frequência, outro tipo de mecanismos que visam também a segurança dos mutuantes, como a utilização de títulos de crédito com a finalidade de garantia ou a reserva de propriedade ou ainda são adoptados programas negociais diversos como sejam a locação financeira ou o aluguer de longa duração que representam, vulgarmente designadas por garantias *indirectas*[2]. Embora a sua função típica, ainda

---

[1] De notar que os contratos de mútuo com penhor estão regulados nos Decreto-Lei nº 365/99, de 17 de Outubro. Como veremos mais adiante, esta alínea m) tem de ser interpretada cuidadosamente e à luz da Directiva 2008/48/CE, de 23 de Abril.

[2] A expressão é de ROMANO MARTÍNEZ e FUZETA DA PONTE, *Garantias de cumprimento*, 5ª Edição, Coimbra, Almedina, 2006, pág. 238.

RUI PINTO DUARTE, *Alguns aspectos jurídicos dos contratos não bancários de aquisição e uso de bens*, in *Revista da Banca*, nº 22, 1992, pág. 56, nota que o aluguer de longa duração é um contrato análogo à venda a prestações, destinando-se a obter um resultado equivalente.

que mediata, seja a garantia do cumprimento do crédito concedido, que é um mútuo de escopo, não podem ser classificadas como verdadeiras garantias. São figuras muito utilizadas no crédito ao consumo, estando, de resto, mencionados no Diploma como correspondendo a operações abrangidas pela regulamentação.

Entre nós, apesar da pouca elasticidade do sistema de direitos reais de garantia em virtude do princípio da tipicidade taxativa, fomo-nos deparando, no comércio bancário, com o surgimento de esquemas diversos, atípicos, mais simples, que encontram a sua fundamentação no princípio da autonomia privada e da liberdade contratual. Pense-se no caso da garantia autónoma[3], nas cartas de conforto[4] e nas cláusulas de garantia e segurança utilizadas no comércio internacional como a *negative pledge*, a *cross default* e a *pari passu* as quais funcionam como garantia do crédito[5].

JANUÁRIO GOMES[6] elenca ainda outros institutos utilizados para o fim de garantia como a excepção do não cumprimento do contrato, a sanção pecuniária compulsória, as cláusulas penais, o recurso a títulos de crédito como a livrança em branco e o reconhecimento de dívida, mecanismos estes que, reconhecidamente, desempenham uma função da garantia das obrigações que guarnecem.

Além destas, a doutrina costuma enumerar análogas figuras que complementam o rol tradicional ou formas de utilização da propriedade como garantia[7], as quais têm a função de tutela do crédito mas que, em rigor, não podem

---

[3] Citando apenas os estudos mais recentes, veja-se, MÓNICA JARDIM, *A garantia autónoma*, Coimbra, Almedina, 2002; MARIA DO ROSÁRIO EPIFÂNEO, *Garantias bancárias autónomas – breves reflexões*, in *Juris et de Jure. Nos 20 anos da Faculdade de Direito da Universidade Católica Portuguesa (Porto)*, Porto, UCP, 1998, págs. 319 e segs.; ANTÓNIO SEQUEIRA RIBEIRO, *Garantia bancária autónoma à primeira solicitação: algumas questões* in MENEZES CORDEIRO, MENEZES LEITÃO e JANUÁRIO GOMES (org.), *Estudos em homenagem ao Professor Doutor Inocêncio Galvão Teles – Direito Bancário*, Vol. II, Coimbra, Almedina, 2003, págs. 289 e segs..

[4] Veja-se, sobre o tema, por exemplo, CALVÃO DA SILVA, *Cartas de conforto*, in *Estudos de Direito Comercial (Pareceres)*, Coimbra, Almedina, 1996, págs. 363 e segs.; MENEZES CORDEIRO, *Manual de Direito Bancário*, 2ª Edição, Coimbra, Almedina, 2001, págs. 663 e segs; ANDRÉ NAVARRO DE NORONHA, *As cartas de conforto*, Coimbra, Coimbra Editora, 2004; MENEZES LEITÃO, *Garantias das obrigações*, Coimbra, Almedina, 2006, págs. 158 e segs..

[5] Sobre estas cláusulas e a sua função de garantia, *vide* JOANA FORTE PEREIRA DIAS, *Contributo para o estudo dos actuais paradigmas das cláusulas de garantia e/ou segurança: a pari passu, a negative pledge e a cross-default*, MENEZES CORDEIRO, MENEZES LEITÃO e JANUÁRIO GOMES (org.), *Estudos em homenagem ao Professor Doutor Inocêncio Galvão Telles – Novos Estudos de Direito Privado*, Vol. IV, Coimbra, Almedina, 2003, págs. 879 e segs..

[6] *Assunção fidejussória de dívida...*, cit., págs. 78 e segs..

[7] JANUÁRIO GOMES, *Assunção fidejussória de dívida*, cit., págs. 86 e segs.; MENEZES LEITÃO, *Garantias das obrigações*, cit., págs. 254 e segs.; RUI PINTO DUARTE, *Curso de direitos reais*, Lisboa, Principia, 2002, págs. 249 e segs.; CALVÃO DA SILVA, *Banca, bolsa e seguros. Direito europeu e português*, Tomo I, Coimbra, Almedina, 2005, págs. 212 e segs..

ser qualificadas como *garantias das obrigações* por corresponderem, porventura, a um tipo contratual diverso.

A necessidade de tutela do crédito é, no caso do crédito ao consumo, premente, porquanto este é, geralmente, um crédito arriscado: os bens para cuja aquisição o financiamento é concedido são de fácil depreciação e desvalorização, pelo que o credor não pode, razoavelmente, contar com o valor destes para se satisfazer.

2. A relevância das garantias «tradicionais» elencadas no Código Civil para os contratos em estudo

A matéria das garantias encontra-se regulada no Código Civil, na parte dedicada ao Direito das Obrigações[8]. Para além da fiança, que é uma garantia pessoal, prevê-se um elenco fechado de garantias reais. Estas, criando a afectação de uma coisa determinada à satisfação do crédito, são menos amplas que a garantia pessoal, porém mais eficazes e *realizáveis*[9]. Como nota ALMEIDA COSTA[10], o desapreço pelo crédito pessoal, deve-se ao ritmo de circulação de bens e à fácil deslocação das pessoas. Nesse sentido, a segurança conferida ao credor pela garantia real consiste na possibilidade de executar a coisa, realizando à custa dela um determinado valor, com o qual o credor se satisfaz com preferência aos outros credores, uma vez que o objecto da garantia está especialmente afectado ao pagamento da dívida e o seu titular pode executar a coisa onde quer que ela se encontre, não sendo afectado pelas modificações subjectivas que esta venha a sofrer[11]. A garantia real permite, assim, ao credor, no caso de o devedor não cumprir, executar e fazer vender judicialmente a coisa, pagando-se à custa do respectivo valor.

---

[8] Como refere CARVALHO FERNANDES (*Lições de direitos reais*, 2ª Edição, Lisboa, Quid Juris, 1997, pág. 139), na sistemática da lei, pesou, por certo, além da tradição recebida do *Código de Seabra*, a circunstância de a função de garantia desta modalidade de direitos reais se exercer fundamentalmente no campo das relações obrigacionais. Este Autor acrescenta, todavia, que nem por isso deve ficar a ideia de os direitos reais de garantia não poderem assegurar relações jurídicas de outro tipo.

[9] PAULO CUNHA, *Da garantia nas Obrigações*, Tomo II (Apontamentos coligidos por EUDORO PAMPLONA CORTE-REAL), Lisboa, 1938-1939, págs. 113 e segs.. Veja-se a exposição do Autor acerca das vantagens e desvantagens das garantias reais e pessoais.

[10] *Direito das obrigações*, 7ª Edição, Coimbra, Almedina, 1998, pág. 811.

[11] Consulte-se os estudos para os trabalhos preparatórios do Código Civil, levados a cabo por VAZ SERRA, *Consignação de rendimentos* in BMJ, 65, págs. 263 e segs.; *Penhor*, BMJ, 58, págs. 17 e segs.; *Hipoteca*, BMJ, 62 e 63, págs. 5 e 193 e segs., respectivamente; *Privilégios*, BMJ, 64, págs. 41 e segs.; *Direito de retenção*, BMJ, 65, págs. 103 e segs..
Na doutrina italiana, , veja-se ALBERTO MONTEL, *Garanzia (Diritti reali de)* in *Novissimo Digesto Italiano*, Vol. VII, Torino, UTET, s.d., págs. 744 e segs., MICHELE FRAGALI, *Garanzia i diritti di garanzia. Diritto Privato* in *Enciclopedia del Diritto*, Vol. XVIII, Milano, Giuffrè Editore, 1969, págs. 448 e segs., MAURO BUSSANI, *Il modello italiano delle garanzie reali* in *Contratto e impresa*, 1997, 1, Padova, Cedam, págs. 163 e segs..

Das garantias reais reguladas no Código Civil, apenas o penhor e a hipoteca poderão ter alguma relevância no estudo das garantias do crédito ao consumo[12]. Ambas têm por efeito afectar uma determinada coisa à satisfação preferencial de um direito de crédito. Distinguem-se consoante o carácter mobiliário ou imobiliário de um ou de outra: tradicionalmente, o penhor incide sobre coisas móveis, implicando a entrega da coisa, enquanto a hipoteca tem por objecto coisas imóveis, não acarretando a entrega da coisa. Admite-se a hipoteca de coisas móveis equiparadas às imóveis (barcos, aeronaves e automóveis)[13], pelo que a separação entre as duas figuras reside na sua sujeição, ou não, a registo[14].

Ao contrário do penhor, em que, na sua formulação clássica, a constituição depende da entrega da coisa empenhada ou do *documento* que confira a exclusiva disponibilidade dela ao credor ou a terceiro, a hipoteca não depende do desapossamento da coisa, representando para o devedor a possibilidade de continuar a dispor da coisa, podendo aliená-la ou hipotecá-la, fazê-la frutificar.

---

[12] Esta afirmação justifica-se: a consignação em rendimentos, antes designada por *anticrese*, caiu em desuso e tem o seu campo de aplicação confinado a outras situações que não são as que tipicamente ocorrem no crédito ao consumo; os privilégios creditórios conferem a certas entidades, legalmente previstas, o direito de serem pagas preferencialmente em relação aos outros credores – também estes são inaplicáveis no âmbito do crédito ao consumo; por fim, o direito de retenção está indissociavelmente ligado a outro tipo de crédito: apenas existe direito de retenção especial nas situações previstas no artigo 755º e, quanto ao direito de retenção de carácter geral, o crédito há-de resultar sempre de despesas feitas por causa da coisa retida ou de danos por ela causados.

[13] Cfr. a alínea f) do artigo 688º, nº 1. O *Código de 1867* estava, igualmente construído em torno do dogma de que a hipoteca incidia apenas sobre coisas imóveis determinando, no artigo 889º, que a hipoteca recaía apenas sobre "bens imobiliários". Posteriormente, foi surgindo legislação avulsa que estendeu a hipoteca a determinadas coisas móveis, previstas especialmente. As leis especiais aplicáveis nesta matéria, na vigência do *Código de Seabra*, eram os artigos 584º e segs. do C.Com., para os navios; o Decreto-Lei nº 47.952, de 22.09.1967, para os automóveis; e o Decreto nº 20.062, de 30.07.1931, para as aeronaves. Foi publicado, já em 1995, o Código de Registo dos Bens Móveis, o qual não entrou em vigor, aguardando-se a respectiva regulamentação. O Código Civil de 1966 não abandonou esta construção paradigmática em torno das coisas imóveis, até porque a hipoteca imobiliária continua a representar a parcela mais importante em matéria de garantias.
Sobre a evolução histórica da distinção entre a hipoteca e o penhor, veja-se INOCÊNCIO GALVÃO TELLES, *O penhor sem entrega no direito luso-brasileiro*, Scientia Iuridica, 1955, págs. 199 e segs.. Consulte-se também BARBOSA DE MAGALHÃES, *Validade do penhor quando se convencione ficar o dono dos bens empenhados seu depositário* in Revista dos Tribunais, 1955, nº 1684, págs. 98 e segs.. Pode ler-se também, quanto a esta parte, o nosso Da hipoteca. *Caracterização, constituição e efeitos*, Coimbra, Almedina, 2003, págs. 55 e segs..

[14] VAZ SERRA, *Hipoteca, cit.*, págs. 86 e 91. Observa este Autor, a respeito do problema das hipotecas mobiliárias e a sua adaptação às necessidades da vida moderna que "a impossibilidade para o devedor de obter crédito sobre os seus bens móveis quando lhe seja de todo inconveniente abrir mão deles, ou, devido ao peso ou quantidade deles, não sejam facilmente transportáveis ou susceptíveis de ser guardados pelo credor ou por terceiros, ele se vê privado de uma considerável fonte de crédito". E continua, ilustrando com o caso das máquinas e animais, afectados a uma exploração, os automóveis, navios, barcos ou aviões, ou seja, coisas de que depende a sua actividade, que ficaria paralisada sem esse meios de trabalho ou de vida.

A entrega da coisa é essencial para a constituição do penhor, ainda que haja apenas uma entrega simbólica, sendo um negócio real *quoad constitutionem*[15]. O fundamento desta exigência é a necessidade de assegurar a publicidade do direito do credor pignoratício conferindo-lhe alguma consistência prática[16]. Com o *desapossamento* possibilita-se o conhecimento por parte de terceiros e, por outro lado, o credor fica muito mais protegido contra o risco de extravio ou descaminho dos bens dados em penhor, tornando-se o seu direito mais sólido[17]. O tipo legal de penhor previsto nos artigos 669º e segs. do Código é, pois, um penhor com desapossamento, ressalvando a lei os casos especiais em que possa haver penhor sem entrega[18], salientando-se dentre estes, pela especial relevância que assume no tráfico jurídico, o penhor de direitos e o penhor do estabelecimento comercial[19].

O penhor não é apropriado para a garantia das operações de crédito ao consumo quando implica desapossamento da coisa sobre que incide, uma vez que o apelo do consumidor à utilização pronta da coisa é o que o motiva a adquiri-la, ainda que não disponha de fundos para o seu pagamento imediato.

Como observa GRAVATO MORAIS, "[n]ão é usual a constituição, pelo dador de crédito, de um penhor – um direito real de garantia –, sobre a própria coisa (móvel não registável) financiada". Contudo, refere, "[o] penhor para garantia de créditos bancários, previsto no DL 29.833 de 17 de Agosto de 1939, não exige desapossamento". Com efeito, exige-se apenas que o penhor bancário conste de documento autêntico ou autenticado, sendo, portanto, os requisitos

---

[15] *Vide* OLIVEIRA ASCENSÃO, *Direito civil – Reais*, Coimbra, Coimbra Editora, 1993, págs. 546 e segs..
[16] Também no Código de Seabra se exigia a entrega como elemento essencial à constituição do penhor – cfr. os artigos 885º e segs..
[17] VAZ SERRA, "Penhor", *BMJ, cit.*, pág. 38.
[18] Como é o caso do penhor de direitos (artigo 680º), o penhor mercantil ou comercial (artigos 397º e segs. do Código Comercial), o penhor a favor de instituições de crédito (Decreto-Lei nº 29 833, de 17 de Agosto de 1939) e o penhor a favor de prestamistas (Decreto-Lei nº 365/99, de 17 de Setembro). Nestes casos, o requisito da entrega da coisa é substituído pela exigência de um documento escrito, revestido de maiores ou menores formalidades, consoante os casos. A admissibilidade do penhor sem entrega nestas situações fundamenta-se no facto de o devedor ter necessidade de manter a detenção da coisa empenhada para continuar a sua actividade. Estão em causa relevantes motivos económicos que determinam que o devedor não fique privado de certas coisas essenciais à sua actividade profissional ou empresarial. Esse interesse sobrepõe-se à tutela do credor e de terceiros. Repare-se que o credor é sempre possuidor como credor pignoratício, se bem que desprovido de detenção, pelo que pode lançar mão de meios de defesa possessória. Se o proprietário detentor descaminhar ou dissipar o objecto do penhor comete um crime de abuso de confiança. Isto é, a pouca consistência material do direito do credor é compensada pela ameaça de responsabilidade criminal.
[19] Sobre o penhor do estabelecimento comercial, pode ver-se, a título de exemplo, GRAVATO MORAIS, *Alienação e oneração de estabelecimento comercial*, Coimbra, Almedina, 2005, págs. 158 e segs. e também PESTANA DE VASCONCELOS, *Direito das garantias*, Coimbra, Almedina, 2010, págs. 254 e segs..

de constituição do penhor mais favoráveis que o regime civilista mas, apesar disso, "o formalismo assinalado pode representar uma desvantagem para o consumidor já que conduz a um encarecimento do financiamento"[20].

O diploma, inexplicavelmente, exclui do seu âmbito de aplicação os contratos de crédito "exclusivamente garantidos por penhor", de acordo com a alínea m) do nº 1 artigo 2º. Esta norma deve, no entanto, ser interpretada cautelosamente, pois, a nosso ver, nem todas as operações exclusivamente garantidas por penhor devem ter-se por excluídas. O que o legislador terá querido consagrar com esta exclusão são aqueles contratos de penhor tradicional, em que o devedor entrega ao credor a coisa, limitando-se a sua responsabilidade pela dívida ao objecto da garantia. Na verdade, não há razões para excluir outros contratos. Imagine-se o caso de um contrato de crédito pessoal, celebrado com um banco, destinando-se a quantia mutuada à compra de uma aparelhagem e em que o consumidor entrega em penhor, como garantia do pagamento, um depósito a prazo, que o banco utilizará obrigando-se a restituir na data do vencimento do penhor. Trata-se de um caso de penhor com entrega (do direito de crédito), mas não vemos razões para excluir este negócio do âmbito de aplicação do diploma do crédito ao consumo. A lei tem, portanto, de ser interpretada com cautela e à luz da Directiva 2008/48/CE, de 23 de Abril[21].

O Decreto-Lei 133/2009 exclui ainda do seu âmbito de aplicação as operações de crédito ao consumo em que seja constituída hipoteca sobre imóvel ou direito sobre coisa imóvel. O que significa, *a contrario*, que se incluem as operações de crédito em que a garantia prestada incida sobre coisa móvel sujeita a registo (automóveis, navios, aeronaves). O recurso à hipoteca reveste, pois, particular interesse nas operações de crédito para aquisição de veículos automóveis, que é de longe o negócio mais frequente. Não se exige, para a sua constituição da garantia, o desapossamento da coisa (ao contrário do que sucede no penhor), o que permite ao consumidor a crédito a utilização da coisa. Além disso, a preferência que confere ao credor no pagamento à custa do valor da coisa, mesmo em caso de insolvência do devedor, fazem com que esta seja, de facto, uma garantia *apetecível*.

Sucede que a hipoteca, apesar de ser o regime paradigmático dos direitos reais de garantia e aquela que é mais utilizada no direito bancário, parece ser pouco útil, na perspectiva do financiador, para assegurar o cumprimento das obrigações deste tipo, em virtude da proibição do pacto comissório, pois, o credor terá sempre de recorrer à via judicial para satisfazer o seu crédito, não se

---

[20] Sobre o assunto, *vide* GRAVATO MORAIS, *Crédito aos consumidores*, Coimbra, Almedina, 2009, pág. 19.
[21] Sobre o assunto, *vide* GRAVATO MORAIS, *Crédito aos consumidores*, Coimbra, Almedina, 2009, pág. 19.

permitindo convencionar a venda extrajudicial em caso de incumprimento[22]. O recurso à via judicial, para accionar a hipoteca, é uma solução lenta (as execuções podem demorar anos até chegar à fase da venda) e pouco ajustada quando estão em causa veículos automóveis que, em dois ou três anos, praticamente perdem todo o seu valor e que, no mercado de segunda mão, pouco ou nada rendem. Nesse sentido, a garantia hipotecária representa uma forma pouco eficaz de segurança do crédito.

A isto acresce o facto de a hipoteca assumir uma certa rigidez na forma de constituição, a qual se deve ao peso económico dos bens envolvidos. Por outro lado, um dos grandes obstáculos ao funcionamento da garantia hipotecária é a existência das garantias reais ocultas, como os privilégios creditórios e o direito de retenção que, a existirem, tornam a satisfação do direito do credor muito difícil ou até impossível.

Podemos afirmar, portanto, que a hipoteca e o penhor, as figuras jurídicas tradicionais, são pouco expressivos no campo do crédito ao consumo. Por essa razão, a imaginação dos juristas encarregou-se de delinear alternativas capazes de acautelar devidamente o interesse do financiador em ver assegurado o montante que entrega e, por outro lado, capazes de permitir que o consumidor aceda ao crédito.

3. A fiança

De entre as garantias pessoais, a fiança, regulada nos artigos 627º e segs. do Código Civil, será a figura tradicionalmente mais relevante, protótipo das restantes garantias pessoais (a garantia autónoma ou o aval). É com enorme frequência utilizada nas operações de crédito ao consumo, podendo definir-se, utilizando as palavras de ANTUNES VARELA, como o vínculo jurídico pelo qual um terceiro (o fiador) se obriga, pessoalmente, perante o credor, garantindo com o seu património a satisfação do direito de crédito deste sobre o devedor. A fiança é sempre acessória da obrigação a que está subjacente, dependendo a validade daquela da validade desta última; a extinção da obrigação principal determina a extinção da fiança e o fiador pode opor ao credor todos os meios de defesa, incluindo aqueles que poderiam ser invocados pelo devedor principal[23].

Geralmente, neste tipo de contratos, é convencionada a solidariedade da obrigação do fiador, através de uma cláusula em que se afasta a regra da subsidiariedade, renunciando o fiador ao benefício da excussão prévia. GRAVATO

---

[22] No direito romano, previa-se a *actio hypothecaria* que permitia que o credor fizesse sua a coisa hipotecada e a vendesse extrajudicialmente, pagando-se com o valor obtido.

[23] A este propósito, *vide* JANUÁRIO GOMES, *Assunção fidejussória de dívida, cit.*, págs. 1011 e segs.

MORAIS[24] entende, porém, que as cláusulas constantes do contrato de crédito ao consumo em que o fiador renuncia ao benefício da excussão prévia e em que se constitui devedor principal visam apenas um melhor esclarecimento, porquanto tal solidariedade resulta imperativamente da lei, mais concretamente dos artigos 101º e 362º do Código Comercial.

No que aos contratos de crédito ao consumo respeita, cabe analisar, resumidamente, os preceitos do Decreto-Lei nº 133/2009, que se referem à fiança.

O artigo 12º, nº 2 estabelece a obrigatoriedade de ser entregue a todos os contraentes, incluindo os garantes (fiadores ou avalistas), um exemplar do contrato de crédito devidamente assinado, no momento da respectiva assinatura.

Conforme observa GRAVATO MORAIS, o nº 1 do artigo 12º é "parcialmente inovador", uma vez que a obrigatoriedade de entrega ao consumidor resultava já, textualmente, do artigo 6º, nº 1 do anterior Decreto-Lei 359/91. Este diploma nada dizia, porém, quanto à obrigação de entrega do exemplar do contrato ao fiador. Nas palavras deste autos, "a entrega do exemplar mostra-se essencial para se conhecer o alcance e os termos da responsabilidade assumida"[25].

A jurisprudência chegou a considerar, na vigência da legislação anterior, que o fiador não era um aderente ou um consumidor, para efeitos de aplicação dos preceitos legais do crédito ao consumo e do regime específico prevenido na Lei das Cláusulas Contratuais Gerais, tendo em conta a acessoriedade da fiança e, portanto, não seria obrigatória a entrega a este contraente de um exemplar do contrato de crédito[26]. A falta de entrega da cópia ao fiador não era, portanto, um requisito essencial.

De acordo com a nova legislação, se não for cumprida esta obrigação de entrega em relação ao consumidor, o contrato é nulo (artigo 13º). Quanto ao fiador, a quem não seja entregue um exemplar, apenas pode invocar a nulidade da fiança, mas não a invalidade de todo o contrato. É que, conforme preceitua o nº 5 do artigo 13º, só o consumidor pode invocar a inobservância dos requisitos do artigo 12º, não sendo a nulidade invocável por terceiro nem do conhecimento oficioso do tribunal. De referir, no entanto, que a nulidade invocada pelo consumidor, uma vez declarada, aproveita também ao fiador[27].

---

[24] *Contratos de crédito ao consumo*, cit., pág. 346.
[25] *Crédito aos consumidores*, cit., pág. 61.
[26] Neste sentido, *vide* os acórdãos da Relação de Lisboa, de 19 de Novembro de 2009 (Relator: FÁTIMA GALANTE); de 18 de Setembro de 2007 (Relator: LUIS ESPÍRITO SANTO), de 12 de Junho de 2007 (Relator: EURICO REIS). Em sentido contrário, os acórdãos da Relação do Porto, de 25 de Outubro de 2007 (Relator: MÁRIO FERNANDES). Todos em www.dgsi.pt.
[27] Cfr. GRAVATO MORAIS, *Crédito aos consumidores*, cit., pág. 65.

4. A utilização de títulos de crédito com a função de garantia

Nos contratos de crédito ao consumo é frequente a utilização de títulos de crédito para garantia do cumprimento, vulgarmente uma livrança em branco, a qual cauciona o com e integral pagamento do contrato, destinando-se a ser preenchida, no caso de o devedor não cumprir, pelo valor em dívida e respectivos encargos e, posteriormente, a ser executada para que o credor se satisfaça, coercivamente, à custa dos bens penhorados do respectivo devedor. A vantagem da utilização deste mecanismo de garantia reside na facilidade com que, dispondo de um título executivo, o credor pode, rapidamente, tentar a satisfação coerciva (contando que o devedor disponha de bens penhoráveis, o que, nos tempos que correm, nem sempre sucede). Trata-se, portanto, de uma forma muito habitual de reforço da segurança do credor exigindo este, aquando da celebração do contrato de crédito, que o devedor assine uma livrança em branco eventualmente com intervenção de avalistas.

As vantagens para o credor são sobretudo a celeridade na cobrança coerciva: perante o incumprimento do devedor, o financiador tem a possibilidade de preencher a livrança pelo valor em dívida, de harmonia com as condições do pacto de preenchimento, e mover a execução, não tendo de intentar previamente a acção declarativa para reconhecimento do crédito. É certo que, hoje, os contratos de crédito assinados pelo devedor constituem títulos executivos, como documentos particulares que incorporam o reconhecimento de uma obrigação. No entanto, a necessidade de o credor invocar a relação subjacente para executar o contrato parece dissuadir (embora não constitua, na verdade, obstáculo algum) os agentes económicos levando-os a preferir o conforto de uma livrança, beneficiando dos princípios da abstracção e da literalidade que caracterizam os títulos de crédito.

Para o consumidor, a existência de um título executivo que permita ao financiador executar com rapidez, em caso de incumprimento, não sendo propriamente uma desvantagem, leva-o a sofrer com as consequências da execução com uma celeridade com que, porventura, não contava.

O diploma regulador do crédito ao consumo refere-se, no artigo 22º, à utilização dos títulos de créditos com a função de garantia, o que corresponde a uma prática corrente no comércio jurídico.

Apenas faremos aqui uma curta observação.

A lei obriga a que seja aposta nos títulos de crédito utilizados para este fim a expressão "não à ordem" ou outra equivalente, presumindo-se que, se tal não for observado, a falta é do credor. Isto quer dizer que, ao contrário do que sucede no regime geral das letras e livranças, o título cambiário entregue como garantia do cumprimento do crédito ao consumo não é transmissível por endosso, restringindo-se assim a sua circulabilidade. Como refere GRAVATO

MORAIS, a sua transmissibilidade opera apenas "pela forma e com os efeitos de uma cessão de créditos"[28] podendo o consumidor opor ao portador mediato (o cessionário) todos os meios de defesa gerais, emergentes do artigo 585º do Código Civil, o que não sucederia no caso da transmissão por endosso. Por outro lado, de acordo com o nº 2 do artigo 22º, cabe ao financiador apor a cláusula "não à ordem" no título cambiário, presumindo-se que a falta desta menção lhe é imputável. Nesse sentido, o consumidor demandado por um portador sucessivo de boa fé, não pode recusar-se a pagar mas, se for prejudicado pelo facto de não lhe poder opor as excepções invocáveis perante o credor, pode depois responsabilizá-lo pelos prejuízos sofridos[29]. Trata-se, pois, de um desvio ao regime geral das letras e livranças, constante da Lei Uniforme, desvio este que se justifica em nome do interesse de protecção do consumidor a crédito.

5. A reserva de propriedade

Muito utilizada nas tradicionais vendas a crédito, a cláusula de reserva de propriedade, cedo passou a fazer parte da prática bancária como uma forma de fortalecer a posição do financiador perante a possibilidade de incumprimento por parte do consumidor.

Trata-se da figura prevista no artigo 409º do Código Civil, que permite ao alienante conservar a propriedade da coisa até ao pagamento integral do preço ou até à verificação de qualquer outro evento. Está normalmente associada às vendas a prestações em que o adquirente, paga o preço de forma fraccionada[30].

O anterior diploma sobre o crédito ao consumo, de 1991, previa, expressamente, o acordo quanto à cláusula de reserva de propriedade nos contratos de crédito celebrados com os consumidores, obrigando à inclusão do pacto entre as menções obrigatórias que deveriam constar do contrato[31]. A actual legislação não faz qualquer referência à reserva de propriedade como garantia do contrato de crédito, mas a mesma é perfeitamente admissível na venda a

---

[28] *Crédito aos consumidores, cit.*, pág. 106.
[29] GRAVATO MORAIS, *loc. cit.*, pág. 106.
[30] JOSÉ IGNACIO CANO MARTÍNEZ DE VELASCO, *La reserva de domínio*, Barcelona, Librería Bosch, 2001, págs. 81 e 82, a propósito da legislação espanhola da venda a prestações, observa que o objectivo do legislador com a consagração da reserva de propriedade é, sem dúvida, mais do que a tutela do consumidor, a protecção do vendedor a crédito, considerado como impulsionador do mercado de crédito ao consumo. Tal permite e fortalece a circulação de bens que se pretende que seja em massa, entendendo-se que a hipoteca e o penhor se revelam garantias insuficientes para o vendedor.
[31] Cfr. artigo 6º, nº 3, alínea f) do referido Diploma legal revogado. GRAVATO MORAIS, sempre defendeu que, não obstante a previsão normativa da reserva de propriedade, esta apenas se reportaria às situações em que o vendedor, proprietário do bem, mantém essa qualidade por efeito da reserva, ao mesmo tempo que financia a sua aquisição – cfr. *Contratos de crédito ao consumo, cit.*, pág. 303.

prestações, em que o concedente do crédito é o próprio vendedor, de acordo com as normas constantes do Código Civil.

A reserva de propriedade era um instituto de utilização assaz frequente na venda a prestações tradicional em que era o vendedor que assumia o risco do crédito (o chamado "fiado"). Era uma forma de o alienante se precaver contra as consequências do incumprimento do contrato.

A reserva de propriedade, tal como está prevista no artigo 409º do Código Civil, permitindo que o alienante conserve a propriedade da coisa até ao integral pagamento do preço, constitui um desvio ao princípio da consensualidade constante do artigo 408º[32]. Ao convencionarem o *pactum reservati dominii*, as partes estabelecem que a propriedade é diferida para um momento ulterior ao da celebração do contrato, sendo a reserva de propriedade, primordialmente, um meio de tutela do direito de crédito do vendedor, garantindo o cumprimento da obrigação de pagamento do preço.

O artigo 409º admite a reserva de propriedade com enorme amplitude: a cláusula pode ser convencionada nos contratos que tenham por objecto coisas imóveis, coisas móveis ou coisas móveis sujeitas a registo; pode ser aposta em quaisquer contratos de alienação (compra e venda, doação, permuta, dação em cumprimento); e a transferência da propriedade pode ficar subordinada a qualquer outro evento, para além do pagamento do preço.

Além disso, a cláusula é oponível a terceiros, quer tenha por objecto coisas imóveis ou móveis sujeitas a registo (casos em que a oponibilidade absoluta dependerá da publicidade registal), quer tenha por objecto coisas móveis não sujeitas a registo, pois, em Portugal, não vale o princípio "posse vale título". O proprietário, que na pendência da cláusula continua a ser o vendedor, pode opor o seu direito, reivindicando a coisa de qualquer terceiro que, ilegitimamente, o ponha em causa. Mas dessa oponibilidade em relação a terceiros também goza o comprador, pois o vendedor, enquanto a reserva de propriedade se mantiver, não pode alienar a coisa a terceiros com prejuízo dos direitos do comprador[33].

---

[32] Embora esta questão de saber se a norma do artigo 408º tem natureza supletiva não seja pacífica na doutrina. Neste sentido, leia-se CARVALHO FERNANDES, *Notas breves sobre a cláusula de reserva de propriedade* in *Estudos em homenagem ao Professor Doutor Carlos Ferreira de Almeida*, Vol. II, Coimbra, Almedina, 2011, pág. 328; MENEZES LEITÃO, *Direito das obrigações*, III, *Contratos em especial*, 6ª Edição, Coimbra, Almedina, 2009, pág. 281.
Veja-se também, ASSUNÇÃO CRISTAS e MARIANA FRANÇA GOUVEIA, *Transmissão da propriedade e contrato de compra e venda* in *Transmissão da propriedade e contrato*, Coimbra, Almedina, 2001 *cit.*, pág. 61 e CARLOS FERREIRA DE ALMEIDA, *Transmissão contratual da propriedade – entre o mito da consensualidade e a realidade de múltiplos regimes* in *Themis*, ano VI, nº 11, 2005, págs. 5 e segs..

[33] Apenas poderá alienar a sua posição jurídica enquanto vendedor reservante.

A reserva de propriedade tem também efeitos relevantes no caso de insolvência do alienante e do adquirente. A cláusula é oponível à massa insolvente, desde que reduzida a escrito até à data da sentença que declarou a insolvência. No caso de insolvência do vendedor, tendo a coisa sido entregue ao comprador, este tem direito de exigir o cumprimento do contrato, não podendo a coisa ser apreendida para a massa insolvente; no caso de insolvência do comprador, estando o negócio "em curso", o administrador da insolvência tem a faculdade de optar pelo cumprimento do contrato ou pela sua recusa, caso em que a coisa não pode ser apreendida para a massa insolvente.

A isto acresce o facto de na compra e venda com reserva de propriedade, não obstante o vendedor se manter proprietário da coisa até à verificação do evento de que depende a transmissão, o risco de perecimento ou de deterioração corra por conta do comprador[34].

O incumprimento do contrato de compra e venda com reserva de propriedade permite ao credor desencadear o cumprimento coercivo ou resolver o contrato, caso em que terá direito à restituição da coisa; optando pelo cumprimento coercivo e exigindo a totalidade das prestações em falta, na nossa opinião, poderá, na execução que vier a intentar, penhorar a coisa reservada.

---

[34] Veja-se, a título de exemplo, o acórdão da Relação do Porto, de 25.06.2009 (JOSÉ FERRAZ), in www.dgsi.pt, em que estava em causa o trespasse de um estabelecimento comercial, com reserva de propriedade a favor do alienante, onde se afirma "[a] reserva de propriedade visa essencialmente assegurar os efeitos resolutivos do negócio (restituição da coisa), a oponibilidade «erga omnes» da resolução (que venha eventualmente a ter lugar). A reserva não impede que a posse seja transmitida ao trespassário com a tradição do estabelecimento e, nesta situação, este passa a deter os poderes de gozo e disposição do direito de propriedade, 'cabendo à propriedade reservada do alienante apenas a titularidade abstracta' desse direito. [...]. Esse diferimento da transferência da titularidade do direito não constitui nem importa a suspensão do cumprimento das obrigações que do contrato emergem para o vendedor (no caso, trespassante). Se o estabelecimento foi entregue, em execução do trespasse, ao trespassário (não se questionando a existência de todos os elementos que o integravam, a realidade/unidade económica e jurídica trespassada, aquando da entrega), a prestação do trespassante ficou cumprida, pelo que, na data da denúncia do arrendamento celebrado pelo apelante, a prestação da ré não se encontrava por cumprir, mas cumprida, o que inviabiliza a conclusão pela impossibilidade superveniente da prestação. [...] O pagamento do preço não pode ser visto como condição (acontecimento futuro e incerto – artigo 270º do CC), cláusula acessória, elemento acidental do negócio, exterior aos elementos constitutivos do negócio e aos seus efeitos típicos. O preço é elemento essencial do negócio e o seu pagamento é uma obrigação e não uma condição (um ónus para se obter algo). O pagamento não significa a verificação de condição alguma a que as partes subordinaram a produção de determinado efeito do negócio, mas antes o cumprimento da obrigação principal do comprador [...]. O risco deve correr por conta de quem beneficia do direito e, não há dúvida de que, a partir da entrega do bem ao comprador é este que beneficia do direito (que, como já se referiu, passa a deter o 'conjunto de poderes de gozo e de disposição que correspondem ao conteúdo do direito de propriedade, cabendo à propriedade reservada do alienante a titularidade abstracta desse direito"). Daí que o risco da perda da coisa, a partir da entrega, corre por conta do comprador, não ficando desonerado do pagamento do preço. Nesta situação, o alienante também corre um risco, pois que perdendo-se a coisa, perde a garantia".

Entendemos, contrariamente à posição que fez vencimento no Acórdão Uniformizador do Supremo Tribunal de Justiça, de 8 de Outubro de 2008, que, em acção executiva para pagamento das prestações em dívida, o credor não tem de renunciar *expressamente* à reserva de propriedade, nem de promover o seu cancelamento registal, podendo a execução prosseguir para a fase da convocação de credores e para a subsequente venda. Após esta, a reserva é, oficiosamente, mandada cancelar, tal como os demais direitos que caducam com a venda judicial, nos termos do nº 2, artigo 824º, do Código Civil[35].

Alternativamente, optando o vendedor pela resolução do contrato, terá direito a recuperar a coisa reservada. Essa restituição depende sempre da resolução do contrato de compra e venda. Tratando-se de veículos automóveis, a lei prevê um procedimento cautelar especial para recuperação imediata, o qual subordinar-se-á à acção principal a intentar com vista à declaração judicial de resolução do contrato.

As posições dogmáticas em torno da reserva de propriedade são diversificadas, sendo ainda prevalecente, no nosso País, sobretudo na jurisprudência, a ideia de que a venda com reserva de domínio é uma alienação sob condição suspensiva[36]. Esta tese é passível de diversas críticas, baseadas sobretudo no facto de assentar no conceito de condição que é, por definição, acessória e exterior ao contrato. Não pode, a nosso ver, afirmar-se que o pagamento do preço, de que depende a transferência da propriedade, seja um evento incerto de tal modo que o possamos qualificar como acontecimento condicionante. As doutrinas mais recentes em torno da questão vão no sentido de afastar a tese da condição[37].

---

[35] Sobre o assunto, remetemos para a nossa anotação ao acórdão uniformizador, em *Cadernos de Direito Privado*, 29, págs. 25 e segs..

[36] Na doutrina, veja-se BATISTA LOPES, *Do contrato de compra e venda no direito civil, comercial e fiscal*, Coimbra, Almedina, 1971, pág. 102; RODRIGUES BASTOS, *Das obrigações em geral*, 2ª Edição, Vol. I, Lisboa, 1977, pág. 53; PIRES DE LIMA e ANTUNES VARELA, *Código Civil Anotado*, Vol. I, Coimbra, Coimbra editora, 1987, pág. 334; HEINRICH HÖRSTER, *A parte geral do Código Civil português*, Coimbra, Almedina, 1992, pág. 493; ALMEIDA COSTA, *Direito das obrigações, cit.*, pág. 250.
Na jurisprudência, a título de exemplo, veja-se o acórdão da Relação do Porto, de 19.05.1981, *in CJ*, 1981, Tomo III, págs. 127 e segs., que adoptando a tese da condição suspensiva, qualifica o vendedor como possuidor e o comprador como possuidor precário. Cfr. também os acórdãos do STJ, de 24.06.1982, *in BMJ*, 318, págs. 394 e segs.; de 22.02.1983, *in BMJ*, 324, pág. 578; de 01.02.1995, *in BMJ*, 444, pág. 609; o acórdão do STA, de 21.06.2000, *BMJ*, 498, págs. 259 e segs., entre muitos outros.

[37] *Vide* ANA MARIA PERALTA, *A posição jurídica do comprador na compra e venda com reserva de propriedade*, Coimbra, Almedina, 1990, págs 152 e segs.; RUI PINTO DUARTE, – *Curso de direitos reais*, Lisboa, Principia, 2002, págs. 250 e segs.; LUIS LIMA PINHEIRO, – "A cláusula de reserva de propriedade", *Estudos de direito civil, direito comercial e direito comercial internacional*, Coimbra, Almedina, 2006, pág. 65; MENEZES LEITÃO, *Garantias das obrigações, cit.*, págs. 267 e segs..

Considerando a condição como cláusula acessória do contrato, através da qual a eficácia deste fica, total ou parcialmente, dependente de um acontecimento futuro e incerto não nos parece oferecer uma aclaração cabal, já que a incerteza, que caracteriza a condição, não se afigura apropriada para rotular o pagamento do preço como evento condicionante. O pagamento do preço é um acontecimento futuro, mas é também um acontecimento *certo*, quer venha a ocorrer voluntariamente, quer venha a ser exigido em via coerciva.

Quanto à posição jurídica das partes no *período de pendência* do contrato – e é isso que interessa apreciar para efeitos de caracterização da reserva de propriedade como garantia –, não podemos afirmar que o vendedor permanece proprietário e o comprador apenas tem um direito de expectativa, como fazem as doutrinas da condição suspensiva. Esse direito de expectativa do comprador tem manifestações de carácter real, podendo ser concebido como um pré-estádio do direito de propriedade. Para certod efeitos, o comprador é titular de uma posição de soberania e, para outros, mera contraparte de um contrato, que constitui a fonte do seu direito e do qual não se desliga até que se encontre integralmente pago o preço convencionado, sendo, portanto, uma *posição dualista ou mista*. Trata-se de um direito subjectivo com características reais, mas que não pode ser qualificado como um direito real em sentido estrito. Paralelamente, a posição do vendedor, que tem a *propriedade reservada*, é a de titular de uma propriedade com função de garantia e que não corresponde aos direitos de um proprietário pleno. Do preceito contido no artigo 409º parece resultar que o vendedor permanece proprietário pleno da coisa, até ao cumprimento das obrigações por parte do adquirente. Porém, essa propriedade é uma propriedade limitada à função de garantia.

As posições das partes na compra e venda com reserva de propriedade não são, assim, apenas de carácter obrigacional. Deverá ter-se presente que há manifestações do poder de soberania que podemos encontrar quer na posição jurídica do comprador, quer na posição do vendedor. Isto reforça a nossa ideia de que a reserva de propriedade deve ser qualificada como uma figura jurídica *sui generis* de natureza mista. A *propriedade reservada* situar-se-ia, nesta perspectiva, num meio caminho entre a propriedade *normal* e o direito real de garantia. É certo que a propriedade assume a função de garantia, porquanto assegura o pagamento de um crédito; mas isso não basta para qualificar esta propriedade como garantia real, no sentido próprio do termo, pois não podemos confundir a função de um instituto jurídico – o escopo perseguido pelas partes – com a sua classificação.

Por isso, a reserva de propriedade não pode ser qualificada como um verdadeiro direito real de garantia, pois a noção técnica de garantia real implica a afectação de uma determinada coisa ao cumprimento de uma obrigação e a atribuição ao credor de um direito de satisfação preferencial em relação aos demais credores, através do valor dessa mesma coisa obtido em venda executiva. É este direito de preferência que caracteriza as garantias reais. Por via da execução com vista ao cumprimento coercivo do contrato, o vendedor tem a possibilidade de nomear à penhora a coisa reservada. A reserva de domínio assegura, nessa situação, que a coisa se mantenha no património do comprador até que o credor (vendedor) se satisfaça à custa do respectivo valor. Porém, quando o vendedor opta pela resolução do contrato e pela consequente recuperação da coisa, exerce, afinal, uma prerrogativa contratual e não, em rigor, uma garantia real em sentido técnico-jurídico. Aqui, a garantia deriva do comportamento pessoal do devedor que tem, na verdade, fonte contratual.

O vendedor é titular de um direito real diferente da propriedade plena – a *propriedade reservada* – e o comprador, por seu turno, titular de um direito de expectativa real, fortemente tutelado, de aquisição do direito de propriedade pleno. A propriedade reservada corresponde a um posição intermédia entre a propriedade plena e o direito real de garantia; a expectativa do comprador é um pré-estádio do direito de propriedade pleno, sem que, todavia, seja equiparado a este, o que não é incompatível com o princípio da tipicidade taxativa dos direitos reais[38].

Todas estas considerações para chegarmos ao nosso ponto de análise: a questão de saber se a reserva de propriedade é admissível no crédito ao consumo quando o montante é financiado por uma terceira entidade diferente do vendedor (o banco ou a instituição de crédito).

A admissibilidade da reserva de propriedade como garantia do crédito ao consumo é inquestionável quando se trate de crédito concedido pelo próprio vendedor, operação esta à luz do artigo 2º do Diploma, não figura entre as operações excluídas.

O problema surge a propósito dos contratos de crédito ao consumo em que o financiador é outra entidade que não o vendedor. É a chamada *reserva de propriedade a favor do financiador*. Esta figura deve a sua origem à imaginação da prática negocial e visa, sobretudo, colmatar as insuficiências sentidas no modelo de garantias reais tradicional[39].

---

[38] Tal princípio não impede a liberdade de qualificação como reais certas situações já previstas na lei, embora não nominadas como tal.

[39] A título de exemplo, no sentido da admissibilidade da reserva de propriedade a favor do financiador os acórdãos da Relação de Lisboa, de 13.03.2003 (*in CJ*, 2003, Tomo II, pág. 74), de 18.03.2004 (GRANJA DA FONSECA), *in* www.dgsi.pt, de 05.05.2005 (CARLOS VALVERDE), *in* www.dgsi.pt, de 20.10.2005 (FÁTIMA GALANTE), *in* www.dgsi.pt, de 28.03.2006 (ISABEL SALGADO), *in* www.dgsi.pt, de 30.05.2006 (ISABEL SALGADO), *in* www.dgsi.pt, de 22.06.2006 (SALAZAR CASANOVA), *in* www.dgsi.pt, de 14.09.2006 (SALAZAR CASANOVA), *in* www.dgsi.pt, de 01.02.2007 (MANUELA GOMES), *in* www.dgsi.pt, de 29.01.2009 (SACARRÃO

A jurisprudência tem vindo a pronunciar-se, reiteradamente, sobre a problemática da validade ou da invalidade da figura, a propósito das consequências do incumprimento do contrato, ora quando se trate de saber se, em execução para pagamento da dívida, o credor pode indicar à penhora a coisa reservada, ora quando o credor intenta uma providência cautelar para recuperação imediata do veículo objecto da venda financiada.

Sempre defendemos que, tendo-se convencionado num contrato de compra e venda financiada por terceira entidade, a reserva de propriedade garante não o preço devido pela aquisição mas o montante do crédito concedido no quadro da mesma, a reserva de domínio transmite-se para o financiador. Pensamos que se as partes pretenderam atribuir a esse financiador os direitos que ao vendedor assistiriam se se tratasse de uma pura venda a prestações, através da figura da sub-rogação pelo pagamento, prevista nos artigos 589º e segs. do Código Civil, transmitindo-se a reserva de propriedade para o financiador que adiante o pagamento do preço necessário à aquisição. O comprador fica, desta forma, adstrito ao cumprimento da dívida, emergente do contrato de mútuo, de acordo com o convencionado, garantindo-se o financiador contra o não cumprimento através da cláusula de reserva de propriedade a seu favor. Perante o incumprimento, o financiador pode desencadear a resolução do contrato de mútuo, caso em que terá direito à recuperação da coisa, ou exigir o seu cumprimento coercivo, peticionando a totalidade da quantia ainda em falta.

A nossa defesa da validade dessa estipulação, baseia-se sobretudo em três argumentos: em primeiro lugar, no argumento interpretativo e no princípio da equiparação que permitem estender a previsão do artigo 409º, que se refere a "contratos de alienação", à compra e venda financiada por um terceiro; em segundo lugar, no princípio da liberdade contratual, pilar de todo o direito privado português, que permite que as partes possam, dentro dos limites da lei,

MARTINS), *in* www.dgsi.pt, de 12.02.2009 (FÁTIMA GALANTE), *in* www.dgsi.pt, de 12.03.2009 (CARLOS VALVERDE), *in* www.dgsi.pt, da Relação do Porto, de 13.03.2006 (ABÍLIO COSTA), *in* www.dgsi.*pt*; de 04.05.2009 (MARIA JOSÉ SIMÕES), *in www.dgsi.pt*, da Relação de Coimbra, de 15.07.2008 (HELDER ROQUE), *in www.dgsi.pt*, de 13.01.2009 (EMÍDIO COSTA), *in* www.dgsi.pt, e do Supremo Tribunal de Justiça, de 13.01.2005, *in CJ (STJ)*, 2005, Tomo I, págs. 27 e segs..
Pela inadmissibilidade, veja-se, também a título de exemplo, os acórdãos da Relação de Lisboa, de 09.06.2005 (ANA PAULA BOULAROT), *in* www.dgsi.pt, de 12.10.2006 (NETO NEVES), in www.dgsi.pt, de 08.02.2007 (MARIA JOSÉ MOURO), *in* www.dgsi.pt, de 12.03.2009 (MANUEL GONÇALVES), *in* www.dgsi.pt, de 12.03.2009 (EZAGÜY MARTINS), *in* www.dgsi.pt, de 31.03.2009 (RUI VOUGA), *in* www.dgsi.pt, da Relação do Porto, de 15.01.2007 (CURA MARIANO), *in* www.dgsi.pt, de 17.02.2009 (JOÃO PROENÇA), *in* www.dgsi.pt, de 03.03.2009 (MARIA EIRÓ), *in* www.dgsi.pt, da Relação de Coimbra de 11.03.2008 (NUNES RIBEIRO), *in* www.dgsi.pt, de 18.12.2008 (JAIME FERREIRA), *in* www.dgsi.pt, do Supremo Tribunal de Justiça, de 12.12.2004 (ARAÚJO BARROS), *in* www.dgsi.pt, de 12.05.2005, *CJ (STJ)*, 2005, Tomo II, págs. 94 e segs., de 10.07.2008 (SANTOS BERNARDINO), *in* www.dgsi.pt, de 16.09.2008 (ALBERTO SOBRINHO), *in* www.dgsi.pt, para citar apenas alguns.

celebrar um contrato deste tipo, uma vez que não há, a nosso ver, nenhuma norma interpretativa que o proíba; finalmente, a reserva de propriedade a favor do financiador corresponderá a um interesse das partes, digno de tutela legal, não contendendo, por seu turno, com os interesses de ninguém de tal modo que se possa afirmar que a cláusula é nula: o consumidor não é prejudicado, bem pelo contrário, pois desta forma tem acesso a crédito de forma mais facilitada e em condições menos onerosas.

A letra da lei, ao admitir a possibilidade de as partes nos contratos de alienação subordinarem a transferência do direito real ao pagamento do preço ou à verificação de um qualquer outro evento, comporta, a nosso ver, a possibilidade de a cláusula de reserva de propriedade se transmitir ao financiador que, no âmbito de um contrato de compra e venda financiada por terceiro, empresta os fundos necessários ao pagamento do preço dessa aquisição. Por outro lado, a figura do contrato de crédito coligado, que o Decreto-Lei nº 133/2009 veio acolher permite-nos reforçar este nosso entendimento. Na verdade, o diploma define "contrato de crédito coligado" como aquele que "está coligado a um contrato de compra e venda ou de prestação de serviço específico", se o "crédito concedido servir exclusivamente para financiar o pagamento do preço do contrato de fornecimento de bens ou de prestação de serviços específicos"; e "ambos os contratos constituem objectivamente uma unidade económica".

A afirmação de que a reserva de propriedade a favor do financiador é nula por corresponder a um negócio contrário à lei não colhe, por não conseguirmos descortinar qual a norma jurídica imperativa violada[40]. A regra da consensualidade, constante do artigo 408º do Código Civil não corresponde a nenhum princípio de natureza imperativa e inderrogável. As partes podem convencionar o afastamento dessa regra, colocando, convencionalmente, o momento da transferência do contrato.

A reserva de propriedade a favor do financiador tem uma enorme vantagem para o credor, sobretudo no comércio jurídico automóvel: com a estipulação do pacto a seu favor, o credor não fica sujeito ao conflito de credores e à eventualidade de, no caso de a dívida estar guarnecida de hipoteca, de se deparar com a existência de privilégios ocultos que tornam praticamente ineficaz ou até neutralizam a garantia hipotecária. A reserva de propriedade é também um "remédio" bastante seguro no caso de insolvência do comprador/devedor, uma vez que o direito do credor escapa ao concurso de credores. Com efeito, optando o administrador da insolvência pela recusa do cumprimento do contrato, o bem não é apreendido para a massa insolvente sendo restituído ao

---

[40] No sentido da nulidade da reserva de propriedade a favor do financiador, vide GRAVATO MORAIS, Contratos de crédito ao consumo, cit., págs. 304 e segs..

financiador. No caso da opção pelo cumprimento do contrato, as prestações serão consideradas dívidas da massa insolvente e, como tal, pagas com prioridade[41]. Finalmente, a reserva de propriedade a favor do financiador permite que este lance mão da providência cautelar de restituição do veículo, prevista no Decreto-Lei nº 54/75, de 12 de Fevereiro, obtendo assim, também de forma célere a recuperação da coisa financiada.

6. Considerações finais

Este nosso breve apontamento representa apenas, sem quaisquer pretensões de esgotar o tema, o resultado de algumas reflexões sobre as vantagens e os inconvenientes das várias formas de garantia utilizadas nas operações de crédito ao consumo, com especial enfoque na reserva de propriedade a favor do financiador que é, para nós, um tema especialmente interessante e tem sido objecto de tanta discussão nos tribunais.

Se atentarmos na prática bancária, sobretudo no financiamento automóvel, a reserva de propriedade parece, aos olhos dos financiadores, mais vantajosa que qualquer outra forma de garantia, uma vez que o credor pode, em caso de incumprimento ou de insolvência do devedor, recuperar o veículo financiado com relativa celeridade. É, assim, mais atractiva do que a hipoteca que implica que, no caso de insolvência, a coisa seja apreendida para a massa insolvente. Além disso, a hipoteca mobiliária depara-se com a existência dos privilégios mobiliários gerais do Estado e da segurança social, relativamente aos quais há enormes dúvidas sobre se prevalecem ou não sobre a hipoteca de bens móveis[42]. Por outro lado, sendo a fiança uma garantia pessoal e sendo o património volátil, não podemos afirmar que seja hoje uma das garantias mais seguras.

Voltando à reflexão inicial com que começámos estas notas: sem garantias não há concessão de crédito ou essa concessão será sempre mais onerosa para o consumidor. Estando excluído o penhor, sendo pouco adequada a hipoteca, sendo a fiança geradora de insegurança e sendo as "garantias indirectas" apenas utilizadas em operações negociais específicas, resta muito pouco para o financiador assegurar a sua posição. Parece-nos, pois, que não é de rejeitar a possibilidade da reserva de propriedade a favor do financiador, sendo certo que esta não prejudica o consumidor: pelo contrário, permite-lhe aceder a crédito menos oneroso, na medida em que é um crédito com garantia reforçada.

---

[41] Para maiores desenvolvimentos, ver PESTANA DE VASCONCELOS, *Direito das garantias, cit.*, pág. 384 e segs.
[42] Os acórdãos do Tribunal Constitucional 362/2002 e 363/2002 apenas se pronunciaram quanto ao conflito dos privilégios imobiliários gerais com a hipoteca, mas não quanto aos privilégios mobiliários gerais.

Regard Critique sur L'harmonisation Européenne du Droit de la Consommation

*Jean Calais-Auloy**

C'est grâce au droit de la consommation que j'ai connu Mario Frota et qu'à l'occasion de nombreuses rencontres au Portugal, au Brésil, en France ou ailleurs, nous avons noué des liens d'amitié. En témoignage de cette ancienne et fidèle amitié, je suis heureux de lui dédier quelques propos portant sur la matière qui nous a réunis.

Le titre de cet article** pourrait donner à croire que je suis un eurosceptique. Il n'en est rien. Je reste un ferme partisan de la construction de l'Union européenne. Ma critique porte sur les modalités actuelles de l'harmonisation européenne du droit de la consommation. Elle ne porte pas sur le principe même de cette harmonisation, dont je souhaite le développement.

Quand fut instituée la Communauté européenne par le Traité de Rome, en 1957, le droit de la consommation n'existait pas. C'est à partir des années 1970 que le déséquilibre entre professionnels et consommateurs devint un problème de société et que fut prise, dans la plupart des Etats européens, une législation cherchant à protéger les consommateurs. Ainsi naquit le droit de la consommation, purement national à l'origine.

La diversité des législations nationales ne tarda pas à poser un problème: elle risquait d'entraver la libre circulation des marchandises et des services

---

* Professeur Honoraire à la Faculté de Droit de Montpellier.
** Abréviations: Civ. 1ᶜ – première chambre civile de la Cour de cassation française; CJCE – Cour de justice des Communautés européennes; Contrats, conc. consom – Revue Contrats, concurrence, consommation; D. – Recueil Dalloz – D. aff. – Recueil Dalloz affaires; RED consom. – Revue européenne de droit de la consommation, RTD civ. – Revue trimestrielle de droit civil.

au sein de la Communauté européenne. Une harmonisation du droit de la consommation fut entreprise dès les années 1980, au moyen de directives, qui n'avaient alors pour but que de favoriser la libre circulation. Le Traité de Maastricht signé en 1992 apporta une innovation importante: un article concernant spécialement les consommateurs fut ajouté au Traité CE. Désormais, les instruments communautaires doivent tendre non seulement à favoriser la libre circulation, mais encore à assurer un «niveau élevé de protection des consommateurs». Le principe se trouve aujourd'hui énoncé dans l'article 169 du Traité de Lisbonne sur le fonctionnement de l'Union européenne (TFUE).

De nombreuses directives et quelques règlements ont donc été adoptés, visant à harmoniser les législations des Etats membres dans le domaine de la protection des consommateurs. Il ne s'agissait pas d'unifier le droit européen de la consommation, mais seulement de rapprocher les législations nationales, de façon à les harmoniser.

Une phase nouvelle, connue sous le nom de révision de l'acquis communautaire, a commencé en 2004. Jusque là les directives opéraient, pour la plupart, une harmonisation minimale: les Etats membres ne pouvaient faire moins que la directive pour protéger les consommateurs, mais ils pouvaient faire plus. Désormais, les autorités communautaires souhaitent aller jusqu'à une harmonisation complète[1], les Etats membres ne pouvant faire ni plus ni moins que la directive. Les directives récentes, nous le verrons, vont en ce sens.

L'harmonisation européenne du droit de la consommation est nécessaire. Elle conduit même, en certains secteurs, à de bons résultats, par exemple pour la définition unifiée de la notion de consommateur. Il me semble cependant qu'au point où elle est arrivée, la législation européenne encourt deux critiques: elle est trop complexe (I) et la protection qu'elle apporte aux consommateurs est insuffisante (II).

I. Complexité de la législation

La lecture des directives et des règlements communautaires concernant la protection des consommateurs est une tâche ardue. Leur complexité, si elle peut faire le bonheur de quelques spécialistes, les met hors de portée des gens ordinaires, même de ceux qui ont quelques connaissances juridiques. Certes, les directives ne s'appliquent pas directement aux citoyens. Mais leur complexité se retrouve inévitablement dans les lois nationales qui les transposent et qui,

---

[1] On dit aussi harmonisation totale. Il faut éviter l'expression «harmonisation maximale», car elle pourrait donner à croire que le niveau de protection apporté par la directive est un plafond en dessous duquel les législations nationales pourraient se situer.

elles, sont directement applicables. De sorte que le droit de la consommation, devenant en Europe de plus en plus communautaire, est de moins en moins accessible à ceux qu'il est censé protéger: nous tous, les consommateurs.

La complexité de la législation européenne tient à la fois à son défaut de clarté et à son manque de cohérence.

A. Défaut de clarté

Les premiers textes européens concernant les consommateurs étaient relativement clairs. Il n'y a pas de difficulté particulière à comprendre la directive du 25 juillet 1985 concernant la responsabilité du fait des produits défectueux ou celle du 20 décembre 1985 sur les contrats négociés en dehors des établissements commerciaux.

Les textes plus récents sont moins clairs, à croire que les rédacteurs ont voulu suivre l'ironique dicton «Pourquoi faire simple quand on peut faire compliqué?». Deux exemples:

1) La directive du 20 mai 1997 sur les contrats à distance[2] contient une longue énumération des informations qui doivent être fournies par le professionnel au consommateur (art. 4), puis, de façon peu compréhensible, prévoit la confirmation de ces informations et cite d'autres informations, qui doivent être fournies «en tout état de cause» (art. 5). Autre source de complexité: la directive de 1997 prévoit de nombreuses exemptions, les unes totales (art. 3, par. 1), les autres partielles (art. 3, par. 2; art. 5, par. 2; art. 6, par. 3), qui nuisent à sa clarté et qui diminuent, comme nous le verrons, la protection des consommateurs.

2) La directive du 23 avril 2008 concernant les contrats de crédit aux consommateurs[3] manque, elle-aussi, de clarté, par accumulation de détails. Partant de l'idée juste que l'emprunteur a besoin d'être informé, les rédacteurs de la directive ont multiplié les mentions obligatoires: dix-neuf mentions pour l'information précontractuelle (art. 5), vingt-deux mentions dans le contrat de crédit (art. 10). Quel consommateur aura la patience de lire ces documents de bout en bout? L'excès d'information tue l'information[4]. Pourquoi, par exemple, obliger à mentionner non seulement le taux effectif global (TAEG), mais encore

---

[2] Commentaires RAYNARD, RTD civ. 1997, 1015; TROCHU, D. 1999, chron. 179. Voir aussi l'ouvrage collectif *La protection des consommateurs à distance*, édité par HILDEGARD et BERND STAUDER, Bruylant 1999.
[3] Commentaire PIEDELIEVRE, D. 2008, chron. 2614.
[4] DAVO, *Formalisme contractuel et protection du consommateur*, in *Mélanges Calais-Auloy*, Dalloz 2004, p. 329; LEPAGE, *Les paradoxes du formalisme informatif*, *ibid.*, p. 597.

le «taux débiteur»[5]? Cette double mention ne peut qu'embrouiller le consommateur moyen.

Les lourdeurs, les obscurités – on pourrait en citer bien d'autres – sont regrettables, car elles accroissent le déséquilibre entre professionnels et consommateurs. De façon générale, les professionnels savent gérer la complexité, alors que les consommateurs sont incapables de le faire. La simplicité, la clarté sont les conditions d'une protection efficace des personnes en situation de faiblesse.

B. Manque de cohérence

Les textes communautaires concernant les consommateurs se sont accumulés depuis les années 1980, au hasard des demandes et des circonstances, sans souci de cohérence entre eux. Il existe des conflits, des redondances, des contradictions, qui accroissent la complexité du droit européen de la consommation. Deux exemples:

1) La directive du 29 juin 1992 relative à la sécurité générale des produits[6], puis celle du 3 décembre 2001 qui la remplace[7] auraient dû être coordonnées avec la directive du 25 juillet 1985 concernant la responsabilité du fait des produits défectueux. Il s'agit en effet du même problème, la sécurité des produits, traité en 1985 pour ses conséquences sur la responsabilité et en 1992-2001 pour organiser la prévention. La cohérence n'existe pas, au point que le défaut de sécurité est défini de deux façons différentes (directive de 1985, art. 6; directive de 2001, art. 2, lettre b). Autre incohérence: l'obligation de suivi, pourtant prévue par la directive de 1992 et reprise par celle de 2001 (art. 5), ne peut, selon la Cour de justice[8], être prise en compte par les Etats membres lorsqu'ils transposent la directive de 1985; chaque directive, semble-t-il est considérée par la Cour comme un ensemble fermé, n'ayant aucun rapport d'autres directives.

---

[5] Lutz, Taux débiteur et TAEG dans la directive européenne sur le crédit aux consommateurs, D. 2009, chron. 2955.
[6] Commentaires DAVIS, RED consom. 1992, 132; MANIET, RED consom. 1997, 176.
[7] Commentaires PIRE, RED consom. 2001, 245; RAYMOND, Contrats, conc.consom. 2002, n° 54.
[8] Le législateur français, transposant la directive de 1985, avait écarté l'exonération pour risque de développement dans le cas où le producteur, après révélation du défaut, ne prend pas les mesures propres à éviter les conséquences dommageables. La Cour de Justice condamne cette disposition, semblant oublier l'existence de l'obligation de suivi prévue par la directive de 1992-2001 (CJCE, 25 avril 2002, D.aff. 2002, AJ. 1670, obs. RONDEY; D.aff. 2002, som. 2935, obs. PIZZIO; D.aff. 2002, J. 2462, note LARROUMET; D. 2003, som. 463, obs. MAZEAUD; RTD civ. 2002, 523, obs. JOURDAIN.

2) La directive du 8 juin 2000 relative au commerce électronique fait, sur certains points, double emploi avec celle du 20 mai 1997 concernant les contrats à distance. Les ventes par internet aux consommateurs sont soumises aux deux directives, qui prévoient toutes deux des mentions obligatoires destinées à informer le consommateur, et souvent de façon redondante. L'addition des exigences obscurcit la règlementation.

Le besoin de cohérence est aujourd'hui perçu par les autorités communautaires. Elles ont lancé en 2004, comme je l'ai dit, une révision de l'acquis communautaire, qui a deux finalités principales: d'une part, remplacer l'harmonisation minimale par une harmonisation complète, d'autre part adopter des directives-cadres établissant une synthèse entre des matières jusque là dispersées. C'est le cas de la directive du 11 mai 2005 relative aux pratiques commerciales déloyales[9]. C'est aussi le cas de la proposition de directive présentée en octobre 2008 «relative aux droits des consommateurs»[10], dans laquelle sont groupées des dispositions concernant l'information des consommateurs, les contrats à distance, les contrats hors établissement, la vente et les garanties des biens de consommation, les clauses abusives. Si cette directive est adoptée, elle marquera un progrès dans le sens de la cohérence du droit européen de la consommation. Ne soyons pas, pour autant, totalement optimiste: de larges secteurs du droit de la consommation ne font l'objet, pour le moment, d'aucune proposition de synthèse.

En outre les directives-cadres risquent de n'apporter aux consommateurs qu'une protection insuffisante. C'est déjà le cas de certaines directives, comme nous allons le constater.

II. Insuffisance de la protection

Il est indéniable que les directives et règlements communautaires ont globalement amélioré la situation des consommateurs européens, spécialement dans les Etats membres dont la législation était en retrait. On peut néanmoins se demander si ces textes ont atteint le «niveau élevé de protection» prévu depuis 1992 par les Traités (aujourd'hui par l'article 169 du Traité sur le fonctionnement de l'Union européenne). Les directives et règlements concernant les consommateurs se situent souvent dans une moyenne entre les législations nationales et apportent donc aux consommateurs une protection inférieure

---

[9] Commentaires GONZALEZ VAQUE, RTD consom. 2005, 785; FENOUILLET, Rev. Contrats, 2005, 1059; GARDE et HARAVON, RED consom. 2006, 116.
[10] Commentaires WHITAKER, D. 2009, chron. 1152; CASTETS-RENARD, D. 2009, chron. 1158.

à celle inhérente aux législations les plus avancées. On peut aussi penser que certains groupes de pression freinent, à Bruxelles, la politique de protection des consommateurs.

De cela résulte que les droits accordés aux consommateurs sont limités et qu'ils sont difficiles à mettre en œuvre.

A. Des droits limités

Les textes communautaires ayant pour but de protéger les consommateurs comportent pour la plupart des dérogations qui réduisent cette protection. Trois exemples:

1) La directive du 25 juillet 1985 concernant la responsabilité du fait des produits défectueux prévoit, entre autres exonérations, celle dite du «risque de développement»: le producteur n'est pas responsable s'il prouve que l'état des connaissances scientifiques et techniques, au moment où il a mis le produit en circulation, n'a pas permis de déceler l'existence du défaut (art. 7, lettre e). C'est un moyen de défense souvent invoqué par les producteurs, notamment ceux ayant mis sur le marché des médicaments dangereux. L'équité commanderait pourtant, me semble-t-il, de faire peser le risque de développement, non sur les victimes, mais sur l'entreprise qui a mis le produit en circulation et qui en tire profit[11].

2) La directive du 20 mai 1997 concernant les contrats à distance, évoquée ci-dessus, oblige le professionnel à insérer dans le contrat de nombreuses mentions informatives et accorde au consommateur un droit de rétractation pendant sept jours. Mais ces dispositions protectrices comportent de nombreuses exemptions qui nuisent, comme il a été dit, à la clarté de la directive et qui, de surcroit, laissent sans protection de nombreux consommateurs. Notamment ceux qui commandent à distance des services d'hébergement, de transports, de restauration, de loisirs (exemption prévue à l'article 3, paragraphe 2, de la directive), ce qui comprend les contrats touristiques conclus par internet[12].

3) La directive du 25 mai 1999 concernant la vente et les garanties des biens de consommation[13] comporte elle-aussi des dispositions qui réduisent les droits

---

[11] CALAIS-AULOY, *Le risque de développement: une exonération contestable* in *Mélanges Michel Cabrillac*, Dalloz Litec 1999, p. 81; OUDOT, *Le risque de développement: contribution au maintien du droit à réparation*, Ed. universitaires Dijon 2005.

[12] Cour de cassation française, Civ. 1ᵉ, 25 novembre 2010 (D. 2011, 802, note Lagorne-Labbe).

[13] Commentaires TENREIRO et GOMEZ, RED consom. 2000, 5; PELET, RED consom. 2000, 41; TOURNAFOND, D. 2000, chron. 159; GRYNBAUM, Contrats, conc.consom. 2000, chron. 7.

du consommateur. Certes, une option entre quatre voies est offerte à l'acheteur d'un bien non conforme: réparation du bien, remplacement de celui-ci, réduction du prix, résolution du contrat (art. 3). Mais l'option n'est pas totalement libre: en multipliant les conditions d'exercice de celle-ci, la directive fournit au vendeur de nombreux arguments pour contester le choix du consommateur[14]. En outre, la responsabilité du vendeur n'est engagée que pendant deux ans à compter de la délivrance (art. 5), ce qui laisse sans protection les acheteurs de biens dont le défaut de conformité apparaît après ce délai. Paradoxalement, la vieille garantie des vices cachés prévue par le Code civil français (art. 1641 et s.) est, sur certains points, plus protectrice que les dispositions de la directive de 1999.

Il est vrai que, pour les directives qui viennent d'être citées, les Etats membres avaient la possibilité, en les transposant dans leur législation nationale, d'augmenter le niveau de protection: celle de 1985 leur permet de supprimer l'exonération pour risque de développement; celles de 1997 et 1999 opèrent seulement une harmonisation minimale. Mais force est de constater que les Etats membres, pour la plupart, n'ont pas utilisé la liberté qui leur était donnée et se sont alignés sur les directives.

La marge de liberté des Etats membres est d'ailleurs vouée à disparaître. La révision de l'acquis communautaire, lancé en 2004, conduit à l'adoption de directives-cadres qui opèrent une harmonisation complète: les Etats membres doivent reproduire dans leur législation le niveau de protection résultant de la directive, ni plus, ni moins. C'est déjà le cas de la directive du 11 mai 2005 concernant les pratiques commerciales déloyales et de celle du 23 avril 2008 concernant les contrats de crédit aux consommateurs. Ce sera le cas, si elle est adoptée, de la directive proposée en octobre 2008 «relative aux droits des consommateurs», qui traite à la fois de l'information, des contrats à distance, des contrats hors établissement, du contrat de vente et des clauses abusives. On peut craindre que cette harmonisation complète ne se traduise, au moins dans certains Etats membres, par une régression de la protection des consommateurs.

B. Des droits difficiles à mettre en œuvre
Il ne suffit pas, pour protéger les consommateurs, de leur donner des droits, il faut aussi faciliter la mise en œuvre de ces droits. Cela relève principalement

---

[14] GAUDIN, *Regards dubitatifs sur l'efficacité des remèdes offerts au consommateur en cas de défaut de conformité de la chose vendue*, D. 2008, chron. 631.

des Etats membres: à eux de prévoir les sanctions et d'organiser les actions en justice. Si les consommateurs éprouvent des difficultés à faire valoir leurs droits, ce sont les législations nationales qui sont principalement critiquables.

Il existe cependant un type particulier de consommation pour laquelle l'intervention communautaire est nécessaire afin de faciliter la mise en œuvre des droits: la consommation transfrontière[15] au sein de l'Union européenne. Comment régler un litige, par exemple, né d'un contrat entre un professionnel allemand et un consommateur portugais? Des dispositions théoriquement favorables aux consommateurs se trouvent dans le règlement communautaire du 22 décembre 2000 sur la compétence judiciaire (art. 15 à 17) et dans celui du 17 juin 2008 sur la loi applicable (art. 6). Ces règles, fort complexes, sont inadaptées aux petits litiges de la consommation. Elles ne protègent d'ailleurs, dans la plupart des cas, que le consommateur «passif», celui qui a été sollicité chez lui par un professionnel étranger; le consommateur «actif», ayant pris l'initiative de contracter avec un professionnel étranger, risque d'éprouver des difficultés insurmontables pour faire valoir ses droits devant une juridiction étrangère et selon une loi étrangère.

Quant à la procédure simplifiée instituée, pour les petits litiges transfrontières, par le règlement communautaire du 11 juillet 2007, elle est d'un faible secours, car elle suppose la détermination préalable du tribunal compétent et de la loi applicable. Mieux adaptées aux litiges transfrontière sont les procédures de médiation qu'encourage, en matière civile et commerciale, la directive du 21 mai 2008. Mais l'organisation de ces procédures relève principalement des législations nationales.

La consommation transfrontière européenne pose aussi un problème de protection collective. Il s'agit par exemple d'empêcher qu'une publicité trompeuse ne soit diffusée d'un Etat membre à destination d'un autre Etat membre. Ce problème a donné lieu à la directive du 19 mai 1998, aujourd'hui remplacée par celle du 23 avril 2009 relative aux actions en cessation en matière de protection des intérêts des consommateurs[16]. Toute «entité qualifiée» dans un Etat membre est admise à agir devant les tribunaux des autres Etats membres pour faire cesser une pratique illicite lésant les intérêts des consommateurs qu'elle protège. Aux pratiques illicites transfrontières peuvent donc répondre des actions en justice transfrontières.

---

[15] Ou transfrontalière (les deux mots sont synonymes).
[16] V. FRANCK et GOYENS, RED consom. 1996, 95; v. aussi l'ouvrage collectif sous la direction de STAUDER, *Les actions collectives transfrontières des organisations de consommateurs*, Colloque Genève 1997.

Les directives de 1998 et 2009 marquent en théorie une avancée importante du droit européen de la consommation. Leur efficacité est cependant limitée pour deux raisons:
- d'une part, les actions des entités qualifiées ne sont recevables que pour faire cesser les pratiques interdites par des directives limitativement énumérées; on trouve bien, parmi elles, les directives protégeant les intérêts économique des consommateurs, mais on est surpris de ne pas y trouver celles concernant leur sécurité physique, alors pourtant qu'il s'agit là du danger le plus grave qui menace les consommateurs;
- d'autre part, les entités qualifiées, qui sont généralement des associations de consommateurs sans grands moyens, hésitent à faire les frais d'une action devant des tribunaux étrangers; les actions transfrontières, alors même qu'elles sont théoriquement possibles, restent en pratique peu nombreuses

Une autre voie pourrait être explorée. Elle consisterait, dans le cas d'infraction à une directive, à admettre que le jugement de cessation rendu dans un Etat membre soit pleinement exécutoire dans les autres Etats membres, par dispense de la procédure d'exequatur[17]. La défiance traditionnelle envers les jugements étrangers est une conception qui paraît de plus en plus surannée entre Etats membres de l'Union européenne.

Conclusion

Le regard critique porté sur l'harmonisation européenne du droit de la consommation ne me conduit pas à souhaiter l'abandon de cette harmonisation. Je suis favorable à la construction de l'Union européenne. L'harmonisation du droit de la consommation est nécessaire pour faciliter la libre circulation des marchandises et des services, pour égaliser les conditions de la concurrence et pour assurer un niveau élevé de protection à tous les consommateurs de l'Union. Ce que les propos précédents tendent à montrer, c'est qu'en ce début du XXIe siècle l'harmonisation ne se déroule pas de façon satisfaisante. Est-il utopique de penser que le droit européen de la consommation pourrait être plus simple et plus protecteur? Et de souhaiter, si ces conditions sont remplies, qu'il soit un jour unifié?

---

[17] Solution adoptée pour la procédure européenne de règlement des petits litiges (Règlement communautaire du 11 juillet 2007, art. 20 et s.).

A Intervenção Cível do Ministério Público na Defesa dos Consumidores – a Necessidade de Mudança

*João Alves**

O art. 219º da Constituição atribui ao Ministério Público (MP) a função de representar o Estado, defender os interesses que a lei determinar, participar na execução da política criminal definida pelos órgãos de soberania, exercer a acção penal orientada pelo princípio da legalidade e defender a legalidade democrática.

No desenvolvimento da norma constitucional, o Estatuto do Ministério público no seu art. 3º, elenca um vasto conjunto de competências[1], entre as quais surgiram os interesses colectivos e difusos[2,3], na redacção resultante da Lei 60/98, de 27/8.

---

* Procurador-Adjunto. Mestre em Direito.
[1] «Como se pode facilmente constatar, a possibilidade de intervenção do Ministério Público é quase ilimitada», *A Geografia da Justiça: para um novo mapa judiciário*, Observatório Permanente da Justiça, 2006, pág. 450, acedido em http://opj.ces.uc.pt/pdf/A_Geografia_da_Justica_Relatorio.pdf.
[2] «Os interesses difusos correspondem a um interesse jurídico reconhecido e tutelado, cuja titularidade pertence a todos e a cada um dos membros de uma comunidade ou grupo, mas não são susceptíveis de apropriação individual por qualquer um desses membros», Ac. do Tribunal da Relação de Lisboa de 2/7/98, proc. 0027892, www.dgsi.pt.
No respectivo recorte constitucional, os interesses difusos são aqueles que se referem à saúde pública, aos direitos dos consumidores, à qualidade de vida, à preservação do ambiente e ao património cultural (art. 52º, nº 3, al. a) da Constituição) – SOUSA, MIGUEL TEIXEIRA, *A Legitimidade Popular na Tutela dos Interesses Difusos*, Lex, pág. 28.
[3] «A atribuição ao Ministério Público de legitimidade para interpor acções destinadas à defesa deste tipo de interesses. Parte-se, então, do reconhecimento de que a protecção dos interesses difusos corresponde, normalmente, também a verdadeiros interesses públicos. Em termos de eficácia, esta opção tem a vantagem de beneficiar dos importantes meios técnicos e institucionais à disposição do Ministério Público. Mas pode, em contraposição, padecer das dificuldades decorrentes da sobrecarga de trabalho que frequentemente assoberba os elementos desta instituição» – SILVEIRA, LUÍS LINGNAU, *A Acção Popular*, separata do BMJ, nº 448, pág. 21.

Em síntese, a tutela dos interesses dos consumidores pelo MP encontra-se prevista, em termos genéricos:
a) No art. 3º, nº 1, al. e), e 5º, nº 1, al. e), da Lei 47/86, de 15/10 (Estatuto do MP);[4]
b) No art. 26º-A, do Código de Processo Civil (CPC).[5]

Especificamente, a lei confere legitimidade ao MP para intervir nos seguintes casos:
a) Para intentar a acção inibitória de cláusulas contratuais gerais prevista no art. 25º do DL 446/85, de 25/10 (art. 26º, nº 1, al. c) do DL 446/85 de 25/10);
b) Para intentar a acção inibitória prevista no art. 10º da Lei 24/96 de 31/7 (art. 13º, nº 1, al. c) e art. 20º), abrangendo o caso de práticas comerciais desleais (art. 16º do DL 57/08, de 26/3).
c) Para intentar a acção de reparação de danos (art. 12º da Lei 24/96, de 31/7);
d) Para impugnar acordos de conduta (art. 43º do DL 7/04, de 7/1);
e) Para intentar acções inibitórias em matéria de protecção dos interesses dos consumidores a nível comunitário (art. 5º, nº 5, da Lei 25/04).
f) Na Lei 83/95, de 31/8 (Lei de acção popular), embora a legitimidade se restrinja aos casos dos art. 13º e art. 16º.

A análise do expediente quotidiano tem revelado algum desconhecimento sobre o âmbito da intervenção do MP, pelo que, não é de mais recordar que a legitimidade do MP é restrita a interesses colectivos e não a interesses individuais, excepto nos casos em que a legitimidade do MP resulta de outro tipo de representação, caso de ausentes, incertos ou incapazes (art. 15º, 16º e 17º do CPC).

Ou seja, o MP não intervém por carecer de legitimidade, em questões que afectem um único consumidor, em que só ao próprio é conferida legitimidade para, se assim o entender, actuar nos termos gerais de direito, ou de harmonia com legislação específica de defesa do consumidor. Tem que estar em causa um direito pertencente a uma pluralidade indeterminada de sujeitos, ou o interesse de um conjunto alargado de pessoas ligadas por um único vínculo

---

[4] O MP é autoridade com competências específicas para aplicar a legislação de defesa dos interesses dos consumidores relativamente a cláusulas contratuais abusivas, à venda de bens de consumo e às garantias a ela relativas e às práticas comerciais desleais, no âmbito do art. 4º do Regulamento (CE) nº 2006/2004, do Parlamento Europeu e do Conselho, de 27/10 (Despacho conjunto nº 357/2006 de 6/4/06, DR II Série, nº 83, de 28/4/06). Por despacho do Sr. Conselheiro Procurador-Geral da República de 29/12/06, tal competência foi deferida à Procuradoria das Varas e Juízos Cíveis do Palácio da Justiça de Lisboa.

[5] Na redacção resultante do DL 180/96, de 25/9.

jurídico, o mesmo é dizer, um dos interesses mencionados no art. 20º, da Lei 24/96 (interesses individuais homogéneos, interesses colectivos ou difusos).

Antes de abordar os problemas específicos colocados por esta competência do MP, aliás, comuns a outros interesses difusos, importa mencionar que, em geral, ao longo dos anos, sempre o MP se confrontou com uma crónica falta de magistrados. Este facto ajuda a explicar, em parte, a falta de "investimento" nalgumas áreas mais especializadas, em favor da principal intervenção do MP – a área penal. Bem como, alguma apetência do MP pelo trabalho de "secretária", em detrimento de competências que implicam uma actuação mais proactiva.

No que respeita aos problemas específicos, podemos enunciar:
a) Insuficiente formação das magistraturas no âmbito dos direitos difusos.[6]
b) Necessidade de aceder a boas bibliotecas. A maioria da bibliografia disponível centra-se em artigos de publicações periódicas, o que implica a sempre difícil ausência do Tribunal.
c) Alguma ausência de uniformidade na actuação do Ministério Público a nível nacional[7], o que não é de estranhar dada a inexistência de qualquer coordenação específica na área dos interesses difusos.
d) Na carreira profissional o acesso a jurisdições ou funções especializadas não tem por base a experiência, formação e habilitações académicas adquiridas, mas predominantemente a classificação e antiguidade.
e) Inexistência de bases de dados de apoio. O Boletim de Interesses Difusos encontra-se inactivo e o *site* de interesses difusos deixou de ser actualizado há anos.
f) A existência de alguma morosidade durante a fase de instrução prévia à instauração da acção inibitória. O Ministério Público não tem poderes que lhe permitam instruir, em caso de falta de colaboração de particulares, eventuais providências cautelares ou acções para defesa dos consumidores.
g) A morosidade na fase judicial das acções inibitórias, por norma, são necessários quatro/cinco anos (primeira instância, Relação e Supremo) até ao trânsito em julgado da sentença.

---

[6] Longe vai o tempo em que o CEJ tinha um núcleo de interesses difusos.
[7] É sintomática a actuação perante o predisponente de cláusulas contratuais abusivas que aceita voluntariamente alterá-las – o Ministério Público deve arquivar o processo administrativo/defender a extinção da instância por inutilidade superveniente da lide ou propor a acção/defender a necessidade de prolação de sentença?

Mostram-se já decorridos quase vinte e seis anos sobre a publicação do DL 446/85, de 25/10 (cláusulas contratuais gerais) e quinze sobre a publicação da Lei 24/96, de 31/7 (Lei de defesa do consumidor), tempo mais que suficiente para um balanço e reflexão.[8]

A análise que vou procurar efectuar é de índole estritamente pessoal, fruto da já longa colocação na área cível e de uma regular colaboração em acções de formação, o que permitiu um contacto algo diversificado com a problemática da defesa dos consumidores.

Apesar das dificuldades, desde a década de 90, tem sido regular a instauração de acções inibitórias (quase exclusivamente de cláusulas contratuais gerais), na sua quase totalidade pelo núcleo da Procuradoria do Palácio da Justiça de Lisboa[9], com especial ênfase a partir de 2008, e obtendo uma elevada taxa de procedência dos pedidos.

Os dados estatísticos relativos ao 2º semestre de 2010 revelam esta realidade, com trinta e uma acções inibitórias intentadas e cinquenta e uma em acompanhamento nos juízos cíveis de Lisboa.[10]

Na verdade, o caminho tem sido longo e cheio de obstáculos que retiraram eficácia às acções inibitórias, vejamos três exemplos:[11]

Os problemas surgem logo quando o MP tem conhecimento de factos susceptíveis de justificarem a instauração de uma acção inibitória pois, «*o Ministério Público se encontra desprovido de meios, no foro cível, para a realização de diligências de averiguação, pois os particulares não estão obrigados a cooperar...*».[12]

Na área cível, com excepção das averiguações oficiosas para investigação da paternidade/maternidade e impugnação da paternidade presumida, as dili-

---

[8] Que procurarei que seja isenta, apesar de, enquanto magistrado do MP, sentir-me lisonjeado pelas apreciações, em regra, positivas da Doutrina quanto à intervenção do MP na defesa dos consumidores. Por exemplo, o Sr. Professor MENEZES CORDEIRO (*Tratado de Direito Civil I, Parte Geral*, tomo I, 2ª ed., 2000, pág. 449) ao afirmar que «*O Ministério Público tem sido, na prática, o grande motor das acções inibitórias já intentadas*».

[9] Por força do art. 28º do DL 446/85, de 25/10, importa para determinar o tribunal competente, saber o que se entende por «centro de actividade principal». Assim, entende-se como tal o lugar onde se situa a administração, dado aí serem tomadas as decisões de toda a actividade mercantil, é aí que são dirigidos os negócios e a actividade coordenadora sem a qual a empresa não funcionaria, por outras palavras, é a sede da empresa. Como a grande maioria das empresas que utilizam contratos de adesão/cláusulas contratuais gerais têm sede em Lisboa, naturalmente esta Procuradoria tornou-se líder neste contencioso.

[10] Os dados estatísticos podem ser consultados em: http://www.pgdlisboa.pt/pgdl/docpgd/files/difusos_2_trimestre_2010.doc

[11] Outros motivos podem ser mencionados, tais como a ineficácia da divulgação das sentenças de proibição de cláusulas contratuais gerais e a limitada eficácia do caso julgado.

[12] RODRIGUES, JOSÉ NARCISO DA CUNHA, *Em Nome do Povo*, Coimbra Editora, 1999, pág. 174.

gências de instrução de quaisquer matérias que possam conduzir à propositura de acções, contestações e acompanhamento de processos judiciais, são efectuadas num designado Processo Administrativo (PA).[13] Não se trata de verdadeiros "processos administrativos", na acepção do art. 1º, nº 2 do CPA, nem de processos judiciais, mas apenas simples dossiers, no fundo, algo equivalente aos dossiers que os Srs. Advogados têm no seu escritório para preparação e acompanhamento dos casos dos seus clientes.

É difícil compreender a razão do MP ter competências mas não poderes, no mínimo iguais aos da Direcção Geral do Consumidor:

«*Exigir, mediante pedido fundamentado, a entidades públicas e privadas, as informações, os elementos e as diligências que entender necessários à salvaguarda dos direitos e interesses do consumidor*» (art. 2º, nº 2, al. e), do Decreto Regulamentar nº 57/07, de 27/4).

Porventura, o legislador não acreditou muito na solução que consagrou de conferir legitimidade ao MP, na discussão dos projectos de Lei que estiveram na origem da primeira Lei de defesa do consumidor (Lei 29/81, de 22/8) afirmou não ser essa «*a solução ideal*».[14] Outra explicação pode ser encontrada no facto de a atribuição de competências não significar, necessariamente, que são exercidas no dia-a-dia.[15]

O segundo caso é algo incompreensível, atentos os interesses em causa, e atendendo a que do lado passivo figuram entidades que têm por objecto o lucro. Tratava-se da consagração *ab initio* quer na acção inibitória de cláusulas contratuais gerais (art. 29º, nº 1, do DL 446/85), quer na acção inibitória

---

[13] Sobre a regulamentação dos PA, vide, a Circular 12/79, de 11/5/1979, da PGR. Quanto à sua natureza, e (não) direito à informação procedimental ou ao respectivo acesso, cfr., DURÃO, CAROLINA, Revista do MP, nº 118, 2009, pág. 197-224.

[14] ALMEIDA, TERESA OLIVEIRA DE, *Boletim de Interesses Difusos*, Procuradoria-Geral da República, nº 3, 1994, pág. 11, cita o seguinte parágrafo da discussão na generalidade dos Projectos de Lei: «*Entregar ao Ministério público a competência para actuar como parte principal na defesa dos interesses colectivos dos consumidores admitindo que as associações de consumidores se constituam nos referidos processos como assistentes pode não ser, no plano teórico, a solução ideal, mas pelo menos, aparece-nos como a fórmula mais adequada para que, com realismo e eficácia imediata, também no plano processual os direitos dos consumidores possam ser reconhecidos e assim gozarem de adequada tutela judicial*» – Deputado António Vitorino (UEDS), na discussão na generalidade dos Projectos de Lei nº 116/II, 145/II e 161/II, apresentados, respectivamente, pelo PCP, PS e ASDI, sobre a defesa do consumidor (Diário da Assembleia da República, I Série, de 29/5/81).

[15] «A questão que se colocava, e que em parte ainda se mantém, é se o Ministério Público seria capaz de exercer tão vasto rol de competências, adoptando uma postura activa, em vez da tradicional postura passiva. Por que esta lei [Lei Orgânica do Ministério Público – Lei nº 39 de 5 de Julho de 1978] estabelece que o Ministério Público passe a ter capacidade de iniciativa, o que é diferente de exercê-la». PEDROSO, JOÃO, TRINCÃO, CATARINA, DIAS, JOÃO PAULO, *Por caminhos da(s) reforma(s) da justiça*, Coimbra: Coimbra Editora, 2003, p. 400-401. Embora a análise não respeite à actual Lei orgânica do MP.

prevista na lei de defesa do consumidor (art. 11º, nº 1, da Lei 24/96), de uma isenção objectiva de custas.[16-17]

As consequências desta isenção eram previsíveis, um convite à litigiosidade e ao arrastamento dos litígios até ao Supremo Tribunal de Justiça, como veio a acontecer. É preciso não esquecer que os réus nestas acções são usualmente dotados de importantes meios económicos e de recursos humanos, e que, o "desgaste" é uma estratégia processual muito utilizada que penaliza quem não tem esses meios – sobretudo as associações de consumidores.

Embora a isenção fosse contestada por associações de consumidores e pelo MP, esta situação apenas terminou em 20 de Abril de 2009, ao que parece por motivos não relacionados com a defesa dos consumidores, atento o teor do preâmbulo[18] do DL 34/08, de 26/2, que aprovou o Regulamento das Custas Processuais (RCP). Assim, no presente, estão os réus sujeitos ao pagamento de custas nos termos gerais resultantes do princípio da causalidade consagrado no art. 446º do CPC, enquanto as entidades com legitimidade activa, no caso do MP está isento de custas ao abrigo do art. 4º, nº 1, al. a), e as outras entidades, isentas ao abrigo do art. 4º, nº 1, al. f) ou g) do RCP.

O terceiro exemplo respeita à proibição provisória de cláusulas contratuais gerais, regulada no art. 31º do DL 446/85, providência cautelar que visa prevenir/impedir que aderentes se sujeitem a um regime contratual abusivo.

De facto, tem sido problemático o recurso à via cautelar, devido a diferentes entendimentos quanto ao requisito do prejuízo irreparável ou de difícil reparação (*periculum in mora*),[19] embora partilhe da opinião que, estando demonstrada a existência de cláusulas abusivas no comércio jurídico, para serem utilizadas com quaisquer interessados na celebração de um contrato, «*O prejuízo acautelado é precisamente o que resulta da sujeição dos particulares a um regime contratual abusivo*»[20], porque os direitos tutelados são de natureza colectiva.[21]

---

[16] A isenção de custas foi mantida pelo art. 3º, nº 2, al. b), do DL 224-A/96, de 26/11 e pelo Código das Custas Judiciais (DL 324/03, de 27/9).

[17] Pese embora algumas divergências jurisprudenciais, por exemplo, dos Ac. do STJ de 17/6/99, CJ, 1999, STJ, II, pág. 150 e o Ac. da Relação de Lisboa de 24/6/04, CJ, 2004, III, pág. 126.

[18] «...uma drástica redução das isenções, identificando-se os vários casos de normas dispersas que atribuem o benefício da isenção de custas para, mediante uma rigorosa avaliação da necessidade de manutenção do mesmo, passar a regular-se de modo unificado todos os casos de isenções».

[19] Cfr., na jurisprudência, o Ac. da Relação de Lisboa de 7/8/98, Direitos do Consumidor, Colectânea de Jurisprudência, DECO, 2003, pág. 37.

[20] Direitos do Consumidor, Colectânea de Jurisprudência, DECO, 2003, pág. 37.

[21] Tem que se atender aos direitos em causa, já que não se trata de direitos subjectivos, matriz sobre a qual está construído o instituto das providências cautelares previstas no CPC, o art. 31º, nº 2, do DL 446/85, ao remeter para o CPC, tem o cuidado de ressalvar que a remissão é feita «*com as devidas adaptações*».

Estas divergências, aliadas à tramitação dos procedimentos cautelares constante do CPC, têm conduzido a que se opte por evitar a instauração prévia à acção inibitória de procedimentos cautelares. A matéria dos procedimentos cautelares exige uma necessária reformulação legal e, apenas não foi objecto da formulação de propostas pela Comissão de Revisão do CPC (Despacho nº 64/2010 do Sr. Ministro da Justiça, DR, II série, nº 2, de 5/1/2010), em virtude dos trabalhos desta Comissão não terem terminado.

Por tudo o exposto, e recorrendo a linguagem «clara» (na expressão utilizada no Diário da República), julgo ser notório que o recurso às acções inibitórias (via judicial) para resolução de interesses colectivos dos consumidores se tem revelado moroso[22], dispendioso[23] e ineficaz.[24]

A nível comunitário, o Livro Verde sobre a tutela colectiva dos consumidores[25], constata um valor acrescentado na sua utilização, por comparação com os mecanismos individuais mas, também a sua aplicação «*em relativamente poucos casos*» e «*a morosidade dos processos*».

Aliás, esta constatação peca por tardia, senão vejamos, já em 2006, o anteprojecto do Código do Consumidor (cujos trabalhos se iniciaram em 1996), apresentava como uma das inovações as disposições processuais «sobre a acção inibitória».[26] A Subsecção I da Secção III, do Capítulo II (Disposições processuais cíveis)[27], era dedicada à acção inibitória e a Subsecção II, à proibição de cláusulas contratuais gerais.

---

[22] Veja-se o caso relatado no Ac. do STJ de 11/10/05 (Proc. 04B1685, www.dgsi.pt), em que a acção inibitória foi intentada em 19 Junho de 1997 e o Ac. do STJ foi proferido em 11/10/05 – 8 anos depois.

[23] Embora não existam dados e de se tratar de acções que seguem a forma de processo sumário, é fácil concluir que, com contestações extensas e recursos até ao STJ, as custas de uma acção sumária não suportam uma ínfima parte sequer, do tempo de trabalho despendido pelos magistrados e funcionários envolvidos.

[24] A ineficácia é indutora do incumprimento da Lei. A lentidão também contribui para a ineficácia da Lei, por exemplo, desconheço qualquer utilização da possibilidade consagrada pelo art. 32º, nº 2 do DL 446/85, «Aquele que seja parte, juntamente com o demandado vencido na acção inibitória, em contratos onde se incluam cláusulas gerais proibidas, nos termos referidos no número anterior, pode invocar a todo o tempo, em seu benefício, a declaração incidental de nulidade contida na decisão inibitória».

De facto, passados vários anos e com o deficiente registo de cláusulas declaradas nulas pelos Tribunais, não é de admirar que a ninguém ocorra tal possibilidade.

[25] Bruxelas, 27/11/2008, acedido em: http://ec.europa.eu/consumers/redress_cons/greenpaper_pt.pdf

[26] *Código do Consumidor, Anteprojecto*, Ministério da Economia e da Inovação, 2006, pág. 7.

[27] Para maior desenvolvimento, cfr., FREITAS, JOSÉ LEBRE DE, *A Acção Processual Civil no Código do Consumidor*, Revista Portuguesa de Direito do Consumo, Coimbra, nº 49 (Março 2007), p. 55-66 e Liz, J. Pegado, As disposições processuais civis no anteprojecto do Código do Consumidor, RPDC, nº 49, 2007, pág. 15-19.

Destas disposições, saliento o art. 564º (Limitação do direito de acção), que previa uma limitação à instauração de acções inibitórias – o autor teria que «*alegar e provar que requereu sem êxito, há mais de 30 dias, a aplicação daquelas providências através de carta registada com aviso de recepção dirigida às instâncias competentes*».

A solução então encontrada é interessante do ponto de vista teórico. Porquê recorrer logo a Tribunal, por exemplo, num caso de uma prática comercial desleal no sector das telecomunicações, se a Anacom (entidade reguladora) tem poderes para «*proteger os interesses dos consumidores*» e «*velar pela aplicação e fiscalização do cumprimento das leis*» (art. 6º, nº 1, als. h) e n) do DL 309/01, de 7/12). No entanto, atendendo à pouca intervenção no passado das entidades com tais poderes (basicamente, o Instituto do Consumidor, actual Direcção Geral do Consumidor e as entidades reguladoras), não creio que viesse a ocorrer um significativo aumento da sua intervenção que implicasse uma redução no número de acções intentadas.

Em 2007, a Associação Portuguesa de Direito do Consumo, na obra[28] «Das Acções Colectivas em Portugal» analisa as várias hipóteses de inserção das disposições adjectivas da acção colectiva no quadro da tutela dos interesses e direitos dos consumidores. Nessa obra, e mais recentemente no *site* da Associação[29] é defendida a elaboração de um Código de Processo do Consumo ou um Código de Processos Colectivos[30-31], com o objectivo de «*Os diplomas avulsos em tema de acções colectivas carecem de uma adequada refusão, melhor, de uma profunda revisão, encarando-se a sua codificação à luz de um sistema simples e que permita se alcance a trilogia: celeridade, segurança e gratuitidade ou não-onerosidade*».

É indiscutível a necessidade de ordenação, sistematização e simplificação das normas adjectivas[32], por forma a obter um melhor conhecimento do direito e a desejável segurança e celeridade. Todavia, e apesar de se prever nestes anteprojectos a obtenção pelo MP de um «compromisso de ajustamento de conduta»[33], que terá a natureza de transacção, sem mais (ou seja, sem fortes

---

[28] *Das Acções Colectivas em Portugal*, Direcção Geral do Consumidor, 2007, pág. 137.

[29] Em Janeiro de 2011, cfr., www.apdconsumo.pt/entrar.html.

[30] O código modelo de processos colectivos para a América Latina pode ser consultado em: http://www.pucsp.br/tutelacoletiva/download/codigomodelo_portugues_final_28_2_2005.pdf

[31] O anteprojecto de código brasileiro de processos colectivos pode ser consultado no site: http://www.mpcon.org.br/site/portal/jurisprudencias_detalhe.asp?campo=2897

[32] Quanto às modalidades das acções colectivas em Portugal, cfr., a classificação efectuada por FROTA, MÁRIO (www.apdconsumo.pt/entrar.html): «acções populares (administrativas e cíveis), acção inibitória (cláusulas abusivas), acção inibitória em geral, acção inibitória intracomunitária e acção inibitória transnacional em transposição para o ordenamento pátrio do diploma-matriz emanado da União Europeia».

[33] No caso do já citado código modelo de processos colectivos para a América Latina, dispõe o art. 3º, VIII, § 5º, «O Ministério Público e os órgãos públicos legitimados poderão tomar dos interes-

desincentivos ao recurso a Tribunal), os réus de certeza preferem arriscar num litígio que vai demorar anos até que a sentença transite em julgado.

No plano do direito processual, tenho sérias dúvidas que alterações legislativas visando a mudança da actual forma de processo sumário obtivessem resultados a nível da celeridade processual. Aliás, um dos maiores equívocos da actual equipa do Ministério da Justiça é o de acreditar que o regime processual simplificado conduz a uma maior celeridade, basta ler o último[34] relatório de monitorização, «*é possível verificar que as acções declarativas do Decreto-Lei nº 108/2006 findas apresentam uma duração média inferior quer à duração média global das acções declarativas como um todo (aproximadamente menos 25 dias nos processos findos e 14 dias nos processos pendentes), quer à duração média das acções declarativas comuns (aproximadamente menos 27 dias nos processos findos e 14 dias nos processos pendentes), iniciadas no mesmo período*». Ou seja, como é possível que, ao fim destes anos, sem que tenham faltado recursos humanos e financeiros, se defenda que é este o futuro? Está escrito no relatório, nem trinta dias se ganharam face ao regime do actual CPC – gastou-se muito dinheiro, alteraram-se sistemas informáticos e leis para ganhar trinta dias?

Numa outra vertente, a legislativa, é de assinalar nos últimos anos a publicação de um conjunto de legislação visando resolver problemas específicos no âmbito da defesa dos consumidores. Embora a intervenção legislativa seja uma incumbência geral do Estado (art. 1º, nº 2 da Lei 24/96, de 31/7), os acontecimentos à data discutidos na comunicação social e a leitura dos preâmbulos dos diplomas, na minha opinião, demonstram que essas leis resultaram (pelo menos em parte), da notória constatação da incapacidade do sistema judicial para resolver em tempo útil litígios de massa. Vejamos alguns exemplos:

a) O DL 88/08, de 29/5. Uniformiza os critérios a adoptar no cálculo da taxa de juro do contrato e no indexante subjacente à sua determinação, nas situações abrangidas pelo DL 51/07, de 7/3, adopta a convenção geral do mercado do euro, de 360 dias, em matéria de cálculo de juros dos depósitos, no âmbito do DL 430/91, de 2/11, e clarifica o tratamento dos índices de referência para o cálculo dos juros em termos de média mensal, consagrado nos contratos de crédito e financiamento, previsto no nº 3 do DL 240/06, de 22/12.

b) O DL 51/07, de 7/3. Regula as práticas comerciais das instituições de crédito e assegura a transparência da informação por estas prestada no

---

sados compromisso administrativo de ajustamento de sua conduta às exigências legais, mediante cominações, que terá eficácia de título executivo extrajudicial».

[34] V relatório de monitorização, de Outubro de 2009, acedido em:
http://www.dgpj.mj.pt/sections/politica-legislativa/anexos/rpce/relatorios-de/v-relatorio-de/downloadFile/file/Relatorio_RPCE_Outubro_2009_com_anexos.pdf?nocache=1260204323.61

âmbito da celebração de contratos de crédito para aquisição, construção e realização de obras em habitação própria permanente, secundária ou para arrendamento, bem como para aquisição de terrenos para construção de habitação própria. Determina que a comissão a cobrar pelo reembolso parcial ou total não pode exceder 0,5% a aplicar sobre o capital a reembolsar, nos contratos celebrados no regime de taxa variável, e 2% nos contratos celebrados no regime de taxa fixa. Procede igualmente à uniformização dos critérios utilizados na contagem do cálculo de juros, a qual deve ter por referência 365 dias.

c) O DL 171/08, de 26/8. Aprova medidas de tutela do mutuário no crédito à habitação respeitantes à renegociação das condições dos empréstimos e à respectiva mobilidade.

d) O DL 63/09, de 10/3. Procede à alteração dos DL 175/99 e DL 177/99, alargando os seus âmbitos de aplicação aos serviços de valor acrescentado baseados no envio de mensagens.

Em consonância com o diagnóstico efectuado, é necessário definir objectivos e estratégias capazes de responder às necessidades e aos problemas detectados[35], com base numa tripla orientação – celeridade, eficácia e redução de custos.

A primeira linha de actuação tem que incidir necessariamente na estrutura e funcionamento do MP, não só na área da defesa dos consumidores, mas para defesa de todos os interesses difusos, e não implica necessariamente alterações legislativas.

No presente, o MP não possui qualquer estrutura especificamente dedicada à sua defesa, o Grupo de Trabalho «Interesses Difusos» da Procuradoria-Geral da República (Despacho do Sr. Procurador-Geral da República de 27/1/2006)

---

[35] Quem trabalha ou conhece o sector da Justiça em Portugal não pode ficar surpreendido com o teor do ponto 7 do acordo entre Portugal e a *troika*, «Melhorar o funcionamento do sistema judicial o qual é essencial para o adequado e justo funcionamento da economia, através de: i) assegurar a efectiva e atempada execução de contratos e de regras de concorrência; ii) melhorar a eficiência reestruturando o sistema judicial e adoptando novos modelos de gestão de tribunais; iii) reduzir a lentidão do sistema através da eliminação da pendência de processos nos tribunais, facilitando os mecanismos de resolução extra judicial».
Já anteriormente, a Comissão Europeia no Livro Verde sob a tutela colectiva dos consumidores, (Bruxelas, 27/11/2008, COM 2008, 794 final) recomendou que «A UE poderia incentivar os Estados--Membros a estabelecerem mecanismos de resolução alternativa de litígios de massa no domínio do consumo, garantindo a sua existência em todo o espaço comunitário e a possibilidade de a eles poderem aceder todos os consumidores, ainda que a partir de outros Estados-Membros. Os Estados--Membros deveriam poder decidir sobre o modo de estabelecer os mecanismos de resolução alternativa de litígios de massa, quer optando pela adaptação dos mecanismos vigentes quer criando um ou mais mecanismos de resolução alternativa de litígios especialmente vocacionados para dirimir os litígios de massa». Acedido em: http://ec.europa.eu/consumers/redress_cons/greenpaper_pt.pdf

está inactivo há anos, bem como o *site* da PGR dedicado aos interesses difusos. Quanto ao argumento da falta de previsão legal para a criação de grupos especializados fora da área penal, na vigência da anterior Lei Orgânica, o MP, sem diploma legal que definisse a sua organização e competências, encontrou formas de auto organização e articulação, criando informalmente os Departamentos de Investigação e Acção Penal (DIAP).

Por outro lado, pese embora o teor do art. 136º, nº 2 da Lei Orgânica do MP[36], segundo recente informação dos membros magistrados eleitos do Conselho Superior do MP, «No que concerne à preferência de colocação em tribunais de competência especializada, consagrada no art. 136º, n.º 2 EMP, relativamente a Colegas que tenham formação especializada nas respectivas áreas, cumpre recordar que até ao momento nunca o CSMP aplicou tal norma» (sublinhado nosso).

O caminho a adoptar passa pela efectiva especialização dos magistrados e a consequente criação de estruturas de coordenação nacionais, um pouco à semelhança do que acontece com sucesso em Espanha.[37]

Esta solução reúne consenso no MP, já constava no estudo do Observatório da Justiça de 2006[38], já foi formulada pelo Conselho Superior do MP[39] e ainda recentemente reiterada pelo sindicato do MP.[40]

Importa acrescentar que, correctamente implementada, não implica aumento de despesa. Embora em número reduzido, existem magistrados já

---

[36] «No provimento de lugares em tribunais de competência especializada é ponderada a formação especializada dos concorrentes».

[37] As doze especializações e respectivas funções do MP espanhol podem ser consultadas em: http://www.fiscal.es/cs/Satellite?cid=1240559967580&language=es&pagename=PFiscal%2FPage%2FFGE_portadillaFiscalias.

[38] «No que respeita especificamente à área da protecção dos interesses difusos e dos interesses colectivos, a maioria dos magistrados concordou que a actividade do MP nesta área tem revelado alguma falta de proactividade, justificando tal facto, quer pela falta de uma organização capaz de responder a esse objectivo, quer pela ausência de especialização. Foi, assim, defendida a criação de equipas altamente especializadas centralizadas nas Procuradorias Distritais, com uma elevada capacidade de mobilidade e de contacto com as populações», *A Geografia da Justiça: para um novo mapa judiciário*, ob., cit., pág. 530.

[39] Cfr., Proposta de revisão do estatuto do MP, acedida em: http://csmp.pgr.pt/preambulo.doc: «A coordenação e acompanhamento por áreas de especialização temática a nível nacional passa a estar prevista com a criação de coordenações de áreas especializadas na Procuradoria-Geral da República, competindo ao coordenador de cada área especializada assegurar apoio técnico, apoiar o Procurador--Geral da República na adopção de iniciativas que visem a uniformização de procedimentos».

[40] Cfr., *Propostas para melhorar a justiça*, SMMP, 12/5/2011, acedidas em: http://www.smmp.pt/?p=13516: «Criação na Procuradoria-Geral da República de áreas de coordenação correspondentes às principais funções do Ministério Público no domínio da acção penal, de menores e família, de trabalho, de contencioso do Estado, de direito do ambiente e direitos difusos, entre outras, que permitam a esta magistratura actuar coordenadamente e tirar partido da estrutura hierárquica».

especializados e a sua afectação a estas funções seria compensada pela redução do número de assessores na PGR, para além de poder ser efectuada em acumulação de funções com o serviço do Tribunal em que o magistrado esteja colocado.

Todavia, é essencial não repetir erros passados, esses lugares devem ser preenchidos por concurso, baseado em factores objectivos – qualificações profissionais e académicas, aptidão e experiência. Porque será um grupo pequeno, é de ponderar a concessão de estágios a recém-licenciados em Direito, aproveitando o programa de estágios para licenciados na função pública[41], ou even-tuais protocolos a estabelecer com as Universidades.

Acresce que, tal opção permite também, a existência de magistrados aptos a colaborar ou integrar a formação inicial ou permanente do CEJ (com a consequente redução de custos na contratação de docentes), a capacidade para produzir conteúdos formativos, a actualização do *site* de interesses difusos e a colaboração com outras entidades públicas e privadas.

O segundo passo já implica alterações a nível legislativo, com a criação de um regime legal para defesa de interesses difusos, na minha opinião, à semelhança da acção civil pública brasileira[42], que tem por objectivo responsabilizar por danos morais e patrimoniais causados ao meio ambiente, ao consumidor, à ordem urbanística, a bens e direitos de valor artístico, estético, histórico, turístico e paisagístico, a interesse difuso ou colectivo.

Este regime legal para defesa de interesses difusos (e não apenas para a defesa dos consumidores) tem necessariamente que adoptar três inovações no ordenamento jurídico:

1ª – A concessão de poderes que permitam ao MP instruir, em caso de falta de colaboração de particulares, providências cautelares ou acções para defesa de interesses difusos.[43]

---

[41] Decerto não faltam candidatos, dada a possibilidade de adquirir um conjunto de competências e experiência únicas em Portugal. É também uma oportunidade do MP aproveitar a quantidade e qualidade dos licenciados em Direito que todos os anos saem das Universidades.

[42] Prevista na Lei nº 7.347, de 24 de Julho de 1985.

[43] Sem preocupações de legística e apenas a título exemplificativo, sugere-se a seguinte redacção: «1º – O Ministério Público pode requisitar, mediante pedido fundamentado, de quaisquer entidades públicas ou privadas, as informações, os elementos e as diligências que entender necessários à salvaguarda dos direitos e interesses dos consumidores.

2º – O pedido referido no número anterior deve conter:

a) As indicações indispensáveis à sua completa execução;
b) A fixação de um prazo razoável para a prestação da informação, remessa de elementos ou prática da diligência;
c) A comunicação da comissão do crime de desobediência para o caso de incumprimento, nos termos do Código Penal».

2ª – A criação do «compromisso de ajustamento de conduta»[44], com cominação para o caso de incumprimento, como diligência prévia obrigatória do MP à instauração de qualquer acção em defesa dos interesses difusos.

A sua regulamentação tem necessariamente que conter um forte desincentivo à litigância, através de um regime dissuasor de custas[45-46] na acção colectiva que venha a ser intentada, com condenação em indemnização da ré que rejeitou o «compromisso» e decaiu na acção inibitória, a reverter para o fundo de defesa dos interesses difusos.

3ª – A criação[47] do fundo de defesa dos interesses difusos, enquanto instrumento potenciador dos interesses e defesa dos direitos difusos.[48]

O fundo será provido através de indemnizações arbitradas ou prescritas e multas em acções colectivas e destinado, por exemplo, a financiar estudos, acções de formação/educação e reparar danos.

Uma questão que se pode colocar é a de saber se o número de casos existentes justifica alterações legislativas, se não seria melhor opção, por exemplo, alterar a lei orgânica dos Tribunais e atribuir a competência para decidir as acções colectivas a nível nacional a um único Tribunal. Não tenho conhecimento de estatísticas quanto a este tipo de acções mas, arrisco que não serão, na área da defesa dos consumidores, mais de cinquenta por ano porém, a realidade é que

---

[44] «ato jurídico pelo qual a pessoa, reconhecendo implicitamente que sua conduta ofende interesse difuso ou coletivo, assume o compromisso de eliminar a ofensa através da adequação de seu comportamento às exigências legais», FILHO, JOSÉ DOS SANTOS CARVALHO. *Ação Civil Pública: Comentários por Artigo*, 3ª ed., Rio de Janeiro: Lumen Juris, 2001, pág. 4.

[45] Um recente exemplo de criação de um regime de custas que teve em conta a repartição mais justa e adequada dos custos da justiça e a moralização e racionalização do recurso aos tribunais encontra-se no Regulamento de Custas Processuais (art. 13º, nº 3 do DL 34/08, de 26/2 e Portaria 200/2011, de 20/5), através da fixação de uma taxa de justiça especial para as pessoas colectivas comerciais que tenham um volume anual de entradas, em tribunal, no ano anterior, superior a 200 acções, procedimentos ou execuções.

[46] O regime processual experimental, embora de forma tímida, consagra no art. 9º, nº 3, do DL 108/06, de 8/6, consequências para a parte vencida a nível de custas de parte e de procuradoria, quando esta recusou ou não respondeu ao pedido do autor de apresentação conjunta da acção.

[47] Seria também, uma forma de regulamentar, pelo menos em parte, o disposto no art. 6º, nº 3 da Lei 34/04, de 29/7, Lei de acesso ao direito e aos tribunais, «Lei própria regulará os sistemas destinados à tutela dos interesses colectivos ou difusos e dos direitos só indirecta ou reflexamente lesados ou ameaçados de lesão».

[48] A criação de fundos não constitui novidade no ordenamento jurídico português, veja-se o recém-criado Fundo para a Modernização da Justiça (DL 14/2011, de 25/1), «um fundo com receitas próprias garantidas que visa a modernização judiciária, em particular a realização de acções de formação e de divulgação, a investigação científica, o apetrechamento dos tribunais, a introdução de novos processos e tecnologias, com o objectivo de aumentar a eficiência e a eficácia dos serviços e, em geral, a actualização e modernização das demais infra-estruturas do sistema de Justiça».

estas acções não são "simples" acções sumárias, mas processos complexos da primeira instância ao Supremo.

Atribuir a competência para decidir as acções colectivas a nível nacional a um único Tribunal é uma possibilidade que não afasta a solução defendida.

Em síntese, defendo a consagração legal de uma tutela preventiva pré--processual a exercer pelo MP (entidade estatutariamente vocacionada para este tipo de interesses), em que se dê espaço à composição entre as partes do litígio, permitindo a resolução extrajudicial de litígios[49] de massa, com o consequente aumento da tutela dos interesses difusos (celeridade, eficácia e adequação à realidade económico-social do Sec. XXI) e menores custos.

Esta solução, não afecta, nem deslegitima o recurso ao Tribunal, assim se salvaguardando a reserva de jurisdição imposta pela Constituição. Por outro lado, julgo que as empresas que cumprem a Lei estarão interessadas na rápida punição dos prevaricadores, bem como, em caso de litígio, numa rápida conclusão do mesmo, o que não acontece no actual quadro legal.

Perante a situação financeira que vive Portugal e, especificamente, o Ministério da Justiça, as opções antigas (mais magistrados, instalações e funcionários) ou mais recentes (regime processual simplificado, novos programas informáticos) já demonstraram a incapacidade para reverter a situação vivida na justiça cível. Por muito que custe a certos sectores da Justiça não existe alternativa à rápida informalização e desjudicialização[50], vejam-se as (não) reacções da sociedade à anunciada saída das acções de despejo dos Tribunais, notícia que há poucos meses teria provocado séria contestação.

É forçoso reconhecer que os próximos tempos serão intensos e difíceis para implementar os compromissos com a *troika*, mas as soluções defendidas enquadram-se no âmbito da melhoria da eficiência e resolução extrajudicial de conflitos. E, integram-se no âmbito do Despacho do Sr. Ministro da Justiça de 19/5/2011 (nº 6, al. e), de «Preparar um projecto de alteração legislativa que vise reforçar o regime de resolução alternativa de litígios, adoptando medidas que visem dar prioridade à execução das decisões resultantes da resolução alternativa de litígios nos tribunais».[51]

---

[49] A Constituição da República prevê no art. 202º, nº 4, que «A lei poderá institucionalizar instrumentos e formas de composição não jurisdicional de conflitos».
[50] Sobre a matéria, cfr., *Percursos da Informalização e da Desjudicialização – por caminhos da reforma da administração da justiça (análise comparada)*, Observatório Permanente da Justiça, 2001, acedido em: http://opj.ces.uc.pt/pdf/6.pdf
[51] Acedido em: http://www.mj.gov.pt/PT/NoticiasEventos/ArquivoImprensa/2011/Paginas/Linhas--orientadoras-para-justica-troika.aspx

Algumas Reflexões a Propósito do Direito dos Consumidores à Informação*

*Jorge Pegado Liz***

Sumário: Introdução; 1. O direito à informação, direito fundamental de cidadania e o direito dos consumidores à informação; 2. Transparência, obrigação geral da Administração Pública; 3. Consumidor "médio" versus consumidor "vulnerável"; 4. Consequências desta aproximação política ao nível da responsabilidade na contratação e no próprio conteúdo contratual; 5. O consumidor "parte fraca" e a noção de informação adequada; 6. Informação, Publicidade e "Marketing"; a Directiva 2005/29/CE; 7. Informação no âmbito dos contratos; a proposta de directiva "Direitos dos Consumidores"; 8. A informação pré-contratual; 9. A informação contratual e pós-contratual; 10. Deveres de Assistência e Aconselhamento; 11. Vícios e consequências da falta de informação; 12. Informação dos consumidores e realização do Mercado Interno; Conclusões.

---

* O presente modesto contributo com que se pretende justamente prestar homenagem ao Homem probo e ao Jurista eminente que é o Prof. MÁRIO FROTA, tem como base conferência proferida, a seu convite, no Porto, a 11 e 12 de abril de 2008, no âmbito da Conferencia Internaciuonal "*Que informação para o consumidor?*", organizada pela APDC e que, por seu turno, esteve na origem de parecer de iniciativa que o sutor teve o ensejo de elaborar para o Comité Económico e Social Eutropeu, também sob o título "*Que informação para os consumidores*" (CES 960/2010 INT/500) aprovado em 14 de Julho de 2010.
** Conselheiro do Comité Económico e Social Europeu e Presidente da Comissão Consultiva para as Mutações Industriais (Bruxelas)

Introdução

Seja-me permitido começar este escrito com duas citações de autores que fazem parte do espólio cultural que partilho com o Prof. Mário Frota e que aqui, à guisa de introdução, quero chamar à colação.

A primeira do filósofo JEAN BAUDRILLARD:

> "Os consumidores são, enquanto tais, inconscientes e desorganizados como eram os trabalhadores nos começos do Século XIX. É a esse título que eles são exaltados, adulados, cantados pelos bons apóstolos como a "opinião pública", realidade mística, providencial e "soberana". Como o Povo é exaltado pela Democracia, desde que nada faça (isto é, não intervenha na cena política e social), assim também se reconhece aos consumidores a soberania ("powerful consumer" segundo Katona) desde que eles não procurem intervir enquanto tais na cena social... O Público, a Opinião Pública, são os consumidores desde que se contentem em consumir."

A segunda de um ilustre Professor de Direito e nosso comum amigo, Jean Calais-Auloy:

> "Os produtos e os serviços colocados no mercado tornaram-se tão complexos que é difícil julgá-los antecipadamente e compará-los entre si. Além disso, estamos tão apressados que não nos damos tempo para reflectir antes de tirarmos conclusões. Por último a publicidade que nos rodeia deforma a imagem das nossas necessidades.
>
> Isso leva a um desequilíbrio na informação. O fabricante sabe o que introduz nas latas de conserva; o consumidor não. O mecânico conhece o valor da reparação efectuada num veículo automóvel; o cliente ignora-o e paga o que lhe pedem. O produtor está ciente das vantagens e dos inconvenientes dos apartamentos que vende; o comprador só toma conhecimento das vantagens, não das desvantagens. Em suma, o profissional conhece as regras do jogo, ao passo que o consumidor as ignora todas.
>
> Assim, para quer os consumidores se possam defender em igualdade de condições, é necessário fornecer-lhes uma informação que seja o mais completa possível. O direito à informação tornou-se num dos temas mais importantes de toda e qualquer política de defesa dos consumidores."

1. O direito à informação, direito fundamental de cidadania e o direito dos consumidores à informação

Desde o célebre discurso de Kennedy, todos os textos programáticos, do Conselho da Europa à Comissão, ao Parlamento e ao Conselho Europeu da década de 70 e todas as legislações de consumo posteriores, incluem no seu rol de "direitos dos consumidores", o "direito à informação".

Alguns Estados até lhe dão relevo constitucional como, entre nós, o artigo 60º da Constituição, que lhe reconhece dignidade de "direito fundamental", embora sem definir o seu âmbito e conteúdo.

Posteriormente declinado na legislação ordinária, hoje na Lei 24/96, sob a epígrafe "informação para o consumo" desenvolvido nos artigos 7º e 8º sob as denominações de "direito à informação em geral" e de "direito à informação em particular", distinção, aliás, não inteiramente clara nem particularmente útil do ponto de vista teórico e, no passado, na Lei 29/81, simplesmente sob a epígrafe do seu artigo 9º "direito à informação".

É inteiro mérito do Prof. Ferreira de Almeida, que apraz reconhecer, ter elaborado, de forma bem estruturada, na sua recente edição de "Direito do Consumo", uma verdadeira teoria da informação dos consumidores[1], com ele coincidindo hoje na caracterização ou na categorização deste dito direito[2].

---

[1] Tanto mais quanto é certo que ela representa uma curiosa evolução relativamente à versão o inicial do seu "Os direitos dos consumidores", dos começos dos anos 80. Com feito, enquanto neste último, o direito à informação dos consumidores aparece fortemente ancorado como um dos esteios mesmo da sua tese de uma alegada autonomia do direito consumo, na sua nova edição ele surge antes ligado ao desenvolvimento de uma teoria dos contratos de consumo e como elemento estruturante dela. Como apontamento lateral, sempre se diga que, pelas alturas do seu livro inicial, a minha posição era diametralmente oposta e contrariava já a autonomia de um direito do consumo, que não fora de cariz meramente académico. O essencial da minha posição foi resumido no meu livro *Introdução ao Direito e à Política do Consumo* (1999). Curioso é verificar como, ainda que com grande prudência, Ferreira de Almeida se aproximou francamente das minhas posições no seu segundo livro, quando, ao contrário, eu me distanciava já das minhas próprias posições, para acabar por reconhecer que, sem prejuízo da manutenção da minha tese de fundo, aspectos haverá nas relações de consumo, insolúveis e indilúveis totalmente num direito civil mais evoluído, se não na espécie ou na qualidade, pelo menos no nível, no grau ou na intensidade. Um dos domínios será, precisamente, o do dito "direito à informação".

[2] Sem, obviamente, reproduzir aqui o seu escrito, permita-se-me que enuncie, em síntese, as diferentes noções que ele declina.

I – "Assim, o "direito à informação" pode consistir apenas na vantagem difusa que para os consumidores resulta do exercício de funções informativas (e formativas) a cargo do Estado e de outras entidades publicas (LDC, artigo 7º nº 2 e 3). Esta situação não se configura certamente como direito subjectivo e é duvidoso que seja mais do que interesse juridicamente protegido".

II – "Numa outra modalidade de "direito geral", os deveres de informação correspondentes (dever de informar ou dever de informar de modo adequado), recaem sobre os fornecedores e sobre outros intervenientes na actividade de produção e de comercialização de bens de consumo (...)

Os direitos de informação dos consumidores tenderão a ser, neste quadro ainda variado, direitos colectivos (susceptíveis de ser exercidos por associações de consumidores ou em acção popular) e até, nalgumas situações específicas, direitos subjectivos em sentido próprio".

III – Finalmente o direito à informação referente a contratos de consumo, onde se distinguem:
a) Os deveres pré-contratuais de informação, impostos por múltiplos preceitos legais aplicáveis ao comércio de bens de consumo, cujo enquadramento se acha claramente fixado pelos ditames da boa-fé (Código Civil artigo 227º);
b) Os deveres contratuais de informação enquanto informação constante das declarações ou dos documentos contratuais (clausulas contratuais);
c) A informação pós-contratual

E seja-me autorizado que utilize esta categorização para excluir do âmbito deste meu artigo quer o interesse difuso a uma informação por parte dos poderes públicos, para me centrar exclusivamente

A nível comunitário, mesmo antes de aparecer consagrado no artigo 129-A do Tratado após Maastricht, posteriormente artigo 153º e hoje artigo 169º do novo Tratado de Lisboa, já em vários Programas da Comissão sobre a Política dos Consumidores lhe eram consagradas importantes referências.

Como, por paradigmático, logo no 1º Programa Preliminar da CEE para uma Politica de Protecção e Informação dos Consumidores, de 1975, onde, pela 1ª vez, se reconhecia a existência de direitos dos consumidores e, no que em particular à sua informação dizia respeito, se consagravam os seguintes Princípios, que importa recordar à guisa de introdução a este tema, pela sua pertinência e actualidade:

> "34. *O comprador de bens e serviços deve dispor de uma informação suficiente que lhe permita:*
> – *ter conhecimentos sobre as características essenciais dos bens e serviços ao seu dispor, por exemplo a natureza, a qualidade, a quantidade e os preços;*
> – *efectuar uma escolha racional entre produtos e serviços concorrentes;*
> – *utilizar com toda a segurança e de maneira satisfatória os referidos produtos e serviços;*
> – *reivindicar a reparação de eventuais danos resultantes do produto ou serviço recebido.*"

Importa, no entanto, salientar que o direito dos cidadãos à informação, constante da generalidade das Declarações Universais e das Cartas de Direitos Fundamentais do Homem e do Cidadão[3], só com a integração da Carta Europeia dos Direitos Fundamentais no Tratado de Lisboa, recentemente entrado em vigor, passou a fazer parte integrante da ordem jurídica comunitária em toda a sua amplitude, abrangendo a liberdade de informação, o direito a informar/direito de se informar e a obrigação de informar/o direito a ser informado (cf. nomeadamente o § 5 do Preâmbulo e os artigos 11.º, 27.º, 38.º, 42.º e 53.º da Carta dos Direitos Fundamentais da EU e art. 2.º do TUE e art. 169.º do TFUE).

Todos estes aspectos são relevantes e assumem particular importância no que se refere, em especial, aos direitos dos consumidores, designadamente no que toca ao conteúdo e ao modo de exercer tais direitos e às especiais obrigações correspondentes dos vários intervenientes no seu exercício.

---

no que diz respeito aos deveres gerais de informação que incumbem aos profissionais e à informação relativa especificamente à celebração de contratos em qualquer das suas modalidades.

Desde logo com a ressalva que, mesmo aqui, dificilmente se poderá fazer uma teoria geral, tantas são as especificidades dos vários tipos e ramos de actividade a exigir aproximações diversas, sob pena de se cair em generalidades ou generalizações abusivas.

[3] Cf. PAULO LUIZ NETTO LOBO, *A informação como direito fundamental do consumidor*.

No entanto, força é de reconhecer que tudo, ou quase, está, porém, por fazer no direito derivado, onde esta nova configuração da norma fundamental ainda não foi devidamente transcrita nem plasmada[4].

Com efeito, o conteúdo dos direitos dos consumidores à informação, o acesso, o momento, os contornos e o modo do seu exercício, não são consistentemente tratados no direito comunitário e revelam omissões e duplicações que se repercutem e ampliam nos direitos nacionais dos Estados Membros, em prejuízo dos consumidores e agentes económicos e, consequentemente, da realização do mercado interno.

Estes aspectos assumem hoje particular relevância a partir do momento em que os direitos dos consumidores passaram a ser considerados como direitos fundamentais e a ser obrigatoriamente tomados em consideração na definição e execução das diferentes politicas e acções comunitárias.

Na realidade, e sem prejuízo da aplicação do princípio da subsidiariedade e das competências partilhadas que gerem esta matéria na Ordem Jurídica da UE, é hoje pressuposto fundamental do correcto funcionamento dum modelo de livre concorrência, próprio do sistema de economia de mercado em que a UE assenta, a obrigação de garantir aos consumidores, enquanto agentes económicos, o perfeito conhecimento dos elementos determinantes das suas decisões racionais nesse mercado.

2. Transparência, obrigação geral da Administração Pública

Um primeiro aspecto a ressaltar, ao nível geral dos direitos de cidadania e condição mesma da efectividade do direito à informação em geral, nas suas várias vertentes, é a rejeição liminar da "arcana praxis".

Uma das conquistas, ainda não totalmente conseguida, nos estados-membros e ao nível da União Europeia, é a progressiva substituição da prática secreta da administração como regra, por uma administração cada vez mais aberta, transparente e onde o "segredo" é a excepção, necessariamente justificada por motivos muito ponderosos de segurança do Estado, de funcionamento da justiça, de interesse e ordem pública ou de protecção da vida privada.

---

[4] Esta foi, aliás, uma das principais conclusões da importante audição pública realizada no Comité Económico e Social Europeu a 1 de Março de 2010, com cerca de duzentos participantes, representantes dos mais relevantes "*stakeholders*" a nível europeu e nacional dos 27 estados membros.

Alguns avanços significativos foram dados, nas instituições comunitárias com relevantes iniciativas ao nível da Comissão e do PE.[5]

Lamentavelmente, no entanto, esta orientação não teve eco correspondente ao nível do Conselho onde a regra do "segredo" ainda parece imperar, esperando-se que, com a progressiva entrada em funcionamento do novo Tratado de Lisboa, sejam registados significativos avanços.

Também entre os estados-membros, a situação não é semelhante, existindo profundas diferenças nos graus de "secretismo" das respectivas administrações públicas e, dentro destas, consoante os domínios – p. ex. as áreas da justiça, da defesa, dos negócios estrangeiros, da administração e segurança internas são tipicamente daquelas em que a transparência é menor e o acesso à informação pelos meios da comunicação social é mais dificultado.

3. Consumidor "médio" versus consumidor "vulnerável"

Desde os primeiros Programas da Comissão para a defesa e a protecção dos consumidores, traduzidos em importantes medidas legislativas dos últimos 30 anos, que o acervo comunitário, acompanhando a jurisprudência do Tribunal de Justiça e a doutrina comum dos autores, firmou a noção de consumidor como a "parte fraca" numa relação jurídica de consumo por natureza desequilibrada e fundou toda a sua produção legislativa na necessidade de reequilibrar essa relação, mediante especiais medidas de protecção para essa parte "mais fraca e vulnerável".

Certo é que o cariz marcadamente proteccionista dos primeiros programas comunitários, característico de um período de "vacas gordas" e onde o Estado era encarado como o garante do bem-estar dos cidadãos, se foi progressivamente esbatendo.

Da "protecção" passou-se primeiro à ideia da "promoção", depois à de "participação" e, recentemente à de "empowerment", herdada de uma velha tradição liberal americana[6].

O ponto de viragem foi, primeiro, o "Livro Verde relativo à Protecção dos Consumidores na UE" de Outubro de 2001, e, depois, a célebre Directiva sobre as práticas comerciais desleais (2005/29/CE de 11 de Maio de 2005), transposta para o nosso direito interno pelo Decreto-Lei 57/2008 de 26 de Março[7].

---

[5] Cf. Livro Verde da Comissão sobre *Iniciativa Europeia em matéria de transparência* (COM(2006) 194 final de 03.05.2006) e Parecer CESE 935/2006 (SC/028) Rel. SANCHEZ MIGUEL.

[6] Cf. JULES STUYCK, *The Notion of the Empowered and Informed Consumer in Consumer Policy and How to Protect the Vulnerable Under Such a Regime*, in The Yearbook of Consumer Law 2006, pag. 167.

[7] Cf. THOMAS WILHELMSSON, *The Informed Consumere v the Vulnerable Consumer in European Unfair Commercial Practices Law-A Comment* in The Yearbook of Consumer Law, 2006, pag. 211.

É aqui que se opera o verdadeiro passe de mágica que consiste em identificar "protecção" com "informação". Os consumidores a quem é facultada "informação" ficariam "ipso facto" protegidos.

Harmonizados totalmente os requisitos e os conteúdos da "informação necessária" em qualquer ponto da Europa, sem lugar a qualquer devaneio quanto a especificidades culturais, locais ou regionais, bastaria verificar se eles foram cumpridos pelas empresas, independentemente de terem sido compreendidos ou apreendidos pelos consumidores, para que estes fossem considerados devidamente "protegidos" e, assim, os danos e prejuízos que eventualmente sofressem, passarem a ser da sua exclusiva responsabilidade.

Mas é óbvio que, para que esta "transferência de responsabilidade" se pudesse operar, faltava um elemento essencial no quadro das ficções jurídicas em que a actual política dos consumidores se tem tornado exímia. Foi o passo dado com o conceito de "consumidor médio" e a criação do mito do "consumidor normalmente informado e razoavelmente advertido".

Com a referida directiva passou assim a presumir-se que os consumidores são, na média, pessoas "razoavelmente atentas e advertidas", que se decidem, nas suas opções, por "comportamentos económicos".

Mas era preciso ainda assumir que ao consumidor passasse a incumbir a obrigação de se informar, de forma a poder ser considerado "normalmente informado".

Ou seja, de um direito a ser informado, o consumidor passou a ser obrigado a informar-se, a procurar a informação, a entender essa informação que lhe seja disponibilizada e, até, a entender que "as afirmações exageradas" são uma prática publicitária comum e legitima, "que não são destinadas a ser interpretadas literalmente" – disposição comunitária expressa, que, no entanto, não se crê que tenha sido transposta para o nosso direito interno...

Tem, com efeito, a Comissão, desenvolvido, em diversos documentos de estratégia, traduzidos em várias iniciativas legislativas recentes[8], a noção de "consumidor médio", tido como "normalmente informado e razoavelmente atento e advertido"[9] e nele procurou fundar uma nova abordagem da política

---

[8] Cf. designadamente, as Directivas 2005/29/CE de 11 de Maio de 2005 (práticas comerciais desleais) JO L 149 de 11.6.2005, p. 22 e 98/7/CE (JO L 101 de 1.4.1998, p. 17) (crédito ao consumo) e a recente proposta de Directiva "Direitos dos Consumidores", COM(2008) 614 final. (Parecer CESE: JO C 317 de 23.12.2009, p. 54).

[9] Cf. Ac. TJE proc. C-220/98, de 13.1.2000, Estée Lauder Cosmetics contra Lancaster Group e Ac. TJE proc. C-210/96 de 16.6.1998, Gut Springenheide e Tusky. Cf também o recente Ac. do TJE proc. C-278/08 de 25.3.2010 Die BergSpechte Outdoor Reisen und Alpinschule Edi Kobimuller GmbH contra Gunter Guni trekking at Reisen GmbH onde se caracteriza o utilizador da Internet como "utilizadores normalmente informados e razoavelmente atentos" (parágrafos 35 e 39).

dos consumidores a nível europeu, fundada na harmonização total, no controle pelo país de origem e no reconhecimento mútuo.

E na revisão em curso das directivas do "acquis" comunitário, esta mudança está bem patente, sendo a ideia dominante a de que as obrigações de informação geral se resumem em disponibilizá-la ou facultá-la, de acordo com diversos critérios e conteúdo.

4. Consequências desta aproximação política ao nível da responsabilidade na contratação e no próprio conteúdo contratual

Mesmo concedendo que tal informação fosse a correcta e a necessária – o que nem sempre será o caso – os profissionais são "absolvidos" dos efeitos concretos da informação prestada na decisão de contratar.

Não existe, com efeito, a nível comunitário, nenhuma disposição emblemática como a do nosso artigo 7º nº 5 da Lei de Defesa do Consumidor:

> "As informações concretas e objectivas contidas nas mensagens publicitárias de determinado bem, serviço ou direito consideram-se integradas no conteúdo dos contratos que se venham a celebrar após a sua emissão, tendo-se por não escritas as cláusulas em contrário".

E interessante será saber em que medida esta disposição resiste mesmo à uniformização comunitária e de que modo é compatível com a transposição da directiva de harmonização total das práticas comerciais desleais, não tendo sido expressamente ressalvada.

Com efeito, de acordo com ela, cabe ao consumidor, que é tido como "atento e advertido", colher a informação disponibilizada, mesmo a de carácter eminentemente publicitário e interpretá-la devidamente.

A partir daí nenhum vicio na contratação pode ser invocado e imputado ao profissional. A responsabilidade por contratar, desde que se não esteja perante algum dos casos tipificados de práticas desleais, enganosas ou agressivas, passa directamente para o lado do consumidor. E até aquelas são ónus do consumidor a sua prova e demonstração.

Os eventuais danos por falsa representação ou erro são da sua responsabilidade, os prejuízos são de sua conta.

E, no entanto, para que esta aproximação fosse válida, seria pelo menos necessário que:
   a) As "listas" de informações a prestar, resultantes da harmonização total, fossem comprovadamente correctas e adequadas;
   b) Tais "listas" fossem correcta e identicamente transpostas nos vários estados membros;
   c) Tais "listas" fossem sempre correctamente interpretadas, cumpridas e aplicadas pelos seus destinatários;

d) Tais "listas" fossem uniformemente interpretadas em caso de incumprimento pelas entidades administrativas ou judiciais competentes;
e) Que o seu incumprimento fosse sempre devida e efectivamente sancionado

E embora se possa precisamente fazer a crítica genérica e já gasta, de "o excesso de informação matar a própria informação"[10], o certo é que a "medida" certa da informação só em concreto pode ser avaliada, consoante o ramo de actividade, o tipo de contrato, dentro de cada contrato de aplicação para aplicação, também quase de produto ou serviço para produto ou serviço. No limite, de transacção em concreto para transacção em concreto.

Será aqui o lugar para invocar a questão do "formalismo informativo", sem evidentemente, retroceder ao direito romano, mas recordando que se alguma especialidade se justificará numa cedência a uma dada especificidade do direito do consumo, relativamente ao direito geral das obrigações, é no papel que aqui podem ter os "formulários-tipo" – que nada tem a ver com os contratos de adesão – como modo de garantir a necessária e a suficiente informação.

Discutível será, depois, a natureza destes "formulários", no que se refere quer à validade dos actos, quer à sua eficácia ou meramente à prova ou à sua oponibilidade (distinção entre o formalismo directo e o formalismo indirecto ou atenuado)[11].

Lugar também aqui para uma referência à "educação" dos consumidores, cuja necessidade é bem evidente, mas que não deve servir de desculpa para a ausência de uma informação ajustada às circunstâncias e adaptada aos consumidores em concreto[12].

Finalmente julga-se também haver aqui uma enorme margem para a autoregulação ou a co-regulação, sugerindo-se verdadeiros "códigos de boas práticas" devidamente acompanhados e suportados de medidas de "enforcement" para garantir a prestação efectiva da informação mais adequada a cada caso em concreto.

5. O consumidor "parte fraca" e a a noção de informação adequada

Esta orientação da União Europeia, generalizadamente contestada por organizações de consumidores em todos os Estados Membros, traduz-se numa

---

[10] Cf. o interessante capítulo sobre *Information Overload* no recente livro de IAIN RAMSAY, *Consumer Law and Policy: Text and Materials on Regulating Consumer Markets*, Hart Publishing, 2007, pag. 75.
[11] Cf. *Les Paradoxes du Formalisme Informatif* de AGATHE LEPAGE, in *Liber Amicorum Jean-Calais-Auloy*, pág. 597.
[12] Cf. Parecer CESE 397/2003 (INT/155) *Educação dos consumidores* 26.03.2003, Relator HERNANDEZ BATALLER; JOHANN VERHEEM "*Consumer education, Research and Communication*, Pretoria, 31.10.1995.

efectiva diminuição dos níveis de protecção dos consumidores, com efeito retroactivo, num retrocesso inadmissível na política comunitária para a sua defesa[13].

Mas é, precisamente, à luz desta nova orientação que ganha acrescida importância a questão do direito dos consumidores à informação, já que se exige destes que estejam cada vez mais bem informados para tomar decisões racionais num mercado global. Com efeito, o modelo neo-liberal que lhe está subjacente assenta em conhecidas premissas, de que se destacam:
a) a consciência crítica das suas necessidades e ordenação de preferências;
b) a possibilidade de comparação entre os diversos produtos e serviços oferecidos no mercado;
c) o conhecimento, em termos técnicos e económicos, da qualidade e preço de cada produto e serviço[14].

Mas é também a esta luz que tem maior acuidade a questão da natureza e da qualidade da informação a que os consumidores devem ter acesso e que assume relevo a noção de informação "adequada".

Continua a entender-se que, na definição dos direitos dos consumidores que à UE compete, é a noção de parte mais fraca ou vulnerável que deve predominar e não a de consumidor esclarecido, atento, advertido e decidindo-se por razões puramente económicas; de acordo com esta concepção continua a defender-se que uma harmonização mínima e um nível elevado de protecção são a forma que melhor respeita os imperativos do Tratado e melhor se coaduna com a real natureza das relações de consumo.

Contrariamente ao que recentes textos da Comissão apregoam, não é a quantidade da informação que conta; a informação deve corresponder às reais necessidades e às expectativas dos consumidores e a sua adequação deve ser aferida em função da finalidade, do conteúdo, da apresentação e do contexto.

Deve ainda ser permanentemente submetida ao teste da "adequabilidade" (*suitability*) para se aferir da sua qualidade para o fim a que se destina e o público consumidor a que se dirige e cujos parâmetros fundamentais são fiabilidade, actualidade, imparcialidade, exactidão, relevância, dimensão sucinta, compreensibilidade, clareza, legibilidade e fácil acesso.

No âmbito da iniciativa "Legislar melhor", importaria, assim, que a Comissão introduzisse testes da informação prestada aos consumidores em termos de teor e de formato, a fim de comprovar a sua pertinência e de permitir que os consumidores possam determinar o que lhes é mais útil.

---

[13] Cf. Y. EVENEPOEL, A.-L. EVRARD et N VANHEE, *Vers une moindre protection du consommateur ?*, in *Budget & Droits*, mai/juin 2006 Nº 186 pag. 36.
[14] Cf. K. SIMITIS, *Verbraucherschultz – Schlagwort oder Rechtsprinzip?*, pág. 109.

Em especial no que diz respeito aos serviços financeiros, a informação dos consumidores é indissociável de uma certa formação e capacidade em matéria financeira. A informação deve ser simplificada e a gíria jurídica e técnica deve ser reduzida. No entanto, alguns produtos financeiros são complexos e a informação tem que ser o mais precisa possível e, por conseguinte, que reflectir a complexidade do produto.

É necessário que a informação prestada (teor e formato) e o respectivo quadro regulamentar se mantenham estáveis por longos períodos. Alterar frequentemente os parâmetros da informação pode dificultar ao consumidor a compreensão da mesma.

6. Informação, Publicidade e "Marketing"; a Directiva 2005/29/CE

O direito dos consumidores à informação em geral tanto pode consistir na vantagem difusa que resulta do exercício pelo Estado e outras entidades públicas de funções informativas genéricas e que não se pode configurar como verdadeiro "direito subjectivo", como na contrapartida dos deveres de informação que impendem sobre os fornecedores e outros intervenientes na produção e comercialização de bens e serviços.

Neste sentido as comunicações comerciais, de que não resultam directamente relações contratuais ou pré-contratuais podem, não obstante, gerar direitos, quer de natureza colectiva (susceptíveis de ser exercidos por associações de consumidores ou em acção colectiva), quer até verdadeiros e próprios direitos subjectivos.

Esta matéria é hoje regulada pela Directiva 2005/29/CE, que substituiu parcialmente a Directiva 84/450/CEE e as restantes directivas que a tinham alterado, sobre cuja proposta já teve o autor de se pronunciar largamente e sobre a qual muito se tem escrito após a sua publicação em particular as consequências nefastas e as muitas dificuldades encontradas nos estados-membros após o início da sua aplicação.

Com efeito, uma das principais dificuldades deparadas nos estados-membros refere-se à criação, que a sua entrada em vigor originou, de dois regimes jurídicos diversos para a actividade de publicidade e de marketing, um para as relações entre profissionais e outro, paralelo, para as relações de profissionais e de consumidores[15].

Outra das consequências, resultado directo da utilização da técnica da "harmonização plena", foi a de uma clara degradação no nível geral das obri-

---

[15] Cf. Office for Competition and Consumer Protection, Report *Advertising and the Consumer*, Varsóvia, 2004;

gações de informação aos consumidores. Com efeito, foram desde logo alguns dos princípios fundamentais que generalizadamente orientavam a actividade publicitária e de promoção de vendas que desapareceram das normas de transposição, como, designadamente, os princípios da veracidade e da identificabilidade das mensagens publicitárias.

Mas é a própria definição do que são as práticas comerciais enganosas, quer por acção quer por omissão, e o conteúdo restrito da lista de práticas anexa à directiva que melhor revelam a considerável degradação que esta directiva trouxe quanto ao papel da actividade publicitária e de marketing no sentido de informar, e de informar com verdade, os consumidores.

Situação agravada pela expressa consagração da admissibilidade da "prática publicitária comum e legítima que consiste em fazer afirmações exageradas ou afirmações que não são destinadas a ser interpretadas literalmente", mesmo quando dirigidas a grupos de consumidores "particularmente vulneráveis... em razão da sua doença mental ou física, idade ou credulidade".

Perda ainda mais significativa é a que parece resultar da impossibilidade de, por força da directiva, manter disposições de direito comunitário ou nacional como as que consagram que as informações concretas e objectivas contidas nas mensagens publicitárias de determinado bem, serviço ou direito se consideram integradas no conteúdo dos contratos celebrados após a sua emissão, tendo-se por não escritas as cláusulas contratuais em contrário.

Finalmente, a omissão na regulação de aspectos significativos da actividade publicitária, nomeadamente tudo o que se refere ao regime sancionatório, deixando ao livre arbítrio dos estados-membros, veio contribuir para uma situação de falta de harmonização agravada, com reflexos na não realização do mercado interno.

Ao nível do direito à informação em geral é fundamental, assim, consagrar, com carácter de generalidade a nível comunitário, a sua natureza de direito subjectivo, com a correspondente identificação das respectivas obrigações de quem – autoridades públicas ou profissionais – deve responder pela sua disponibilidade.

No que se refere ao papel das comunicações comerciais, incluindo a publicidade, na informação dos consumidores, deverá ser consagrada, com carácter geral, a norma prevista na directiva das viagens organizadas no sentido de que, quando a mensagem inclua informações precisas e concretas sobre o bem, serviço ou direito objecto da relação de consumo, seja considerada parte integrante do contrato.

7. Informação no âmbito dos contratos; a proposta de directiva "Direitos dos Consumidores"

Onde, tudo está por fazer, e seria expectável que a recente Proposta de directiva denominada dos "direitos dos consumidores" tivesse contribuído decisivamente para colmatar tal falta a nível do acervo comunitário, é na definição de uma verdadeira carta dos direitos dos consumidores à informação.

É verdadeiramente desapontante o que se lê no capítulo relativo à "Informação dos consumidores" onde, em vez de uma definição de verdadeiros direitos, de carácter injuntivo, como sucede em qualquer legislação nacional, o que aparece é antes uma mera lista de carácter facultativo –"se elas não resultarem do contexto"[16] – de informações por demais óbvias e elementares, que se podem encontrar em qualquer código de boas práticas de qualquer profissional médio.

É mister reconhecer que a mais recente orientação da Comissão sobre direitos dos consumidores em geral e, em especial, do seu direito à informação, usando indiscriminadamente a técnica da harmonização total, é manifestamente contrária a esta concepção, na medida em que, violando o princípio da subsidiariedade, restringe a capacidade dos Estados-Membros elevarem o nível dos direitos dos respectivos consumidores e impondo até a sua limitação com efeitos retroactivos a direitos adquiridos em directivas comunitárias em vigor e nas constituições e nas leis dos Estados Membros.

Neste domínio ainda se está a tempo de intervir porquanto a Proposta da Comissão sobre "direitos dos Consumidores" ainda não foi definitivamente adoptada.

Será aí o lugar apropriado para a elaboração de uma verdadeira "carta dos direitos à informação dos consumidores", nos aspectos pré-contratual, contratual e pós-contratual, nos direitos de assistência e de aconselhamento e na definição da natureza dos vícios e das consequência das omissões e das incorrecções da informação, no sentido preconizado neste parecer.

Julga-se ser esta a boa oportunidade para a revisão geral das listagens detalhadas de requisitos de informação pré-contratual e contratual a prestar pelos profissionais, tantas vezes incoerentes, inconsistentes e duplicadas nas várias directivas sectoriais.

Nesse sentido apela-se à definição de requisitos gerais sobre estes deveres, de acordo com as seguintes orientações:
a) Definição de um dever geral de informação pré-contratual que inclua informação sobre os bens e serviços, sobre o profissional, o preço e

---

[16] COM(2008) 614 final, Capítulo II, Artigo 5.º (1) § 1.

condições de execução do contrato, direito de retratação e modo de resolução de conflitos.
b) O conteúdo e a extensão da informação pré-contratual devem ser genericamente ajustados aos bens/serviços em causa, designadamente se o objeto for complexo ou tiver efeitos na saúde e segurança dos consumidores.
c) A forma de prestação da informação deve obedecer ao princípio geral da lealdade, não devendo ser enganosa, nem omissa quanto a aspectos essenciais e ser clara e inteligível face não apenas ao objecto do contrato como ao modo de comercialização.
d) As informações pré-contratuais devem integrar o contrato celebrado pelo consumidor.
e) Deve ser consagrado o princípio da gratuitidade da informação sobre aspectos fundamentais do contrato, complementado pelo princípio da adequação do preço aos custos nos restantes casos.
f) Com vista à formação da sua decisão de contratar, o consumidor deve poder aceder de forma fácil à informação pré-contratual disponibilizada e ter o direito a ser esclarecido sobre a mesma e sobre o conteúdo e consequências do contrato.
g) Deve prever-se um dever de assistência e de aconselhamento, a cargo do profissional, particularmente reforçado em produtos/serviços complexos ou que ponham em causa a saúde e segurança dos consumidores.
h) O ónus da prova de que a informação pré-contratual foi prestada e o dever de assistência foi cumprido deve recair sobre o profissional.
i) O incumprimento dos deveres de informação pré-contratual e assistência, sendo relevante, deve dar direito de retratação bem como de ressarcimento dos eventuais danos.

Seria, nesse sentido, imperioso que a Comissão, o Conselho e o PE acordassem na revisão profunda da referida Proposta de Directiva na parte que, em especial, se refere aos direitos à informação dos consumidores, de forma a contemplar os princípios e as aplicações concretas que respondam a todos os aspectos essenciais dos direitos à informação que se deixam enunciados.

8. A informação pré-contratual

Embora, de acordo com o princípio da subsidiariedade, a maioria das relações de consumo continue a ser primariamente regida pelo direito interno dos Estados Membros, uma crescente parte é afectada por imposições de informação com raiz comunitária, como é o caso desde logo, no domínio da informação pré-contratual, nos serviços em geral e nas viagens organizadas e particularmente nos serviços financeiros, em certos bens de consumo com efeitos na saúde ou na segurança dos consumidores e, ainda, nos bens, serviços e direitos comercializados à distância, que sejam objecto de comunicações e práticas comerciais ou de contratos *standard*.

Compulsadas as normas comunitárias, é fácil constatar elementos comuns e significativas diferenças nos conteúdos e abordagem da informação pré-contratual, destacando-se:

i. Subsunção, total ou parcial, da informação pré-contratual a menções obrigatórias/expressões vedadas na publicidade a determinado bem, serviço ou direito: é o caso do crédito ao consumo ao impor informações normalizadas na publicidade, ou das viagens organizadas em que a informação é tratada enquanto menções obrigatórias em aspectos essenciais. É, também, o caso dos medicamentos, ao associar a informação ao consumidor às comunicações comerciais, incluindo a publicidade, centrando-se na imposição de informações escritas em rótulos e documentos ou, ainda, de menções específicas na publicidade e dos alimentos, onde a actual proliferação de rótulos e rótulos simplificados cria uma desnecessária confusão, agravada pelas regras informativas sobre determinadas alegações nutricionais e de saúde sobre os alimentos, num mercado em grande evolução e com riscos potenciais para a saúde dos consumidores[17].

ii. Normalização da informação pré-contratual a prestar através da elaboração de fichas comuns a toda a oferta no mercado interno, solução, p. ex. adoptada no crédito ao consumo com a criação da Ficha de Informação Normalizada Europeia e tem como pressuposto a uniformidade na forma de recepção e percepção da informação pré-contratual no espaço europeu.

Sem embargo das vantagens, que se reconhecem, em certos casos, na informação pré-contratual normalizada para a comparabilidade de ofertas, é fundamental que exista margem de adaptação às idiossincrasias dos consumidores em cada Estado Membro. Permanecendo muitos mercados grandemente nacionais, o volume de informação a disponibilizar para efeitos de comparação pode resultar em custos transaccionais elevados, não compensados por um crescimento de mercado transfronteiriço, o que se pode revelar prejudicial para as PME.

---

[17] Cf. GENEVIEVE MICHAUX, *La publicité et l'information relative aux médicaments en droit européen*, in *Revue européenne de droit de la consommation* 2-3/2009, pag. 336

9. A informação contratual e pós-contratual

O dever de informação estende-se igualmente à fase contratual mormente nos contratos de consumo com características de continuidade, duradouros e/ou complexos (v.g. serviços e produtos financeiros, *time sharing*), ou susceptíveis de ter efeitos prolongados no tempo (medicamentos). O direito à informação contratual já encontra exemplos no direito comunitário, como no caso da Directiva das viagens organizadas ou da Directiva relativa aos serviços de pagamento.

Mas o direito do consumidor a tomar uma decisão livre e esclarecida que preside à imposição de deveres de informação antes da celebração do contrato persiste durante toda a execução dos contratos e mesmo, em certos casos, após o seu cumprimento. Da prestação desta informação depende a decisão do consumidor em manter ou não a vigência dum contrato e a eventual responsabilização pelo modo de execução.

Nesta fase, o direito à informação encontra como principais obstáculos, para além da denegação pura e simples, os custos acrescidos para a sua satisfação.

Anote-se que a regra da gratuitidade da informação ao consumidor não se encontra consagrada na generalidade das disposições comunitárias nem mesmo quanto à informação pré-contratual.

Contudo, no caso da Directiva 2007/64/CE (SEPA), são introduzidos dois deveres tendentes a assegurar o bom exercício do direito/dever de informar:
 i. gratuitidade da informação: o prestador do serviço de pagamento não deve imputar ao utilizador do serviço de pagamento os encargos com a prestação dum determinado número de informações;
 ii. adequação dos encargos aos custos: quando as informações prestadas não devam ser gratuitas, os encargos devem ser adequados e corresponder a custos efectivamente suportados pelo prestador do serviço de pagamento.

Entende-se, assim, que deveria ser reconhecido um direito/dever de informar durante a execução do contrato e após a sua conclusão, particularmente nos casos de contratos de execução continuada, de média/longa duração ou cujos efeitos se prolonguem no tempo.

Ainda deveria ser consagrado o princípio geral da gratuitidade da informação sobre aspectos fundamentais do contrato, complementado com o princípio da adequação do preço aos custos nos restantes casos.

10. Deveres de Assistência e Aconselhamento

A informação decorrente das obrigações legais de prestação pelos profissionais surge muitas vezes tipificada ou pré-formatada e nem sempre é suficiente para que o consumidor tome, de forma livre e esclarecida, a sua decisão de celebrar ou manter determinado contrato. Integra-se assim no direito/dever de informação, o direito/dever a obter/prestar explicações quanto ao conteúdo.

Este direito de assistência ao consumidor, reflectido por exemplo na Directiva 2008/48/CE[18] relativa ao crédito aos consumidores, deveria ser alargado à generalidade dos contratos com os consumidores, em especial relativamente a bens duradouros e serviços de execução continuada, de média/longa duração, complexos, ou que envolvam riscos para a saúde e a segurança. A prestação de informação ao abrigo do dever de assistência deverá, a pedido do consumidor, ser reduzida a escrito.

Sublinha-se a necessidade de distinguir o direito de assistência, que constitui uma normal decorrência do dever de informação prestado pelo profissional, do direito ao aconselhamento, cuja prestação pelo profissional só é exigível em casos precisos de produtos ou serviços complexos, de valor elevado ou que possam pôr em causa a saúde ou a segurança dos consumidores.

11. Vícios e consequências da falta de informação

Uma das omissões evidentes nas directivas que impõem sobre os profissionais deveres de informação é a de um quadro de sanções para o incumprimento desse dever, tarefa deixada pela UE aos diversos Estados Membros que têm optado por um leque variado de consequências civis e penais, gerador de distorções no mercado único, negativas para os consumidores e para os agentes económicos.

Apenas em casos pontuais, algumas directivas prevêem que o consumidor goze dum direito de retractação do contrato celebrado a partir do momento em que a informação que deveria ter sido prestada é transmitida ou conhecida[19] ou que o ónus da prova de que a informação foi prestada incumbe ao profissional, como sucede em sede de informação pré-contratual na Directiva 2006/123/CE[20] relativa aos serviços no mercado interno.

Os mecanismos de início da contagem do prazo de retratação a partir da data em que a informação é prestada ou o consumidor dela tome conhecimento e de atribuição do ónus da prova da prestação da informação ao profis-

---

[18] JO L 133 de 22.5.2008, p. 66.
[19] É o caso da Directiva 85/577/CEE que, tendo estabelecido entre os deveres de informação básicos o da existência do direito de retratação, não previu no entanto qualquer sanção para a omissão do dever. De acordo com a jurisprudência do TCE o período de retratação do consumidor deve ficar indefinidamente alargado, iniciando-se a sua contagem apenas quando o consumidor for informado adequadamente cf. TJE proc. C 227/08, de 17.12.2009, Eva Martin Martin parágrafos 25 a 29.
[20] JO L 376 de 27.12.2006, p. 36.

sional, constituem garantias fundamentais da efectivação do direito à informação e são, a par do princípio da responsabilidade pelos danos causados pela falta de informação, já adoptado em vários ordenamentos jurídicos nacionais, o corolário lógico do reconhecimento e da importância do direito de informação dos consumidores, a merecer expressa consagração geral a nível comunitário.

12. Informação dos consumidores e realização do Mercado Interno

São bem conhecidas as alterações recentes nas perspectivas relativas à política da realização do mercado interno, no quadro das novas orientações da Comissão no âmbito da Estratégia 2020.

Em todos os textos a elas relativos avulta a consideração dos consumidores como destinatário último e verdadeiro beneficiário de um mercado interno concebido como instrumento de uma estratégia de desenvolvimento e de crescimento económico indispensável para sair da crise actual e com redobradas preocupações de natureza social e de garantia de direitos fundamentais de cidadania.

Nestas circunstâncias, melhorar a informação ao consumidor contribuirá para restabelecer a confiança dos consumidores no mercado interno.

É neste quadro que avulta a necessidade de garantir uma adequada informação aos consumidores no âmbito de um mercado interno renovado e perspectivado para os desafios do século XXI, de forma a ganhar a sua confiança e assegurar a sua colaboração construtiva, eliminando os actuais receios, as justificadas dúvidas, as hesitações e as reticências actuais, numa mais decisiva participação no comércio transfronteiras.

Por fim, a regulação da comunicação comercial em linha a nível da UE está actualmente dispersa por diversos textos (Directiva Comércio electrónico, vendas à distância, protecção da privacidade nas comunicações comerciais, práticas comerciais desleais, etc.) pelo que deveria centrar-se numa reforma que incluísse num único texto o normativo existente e evitasse as contradições.

Conclusões

Embora com carácter provisório e sem embargo de mais aprofundada reflexão, permita-se-me que aqui deixe algumas conclusões:

a) O direito do consumo é um produto da sociedade do consumo e, esta por seu lado, a consequência de uma dada circunstância da organização das relações económicas, em dado momento e em dado espaço históricos;

b) O carácter eminentemente "protector" do direito do consumo dos inícios da década de 70 na Europa deu lugar a uma visão contratualista e liberal das relações de consumo, em que o consumidor é entronizado, "empowered", se e enquanto se limitar a cumprir a sua função económica de consumir;
c) Este consumidor é, assim, tido como razoavelmente atento e advertido e, em consequência, a sua melhor protecção reside na informação que lhe é facultada;
d) Informação agora harmonizada e uniforme em toda a Europa, sem lugar para considerações de índole cultural local, segundo padrões "médios", para consumidores "médios";
e) Informação que incumbe ao consumidor colher, interpretar e entender;
f) Sendo com base nela que lhe compete tomar as suas decisões, segundo critérios de "racionalidade económica";
g) Este consumidor "médio" é a reprodução do "homem novo" gerado pela Sociedade da Informação, ao qual as auto-estradas da informação prometerem madrugadas radiosas de conhecimento, de sucesso e de bem-estar;
h) As quais, no entanto, não o conduziram sequer a uma verdadeira comunicação, mas antes ao cada vez maior egoísmo, individualismo, isolamento e exclusão;
i) E traduz, nos domínios do consumo, os paradoxos de um excesso de informação que desinforma, de uma cada vez maior opacidade e incompreensão mútua nas relações entre profissionais e consumidores e de um acréscimo de complexidade e de morosidade na resolução dos conflitos;
j) Com a actividade publicitária agora com as mãos mais livres para desenvolver a sua função, não de informar sobre a realidade de bens e serviços, mas antes de prosseguir o objectivo de inventar necessidades, de criar mitos, de alimentar a imaginação, vendendo sinais, símbolos e "status";
k) Situação a exigir tomadas de posição que reivindiquem, quer a nível nacional, quer comunitário, um autêntico reconhecimento dos direitos dos consumidores e em especial do direito à informação, como verdadeiros direitos subjectivos fundamentais de cidadania;
l) Onde sobreleva a iniciativa não só das organizações representativas dos interesses dos consumidores como do pensamento académico que se exige comprometido na defesa de princípios e de conceitos que sirvam os interesses concretos dos consumidores na sua circunstância própria e especificidade colectiva.

Bruxelas, 13 de Junho de 2011

Os paradigmas da Acção Executiva na Europa

*José Lebre de Freitas**

Sumário: 1. O acesso à execução; 2. O tronco comum do processo executivo; 3. Do grau de intervenção do juiz e do tribunal; 4. Da extensão do título executivo; 5. Dos credores perante a execução; 6. Das formas da execução; 7. Da forma da penhora e da venda; 8. Da descoberta dos bens do devedor; 8. Regulamentos comunitários.

1. O acesso à execução

Em seminário realizado em Liège (Bélgica) em 1993, sob a égide da Comissão Europeia, cujos trabalhos vieram a ser editados pelo Prof. Georges de Leval, com a chancela da Kluwer Law International, foram passados em revista os sistemas de processo civil executivo dos países da União Europeia, então ainda não alargada aos antigos estados ditos socialistas da Europa Central. No relatório de síntese apresentado nesse seminário, foi constatado: por um lado, que os vários sistemas nacionais apresentavam alguns pontos de geral convergência, como acontecia com a diferenciação de três espécies de execução em função da natureza da obrigação exequenda (obrigação pecuniária, obrigação de prestação de coisa, obrigação de prestação de facto, positivo ou negativo)[1], mas

---

* Professor Catedrático da Faculdade de Direito da Universidade Nova de Lisboa.
[1] Mesmo assim, a convergência observada não é total: enquanto no sistema italiano ou no sistema alemão a execução para entrega de coisa móvel ou imóvel e a execução para prestação de facto só têm lugar quando o credor pretende a execução específica da obrigação, de tal modo que, quando pretenda a indemnização por equivalente devida pelo incumprimento dessa obrigação, ela terá de ser apurada em acção declarativa prévia, já no sistema português é o próprio título executivo que determina a espécie da execução, de tal modo que o credor deverá mover uma acção executiva para entrega de coisa certa ou para prestação de facto mesmo quando saiba à partida que só uma indemnização irá obter, dada

apresentavam muitíssimos mais pontos de divergência; por outro lado, que grande número dos países representados tinha já iniciado ou se preparava para iniciar reformas do processo executivo susceptíveis de assegurar mais eficácia na realização do direito do exequente e de aproximar mais os diversos regimes.

Depois de Liège, as reformas por todo o lado aceleraram. Anos marcantes foram 1998 na Bélgica, 2000 em Espanha, 2003 e 2008 em Portugal, 2005 e 2009 em Itália, 2006 em França (em complemento da reforma iniciada em 1991 e prosseguida em 1993) e, menos pronunciadamente, na Grã-Bretanha. Em 2013 será a vez da Alemanha, após uma *vacatio legis* prolongada.

No mundo cada vez mais ultraliberal em que vivemos, neste mundo superficial de acontecimentos mundiais vertiginosos e de respostas que se exige que sejam cada vez mais rápidas, neste mundo de crédito excessivo em que o credor primeiro facilita e depois aperta, a eficiência dos mecanismos executivos é importante para dar a imagem de que com eles é suprida a omissão atempada dos pagamentos. Na Europa, tal como na América, quando se pensa em reformar a acção executiva, tem-se em vista em primeiro lugar a satisfação mais rápida do direito do credor, tido como uma derivação do *direito à jurisdição* ou de acesso à justiça, consagrado no art. 6 da Convenção Europeia dos Direitos do Homem, tal como no art. 10 da Declaração Universal dos Direitos do Homem e no art. 14-1, § 1º, do Pacto Internacional sobre os Direitos Civis e Políticos. A ideia é correcta, mas na sua aplicação não se pode esquecer que também o devedor, enquanto o crédito não for reconhecido, tem o direito de aceder à justiça em condições de igualdade com o credor e, depois de ser reconhecido que deve, tem o direito, mesmo assim, a que a agressão patrimonial que a execução necessariamente representa seja feita dentro de *limites garantísticos* que não podem, sob pena de inconstitucionalidade, ser excedidos. Ora isto o legislador, às vezes, tende a esquecer e então é à doutrina que compete, teimosamente, refrescar-lhe a memória. Esta observação preliminar prende-se com alguns pontos da exposição que se segue; mas o grande problema a resolver nas execuções continua, de qualquer modo, a ser o da *eficácia na satisfação do direito do credor*.

2. O tronco comum do processo executivo

Dar o panorama dos sistemas europeus de processo civil executivo é tema muito vasto e falta-me, quer legitimidade, quer conhecimento para falar pelos 27 países da União Europeia. Escolho, por isso, entre, os 15 países que dela faziam parte no limiar do século XXI, aqueles que mais têm moldado os

---

a impossibilidade de conseguir a entrega da coisa, a certeza de que o devedor não prestará o facto infungível ou a sua própria opção pela indemnização em vez da prestação do facto fungível por terceiro.

vários direitos nacionais europeus, procurando classificar alguns aspectos paradigmáticos dos seus modelos de processo executivo.

Começo por uma delimitação.

Em qualquer sistema jurídico, o processo civil executivo apresenta um tronco comum de *apreensão* e *satisfação*. Mas, ao dizê-lo, impõe-se logo ressalvar os casos em que, sendo devida uma prestação de facto, a norma secundária de garantia mais não faz do que predispor *medidas compulsórias*, que visam conseguir que o devedor, ainda que de má vontade, realize a prestação devida.

Estas medidas compulsórias consistem normalmente na imposição duma *sanção pecuniária*, ordenada pelo juiz a requerimento do credor, para a hipótese de o devedor não realizar a prestação de facto infungível em que foi condenado e cujo montante é apurado em função do tempo de duração do incumprimento; é a *astreinte* do direito francês, a que em Portugal se chama sanção pecuniária compulsória (arts. 829-A-1 CC, 933-1 CPC, 941 CPC e 833-7 CPC) e na Alemanha *Zwangsgeld* (§§ 888 ZPO e 890 ZPO). Mas no direito alemão o juiz tem a escolha entre a sanção pecuniária e a *detenção coercitiva* do devedor (*Zwangshaft*), podendo aplicar uma e outra sucessivamente – e mesmo repetidamente, com o limite, porém, quanto à segunda, da duração de 6 meses –, embora haja autores que entendem que a detenção só pode ter lugar depois de a sanção pecuniária se revelar infrutífera ou quando ela desde logo se mostre manifestamente insuficiente. A detenção coercitiva é também admitida no direito anglo-saxónico, sob a designação de *contempt of Court*, consequente à violação duma *injunction* judicial para o cumprimento duma condenação proferida. Embora não se trate duma sanção executória, mas meramente compulsória, e só seja admitida quando está em causa uma prestação de facto infungível, esta figura não deixa de lembrar a velha prisão por dívidas, há muito afastada da generalidade dos sistemas jurídicos democráticos. Num direito processual, como o alemão, em que a execução para prestação de facto infungível não se pode converter, sem uma prévia sentença de condenação, em execução para pagamento de quantia certa (*supra*, nota 1), o processo executivo tem como única finalidade a imposição da medida compulsória.

Postas de lado as medidas compulsórias, que não são medidas executivas[2], e também posta de lado a figura, tipicamente germânica, da execução da sentença de condenação na emissão duma declaração de vontade (§ 894 ZPO alemã;

---

[2] A inserção do executado a quem não são encontrados bens penhoráveis numa lista consultável pelos magistrados e agentes de execução (se não também, como na Suécia, por qualquer pessoa) tem igualmente finalidade compulsória. Por razões de constitucionalidade, a criação de tal lista, que chegou a estar prevista quando da preparação da reforma da acção executiva, não chegou a ter lugar em Portugal; mas foi criado um registo informático das execuções, de onde constam nomeadamente aquelas que sejam suspensas por não serem encontrados ao devedor bens penhoráveis (art. 806-2-c CPC).

§ 367 austríaca), é característica de toda a execução a apreensão de bens – penhora de bens, que depois são vendidos ou adjudicados ou cujos rendimentos são consignados à satisfação do crédito exequente ou do seu sucedâneo pecuniário; apreensão da coisa devida ao exequente ou de que ele é proprietário.

Pois bem: para além do referido tronco comum de todos os sistemas jurídicos europeus, estes diferem, fundamentalmente, em seis pontos essenciais: quanto ao grau de intervenção na execução do tribunal e do juiz; quanto à extensão do título executivo; quanto à forma da penhora e da venda; quanto às formas de processo executivo; quanto à posição dos credores em face da acção executiva alheia; quanto à descoberta dos bens patrimoniais do devedor.

3. Do grau de intervenção do juiz e do tribunal

A jurisdicionalização do processo executivo constituiu, no seu tempo, uma conquista democrática: nele, o juiz apareceu como guardião dos direitos individuais, em intervenção que, mesmo quando o direito tivesse sido já definido na sentença declarativa, se justificava pelo facto de na execução se jogar a *garantia* da norma jurídica, coagindo à satisfação do direito subjectivo quem a ela voluntariamente se negasse; tratando-se de fazer valer a *coacção*, o que postula o exercício de *poderes de autoridade*, a mesma razão que exclui a competência do tribunal arbitral para a execução das suas próprias decisões levou a entregar ao juiz do tribunal do Estado a tutela e o controlo do processo executivo.

Mas os tempos evoluíram e hoje questiona-se o grau de intervenção do juiz, e mesmo do tribunal, na execução[3].

Em alguns sistemas jurídicos europeus, o tribunal só tem de intervir em caso de *litígio*, exercendo então uma função de *tutela*.

O exemplo extremo é dado pela Suécia, país em que é encarregue da execução o *Serviço Público de Cobrança Forçada*, que constitui um organismo administrativo e não judicial; mas, noutros países da União Europeia, há um *agente de execução*, que não é funcionário judicial nem funcionário público, mas antes um profissional liberal que o exequente designa para desempenhar, em vez do tribunal, actos de natureza manifestamente executiva, como são as apreensões, as vendas e os pagamentos. A figura nasceu em França, após a Revolução Francesa, e estendeu-se à Bélgica, ao Luxemburgo, à Holanda, à Grécia e, mais recentemente, a Portugal e a alguns países do antigo bloco soviético.

---

[3] Não é o mesmo falar do grau de *intervenção do tribunal* e do grau de *intervenção do juiz* no processo executivo: o primeiro tem a ver com a medida dos actos executivos praticados dentro do tribunal; o segundo respeita à medida dos actos praticados ou supervisionados pelo juiz, de entre aqueles que hão-de ser praticados no tribunal.

O *huissier* francês, uma vez designado pelo exequente, tem o dever de exercer o cargo, o que faz extrajudicialmente, com grande latitude de actuação, mas com limites: quando o devedor não dê informações sobre a sua conta bancária ou sobre a sua entidade empregadora, tem de recorrer ao Ministério Público para obter essa informação; só quando o executado não vende, dentro de um mês, os bens imóveis penhorados – normalmente não o faz –, pode desencadear o mecanismo da venda em hasta pública, que é com muita frequência feita por outra entidade. A doutrina francesa qualifica como contrato de mandato de direito privado o que liga o exequente ao *huissier* por ele escolhido, mas reconhece também que este desempenha uma função de direito público.

Portugal optou em 2003 pelo modelo francês. O diploma inicial da reforma do processo executivo (DL 38/2003, de 8 de Março) concedia ao juiz o *poder geral de controlo* do processo, que lhe permitia sobrepor-se ao agente de execução; por sua vez, este podia ser visto como uma extensão do tribunal, quando exercia, em nome dele, os *poderes de autoridade* que a prática dos actos executivos postulava; a sua qualidade de profissional liberal manifestava-se, não só na sua génese (era um solicitador, dito de execução), mas também na faculdade, que lhe era concedida, de rejeitar a designação pelo exequente – mas já não a designação pela secretaria, que ao primeiro se substituía quando ele não designava o agente de execução ou este não aceitava a designação feita. Só o juiz o podia destituir, por actuação processual dolosa ou negligente, ou violação grave de dever imposto pelo respectivo estatuto, o que de novo acentuava o carácter *público* da função que desempenhava. Um diploma de alteração de 2008 veio modificar os dados da questão: o juiz perdeu o poder de destituir o agente de execução, que passou para o exequente, que o pode exercer arbitrariamente; com esta norma, de validade muito discutível e que o novo Ministério da Justiça se propõe revogar, acentuou-se o carácter *privado* do agente de execução, e isto – ainda por cima – por força dum diploma que suprimiu o poder geral de controlo do processo pelo juiz e concedeu mais poderes de autoridade ao agente de execução. A meu ver, o equilíbrio que deve ser mantido entre a finalidade da realização do direito do exequente e as garantias do executado rompeu-se com esta nova visão. Entretanto, novo diploma em preparação propõe-se afastar o agente de execução da execução de sentença, mantendo-o apenas nas execuções dos títulos executivos extrajudiciais.

Segundo outro regime, que vigora na Alemanha e na Áustria, semelhantes funções de agente de execução são desempenhadas por um funcionário judicial (o *Gerichtsvollzieher*), pago pelo erário público, ainda que os encargos decorrentes da sua intervenção sejam suportados, no final, pelo executado, quando lhe são encontrados bens, e excepcionalmente pelo exequente, no caso de execução injusta. Quando a execução é de sentença, o juiz só intervém em caso de *litígio*; mas, quando a execução se baseia em outro título, o juiz exerce também uma função de *controlo prévio*, emitindo a fórmula executiva, sem a qual não é desencadeado o processo executivo.

Outro é o modelo tradicional europeu. Tal como em Portugal até 2003, nem em Espanha nem em Itália, apesar das reformas havidas em 2000 (Espanha) e entre 2005 e 2009 (Itália), o juiz se limita às funções de *tutela* e *controlo prévio*; a ele cabe também a *direcção* de todo o processo, sem prejuízo de haver actos que são da competência da secretaria. Em Portugal, no regime anterior à reforma da acção executiva, o juiz intervinha constantemente nos actos da execução, mas no processo executivo propriamente dito (abstraindo das acções declarativas que nele se enxertassem – embargos de executado, embargos de terceiro, reclamação e graduação de créditos) raramente havia lugar a uma audiência. Pelo contrário, no CPC italiano é prevista, em geral, a possibilidade da audiência das partes e eventualmente de outros interessados, sempre que o juiz a julgue necessária (art. 485 CPC), e, além disso, há várias disposições que a prevêem em especial (exs.: art. 499 CPC, para o reconhecimento dos créditos reclamados; arts. 510 CPC e 596 CPC, para a distribuição das quantias obtidas na execução; arts. 525 CPC, 530 CPC e 569 CPC, para a autorização da venda ou adjudicação; art. 543 CPC, após a penhora do crédito contra o terceiro devedor). Ao juiz cabe, outrossim, presidir à venda em hasta pública (art. 581 CPC), a menos que delegue a realização da venda em notário, advogado ou comercialista (art. 591 bis CPC), extinguir o processo executivo (art. 631 CPC) e, em geral, *dirigir a execução* (art. 484 CPC).

O juiz da execução é, na maioria dos países europeus, o juiz ordinário; noutros é um juiz especializado no seio do tribunal comum (França, Itália, Bélgica, Dinamarca). A opção portuguesa de 2003, mantida em 2008 na nova Lei de Organização e Funcionamento dos Tribunais Judiciais, foi a de constituir tribunais especializados de execução, embora ainda só uma pequena parte do país esteja por eles coberta. Trata-se de algo que sempre considerei fundamental para o bom funcionamento das execuções.

4. Da extensão do título executivo

A generalidade dos países europeus é avara na concessão de exequibilidade a *títulos não judiciais*. O Reg. (CE) 44/2001 sobre a competência dos tribunais e o reconhecimento das sentenças no interior da União Europeia trata apenas da *escritura pública*: embora não imponha a sua força executiva aos Estados que não lha atribuem, o certo é que a maioria das ordens jurídicas internas a consideram título executivo, designadamente quando constitui título hipotecário. O mesmo não acontece no campo dos *documentos particulares*: em alguns países o *cheque*, noutros a *letra*, noutros ainda o cheque e a letra constituem título executivo[4]; na Suécia, constitui-o o documento em que o devedor de *alimentos* reconheça a sua dívida, desde que a declaração seja atestada por testemunhas. A Itália deu um passo em frente em 2005, ao admitir como título executivo o documento privado autenticado relativo a obrigações pecuniárias (art. 474 CPC). Mas a Espanha, em 2000, recuou: na nova LEC deixou de ser título executivo o escrito particular reconhecido sob juramento perante o juiz, sendo-o apenas o cheque, a letra e a *conta de honorários de advogado*. Esta timidez generalizada na concessão de exequibilidade ao documento particular tem como óbvia razão de ser a garantia do devedor perante a execução injusta, cujos males o contraditório subsequente a uma impugnação nem sempre tem a virtude de sanar em termos constitucionalmente aceitáveis.

Na generalidade dos países europeus impõe-se que ao título executivo, com algumas excepções para a sentença, seja previamente aposta uma *declaração de executoriedade*, o mesmo fazendo o Reg (CE) 44/2001 quando se trata dum título transfronteiriço, embora esta exigência seja derrogada nos casos do título executivo europeu e do processo europeu para as acções de pequeno montante, adiante referidos, e esteja proposta a alteração do próprio Reg. 44/2001 no sentido de, em geral, suprimir a exigência. Também aqui, encontramo-nos perante uma manifestação da tensão existente entre a preocupação de proteger o devedor e a necessidade de realização rápida e efectiva dos direitos violados, tanto maior quanto é certo que por todos os países da Europa proliferam as acções executivas.

Portugal constitui o país europeu mais generoso na concessão da exequibilidade, progressivamente mais aberta e finalmente concedida pela revisão de 1995-1996 a todo o documento particular que, não respeitando à prestação de entrega de coisa imóvel, contenha o reconhecimento duma dívida líquida (ou liquidável por mero cálculo aritmético), ainda que não se apresente reconhecida a assinatura do devedor (art. 46-c CPC). Dado o aumento, que tal representa, do risco de imputar a autoria do documento particular a quem não o haja subscrito, a abertura foi compensada com a consagração da possibilidade de o juiz atribuir efeito suspensivo aos embargos de executado fundados na falsa imputação do documento sem assinatura reconhecida, desde que seja feito um princípio de prova da falsidade dessa imputação (art. 818-1 CPC). Mas a abertura continua a ser enorme, tanto mais quanto a declaração de executoriedade só excepcionalmente é exigida (no processo de injunção).

---

[4] Em França, o cheque não constitui propriamente título executivo; mas este é formado pelo *huissier*, após a verificação do seu não pagamento. Nenhum outro documento particular é exequível.

E maior se tornou essa abertura quando, em 2008, se equiparou à sentença o título executivo formado no processo de injunção para o efeito de negar a admissibilidade, contra a execução com base nele proposta, de embargos de executado fundados na inexistência do crédito, esquecendo o legislador que, em certos casos, a notificação do devedor para esse processo se considera feita sem a prova de que ele a recebeu e que, em todos os casos, a não oposição do devedor (isto é, uma atitude de silêncio perante a notificação que lhe é feita) leva à formação, nele, do título executivo, ainda que o credor não tenha invocado a causa de pedir ou tenha alegado factos dos quais a obrigação jamais resultaria. Neste campo, os outros direitos europeus são muito mais prudentes, quer fazendo do processo de injunção um processo em que o juiz intervém e emite sentença, quer admitindo com toda a latitude os embargos de executado. Sabido que a maioria das injunções são dirigidas contra pequenos consumidores, este ponto de regime não é de somenos.

Ponto a frisar também neste domínio é a tendência progressiva para conferir exequibilidade provisória à sentença sob recurso. A Itália e Portugal são bons exemplos desta evolução: em 1990 em Itália e em 2003 em Portugal, passou-se da regra da atribuição à apelação do efeito suspensivo da exequibilidade para a regra da atribuição à apelação de efeito meramente devolutivo, com concessão ao recorrente da faculdade de requerer a atribuição do efeito suspensivo, com ou sem prestação de caução. Outros países, como a Alemanha, mantêm a tipificação dos casos em que o direito à execução provisória é automática, condicionando-o nos restantes casos ao requerimento do recorrente, em regra com caução e excepcionalmente sem ela.

5. Dos credores perante a execução

Divergem as legislações europeias quanto à *posição relativa dos credores* em face do processo de execução.

De um lado, está a *solução germânica*, adoptada na Alemanha, na Áustria, na Suécia e em Portugal, consistente em atribuir ao credor exequente uma *preferência* no pagamento, por via da penhora efectuada (cf. art. 822 CC port.), e em restringir o concurso de credores aos que tenham *direito real de garantia* sobre os bens penhorados (cf. art. 865-1 CPC port.). Constitui corolário desta orientação que, devendo os bens ser vendidos livres dos direitos que os onerem (cf. art. 824-2 CC port.), há que facultar a reclamação ao credor com garantia real que não tenha título executivo, pelo que, dentro ou fora do processo executivo, lhe há-de ser proporcionada a possibilidade de verificação do seu crédito. Na lei portuguesa posterior à reforma da acção executiva, a obtenção do título executivo em falta pode fazer-se de duas maneiras: mediante o reconhecimento, ou o silêncio, do devedor, notificado da reclamação; mediante acção autónoma, quando o devedor declare não dever (art. 869 CPC).

Do outro lado, está a *solução românica*, perfilhada pelos restantes sistemas jurídicos de *civil law* da União Europeia: os credores comuns devem ser tratados em *igualdade*, pelo que, desde que tenham *título executivo*, todos devem ser admitidos a reclamar os seus créditos em execução alheia, não gozando o exequente, por força da penhora, de qualquer preferência no pagamento. A actual lei francesa conhece a excepção da *saisie attribution*: penhorado um direito de crédito, ele é adjudicado ao exequente, o que constitui uma preferência manifesta. A lei italiana, até 2005, concedia também o direito de reclamar ao credor sem título executivo, embora só os que o tivessem pudessem desencadear, na execução alheia, os actos executivos; hoje, só podem reclamar os credores que não tenham título quando tenham garantia real sobre os bens penhorados (art. 499 CPC it).

A favor da segunda solução, joga a ideia de que o credor exequente não deve ser privilegiado por ser mais diligente do que os outros. A favor da primeira, argumenta-se com o entrave decorrente para a execução dum concurso tendencialmente universal. Não me repugna que a *par condicio* dos devedores comuns ceda perante a garantia constituída pela penhora obtida pelo credor mais diligente, desde que aos credores comuns não seja negada a possibilidade de, no prazo que têm para reclamar os seus créditos na execução alheia, virem a obter sobre o bem penhorado a garantia que lhes falta, mediante o recurso a um arresto, uma hipoteca judicial, uma segunda penhora. Mais discutível é, a meu ver, que, obtida esta outra garantia, o credor, agora também privilegiado, deva continuar colocado, na graduação, abaixo do titular da primeira penhora, em vez de ficar colocado ao seu lado: o argumento da maior diligência não tem, neste caso, tanto cabimento como perante o credor comum que continua a sê-lo depois de decorrido o prazo (normalmente curto) para as reclamações. Não seria preferível equiparar ao exequente o credor que, depois da penhora por aquele promovida, penhorou os mesmos bens em execução própria, arrestou-os ou inscreveu sobre eles uma hipoteca judicial, reclamando seguidamente o pagamento na execução em que teve lugar a primeira penhora?[5]

---

[5] Esta terceira via harmonizar-se-ia, no direito português, com a solução, vigente no registo predial desde 1996, consistente em negar a prevalência da inscrição de penhora, arresto, hipoteca judicial ou acção de execução específica sobre a inscrição do acto de transmissão por acto voluntário do transmitente (cf. JOSÉ LEBRE DE FREITAS, **A acção declarativa comum**, Coimbra, Coimbra Editora, 2011, ps. 59-61). Harmonizar-se-ia também com a orientação doutrinária (dominante) segundo a qual a simulação do negócio jurídico é invocável perante o terceiro de boa fé que tire vantagem da validade, circunscrevendo assim a protecção de terceiros perante o simulador (em Portugal: art. 243-1 CC)

6. Das formas da execução

Na maioria dos sistemas jurídicos europeus a *natureza do bem a apreender* condiciona a forma processual da acção executiva. Assim é que, dentro da acção executiva para pagamento de quantia certa, se distingue: em Itália, a penhora de bens imóveis, a de bens móveis na posse do devedor, a de bens móveis na posse de terceiros, a de bens indivisos e a penhora contra o terceiro proprietário; na Alemanha, a penhora de bens imóveis e a de bens móveis, subdividindo-se esta em penhora de coisas corpóreas, penhora de créditos e penhora de outros direitos patrimoniais; no novo direito francês, emergente da revisão de 1991, a penhora de bens móveis, com especialidades se eles estiverem na posse de terceiros e no caso do automóvel, a de bens imóveis (agora regulada, desde 2006, em diploma avulso) e a de direitos de crédito, com especialidades no caso das contas bancárias e das remunerações de trabalho. De forma para forma, a tramitação processual conhece importantes diferenças. No entanto, é de realçar que o art. 483 CPC it é expresso em admitir a cumulação de formas processuais, salvo se, opondo-se o devedor, o juiz da execução limitar a execução à forma que o credor escolher ou, na falta de escolha, à que ele próprio determine.

Em Portugal, ao invés, a forma do processo executivo comum foi, até à revisão do CPC de 1995-1996, exclusivamente determinada pelo *montante da dívida* (de que resultava a execução ordinária, a execução sumária e a execução sumaríssima) e, entre a revisão e a reforma da acção executiva operada em 2003, determinada pela *natureza do título executivo* (sentenças e outras decisões judiciais: arts. 465 e 924), conjugada com a necessidade de *liquidar* a obrigação exequenda (tendo sido então duas as formas de processo: sumário e sumaríssimo). Em 2003, optou-se por uma *forma única* de processo executivo, no interior da qual se introduziram as *variáveis* resultantes da diferente ordenação dos actos de penhora e citação do executado (primeiro a penhora e depois a citação ou vice-versa), consoante a natureza do título (sentença e título formado no processo de injunção), a natureza do título e o valor da execução (documento notarial ou documento particular com reconhecimento presencial de assinatura) ou o valor da execução e a natureza do bem a penhorar (qualquer título). Actualmente, pretende-se, de algum modo, regressar à opção feita em 1995-1996 e, com ordenação semelhante à do direito brasileiro e à que se verificou em Espanha até 2000, distinguir a execução das decisões judiciais (antigo processo ordinário) e a execução de outros títulos (antigo processo sumário): no primeiro caso, a penhora precederá a notificação do executado

---

àqueles a quem a invalidade prejudica (cf. LUÍS CARVALHO FERNANDES, **Teoria geral do direito civil**, Lisboa, Universidade Católica Editora, 2010, II, ps. 333-335).

(dispensando-se a intervenção do agente de execução); no segundo caso, a penhora terá lugar depois da citação e da dedução de eventuais embargos.

7. Da forma da penhora e da venda

No que respeita à forma da *penhora*, as diferenças entre os sistemas europeus têm-se esbatido à medida que se expande o uso da electrónica.

Em congresso da Associação Internacional de Direito Processual Civil realizado em Viena em 1999, os nossos hospedeiros austríacos expuseram o modo como se desenrolava o seu processo civil e, nomeadamente, o processo executivo. O uso da electrónica era quase total e dela se servia o acto da penhora: salvo quando houvesse que penhorar um bem móvel corpóreo (que teria de ser materialmente apreendido) ou que notificar um devedor do executado que não fosse alcançável em seu endereço electrónico certificado, uma comunicação pela *internet* (à conservatória do registo, ao banco ou a outra entidade pública ou privada) bastava para que a penhora se considerasse feita. Este regime pioneiro começou, progressivamente, a generalizar-se na Europa. Sirva de exemplo Portugal: desde 2003, o processo executivo português processa-se electronicamente e, nele, é feita electronicamente, embora ainda com algumas dificuldades práticas, a penhora dos prédios, automóveis, navios, aeronaves e quotas em sociedades (mediante comunicação às respectivas conservatórias), bem como a penhora dos depósitos bancários (que carece, porém, duma entidade próxima do banco central que centralize a informação dos vários bancos – aspecto em que o Brasil está mais avançado). Esta será em breve também a forma para o arresto de depósito bancário transfronteiriço dentro da EU, segundo um instrumento comunitário em preparação. Neste ponto, as diferenças existentes entre os países europeus resultam fundamentalmente de uns estarem mais avançados do que outros no recurso aos meios electrónicos. O termo no processo para a penhora dum imóvel tem, onde ainda subsiste, os seus dias contados.

Também quanto à forma da *venda executiva* as diferenças existentes se esbatem. Ao exercício directo do poder judicial de vender os bens do devedor, através dum leilão judicial, substitui-se a venda por propostas em carta fechada, menos propiciadora de conluios entre os pretensos compradores, e a venda por negociação ("iniciativa") particular.

Refiro, mais uma vez, a evolução portuguesa. Até 1995-1996, a regra era o leilão judicial (arrematação em hasta pública) e a venda por negociação particular só se dava quando o executado e a maioria dos credores nela acordavam; em 1995-1996, suprimiu-se o leilão judicial, substituído por propostas em carta fechada, e dispensou-se o acordo do executado para a venda por negociação particular; em 2003, o meio das propostas em carta fechada foi reservado à venda de imóveis e, em certos casos, de estabelecimento comercial, generalizando-se a venda por negociação particular.

Entretanto, a Alemanha só afasta o leilão judicial (*Zwangsversteigerung*) na venda de imóveis, quando todos os credores e o devedor concordem em que ela seja feita por notário, enquanto a Bélgica em 1998 e a França em 2006, que só conheciam o leilão judicial (*vente aux enchères*) para a venda de imóveis, introduziram a possibilidade de a venda por negociação particular (*gré à gré*) ser ordenada pelo juiz, a requerimento do exequente ou do executado.

É também de referir que, em direito francês, o devedor pode, com autorização judiciária e sob controlo do credor, vender, ele próprio, o bem imóvel penhorado, enquanto, em opção inversa, o direito inglês confere ao credor o poder de vender o bem imóvel do devedor, quando sobre ele tenha hipoteca (*mortgage*), sem necessidade de autorização ou sujeição a controlo judicial, a menos que se trate da habitação do devedor, caso em que o juiz pode fixar um preço razoável para o pagamento das quantias em dívida, suspendendo entretanto a execução.

O sentido da evolução é, pois, o de atenuar a intervenção do tribunal no acto da venda, mesmo quando esta incide sobre bem imóvel.

8. Da descoberta dos bens do devedor

A maioria das legislações processuais europeias contém disposições relativas à descoberta dos bens do devedor.

Nada dizem nesse sentido as leis holandesa e luxemburguesa, tal como nada dizia, até à revisão de 1995/1996, a lei portuguesa, nem, até 2005, a lei italiana.

Em França e na Bélgica, está, pura e simplesmente, consagrado o *dever de informação que impende sobre o executado*, não sancionado, ou apenas pletoricamente sancionado, quando ele não o cumpre. O mesmo aconteceu em Portugal entre 1997 e 2003. Mais drásticas são as leis alemã, grega e dinamarquesa, que punem com pena de *prisão* o devedor que não informe o tribunal ou produza declaração falsa sobre os seus bens. Na Alemanha, designadamente, a declaração falsa é punida com prisão até 3 anos e a omissão de declaração com prisão até 6 meses. A lei espanhola também pune criminalmente o executado, mas apenas com *multa*.

Outro aspecto da problemática da descoberta do património é o *dever de informação que impende sobre terceiros* e o recurso, para tanto, aos organismos a tanto habilitados. O primeiro, e mais radical, exemplo veio da Suécia: várias *bases de dados* estão para tanto disponíveis; sobre os terceiros impende um *dever geral de informação*, sob pena de sanção pecuniária compulsória. Mas também em outros países são previstas medidas que garantem a observância do dever de informação de terceiros. Assim, na Bélgica e em Portugal, há um registo de penhoras, de acesso restrito aos agentes de execução; a Alemanha vai adoptá-lo, em alteração ao processo de execução que entrará em vigor em 1.1.13. A Grã-Bretanha passou a facultar ao juiz a emissão dum mandado de divulgação (*data disclosure order*), pelo qual terceiros (bancos, organismos de crédito, serviços fiscais, etc.) ficam obrigados a divulgar as informações financeiras respeitantes ao devedor. E em Itália, desde 1998, o oficial de justiça não se limita a penhorar os bens indicados pelo exequente: de acordo com a nova redacção do art. 492 CPC it., ele pode aceder, ainda que só a requerimento do credor exequente, aos dados informáticos fiscais e aos de outros organismos públicos. Em Portugal, é por iniciativa própria do agente de execução que tal é facultado, no art. 833 CPC, com grande latitude. Esteve também prevista, no anteprojecto do DL 38/2003, a montagem, junto do Banco de Portugal, duma central de dados reunindo a informação sobre os depósitos existentes em todos os bancos do país, com accionamento informático da penhora dos respectivos saldos directamente dessa central, a requerimento do agente de execução; mas a resistência dos bancos não permitiu que esta solução, que a actual lei brasileira consagra, fosse finalmente adoptada. Mais tímido é o regime espanhol: o tribunal só a requerimento do exequente procede a indagações junto das entidades públicas e é preciso que o exequente demonstre que não pode obtê-las.

9. Regulamentos comunitários

Resta uma breve referência, porque o tempo mais não permite, ao direito comunitário.

Dois importantes regulamentos da CE são de referir:
– O Regulamento 805/2004, de 21.4.04, que criou o chamado título executivo europeu para créditos não contestados;
– O Regulamento 861/2007, de 11.7.07, que criou o processo europeu para as acções de pequeno montante.

Pelo primeiro, as decisões proferidas à revelia[6] que condenem no pagamento de dívidas e sejam executórias no Estado-membro de origem, quando determinadas condições[7], que o Regulamento enuncia, se encontrem reunidas, são reconhecidas e executadas nos outros Estados-membros, sem necessidade de declaração de executoriedade ou admissibilidade de contestação do seu

---

[6] Ou baseadas em confissão do pedido, transacção ou reconhecimento da dívida em documento autêntico.
[7] De competência e de garantia de conhecimento do processo pelo devedor.

reconhecimento. O que, a meu ver, causa perplexidade é a demasiada abertura consentida, ao arrepio do princípio fundamental da garantia da defesa, quando é admitida, entre as condições mínimas a observar, a citação ou notificação, sem prova de recepção pelo devedor, efectuada por mero depósito na caixa do correio deste (art. 14-1, als. c) e d)). A Europa dá assim cobertura transfronteiriça a procedimentos de direito nacional, existentes no interior de *alguns* Estados, que são muito pouco consentâneos com o direito de acesso à justiça. Pior: esta generosidade, praticada à custa do devedor, constitui um convite a que os Estados europeus, que são a maioria, cuja ordem jurídica hoje não se compadece com citação tão ligeira acabem também por facilitar os mecanismos da citação.

O segundo regulamento criou, para acções com valor até € 2.000, um processo de natureza declarativa simplificada cuja decisão, quando condenatória, é logo exequível, ainda que contra ela seja interposto recurso, igualmente sem sujeição a declaração de executoriedade ou admissibilidade da contestação do seu reconhecimento. Também aqui as condições mínimas definidas são as mesmas do diploma sobre o título executivo europeu. Os pequenos montantes em causa, se é certo que retiram a esta mesma ligeireza a gravidade que tem em acções de maior valor, significam, por outro lado, que a vítima maior da facilitação do legislador europeu é aqui o pequeno consumidor.

As Práticas Comerciais Desleais nas Relações de Consumo

Luís Manuel Teles de Menezes Leitão *

Sumário: 1. Generalidades; 2. A proibição genérica das práticas comerciais desleais nas relações de consumo; 2.1. Generalidades; 2.2. Prática comercial; 2.3. Desconformidade da prática à diligência profissional; 2.4. Efeito ou susceptibilidade de distorcer de maneira substancial o comportamento económico do consumidor seu destinatário ou de afectar este relativamente a certo bem ou serviço; 3. Proibições específicas de certas práticas comerciais desleais; 3.1. Generalidades; 3.2. As práticas dirigidas a consumidores particularmente vulneráveis; 3.3. Práticas comerciais enganosas e práticas comerciais agressivas; 3.3.1. Generalidades; 3.3.2. Práticas comerciais enganosas; 3.3.2.1. Acções enganosas; 3.3.2.2. Omissões enganosas; 3.3.2.3. Práticas comerciais enganosas em qualquer circunstância; 3.3.3. Práticas comerciais agressivas; 3.3.3.1. Definição; 3.3.3.2. Práticas comerciais agressivas em qualquer circunstância; 4. Meios de reacção às práticas comerciais desleais; 4.1. Generalidades; 4.2. A qualificação das práticas comerciais desleais como contra-ordenação; 4.3. A invalidade dos contratos; 4.4. A responsabilidade civil pelos prejuízos causados ao consumidor; 4.5. A acção inibitória.

1. Generalidades

Um dos vectores fundamentais para a tutela do consumidor consiste na sua defesa contra as práticas comerciais desleais e agressivas, situação que na actual sociedade de consumo assume cada vez mais relevância. Efectivamente,

---

* Professor Catedrático da Faculdade de Direito da Universidade de Lisboa.

o modelo tradicional do comércio pré-sociedade industrial, em que o comerciante se encontrava calmamente instalado no seu estabelecimento, onde aguardava passivamente a chegada dos clientes, foi actualmente substituído por um modelo de comerciante activo e dinâmico, que vai em busca dos seus clientes, procurando através das mais variadas técnicas convencê-los a adquirir o seu produto, técnicas essas que muitas vezes estabelecem um autêntico cerco ao consumidor, quando não mesmo o manipulam psiquicamente[1].

Tradicionalmente, a repressão das práticas comercias agressivas era apenas possível com base na legislação comercial e nos deveres de ética profissional dos comerciantes, sancionados exclusivamente através do instituto da concorrência desleal. Mas a ideia base desse instituto é precisamente a de que apenas os comerciantes lesados pelos actos de concorrência poderiam reagir contra a situação. O consumidor, sendo o principal objecto da disputa concorrencial, não aparece tutelado pela disciplina da concorrência[2].

Actualmente, a situação modificou-se, verificando-se que a disciplina da concorrência desleal e da liberdade de concorrência, tem vindo a desempenhar uma importante função no âmbito da protecção dos consumidores, na medida em que ao tutelar o concorrente médio, acaba por realizar o interesse dos consumidores num funcionamento racional do mercado[3].

É assim um vector importante de protecção aos consumidores a legislação contra as denominadas práticas comerciais desleais e agressivas. À volta dele se articulam inúmeras normas e regras tendentes a defender o consumidor contra as suas próprias fraquezas perante tentações e solicitações a que é exposto através de métodos comerciais agressivos, utilizados por empresas que na mira de expansão dos seus negócios, têm a preocupação de descobrir e empregar técnicas de distribuição e de promoção sedutoras, aproveitando-se da debilidade e vulnerabilidade dos consumidores[4].

Uma das poucas medidas que a Comissão Barroso adoptou na esfera dos direitos dos consumidores foi precisamente a adopção da Directiva 2005/29//CE do Parlamento Europeu e do Conselho, de 11 de Maio, relativa às práticas comerciais desleais das empresas nas relações com os consumidores no

---

[1] Cfr. LUIS M. MIRANDA SERRANO, *Los contratos celebrados fuera de los establecimientos mercantiles. Su caracterización en el Derecho español*, Madrid / Barcelona, Marcail Pons, 2001, pp. 13 e ss.

[2] O que não se apresenta correcto, já que, conforme refere EIKE VON HIPPEL, *Verbraucherschutz*, em *RabelsZ* 40 (1976), pp. 513-534 (529), trad. port. sob o título *Defesa do consumidor* no *BMJ* 273 (1978), pp. 5-37 (29), a concorrência é o melhor amigo do consumidor.

[3] Esta é uma tendência corrente na Alemanha onde a cláusula geral do § 1 UWG, tendo sido bastante usada para efeitos de protecção dos consumidores. Cfr. GERHARD SCHRICKER, *Wettbewerbsrechtliche Aspekte des Verbrauchersschutzes* em *RabelsZ* 40 (1976), pp. 535-578.

[4] Cfr. JOÃO CALVÃO DA SILVA, *Responsabilidade civil do produtor*, Coimbra, Almedina, 1990, p. 75.

mercado interno[5]. Esta Directiva foi transposta em Portugal pelo Decreto-Lei 57/2008, de 26 de Março, que passaremos a examinar de seguida.

2. A proibição genérica das práticas comerciais desleais nas relações de consumo

2.1. Generalidades

O art. 4º do Decreto-Lei 57/2008, estabelece singelamente a proibição das práticas comerciais desleais, referindo o art. 5º, nº 1, que "é desleal qualquer prática comercial desconforme à diligência profissional, que distorça ou seja susceptível de distorcer de maneira substancial o comportamento económico do consumidor seu destinatário ou que afecte este relativamente a certo bem ou serviço".

É possível decompor esta definição nos seguintes elementos:
1) Prática comercial;
2) Desconformidade da prática à diligência profissional;
3) Efeito ou susceptibilidade de distorcer de maneira substancial o comportamento económico do consumidor seu destinatário ou de afectar este relativamente a certo bem ou serviço.

Examinemos sucessivamente estes requisitos:

2.2. Prática comercial

A definição de "prática comercial da empresa nas relações com os consumidores, ou, abreviadamente, prática comercial" consta do art. 3º d), que considera como tal "qualquer acção, omissão, conduta ou afirmação de um profissional, incluindo a publicidade e a promoção comercial, em relação directa com a promoção, a venda ou o fornecimento de um bem ou serviço ao consumidor". Trata-se de uma definição manifestamente abrangente, quer permite incluir toda e qualquer conduta do profissional praticada nos preliminares ou na formação de negócios de consumo e com estes relacionados.

2.3. Desconformidade da prática à diligência profissional

Relativamente à desconformidade da prática com a diligência profissional, há que tomar em consideração o conceito de diligência profissional que consta do art. 3º g) deste diploma, que a define como "o padrão de competência

---

[5] Para uma crítica contundente, mas justificada a esta Directiva, cfr. Cfr. JORGE PEGADO LIZ, *A "lealdade" no comércio ou as desventuras de uma iniciativa comunitária (análise crítica da directiva 2005/29/CE)*, na *RPDC* nº 44 (Dezembro 2005), pp. 17-93.

especializada e de cuidado que se pode razoavelmente esperar de um profissional nas suas relações com os consumidores, avaliado de acordo com a prática honesta do mercado e ou com o princípio geral da boa fé no âmbito da actividade profissional". Comprender-se-ão aqui, portanto, os padrões éticos pelos quais o profissional deve pautar a sua actividade, em conformidade com as regras gerais do mercado ou com as regras específicas da sua profissão.

Naturalmente que as práticas admissíveis variarão consoante a actividade profissional em causa, podendo uma prática considerada admissível numa profissão já não o ser noutra profissão. Muito importantes são por isso os códigos de conduta aprovados para determinadas profissões[6], previstos nos arts. 17º e ss. É, no entanto de salientar que esses códigos podem estabelecer uma protecção do consumidor superior à que resulta dos preceitos legais (art. 17º, nº 1), mas já não poderão derrogar esse regime (art. 18º).

2.4. Efeito ou susceptibilidade de distorcer de maneira substancial o comportamento económico do consumidor seu destinatário ou de afectar este relativamente a certo bem ou serviço

Finalmente, exige-se que a prática comercial produza ou seja susceptível de produzir o efeito de distorcer de maneira substancial o comportamento económico do consumidor seu destinatário ou de afectar este relativamente a certo bem ou serviço. Este requisito é igualmente objecto de concretização no art. 3º, d), onde se considera "distorcer substancialmente o comportamento económico dos consumidores" a realização de uma prática comercial que prejudique sensivelmente a aptidão do consumidor para tomar uma decisão esclarecida, conduzindo-o, por conseguinte, a tomar uma decisão de transacção que não teria tomado de outro modo". Este requisito é ainda concretizado no art. 5º, nº 2, onde se estabelece que "o carácter leal ou desleal da prática comercial é aferido utilizando-se como referência o consumidor médio, ou o membro médio de um grupo, quando a prática comercial for destinada a um determinado grupo de consumidores". A utilização deste critério do consumidor médio tem vindo, porém, a ser objecto de críticas, por se considerar que os profissionais não devem poder exonerar-se invocando a especial ingenuidade ou credulidade de alguns consumidores, fora dos casos previstos no art. 6º a)[7].

---

[6] O art. 3º f) define código de conduta como "o acordo ou conjunto de normas, não impostas por decisões legislativas, regulamentares ou administrativas, que define o comportamento de profissionais que se comprometem a ficar vinculados por este código no que diz respeito a uma ou várias práticas comerciais ou sectores de actividade específicos".

[7] Cfr. JORGE PEGADO LIZ, *RPDC* nº 44 (Dezembro 2005), p. 77, que critica a noção de consumidor médio, por considerar que que «(...) um consumidor "*médio*" é uma utopia, ninguém é "*médio*" e se

Apesar de não expressamente referido nesta definição o comportamento económico do consumidor que a prática comercial pode distorcer resultará inevitavelmente numa decisão de transacção, que o art. 3º l) define como "a decisão tomada por um consumidor sobre a questão de saber se, como e em que condições adquirir, pagar integral ou parcialmente, conservar ou alienar um produto ou exercer qualquer direito contratual relativamente ao produto, independentemente de o consumidor decidir agir ou abster-se de agir". Neste âmbito pode sustentar-se que este diploma pretende evitar que o consumidor não faça um exercício efectivo da autonomia privada, tomando decisões negociais devido a comportamentos agressivos ou enganosos da outra parte.

3. Proibições específicas de certas práticas comerciais desleais

3.1. Generalidades

Para além da definição geral do art. 5º, os arts. 6º e ss. do D.L. 57/2008 indicam várias modalidades de práticas comerciais desleais. Esta enumeração não é, porém, exaustiva, como resulta claramente da utilização da expressão "em especial" no art. 6º, proémio do diploma. Efectivamente, qualquer prática que preencha os requisitos gerais do art. 5º é proibida por este diploma, mesmo que não se encontre abrangida na enumeração dele constante.

3.2. As práticas dirigidas a consumidores particularmente vulneráveis

O art. 6º a) proíbe especificamente "as práticas comerciais susceptíveis de distorcer substancialmente o comportamento económico de um único grupo claramente identificável de consumidores particularmente vulneráveis, em razão da sua doença mental ou física, idade ou credulidade, à prática comercial ou ao bem ou serviço subjacentes, se o profissional pudesse razoavelmente ter previsto que a sua conduta era susceptível de provocar essa distorção". Conforme salientou ELSA DIAS OLIVEIRA, a propósito de preceito semelhante do Anteprojecto do Código do Consumidor, desta disposição resulta que "nos casos em que a prática comercial se dirige a um grupo determinado de consumidores, – *v.g.* crianças, adolescentes, idosos – que, devido a qualquer razão, sejam particularmente vulneráveis à prática utilizada ou ao bem ou serviço em causa – e essa vulnerabilidade seja previsível para o profissional –, na avaliação do impacto da prática comercial, devem ser tidas em conta

---

tal noção pode servir, em casos concretos, nas decisões jurisprudenciais, para resolver conflitos de interesses, avaliar o grau de conhecimento presumido ou presumível, não se pode basear toda uma política de protecção dos consumidores numa ficção».

as características da pessoa média desse grupo e não já o consumidor médio *tout court*"⁸. Temos assim disposição pode funcionar como contraponto ao conceito de consumidor médio aciam referido, mas não é especialmente feliz, dado que, conforme referiu JORGE PEGADO LIZ, "(...) esta referência ao facto de o profissional poder razoavelmente ter previsto tal circunstância de pertença a um grupo de tais características (...) anula a vantagem da consideração dos grupos de consumidores particularmente vulneráveis"⁹.

3.3. Práticas comerciais enganosas e práticas comerciais agressivas

3.3.1. Generalidades
Na sequência do previsto na Directiva Comunitária, o art. 6º b) e c) do D.L. 57/2008 distingue entre práticas comerciais enganosas e práticas comerciais agressivas.

3.3.2. Práticas comerciais enganosas
No que repeita às práticas comerciais enganosas, é por sua vez feita uma subdistinção entre acções enganosas e omissões enganosas. No caso de serem praticadas através da publicidade, as mesmas constituem publicidade enganosa, nos termos do art. 11º, nº 1, do respectivo Código.

3.3.2.1. Acções enganosas
As acções enganosas encontram-se previstas no art. 7º do D.L. 57/2008, cujo nº 1, proémio refere que "é enganosa a prática comercial que contenha informações falsas ou que, mesmo sendo factualmente correctas, por qualquer razão, nomeadamente a sua apresentação geral, induza ou seja susceptível de induzir em erro o consumidor em relação a um ou mais dos elementos a seguir enumerados e que, em ambos os casos, conduz ou é susceptível de conduzir o consumidor tomar uma decisão de transacção que este não teria tomado de outro modo": Entre os elementos a seguir enumerados encontram-se a existência ou natureza do bem ou serviço (art. 7º, nº 1, a)), bem como as suas características (art. 7º, nº 1, b)), o conteúdo e extensão dos compromissos assumidos pelo profissional (art. 7º, nº 1, c)), o preço (art. 7º, nº 1, d)), a necessidade de um serviço ou de uma peça, ou da substituição ou reparação de um bem (art. 7º, nº 1, e)), natureza, atributos e direitos do profissional (art. 7º, nº 1, f)) e direitos

---
⁸ Cfr. ELSA DIAS OLIVEIRA, *Práticas comerciais proibidas*, em LUÍS MENEZES LEITÃO (org), *Estudos do Instituto de Direito do Consumo*, III, Coimbra, Almedina, 2006, pp. 147-173 (157).
⁹ Cfr. JORGE PEGADO LIZ, *RPDC* nº 44 (Dezembro 2005), p. 78.

do consumidor (art. 7º, nº 1, g)). Trata-se assim de elementos essenciais para que o consumidor tome uma decisão informada e esclarecida em relação ao negócio em causa.

Consideram-se igualmente acções enganosas as actividades de promoção comercial relativas a um bem ou serviço, incluindo a publicidade comparativa, que crie confusão com quaisquer bens ou serviços, marcas, designações comerciais e outros sinais distintivos de um concorrente (art. 7º, nº 2, a)). Da mesma forma, é considerada acção enganosa o incumprimento por parte do profissional de normas constantes em códigos de conduta a que está vinculado, desde que tenha informado, na prática comercial, de que se encontrava vinculado àquele código (art. 7º, nº 2, b)).

3.3.2.2. Omissões enganosas

As omissões enganosas constam do art. 9º do D.L. 57/2008, sendo definidas como tais aquelas que são enganosas, tendo em conta todas as suas características e circunstâncias e as limitações do meio de comunicação, e portanto conduzem ou são susceptíveis de conduzir o consumidor a tomar uma decisão de transacção que não teria tomado de outro modo. O legislador concretiza esse critério, indicando como enganosas as práticas comerciais:

a) Que omitem uma informação com requisitos substanciais para uma decisão negocial esclarecida do consumidor;
b) Em que o profissional oculte ou apresente de modo pouco claro, ininteligível ou tardio a informação referida na alínea anterior;
c) Em que o profissional não refere a intenção comercial da prática, se tal não se puder depreender do seu texto.

É, no entanto, de salientar que o art. 9º, nº 2, considera relevantes as limitações de espaço estabelecidas pelos diversos meios, o que poderá levar a que seja apresentada essa justificação para omitir informação.

A definição de requisitos substanciais de informação é concretizada nos nºˢ 3 e 4 do art. 9º, que considera como tais os requisitos de informação exigidos nos diversos diplomas para as comunicações comerciais nos diversos sectores de actividade.

No caso de proposta contratual ou convite a contratar o art. 10º considera como substanciais as informações que versem sobre: a) as características principais do bem ou serviço; b) o endereço geográfico e a identidade do profissional; c) o preço e demais despesas; d), as modalidades de pagamento, de expedição ou de execução; e) a existência dos direito de resolução e anulação, nos casos em que resultem da lei ou do contrato. Admite-se, porém, que estas informações se possam depreender do contexto, o que pode levantar controvérsia.

A definição de convite a contratar consta do art. 3º i) que considera como tal "uma comunicação comercial que indica as características e o preço do produto de forma adequada aos meios utilizados pela comunicação comercial, permitindo assim que o consumidor efectue uma aquisição". Esta definição é bastante controversa, pois não corresponde à distinção habitual no ordenamento jurídico português entre proposta contratual e convite a contratar, cabendo nesta definição casos de verdadeira proposta contratual[10].

3.3.2.3. Práticas comerciais enganosas em qualquer circunstância
No art. 8º do D.L. 57/2008 são depois indicadas várias práticas comerciais enganosas que serão sempre entendidas como tais e, consequentemente, proibidas. Essas práticas resultam da transposição do Anexo I da Directiva, que institui uma "lista negra" de práticas comerciais enganosas[11].

A lista de práticas comerciais enganosas não apresenta um critério uniforme de ordenação. Podemos, no entanto, tentar agrupar essas práticas de acordo com a seguinte classificação:

A) Falsas declarações em relação à existência de regulação ou de certificação
Os primeiros exemplos de práticas comerciais enganosas em qualquer circunstância são as falsas declarações em relação à existência de regulação ou certificação. Entre estas encontra-se o afirmar ser signatário de um código de conduta, quando não o seja (art. 8º a)), exibir uma marca de certificação, uma marca de qualidade ou equivalente sem ter obtido a autorização necessária (art. 8º b)), afirmar que um código de conduta foi aprovado por um organismo público ou outra entidade quando tal não corresponda à verdade (art. 8º c)), e afirmar que um profissional, incluindo as suas práticas comerciais, ou um bem ou serviço foram aprovados, reconhecidos ou autorizados por um organismo público ou privado quando tal não corresponde à verdade ou fazer tal afirmação sem respeitar os termos da aprovação, do reconhecimento ou da autorização (art. 8º d)).

B) Falsas declarações relativas à disponibilidade dos produtos ou serviços
A outra categoria de práticas comerciais enganosas consiste nas falsas declarações relativas à disponibilidade de produtos ou serviços, que depois não

---

[10] Neste sentido, também ELSA DIAS OLIVEIRA. *op. cit.*, pp. 165-166.
[11] JORGE PEGADO LIZ, *RPDC*, nº 44 (Dezembro 2005), p. 84, critica a técnica da lista na Directiva relativa às práticas comerciais desleais, sustentando que seria melhor a lista não apresentar um carácter taxativo, já que não permite o adicionamento de novas situações. Defende ainda que deveria ter sido apresentada uma *"lista cinzenta"* de práticas para além desta *"lista negra"*.

são fornecidos. Neste âmbito, a lei refere como exemplos desta categoria de práticas em primeiro lugar o "propor a aquisição de um bem ou serviço por um preço inferior àquele praticado no mercado por outros fornecedores ou prestadores de serviços sabendo ou não podendo desconhecer que não tem condições para o cumprir, não dispondo, ou não indicando quem disponha, nas mesmas condições e em igual grau de acessibilidade para o consumidor de existências em quantidade suficiente, por um período de tempo compatível com a procura previsível face ao volume e meios de publicidade realizada ao bem ou serviço em causa, e o preço indicado" (art. 8º e)). Outro exemplo é o de "propor a aquisição de bens ou serviços a um determinado preço e, com intenção de promover um bem ou serviço diferente, recusar posteriormente o fornecimento aos consumidores do bem ou do serviço solicitado" (art. 8º f)). É ainda exemplo desta categoria de práticas comerciais enganosas o "recusar as encomendas relativas a este bem ou serviço ou a sua entrega ou o fornecimento num prazo razoável" (art. 8º g)). É ainda uma prática comercial enganosa "declarar falsamente que o bem ou serviço está disponível apenas durante um período muito limitado ou que estará disponível em condições especiais durante um período muito limitado a fim de obter uma decisão imediata e privar os consumidores da oportunidade ou do tempo suficiente para tomarem uma decisão esclarecida" (art. 8º i)). Finalmente, constitui uma prática comercial enganosa "declarar que o profissional está prestes a cessar a actividade ou a mudar de instalações, quando tal não corresponde á verdade (art. 8º s)).

C) Comparações falsas ou enganosas com outros produtos

Outras categorias de práticas comerciais enganosas são aquelas em que a decisão de aquisição resulta da realização de comparações falsas ou enganosas com outros produtos que são do conhecimento do consumidor. Neste caso, temos a apresentação de amostra defeituosa ou demonstração insuficientes (art. 8º h)) ou promover um bem ou serviço análogo ao produzido ou oferecido por um fabricante específico de maneira a levar deliberadamente o consumidor a pensar que, embora não seja o caso, o bem ou o serviço provêm do mesmo fabricante (art. 8º p)).

D) Declarações falsas ou enganosas em relação à assistência pós-venda

São também consideradas práticas comerciais enganosas as declarações falsas ou enganosas em relação à assistência pós-venda, como a indicação de que esta está disponível noutra língua (art. 8º j)) ou no território de outro Estado membro (art. 8º ac)).

E) Indução do consumidor em erro em relação às condições jurídicas do negócio

Outra categoria de práticas comerciais enganosas consiste na indução do consumidor em erro em relação às condições jurídicas de aquisição do bem ou serviço comercializado. Neste âmbito, encontra-se o "declarar que a compra ou venda de um bem ou a prestação de um serviço é lícita ou transmitir essa impressão quando tal não corresponda à verdade" (art. 8º l)), o "apresentar como característica distintiva da oferta do profissional direitos do consumidor previstos na lei" (art. 8º m)), o "incluir no material de promoção comercial factura ou documento equiparado solicitando o pagamento, dando ao consumidor a impressão de já ter encomendado o bem ou serviço comercializado, quando tal não aconteceu" (art. 8º aa)) e o "alegar falsamente ou dar a impressão de que o profissional não está a agir para fins relacionados com a sua actividade comercial, industrial, artesanal ou profissional ou apresentar-se falsamente como consumidor (art. 8º ab))[12].

F) Indução do consumidor em erro quanto à independência de conteúdos editoriais relativos ao produto

É igualmente uma prática comercial enganosa o "utilizar um conteúdo editado nos meios de comunicação social para promover um bem ou serviço tendo sido o próprio profissional a financiar essa promoção quando tal não for indicado claramente no conteúdo ou resultar de imagens ou sons que o consumidor possa indicar com clareza" (art. 8º, n)). Efectivamente, tem-se verificado com alguma frequência o surgimento de conteúdos editoriais nos meios de comunicação social financiados pelo profissional a promover a comercialização dos bens e serviços que comercializa.

G) Indução do consumidor em erro em relação ao custo dos produtos ou quanto à existência de vantagens económicas na sua aquisição

São também consideradas práticas comerciais enganosas as declarações que possam induzir o consumidor em erro em relação ao custo dos produtos ou à existência de vantagens económicas na sua aquisição. Neste âmbito, inclui-se o arredondamento em alta do preço do bem ou serviço, com base em factores que não tenham correspondência com o gasto e utilização efectiva realizados pelo consumidor (art. 8º q), as vendas "em pirâmide" (art. 8º r)[13], "transmitir

---

[12] Neste último caso, o profissional daria a entender ao consumidor que não se estaria perante uma relação de consumo, não beneficiando por isso o consumidor da protecção atribuída por esta legislação.

[13] Esta técnica é proibida em virtude dos perigos que representa para o consumidor, já que, embora este julgue que pode obter um benefício, através da redução do preço da compra do seu produto em virtude da progressão geométrica do número de clientes, a verdade é que esse benefício é irreal, já que

informações inexactas sobre as condições de mercado ou sobre a possibilidade de encontrar o bem ou serviço com a intenção de induzir o consumidor a adquirir o bem ou a contratar a prestação do serviço em condições menos favoráveis do que as condições normais de mercado" (art. 8º v)), "declarar que se organiza um concurso ou uma promoção com prémio sem entregar os prémios descritos ou um equivalente razoável" (art. 8º x)) e "descrever o bem ou serviço como «grátis», «gratuito», «sem encargos» ou equivalente, se o consumidor tiver que pagar mais do que o custo indispensável para responder à prática comercial e para ir buscar o bem ou pagar pela sua entrega" (art. 8º z)).

H) Levar o consumidor à aquisição dos produtos com base no medo, ignorância ou superstição

Outra categoria de práticas comerciais enganosas corresponde a levar o consumidor a adquirir os produtos com base no medo, ignorância ou superstição. Neste âmbito, temos a prática de "fazer afirmações substancialmente inexactas relativas à natureza e à amplitude do risco para a segurança pessoal do consumidor ou da sua família se o consumidor não adquirir o bem ou assentir na prestação do serviço" (art. 8º, o)), "alegar que o bem ou serviço pode aumentar as possibilidades de ganhar nos jogos de fortuna ou azar" (art. 8º t)), e "alegar falsamente que o bem ou serviço é capaz de curar doenças, disfunções, e malformações" (art. 8º u)).

3.3.3. Práticas comerciais agressivas

3.3.3.1. Definição

O art. 11º, nº 1, do D.L. 57/2008 considera agressiva a prática comercial que, devido a assédio, coacção ou influência indevida, limite ou seja susceptível de limitar significativamente a liberdade de escolha ou o comportamento do consumidor em relação a um bem ou serviço, e, por conseguinte, o conduza ou seja susceptível de o conduzir a tomar uma decisão que de outro modo não teria tomado. Para avaliação dessa situação, o nº 2 manda atender ao caso concreto e a todas as suas características e circunstâncias, nomeadamente:
 a) o momento, local, natureza e persistência da prática comercial;
 b) o recurso a linguagem ou comportamentos injuriosos;
 c) o aproveitamento consciente, pelo profissional de qualquer infortúnio ou circunstância específica que pela sua gravidade prejudique a capaci-

---

o que verdadeiramente existe é um desconto geral, em virtude da quantidade de produtos adquirida. Assim, o consumidor é levado normalmente a adquirir uma quantidade excessiva de produtos, sem qualquer garantia de reposição e depois tem dificuldade no seu escoamento.

dade de decisão do consumidor, com o objectivo de influenciar a decisão deste relativamente ao bem ou serviço;
d) colocação de entraves onerosos ou desproporcionados em caso de exercício pelo consumidor dos seus direitos;
e) ameaça de exercício de acção judicial que não seja legalmente possível.

O conceito de influência indevida é ainda concretizado no art. 3º j) que o qualifica como "a utilização pelo profissional de uma posição de poder para pressionar o consumidor, mesmo sem recurso ou ameaça de recurso à força física, de forma que limita significativamente a capacidade de o consumidor tomar uma decisão esclarecida". O legislador não concretiza, no entanto, os conceitos de assédio e coacção, igualmente aqui referidos.

3.3.3.2. Práticas comerciais agressivas em qualquer circunstância

O art. 12º do Decreto-Lei 57/2008 inclui igualmente uma "lista negra" de práticas comerciais agressivas, que correspondem às seguintes:

A) Criar a impressão de que o consumidor não pode deixar o estabelecimento, sem que antes tenha sido celebrado um contrato

A primeira prática comercial considerada agressiva é a de criar no consumidor a impressão de que ele não pode deixar o estabelecimento, sem que antes tenha sido celebrado um contrato (art. 12º a)). Esta era uma prática extremamente no âmbito da venda de *time-sharing*, em que os consumidores eram convidados a ir a determinados locais, de onde não os deixavam sair até ao momento em que adquiriam o produto. Genericamente, no entanto, recairá neste âmbito qualquer situação em que se pressione o consumidor a permanecer no estabelecimento, até que tenha adquirido algum dos produtos ou serviços.

B) Realização de visitas insistentes ao domicílio do consumidor

Outro exemplo de uma prática comercial agressiva consiste em "contactar o consumidor através de visitas ao seu domicílio, ignorando o pedido daquele para que o profissional parta ou não volte, excepto em circunstâncias e na medida em que tal se justifique para o cumprimento de obrigação contratual" (art. 12º b)). Naturalmente que a realização de visitas insistentes ao domicílio do consumidor, mesmo após o pedido deste para que o profissional cesse os contactos, constitui um exemplo claro de uma prática comercial agressiva, na medida em que o assédio constante ao consumidor pode levá-lo a pensar que a única maneira de o profissional desistir será adquirir o produto.

Há, no entanto, na lei uma excepção que é a existência de circunstâncias que tornem a realização das visitas justificadas para cumprimento de obrigação contratual. Naturalmente que esta obrigação contratual não pode ser relativa ao próprio profissional, uma vez que tal não constitui justificação para o assédio ao consumidor. Terá que ser uma obrigação resultante de um contrato celebrado com o próprio consumidor, que leve a que o mesmo esteja vinculado a permitir as visitas ao domicílio como sucede com as leituras dos fornecimentos de água ou do gás.

C) Utilização dos meios de comunicação à distância para realização de contactos insistentes com o consumidor

A lei considera igualmente como prática comercial agressiva a realização de "solicitações persistentes e não solicitadas, por telefone, fax, *e-mail* ou qualquer outro meio de comunicação à distância, excepto em circunstâncias e na medida em que tal se justifique para o cumprimento de obrigação contratual" (art. 12º c)).

Neste âmbito, há que recordar que a Lei 6/99, de 27 de Janeiro, já disciplina a publicidade não solicitada permitindo ao consumidor proibir a colocação de publicidade não endereçada na sua caixa de correio (art. 3º da Lei 6/99), assim como enviar a publicidade endereçada, depois de o consumidor ter manifestado oposição ao seu envio (art. 4º da Lei 6/99). Já a publicidade por telefone com utilização de mensagens automáticas de voz e a publicidade por *fax* são proibidas, a menos que o destinatário as autorize previamente (art. 5º, nº 1, da Lei 6/99). Em relação à publicidade telefónica com intervenção humana, o consumidor pode opor-se à mesma, inscrevendo o seu número numa lista de pessoas que não desejam receber publicidade (art. 5º, nºs 2, 3, 4 e 5 da Lei 6/99).

Da mesma forma, no âmbito do comércio electrónico, o Decreto-Lei 7/2004, de 7 de Janeiro disciplina no seu art. 22º as comunicações não solicitadas. Este diploma exige o consentimento prévio do destinatário para o "envio de mensagens para fins de marketing directo, cuja recepção seja independente de intervenção do destinatário, nomeadamente por via de aparelhos de chamada automática, aparelhos de telecópia ou por correio electrónico", (art. 22º, nº 1, do Decreto-Lei 7/2004), mas dispensa esse consentimento no caso das pessoas colectivas (art. 22º, nº 2, do Decreto-Lei 7/2004) e dos clientes com quem se tenha celebrado previamente transacções (art. 22º, nº 3, do Decreto--Lei 7/2004), aos quais é reconhecida, no entanto, a possibilidade de se oporem à recepção dessa publicidade (art. 22º, nº 4, do Decreto-Lei 7/2004).

D) Ausência de resposta ou utilização de expedientes dilatórios para recusar o cumprimento de contratos de seguro

O art. 12º d) considera ainda como prática comercial agressiva "obrigar o consumidor, que pretenda solicitar indemnização ao abrigo de uma apólice de seguro, a apresentar documentos que, de acordo com os critérios de razoabilidade, não possam ser considerados relevantes para estabelecer a validade do pedido, ou deixar sistematicamente sem resposta a correspondência pertinente, com o objectivo de dissuadir o consumidor do exercício dos seus direitos contratuais". Neste caso, sabendo-se da tendência de certas companhias seguradoras de deixar sem respostas ou colocar exigências documentais desproporcionadas quando os clientes pretendem accionar os contratos de seguro, o legislador decidiu expressamente tipificar esta situação como prática comercial agressiva.

E) Inclusão em anúncio publicitário de uma exortação a crianças para comprarem ou convencerem os pais ou outros adultos a adquirirem os bens ou serviços comercializados

No art. 12º e) considera-se ainda como prática comercial agressiva "incluir em anúncio publicitário uma exortação directa às crianças no sentido de comprarem ou convencerem os pais ou outros adultos a comprar-lhes os bens ou serviços comercializados". Esta qualificação como prática comercial agressiva compreende-se, não apenas em virtude de as crianças serem especialmente influenciáveis pela publicidade, mas também à maior dificuldade dos adultos em recusar os pedidos das crianças, constituindo por isso a exortação às mesmas uma forma desleal de promover a venda dos produtos ou serviços. Deve, aliás, salientar-se que esta forma de utilização das crianças na publicidade já é expressamente proibida no art. 14º, nº 1, a) e b) do Código da Publicidade.

F) Exigência do pagamento ou devolução de bens ou serviços não solicitados

Uma outra prática comercial agressiva, expressamente referida no art. 12º f) consiste em "exigir o pagamento imediato ou diferido de bens e serviços ou a devolução ou guarda de bens fornecidos pelo profissional que o consumidor não tenha solicitado, sem prejuízo do disposto no regime dos contratos celebrados à distância acerca da possibilidade de fornecer o bem ou o serviço de qualidade e preço equivalente". Efectivamente, tem sido prática comum de certos comerciantes, designadamente no âmbito de livros e revistas, enviá-los sem qualquer solicitação e depois reclamar o preço ou a sua devolução, o que constitui uma forma de assédio em relação à aquisição do produto. Em ordem a reprimir esse tipo de assédio, a lei qualifica expressamente esse comportamento como prática comercial desleal.

Em ordem a proteger o consumidor contra este tipo de prática, o art. 13º, nº 1, do Decreto-Lei 57/2008, estabelece que no caso de envio de bens ou serviços não encomendados ou solicitados, que não constitua o cumprimento de qualquer contrato válido, o destinatário desses bens ou serviços não fica obrigado à sua devolução ou pagamento, podendo conservá-los a título gratuito. A lei é expressa no sentido de que a ausência de resposta do destinatário não vale como consentimento (art. 13º, nº 2), estabelecendo-se ainda que, caso o destinatário decida efectuar a devolução do bem, tem direito a ser reembolsado das despesas desta decorrentes no prazo de 30 dias a contar da data em que a tenha efectuado (art. 13º, nº 3).

A qualificação como prática comercial desleal deixa, no entanto, de se verificar se for fornecido um bem ou um serviço de qualidade e preço equivalentes aos solicitados ao abrigo do regime dos contratos à distância. Efectivamente, o art. 9º, nº 4, do Decreto-Lei 143/2001, de 26 de Abril, alterado e republicado pelo Decreto-Lei 82/2008, de 20 de Maio, admite que o fornecedor possa fornecer um bem ou prestar um serviço ao consumidor de qualidade e preço equivalentes, desde que essa possibilidade tenha sido prevista antes da celebração do contrato ou no próprio contrato, de forma clara e compreensível e aquele informe por escrito o consumidor de que correm por sua conta as despesas com a devolução. Nesse caso, o consumidor já não adquire o direito de conservar os bens a título gratuito, mantendo no entanto a possibilidade de optar pelo direito de livre resolução, caso em que as despesas de devolução ficam a cargo do fornecedor (art. 9º, nº 5, do Decreto-Lei 143/2001, de 26 de Abril, alterado e republicado pelo Decreto-Lei 82/2008, de 20 de Maio).

G) Informação ao consumidor de que a recusa de aquisição do bem ou serviço põe em perigo o emprego ou a subsistência do profissional

Outra prática comercial agressiva prevista no art. 12º g) é a de informar explicitamente o consumidor de que a sua recusa em comprar o bem ou contratar a prestação de serviço põe em causa o emprego ou a subsistência do profissional. Efectivamente, muitas vezes os consumidores vêem-se confrontados com propostas de aquisição de bens ou serviços por parte de funcionários do profissional, os quais os informam que podem perder o emprego ou não conseguir obter rendimentos necessários à sua subsistência caso não consigam colocar os bens ou serviços que foram encarregados de comercializar. Essa informação pode colocar problemas de consciência nos consumidores, determinando-os a adquirir esses produtos ou serviços pelo receio das consequências que a sua recusa acarrete para os referidos funcionários. Trata-se por isso naturalmente de uma prática comercial agressiva e daí a sua proibição legal.

H) Transmitir a falsa impressão de que o consumidor ganhou ou pode ganhar um prémio ou uma vantagem inexistentes ou geradoras de custos

Finalmente, o art. 12º, h) qualifica como prática comercial agressiva o acto de transmitir a impressão falsa de que o consumidor já ganhou, vai ganhar ou, mediante a prática de um determinado acto, ganha um prémio ou outra vantagem, quando não existe qualquer prémio ou vantagem ou quando a prática de actos para reclamar o prémio ou a vantagem implica, para o consumidor, pagar um montante em dinheiro ou incorrer num custo. Este tipo de comportamento constitui em bom rigor uma acção enganosa semelhante às previstas no art. 8º. A sua qualificação como prática comercial agressiva justifica-se em virtude da pressão que institui sobre o consumidor, que é determinado à aquisição do produto em resultado da falsa convicção de ter sido beneficiado com qualquer prémio ou vantagem.

4. Meios de reacção às práticas comerciais desleais

4.1. Generalidades

As práticas comerciais desleais suscitam diversos tipos de reacção da ordem jurídica, podendo assim desencadear a aplicação de diversas sanções. A lei qualifica as práticas comerciais desleais como contra-ordenações, sendo assim sancionadas com coimas (art. 21º). Para além disso, considera anuláveis os contratos celebrados ao abrigo dessas práticas (art. 14º), determinando ainda que as mesmas podem constituir o infractor em responsabilidade civil pelo prejuízo causado ao consumidor (art. 15º). Finalmente, as práticas comerciais desleais podem determinar o recurso à acção inibitória, destinada a estabelecer a sua proibição futura (art. 16º).

Analisemos todas estes meios de reacção.

4.2. A qualificação das práticas comerciais desleais como contra-ordenação

Nos termos do art. 21º, nº 1, a violação do disposto nos arts. 4º a 12º constitui contra-ordenação punível com coima de € 250 a € 3740,98, se o infractor for pessoa singular, e de € 3000 a 44 891,81, se o infractor for pessoa colectiva.

De acordo com o art. 21º, nº 2 podem ser ainda aplicáveis, em função da gravidade da infracção e da culpa do agente, as seguintes sanções acessórias:
    a) perda de objectos pertencentes ao agente;
    b) interdição do exercício de profissões ou actividades, cujo exercício dependa de título público ou de autorização ou homologação de autoridade pública;
    c) encerramento de estabelecimento cujo funcionamento esteja sujeito a autorização ou licença de autoridade administrativa;
    d) publicidade de aplicação das coimas e das sanções acessórias a expensas do infractor.

As três primeiras sanções têm um prazo máximo de vigência de dois anos, contados a partir da data da decisão condenatória (art. 21º, nº 3).

A negligência é punível, sendo os limites máximos e mínimos das penas reduzíveis a metade (art. 21º, nº 4).

4.3. A invalidade dos contratos

O art. 14º estabelece que os contratos celebrados sob a influência de alguma prática comercial desleal são anuláveis a pedido do consumidor, nos termos do art. 287º do Código Civil. Desta remissão resulta que apenas o consumidor tem legitimidade para requerer a anulação do contrato, tendo para o efeito o prazo de um ano a contar da cessação do vício (art. 287º, nº 1, CC). Caso, no entanto, o contrato ainda não tenha sido cumprido, a anulabilidade pode ser arguida sem dependência de prazo, tanto por via de acção como por via de excepção (art. 287º, nº 2, CC).

Numa solução pouco comum, a lei admite, no entanto, que o consumidor possa, em lugar da anulação, requerer a modificação do contrato segundo juízos de equidade (art. 14º, nº 2). Esta solução não consta da Directiva 2005/29//CE e é pouco conforme com a natureza das práticas comerciais desleais, as quais não se caracterizam por induzir a um desequilíbrio contratual, que necessitasse de ser corrigido equitativamente, mas antes por conduzir à celebração dos contratos com base em acções ou omissões enganosas ou agressivas. Dificilmente por isso a modificação do contrato celebrado constituirá um remédio adequado perante a violação dos direitos dos consumidores.

A lei estabelece ainda que, se a invalidade afectar apenas uma ou mais cláusulas do contrato pode o consumidor optar pela manutenção deste, reduzido ao seu conteúdo válido (art. 14º, nº 3). Esta disposição contraria o regime geral da redução negocial, constante do art. 292º CC, o qual estabelece que a nulidade ou anulação parcial não determina a invalidade de todo o negócio, salvo quando se mostre que este não teria sido concluído sem a parte viciada. Efectivamente, neste âmbito a invalidade parcial afecta todo o negócio, a menos que o consumidor opte pela sua redução.

4.4. A responsabilidade civil pelos prejuízos causados ao consumidor

Dispõe o art. 15º que o consumidor lesado por efeito de alguma prática comercial desleal proibida nos termos do presente decreto-lei é ressarcido nos termos gerais. O consumidor adquire assim direito à reparação dos danos causados em resultado da prática comercial desleal. A nosso ver, no entanto, o âmbito do dano indemnizável variará consoante venha a ser ou não anulado o contrato ao abrigo do art. 14º. Efectivamente, em caso de anulação, a indemnização será limitada ao interesse contratual negativo. Já se o contrato não for anulado, a parte terá o direito a que a indemnização abranja o interesse contratual positivo.

4.5. A acção inibitória

O último meio de reacção contra as práticas comerciais desleais é o recurso à acção inibitória. O art. 16º permite a instauração da acção inibitória prevista na Lei 24/96, de 31 de Julho, a qualquer pessoa, incluindo os concorrentes que tenham interesse legítimo em opor-se a práticas comerciais desleais, com vista a prevenir, corrigir ou fazer cessar tais práticas. Efectivamente, o art. 10º, nº 1, c) da Lei 24/96, admite o recurso à acção inibitória para prevenir, corrigir ou fazer cessar práticas lesivas dos direitos dos consumidores, designadamente aquelas que consistam em práticas comerciais expressamente proibidas por lei. Nesse caso, a sentença proferida nessa acção pode ser acompanhada da sanção pecuniária compulsória prevista no art. 829º-A CC, sem prejuízo da indemnização a que haja lugar (art. 10º, nº 2, da Lei 24/96).

Sobre Viagens Organizadas e "Férias Estragadas". Breves Notas*

Manuel Januário da Costa Gomes**

Sumário: 1. Introdução. 1.1. O dealbar das viagens organizadas; 1.2. A Directiva 90/314/CEE; 1.3. O regime interno português sobre viagens organizadas; 1.4. Noção de viagens organizadas; 1.5. A importância do programa de viagem; 1.6. A celebração do contrato de viagem organizada; 2. O artigo 5 da Directiva 90/134/CEE e o Acórdão Leitner; 3. A indemnização pelo dano autónomo "férias estragadas"; 4. Os titulares do direito a indemnização; 5. A responsabilidade objectiva da agência de viagens; 6. A responsabilidade solidária da agência vendedora com a agência organizadora.

1. Introdução

1.1. O dealbar das viagens organizadas

I. Imputa-se a Thomas Cook – fundador da célebre agência de viagens *Thomas Cook & So, Ltd* – a iniciativa da primeira viagem organizada, no sentido que é hoje *grosso modo* emprestado à expressão.

Num dia de Julho de 1841, Cook organizou uma excursão entre Leicester e Loughborough, que incluía a viagem de comboio, fretado para o efeito, comida, bebida, tudo isso "ao som" de discursos anti-alcoólicos, verdadeiro

---

* Texto adaptado e actualizado da conferência organizada pela Associação Portuguesa de Direito do Consumo, proferida no dia 16 de Dezembro de 2006 no auditório do Planetário – Fundação Ciência e Desenvolvimento (Porto).
** Professor da Faculdade de Direito da Universidade de Lisboa.

Motiv da iniciativa[1]. A viagem não terá sido um sucesso sob o ponto de vista económico, tanto mais que o preço era módico, mas foi o bastante para que Cook se apercebesse das oportunidades de negócio que a iniciativa lhe abria.

Não valerá a pena chamar a atenção para aquilo que, na actualidade, é óbvio: a importância do turismo, a sua "democratização", o facto de as viagens terem deixado de ser um privilégio aristocrático ou da alta burguesia para se converterem num produto de massas.

Neste campo, a oferta, pelas agências de viagens, de "pacotes" turísticos "tudo incluído" tem um lugar importantíssimo: ao consumidor são oferecidos "produtos", no sistema "tudo incluído", nas mais diversas partes do mundo, não tendo o mesmo, em consequência, de se preocupar com o traçar do itinerário até ao local de destino, com a escolha da companhia transportadora, com as ligações, escalas, reservas de hotéis, sistema de alimentação, locais a visitar, definição dos tempos livres, etc: tudo incluído (ou quase) contra o pagamento de uma quantia em dinheiro.

Claro que, a par deste serviço de "prêt-a-partir"[2], as agências de viagens continuam a prestar serviços de "alfaiate" – por medida – cumprindo as indicações específicas e sucessivas do cliente, que define, por vezes com grande minúcia, o dia e hora da partida, a companhia de aviação ou outra transportadora que pretende, os hotéis, o tipo de alojamento, novas ligações, aéreas, marítimas ou ferroviárias, o aluguer de automóvel, etc.

Contudo, o turismo de massas passa, de forma cada vez mais intensa, pelo recurso às viagens organizadas ou então, no pólo oposto, pelo turismo de "mochila às costas", avesso, por natureza, a pré-definições.

Como é sabido, nas viagens organizadas não é a própria agência de viagens que presta os serviços ou, pelo menos, a totalidade dos serviços de que o turista irá beneficiar: a agência de viagens recorre às companhias de transporte, dos mais diversos tipos, aos hoteleiros, às cadeias de restaurantes, às empresas de excursões turísticas nos locais de destino, etc., estabelecendo com essas empresas acordos para prestação de serviços às pessoas que "compram" os pacotes turísticos.

II. As preocupações internacionais relativamente às viagens organizadas já estão bem expressas na Convenção (UNIDROIT) de Bruxelas de 1970 sobre

---

[1] Cf. MIGUEL MIRANDA, *O contrato de viagem organizada*, Almedina, Coimbra, 2000, p. 54.
[2] Trata-se de um feliz trocadilho imputado a Couvrat; cf. SOUSA RIBEIRO, *O contrato de viagem organizado na lei vigente e no anteprojecto do Código do Consumidor*, in *Homenagem da Faculdade de Direito de Lisboa ao Professor Doutor Inocêncio Galvão Telles – 90 anos*, Almedina, Coimbra, 2007, p. 553.

o contrato de viagem, Convenção essa que não teve sucesso, estando, como diz Troiano[3], "substancialmente falida".

Especificamente no que ao direito europeu respeita, avulta o impulso decisivo dado pela Directiva 90/314/CEE do Conselho, de 13 de Julho de 1990, relativa às viagens organizadas, férias organizadas e circuitos organizados.

Essa iniciativa radicou no reconhecimento da insuficiência do regime comum para regular as situações jurídicas criadas pela realidade dos "pacotes turísticos", *maxime* no que se refere à protecção do turista – do consumidor[4].

A nível de legislações nacionais, destaquem-se os casos da Itália e da Alemanha[5]. Em Itália, a Convenção de Bruxelas de 1970 foi ratificada e adoptada no direito interno (Lei nº 1084, de 27.12.1977), conquanto limitada às viagens internacionais. A evolução seguinte passou pela adaptação à Directiva 90/314//CEE[6], sendo, depois, o regime das viagens organizadas integrado no *Codice del Consumo* e, muito recentemente (Decreto Legislativo nº 79, de 23 de Maio de 2011), retirado deste para integrar o *Codice della normativa Statale in tema di Ordinamento e Mercato del Turismo*.

A Alemanha seguiu um percurso autónomo, tendo, em 1979, introduzido no BGB um regime das viagens organizadas, aditando os §§ 651a a 651k, no âmbito da Empreitada (*Werkvertrag*)[7].

1.2. A Directiva 90/314/CEE

I. O artigo 1 da Directiva define o seu objecto: aproximar as disposições legislativas, regulamentares e administrativas relativas às viagens organizadas, às

---

[3] Cf. ONOFRIO TROIANO, *Cooperazione stabile, plurisoggettiva e contraente unico*, Giuffrè, Milano, 2001, p. 55. Para uma perspectiva do regime da Convenção, cf. TROIANO, *op. cit.*, pp. 68-69 e, entre nós, MIGUEL MIRANDA, *O contrato de viagem organizada*, *cit.*, pp. 68-69.

[4] Sobre o turista como consumidor, cf., v. g., TORRES LANA, *La protección del turista en el derecho español*, in *Estudios Jurídicos en Homenaje al Profesor Luis Díez-Picazo*, tomo II – Derecho Civil. Derecho de obligaciones, Thomson-Civitas, Madrid, 2003, p. 3165.

[5] Com referências a outros direitos europeus, cf., v. g., VALDÉS-BANGO, *El contrato de viaje combinado*, Thomson-Aranzadi, Cizur Menor, 2005, p. 35 e ss. e MIGUEL MIRANDA, *O contrato de viagem organizada*, *cit.*, p. 74 e ss.; especificamente quanto ao direito espanhol, cf. também TORRES LANA, *La protección del turista en el derecho español*, *cit.*, p. 3183 e ss..

[6] Sobre a evolução até ao Decreto Legislativo nº 111 (1995), cf., v. g., SANTUARI, *I contratti di viaggio "all inclusive" tra fonti interne e diritto transnazionale*, Cedam, Padova, 2003, pp. 3 e ss., 21 e ss. e 45 e ss. e BUONOCORE, *I contratti di trasporto e di viaggio*, Giappichelli, Torino, 2003, p. 286 e ss.; cf. também MASSIMO FRAGOLA, *Profilo comunitario del turismo*, Cedam, Padova, 1996, pp. 257 e ss., 263 e ss. e 287 e ss. e CAGNASSO/COTTINO, *Contratti commerciali*, Cedam, Padova, 2000, p. 286 e ss..

[7] Cf., v. g., KALLER, *Reiserecht*, 2ª edição, Verlag Beck, München, 2005, p. 1 e ss. e TONNER, in *Münchener Kommentar zum Bürgerlichen Gesetzbuch*, Band 4 (§§ 611-704), 4ª edição, Verlag Beck, München, 2006, p. 2049 e ss..

férias organizadas e aos circuitos organizados, vendidos ou propostos para venda no território da Comunidade.

Destacamos os seguintes aspectos focados nos considerandos, que se revelam bem elucidativos relativamente às razões que moveram o legislador comunitário:

"(...) Considerando que o turismo desempenha um papel de importância crescente na economia dos Estados-membros; que o sistema de viagens organizadas constitui uma parte essencial do turismo; que o sector das viagens organizadas nos Estados-membros seria incentivado para um maior crescimento e produtividade se fosse adoptado um mínimo de regras comuns, a fim de lhe conferir uma dimensão comunitária; que esse facto não só beneficiaria os cidadãos da Comunidade que adquirem viagens organizadas elaboradas com base em tais regras mas atrairia igualmente turistas de países terceiros que procuram as vantagens da existência de normas garantidas nas viagens organizadas;

Considerando que as regras para a protecção do consumidor apresentam, de um Estado-membro para outro, disparidades que dissuadem os consumidores de um Estado-membro determinado a adquirir viagens organizadas noutro Estado-membro;

Considerando que esse factor de dissuasão desencoraja os consumidores de forma especialmente eficaz a adquirir viagens organizadas fora do seu próprio Estado-membro; que esse factor é mais eficaz que no caso da aquisição de outros serviços, dado que o carácter especial das prestações fornecidas numa viagem organizada pressupõe geralmente o pagamento antecipado de quantias importantes e o fornecimento das prestações num Estado diferente do Estado da residência do consumidor (...)".

Como se vê, através destes Considerandos, o legislador comunitário, a par do reconhecimento do relevo das viagens organizadas no sector do turismo, veio acentuar a necessidade do estabelecimento de soluções legislativas harmonizadas nos diversos Estados-membros, quer como forma de assegurar um quadro comum de protecção dos consumidores, quer como via necessária para o incremento das viagens organizadas.

II. A Directiva está estruturada em 10 artigos. Já vimos que o artigo 1 define o objecto da Directiva. O artigo 2 fixa a terminologia utilizada, definindo "Viagem organizada", "Operador", "Agência", "Consumidor" e "Contrato". Naturalmente que todas estas definições são essenciais para a apreensão do âmbito de aplicação da Directiva e respectivo regime, sendo, desde logo, de destacar o facto, assumido logo no artigo 2, de a contraparte nos contratos poder ser um *operador* – "a pessoa que organiza viagens organizadas de forma não ocasional e as vende ou propõe para venda, directamente ou por intermédio de uma agência" – ou uma *agência* – "a entidade que vende ou propõe para venda a viagem organizada elaborada pelo operador".

Saliente-se também que, para a Directiva, *Consumidor* tanto é o "contratante principal" ("a pessoa que adquire ou se compromete a adquirir a viagem organizada") como "os outros beneficiários" ("qualquer pessoa em nome da qual o contratante principal se compromete a adquirir a viagem organizada") como também "o cessionário" ("qualquer pessoa a quem o contratante principal ou um dos outros beneficiários cede a viagem organizada").

O artigo 3 cura, fundamentalmente, da fidedignidade dos elementos a mencionar na descrição da viagem organizada, enunciando, no seu número 2, os elementos que devem constar da brochura que seja colocada à disposição do consumidor.

O artigo 4 reúne um conjunto variado de matérias, designadamente sobre as informações que devem ser prestadas ao consumidor, sobre os princípios que os Estados-membros devem respeitar na transposição da Directiva, sobre a cessão da posição contratual do consumidor e respectivo regime, sobre a revisão do preço estabelecido no contrato, sobre a alteração significativa de elementos essenciais do contrato e a tutela do consumidor e ainda sobre as situações em que, após a partida, não seja fornecida uma parte significativa dos serviços previstos no contrato.

O artigo 5 trata, no essencial, da responsabilidade do operador ou da agência pela correcta execução das obrigações decorrentes do contrato, referindo-se, também, às situações em que é de admitir uma não responsabilização e ainda a situações de limitação da responsabilidade, "no que diz respeito aos danos resultantes da não execução ou da incorrecta execução das prestações inerentes à viagem organizada", em conformidade com as convenções internacionais que regem essas prestações. Admite também o artigo 5 uma limitação de indemnização relativamente aos danos não corporais, limitação essa, no entanto, que não deve ultrapassar os limites do razoável.

A referência à limitação da indemnização nos termos de convenções internacionais aplicáveis é assim explicada nos Considerandos: "Considerando que, sempre que estiver em causa a responsabilidade do operador e/ou da agência pela não execução ou pela incorrecta execução das prestações inerentes à viagem organizada, parece indicado que essa responsabilidade possa ser limitada, em conformidade com as convenções internacionais que regulamentam estas prestações, nomeadamente a Convenção de Varsóvia de 1929 sobre os transportes aéreos internacionais, a Convenção de Berna de 1961 sobre os transportes ferroviários, a Convenção de Atenas de 1974 sobre os transportes marítimos e a Convenção de Paris de 1962 sobre a responsabilidade dos industriais de hotelaria (...)".

O artigo 6 impõe ao operador, à agência ou ao seu representante local, caso exista, um dever de diligência, em ordem a encontrarem uma solução adequada quando ocorra uma reclamação.

O artigo 7 cura da garantia do reembolso ou repatriamento dos consumidores nas situações de insolvência do operador ou da agência que sejam partes no contrato.

O artigo 8 dispõe que os Estados-membros podem adoptar, no domínio regulado pela Directiva, soluções mais rigorosas para defesa do consumidor.

Finalmente, o artigo 9 definia a data-limite (31.12.1992) para que fosse dado cumprimento à Directiva, enquanto o artigo 10 dispõe, *ad evidentiam*, que os destinatários da Directiva são os Estados-membros.

1.3. O regime interno português sobre viagens organizadas

A autonomia do contrato de viagem organizada no direito interno português acontece em transposição da Directiva 90/314/CEE, através do Decreto-Lei 198/93, de 27 de Maio[8].

Magros anos volvidos, este diploma viria a ser substituído pelo Decreto-Lei 209/97, de 13 de Agosto, num claro recuo relativamente ao diploma de 93, no que ao âmbito de protecção do consumidor respeita. Isso mesmo é assumido no preâmbulo do Decreto-Lei de 97, quando refere que o regime do diploma de 93 "foi além do que era exigido" pela Directiva, afirmação esta ilustrada, precisamente, com as viagens organizadas: "Assim aconteceu com o alargamento do conceito de viagem organizada, que levou à sujeição de inúmeras viagens a tal regime, as quais, de acordo com a directiva, estariam excluídas"[9]. Outros campos de incidência do novo regime foram:

(i) o afastamento do regime de não limitação de responsabilidade das agências quando estivesse em causa a prestação de serviços por terceiros, cuja responsabilidade estivesse limitada por convenções internacionais;

(ii) a omissão, no diploma de 1993, do conceito de "viagens por medida", o que se traduzia numa lacuna que urgia colmatar".

Entretanto, o Decreto-Lei 12/99, de 11 de Janeiro, veio introduzir alterações ao Decreto-Lei 209/97, incluindo pontos do regime das viagens organizadas, sob a égide da necessidade de compatibilizar este Decreto-Lei com o regime jurídico da instalação e funcionamento dos empreendimentos turísticos e das casas e empreendimentos de turismo no espaço rural.

---

[8] Para referências legislativas anteriores, que, no entanto, não contendem com a afirmação feita no texto, cf. MIGUEL MIRANDA, *O contrato de viagem organizada, cit.*, p. 78 e ss..

[9] Cf. SOUSA RIBEIRO, *O contrato de viagem organizada, cit.*, p. 554, referindo que o legislador fez "farto uso" da faculdade que o artigo 8 da Directiva lhe atribuía, de adoptar "disposições mais rigorosas para defesa do consumidor".

Finalmente, depois do fugaz aparecimento – e, aparentemente, ocaso – do Anteprojecto do Código do Consumidor (ACS), que, num regime decalcado do Decreto-Lei 209/97, regula, nos artigos 364 a 386, as viagens turísticas, incluindo dentro destas as viagens organizadas, o recente Decreto-Lei 61/2011, de 6 de Maio (LAV), revoga o Decreto-Lei 209/97, regulando as *viagens* a partir do artigo 15 e as *viagens organizadas* entre os artigos 18 e 28, mas encontrando-se previsões específicas quanto a estas noutras disposições do diploma, como na definição do artigo 15/2 ou no regime de responsabilidade do artigo 29 e seguintes.

1.4. Noção de viagens organizadas

I. Tal como no artigo 17 do Decreto-Lei 209/97, o ponto de partida, agora face ao artigo 15 da LAV, para a compreensão do conceito de "viagens organizadas" é o conceito de "viagens turísticas"[10]. *Prima facie*, face ao diploma de 1997, este era o *Oberbegriff* que abarcava os conceitos de *viagens organizadas*, de *viagens por medida* e, conquanto não autonomizado *qua tale*, de *viagens turísticas em sentido estrito*, ou seja viagens classificáveis como turísticas mas que não revestissem as características das viagens organizadas e das viagens por medida.

Não é assim face à LAV, desde logo porque a mesma coloca as *viagens por medida* (artigo 15/3) – ou seja, as viagens "preparadas a pedido do cliente para satisfação das solicitações por este definidas" – se não fora do conceito de viagens turísticas, pelo menos não necessariamente dentro, propósito esse bem claro, de resto, se confrontarmos a redacção do artigo 17/3 do diploma de 1997 com a do artigo 15/3 da LAV[11].

Por outro lado, a epígrafe da Secção (Secção II) onde se insere o artigo 15 passou a ser, simplesmente, "Viagens", quando no diploma de 1997 era "Das viagens turísticas".

A ideia não será tanto, conforme presumimos, afastar a hipótese de as viagens por medida serem viagens turísticas, tal como definidas no artigo 15/1, mas, antes, vincar que as viagens por medida não têm necessariamente que obedecer àquele figurino.

Fora de análise estão as situações (artigo 15/4 da LAV) em que "a agência se limita a intervir como mera intermediária em vendas ou reservas de serviços

---

[10] Em geral sobre o conceito de viagens turísticas e respectivo regime, no domínio do Decreto-Lei 209/97, cf. MÁRIO FROTA, *O contrato de viagens turísticas*, in *Revista Portuguesa de Direito do Consumo*, nº 22 (2000), p. 57 e ss..

[11] As viagens por medida continuam na LAV com o mesmo défice de protecção, quanto confrontado com o regime das viagens organizadas, conforme identificado por SOUSA RIBEIRO, *O contrato de viagem organizada*, cit., p. 558 e ss., no domínio do diploma de 1997.

avulsos solicitados pelo cliente" – situações estas que não são havidas como viagens turísticas.

De acordo com o artigo 15/1 da LAV, são *viagens turísticas* as que combinem, pelo menos, duas das seguintes categorias: a) Transporte; b) Alojamento; c) Serviços turísticos não subsidiários do transporte.

Preso à técnica do artigo 17 do Decreto-Lei 209/97, o artigo 15/2 da LAV vem definir as viagens organizadas como viagens turísticas mas, apesar disso, repete o desnecessário, por já fazer parte do *Oberbegriff* viagens turísticas: que as viagens em causa devem combinar – no caso, previamente – dois dos seguintes serviços: *a)* Transporte; *b)* Alojamento; *c)* Serviços turísticos não subsidiários do transporte. A diferença – *rectius*, a especificidade – neste ponto, está no facto de ser necessário que estes serviços turísticos representem *uma parte significativa da viagem*.

No que respeita aos serviços turísticos não subsidiários do transporte – que devem ser interpretados em termos extensivos, em conformidade com a Directiva, entendendo-se que os serviços em causa serão não subsidiários não só em relação ao transporte mas também em relação ao alojamento – a alínea *c)* do artigo 15/2 da LAV dá como exemplos os serviços relacionados com eventos desportivos, religiosos e culturais.

A especificidade das viagens organizadas face às viagens turísticas está no facto (artigo 15/2 da LAV) de as mesmas serem vendidas ou propostas para venda a um *preço com tudo incluído*, quando excedam vinte e quatro horas ou incluam uma dormida, e combinem dois dos serviços indicados para a caracterização das viagens como turísticas, mas com a especificidade, já assinalada, no que aos serviços turísticos não subsidiários do transporte concerne, de os mesmos deverem representar, quando incluídos, uma *parte significativa* da viagem.

De acordo com o artigo 15/5 da LAV, a eventual facturação separada dos diversos elementos de uma viagem organizada não prejudica a sua qualificação legal nem a aplicação do respectivo regime. A solução vem do artigo 17/5 do Decreto-Lei 209/97 e, a montante, do artigo 2/1 da Directiva 90/314/CEE, constituindo uma manifestação da proibição de fraude à lei.

II. Logo na noção de viagens organizadas, vemos referência à *compra e venda*: venda ou proposta de venda da viagem. A tónica na venda é continuada nas sucessivas disposições, referindo-se o artigo 20 da LAV a *contrato de venda de viagem organizada*.

Esta designação não significa qualquer tomada de posição da LAV em termos de natureza jurídica – tomada de posição essa que, de resto, não lhe caberia fazer – correspondendo, antes, à adesão à linguagem do dia-a-dia e do jargão do *marketing* e da publicidade.

O que está, porém, em causa não é a compra e venda de um bem, mas a *prestação de serviços*[12]: não "serviço vendido", como se lê no artigo 17/1 da LAV, mas serviço prestado ou a prestar, como resulta da redacção da alínea *j*) do artigo 20/1.

Parece-nos, assim, mais rigoroso falar, simplesmente, de *contrato de viagem organizada*, em vez de "contrato de compra e venda de viagem organizada".

1.5. A importância do programa de viagem

I. De acordo com o artigo 18/1 da LAV, as agências que anunciarem a realização de viagens organizadas devem dispor de programas para entregar a quem os solicite.

Seguindo o trilho dos artigos 20 e 22 do Decreto-Lei 209/97, os artigos 18 e 20 da LAV reportam-se às menções que devem constar do programa e do contrato. A técnica usada é, quanto às menções a constar do programa, remeter, no essencial, para aquelas que devem constar (também) do contrato. A solução poderia ser, naturalmente, diferente[13], enunciando a lei, em sede de programa, as menções necessárias e estabelecendo, depois, em sede contrato, a necessidade de o mesmo conter aqueles (todos ou parte) elementos.

De acordo com o artigo 18/2 da LAV, os programas de viagem devem informar, de forma clara, precisa e com caracteres legíveis os elementos informativos enumerados nas alíneas *a*) a *l*) do artigo 20/1[14], sendo aqui aplicável o comando geral do artigo 16/4, de acordo com o qual "qualquer descrição de uma viagem, bem como respectivo preço e as restantes condições do contrato, não devem conter elementos enganadores nem induzir o consumidor em erro".

Destaque-se, pelo mais directo relevo para o tema do dano "férias estragadas", a que nos referimos *infra*, as menções das alíneas *e*), *g*), *h*) e *l*)[15]:

e) Origem, itinerário e destino da viagem, períodos e datas de estada;

g) Meios, categorias e características de transporte utilizados, datas, locais de partida e regresso e, quando possível, as horas;

h) O grupo e classificação do alojamento utilizado, de acordo com a regulamentação do Estado de acolhimento, sua localização, bem como o nível de

---

[12] Sobre a natureza jurídica do contrato de viagem organizada, cf., v. g. MEDICUS/LORENZ, *Schuldrecht*, II – *Besonderer Teil*, 15ª edição, Verlag Beck, München, 2010, p. 263 e ss., TONNER, in *Münchener Kommentar BGB*, 4⁴, *cit.*, p. 2048 e ss. e, entre nós, MIGUEL MIRANDA, *O contrato de viagem organizada*, *cit.*, p. 57 e ss..
[13] É esta, de resto, a proposta que encontramos nos artigos 367 e 369 do ACS.
[14] A estas menções, o artigo 18/2 acrescenta duas mais: *a*) a exigência de documento de identificação civil, passaportes, vistos e formalidades sanitárias para a viagem e estada e *b*) quaisquer outras características especiais da viagem.
[15] Cf., em análise específica, MIGUEL MIRANDA, *O contrato de viagem organizada*, *cit.*, p. 158 e ss., com referência às correspondentes alíneas do artigo 22/1 do diploma de 1997.

conforto e demais características principais, número e regime ou plano de refeições fornecidas;

l) Visitas, excursões ou outros serviços incluídos no preço.

II. A importância do programa de viagem decorre do previsto no artigo 19 da LAV, onde se diz que a agência fica vinculada ao *cumprimento pontual do programa*, o qual integra o conteúdo do contrato que vier a celebrar-se, salvo em duas situações.

A primeira [alínea *a*)] é aquela em que o próprio programa preveja a possibilidade de alteração das condições e tal alteração tenha sido expressamente comunicada ao cliente antes da celebração do contrato e cabendo o ónus da prova de tal comunicação à agência de viagens.

A segunda situação [alínea *b*)] é aquela em que exista acordo entre as partes em contrário, cabendo, então, o ónus da prova à agência de viagens.

Conforme parece evidente, o artigo 19 da LAV – tal qual, de resto, o artigo 21 do Decreto-Lei 209/97 – toma a nuvem por Juno, já que, conforme ressalta da própria letra do preceito, a vinculação do programa, tal qual tratada no artigo 19, é-o ao programa enquanto elemento integrativo do contrato (artigo 20/2), que não ao programa em si, antes da celebração do contrato de viagem organizada.

Questão diversa, a que o regime do artigo 19 é alheio, é a da vinculação da agência aos termos da oferta constante do programa, questão cuja abordagem não pode desconsiderar a própria natureza do programa como oferta ao público ou como mero convite a contratar[16].

1.6. A celebração do contrato de viagem organizada

I. Na maioria das situações, o consumidor, depois de estar na posse do *programa* e de o (poder) estudar, apronta-se para celebrar o contrato a que o artigo 20/1 da LAV dá, na esteira do artigo 22/1 do Decreto-Lei 209/97, a designação, pouco feliz, de "contrato de venda de viagem organizada".

Apesar da referência, constante do artigo 16/2, a situações em que seja "obrigatório o contrato escrito", a verdade é que, em sede de viagens organizadas, a LAV não exige, à partida, uma forma específica para o contrato: de acordo com o artigo 20/2 – que ressalva o disposto no artigo 20/3 e ainda o regime relativo ao comércio electrónico – o contrato considera-se celebrado com a entrega ao cliente do documento de reserva e do programa, desde que se tenha verificado o pagamento, ainda que parcial, devendo a viagem ser iden-

---

[16] Com referência ao artigo 21 do Decreto-Lei 209/97, fala SOUSA RIBEIRO, *O contrato de viagem organizada*, cit., p. 568, de uma "proposta contratual, sob as vestes de uma oferta ao público".

tificada através da designação que constar do programa. Ou seja, a validade do contrato não depende da sua redução a escrito assinado por ambas as partes mas é forçoso, para que o contrato se tenha por celebrado, que seja entregue ao cliente (*i*) o documento de reserva e (*ii*) o programa de viagem, podendo ainda acrescentar-se, já não em termos de necessidade mas de normalidade das coisas e de direito do cliente (*iii*) o recibo relativo ao pagamento realizado. É um caso, diríamos, de consensualidade imperfeita.

O contrato pode, no entanto, "transformar-se" em formal por vontade de qualquer das partes: numa redacção mais simpática para a agência, que pode "determinar", do que para o consumidor, que pode "solicitar", o artigo 20/3 da LAV (que segue, quase *ipsis verbis*, a redacção do artigo 22/3 do Decreto-Lei 209/97) prevê que "sempre que o cliente o solicite ou a agência o determine, o contrato consta de documento autónomo onde se incluam todas as menções previstas no n.º 1, devendo a agência entregar ao cliente cópia integral do mesmo, assinado por ambas as partes"[17].

II. Complementarmente à informação constante do programa, a agência deve, antes do início da viagem, prestar ao consumidor, *em tempo útil*, por escrito ou por outra forma adequada, as informações constantes das alíneas *a*) a *l*) do artigo 21: trata-se, sobretudo, de informações complementares e específicas, não constantes do programa de viagem e ainda de informações que visam assegurar ao consumidor, em situações patológicas, a manutenção de uma ligação à agência, em ordem a que esta possa promover a resolução dos problemas surgidos[18].

Face às informações que constavam da lista do artigo 23 do Decreto-Lei 209/97, o artigo 21 da LAV acrescenta duas novas informações: (*i*) sobre a ocorrência de catástrofes naturais, epidemias[19], revoluções e situações análogas que

---

[17] Realce-se também o facto de, por força do artigo 20/4, o contrato dever conter a indicação de que o grupo e a classificação de alojamento utilizado são determinados pela legislação do Estado de acolhimento. Destaque-se, ainda, a necessidade (artigo 20/5) de o contrato ser acompanhado de cópia, em papel ou noutro suporte duradouro facilmente acessível pelo cliente, da ou das apólices de seguro vendidas pela agência de viagens no quadro do contrato, nos termos da alínea *f*) do artigo 3/2.

[18] Em geral, sobre o direito à informação no direito privado do consumo, cf. FERREIRA DE ALMEIDA, *Direito do consumo*, Almedina, Coimbra, 2005, p. 115 e ss..

[19] A propósito da alínea *h*) do artigo 21, cf. a Sentença da *Corte di Cassazione* n.º 16315, de 24.07.2007 e o comentário de CARLO ROSSELLO, *Nel contratto di viaggio "tutto compreso" la mancata realizzazione della finalità turistica comporta l'estinzione del contratto*, in *Il Diritto Marittimo*, CXI (2009), p. 725 e ss., com referência a uma situação em que o consumidor resolvera um contrato de viagem organizada a Cuba, após ter conhecimento de uma epidemia de dengue hemorrágica no local de destino. Para a *Corte*, "a extinção do interesse creditório e da causa do contrato que constitui a sua fonte pode ser determinada pela superveniente impossibilidade de utilização da prestação não imputável ao credor – que deve ser de molde a inutilizar e a tornar irrealizável a "finalidade turística" e é distinta

se verifiquem no local de destino da viagem e de que a agência tenha conhecimento ou que lhe tenham sido comunicadas [alínea h)] e (ii) sobre a possibilidade de rescisão do contrato, nos termos do artigo 26 da LAV [alínea i)].

Já não em termos de informações *tout court* mas de *documentos*, o artigo 17/1 impõe às agências o dever de entregar aos clientes todos os documentos necessários "para a obtenção do serviço vendido"; por sua vez, o artigo 17/2 estabelece que, "aquando da venda de qualquer serviço, as agências devem entregar aos clientes documentação que mencione o objecto e características do serviço, data da prestação, preço e pagamentos já efectuados, excepto quando tais elementos figurem nos documentos referidos no número anterior e não tenham sofrido alteração".

A montante destes momentos, o artigo 16 da LAV, sob a epígrafe "Obrigação de informação prévia", impõe deveres de informação específicos aos clientes, por parte das agências, no que tange a determinadas informações.

2. O artigo 5 da Directiva 90/134/CEE e o Acórdão *Leitner*

De acordo com o artigo 5/1 da Directiva 90/134/CEE, os Estados-membros devem tomar as medidas necessárias para que o operador e/ou a agência que sejam partes no contrato sejam responsáveis perante o consumidor pela correcta execução das obrigações decorrentes do contrato, quer essas obrigações devam ser executadas por eles próprios ou por outros prestadores de serviços, e isso sem prejuízo do direito de regresso do operador e/ou da agência contra esses outros prestadores de serviços. O artigo 5/2 identifica, depois, algumas situações em que, excepcionalmente o operador e/ou a agência podem não ser responsabilizados.

Centrado no regime do artigo 5 da Directiva, importa chamar a atenção para o Acórdão do Tribunal de Justiça de 12 de Março de 2002.

A família de S. Leitner reservara, numa agência, uma viagem organizada em regime de pensão completa num clube turístico na Turquia, para o período de 4 a 18 de Julho de 1997. Cerca de oito dias após o início da estadia, a menor evidenciou sintomas de intoxicação por salmonela, provocada pela comida fornecida no clube, o que, de resto, também aconteceu com outros clientes. Quer a jovem quer os pais ficaram com as férias estragadas até ao fim da estadia. Uma vez de regresso à Áustria, os pais enviaram uma carta de reclamação à agência

---

da impossibilidade superveniente de realização da prestação, na medida em que constitui vicissitude que respeita exclusivamente à esfera do credor – e determina a extinção da relação obrigacional, com a consequente exoneração das partes das respectivas obrigações".

e, perante o silêncio desta, intentaram uma acção de indemnização contra a mesma.

O Tribunal de primeira instância apenas concedeu uma indemnização pelo sofrimento físico resultante da intoxicação alimentar, negando, quanto ao mais, provimento ao pedido baseado na reparação do dano moral causado pela perda do gozo de férias: o tribunal considerou que tais danos não eram passíveis de indemnização.

O *Landgericht* Linz para o qual o recurso foi interposto, concordou com a sentença de primeira instância, no que se referia ao direito austríaco, mas admitiu que a aplicação do artigo 5 da Directiva pudesse conduzir a uma solução diferente, razão pela qual decidiu suspender a instância e submeter ao Tribunal de Justiça a seguinte questão prejudicial:

"Deve-se interpretar o artigo 5 da Directiva 90/314/CEE do Conselho, de 13 de Junho de 1990, relativa às viagens organizadas, férias organizadas e circuitos organizados, no sentido de compreender, em princípio, a indemnização de danos não patrimoniais?".

O Tribunal de Justiça decidiu que o citado artigo 5 "deve ser interpretado no sentido de conferir, em princípio, ao consumidor um direito à reparação do dano moral resultante da não execução ou da incorrecta execução das prestações incluídas numa viagem organizada".

Para o efeito, o Tribunal de Justiça ponderou, designadamente, o seguinte:
a) Que no sector das viagens organizadas, a existência de uma obrigação de reparar os danos morais em determinados Estados-membros e a sua inexistência noutros teria por consequência distorções de concorrência significativas;
b) Que a Directiva, mais concretamente o artigo 5, visa conceder uma protecção aos consumidores e que, no âmbito das viagens turísticas, a reparação do dano causado pela perda do gozo de férias tem para eles uma importância especial;
c) Embora o artigo 5 se limite a remeter, de forma genérica, para o conceito de danos, ao prever, no quarto parágrafo do n.º 2, a faculdade de os Estados-membros admitirem, no que se refere aos danos não corporais, que a indemnização seja limitada por força do contrato, na condição de essa limitação não ultrapassar os limites do razoável, a Directiva estaria a reconhecer, implicitamente, a existência de um direito à reparação dos danos não corporais, como seja o dano moral.

3. A indemnização pelo dano autónomo "férias estragadas"

I. Cremos ser desnecessário, por evidente, demonstrar a importância do gozo de férias na realização pessoal, familiar e profissional das pessoas.

Numa situação em que um sujeito tenha investido numa viagem organizada em ordem a ter um tempo efectivo de pleno gozo de férias, nos termos em que o programa da viagem organizada permite perspectivar, a não realização desse objectivo, *grosso modo* por causa que não seja de força maior ou que não seja imputável ao próprio, permite, quando em termos relevantes, equacionar a existência de um direito autónomo a indemnização por "férias estragadas"[20].

A autonomia desse direito está naturalmente associada à autonomia das "férias estragadas", enquanto dano, dano este que, pela sua especificidade, não se confunde com os seguintes danos que possam ocorrer no decurso da viagem, independentemente de poderem ser imputados à agência nos termos da LAV:

(*i*) danos patrimoniais sofridos no decurso da viagem;
(*ii*) danos não patrimoniais "menores", quando comparados com o dano "férias estragadas";
(*iii*) danos não patrimoniais "maiores", como o dano da perda da vida ou de ofensa à integridade física[21].

No direito civil português, após um período de reservas relativamente à admissão de indemnização por danos não patrimoniais na responsabilidade obrigacional[22], a doutrina e a jurisprudência largamente maioritárias têm admitido a ressarcibilidade dos danos não patrimoniais também nesse tipo de responsabilidade, irrelevando a inserção sistemática do artigo 496 do Código Civil[23].

---

[20] Trata-se esta de uma expressão que podemos já considerar assumida na doutrina e na jurisprudência nacionais; cf. SOUSA RIBEIRO, *O contrato de viagem organizada*, cit., p. 581 e, na jurisprudência o Acórdão da Relação de Lisboa de 24.06.2008 (Processo 2006/2008-7, in www.dgsi.pt) e o Acórdão da Relação do Porto de 13.10.2009 (Processo 0825935, in www.dgsi.pt). A expressão "férias arruinadas", também proposta (cf. MIGUEL MIRANDA, *O contrato de viagem organizada*, cit., p. 228 e ss.), surge como menos impressiva, não tendo, de resto, correspondência com a linguagem comumente utilizada.

[21] Como exemplo de dano da perda da vida decidido como devendo ser suportado pela agência de viagem, destaque-se o célebre caso *Duchiron* (ou "Táxi no Rio"), descrito por MIGUEL MIRANDA, *O contrato de viagem organizada*, cit., pp. 211-212; como exemplo de morte ocorrida no decurso de uma viagem organizada mas com reconhecimento judicial da não responsabilidade da agência organizadora, veja-se o caso decidido pela Relação do Porto no Acórdão de 13.10.2009 (Processo 0825935, in www.dgsi.pt).

[22] Cf., v. g., ANTUNES VARELA, *Das obrigações em geral*, I, 10ª edição, Almedina, Coimbra, 2000, p. 605, nota 3.

[23] Cf., por todos, GALVÃO TELLES, *Direito das obrigações*, 7ª edição, Coimbra Editora, Coimbra, 1997, p. 383, Almeida Costa, *Direito das obrigações*, 10ª edição, Almedina, Coimbra, pp. 603-604, Menezes Cordeiro, *Tratado de direito civil português*, II. Direito das Obrigações, tomo III – Gestão de negócios. Enriquecimento sem causa. Responsabilidade civil, Almedina, Coimbra, 2010, p. 513 e ss., PINTO MONTEIRO, *Cláusula penal e indemnização*, Almedina, Coimbra, 1990, p. 31 e ss., nota 77, MENEZES LEITÃO, *Direito das obrigações*,

Digamos que as reservas, antes manifestadas, contra os "graves perigos" da admissão de indemnização por danos não patrimoniais na responsabilidade contratual[24] não têm constituído travão à admissão da responsabilidade por tais danos, na medida em que, pela sua gravidade, mereçam a tutela do direito.

Ou seja, no caso do direito civil português, não será necessário invocar o Acórdão *Leitner* e a interpretação da LAV quer em si[25] quer em conformidade com a Directiva para lograr o efeito de permitir a indemnização por danos não patrimoniais no âmbito das viagens organizadas.

Cremos poder utilizar como referência as previsões normativas do BGB e do *Codice della normativa Statale in tema di Ordinamento e Mercato del Turismo*. No BGB, a indemnização por férias estragadas é enquadrada na previsão do § 651f/II, quando se refere ao dano "por uso sem utilidade do tempo de férias" ("wegen nutzlos aufgewendeter Urlaubzeit")[26].

Mais claro e impressivo é o artigo 47/1 do recente *Codice della normativa Statale in tema di Ordinamento e Mercato del Turismo*, que, sob a epígrafe "Danno da vacanza rovinata", dispõe: "No caso em que o incumprimento ou o cumprimento defeituoso das prestações que constituem objecto da viagem organizada não seja de escassa importância, no sentido do artigo 1455 do *codice civile*, o turista pode, para além e independentemente da resolução do contrato, exigir uma indemnização pelo dano relativo ao tempo de férias inutilmente decorrido e à irrepetibilidade da ocasião perdida".

Com inspiração neste último critério, propõem-se os seguintes elementos ou "ingredientes" para o dano "férias estragadas":

(i) que o incumprimento do contrato ou o cumprimento defeituoso tenha uma importância relevante (não ser de escassa importância); e

(ii) que esse incumprimento ou cumprimento defeituoso tenha impedido ou perturbado relevantemente o gozo efectivo de férias, nos termos que o programa permitia perspectivar.

Já nos parece equívoca a referência à "irrepetibilidade da ocasião perdida", expressão que não pode constituir fundamento para excluir a indemnização

---

II. *Transmissão e extinção das obrigações. Não cumprimento e garantias do crédito*, 7ª edição, Almedina, Coimbra, 2010, p. 261, ROMANO MARTÍNEZ, *Direito das obrigações. Programa 2010/2011. Apontamentos*, 3ª edição, AAFDL, Lisboa, 2011, p. 112 e SANTOS JÚNIOR, *Direito das obrigações*, I – *Sinopse explicativa e ilustrativa*, AAFDL, 2010, p. 345; cf. ainda SOARES PEREIRA, *A responsabilidade por danos não patrimoniais do incumprimento das obrigações no direito civil português*, Coimbra Editora, Coimbra, 2009, p. 249 e ss. e PAULA LOURENÇO, *A função punitiva da responsabilidade civil*, Coimbra Editora, Coimbra, 2006, p. 281 e ss..

[24] Assim ANTUNES VARELA, *Das obrigações em geral*, I[10], *cit.*, p. 605, nota 3.

[25] De resto, o artigo 35/1 da LAV refere-se expressamente a danos não patrimoniais, enquanto que o artigo 30/5 usa uma expressão na qual podem também incluir-se tais danos: "danos não corporais".

[26] Cf., v. G., MEDICUS/LORENZ, *Schuldrecht*, II[15], *cit.*, p. 274, TONNER, in *Münchener Kommentar BGB*, 4ª, *cit.*, p. 2238 e ss. e KALLER, *Reiserecht*[2], *cit.*, p. 255 e ss..

por "férias estragadas" quando o consumidor tenha capacidade económica para voltar ao local do dano em condições objectivamente similares.

II. Conforme resulta do exposto, o dano "férias estragadas" constitui um *dano não patrimonial* com *autonomia* face a outros danos não patrimoniais que, nas viagens turísticas em geral e nas viagens organizadas em particular, possam ocorrer[27].

É necessário que o dano se consubstancie numa perturbação relevante do gozo de férias enquanto período limitado do ano que o consumidor tenha reservado para o respectivo gozo.

Há, assim, uma clara diferença de grau relativamente a outros danos não patrimoniais "simples", que é importante destacar – diferença essa que não pode deixar de ter relevo a nível indemnizatório.

Importa ainda fazer uma advertência algo elementar (*ça bien sans le dire, mais cela va mieux en le disant*): a referência a "férias estragadas" não contém em si um requisito no sentido da necessidade de o dano acontecer durante um período de *férias* em sentido técnico jurídico: o reformado que, como tal, já não tem período de férias merece igual tutela à do trabalhador por conta de outrem, do estudante ou do livre prestador de serviços.

4. Os titulares do direito a indemnização

Prima facie, não se deveriam suscitar dúvidas sobre o titular de indemnização pelo dano "férias estragadas", já que estamos a falar de uma relação contratual e de responsabilidade obrigacional: o titular será, logicamente, aquele que celebrou o contrato de viagem organizada e que sofreu o dano.

Contudo, deixando claro, em termos de regime, um ponto que, de algum modo, resultaria do regime geral dos *contratos com protecção de terceiros*[28], o artigo 29/7 da LAV, tal como antes o artigo 39/7 do Decreto-Lei 209/97, considera *clientes*, para efeitos do regime do artigo 29, todos os beneficiários da prestação de serviços, ainda que não tenham sido partes no contrato. Há, no entanto, que reconhecer que a figura do *Vertrag mit Schutzwirkung für Dritter* não explicaria cabalmente a posição dos beneficiários da prestação de serviços, já que estes

---

[27] Não falta, porém, quem o insira no leque dos danos patrimoniais; dando nota dessa posição, que refutam, cf. SANTUARI, *I contratti di viaggio "all inclusive"*, cit., p. 158 e ss. e, entre nós, SOARES PEREIRA, *A responsabilidade por danos não patrimoniais*, cit., p. 311.

[28] Cf., sobre estes, por todos, MENEZES CORDEIRO, *Tratado de direito civil português*, II. *Direito das obrigações*, tomo II, Almedina, Coimbra, 2010, pp. 570-571 e 650 e ss., ANTUNES VARELA, *Das obrigações em geral*, I[10], cit., p. 411 e ss. e CARNEIRO DA FRADA, *Teoria da confiança e responsabilidade civil*, Almedina, Coimbra, 2004, p. 135 e ss..

não são apenas credores de *deveres acessórios* de conduta da parte da agência, sendo credores da própria prestação. Em rigor, estamos numa situação em que a lei dá a esses terceiros a mesma posição jurídica que teriam se figurassem como partes no contrato de viagem organizada, sendo o efeito jurídico similar àquele que ocorreria se o cliente tivesse actuado não só em nome próprio mas também em nome daqueles.

5. A responsabilidade objectiva da agência de viagens

I. A responsabilidade das agências de viagens organizadas pelo pontual cumprimento das mesmas resulta dos números 1 e 2 do artigo 29 da LAV: as agências respondem perante os seus clientes, pelo pontual cumprimento das obrigações resultantes dos contratos de viagem organizada, ainda que os serviços devam ser executados por terceiros e sem prejuízo do direito de regresso.

Quanto às "restantes viagens turísticas", como refere o artigo 29/5, as agências respondem – diríamos que só respondem – pela correcta emissão dos títulos de alojamento e de transporte e ainda pela escolha culposa das prestações de serviços, caso estas não tenham sido sugeridas pelo cliente.

Quanto à situação em que as agências intervêm como meras intermediárias em vendas ou reservas de serviços avulsos solicitados pelo cliente, apenas são responsáveis pela correcta emissão dos títulos de alojamento e de transporte (artigo 29/6).

O artigo 29 da LAV agrava a responsabilidade da agência de viagens relativamente ao regime geral ou comum do artigo 799/1 do CC, que estabelece uma presunção de culpa do devedor[29]. Na verdade, a responsabilidade da agência de viagens configura uma *responsabilidade objectiva*, respondendo a agência, independentemente de culpa, pelo *bom resultado* da viagem organizada.

No que respeita às pessoas de quem a agência se socorra para a prestação dos serviços, o artigo 29 da LAV impede a aplicação do regime do artigo 800 do Código Civil, na parte em que permite ao devedor exonerar-se provando que os auxiliares não tiveram culpa[30].

As únicas situações em que a agência se pode exonerar de responsabilidade são as previstas no artigo 29/4

A ideia de que a responsabilidade da agência é objectiva é reforçada pelo recorte negativo dessa responsabilidade feita no artigo 29/4: ou seja, a respon-

---

[29] Cf., por todos, GALVÃO TELLES, *Direito das obrigações*[7], cit., p. 333 e ss..
[30] Cf. SOUSA RIBEIRO, *O contrato de viagem organizada*, cit., p. 578; em geral, sobre o regime do artigo 800 do Código Civil, cf., v. g., ALMEIDA COSTA, *Direito das obrigações*[10], cit., p. 1037 e ss. e GRAÇA TRIGO, *Responsabilidade civil delitual por facto de terceiro*, Coimbra Editora, Coimbra, 2009, p. 240 e ss..

sabilidade é objectiva, o que significa que se vincula a assegurar o conjunto dos serviços em termos de resultado, não podendo escusar-se através da prova de que não teve culpa na não prestação efectiva desses serviços.

II. As situações de exoneração possível são, como se disse, apenas as que constam da "lista" do artigo 29/4, situações essas que, *grosso modo*, repetem as que constavam do artigo 39/4 do Decreto-Lei 209/97, na redacção do Decreto-Lei 12/99, ou seja:
  a) O cancelamento se basear no facto de o número de participantes na viagem organizada ser inferior ao mínimo exigido e o cliente for informado por escrito do cancelamento no prazo previsto no programa[31];
  b) O incumprimento não resultar de excesso de reservas (*overbooking*) e for devido a situações de força maior ou caso fortuito, motivado por circunstâncias anormais e imprevisíveis, alheias àquele que as invoca, cujas consequências não pudessem ser evitadas[32];
  c) Se for demonstrado que o incumprimento se deve à conduta do próprio cliente ou à actuação de um terceiro, alheio ao fornecimento das prestações devidas pelo contrato, que a agência não pudesse prever;
  d) Legalmente não puder ser accionado o direito de regresso relativamente a terceiros prestadores dos serviços previstos no contrato, nos termos da legislação aplicável;
  e) O prestador de serviços de alojamento não puder ser responsabilizado pela deterioração, destruição ou subtracção de bagagens ou outros artigos;

As três primeiras alíneas do artigo 29/4 estão em conformidade com o artigo 5 da Directiva e com o regime de responsabilidade objectiva aí previsto. É duvidoso que o mesmo se possa dizer das alíneas *d*) e *e*), correspondentes às alíneas *d*) e *e*) do artigo 39/4 do Decreto-Lei 209/97, introduzidas pelo Decreto-Lei 12/99, alíneas essas que, *ictu oculi*, parecem constituir um recuo relativamente ao sistema da Directiva. Provavelmente por essa razão, o artigo 398/4 do ACS não mantém estas alíneas, supressão aplaudida, por exemplo, por Sousa Ribeiro[33].

Na verdade, ao permitir à agência de viagens exonerar-se nessas situações, a LAV coloca na esfera do cliente-consumidor o risco da respectiva ocorrência ou verificação, introduzindo situações de exoneração que a Directiva não contempla. Esta conclusão parece-nos segura relativamente à situação da

---

[31] Cf., v. g., MIGUEL MIRANDA, *O contrato de viagem organizada, cit.*, p. 187 e ss..
[32] Cf., v. g., MIGUEL MIRANDA, *O contrato de viagem organizada, cit.*, p. 189 e ss..
[33] Cf. SOUSA RIBEIRO, *O contrato de viagem organizada, cit.*, pp. 579-580.

alínea *d*), mas temos reservas a que se possa dizer o mesmo relativamente à alínea *e*); ou seja, temos dúvidas de que devam recair sobre a esfera de risco da agência determinados danos quando não seja possível responsabilizar o prestador de serviços de alojamento.

6. A responsabilidade solidária da agência vendedora com a agência organizadora

I. De acordo com o artigo 29/3 da LAV, tratando-se de viagens organizadas, as agências organizadoras respondem solidariamente com as agências vendedoras.

Com este regime, o diploma português vai além do mínimo exigido pela Directiva, cujo artigo 5/2 impõe aos Estados Membros a tomada de medidas necessárias em ordem a que "o operador e/ou a agência sejam responsabilizados", não exigindo, portanto, uma responsabilidade, a um tempo, do *tour operator* e da agência de viagens. Naturalmente que se a agência de viagens for também o *tour operator*, a responsabilidade não é plural mas singular.

Nas situações em que não há coincidência entre as pessoas do "operador" e da agência de viagens, a responsabilidade desta decorre do facto de ser a "vendedora". Feitos os devidos reparos à caracterização do contrato de viagem organizada como um contrato de compra e venda, cremos poder ainda, se bem interpretamos, dar nota de uma outra especificidade: a de que a agência de viagens não se pode exonerar de responsabilidade através da argumentação – *a priori* juridicamente irrepreensível – de que "vendeu" o produto em nome do *tour operator*.

Ou seja, ainda que nas relações entre *tour operator* e agência de viagens[34] exista uma relação de mandato representativo e ainda que a agência celebre, em consequência, o contrato de viagem em nome do *tour operator*, esta é tratada pela LAV, para efeitos de responsabilidade perante o consumidor, como "vendedora", sendo, a esta luz, irrelevante a argumentação que a agência pudesse invocar, nos termos gerais do mandato comercial[35], centrada na sua actuação *contemplatio domini*.

Assim, ainda que a agência "venda" a viagem organizada em nome do *tour operator*, é responsável, como "vendedora", nos termos do artigo 29/3 da LAV,

---

[34] Cf., sobre esta relação, v. g., DELLA ROSA, *Il doppio mandato all'intermediario nella conclusione dei contratti di viaggio e il momento perfezionativo del rapporto contrattuale*, in Diritto dei Trasporti, 2010, p. 780 e ss..

[35] Sobre a característica do mandato comercial como naturalmente representativo, cf., v. g., MENEZES CORDEIRO, *Manual de direito comercial*, 2ª edição, Almedina, Coimbra, 2007, p. 577 e ss..

aspecto este que constitui uma relevantíssima especificidade do regime das viagens organizadas.

Naturalmente que se a agência "vender" a viagem em nome próprio, conquanto por conta do *tour operator*, como mandatária não representativa deste, a sua responsabilidade não suscitará quaisquer reservas, mesmo face ao regime geral.

A responsabilidade do *tour operator*, quer no caso em que a agência actue em nome próprio quer naquele em que aja *contemplatio domini* (sendo o *dominus* o *tour operator*), compreende-se inteiramente, podendo aqui convocar-se vários lugares ou lógicas paralelas desde a responsabilidade do produtor perante o consumidor[36] até ao comum regime da comissão do artigo 500 do Código Civil[37], não sendo também alheia a lógica da responsabilidade *del credere* legal[38], mas com a singularidade de a responsabilidade *del credere* face ao consumidor ser do *tour operator* quando a agência tenha actuado em nome próprio e por conta daquele mas ser já da agência quando tenha "vendido" a viagem em nome e por conta do *tour operator*.

II. Sendo solidária perante o cliente a responsabilidade da agência organizadora e da agência "vendedora", isso significa que o lesado tem *libera electio* entre recorrer a um ou outro[39], não podendo qualquer deles invocar o benefício da excussão, mas sem prejuízo de poderem invocar os *limites de responsabilidade* nos termos do artigo 30 da LAV[40].

À margem desta responsabilidade e sem prejuízo da mesma, encontra-se o regime das "garantias dos consumidores", reguladas nos artigos 31 e seguintes da LAV[41], cuja análise requer uma atenção específica, tanto mais que o

---

[36] Cf., v. g., MENEZES LEITÃO, *Direito das obrigações*, III, *Contratos em especial*, 6ª edição, Almedina, Coimbra, 2009, p. 160 e ss..

[37] Cf., por todos, MENEZES CORDEIRO, *Tratado de direito civil português*, II/III, cit., p. 601 e ss., MENEZES LEITÃO, *Direito das obrigações*, I – *Introdução. Da constituição das obrigações*, 8ª edição, Almedina, Coimbra, 2009, p. 366 e ss. e GRAÇA TRIGO, *Responsabilidade civil delitual por facto de terceiro*, cit., p. 231 e ss..

[38] Cf. o nosso *Sobre a vinculação del credere*, in "Estudos de Direito das Garantias", II, Almedina, Coimbra, 2010, p. 189 e ss..

[39] Cf. o nosso *Assunção fidejussória de dívida. Sobre o sentido e o âmbito da vinculação como fiador*, Almedina, Coimbra, 2000, p. 183 e ss..

[40] Em geral, sobre a articulação entre soluções de responsabilidade objectiva e a admissão de limitações de responsabilidade, cf. o nosso *Limitação de responsabilidade por créditos marítimos*, Almedina, Coimbra, 2010, p. 481 e ss..

[41] Cf., em comentário, PAULA QUINTAS, *Legislação turística anotada*, 5ª edição, Almedina, Coimbra, 2011, p. 405 e ss..

preâmbulo da LAV anuncia um quadro garantístico que não temos por seguro que exista no interior do diploma.

Dir-se-á, tão só, no que a tais garantias respeita, que a LAV não impõe aos consumidores uma "canalização"[42] para essas soluções, podendo os mesmos optar por agir directamente contra a agência "vendedora" ou contra o *tour operator*.

Faculdade de Direito da Universidade de Lisboa, Setembro de 2011

---

[42] Cf., sobre este conceito, no direito da responsabilidade civil, o nosso *Limitação de responsabilidade por créditos marítimos*, cit., p. 391 e ss..

O Direito do Consumidor ao Cumprimento Antecipado nos Contratos de Concessão de Crédito

Paulo Duarte [*]

Sumário: A solução normativa adoptada no art. 19º do Decreto-Lei nº 133/2009, de 02 de Junho, que estabelece o Regime dos Contratos de Concessão de Crédito ao Consumidor (RCCC); 2. Antecedentes normativos do art. 19º do RCCC; 2.1. O art. 9º do Decreto-Lei nº 359/91, de 21 de Setembro; 2.2. O Anteprojecto do Código do Consumidor; 2.3. A Directiva nº 2008/48/CE, do Parlamento e do Conselho, de 23 de Abril; 2.3.1. O procedimento de aprovação da Directiva; 2.3.2. A relação normativa entre a DCC e o direito interno dos Estados-Membros; 2.3.3. Directiva de harmonização plena? Ou apenas de harmonização parcial e relativa?; 3. O âmbito de aplicação do art. 19º do RCCC; 3.1. Os tipos e figuras contratuais abrangidos; 4. Modalidades: cumprimento total e cumprimento parcial; 5. A relação entre a solução do art. 19º do RCCC e as regras gerais sobre a determinação do beneficiário do prazo de cumprimento das obrigações; 6. Conteúdo e estrutura; 7. Modo de operar; 8. Efeitos da antecipação do cumprimento; 8.1. Extinção da obrigação de capital; 8.2. Extinção do direito do credor aos juros e encargos referentes ao período da antecipação; 8.2.1. Fundamento da solução legal: apenas a exigência de protecção do consumidor ou também a manifestação de estruturas mais profundas?; 8.3. O direito do credor à "compensação dos custos directamente relacionados" com o cumprimento antecipado; 8.3.1. Pressupostos; 8.3.2. Conteúdo; 8.3.3. Limites.

[*] Advogado. Mestre em Direito.

1. A solução normativa adoptada no art. 19º do Decreto-Lei nº 133/2009, de 02 de Junho[1], que estabelece o Regime dos Contratos de Concessão de Crédito ao Consumidor (RCCC)

Sob a epígrafe "reembolso antecipado" (que, como veremos adiante, não exprime com inteira fidelidade todo o alcance do raio de acção da norma), o art. 19º do RCCC atribui ao consumidor o direito de "cumprir antecipadamente (...) o contrato de crédito". É o seguinte o texto completo da norma:

"1 – O consumidor tem o direito de, a todo o tempo, mediante pré-aviso ao credor, cumprir antecipadamente, parcial ou totalmente, o contrato de crédito, com correspondente redução do custo total do crédito, por via da redução dos juros e dos encargos do período remanescente do contrato.

2 – O prazo de pré-aviso a que se refere o número anterior não pode ser inferior a 30 dias de calendário e deve ser exercido através de comunicação ao credor, em papel ou noutro suporte duradouro.

3 – O credor tem direito a uma compensação, justa e objectivamente justificada, pelos custos directamente relacionados com o reembolso antecipado, desde que tal ocorra num período em que a taxa nominal aplicável seja fixa.

4 – A compensação a que se refere o número anterior traduz-se no pagamento, pelo consumidor, de uma comissão de reembolso antecipado que não pode exceder 0,5 % do montante do capital reembolsado antecipadamente, se o período decorrido entre o reembolso antecipado e a data estipulada para o termo do contrato de crédito for superior a um ano, não podendo aquela comissão ser superior a 0,25 % do montante do crédito reembolsado antecipadamente, se o mencionado período for inferior ou igual a um ano.

5 – O credor não pode exigir ao consumidor qualquer comissão de reembolso por efeito do reembolso antecipado do contrato de crédito:

  a) Se o reembolso tiver sido efectuado em execução de contrato de seguro destinado a garantir o reembolso do crédito; ou
  b) No caso de facilidade de descoberto; ou
  c) Se o reembolso ocorrer num período em que a taxa nominal aplicável não seja fixa.

6 – Em nenhum caso a comissão referida nos números anteriores pode exceder o montante dos juros que o consumidor teria de pagar durante o período decorrido entre o reembolso antecipado e a data estipulada para o termo do período de taxa fixa do contrato de crédito."

---

[1] Diploma entretanto alterado pelo Decreto-lei nº 72-A/2010, de 18 de Junho – alteração que deixou intacto o texto do art. 19º.

2. Antecedentes normativos do art. 19º do RCCC

2.1. O art. 9º do Decreto-Lei nº 359/91, de 21 de Setembro
O direito ao cumprimento antecipado do contrato de concessão de crédito era já reconhecido ao consumidor pelo art. 9º do Decreto-Lei nº 359/91, de 21 de Setembro, depois revogado pelo Decreto-Lei nº 133/2009, que contém o actual RCCC. Para além de se ter libertado de algumas complexidades de matemática financeira que dificultavam a operacionalidade prática do direito ao cumprimento antecipado[2], o art. 19º do RCCC é mais amigo do consumidor do que o preceito que o antecedeu[3]. Sobretudo por duas razões: por um lado, porque determina a perda completa do *interusurium* pelo credor[4]; por outro lado, porque, embora reconheça ao credor o direito a uma "compensação (...) pelos custos directamente relacionados com o reembolso antecipado", torna-o dependente de alguns pressupostos e sujeita-o a limites máximos inultrapassáveis (como veremos adiante com mais detalhe).

2.2. O Anteprojecto do Código do Consumidor
O Anteprojecto do Código do Consumidor[5] tratava do direito do consumidor ao cumprimento antecipado no seu art. 296º. A evolução em relação ao texto do Decreto-Lei nº 359/91 era inequívoca, consagrando já aquela que, do ponto de vista dos interesses económicos do consumidor, viria a ser a solução mais marcante do RCCC: a perda do *interusurium* pelo credor. E fazia-o de modo particularmente expressivo, atribuindo ao consumidor "o direito a que, ao montante total da dívida, seja *subtraído o valor correspondente aos juros e aos demais custos e encargos dependentes do decurso do tempo*, proporcionalmente ao período de vigência do contrato abrangido pela antecipação".

---

[2] Veja-se, por exemplo, a opacidade do texto do art. 9º/1 do Decreto-Lei nº 359/91, que mandava calcular o valor a pagar antecipadamente pelo consumidor "*com base numa taxa de actualização, que corresponderá a uma percentagem mínima de 90% da taxa de juro em vigor no momento da antecipação para o contrato em causa*".
[3] No mesmo sentido, FERNANDO GRAVATO DE MORAIS, *Crédito aos Consumidores, Anotação ao Decreto-Lei nº 133/2009*, Almedina, Coimbra, 2009, p. 95.
[4] O *interusurium* consiste nos "juros que o objecto da prestação produziria se [o devedor] a conservasse em seu poder" durante o período da antecipação (que é o tempo que medeia entre o momento do cumprimento antecipado e o momento, futuro, previsto, pelas partes ou pela lei, para a sua realização) – ver ADRIANO VAZ SERRA, *Tempo da Prestação – Denúncia*, BMJ, nº 50, 1955, p. 51. Ver, também, ANTÓNIO MENEZES CORDEIRO, *Tratado de Direito Civil Português II, Direito das Obrigações, Tomo IV, Cumprimento e Não Cumprimento, Transmissão, Modificação e Extinção, Garantias*, Almedina, Coimbra, 2010, p. 40.
[5] Apresentado em Março de 2006 pela Comissão presidida por António Pinto Monteiro, que tive o privilégio de assessorar.

2.3. A Directiva nº 2008/48/CE, do Parlamento e do Conselho, de 23 de Abril

2.3.1. O procedimento de aprovação da Directiva

O RCCC é produto da transposição para o direito nacional da Directiva nº 2008/48/CE, do Parlamento e do Conselho, de 23 de Abril, relativa a contratos de crédito aos consumidores (DCC).

A DCC constitui o resultado final de um longo e complexo procedimento legislativo, marcado por avanços e recuos, por divergências (que chegaram a ser quase irremediáveis) entre os órgãos intervenientes, superadas por compromissos de última hora, e por acesa controvérsia entre os representantes dos interesses em causa (interesses dos consumidores e interesses do sector financeiro)[6-7].

A iniciativa do procedimento coube à Comissão, que, em 11 de Setembro de 2002, apresentou a *Proposta de Directiva do Parlamento e do Conselho relativa à harmonização das disposições legislativas, regulamentares e administrativas dos Estados--Membros em matéria de crédito aos consumidores*[8]. Como se explica na respectiva exposição de motivos, a Comissão, com base na informação obtida em consultas públicas, relatórios e estudos que promovera e reunira desde 1995, pretendia rever a *Directiva 87/102/CEE relativa ao crédito ao consumo*, de modo a criar um quadro normativo que se adaptasse às modificações por que passara, entretanto, o mercado do crédito ao consumo, e que fosse capaz, também, de responder aos novos problemas que nele se punham, tanto na perspectiva da protecção dos interesses económicos dos consumidores como do ponto de vista do objectivo de completamento do mercado interno.

A proposta da Comissão foi sujeita a fortes críticas do Parlamento Europeu. Apesar de não ter repelido a Proposta da Comissão com uma pura e absoluta rejeição (hipótese que chegou a colocar-se na Comissão Parlamentar de Assuntos Jurídicos), o Parlamento, em resolução aprovada em 20 de Abril

---

[6] Sobre a DCC, e o procedimento que conduziu à sua aprovação, pode ver-se, entre outros: MATHIAS M. SIEMS, *Die neue Verbraucherkreditrichtlinie und ihre Folgen*, in Europäische Zeitschrift für Wirtschaftsrecht, 2008, nº 15, pp. 454-458; PETER ROTT, *Die neue Verbraucherkredit-Richtlinie 2008/48/EG und ihre Auswirkung auf das deutsche Recht*, in WM – Zeitschrift für Wirtschafts- und Bankrecht, 2008, nº 24, pp. 1104-1113; ROBERT FREITAG, *Vorzeitige Rückzahlung und Vorfälligkeitsentschädigung nach der Reform der Verbraucherkreditrichtlinie*, in ZIP – Zeitschrift für Wirtschaftsrecht, 2008, nº 13, pp.1102-1110; JOAHNNES ADY e ERICH PAETZ, *Die Umsetzung der Verbraucherkreditrichtlinie in deutsches Recht und besondere Verbraucherpolitische Aspekte*, in WM – Zeitschrift für Wirtschafts- und Bankrecht, 2009, nº 23, pp. 1061-1070; BEATE GSELL e HANS MARTIN SCHELLHASE, *Vollharmonisiertes Verbraucherkreditrecht–Ein Vorbild für die weitere europäische Angleichung des Verbrauchervertragsrechts?*, in Juristen Zeitung, 2009, nº 1, pp. 20-29.

[7] A descrição e a cronologia do procedimento de formação da DCC pode encontrar-se, com detalhe, em http://ec.europa.eu/prelex/detail_dossier_real.cfm?CL=pt&DosId=176090#373999.

[8] COM(2002) 443 final, JO/2002/C 331 E/39, de 31/12/2002.

de 2004, propôs, em primeira leitura, que nela fossem introduzidas 150 alterações[9].

No seguimento da Resolução do Parlamento, a Comissão, em 28 de Outubro de 2004, veio apresentar a sua primeira Proposta alterada de Directiva[10].

Feitas consultas aos Estados-Membros e às partes interessadas, e considerando também relatórios técnicos que solicitara, a Comissão elaborou depois, em 23 de Novembro de 2005, uma segunda Proposta alterada de Directiva[11].

Mais adiante, em 20 de Setembro de 2007, o Conselho aprovou a *Posição Comum tendo em vista a aprovação da directiva do Parlamento Europeu e do Conselho relativa a contratos de crédito aos consumidores*[12].

O Parlamento, em segunda leitura, através de Resolução tomada em 16 de Janeiro de 2008, aprovaria a Posição Comum do Conselho, mas propondo alterações ao texto da Directiva[13].

Quando, em face das divergências entre o Parlamento e o Conselho, parecia iminente o fracasso do procedimento que a Comissão impulsionara em 2002, o Conselho, depois de intensas negociações no seio do Parlamento, acabaria por aprovar o texto final da Directiva, em 07 de Abril de 2008. Assinada conjuntamente pelo Parlamento e pelo Conselho em 23 de Abril de 2008, a Directiva seria finalmente publicada em 22 de Maio de 2008[14].

2.3.2. A relação normativa entre a DCC e o direito interno dos Estados--Membros

A relação normativa entre a DCC e o direito interno dos Estados-Membros estabelece-se em dois planos: no plano da *repartição das matérias* e dos *aspectos juridicamente relevantes* que são objecto de regulação; e no plano da *intensidade* da vinculação a que a DCC sujeita o direito interno.

2.3.2.1. No plano da repartição de matérias, importa sublinhar que a DCC não é, em rigor, uma directiva de *harmonização total*. Trata-se, antes, de uma directiva de *harmonização parcial* (ou *pontual*[15]). Para além de, por um lado, nem todos os contratos de concessão de crédito ao consumidor caberem no seu

---

[9] JO/2004/C104E/233, de 30/04/2004. O Comité Económico e Social pronunciara-se, entretanto, sobre a Proposta da Comissão, em Parecer relatado por Jorge Pegado Liz – JOCE/2003/C234/01, de 30/09/2003.
[10] COM(2004)747/Final, JO/C2005/86/11, de 08/04/2005.
[11] COM (2005) 483/Final, JO/C2006/49/45, de 28/02/2006.
[12] JO/C270E/01, de 13/11/2007.
[13] JO/2008/C138E/01/106, de 05/06/2008.
[14] JO/2008/L133/66.
[15] JOAHNNES ADY e ERICH PAETZ, *ob. cit.*, p. 1062.

âmbito de aplicação, não são considerados, por outro lado, quanto aos contratos abrangidos, todos os aspectos juridicamente relevantes. Os *contratos* e os *aspectos juridicamente relevantes* que escapam ao alcance harmonizador da DCC continuam a integrar a esfera de competências dos Estados-Membros. É o que acontece, por exemplo, com os contratos cujo cumprimento seja garantido por hipoteca – que a DCC exclui do seu raio de acção – e com os aspectos regulativos dos requisitos de validade do contrato, do seu incumprimento e da responsabilidade do financiador pelo incumprimento do fornecedor – correspondentes a questões de que a DCC não se ocupa.

2.3.2.2. No plano da *intensidade* da vinculação do direito interno (onde se define a *margem de conformação* – o *Spielraum* – de que dispõe o legislador nacional na tarefa de transposição da Directiva), há que distinguir entre as matérias (contratos e aspectos de regulação) abrangidas pelo *âmbito de harmonização* da DCC e as matérias que lhe são estranhas. Com efeito, só a respeito das primeiras (as únicas que são efectivamente objecto da DCC) faz sentido apurar o grau de adstringência a que está sujeito o legislador nacional. Já em relação às segundas, o problema não chega a pôr-se, uma vez que se trata de *zonas de regulação* que a DCC deixa intocadas, nas quais o poder legislativo dos Estados--Membros não sofre qualquer específica compressão.

A franca liberdade de que os Estados-Membros dispõem no tratamento legislativo das matérias de cuja regulação não se ocupou o legislador europeu pode mesmo manifestar-se na adopção do regime da DCC para os contratos e aspectos regulativamente relevantes fora do seu alcance[16] – fenómeno que a doutrina germânica vem designando "transposição transbordante" (*überschießenden Umsetzung*)[17].

Dentro do *âmbito de harmonização* da DCC, o legislador europeu, preocupado com a diversidade de regimes nacionais, que considera impeditivos da fluidez do tráfico jurídico necessária ao completamento do mercado interno, assume expressamente o *propósito* da *harmonização plena*[18], afastando-se, assim, da tendência de *harmonização mínima* que vinha caracterizando o direito europeu contratual do consumidor[19]. A DCC não se limita, por conseguinte, a

---

[16] Cfr. Considerando (10) da DCC.
[17] BEATE GSELL e HANS MARTIN SCHELLHASE, *ob.cit.*, pp. 22-23.
[18] Cfr. o considerando 9 da DCC. Sobre o problema geral da admissibilidade das directivas de harmonização plena, mas com incidência especial no domínio do direito do consumidor, ver MICHAEL L. ULTSCH, *Der einheitliche Verbraucherbegriff – §§13, 14 BGB: Nationale Vereinheilichchung im Lichte europäischer Vorgaben*, Nomos, 2005, pp.76-91.
[19] A "viragem" para o modelo da *harmonização plena* já se iniciara, convém dizê-lo, com a Directiva 2002/65/CE do Parlamento Europeu e do Conselho, de 23 de Setembro de 2002, relativa à

estabelecer *standards mínimos* de que os Estados-Membros possam afastar-se, "para cima", através de disposições nacionais diferenciadas que confiram aos consumidores níveis mais elevados de protecção.

Parece-me, todavia, que, depois dos 6 anos por que se prolongou o complicado processo de aprovação da DCC, o resultado que realmente se conseguiu ficou muito aquém de uma verdadeira *harmonização plena*, não justificando mais do que uma qualificação de *harmonização relativa*.

Em primeiro lugar, porque o legislador europeu, com alguma frequência, recorre a *cláusulas gerais* e a *conceitos indeterminados* – expedientes técnico-legislativos cujo uso não é de excluir que possa ser interpretado, por vezes, como *remissão implícita* para o direito interno dos Estados-Membros[20]. A regulação, no art. 16º/2 da DCC, do direito de "indemnização" conferido ao financiador quando o consumidor exerça o seu direito ao cumprimento antecipado constitui um flagrante exemplo disso mesmo: o legislador europeu faz depender este direito do financiador da demonstração de que a indemnização é *"justa e justificada objectivamente* por eventuais custos directamente relacionados com o reembolso antecipado do crédito".

Em segundo lugar, porque, nalguns casos, o legislador europeu concede expressamente ao legislador nacional o poder de se afastar do regime previsto na DCC. É o que sucede, por exemplo, quando, no art. 2º/5 da DCC, se atribui ao legislador nacional a prerrogativa de isentar certos contratos da aplicação do regime que venha a criar. E, também, quando, no nº 6 da mesma disposição, concede aos Estados-Membros a faculdade de optarem pela aplicação de um regime especial aos contratos aí previstos.

Em terceiro lugar, porque, noutros casos ainda, o legislador europeu prevê soluções que os Estados-membros apenas têm a faculdade (e não o dever) de adoptar no diploma interno de transposição. Também neste ponto o regime do direito do consumidor ao cumprimento antecipado nos oferece um exemplo expressivo: na alínea a) do nº 4 do art. 16º da DCC, o legislador europeu defere aos Estados-membros o "poder" (mas não o dever) de fazerem depender a "indemnização" do financiador de um limiar mínimo do valor do capital

---

comercialização à distância de serviços financeiros prestados a consumidores e que altera as Directivas 90/619/CEE do Conselho, 97/7/CE e 98/27/CE (transposta pelo Decreto-Lei nº 95/2006, de 29 de Maio), continuando, depois, com a Directiva 2005/29/CE do Parlamento Europeu e do Conselho, de 11 de Maio de 2005, relativa às práticas comerciais desleais das empresas face aos consumidores no mercado interno. Sobre esta Directiva, transposta pelo Decreto-Lei nº 57/2008, de 26 Março, ver GERAINT HOWELLS, HANS-W. MICKLITZ e THOMMAS WILHELMSSON, *European Fair Trading Law: The Unfair Commercial Practices Directive*, Ashgate, 2006.

[20] Sobre este ponto, e sobre o problema, geral, de saber se a competência para a concretização das cláusulas gerais e conceitos indeterminados usados nas directivas cabe aos tribunais nacionais ou ao TJUE, ver BEATE GSELL e HANS MARTIN SCHELLHASE, *ob. cit..*, pp. 24-25.

antecipadamente restituído; na alínea b) do mesmo preceito, é concedida aos Estados-membros a prerrogativa (mas não a obrigação) de a referida indemnização se medir em função do interesse contratual positivo.

2.3.3. Directiva de *harmonização plena*? Ou apenas de *harmonização parcial* e *relativa*?

Em lugar, portanto, de uma pretendida *harmonização plena*, a DCC não nos oferece mais do que uma *harmonização parcial* e *relativa*. Com este alcance, duplamente limitado, não é de prever que a DCC venha resolver o problema da diversidade legislativa entre os Estados-Membros, que, na perspectiva da Comissão, constituiria um preocupante empecilho ao completamento do mercado interno. Note-se, aliás, que, a respeito da limitação do seu alcance harmonizador, a DCC não difere da sua antecessora, que participava do modelo tradicional da *harmonização mínima*. O que permite concluir, de resto, que, mais do que a *cláusula de harmonização mínima* da Directiva 87/102/CEE (que conferia ao legislador nacional a prerrogativa de modificar, em benefício do consumidor, as soluções que adoptava), a responsabilidade pela manutenção da diversidade dos regimes nacionais do crédito ao consumidor deve ser imputada à referida dupla limitação do *âmbito de harmonização* da directiva (circunscrito a alguns *contratos* e, quanto a estes, a certos *aspectos juridicamente relevantes*). Quer dizer, mais do que divergirem, "para cima", dos *standards mínimos* fixados na Directiva, os direitos nacionais diferiam entre si nas soluções que estabeleciam para os contratos e aspectos de regulação não contemplados no seu *âmbito de harmonização*.

O modelo da *harmonização plena*, em suma, para além de não dar um contributo significativo para a realização do objectivo do completamento do mercado interno, constitui, se não um retrocesso, um travão no movimento de protecção dos interesses dos consumidores. Dizendo de outro: o pouco que, com a *harmonização plena*, se ganha em termos de nivelamento legislativo entre os Estados-Membros não chega para compensar o muito que se pode perder em termos de protecção do consumidor[21].

---

[21] Para uma crítica áspera à estratégia da *harmonização plena*, referindo-se à "Mc-donaldização" do direito do consumidor, pode ver-se NORBERT REICH, *Die „Mc-Donaldisierung" des Verbraucherrechts – oder: Von der „vollständigen Harmonisierung" im EU-Verbraucherrecht zur „vollständigen Abschaffung" eines eigenständigen nationalen Verbraucherschutzrechtes?*, VUR-online, 10/2009, Editorial, http://www.vur-online.de/beitrag/2009_10_1.html.

3. O âmbito de aplicação do art. 19º do RCCC

3.1. Os tipos e figuras contratuais abrangidos

O universo dos contratos e figuras contratuais a que é aplicável o art. 19º do RCCC – e nos quais assiste ao consumidor, por conseguinte, o direito ao cumprimento antecipado – não coincide exactamente, ao contrário do que uma boa técnica legislativa faria esperar, com o âmbito de aplicação do próprio RCCC. Na verdade, se é certo, por um lado, que nesse universo não cabem contratos que estão fora do raio de acção do RCCC, também é seguro, por outro lado, que nem todos os que neste se acham compreendidos se integram naquele. A compreensão deste desencontro impõe que se diga algumas palavras sobre a variedade de regimes (e correspondente multiplicidade de âmbitos de aplicação) que convivem dentro do RCCC.

3.1.1. A delimitação do âmbito de aplicação do RCCC faz-se em dois momentos: num primeiro momento, através da detecção dos traços caracterizadores da relação jurídico-contratual tipicamente visada pelo legislador como objecto de regulação (traços cuja ausência, determina, sem mais, a não aplicação do RCCC); num segundo momento, através da identificação de certas hipóteses que, não obstante a presença daqueles traços caracterizadores, são excluídas, por força de disposição legal expressa, da aplicação ora de todo o bloco normativo do RCCC ora apenas de alguns preceitos que dele fazem parte.

3.1.1.1. São dois os traços caracterizadores da relação contratual cuja específica regulação é tida em vista pelo RJCC: é preciso, por um lado, que se trate de um contrato *de crédito* (*âmbito objectivo de aplicação*); exige-se, por outro lado, que a relação contratual se estabeleça entre um *consumidor* e um *profissional* (*âmbito subjectivo de aplicação*) – ou seja, importa que se trate de um *contrato de consumo*[22]. O "*contrato de* [concessão de] *crédito ao consumidor*" (para usar a expressão do nº 2 do art. 1º do RCCC), é, pois, um contrato de consumo *especial*, cuja especialidade reside na particular função económica que desempenha. As soluções normativas adoptadas no RCCC constituem, justamente, instrumentos de protecção do consumidor em face dos riscos próprios a que se expõe quem adquire bens ou serviços a crédito.

3.1.1.1.1. O *contrato de crédito* é definido, no art. 4º/1-c) do RCCC, como aquele "pelo qual um credor concede ou promete conceder a um consumidor um

---

[22] Sobre a noção de contrato de consumo, e a sua relação com o conceito de consumidor, ver o meu *O conceito jurídico de consumidor, segundo o art. 2º da Lei de Defesa do Consumidor*, in Boletim da Faculdade de Direito da Universidade de Coimbra, 75, 1999, pp. 649-703.

crédito sob a forma de diferimento de pagamento, mútuo, utilização de cartão de crédito, ou qualquer outro acordo de financiamento semelhante".

Apesar do propósito assumido na epígrafe do preceito, que anuncia um conjunto de "definições", o legislador fica muito aquém, quanto ao contrato de crédito, de um exercício verdadeiramente definitório. Em vez de proceder à explicitação do eventual conteúdo de um conceito de contrato de crédito, limitou-se a oferecer uma lista de figuras e esquemas contratuais estruturalmente muito diversos. Vendo bem, o legislador, desistindo da tarefa (prenunciada na epígrafe da norma) de enunciar as notas integradoras da *compreensão* do conceito de contrato de crédito, ficou-se pela modesta enumeração de algumas realidades cabíveis na sua *extensão*: a cláusula de diferimento de pagamento; o contrato de mútuo; os cartões de crédito.

Mas nem sequer uma enumeração exaustiva o legislador oferece ao intérprete, uma vez que, depois de estendido o rol das figuras que discriminadamente enuncia, remata a "definição" do conceito de contratos de crédito com a nebulosa referência a uma "zona residual" da sua extensão: *"qualquer outro acordo de financiamento semelhante"*. Esta expressão, que tem o efeito de abrir a lista a outras figuras contratuais nela não incluídas, remete o intérprete para um parâmetro unitário e sintético, consubstanciador de um *oberbegriff* que recolhe as características comuns de que participam cada um e todos os contratos enumerados. De modo que estes não são mais do que exemplos que reproduzem o conteúdo desse *oberbegriff*, de modo algum excluindo outros deixados de fora da enumeração legal.

A este respeito, colocam-se duas hipóteses: ou se aponta para um *conceito de contrato de crédito de natureza jurídico-estrutural*, enquanto instrumento técnico normativamente configurado; ou, diversamente, se dá prevalência a uma *noção económico-funcional* de contrato de crédito.

Cumpre desde já dizer que a primeira hipótese não se mostra viável. Desde logo, não é detectável no ordenamento português qualquer conceito técnico-jurídico de contrato de crédito[23]. Muito menos se pode dizer que haja um tipo legal de contrato de crédito.

---

[23] CARLOS FERREIRA DE ALMEIDA, *Texto e enunciado na teoria do negócio jurídico*, Vol. I, Coimbra, Almedina, 1992, p. 516, a propósito da classificação dos negócios jurídicos segundo o critério da sua função económico-social, considera que não faz sentido autonomizar, dentro da categoria dos contratos de troca "os contratos que têm por objecto a concessão de crédito". CANARIS, *Bankvertragsrecht*, Vol. I, 2ª ed., Berlim/New York, Gruyter, 1981, p. 620, considera, por seu turno, que um conceito de contrato de crédito *in Rechtssinne* é inútil (*überflüssig*) e perigoso (*gefährlich*). Inútil porque não existe um corpo unitário de regras aplicáveis a todos os contratos de crédito; perigoso porque poderia conduzir a soluções uniformes para problemas diferentes.

Por outro lado, nem sequer se pode dizer que haja consenso na doutrina sobre a noção jurídica de contrato de crédito. Enquanto uma corrente localiza a essência do contrato de crédito no *diferimento* de uma "obrigação de restituição (caso do mútuo)[24] ou de pagamento (caso da compra e venda a prestações) que opera tecnicamente através do *pactum de non petendo*"[25], uma outra tendência prefere entendê-lo como uma "*atribuição* de uma soma de dinheiro não determinada por uma liberalidade nem por uma relação de troca implicante do simultâneo (*contestuale*) surgimento da obrigação de restituir o *tantundem*"[26].

A diferença entre estas duas noções de crédito é patente: enquanto que para a teoria do diferimento a essência do crédito radica na separação temporal entre duas prestações, para a outra tendência doutrinal é indispensável que uma das partes do contrato (o concedente de crédito) realize a favor

---

[24] Caso do mútuo mas não da locação ou do comodato, os quais, apesar de incorporarem uma obrigação de restituição diferida no tempo, não constituem contratos de crédito. Segundo ERNESTO SIMONETTO, *I contratti di credito*, Cedam., pp. 60-61, para se tratar de um contrato de crédito – e não de um mero "contrato de godimento" – é preciso que a coisa a restituir seja não a mesma que se entregou, mas outra do mesmo género (o que se restitui é o *tantundem*) e que o acto inicial de entrega provoque a transferência definitiva da coisa para o património do devedor.

[25] Ver E. SIMONETTO, *ob.cit.*, p. 152. Em sentido idêntico, FERRER CORREIA/RUI ALARCÃO, *Acerca da taxa-limite do montante da cláusula penal fixada pelo Dec. 21.730*, RDES, nº 3, 1956, p. 180; e PAULA CAMANHO, *Do contrato de depósito bancário (natureza jurídica e alguns problemas de regime)*, Coimbra, Almedina, 1998, p. 20. Note-se que, ao contrário do que implicitamente parece sugerir esta autora, a ideia subjacente à "teoria do diferimento" não se confunde com a ideia, diferente, de o contrato de crédito consistir numa troca de bens presentes por bens futuros, defendida pela versão inicial da "teoria do ágio". Segundo os defensores desta teoria, o crédito (desde logo, o mútuo) consistiria na entrega, agora, de uma coisa em contrapartida da obrigação de entrega, depois, de uma outra coisa genericamente igual (o *tantundem*) mas "cronologicamente" diferente – era como se o tempo se entranhasse na própria substância das coisas. O ágio será, precisamente, a diferença de valor entre a "coisa presente" e a "coisa futura". Sobre a teoria do ágio e sua crítica, E.SIMONETTO, *ob.cit.*, pp. 27, ss.

[26] ENZO LEO, *L'essenza del credito e il leasing finanziario*, JUS, Fasc. I-II, 1977, p. 67. A peculiaridade do pensamento deste autor está no facto de considerar que uma atribuição patrimonial a título de crédito se caracteriza (negativa e residualmente, dir-se-ia) por não ter na sua base uma "causa" de liberalidade ou troca. Tirando esta especificidade construtiva, o conceito de contrato de crédito é configurado de modo idêntico por SIMÕES PATRÍCIO, *Direito do Crédito, Introdução*, p. 63, que, no entanto, parece incorrer nalgumas contradições. Tanto afirma que a essência do crédito é o "aprazamento" – *ob. cit.*, pp. 61-62 – como, no remate da sua análise – *ob. cit.*, p. 63 –, apresenta uma noção de crédito em que incorpora explicitamente a ideia da restituição do *tantundem* (que, aliás, confunde com a ideia de contraprestação). Não há que confundir as duas coisas. O conceito de diferimento (ou aprazamento) é mais amplo do que a de restituição do *tantundem*: toda a restituição do *tantundem* implica um diferimento; mas nem todo o diferimento envolve um mecanismo de restituição do *tantundem*. Basta pensar no caso emblemático da compra e venda a prestações: ocorre um diferimento do pagamento do preço sem que haja qualquer fenómeno de restituição de uma coisa do mesmo género e quantidade (*tantundem*) – o que acontece, isso sim, é a troca (prestação/contraprestação), diferida no tempo, entre coisas diferentes (o dinheiro por um lado, a coisa vendida por outro).

da outra (o beneficiário do crédito) uma atribuição patrimonial, sob a forma de entrega de uma coisa genérica[27], que gera uma correspondente obrigação de restituição.

Diferença que se manifesta claramente numa esclarecedora consequência prática: se assumida na plenitude, a segunda tendência (que, aliás, parece receber o beneplácito da maior parte dos autores) exclui da extensão do contrato de crédito a compra e venda a prestações[28] – modalidade de concessão de crédito inequivocamente abrangida pela noção de "diferimento de pagamento" a que alude o art. 4º/1-c) do RCCC.

Deste modo, não curando a lei de estabelecer os critérios jurídicos de identificação de um contrato de crédito, nem havendo disponível uma construção dogmática minimamente estabilizada – com a agravante de aquele que mais apoio concita não se adequar, como vimos, à figura do diferimento do pagamento prevista no art. 4º/1-c) do RCCC –, tem de adoptar-se o conceito económico-funcional de concessão de crédito como o *oberbegriff* subjacente ao elenco, aberto e incompleto, do art. 4º/1-c) do RCCC[29].

Do ponto de vista económico-funcional, o crédito consiste na "concessão temporária de poder de compra (*Kaufkraft*), na expectativa do ulterior reembolso (ou pagamento), de tal modo que se permite [ao beneficiário] a utilização antecipada de rendimentos futuros"[30].

Ora é precisamente este mecanismo económico, que permite ao consumidor dispor já de rendimentos que só mais tarde amealhará, que preenche o horizonte de sentido à luz do qual se deve determinar se um qualquer contrato, apesar de não subsumível a nenhum dos esquemas especificamente enumerados no art. 4º/1-c) do RCCC, é susceptível de ocupar a "zona residual" que neste preceito se deixa entreaberta. Ou seja, para que de um contrato de crédito se possa falar, o que, em cada caso, importa é que se trate de um ins-

---

[27] E. LEO, *ob. cit.*, pp. 53, ss.

[28] E. LEO, *ob. cit.*, p. 37, não podia a tal propósito ser mais explícito, quando afirma que o pagamento realizado pelo comprador "longe de ser um acto restituitório, como *teria de ser se aí se tratasse de uma qualquer concessão de crédito*, encontra o seu título única e exclusivamente no contrato de compra e venda: é um puro e simples pagamento do preço, *nem mais nem menos do que na venda a pronto*" (itálico meu).

[29] Defendendo, em face do actual direito alemão das obrigações (que, depois da reforma de 2002, absorveu a regulação dos contratos de consumo, entre eles os que têm por função a concessão de crédito), a adopção de uma "perspectiva económica" (*wirtschafliche Betrachtungsweise*) na delimitação do conceito de contrato de concessão de crédito ao consumidor (também por exigência da transposição da DCC), ver UDO REIFNER, *Verbraucherdarlehensvertrag*, *in* PETER DERLEDER, KAI-OLIVER KNOPS, HEINZ GEORG BAMBERGER, *Handbuch zum deutschen und europäischen Bankrecht*, Springer, 2009, p. 458.

[30] PETER ULMER, MATHIAS HABERSACK, *Verbraucherkreditgesetz, Kommentar*, 2ª ed., München, Beck, 1995, p. 45. No mesmo sentido, CANARIS, *ob.cit*. p. 619, e UDO REIFNER, *ob. cit.*, p. 458. Também SIMÕES PATRÍCIO, *ob. cit.*, p. 39, aludindo à ideia de "antecipação de um rendimento futuro", refere que "através do crédito se pode consumir ou investir hoje o que só o rendimento de amanhã permitiria".

trumento técnico-jurídico idóneo para realizar a função económica de conceder temporariamente poder de compra. Só então se poderá dizer que se está perante um "acordo de financiamento semelhante" aos esquemas contratuais previstos no art. 4º/1-c) – porque, justamente, esses esquemas são exemplos (paradigmáticos) de expedientes técnico-jurídicos capazes de cumprirem tal função económica.

Note-se, de resto, que o próprio legislador, orientando-se pelo mesmo critério, toma como sendo de concessão de crédito algumas "modalidades" contratuais que não fazem parte do elenco da alínea c) do nº 1 do art. 4º do RCCC: a "facilidade de descoberto", a "ultrapassagem de crédito" e certos contratos de "locação de bens móveis de consumo duradouro".

3.1.1.1.2. Segundo a definição constante da alínea a) do nº 1 do art. 4º do RCCC, é *consumidor* "a pessoa singular que, nos negócios jurídicos abrangidos pelo presente decreto-lei, actua com objectivos alheios à sua actividade comercial ou profissional." Na alínea seguinte do mesmo preceito, o legislador define o *credor* como "a pessoa, singular ou colectiva, que concede ou que promete conceder um crédito no exercício da sua actividade comercial ou profissional".

Embora disperso em duas alíneas diversas, reencontramos aqui, nos seus elementos essenciais, o conceito de consumidor (*em sentido estrito*) definido no art. 2º/1 da Lei de Defesa do Consumidor (Lei nº 24/96, de 31 de Julho). Trata-se, portanto, de um conceito que, em vez de atender a uma qualquer *qualidade* pessoal, se centra antes num certo contexto *situacional/relacional*. O consumidor, mais do que um certo sujeito, é o *sujeito de uma certa situação/relação*: aquela em que, por ocasião da celebração de um contrato que tem por objecto bens ou serviços que não se destinam a ser incorporados em qualquer processo produtivo, se confronta com um outro sujeito que actua no exercício de uma certa actividade económica dirigida ao mercado. O consumidor é, pois, o *profano* que se relaciona com o *profissional*[31]. Não se esqueça que o móbil político--legislativo de todo o direito do consumidor (enquanto direito de protecção do *contraente débil* das "relações finais de mercado") consiste, precisamente, na neutralização do *desequilíbrio* inerente à *relação profissional/profano*.

3.1.1.2. Nem a todos os contratos de concessão de crédito ao consumidor, porém, é aplicável o RCCC – e, por conseguinte, o direito do consumidor ao cumprimento antecipado. Na verdade, há certas classes de contratos de con-

---

[31] Sobre o conceito de consumidor, ver CARLOS FERREIRA DE ALMEIDA, *Direito do Consumo*, Almedina, 2005, pp. 44 e ss., e a minha **ob. cit**.

cessão de crédito que o legislador, atendendo a aspectos ou circunstâncias da mais diversa natureza, *exclui* do alcance do RCCC. Se não fossem essas *exclusões*, o RCCC aplicar-se-lhes-ia, uma vez que se trata, sempre, de contratos de concessão de *crédito* ao *consumidor*. A função da norma de exclusão é, precisamente, a de libertar da aplicabilidade de uma norma (ou de um conjunto de normas) uma hipótese (ou uma classe de hipóteses) que, de outro modo, se recolheria dentro do respectivo âmbito de aplicação.

Considerando o diferente alcance das normas de exclusão que se lhe referem, podemos identificar dois grupos de contratos de concessão de crédito ao consumidor: o grupo dos contratos que o legislador exime da aplicação de *todo* o bloco normativo do RCCC, previsto no nº 1 do art. 2º; e o grupo dos contratos que o legislador exclui da aplicação de apenas *parte* das normas do RJCC, previsto no nºˢ 2 e 3 do art. 2º e no art. 3º.

Neste segundo grupo, incluem-se as seguintes modalidades contratuais de concessão de crédito: *facilidade de descoberto* em que a obrigação de reembolso seja exigível "a pedido ou no prazo de três meses"; *ultrapassagem de crédito*; e contratos de crédito em que "o credor e o consumidor acordem em cláusulas relativas ao pagamento diferido ou ao modo de reembolso pelo consumidor que esteja em situação de incumprimento quanto a obrigações decorrentes de contrato de crédito inicial". A identificação das normas de cuja aplicação são dispensadas estas três modalidades contratuais obtém-se indirectamente, através da determinação daquelas que o legislador, nos nºˢ 2 e 3 do art. 2º e no art. 3º do RCCC, manda aplicar, de modo *exclusivo* – isto é, em termos tais que a aplicação das normas enumeradas pelo legislador *exclui* a aplicação de quaisquer outras[32].

---

[32] Não é correcto dizer-se, a respeito daqueles que se acham previstos nos nºˢ 2 e 3 do art. 2º e no art. 3º, que se trata de contratos *parcialmente excluídos* do âmbito de aplicação do RCCC. Na verdade, tais contratos são por ele inteiramente abrangidos. O que sucede, diversamente, é que apenas se lhes aplica uma parte do RCCC. A exclusão opera, portanto, no *plano da norma*, e não no *plano do objecto*. O facto de certas classes de contratos de crédito ao consumidor apenas se sujeitarem a uma parte do RCCC não é suficiente para autorizar a afirmação de que se trata, aí, de regimes especiais. Na realidade, as normas a que o legislador sujeita tais contratos também se aplicam aos demais. É certo que, com semelhante exclusão da aplicabilidade de certas normas, os regimes jurídicos destas classes de contratos são *diferentes* daquele que governa a generalidade dos contratos de crédito ao consumidor. Mas uma coisa é um regime jurídico *diferente*, outra coisa, distinta, é um regime jurídico *especial*. Sem prejuízo do que fica dito, é possível distinguir, dentro do RCCC, no que concerne a certos aspectos regulativos, um *regime geral*, aplicável a todos os contratos de crédito, de alguns *regimes especiais*, cuja aplicabilidade se circunscreve a determinadas classes de contratos de crédito ao consumidor. É o que sucede, precisamente, com as normas dos arts. 8º e 15º: a primeira, relativa aos deveres pré-contratuais do financiador, apenas se aplica às classes de contratos previstas nos nºˢ 2 e 3 do art. 2º e no art. 3º; a segunda, que respeita às informações a prestar ao consumidor na pendência da relação contratual, tem o seu raio de acção limitado aos contratos "sob a forma de facilidade de descoberto". Aqui, sim, trata-se de verdadeiros regimes especiais, uma vez que, dentro de uma zona de regulação inteiramente

Sempre que, no caso concreto, o contrato de crédito ao consumidor de que se trate não se inclua em nenhuma das classes previstas nos n.ºs 2 e 3 do art. 2.º e no art. 3.º, o RCCC é aplicável na sua plenitude, não sendo excluída a aplicabilidade de qualquer das suas normas.

Com estes dados, podemos concluir que o *art. 19.º do RCCC*, que atribui ao consumidor o direito ao cumprimento antecipado, *não é aplicável a todos os contratos de concessão de crédito*. Não é, desde logo, aplicável aos contratos de concessão de crédito aos quais não se aplica, de todo, o RCCC (os que se acham previstos nas várias alíneas do n.º 1 do art. 2.º). Mas também não é aplicável, por força da *exclusão parcial* constante do n.º 2 do art. 2.º, a outros contratos aos quais são aplicáveis apenas algumas das (outras) normas (com exclusão das demais) do RCCC: precisamente, o contrato de *facilidade de descoberto*[33] em que a obrigação de reembolso seja exigível "a pedido ou no prazo de três meses"[34] e a *ultrapassagem de crédito*[35].

3.1.1.3. Como vimos já, o conceito (de matriz *funcional-económica*) de contrato de crédito que serve para balizar o âmbito de aplicação do RCCC é suficientemente abrangente para acomodar diferentes *estruturas jurídico-contratuais*: tanto as que, a partir do modelo do mútuo, têm por efeito essencial uma obrigação de *restituição* (ou reembolso) do *tantundem*; como aqueloutras que, a partir do modelo da compra e venda, geram uma obrigação que tem por objecto uma prestação pecuniária cujo *pagamento* é diferido em relação ao momento da correspondente *contraprestação*.

Na epígrafe do art. 19.º do RCCC (e repetidamente ao longo do texto da norma) o legislador usa a expressão "*reembolso* antecipado". À primeira vista, pareceria, pois, que o direito que aí se concede ao consumidor apenas valeria para os contratos cuja estrutura e efeitos partilhassem do modelo do mútuo, que se caracteriza, efectivamente, por dar origem a uma obrigação de *reem-*

---

coberta por uma determinada norma (a norma geral), o legislador recorta um específico subsector da realidade que sujeita a uma regulação diferenciada.

[33] Segundo a definição da alínea d) do n.º 1 do art. 4.º do RCCC, a *facilidade de descoberto* é "o contrato expresso pelo qual um credor permite a um consumidor dispor de fundos que excedem o saldo da sua conta corrente".

[34] Parece razoável supor que o legislador se quer referir a um prazo de reembolso *até* 3 meses (e não *de* 3 meses). Também pode concluir-se, em face do texto da norma, que o RCCC recupera a sua plena aplicabilidade (incluindo, pois, a aplicabilidade da norma que prevê o direito ao cumprimento antecipado) às facilidades de descoberto em que o prazo de reembolso exceda os 3 meses.

[35] Segundo a definição da alínea e) do n.º 1 do art. 4.º do RCCC, a *ultrapassagem de crédito* é um "descoberto aceite tacitamente pelo credor permitindo a um consumidor dispor de fundos que excedem o saldo da sua conta corrente ou da facilidade de descoberto acordada".

bolso dos fundos adiantados pelo mutuante. Todavia, logo a seguir, no texto do nº 1 do mesmo preceito, o legislador, ao enunciar formalmente a solução normativa adoptada, usa a expressão *"direito de (...) cumprir antecipadamente"*, que convoca um horizonte de aplicabilidade bem mais aberto. *Cumprir* (antecipadamente) tanto pode significar *reembolsar* (os fundos adiantados) como *pagar* (o preço temporalmente diferido).

Mais do que um direito ao reembolso antecipado, o art. 19º do RCCC consagra, pois, um verdadeiro direito ao *cumprimento* antecipado. O âmbito de aplicação da norma, para além do mútuo e da abertura de crédito, acolhe também, por conseguinte, tipos e figuras contratuais como a compra e venda a prestações (ou com espera de preço), a locação financeira e o aluguer de longa duração[36].

3.1.1.4. O direito ao cumprimento *antecipado* só faz sentido (e só tem autónoma utilidade), naturalmente, em relação aos contratos de concessão de crédito que estabeleçam um *prazo* para o cumprimento (na forma de restituição ou pagamento) da obrigação de capital[37].

Por um lado, porque, nos termos do art. 777º/1 do Código Civil, na falta de estipulação ou disposição especial, o devedor "pode a todo o tempo exonerar-se" da obrigação. Como se sabe, as obrigações sem prazo são *cumpríveis* (*erfüllbar*) a todo o tempo.

Por outro lado, porque, em relação aos contratos de concessão de crédito de *duração indeterminada*, o consumidor dispõe, para deles se libertar, do direito de denúncia previsto no art. 16º do RCCC (direito que, no caso do mútuo, já resultaria da disciplina do art. 1148º do Código Civil).

Note-se, quanto a este ponto, que um *contrato* de crédito *de duração indeterminada* pode conviver com uma *obrigação de reembolso com prazo*. É o que sucede nas modalidades contratuais em que funciona o mecanismo do *revolving*

---

[36] No mesmo sentido, mas ainda no quadro do direito anterior, ver FERNANDO GRAVATO DE MORAIS, *Contratos de Crédito ao Consumo*, Almedina, Coimbra, 2007, p. 181. Sobre o aluguer de longa duração, ver o meu *Algumas questões sobre o ALD*, in *Estudos de Direito do Consumidor nº 3, 2002*.

[37] É óbvio, também, que o direito ao cumprimento antecipado, considerando os efeitos que a lei lhe liga, apenas se concebe quanto à *obrigação de capital*, e já não em relação à *obrigação de juros*. Como veremos adiante, o direito ao cumprimento antecipado constitui um instrumento cuja utilização permite ao consumidor, precisamente, a redução dos juros, e outros encargos, que, de outro modo, teria de suportar. Note-se, por outro lado, que a *antecipabilidade* do cumprimento não é compatível com o carácter *duradouro* da obrigação de juros, cujos montantes e vencimento se acham inextrincavelmente ligados ao decurso do tempo. Já o mesmo, contudo, não pode dizer-se quanto à obrigação de capital, que, apesar de fraccionável (ou diferível), é estruturalmente *instantânea*, na medida em que não depende, nem no seu conteúdo nem no seu vencimento, do decurso do tempo.

credit[38]. Uma coisa, portanto, é o tempo de vigência do contrato (que pode ser indeterminado); outra coisa, diversa, é o tempo estabelecido para o cumprimento da obrigação de capital (que pode determinar-se através da fixação de um prazo). Nestas hipóteses, o consumidor pode exercer qualquer daqueles direitos: pode denunciar o contrato; mas também pode, mantendo o contrato, antecipar o cumprimento da obrigação de restituição do capital utilizado.

4. Modalidades: cumprimento total e cumprimento parcial

São duas as modalidades de cumprimento antecipado admitidas pelo legislador no art. 19º/1 do RCCC: cumprimento *total* e cumprimento *parcial*. Na primeira hipótese, o consumidor extingue totalmente a dívida, exonerando-se definitivamente; na segunda hipótese, apenas diminui o montante da dívida, mantendo-se obrigado quanto ao remanescente.

No que diz respeito ao cumprimento antecipado parcial, para além de um desvio às regras gerais em matéria de determinação do beneficiário do prazo (aspecto a tratar no ponto seguinte), a solução adoptada no art. 19º do RCCC configura um verdadeiro regime especial em face da norma (geral e supletiva) estabelecida no art. 763º do Código Civil, segundo a qual a prestação deve ser realizada "integralmente e não por partes".

Uma vez que o legislador nada dispõe em sentido contrário (ao invés do que acontecia no direito anterior – art. 9º do Decreto-Lei nº 359/91), não há quaisquer limites quantitativos de que dependa a admissibilidade do cumprimento antecipado[39]: não há, em primeiro lugar, qualquer *limiar mínimo* quanto ao montante do cumprimento antecipado, abaixo do qual este não pudesse efectivar-se; não há, em segundo lugar, qualquer *limite máximo*, para o número de actos de cumprimento antecipado. Ou seja, o consumidor pode pagar *o que* quiser *quantas vezes* lhe aprouver.

Quando se trate de uma obrigação de capital cumprível em diversas fracções escalonadas no tempo (compra e venda ou mútuo a prestações, por exemplo), parece que ao direito de o consumidor cumprir antecipadamente é inerente a prerrogativa de escolher a prestação (ou a parte dela) a antecipar, não se aplicando as regras de imputação do cumprimento previstas nos arts. 784º e 785º do Código Civil.

---

[38] O designado *revolving credit* caracteriza-se por permitir ao beneficiário "reconstituir o seu direito de saque, repristinando a disponibilidade do capital" – ver josé maria pires, *Direito bancário, II Vol., As operações bancárias*, Lisboa, Ed. Rei dos Livros, 1995, p. 217.
[39] Neste sentido, ver fernando gravato de morais, *Crédito ...*, p. 95.

5. A relação entre a solução do art. 19º do RCCC e as regras gerais sobre a determinação do beneficiário do prazo de cumprimento das obrigações

O direito ao cumprimento antecipado envolve, necessariamente, a atribuição ao consumidor (devedor) do benefício do prazo. Quer dizer, no domínio dos contratos a que se aplica o art. 19º do RCCC, o consumidor pode cumprir antes do prazo, mas só no respectivo vencimento o credor, por seu turno, pode exigir-lhe o cumprimento. Na verdade, quando o prazo é estabelecido em benefício do devedor, a obrigação é *cumprível* (*erfüllbar*) a todo o tempo, embora só se torne *exigível* (*fällig*) com o vencimento do prazo fixado[40].

Trata-se, assim, de recuperar, neste domínio, a regra geral (mas supletiva) do art. 779º do Código Civil. Note-se, contudo, que a convocação, no art. 19º do RCCC, daquela solução do direito civil tem implicações que vão além da mera confirmação anódina da regra geral.

Em primeiro lugar, é de sublinhar que, por força do disposto no art. 26º do RCCC, a norma (art. 19º) que consagra o direito ao cumprimento antecipado tem *carácter imperativo*. O que significa, portanto, que, no domínio dos contratos sujeitos ao âmbito de aplicação do art. 19º do RCCC, a regra (geral) da atribuição do benefício do prazo ao devedor *transforma-se* em norma imperativa[41].

Em segundo lugar, deve salientar-se que, quando caiba no alcance do art. 19º do RCCC, o contrato de mútuo deixa de estar sujeito ao regime especial do art. 1147º, que atribui o benefício do prazo a ambas as partes, impedindo qualquer delas de antecipar, consoante os casos, quer o cumprimento quer a sua exigibilidade. É certo que, no mesmo preceito, o legislador admite que o mutuário restitua a quantia mutuada antes do prazo convencionado. Mas, ao contrário do que se estatui no art. 19º/1 do RCCC, faz depender a antecipabilidade da restituição do pagamento, por inteiro, do *intersurium* – assim privando o devedor de uma das principais vantagens da antecipação[42].

---

[40] Neste sentido, ver LUÍS MANUEL TELES DE MENEZES LEITÃO, *Direito das Obrigações*, Vol. II, 4ª Ed. 2006, p. 160.

[41] O que mostra que, no domínio do direito dos contratos, uma das técnicas legislativas de protecção do consumidor, consiste, precisamente, em *imperativizar* as normas civis *supletivas*. O que abona a favor da ideia de que, ao estabelecer as normas supletivas, o legislador, não se limitando a libertar as partes do encargo de regularem exaustivamente todos os aspectos da sua composição de interesses, aproveita para estabelecer as soluções que exprimam a sua mais "equilibrada regulamentação", imprimindo-lhe um "conteúdo de justiça". Neste sentido, ver JOAQUIM DE SOUSA RIBEIRO, *O problema do contrato – As Cláusulas contratuais gerais e o princípio da liberdade contratual*, Almedina, Coimbra, 1999, pp. 522-524.

[42] O que significa que, na prática, o único interesse que pode motivar o mutuário a cumprir antecipadamente a obrigação de restituição do *tantundem* será o de fazer extinguir as garantias (designadamente as que tenham natureza real) acessórias do crédito do mutuante.

6. Conteúdo e estrutura

O direito de o consumidor cumprir antecipadamente, como é próprio da situação jurídica do devedor a quem é concedido o benefício do prazo, consiste no poder de realizar a prestação (no caso, a prestação que é objecto da obrigação de capital) antes do prazo convencionado, sem que ao credor seja lícito recusá-la, sob pena de incorrer em mora (art. 813º do Código Civil).

Trata-se de um verdadeiro *direito potestativo*: o consumidor, ao cumprir antecipadamente, para além de antecipar também os efeitos normais do cumprimento, determina, inelutavelmente, na esfera jurídica do credor, a produção dos efeitos específicos da própria antecipação (designadamente, a extinção do direito ao *intersurium*, como veremos mais à frente).

7. Modo de operar

Segundo o disposto no art. 19º/1 e 2 do RCC, o exercício do direito ao cumprimento antecipado opera *mediante comunicação* ao credor, a efectuar com "pré-aviso" não inferior a 30 dias. Para exercer eficazmente o direito ao cumprimento antecipado (e beneficiar dos efeitos vantajosos que a lei lhe associa, designadamente o direito à redução dos juros e demais encargos relacionados com o decurso do tempo), o consumidor não pode limitar-se a cumprir: precisa de, com a antecedência devida, avisar que vai cumprir, e em que termos vai cumprir. O cumprimento antecipado eficaz (capaz de produzir, portanto, os efeitos específicos que a lei lhe atribui) apresenta-se, assim, como uma situação jurídica complexiva, integrante de um comportamento declarativo e de um subsequente acto material.

A efectivação da comunicação prévia prevista no art. 19º do RCCC consiste num *ónus* imposto ao consumidor: se este quiser beneficiar das vantagens resultantes da antecipação do cumprimento (e, portanto, assegurar a produção dos específicos efeitos que a lei lhe reconhece) "precisa de"[43], com certa antecedência, avisar o credor. A omissão da comunicação prévia confere ao credor a prerrogativa de, licitamente, recusar a prestação (e evitar, por conseguinte, os efeitos da antecipação do cumprimento). Trata-se de uma solução que pondera o interesse do credor em prever e ponderar, com antecedência, os efeitos financeiros da antecipação do cumprimento.

Constituindo um ónus de cuja satisfação depende a eficácia da antecipação do cumprimento, a comunicação prévia não desencadeia, ela própria, quaisquer efeitos jurídicos autónomos. É de rejeitar, pois, qualquer tentação de ver

---

[43] CARLOS ALBERTO DA MOTA PINTO, *Teoria Geral do Direito Civil, 4ª Edição, por* ANTÓNIO PINTO MONTEIRO e PAULO MOTA PINTO, Coimbra Editora, Coimbra, 2005, p. 188.

na declaração que dá conteúdo à comunicação prévia um negócio jurídico unilateral (ou até um simples acto jurídico). A significar isto, desde logo, que a comunicação prévia *não obriga* o consumidor a cumprir na data anunciada, nem confere ao credor o direito de exigir-lhe o cumprimento antecipado. Tratar-se-ia, de resto, de uma solução materialmente incompatível com a atribuição ao consumidor do benefício do prazo. O facto de o consumidor não cumprir na data anunciada na comunicação prévia não deixa, todavia, de produzir uma consequência: perde-se (inutiliza-se) o efeito *descondicionador* resultante da satisfação do ónus (readquirindo o credor a prerrogativa de recusar licitamente a prestação), ficando a depender o exercício eficaz do direito à antecipação do cumprimento de uma nova comunicação prévia[44-45].

8. Efeitos da antecipação do cumprimento

São três os principais efeitos da antecipação, pelo consumidor, do cumprimento do contrato de concessão de crédito: extinção, parcial ou total, conforme o montante do cumprimento realizado, da obrigação de capital; extinção do direito do credor aos juros e demais encargos correspondentes ao período da antecipação (o *interusurium*); direito do credor à "compensação" dos custos ligados ao pagamento antecipado.

8.1. Extinção da obrigação de capital

O primeiro dos efeitos do cumprimento antecipado consiste na extinção, parcial ou total, em função da sua concreta medida, da obrigação de capital a cargo do consumidor. Se o consumidor tem o direito de cumprir antes do prazo, e se, por isso mesmo, o credor não pode opor-se-lhe sem incorrer em mora, é inevitável reconhecer o efeito exoneratório, parcial ou total, do efectivo cumprimento da obrigação de capital (trate-se de obrigação de *restituição* do *tantundem* ou da contraprestação em que se traduz o *pagamento diferido* do preço).

---

[44] Não deve excluir-se, também, a possibilidade de, em função das circunstâncias do caso concreto, o comportamento do consumidor poder consubstanciar a violação de deveres laterais de protecção (no caso, o dever de consideração do património da contraparte), com as inerentes consequências indemnizatórias.

[45] O recebimento, pelo credor, da prestação que o consumidor ofereça sem ter sido efectuada a comunicação prévia (ou depois da data nela marcada) prevista no art. 19º/1 e 2 do RCCC, produz, até por maioria de razão, os efeitos que a lei liga à antecipação do cumprimento. Com esse comportamento, o credor renuncia tacitamente ao poder de recusar a prestação.

8.2. Extinção do direito do credor aos juros e encargos referentes ao período da antecipação

Nos termos do nº 1 do art. 19º do RCCC, o cumprimento antecipado da obrigação de capital determina a "correspondente redução do *custo total do crédito*, por via da redução dos juros e dos encargos do período remanescente do contrato".

Segundo a alínea g) do nº 1 do art. 4º do RCCC, integram o *custo total do crédito* "todos os custos, incluindo juros, comissões, despesas, impostos e encargos de qualquer natureza ligados ao contrato de crédito que o consumidor deve pagar e que são conhecidos do credor, com excepção dos custos notariais". E ainda, nos termos do mesmo preceito, "os custos decorrentes de serviços acessórios relativos ao contrato de crédito, em especial os prémios de seguro, são igualmente incluídos se, além disso, esses serviços forem necessários para a obtenção de todo e qualquer crédito ou para a obtenção do crédito nos termos e nas condições de mercado".

O legislador não exige uma redução de *todos* os custos que contribuem para formar o custo total do crédito. Apenas tem em vista, parece, a redução daqueles que digam respeito ao "período remanescente do contrato". Quer dizer, aqueles que, na sua origem e montante, estejam genética e funcionalmente ligados ao decurso do tempo (*laufzeitabhängig*). Mas, quanto a esta categoria de custos (de que os juros constituem o exemplo paradigmático), *todos* têm de ser reduzidos na exacta proporção do montante do capital antecipado (quando se trate de cumprimento parcial) e do tempo que medeie entre o momento da antecipação e o vencimento do prazo previsto.

Parece-me que a identificação exacta dos encargos que, para além dos juros remuneratórios, se acham conexionados com o decurso do tempo deve apoiar-se num critério funcional e material: se, por um lado, não são de considerar os encargos de natureza administrativa e logística, insensíveis à duração do contrato, tem de atender-se, por outro lado, a todos aqueles que, independentemente da designação formal que lhes seja dada, variem efectivamente em função da extensão temporal da disponibilidade do capital pelo consumidor[46].

---

[46] Questão diversa é a de saber se o próprio conceito de juro remuneratório não deve compreender, numa perspectiva funcional, tudo aquilo que, materialmente, corresponda à remuneração (do credor) variável em função do tempo pelo qual se prolongue a disponibilidade do capital pelo consumidor (*laufzeitabhängige Vergutung*). Neste sentido, em relação ao contrato de mútuo, incluindo na extensão do conceito de juro os "custos de refinanciamento" (quer os relativos à obtenção de capital alheio, quer os que são determinados pelos requisitos de capitais próprios impostos aos bancos pelas regras prudenciais do sistema Basileia II), ver K.P. BERGER, *Münchener Kommentar zum BGB*, 5.Auflage, 2008, § 488, Rn. 154, in Beck Online).

Com esta configuração, a solução legal de que ora se trata traduz-se, por conseguinte, na perda do *interusurim* pelo financiador – ou, vendo o fenómeno na perspectiva da outra parte, na sua poupança pelo consumidor. O que significa, quanto ao contrato de mútuo oneroso (o contrato de concessão de crédito por excelência), o afastamento da regra geral do art. 1147º do Código Civil. Aqui, ao invés do que vimos suceder em relação aos demais contratos de crédito em matéria de determinação do beneficiário do prazo da prestação, a protecção do consumidor passa pela derrogação imperativa da correspondente norma do direito civil.

8.2.1. Fundamento da solução legal: apenas a exigência de protecção do consumidor ou também a manifestação de estruturas mais profundas?

A perda do direito do financiador ao *interusurium* constitui, seguramente, uma solução normativa que encontra fundamento e justificação imediatos no imperativo político legislativo-legislativo de protecção do consumidor que adquire a crédito. Ainda assim, afigura-se de interesse pôr a questão de saber se a mesma solução não resultaria já, com a mesma força, dos institutos, princípios e estruturas já existentes no património doutrinal e dogmático do direito civil[47].

8.2.1.1. Poderia, desde logo, pôr-se a hipótese de a perda do *interusurium* constituir simples manifestação da regra geral do art. 779º do Código Civil, que atribui ao devedor o benefício do prazo. Não parece, contudo, que do benefício do prazo se possa tirar mais do que o direito do devedor à antecipabilidade do cumprimento. A solução adoptada no art. 1147º do Código Civil para o contrato de mútuo oneroso mostra isso mesmo: o legislador, não obstante admitir a restituição antecipada do *tantundem*, mantém o direito do mutuante ao *interusurium*.

8.2.1.2. Pensável é, também, recorrer à figura da denúncia[48]: o cumprimento antecipado constituiria, precisamente, a denúncia do contrato de crédito.

---

[47] Mesmo no caso do mútuo oneroso não perde sentido a questão. A norma do art. 1147º do Código Civil, que faz depender a antecipabilidade do reembolso do capital do pagamento do *interusurium*, não é uma exigência da natureza das coisas, mas apenas uma disposição supletiva fundada na presunção (ilidível) de que essa é a vontade das partes – ver PIRES DE LIMA e ANTUNES VARELA, *Código Civil Anotado*, Vol. II, 3ª Ed., Coimbra Editora, 1986, p. 691.

[48] Embora constitua, tipicamente, um modo de cessação dos contratos de duração indeterminada, não há nenhuma determinação da natureza das coisas que torne a denúncia "alérgica" aos contratos com prazo (como mostra, por exemplo, o regime do contrato de arrendamento – art. 1098º do Código Civil).

E explicar-se-ia então facilmente a perda do *interusurium*, que não seria mais do que a inevitável consequência da cessação do contrato (operada pela denúncia).

Há, parece-me, alguns obstáculos que impedem a explicação da perda do *interusurium* do financiador na hipótese de cumprimento antecipado de um contrato de crédito com prazo através da figura da denúncia. Desde logo, o próprio legislador, no art. 16º do RCCC, cinge o espaço de operatividade da denúncia aos contratos de "duração indeterminada" – parecendo, com isso, afastar o tratamento do cumprimento antecipado como um modo de cessação da eficácia do contrato.

Em segundo lugar, importa notar que o *efeito liberatório* inerente ao cumprimento antecipado do contrato de crédito não envolve, necessariamente, a *cessação da relação contratual*. Esta distinção é particularmente nítida nos contratos que admitem o funcionamento do mecanismo do *revolving credit*[49], em que a restituição dos fundos utilizados não determina a extinção da relação contratual, provocando, diversamente, a reconstituição do capital posto à disposição do consumidor.

Por último, e ainda que pudesse talvez explicar a perda do *interusurium* em boa parte dos casos de *cumprimento antecipado total*, a denúncia já se mostraria insusceptível de assimilar os casos de *cumprimento antecipado parcial*, expressamente admitido no art. 19º do RCCC[50].

8.2.1.3. A perda do *interusurium* é já inteiramente compreensível à luz do *princípio da acessoriedade da obrigação de juros* em face da obrigação (principal) de capital. Como se diz no **acórdão de uniformização de jurisprudência do Supremo Tribunal de Justiça nº 7/2009**, de 25 de Março de 2009[51], "os juros, quaisquer que sejam, são ou constituem um rendimento do capital, logo a obrigação respectiva está intrinsecamente dependente de uma obrigação de

---

[49] Ver *supra* nota 38.

[50] Note-se, todavia, que, no direito alemão, o §489 do BGB confere ao mutuário o direito de denunciar o contrato "total ou parcialmente" (*ganz oder teilweise kündigen*). E que, no §500 do mesmo BGB, aplicável ao *Verbraucherdarlehensvertrag*, a denúncia (*kundigung*) do contrato sem prazo é tratada a par do direito do consumidor à restituição antecipada do capital (*vorzeitige Rückzalung*) nos demais contratos de mútuo. Sobre a admissibilidade, no direito alemão, da *denúncia parcial* do mútuo, ver GERHART R. BAUM/JULIUS REIFER/OLAF METHNER, BEENDIGUNG, in PETER DERLEDER, KAI-OLIVER KNOPS, HEINZ GEORG BAMBERGER, *Handbuch zum deutschen und europäischen Bankrecht*, p. 1067.

[51] Acórdão que, justamente com base na afirmação do princípio da acessoriedade da obrigação de juros, consagrou o entendimento, que se vinha tornando maioritário na jurisprudência anterior, segundo o qual, "no contrato de mútuo oneroso liquidável em prestações, o vencimento imediato destas ao abrigo de cláusula de redacção conforme ao artigo 781º do Código Civil não implica a obrigação de pagamento dos juros remuneratórios nelas incorporados".

capital". Ou, como diz **Almeida Costa**, cuja autoridade também é convocada na mesma decisão, os juros "não se concebem sem uma obrigação de capital"[52]. A constituição do direito aos juros (e outros encargos com função de remuneração do credor) está, pois, inextrincavelmente ligada à efectiva disponibilidade do capital, da qual depende: não há formação de juros enquanto e na medida em que não haja obrigação de restituição de capital. Daí que se compreenda que não se vençam juros antes de o capital ser entregue ao devedor nem depois de este proceder à sua restituição (salvo nos casos de cumprimento parcial – hipótese em que, todavia, os juros se reduzem em medida proporcional à restituição efectuada)[53]. O disposto no art. 561º do Código Civil não se opõe a este entendimento, uma vez que o que aí se estabelece é a "autonomia" do crédito de juros já constituído, em termos de ele poder circular ou extinguir-se desacompanhado da obrigação de capital. Quer dizer, o preceito não estabelece a autonomia do *direito ao juro* em face da obrigação de capital, mas apenas a autonomia do *direito de receber o juro já formado e vencido*.

---

[52] Ver MÁRIO JÚLIO DE ALMEIDA COSTA, *Direito das Obrigações*, Almedina, Coimbra, 11ª Ed. p. 751.
[53] Assim, PETER DERLEDER, *Darlehensvertrag, in* PETER DERLEDER, KAI-OLIVER KNOPS, HEINZ GEORG BAMBERGER, *Handbuch zum deutschen und europäischen Bankrecht*, p. 334 – considerando o autor que a acessoriedade da obrigação de juros não foi posta em causa pela queda (*wegfall*) da teoria do mútuo como contrato real (quanto à sua constituição), e do correspondente triunfo da teoria consensualista. No mesmo sentido, KAI-OLIVER KNOPS, ZINSRECHTLICHE GRUNDLAGEN, in PETER DERLEDER, KAI-OLIVER KNOPS, HEINZ GEORG BAMBERGER, *Handbuch zum deutschen und europäischen Bankrecht*, p. 371. K. P. BERGER, *ob. cit*, § 488, Rn 164 a 167, embora reconhecendo que no direito alemão predomina largamente a doutrina do *Akzessorietätsprinzip*, defende, na esteira de MÜLBERT, a limitação da sua aplicação aos casos em que a obrigação de juros é de fonte legal e as partes não convencionam qualquer período temporal para a sua vigência. Já quanto aos casos em que a obrigação de juros é de origem contratual, a relação entre a obrigação de juros e a disponibilidade do capital seria de natureza sinalagmática, estando sujeita ao "princípio de reciprocidade" (*Gegenseitigkeitprinzip*) que é próprio dos contratos bilaterais sinalagmáticos. Diga-se, contudo, que, com alguma flexibilidade hermenêutica, talvez a aplicação das normas legais inspiradas pelo referido "princípio de reciprocidade" (que é inerente ao sinalagma) possa permitir chegar a resultados práticos idênticos àqueles que se obtêm por via do princípio da acessoriedade da obrigação de juros. Não repugna admitir, por exemplo, que o cumprimento antecipado da obrigação principal possa ser considerado como causa da *impossibilidade* de realização, por parte do financiador, da prestação de manutenção da disponibilidade do capital – precisamente porque, com o cumprimento antecipado, este deixa de estar à disposição do devedor. E, se assim for, a extinção do direito ao *interusurium* poderia fundar-se no disposto no art. 795º/1 do Código Civil (desde que, usando da referida flexibilidade hermenêutica, não se sobrevalorize a circunstância de o facto gerador da impossibilidade – o cumprimento antecipado – ser *imputável* ao devedor). Pronunciando-se contra a aplicação das regras relativas à impossibilidade da prestação à hipótese do cumprimento antecipado do contrato de mútuo, ROBERT FREITAG, *ob.cit.*, p. 1109.

8.3. O direito do credor à "compensação dos custos directamente relacionados" com o cumprimento antecipado

Prescreve o nº 3 do art. 19º do RCCC que "o credor tem direito a uma compensação, justa e objectivamente justificada, pelos custos directamente relacionados com o reembolso antecipado, desde que tal ocorra num período em que a taxa nominal aplicável seja fixa".

A melhor compreensão do sentido e do alcance deste direito que o legislador atribui ao financiador (que, em função das circunstâncias do caso concreto, pode acabar por neutralizar a vantagem que para o consumidor representa a poupança do *interusurium*) exige o tratamento separado dos problemas dos seus *pressupostos*, *conteúdo* e *limites*.

8.3.1. Pressupostos

É possível distinguir entre *pressupostos negativos* (aqueles que não podem verificar-se, sob pena de inexistência do direito do credor à compensação dos custos) e *pressupostos positivos* (aqueles de cuja verificação depende a existência do direito).

8.3.1.1. Considerando o disposto no nº 5 do art. 19º do RCCC, são dois os pressupostos negativos[54] do direito do credor à compensação dos custos causados pelo cumprimento antecipado: o cumprimento antecipado consistir na "execução de contrato de seguro destinado a garantir o reembolso do crédito"; o contrato de crédito assumir a modalidade de facilidade de descoberto[55]. Em qualquer destas duas hipóteses, portanto, não assiste ao credor qualquer direito a ser compensado pelos custos que o cumprimento antecipado possa ter-lhe causado.

8.3.1.2. Os pressupostos positivos são dois, também: o carácter fixo *da taxa de juro nominal*; a efectiva existência de "custos directamente relacionados" com a antecipação do cumprimento.

8.3.1.2.1. Estabelece a alínea c) do nº 5 do art. 19º do RCCC que o credor "não pode exigir qualquer comissão de reembolso por efeito do reembolso anteci-

---

[54] O legislador português, desaproveitando a oportunidade conferida pela alínea a) do nº 4 do art. 16º da DCC, não previu um terceiro pressuposto negativo: situar-se o montante do cumprimento antecipado abaixo de um limiar mínimo, que não poderia ser superior a € 10 000,00 num período de 12 meses.
[55] Note-se que a referência, no nº 5 do art. 19º do RCCC, à modalidade de "facilidade de descoberto" só adquire verdadeira relevância e utilidade nos casos em que o prazo da obrigação de "reembolso" seja superior a 3 meses. Com efeito, e como vimos já, quando este prazo seja igual ou inferior a 3 meses, já resulta do nº 2 do art. 2º do RCCC a exclusão da aplicação do seu art. 19º.

pado" se este ocorrer *num período* em que a taxa nominal[56] aplicável não seja *fixa*. O que equivale à afirmação de que o direito do financiador não existe quando a taxa de juro nominal seja *variável* – ou ainda à afirmação, simétrica desta, de que só existe quando a taxa nominal de juro seja fixa. O ponto de referência em relação ao qual se deve determinar se a taxa de juro é variável ou fixa não é o *tempo de duração do contrato*, mas o *período em que ocorre a antecipação do cumprimento*. Se o tempo de duração do contrato incluir vários períodos dentro dos quais a taxa de juro não varie (embora possa variar de período para período), o cumprimento antecipado dentro de cada período confere ao financiador o direito à "compensação" dos custos que lhe possa causar. Significa isto, no fundo, que o direito do credor à compensação apenas é afastado nos casos em que a taxa de juro possa alterar-se a qualquer momento (*jederzeit*)[57]. A opção do legislador compreende-se: quando a taxa é variável, o financiador não pode confiar, sobretudo em matéria de refinanciamento, na sua manutenção; quando a taxa é fixa, o princípio da congruência entre o horizonte temporal da concessão de crédito e as condições do refinanciamento do credor (*Prinzip der laufzeitkongruenten Refinanzierun*)[58] parece justificar a protecção da expectativa do credor.

8.3.1.2.2. O direito do credor depende, por outro lado, da *efectiva existência de custos* directamente relacionados com a antecipação do cumprimento. O que mostra que se trata, verdadeiramente, de um direito a uma *indemnização* (embora o facto lesivo seja lícito), cuja concreta constituição depende, portanto, da demonstração da ocorrência de *danos*[59].

Vale, aqui, um conceito de "custo em sentido estrito"[60], susceptível de abranger os custos administrativos *directamente* originados pelo cumprimento antecipado e os custos de refinanciamento que a sua ocorrência acaba, *a posteriori*, por tornar inúteis. Em obediência à lógica do princípio *compensatio lucri cum damno* (que constitui expressão, por sua vez, da actuação da "teoria da

---

[56] Taxa nominal é, nos termos da alínea j) do nº 1 do art. 4º do RCCC, a "taxa de juro expressa numa percentagem fixa ou variável aplicada numa base anual ao montante do crédito utilizado".
[57] Neste sentido, ROBERT FREITAG, *ob.cit.*, p. 1104 e K.P. BERGER, *ob. cit.*, § 488, Rn 25.
[58] Sobre este ponto, ver HANS-MICAHEL KREPOLD/SANDRA FISCHBECK, *Bankrecht*, Vahlen, 2009, pp. 110 e ss.
[59] O termo "compensação" não é, pois, inteiramente feliz. O legislador português, que, em regra, segue à letra os textos das directivas que transpõe para o direito interno, optou, neste caso, por uma formulação que diverge daquela que é utilizada no art. 16º/2 da DCC, onde, na própria versão em língua portuguesa, se fala em "*indemnização* justa e justificada". As versões alemã, francesa e italiana da DCC também utilizam termos equivalentes: respectivamente, *Entschädigung*, *indemnité* e *indennizo*. Já nas versões inglesa e espanhola da DCC são usados os termos *compensation* e *compensación*.
[60] ROBERT FREITAG, *ob. cit.*, p. 1104.

diferença" que domina o direito da indemnização), no cálculo da compensação a que o credor tenha direito devem deduzir-se as despesas que, por causa do cumprimento antecipado, deixa de suportar (como, por exemplo, as que resultariam, quando fosse o caso, do processamento das futuras prestações de reembolso).

Parece-me, enfim, que apenas se podem considerar custos *concretamente apurados, especificamente conexionados* com a antecipação do cumprimento realmente ocorrida, com exclusão de outros que apenas, de modo abstracto ou hipotético, possam deduzir-se da aplicação de fórmulas estatísticas e de matemática financeira[61]. Não se esqueça que o legislador se refere a uma compensação "justa e *objectivamente justificada*".

8.3.2. Conteúdo

O direito do credor à compensação dos custos decorrentes da antecipação do cumprimento pelo consumidor consubstancia-se, como já se disse, na pretensão ao *ressarcimento* dos custos derivados da antecipação do cumprimento pelo consumidor. O âmbito dos custos ressarcíveis circunscreve-se, como vimos também, aos encargos administrativos e aos custos de refinanciamento inutilizados. Significa isto que não é já ressarcível o dano que consiste na perda dos juros remuneratórios que se venceriam se a antecipação do cumprimento não se verificasse. Tais danos exorbitam, por conseguinte, do conteúdo do direito do credor à compensação de custos. Com esta não se visa, pois, colocar o credor na exacta situação em que estaria se o contrato fosse cumprido pontualmente (sem antecipação do cumprimento). Não se trata, por isso, de uma indemnização medida pela totalidade do *interesse positivo*, mas somente por uma parte dele: o legislador apenas considera os *danos emergentes*, mas já não os *lucros cessantes*[62].

O facto de o legislador português não ter usado a prerrogativa prevista na alínea b) do nº 4 do art. 16º da DCC mostra, se dúvidas houvesse, que a "compensação" a que o credor tem direito não abrange o lucro cessante, designadamente a *diferença* entre os juros que receberia se não houvesse antecipação do cumprimento e aqueles que acaba por (poder) receber por causa dela. Recordo

---

[61] Em sentido oposto, ver ROBERT FREITAG, *ob. cit.*, p. 1105.
[62] A compensação do credor prevista no RCCC não é da mesma natureza, portanto, da *Vorfälligkeitentschädigung* do direito alemão, que, nos casos de "denúncia extraordinária" (*Außerordentliche Kündigung*) operada pelo mutuário, é atribuída ao mutuante pelo §490 do BGB. Sobre a *Vorfälligkeitentschädigung*, os seus fundamentos e métodos de cálculo, ver HANS-MICAHEL KREPOLD/SANDRA FISCHBECK, *ob.cit*, pp. 116 e ss, e PATRICK RÖSLER/KONRAD WIMMER/VOLKER LANG, *Vorzeitige Beendigung von Darlehensverträgen, Begründung und Berechnung von Vorfälligkeitsentschädigung und Nichtabnahmeentschädigung aus juristischer und finanzmathematischer Sicht*, Beck, 2003.

o texto da alínea b) do n.º 4 do art. 16.º da DCC (*que conferia aos Estados-Membros um poder a que o legislador português não deu uso*): "Os Estados-Membros podem dispor que (...) o mutuante pode excepcionalmente pedir uma indemnização superior se puder provar que a perda que sofreu por causa do reembolso antecipado excede o montante determinado nos termos do n.º 2. (...) Neste caso, *a perda consiste na diferença entre a taxa de juros acordada inicialmente e a taxa de juros à qual o mutuante pode emprestar o montante reembolsado antecipadamente à data do reembolso antecipado* e tem em conta o impacto do pagamento antecipado sobre os custos administrativos."

A opção do legislador nacional é de aplaudir. Incluir na "compensação" do financiador o lucro cessante redundaria, parece-me, na neutralização do direito do credor à poupança do *interusurium*: não faria sentido, por um lado, atribuir ao consumidor o direito à dedução dos juros relativos ao período da antecipação e, por outro lado, obrigá-lo a suportá-los pela via indirecta da "compensação" que tivesse de pagar ao financiador.

8.3.3. Limites

A compensação que a lei faculta ao financiador, quando o consumidor antecipe o cumprimento, está sujeita a dois limites quantitativos inultrapassáveis, previstos nos n.ºs 4 e 6 do art. 19.º do RCCC.

Nos termos do n.º 4, a "comissão de reembolso antecipado (...) não pode exceder 0,5% do montante do capital reembolsado antecipadamente, se o período decorrido entre o reembolso antecipado e a data estipulada para o termo do contrato de crédito for superior a um ano" ou "(...) 0,25% do montante do crédito reembolsado antecipadamente, se o mencionado período for inferior ou igual a um ano".

O n.º 6, por seu turno, estabelece que "em nenhum caso a comissão (...) pode exceder o montante dos juros que o consumidor teria de pagar durante o período decorrido entre o reembolso antecipado e a data estipulada para o termo do período de taxa fixa do contrato de crédito".

Os dois limites funcionam cumulativamente: o primeiro é ele próprio limitado pelo segundo. Em caso algum, portanto, o consumidor terá de pagar mais juros do que os que suportaria se a execução do contrato decorresse como previsto pelas partes, sem qualquer antecipação. O *interesse contratual positivo* é, assim, o limite dos limites, absolutamente inultrapassável: em caso algum, o financiador pode ficar em melhor situação do que aquela que resultaria da observação estrita do prazo de cumprimento da obrigação de capital.

Do que se trata, é preciso sublinhá-lo, é de *limites* quantitativos, e não do *fundamento* nem da *medida* da "compensação". O fundamento (e também a medida) essencial do direito do credor é, como se deixou dito, a efectiva e concreta ocorrência de danos emergentes da antecipação do cumprimento. Só quando tal aconteça se pode falar, com propriedade, de uma compensação "justa e objectivamente justificada". Donde, parece-me contrária à lei qualquer prática que consista em, por sistema, de modo abstracto e invariável, fazer coincidir a compensação do financiador com o limite quantitativo previsto no nº 4 do art. 19º do RCCC. Até porque, para além das razões que se deixam invocadas, esse limite, que está ligado ao montante do crédito e ao prazo de cumprimento da obrigação de capital, tendo alguma relação com os custos de refinanciamento, não tem qualquer conexão com as despesas administrativas, que não são sensíveis a esses factores de cálculo[63].

---

[63] O que pode redundar em prejuízo quer do consumidor, quando o montante do crédito concedido seja elevado e o período da antecipação longo, quer do credor, quando o montante do crédito seja reduzido e antecipação curta. Neste sentido, criticando a opção da DCC, ROBERT FREITAG, ob.cit., p 1105.

O Consumidor-Viajante e as Regras do Consumo Turístico: Uma Clara Visão do Mundo ou um Mero Olhar no Espelho de Casa?

*Rafael Augusto de Moura Paiva**

Sumário: 1. Plantamos boas sementes para bons frutos colher; 2. No *balanço* da rede; 3. Do sonho ao pesadelo; 4. O turista e o jurista; 5. Temos "bagagem"; 6. Turismo dos direitos do turista?; 7. O "Salto"; 8. Viajar é preciso...

> *"Deixe-me ir, preciso andar, vou por aí a procurar sorrir p´ra não chorar. Quero assistir ao sol nascer, ver as águas do rio a correr, ouvir os pássaros cantarem, eu quero nascer, quero viver (...) Se alguém por mim perguntar, diga que eu só vou voltar depois que me encontrar."* (Letra: Candeia/Interpretação: Cartola)

1. Plantamos boas sementes para bons frutos colher

Inicialmente, por ocasião das comemorações dedicadas à vida e obra do Professor Mário Frota, excepcional ser humano e jurista, gostaríamos de registar os agradecimentos por toda a ajuda e o estímulo, entusiasta e fraterno, confessada e construtivamente crítico contra as desigualdades do mundo, que o professor hoje homenageado representou para a nossa existência. Rogando-lhe com carinho que a relação de amizade e de luta pela justiça prossiga, desejamos-lhe as maiores felicidades para o futuro...

---

* Advogado. Doutorando em Jurídico-Civilísticas na Faculdade de Direito da Universidade de Coimbra.

2. No *balanço* da rede

A experiência do turismo, do viajar por prazer, deleite ou diversão, constitui de algum modo um sacrifício em relação à nossa comodidade e segurança, em favor da "descoberta do novo", estimulando a criatividade do viajante. Assim, temos que a palavra *travel* possui a mesma raiz de *trabalho*: o trabalho de ter que ser submetido a algo – possivelmente desagradável – a fim de conseguir um "algo mais". Deste modo, se a remuneração do trabalho tradicional aparece como um pagamento, no caso do *trabalho de parto* vemos o nascimento de um filho e no que respeita ao "trabalho" turístico temos a satisfação das necessidades de descoberta, de mudança, de férias...

Sob esta óptica, o turista pode ser entendido como uma espécie de sonhador, alguém que vende o seu presente em troca de um novo futuro. Não é difícil pensar, nesse sentido, que tal actividade atinja um enorme valor pessoal para aqueles que a realizam.

Porventura em decorrência de tais características, com o passar do tempo, o Turismo tornou-se, também, num *business*, isto é, na indústria e nos serviços que satisfazem as necessidades da pessoa fora do seu *habitat* usual, os quais movimentam enorme quantidade de divisas em todo o mundo: milhões de pessoas pagam para obter essa "novidade", esse prazer de viajar, de conhecer novos lugares, de viver experiências até então inexploradas[1].

Com o desenvolvimento e a abertura do mercado turístico a pessoas que antes não tinham condições de viajar, especialmente a partir da segunda metade do século passado, as empresas exploradoras "massificaram" o turismo. A título meramente ilustrativo, lembremos que dos cerca de 900 milhões de turistas existentes no mundo, 700 milhões viajam para apenas 50 destinos, sendo muitos deles largamente conhecidos dos viajantes, como Roma, Paris, Nova Iorque, Rio de Janeiro ou outros locais bastante explorados.

Essa espécie de Turismo gera alguns problemas bastante conhecidos pelos estudiosos da disciplina turística, para os quais o Direito jamais se poderia alhear: (i) a predação da natureza, com resultados tantas vezes de difícil reversão, nomeadamente através do crescimento predatório dos empreendimentos turístico-imobiliários (veja-se o exemplo dos apartamentos construídos à beira-mar que impedem que os banhistas de tomarem sol a partir de determinada hora do dia); (ii) a concentração de muitas pessoas no mesmo local, acar-

---

[1] Em 2009, o Turismo representava cerca de 11% do Produto Interno Bruto de Portugal, empregando mais de 500.000 pessoas, consoante o Preâmbulo do DL 191/2009 (Lei de Bases do Turismo). O mesmo valor – de 11% do PIB – é actualmente apresentado em relação ao Turismo de Espanha, um dos países que mais recebem turistas em toda a Europa. A importância internacional da actividade pode ser sentida através da leitura do Decreto 6.700, de 12 de Dezembro de 2008, que promulga o Acordo de Cooperação no Domínio do Turismo entre a República Federativa do Brasil e a República Portuguesa.

retando os *engarrafamentos* e as faltas de energia eléctrica; (iii) o *overbooking*, resultado do *overselling* (estratégia empresarial e económica de consentir que sejam "reservados" ou vendidos mais locais ou serviços do que os existentes, a fim de melhor aproveitar as probabilidades de não comparecimento por parte dos clientes, de maneira abominável em relação aos interesses dos viajantes, frustrando o seu direito de viajar com tranquilidade)... Por vezes, chega-se mesmo a perder a cultura local em nome de um Turismo que atenda às necessidades dos viajantes, numa situação que a nosso sentir merece ser evitada a todo custo.

Acontece que o perfil do consumidor-viajante vem mudando e com ele deverá também mudar o próprio perfil da oferta turística: não há mercado sem consumidor e vice-versa. A tendência é que o turista esteja cada vez mais disponível e curioso para receber a informação que lhe é devida e que se encontra disponibilizada através de vários meios. Quem decide o que é bom ou ruim é o turista: se algum dia existir um "destino dos sorrisos", em que todos os habitantes sorriam a todo o tempo, como costumamos ver nos anúncios de viagens criados para atender aos interesses de *marketing* do empresariado turístico, então será assim porque este "surto de felicidade" foi comprovado pelo turista durante a viagem. Um destino não pode ser "dos sorrisos" porque o profissional quer. A valorização da *experiência* do turista se dá através das tentativas – "*trysumers*" em vez de *consumers* – e do compartilhamento de informações entre os semelhantes ("*twinsumers*" no lugar de *consumers*, dividindo as suas vivências, num método de *share and compare*). Tudo isso deve ocorrer de tal modo que o operador turístico, ao desrespeitar o turista, passe a ser "castigado" pelo mercado, que acabará premiando os operadores mais justos após o confronto entre as experiências boas e más.

É claro que, sendo tal tendência – optimista, é verdade, mas não irreal – uma manifestação do subjectivismo de cada turista-consumidor (que em termos mais amplos poderia ser inserido como um reflexo da sociedade "pós-moderna", em que as actividades repetitivas são substituídas pelas criativas), o operador deverá estar preparado para atender a um viajante cada vez mais *exigente* em relação a uma oferta variada. Tal dado é sublinhado por diversos especialistas na matéria, provenientes de distintas origens[2].

Com efeito, assiste-se à criação e ao desenvolvimento de muitas modalidades específicas de Turismo: de natureza (inclusive para colheita de alimentos), cultural (às vezes com o surgimento de destinos turísticos a partir do momento em que determinado lugar é declarado "património da humanidade"), reli-

---

[2] Como pudemos comprovar presencialmente durante o curso do XIV Congresso Internacional de Turismo da Universidad Jaume I (Castellón), cujas prelecções devem ser publicadas no futuro.

gioso (ou de peregrinação religiosa), de interior (mesmo como alternativa ao tradicional "turismo de sol e praia"), naturista (que afronta sobretudo valores morais quando realizado sob a forma *swinger*, caminhando junto da prostituição e do consumo de drogas, abrindo espaço para debates sobre questões delicadas), industrial (em que se visitam, por exemplo, minas, museus e antigos hospitais ligados à actividade de extracção de minério, incluindo passeios de comboio), gastronómico (muitas vezes associado à figura do *slow tourism*, trazendo consigo a questão da regulamentação sobre os alimentos), etc.

Note-se que a exigência a que nos referíamos, no que concerne a uma oferta turística mais variada, aponta para a necessidade, por parte do turista, de viver uma *combinação* entre estes diferentes "turismos" numa mesma viagem: assim, o viajante quer, ao longo do seu período de férias, aproveitar o sol e a praia, conhecer monumentos e museus, investigar para a sua pesquisa científica, apreciar a gastronomia, comprar o artesanato local, rezar numa Igreja ou participar numa procissão de sua preferência, etc.

Não é difícil imaginar que o sucesso de tais ideias representará, por um lado, um enorme enriquecimento no sentido de "Turismo". Entretanto – e por outro lado – também é evidente que o aumento da complexidade e da pessoalidade das viagens aponta para quadros em que o consumidor-viajante não terá como obter uma completa informação sobre o produto e, por mais que a obtenha, será mais facilmente surpreendido por "desilusões" em relação ao que foi planeado – conforme já acontece hoje.. Será justo manter o que até agora aconteceu, isto é, o lucro do empresariado turístico à custa de diversos abusos em detrimento dos turistas? Recuemos um pouco no tempo para responder à questão...

3. Do sonho ao pesadelo

A escolha de um título como o que foi dado ao presente artigo não se deve ao acaso e muito menos a um desautorizado capricho literário. De facto, trata-se da tentativa de reunir ideias de outros grandes pensadores do mundo do Direito e trazê-las, de modo criativo e se possível original, para o Direito do Consumo ou do Consumidor, a fim de chegarmos ao campo do Direito do Turismo e especialmente da protecção do turista, propondo – numa abordagem pluricultural e multidisciplinar – a aproximação a um ideal de justiça, igualdade e solidariedade que atenda aos escopos da ciência jurídica.

A tarefa, que pode parecer à primeira vista muito difícil, tornar-se-ia ainda mais complicada se nos dispuséssemos a fundar a protecção do turista nas regras que definem os meios de que ele ou ela dispõem para se defenderem de tudo o quanto lhes pode causar danos, com base no direito do consumo turístico (aquele positivado), designadamente quanto à sua vertente contratual.

Assim, pensemos no contrato de transporte, cuja origem "perde-se na noite dos tempos" e que pode ser apontado como contemporâneo do desenvolvimento do turismo[3]. Quanto ao tema, pensemos nas limitações indemnizatórias convencionadas de maneira internacional no que respeita ao ressarcimento dos danos resultantes de (i) perdas e avarias de bagagens, (ii) de atrasos ou cancelamentos de viagem e até (iii) de morte ou ferimentos de passageiros transportados... Sem esquecer que este é talvez o contrato com maior importância social em todo o mundo, considerando-se que milhões e milhões de pessoas são conduzidas diariamente de casa para o trabalho e do trabalho para a casa e levando-se em conta que inúmeros transportados não têm ideia de tais limitações (que atendem aos interesses do transportador), pergunta-se: como superar os limites de acordo com a disciplina jurídica? Note-se que, para responder à questão, devemos ressaltar que muitas vezes os regimes variam de acordo com o tipo de transporte: se terrestre, marítimo, aéreo...

Saliente-se ainda que os problemas continuam a variar conforme o local de realização do transporte, com as suas respectivas legislações e competências judiciárias (justamente quando estamos diante de um contrato com fortíssimo potencial de consumo internacional), gerando intrincados dilemas jurídicos cuja solução obriga ao exercício de elevadas inteligências, muito distantes da realidade comum do cidadão. Aduzindo-se que o confronto de gritantes contradições jurisprudenciais e o recurso a obras doutrinárias – que tentam esgotar o tratamento da vastíssima matéria – por vezes "complicam mais do que explicam"...

Lembremos, então, do contrato de hospedagem, consequência "lógica" da necessidade de abrigo e alimentação dos transportados. Onde estará o seu regime legal? No Código Civil dos países ditos "civilizados", visto que a actividade hoteleira já existe há muito tempo? Sem dúvidas, esta poderia ser uma solução *normal*. Porém, forçoso é dizer que muitos países, entre os quais Brasil e Portugal, incluem diversos tipos de contratos entre os dispositivos da codificação civil que regulam os "Contratos em Especial", mas deixam de fora a contratação da hospedagem, que resta resignada com a sua tipificação "social" ou com esparsas referências numa ou noutra lei[4].

Com a criação das viagens organizadas e dos pacotes turísticos, os quais abarcam, "com tudo incluído", o transporte, a hospedagem e/ou outros ser-

---

[3] Havendo mesmo quem pergunte: "*Quem nasceu primeiro: o transporte ou o turismo?*". Ver GUIDO CANDELA e PAOLO FIGINI, *Economia del Turismo e delle Destinazione*[2], (McGraw-Hill/Milão, 2010), 255.
[4] Diferentemente do que ocorre, por exemplo, em Macau, antiga colónia portuguesa e hoje Região Administrativa integrada na República Popular da China onde o Turismo parece desenvolver-se rapidamente. Nesta localidade, o contrato de hospedagem possui regime legal específico, conquanto esteja definido no Código Comercial (Título XIII).

viços turísticos acessórios não subsidiários do transporte e da hospedagem[5], pergunta-se: o Turismo desenvolveu-se de modo a proteger os consumidores? E eles sabem como se forma um contrato de viagem organizada? Seria com a assinatura de um contrato ou bastaria a entrega de um "programa" simples cumulada com o pagamento do preço? E se ocorrerem problemas durante a viagem, como a mudança de itinerários, estarão os direitos do viajante previstos no programa que eventualmente venha a formalizar a contratação? Mais: com a necessidade cada vez maior de pagamento antecipado, poderá o turista cancelar a viagem, por exemplo porque foi acometido de uma enfermidade? E a empresa, diante de uma greve dos profissionais envolvidos na execução contratual, responderá pelos danos causados aos passageiros pela sua inexecução? E qual é a medida do sofrimento de uma pessoa diante da frustração de suas férias por um operador económico? Essa medida varia de acordo com a duração da viagem?

Tudo para não falarmos nas reservas... que chamam sempre a mesma demanda à tona: reservas de quê? De quartos? Viagens? Voos? Espectáculos? Refeições? Afinal, onde está o diploma através do qual o Direito disciplina as relações jurídicas referentes às reservas?[6]

Um bom exemplo de "mau aproveitamento" de uma excelente ideia pode ser visto com o que se passou em Portugal no que respeita à figura jurídica internacionalmente conhecida como *time-share* (ou *time-sharing*). Repartindo em unidades fixas de tempo-espaço os imóveis que se encontravam em regiões de grande interesse turístico (o exemplo clássico seria a divisão de um apartamento pelas 52 semanas do ano, a fim de que 52 famílias diferentes pudessem usar do mesmo espaço pelo mesmo período, todos os anos, a preços moderados, pois a compra do imóvel seria inacessível até para a "classe média"), poderíamos ter visto (i) uma abertura do mercado a famílias mais modestas de turistas, (ii) um aquecimento da própria actividade, do comércio e dos serviços turísticos (amenizando os efeitos da sazonalidade, grande inimiga do Turismo), tudo (iii) sem gerar um crescimento imobiliário desenfreado e

---

[5] Abrindo o mercado para muitos turistas que antes não tinham condições viajar, devido à redução dos custos da viagem, em decorrência do aumento do número de participantes do grupo de viajantes e da lógica empresarial de combinação dos serviços, barateando, ao fim e ao cabo, os custos da viagem.

[6] Note-se que antes de iniciarmos a redacção dos presentes estudos, vigorava em Portugal o art. 34 do DL 263/2007, que dava tratamento às reservas nos empreendimentos turísticos (por parte das agências de viagem, é certo, mas influenciando também a possibilidade de o cliente desistir do contrato a qualquer tempo sem encargos, consoante sublinhava a doutrina). Enquanto escrevíamos o texto, foi publicado o DL 61/2011, revogando o DL 263/2007, fazendo desaparecer a referência às reservas e deixando mais dúvidas a serem respondidas...

predatório em relação à natureza – como poderia ocorrer com a construção de muitos hotéis.

Porém, apenas para citar alguns dos problemas mais práticos que se foram verificando[7], (i) o mesmo "título de férias" era alienado para mais de um titular diferente, com a desastrosa consequência de mais de uma família ter "direito" a utilizar o mesmo imóvel no mesmo período do ano, (ii) depois da compra do título, os adquirentes eram surpreendidos com pesados encargos referentes ao empreendimento e à sua utilização e (iii) os administradores que controlavam o capital social alienado sob a forma de títulos tinham sede no estrangeiro e os titulares insatisfeitos não conseguiam sequer reclamar os seus direitos – por exemplo requerendo uma destituição por má-gestão – quando os estatutos se encontravam redigidos em línguas desconhecidas...

Embora tais problemas não se tenham verificado exclusivamente em Portugal (e para abreviar a exposição, não vamos aduzir comentários sobre o "turismo das empresas" que buscam explorar suas actividades em países com leis que lhe sejam mais favoráveis ou mesmo inexistentes, como era o caso), o importante é ressaltar que os chamados "títulos de férias", através dos quais se adquiria o direito de utilização de um bem imóvel por um determinado período de tempo a cada ano, de maneira exclusiva, limitada e cíclica, mediante o pagamento de um preço, chegaram mesmo a ameaçar "*o bom nome do Turismo português*"[8].

Note-se que a solução encontrada em Portugal para superar essa grande "machadada" nos turistas foi alcançada através de progressivos avanços legislativos em matéria de protecção do adquirente-consumidor, exigindo-se a entrega de documentos informativos, celebrando-se o contrato por escrito, com a entrega de cópias traduzidas para línguas familiares ao consumidor, fornecendo-lhe um direito de "livre arrependimento" durante um certo prazo (pois o espaço de formação do consentimento aparecia reduzido diante de técnicas agressivas e desleais), etc.

Entretanto, o avanço protector foi tanto que hoje não faltará quem diga, na linguagem corriqueira, que o *time-share* "caiu muito", ou seja, que não vale mais

---

[7] Pois os da técnica jurídica mereceriam uma abordagem mais específica, como a que procuramos empreender, no que respeita à actual legislação europeia sobre o tema, nos nossos *Estudos sobre a Directiva 2008/122/CE (Protecção do consumidor relativamente a determinados aspectos dos contratos de utilização periódica de bens, de aquisição de produtos de férias de longa duração, de revenda e de troca)*, em *Revista Portuguesa de Direito do Consumo* nº 60, (Associação Portuguesa de Direito do Consumo/Coimbra, 2009) e em *Revista Luso-Brasileira de Direito do Consumo* nº 1, (Bonijuris/Curitiba, 2011).

[8] CONSELHO CONSULTIVO DA PROCURADORIA-GERAL DA REPÚBLICA PORTUGUESA, *Parecer P000751996*, homologado em 29.12.1997, Rel. Cabral Barreto, disponível em www.dgsi.pt (buscar por termos: direitos, habitação e turística).

a pena, por parte dos operadores económicos, propor esta espécie de contratação. Assim, muito embora a ideia continue a ser boa e exequível, a verdade é que, como o regramento não atende aos interesses económicos do empresariado turístico-imobiliário, conduz a duas consequências: (i) a ideia não é posta em prática e (ii) a Lei vai sendo contornada através de meios mais ou menos equívocos, com destaque para a criação de "novos produtos turísticos".

Como é fácil perceber, neste breve retrospecto referente à contratação turística, os benefícios que o Direito poderia conferir ao Turismo são depreciados pelos interesses económicos, que preferem criar um "novo" produto – eximindo-se do cumprimento das obrigações impostas por Lei, sobretudo ante a falta de um regime legal específico – a respeitar os direitos adquiridos pelo turista-consumidor, após um historial de abusos.

É claro que, mais cedo ou mais tarde, aparecerá, sempre a reboque de atropelos aos direitos dos turistas (segundo a nossa curta experiência), uma nova legislação que venha a protegê-los – quando menos até a próxima "inovação" do empresariado, poderíamos dizer... No entanto, até esse momento, os conflitos de consumo serão multiplicados e a actividade turística restará mal aproveitada, gerando desigualdades materiais e andando em "sentido contrário" ao alcance da paz social e do pluriculturalismo, maneiras pela qual o Turismo pode "ajudar o Direito" a aproximar-se de seus objectivos e missões.

4. O turista e o jurista

Ponto é que existem maneiras de o Turismo nos ajudar a construir uma sociedade mais justa, em termos amplos, facilitando a missão do jurista, como referido, olhando claramente para o mundo que nos rodeia, cada vez mais considerado como uma "aldeia global". Entretanto, vemos pouca atenção por parte do Direito em relação ao turista (ou melhor, à protecção do turista), manifestando um "mero olhar no espelho de casa" que acaba por gerar diversos conflitos em que as partes não dispõem, "nem de perto, nem de longe" (mesmo em termos literais), das mesmas "armas"...

Como as regras do consumo turístico poderiam resolver tais problemas?

A nosso sentir, seria necessária uma mudança radical de entendimento do chamado Direito do Turismo, procurando transformá-lo no "Direito ao Turismo" através de uma valorização do potencial criativo que tal actividade exerce na sociedade, avivando valores cada vez mais tidos como *fundamentais* ao ser humano: o direito ao livre desenvolvimento da personalidade, à educação, à cultura...

Contudo, acrescentar à viagem "*horizontal e concreta*" aquela "*vertical e abstracta*" – como quis Raffestin ainda em 1986 – é um "salto" para o qual, no momento, as pessoas ainda não ousam aventurar-se, pois seriam obrigadas a enfrentar diversos questionamentos – *"mas o Turismo é caro"*, *"mas o Turismo não é essencial"*, etc. – que as obrigariam a avançar com novas propostas e vencer complicadas barreiras[9]. Assim, voltemos, pelo menos para já, ao Direito *do* Turismo.

Claramente, tal Direito pode ser utilizado para a superação da série de iniquidades a que hoje assistimos com tanto pesar. Segundo as nossas ideias, deve ser criada uma Teoria Geral que proceda à reformulação do que já existe e à criação do que ainda não existe em matéria de protecção do turista.

Inicialmente, parece-nos que seria importante definir os *princípios* da disciplina do consumo turístico. Assim, os alicerces da disciplina de protecção dos viajantes, como é óbvio, fundam-se nas suas *fragilidades*. O turista é especialmente débil em razão de desconhecimentos referentes a línguas, moedas, hábitos e costumes com os quais não está familiarizado, bem como por motivos de distância existente entre o local onde passa as suas férias ou satisfaz as suas necessidades de viagem e o local onde reside, no qual está assentada a sua comodidade, possivelmente a sua família, amigos e outros conhecimentos que lhe podem ajudar caso seja preciso[10].

Além disso, em termos contratuais, a debilidade do turista é duplamente acentuada.

Primeiro porque, antes de viajar, o turista não conhece por completo o que lhe espera, devendo confiar na boa execução do contrato conforme aquilo que lhe é apresentado a título de informação pré-contratual. Dito de outro modo, o turista não tem condições de avaliar a qualidade ou a falta de qualidade de um determinado produto, quando este consiste na execução futura de um contrato complexo. Diferentemente do que ocorreria numa simples compra e venda, na qual o comprador paga para adquirir aquilo que vê e sente, contrariamente ao que se dá em relação a uma prestação de serviços em que o

---

[9] É verdade que que há outros problemas mais importantes e imediatos a resolver, como a erradicação da fome, da miséria, da doença, do terrível mal que é o analfabetismo, etc. Também é correcto afirmar que o turismo pode ser realizado de maneira polémica e até agressiva para o ser humano. Entretanto, sem querer encontrar no Turismo a cura para todos os males, mas salientando que muitas vezes a "desumanidade" turística provém mais do que está associado à viagem do que ao acto de viajar em si (*v.g.* se existir um turismo pedófilo, o maior problema será a pedofilia, não o Turismo), podemos dizer que os elevados objectivos acima referidos podem ser somados às nossas propostas de desenvolvimento de um Direito *ao* Turismo.

[10] Entre outros, VICENTE GOZALO LOPÉZ, *La Protección Jurídica de los Consumidores en Europa: El Libro Verde de 2007 para la Revisión de Derecho de Consumo*, em El Futuro de La Protección Jurídica de los Consumidores – Actas del I Congreso Euroamericano de Protección Jurídica de los Consumidores, (Aranzadi/Navarra, 2008), 619, inclui o turista como colectivo a ser especialmente protegido, junto das crianças, dos idosos, etc.

adquirente pode acompanhar junto do prestador o cumprimento do contrato, a viagem não pode ser previamente controlada pelo turista – pelo menos de maneira contínua e completa.

Daí decorrem problemas de diversa ordem: é o caso do passageiro que, antes de voar, sofre com atrasos da aeronave[11] e, após um voo, tem a sua bagagem perdida porque o transportador falhou em cumprir o seu dever de guarda[12]; do turista que chega a um hotel e no local é informado que a sua reserva não serve, sendo que por vezes todos os empreendimentos turísticos da localidade encontram-se sem quartos disponíveis[13]; do estabelecimento hoteleiro que não possui a classificação ou a qualidade conforme o contratado[14]; do autocarro de turismo que não conseguiu alcançar o destino no horário previsto e os viajantes viram-se obrigados a dormir no veículo[15], do cruzeiro que mudou de itinerário contrariamente à vontade de uma minoria de tripulantes; do titular de um direito real de habitação periódica que não pôde gozar a sua semana de férias pois a unidade de alojamento de que é titular está ocupada e os ocupantes recusam-se a sair; do consumidor que adquire um cartão de "descontos de férias", mas quando recebe o livro no qual estão descritos os hotéis onde é possível utilizar as suas vantagens repara que somente constam estabelecimentos de cinco estrelas, com diárias que não pode pagar, ainda que sejam usados os descontos...

---

[11] Sobre o tema, cite-se a decisão do TJUE de 19.11.2009 nos Processos apensos C-402/07 e C-432/07 (v. www.curia.europa.eu) segundo a qual os atrasos a partir de 3h podem gerar o direito à indemnização prevista no art. 7º do Regulamento 261/2004 da União Europeia, apesar de a Lei não o declarar explicitamente, aduzindo que os defeitos técnicos da aeronave não constituem causas de exclusão de responsabilidade por parte das transportadoras aéreas.

[12] Ver em www.dgsi.pt as Sentenças do Julgado de Paz de Oliveira do Bairro de 30-03-2009 e de 30-09-2009, Rel. Juíza de Paz Iria Pinto, dividindo os danos causados, em tais casos, entre os decorrentes do atraso (pois num momento inicial a pessoa não sabe se a bagagem aparecerá, mas deve comprar bens de primeira necessidade) e os da perda definitiva, possibilitando um aumento do valor a ser indemnizado – que é limitado legalmente. Embora não concordemos com as limitações, o raciocínio faz todo o sentido, a nosso ver.

[13] A situação, que já ocorreu connosco, recebe tratamento pela doutrina especializada, que refere a possibilidade de o turista exigir a execução específica do contrato, sem prejuízo de pedidos indemnizatório pelo *"danno da vacanza rovinata"*. Nesse sentido, pode referir-se VINCENZO FRANCESCHELLI, em *Manuale di Diritto del Turismo*, Giorgia Tassoni (Coord.), (Giappichelli/Turim, 2007), 265 e 266, citando jurisprudência italiana, bem como RENATO SANTAGATA, *Diritto del Turismo*, (UTET/Milão, 2009), 145 e 146.

[14] FRANCESCO MOLFESE, *Il Contratto di Viaggio e le Agenzie Turistiche*[2], em *I Grandi Orientamenti della Giurisprudenza Civile e Commerciale*, FRANCESCO GALGANO (Dir.), (CEDAM, Pádua, 2006), refere as decisões dos Tribunais de Turim de 08.11.1996 e de Taranto de 03.03.1988.

[15] Apelação Cível 2006.001.44355 (numeração antiga), julgada pela 2ª Câmara Cível do Tribunal de Justiça do Estado do Rio de Janeiro, disponível em www.tjrj.jus.br.

Em segundo lugar – e note-se que esta observação é tão importante quanto a primeira – convém sublinhar que, na prática, os contratos turísticos de consumo são celebrados por adesão, ou seja, o turista simplesmente adere a cláusulas pré-estabelecidas pelo operador e incluídas no contrato para a satisfação dos interesses preponderantes do empresariado turístico, ao arrepio da vontade particular dos viajantes, sem oportunidade de negociação prévia.

Portanto, parece-nos que os princípios jurídicos de protecção do consumidor viajante deveriam reflectir a necessidade de reequilibrar o poderio das partes na relação contratual, colmatando as disparidades subjectivas (face às fragilidades inerentes à figura do turista, do consumidor e do aderente) e objectivas (no que toca ao contrato de adesão e à sua execução "imprevisível")[16].

Quanto aos problemas subjectivos, para abranger um maior número de pessoas como beneficiários da disciplina a ser criada e desenvolvida, deveríamos considerar como actividade "turística" toda aquela que é realizada no âmbito de uma viagem por prazer, despreocupação, lazer, deleite ou outra satisfação semelhante. A finalidade profissional, bem como outras finalidades de viagem, desde que sejam concomitantes a esta finalidade de lazer, também devem ser consideradas como actividades turísticas para fins de protecção ao turista. Assim, na situação exemplar de uma pessoa que viaja com *mixed purposes*, ou seja, simultaneamente para fins profissionais e não profissionais, se neste último caso ela viajar para a satisfação dos interesses turísticos, então será considerada como turista, pelo menos enquanto as finalidades coexistirem. Por outras palavras, se um jurista vai a um Congresso num país estrangeiro e aproveita para gozar férias, também poderá ser protegido como "turista-consumidor" se e enquanto agir fora do âmbito exclusivamente profissional[17].

Os demais problemas, num campo ainda de princípios gerais, devem ser solucionados através da constatação de que um turista, sendo também um

---

[16] Embora alguns autores reconheçam a figura do turista como membro de um grupo especialmente fragilizados, em geral não avançam senão com propostas pontuais para corrigir o desequilíbrio que se verifica durante as viagens, sem formular ideias de sentido mais geral. É curioso notar que noutros países "estado da arte" é bastante diferente, como se pode conferir em ANDERSON SCHREIBER, *Novos Paradigmas da Responsabilidade Civil*[2], (Atlas/São Paulo, 2009), em especial 230[48]. Nos itens da obra dedicados ao seguro, o autor faz algumas observações interessantes, destacando-se a criação de um seguro social controlado pelo Estado da Nova Zelândia, implementado naquele país para cobrir a generalidade dos danos e cujo prémio é dividido de maneira generalizada. Entre os beneficiários de tal sistema de seguros – cujo desenvolvimento tem sido alvo de consideráveis mudanças desde a sua criação, sobretudo à vista dos custos que impõem ao trabalhador activo – incluem-se os turistas que estejam a visitar aquela nação oceânica.

[17] Neste sentido, podemos ver os *Principles, Definitions and Model Rules of European Private Law – Draft Common Frame of Reference (DCFR)*, Vol. I, CHRISTIAN VON BAR e ERIC CLIVE (Editors), (Sellier – European Law Publishers/Munique, 2009), 91 e 94.

aderente e um consumidor, deverá ser protegido pelas regras que regulam as condições gerais do contrato (ou cláusulas contratuais gerais) e por uma plena aplicação de toda a sorte de leis de protecção ao consumidor que sirvam para regular os conflitos turísticos.

Finalmente, é importante que (i) a tais medidas seja acrescentada uma revisão minuciosa das leis que regulam especificamente os contratos turísticos e (ii) que não seja admitida a solução de hierarquia entre normas – como seria aquela representada pela máxima "lei especial derroga lei geral" – para embasar uma decisão na qual, por exemplo, a legislação de interesse turístico seja mais prejudicial ao turista do que o regime de protecção ao consumidor ou até do que o regime geral civil, como chega a acontecer na prática – de maneira assustadora[18].

Com efeito, a melhor solução é aquela que vem sendo defendida por diversos juristas de variadas proveniências e destinos, pessoas com boa experiência no ensino jurídico, quando tratam do chamado *diálogo entre as normas*, aberto, inclusivo, sem fronteiras, harmonizador – pois busca encontrar a razão entre as normas – e tendente a encontrar uma solução mais fluida, justa e flexível numa sociedade criativa que se renova a todo o instante[19]. Esta ideia, que não vigora somente quanto à legislação "turística", adquire particular importância no que a ela se refere. Portanto, será retomada mais à frente.

5. Temos "bagagem"

Partindo dos aludidos princípios, passamos a ter uma rica "bagagem" de protecção ao turista. Nesse sentido, seria possível estabelecer aqui uma autêntica

---

[18] Basta pensarmos que a Convenção de Montreal, transposta para o ordenamento português pelo Decreto 39/2002, limita os valores a serem pagos pelas transportadoras aéreas a título de responsabilidade objectiva por determinados danos e, como o DL 446/85 resta inaplicável a tais casos por força da restrição do seu âmbito de aplicação, prevista no art. 3º, nº 1, *b*), as regras gerais do Código Civil – *v.g.* os arts. 562; 504, nº 4; 809 – saltam aos olhos como primeira alternativa viável de protecção dos passageiros. No Brasil, país em que as limitações têm sido repudiadas em função do disposto no Código de Defesa do Consumidor, *vide* as recentes decisões do Supremo Tribunal Federal no Recurso Extraordinário 351.750-3/RJ, julgado pela 1ª Turma em 17.03.2009, Rel. Originário Min. Marco Aurélio e Redactor para o Acórdão Min. Ayres Britto, bem como no Agravo de Instrumento 762.184/RJ, Tribunal Pleno, Julg. Em 22.10.2009, Rel. Min. Cezar Peluso, em que restou configurada a chamada "repercussão geral" do tema (pesquisar em www.stf.jus.br).

[19] A expressão *"dialogue des sources"* é de ERIK JAYME. É possível ver subsídios e reflexos de tais ideias em obras de diversos outros autores, como DIOGO LEITE DE CAMPOS em *As Relações de Associação – O Direito sem Direitos*, (Almedina/Coimbra, 2011) ou STEFANO RODOTÀ em *La Vida y Las Reglas – Entre el Derecho y el No Derecho*, ANDREA GREPPI (Trad.), (Editorial Trotta/Madri, 2010).

rede de protecção jurídica de turistas, investigando temas interessantíssimos como:

(i) a figura do turista enquanto consumidor, procurando ampliar a noção deste último para que a esparsa legislação do consumo sirva também ao turista, mas sem esquecer das fragilidades típicas deste em relação aos profissionais do sector turístico;

(ii) transparência e lealdade na contratação turística[20];

(iii) a inclusão de cláusulas contratuais gerais nos contratos turísticos e a – falta de – comunicação e informação ao turista, lembrando das cláusulas de exclusão de responsabilidade que deixam o turista inadvertido, ao sabor de acontecimentos nefastos para a sua viagem, ou então das "cláusulas de reserva", segundo as quais os operadores reservam-se ao direito de alterar o conteúdo do contrato unilateralmente, sem fornecerem alternativas que permitam ao aderente, num momento de comparação de preços entre fornecedores, ter a exacta medida da equivalência entre as prestações de cada um dos contratantes[21];

---

[20] Manifestações do princípio da boa-fé em suas múltiplas vertentes de actuação. De facto, podemos considerar como uma vitória da tutela dos turistas a consagração, no art. 7º, n. 1, d) do DL 57/2008, da *enganosidade* das práticas comerciais que possam conduzi-los a tomar decisões que não teriam tomado de outro modo, em relação a elementos essenciais do contrato, entre os quais incluem-se "*os resultados que podem ser esperados*" da utilização do bem ou serviço em causa. O preço, não é demais ressaltar, compõe o núcleo essencial do contrato e a omissão de informações a este respeito poderá ser igualmente considerada como prática enganosa, segundo o aludido regime, valendo a pena lembrar que o excesso de informações também pode conduzir a resultados desastrosos na contratação, de tal modo que o ideal será reuni-las de maneira clara, concisa e compreensível. Entretanto, é preciso constatar que a violação das legítimas expectativas do turista, além de constituir prática comercial desleal e anulável, dá outros direitos aos viajantes, enquanto consumidores, com fundamento no Regime da Venda de Bens de Consumo, como a reparação ou substituição do bem ou serviço, a redução do seu preço ou mesmo a resolução do contrato, à escolha do prejudicado [cf. arts. 2º, n. 2, d) c/c 4º, n. 1 do DL 84/2008, aplicáveis também à prestação de serviços, por força do disposto no art. 1º-A, n. 2, sendo esta uma "novidade" deste normativo na comparação com o que lhe precedeu na regulação do tema]. Note-se ainda que, além de exercer tais direitos, poderá o lesado ser ressarcido dos prejuízos que sofreu, nos termos gerais, em decorrência das práticas referidas (art. 15 do DL 84/2008).

[21] Parece-nos fundamental destacar o seguinte: sendo os contratos turísticos de consumo classificáveis como contratos formados por adesão, é aplicável o disposto no regime do DL 446/85, que regula mais especificamente o tema, determinando por exemplo a exclusão das cláusulas não devidamente informadas e comunicadas ao aderente (cf. art. 8º), ficando ressalvadas, consoante o disposto no seu art. 37, todas as disposições legais que se mostrem mais favoráveis ao aderente que subscreva ou aceite propostas que contenham cláusulas não negociadas individualmente. Essa aparente brecha, em bom rigor resultado do princípio de protecção da "parte mais fraca", como o aderente, o consumidor e o turista, na verdade representa todo um "mundo de possibilidades" aos viajantes, na medida em ratifica a legalidade da aplicação, em seu favor, de todo o sistema de protecção proveniente do Direito do Consumo aos turistas-consumidores (especialmente quando a legislação turística não lhe oferecer

(iv) as informações específicas – *v.g.* quanto ao preço – referentes aos contratos turísticos[22] e a responsabilidade solidária dos intervenientes na execução contratual pela falta de tais informações (art. 8º, nº 5 da Lei de Defesa do Consumidor ou LDC);

(v) a exigência de forma escrita quanto às informações[23];

(vi) o dever de informação em língua portuguesa ou noutra(s) língua(s) mais familiar(es) ao turista[24];

(vii) os casos de vedação ao pagamento antecipado do contrato, medida preventiva de litígios verificada especialmente em contratações onde preponderam as práticas comerciais agressivas e desleais, sendo que nestes casos a proibição de pagar antecipadamente funciona de maneira conexa com os direitos do turista-consumidor em relação à cessação do contrato, já que, caso algum valor tenha sido previamente pago, o consumidor reluta em extinguir ou não o vínculo, conquanto seja um direito seu, quando sabe que perderá ou será difícil recuperar aquilo que pagou;

(viii) a integração da publicidade e das informações pré-contratuais no conteúdo do contrato (cf. art. 7º, n. 5 da LDC; arts. 4º ao 6º e 8º, n. 1, espe-

---

o mesmo nível protector, notadamente quando ela for inexistente), reforçando o discurso de defesa do turista enquanto consumidor.

[22] Incluindo também aquela que diz respeito ao direito – melhor analisado a seguir – de revogação unilateral (ou retractação), por parte do consumidor, em relação ao que foi contratado. Deve garantir-se, a nosso ver, que o direito perdure enquanto a própria informação sobre a sua existência não for devidamente comunicada, a fim de permitir a sua efectivação. Tal posição – se bem recordamos desenvolvida na Europa pela doutrina alemã – parece ter repercutido na actual redacção do art. 13, nº 3 do DL 37/2011.

[23] Discute-se a necessidade do retorno ao formalismo exagerado, enquanto entrave à celeridade das transacções comerciais, por um lado, mas como garante de segurança jurídica, por outro. No caso da forma escrita, parece-nos importante lembrar que muitos contratos turísticos são celebrados na sequência de telefonemas-convites para que o potencial consumidor compareça a um empreendimento turístico a fim de receber alguma vantagem [o que pode ser perfeitamente "encaixado" na comercialização de um "produto de férias de longa duração", face à previsão do art. 45, nº 2, *b)* do DL 37/2011, desde que as vantagens sejam relacionadas com descontos em alojamentos, implicando, por conta do disposto no art. 48, nº 1, na necessidade de redução dos contratos à forma escrita]. No caso da contratação para a prestação de outros serviços turísticos, concluída depois de um telefonema-convite como o exposto acima, ressalvando-se os contratos que tenham por objecto direitos sobre imóveis (alguns dos quais são regulados especialmente por regimes que impõem a forma escrita), convém lembrar que também devem ser reduzidos a escrito, por serem considerados "contratos ao domicílio" ou a estes equiparados [cf. arts. 13, nº 2, *d)*; 14, *a)* e 16, nº 1 do DL 82/2008]. A nosso ver, de um modo geral, a forma escrita deveria ser estimulada nos contratos turísticos, como medida de segurança jurídica, diante das especificidades antes apontadas em relação a tal contratação.

[24] Cf. DL 238/86, art. 4º, números 1 e 2 do DL 42/88 e art. 7º, nº 3 da Lei de Defesa do Consumidor. Um bom "molde" a ser expandido aos demais contratos turísticos é o que se encontra estabelecido para a utilização periódica de bens turísticos (cf. art. 9º, nº 6; art. 11, números 4 e 6; bem como art. 48, números 2 e 4 do DL 37/2011).

cialmente, do DL 446/85; art. 2º, n. 2, *d)* do DL 84/2008; art. 7º, n. 1, *b)* do DL 57/2008; art. 43, n. 5 do DL 275/93, o qual foi revogado pelo DL 37/2011, onde tal direito desaparece da letra do art. 43);

(ix) a aplicação da Lei no espaço[25];

(x) o acesso à justiça e à protecção processual, o que poderá ser alcançado através de inversões do ónus da prova – *shift of the burden of proof* – em favor dos turistas; de proibições de estabelecimento de foros convencionais que lhe tragam graves inconvenientes na resolução de litígios; da ampla legitimidade dos consumidores para intentarem acções colectivas, revendo-se os efeitos destas para que se tornem *erga omnes* e criando um fundo que permita o seu autofinanciamento; da recriação do registo de cláusulas contratuais declaradas abusivas pelos Tribunais; da isenção de custas para o preparo de acções no caso de conflitos de consumo; de uma especial atenção em relação aos prazos para exercício de direitos de viajantes, que não devem ser excessivamente curtos; da criação de uma "carta de direitos dos turistas", resumindo a protecção legal que lhe é devida nos contratos de consumo turístico (estimulando-se a tradução do documento), bem como de muitas outras "bandeiras" da defesa dos consumidores em geral e dos turistas em especial, algumas delas já "levantadas" em Portugal[26];

(xi) a protecção da saúde e a segurança[27], sendo importante salientar que actividades como a restauração e/ou o desporto acompanham tradicional-

---

[25] Embora um princípio de aplicação da Lei mais favorável ao consumidor não esteja expressamente consagrado no ordenamento jurídico português, podemos referir, por exemplo, que o art. 37 do DL 446/85 é uma representação clara de que o sistema de Direito do Consumidor não pode ser completamente fechado, antes devendo permitir a aplicação de outras normas que se revelem mais favoráveis ao consumidor e, portanto, condizentes com o próprio intuito deste ramo jurídico específico. No mesmo sentido, pode referir-se o art. 7º do Código de Defesa do Consumidor brasileiro. De todo o modo, é recomendável ler pelo menos o disposto nos arts. 4º a 6º do Regulamento 593/2008 (conquanto não concordemos, sob a óptica de protecção ao turista, com as excepções feitas em relação ao contrato de transporte e à prestação de serviços).

[26] Por exemplo, ver as recentes conclusões referentes às III Jornadas de Direito do Consumo de Trás-os-Montes, gentilmente disponibilizada para consulta em www.netconsumo.com. Valiosíssima ainda é a leitura de JORGE PEGADO LIZ, *Conflitos de Consumo – Uma Perspectiva Comunitária de Defesa dos Consumidores*, (Centro de Informação Jacques Delors/Lisboa, 1998).

[27] Cf. art. 60, n. 1 da Constituição da República Portuguesa e dos arts. 3º, *b)* e 5º da LDC. Convém notar que a protecção deve existir mesmo antes da formação do contrato: é considerada como prática enganosa a falta de informação ao turista, enquanto consumidor, sobre os riscos a que pode estar sujeito, em decorrência da contratação [cf. art. 7º, n. 1, g) do DL 57/2008]. O tema da segurança influencia, como é sabido, o da liberdade e o da responsabilidade contratuais. Para alguns autores, um furacão pode ser actualmente considerado como um fenómeno previsível – embora inevitável – segundo as técnicas meteorológicas, não podendo eximir um operador turístico da sua responsabilidade pelo sucesso do empreendimento contratado, inerente à actividade que desempenha, pois poderia e deveria ter avisado ao viajante sobre a ocorrência do ciclone. Nesse sentido, ver TEPEDINO, *A Responsabilidade Civil*

mente o desenvolvimento do Turismo e podem apresentar riscos específicos, merecendo muitas vezes a atenção do legislador, que cria regras especialmente dedicadas à sua regulação (*v.g.* a Portaria 215/2011);

(xii) a qualidade e a garantia dos produtos turísticos, dividindo-se entre (i) a chamada *garantia de conformidade ou de adequação* do produto turístico, que pode permitir ao consumidor, consoante ventilado anteriormente, que opte entre o direito de resolução do contrato, a redução do preço, a reparação ou a substituição do produto, quando houver desconformidade em relação ao que foi contratado (a ser medida de acordo com as legítimas expectativas do turista, tudo de acordo com uma responsabilidade objectiva do operador, fundada no risco empresarial); além das (ii) *garantias legais* impostas ao operador turístico, por exemplo pelos arts. 15 e 31 do DL 37/2011, quanto às cauções prestadas no âmbito da transmissão de direitos de utilização a tempo parcial de bens turísticos, ou por normativos internacionais, no que toca aos seguros de responsabilidade a serem feitos por transportadores, ou ainda com fundamento no Capítulo V do DL 61/2011 e na Portaria 224/2011, no que respeita ao Fundo de Garantia de Viagens e Turismo (FGVT) e ao seguro de responsabilidade civil, os quais que devem ser suportados pelas agências de viagem[28], sem prejuízo (iii) das eventuais *garantias voluntárias* oferecidas pelo comerciante – embora não sejam usuais na contratação turística, segundo os nossos conhecimentos;

(xiii) a protecção dos interesses económicos dos turistas, especialmente com o intuito de corrigir as desigualdades que se verificam na contratação turística;

(xiv) a formação e a educação dos turistas;

(xv) a responsabilidade civil decorrente de danos causados no âmbito do consumo turístico, em que a nossa proposta é a de criar um sistema simples e único que responsabilize todos os intervenientes na contratação pelos danos que venham a ser causados aos turistas, de maneira *objectiva* (independentemente de culpa, fundada no risco empresarial e na finalidade turística dos contratos, que implica justamente uma transferência de responsabilidade, do turista para o profissional pela realização útil da viagem, tomando-se a despre-

---

nos Contratos de Turismo, em Temas de Direito Civil[2], (Renovar/Rio de Janeiro e São Paulo, 2001), 235. Em sentido contrário, ver as decisões da *Cassazione* de 12.11.2003, n. 17401, e do Tribunal de Brescia, de 28.04.2004,), referidas por PIERGUIDO CARMAGNANI, *La Responsabilità del Tour Operator dalla CCV al Codice del Consumo*, em Dir. Tur. N. 3/2008, DONATELLA TREU (Dir. Responsabile), (IPSOA/Milão, 2008), 308[26].

[28] As garantias legais admitem diversas críticas, *v.g.* por dificuldades em serem accionadas ou por conta dos seus baixos valores – os quais acabam por ser um reflexo do regime de "responsabilidade limitada" que vigora, lamentavelmente, em muitos casos.

ocupação como o estado de espírito típico dos viajantes[29]); *solidária* (no sentido de o turista lesado poder demandar qualquer dos intervenientes na contratação, os quais depois podem exercer o seu direito de regresso contra quem seja o "culpado" pelos danos, mesmo porque não é o turista quem controla, explora e lucra com a actividade turística e as suas divisões de tarefas) e *integral* (medida pela extensão do dano), admitindo-se como causas de exclusão de responsabilidade tão-somente o facto exclusivo da vítima e a causa extraordinária e completamente alheia à actividade desenvolvida pelos operadores[30];

(xvi) o direito de retractação (*right of withdrawal*), também chamado, em Portugal, direito de revogação unilateral do contrato, direito à (livre) resolução, direito de arrependimento, *etc.*, o qual produz a ineficácia superveniente do contrato, sem a necessidade de indicação de motivos ou do pagamento de encargos, com efeitos retroactivos que atingem também os contratos coligados;

(xvii) a imperatividade dos direitos do turista-consumidor;

(xviii) os órgãos de protecção e solução de conflitos de consumo turístico (em que o impulso da resolução extrajudicial de litígios acaba acentuado pelas dificuldades extremas relacionadas com todas as questões expostas acima, destacando-se as da aplicação da Lei no espaço e a da determinação do Tribunal competente para julgar as lides "turísticas", as quais demonstram um manifesto carácter "internacional", embora sem dispensar a importância de outras soluções, no campo judicial, como se depreende da recente experiência brasileira de instalação de Juizados Especiais dentro dos aeroportos de grande metrópoles[31]) ...

---

[29] A objectividade da responsabilidade pode ainda decorrer de uma unificação dos conceitos de bens, direitos e serviços que constituem a oferta turística sob uma única noção: a de *produto* turístico, que inclusive já vem sendo utilizada pela Lei portuguesa. A partir daí – não somente pelo argumento terminológico – poderíamos pensar em actualizar o regime da responsabilidade do *produtor*, permitindo que abranja também a contratação turística, nomeadamente quanto aos riscos de saúde e segurança. Como é sabido, este regime – DL 383/89 – apresenta algumas vantagens manifestas em termos de "imperativo social de reparação" quando admite a concorrência entre o risco do lesante e a culpa do lesado.

[30] Resta dizer que, segundo as nossas perspectivas, o tema do incumprimento contratual e as suas consequências não pode ser tratado com completude, sem a leitura de PAULO DA MOTA PINTO, *Interesse Contratual Positivo e Interesse Contratual Negativo*, (Coimbra Editora/Coimbra, 2008).

[31] Parece-nos mesmo que uma solução completa deve passar pela reunião dos órgãos de informação com os de resolução de litígios, tanto no campo judicial como extrajudicial. Estando instalados dentro dos aeroportos, torna-se muito mais fácil aos julgadores verificar os verdadeiros problemas, como atrasos, denegações de embarque, perdas de bagagens, não funcionamento dos meios de comunicação em *roaming*, etc., a fim de resolvê-los com maior celeridade e eficiência. Experiência similar já vinha acontecendo no Brasil com a instalação de idênticos Tribunais no interior de grandes estádios de futebol (que naquele país representam um inegável factor de atracção turística, não obstante o perigo

Como a lista não é exaustiva, mas o tempo e o espaço são limitados, parece-nos importante, para já, centrar as nossas atenções sobre os temas relacionados com a efectivação de uma adequada informação ao turista, procurando prevenir os litígios, bem como sobre os aspectos relacionados com a responsabilidade civil por danos causados em decorrência dos conflitos de consumo turístico, buscando eliminar os efeitos negativos das lides que não puderem ser evitadas. Por outras palavras, as soluções para os problemas mais urgentes poderiam ser reunidas sob a epígrafe da *prevenção e responsabilidade nos conflitos de consumo turístico*.

6. Turismo dos direitos do turista?

Stefano Rodotà, no referido livro *"A Vida e as Regras"*, utilizou a expressão *"turismo dos direitos"* para referir o aproveitamento das oportunidades criadas pelas diferenças entre as legislações de vários países, fruto da necessidade de maior flexibilização dos direitos, a fim de que sejam atendidos, fora do seu ambiente "local", determinados interesses das pessoas. Para termos uma ideia sobre o tema, basta imaginarmos que um determinado comportamento, proibido num país, venha a ser permitido noutro[32]; ou ainda que a legislação de um Estado confira a uma pessoa melhores condições ou uma maior celeridade, quanto à efectivação dos seus direitos, do que o seu Estado de origem.

Aplicando tal ordem de ideias ao Direito do Turismo, temos o seguinte: no caso de serem verificadas, num destino específico de viagens, melhores condições para o exercício dos direitos dos turistas, tal localidade passará a ser considerada como preferencial aos olhos dos viajantes.

Assim, ainda que alguns Governos não queiram que os seus nacionais busquem, de maneira mais ou menos acertada, na "visão panorâmica do mundo" um Turismo com a qualidade que não conseguem ver no "espelho de suas casas", devem começar a pensar em solucionar os seus problemas internos buscando também uma harmonia externa, em atenção aos visitantes. Nesse sentido, crescem em importância as nossas sugestões, em termos de prevenção e responsabilidade nos conflitos de consumo turístico, com atenção ao

---

proveniente da exaltação dos ânimos), revelando assim a importância da chamada *law in action* para a vida dos cidadãos.

[32] Sobre o assunto, é oportuno referir – agradecendo a indicação da Doutora SANDRA PASSINHAS – o Acórdão do TJUE de 16 de Dezembro de 2010 (Proc. C-137/09, acessível em www.curia.europa.eu), no qual restou considerado que o município de Maastricht pode proibir a venda de estupefacientes a pessoas que não residem nos Países Baixos, evidenciando a existência do chamado *"turismo da droga"*, o qual vinha resultando na verificação de problemas como o tráfico de substâncias ilícitas, sobretudo levando em conta que se trata de uma localidade fronteiriça, além de outros distúrbios variados.

aludido "diálogo das normas", a fim de que que a oferta turística se venha a tornar, justamente, mais atractiva aos olhos do turista-consumidor, satisfazendo as suas necessidades também sob a óptica jurídica e permitindo que caminhemos no sentido de harmonização das experiências mais positivas que se forem verificando a nível global[33].

Em Portugal, acreditamos que a informação no transporte deva ser revista, tratando-se de inserir nos bilhetes, de maneira compacta, um rol mínimo de informações claras sobre os direitos dos turistas. Alguns exemplos podem ilustrar a situação: (i) no transporte ferroviário, modalidade que apresenta vantagens em termos ecológicos em relação às demais, os títulos de transporte não contêm informações sobre os direitos de reembolso dos passageiros em casos de atraso ou supressão de comboios, embora exista a previsão legal, pelo menos, nos arts. 15 e 16 do DL 58/2008, sendo que tais informações não podem ser verificadas, segundo a nossa experiência de viagens, no interior das respectivas estações, confirmando assim o estado de *desinformação generalizada* e (ii) muito bilhetes de transporte aéreo, mesmo em atenção à comercialização electrónica, são redigidos em língua estrangeira (até quando a transportadora é portuguesa) e de todo o modo não há esclarecimento que permita estabelecer a cognoscibilidade dos passageiros acerca das "limitações de responsabilidade" da empresa transportadora[34], contrariando o que foi anteriormente referido em relação aos direitos dos consumidores e aderentes.

Em relação aos contratos de hospedagem e às suas respectivas reservas, a fim de conferir maior segurança jurídica à contratação, especialmente em atenção aos turistas que preferem organizar por conta própria as suas viagens, fugindo da massificação dos pacotes com "tudo incluído", pensamos

---

[33] Note-se que esta proposta pode ser apresentada como solução genérica para problemas que resultam das diferenças entre os direitos fundamentais vigentes nos diferentes ordenamentos jurídicos. Não nos é desconhecida a existência de viagens relacionadas com a prática de abortos, procriações assistidas, eutanásia, exploração sexual ou de mão-de-obra barata, pedidos de asilo político, *etc*. Porém, sendo difícil enquadrar como "turismo" as viagens realizadas com tais finalidades, o certo é que os princípios de protecção dos viajantes e consumidores delineados no presente estudo, conquanto voltados para um turismo mais tradicional, parecem manter-se plenamente aplicáveis aos demais casos, pelo menos para defender as referidas fragilidades dos viajantes. É claro que a satisfação plena dos interesses envolvidos em tais viagens deve ser vista com a moderação proveniente do respeito à diversidade cultural, religiosa, linguística, etc., mas chama à baila outras questões, de ordem constitucional, de política criminal e de legitimação social da Lei, apenas para citar exemplos, cuja análise completa extrapolaria completamente o âmbito dos presentes estudos, pelo que remetemos para maiores considerações para o futuro. Para já, concentremos as nossas atenções no produto turístico posto ao serviço das "grandes massas" de consumidores-viajantes.

[34] Em bom rigor a limitação incide sobre o *quantum respondeatur* a título de indemnização por danos causados aos viajantes, como esclarecem alguns autores, *v.g.* os coordenados por MANUEL JANUÁRIO DA COSTA GOMES em *Temas de Direito dos Transportes – Vol. I*, (Almedina/Coimbra, 2010), 294 e 388².

que o estabelecimento de um regime legal para a contratação de direitos de hospitalidade remunerada poderia tornar a actividade mais digna e segura. Sublinhando que neste particular o comércio electrónico vem crescendo de maneira vertiginosa[35], vemos hoje muitos problemas relacionados com o tema, ainda que numa análise mais restrita ao campo prático, os quais dizem respeito: (i) ao momento de formação dos contratos (se ocorre com a reserva ou com a chegada do hóspede ao empreendimento); (ii) ao cancelamento das reservas (e as suas repercussões); (iii) à impossibilidade de oferecer alojamento apesar de efectuada a reserva, com a consequente necessidade de alojar os prejudicados[36]; (iv) à inserção de cláusulas contratuais gerais abusivas ou desleais nos contratos (outra vez, sem que haja *cognoscibilidade* por parte dos hóspedes); (v) aos direitos e deveres das partes, nomeadamente no que toca à guarda dos bens do hóspede, que em primeira linha incumbe ao hoteleiro, a fim de permitir a despreocupação do viajante, etc.

No que se refere aos contratos relacionados com a organização e execução de viagens turísticas e com a transmissão de direitos de utilização de bens turísticos a tempo parcial, assistimos, no corrente ano de 2011, à renovação dos antigos regimes que respectivamente regulavam as matérias – Decretos-Lei 275/93, com as sucessivas alterações, bem como o DL 263/2007 – através da publicação dos Decretos-Lei 37/2011 e 61/2011.

Tratando-se de uma renovação, falta tempo para descobrir como a *law in the books* repercutirá no seio social. Entretanto, algumas críticas que vínhamos fazendo, na vigência dos normativos revogados, permanecem actuais, visto que o legislador optou por manter o antigo regime quanto a aspectos pontuais da contratação. Em termos informativos, podemos referir: (i) quanto à organização e execução de viagens turísticas, mantém-se a regra de formação do contrato através da entrega do documento de reserva, do programa de viagens (que muitas vezes contém disposições injustas e/ou incompletas) e do pagamento do preço, ainda que parcial, admitindo-se excepcionalmente a formação através da entrega de documento autónomo e assinado por ambas as partes, mas só se houver solicitação do consumidor nesse sentido (enquanto o nosso entendimento é o de que a regra deveria ser a excepção e vice-

---

[35] Basta constatar que num conhecido *sítio* de reservas electrónicas os preços cobrados para o alojamento em determinados empreendimentos turísticos são mais baratos do que os valores cobrados pelos próprios empreendimentos, tanto presencialmente como através dos seus respectivos endereços na *Internet*.

[36] Diferente questão diz respeito à recusa de alojamento em virtude de discriminação, a qual vem sendo combatida, mesmo a título de princípios, pela doutrina europeia preocupada com a unificação do Direito Privado. Sobre o tema, VON BAR e CLIVE, *DCFR – Vol. I*, cit., 166.

-versa[37]) e (ii) quanto à utilização de bens turísticos a tempo parcial, a própria definição de *"produto de férias de longa duração"* não parece ser completamente clara[38], sendo que a figura já existe há algum tempo no plano socioeconómico e agora que aparece regulada de maneira especial no ordenamento interno português não deveria abrir brecha para incertezas.

Quanto à prestação dos demais de serviços turísticos, diga-se que a possibilidade de assumirem variadas feições parece reclamar, numa abordagem inicial, apenas um enquadramento dentro dos princípios de protecção ao turista antes delineados, seguindo-se, no geral, o regime da prestação de serviços oferecidos ao consumidor.

Dito isto sobre as informações que devem funcionar na prevenção dos litígios de consumo turístico, resta-nos reafirmar, quanto ao ressarcimento de danos causados aos turistas, o que foi dito anteriormente acerca da criação de um "sistema" simples e único de responsabilidade civil dos operadores do sector turístico. Esta, a nosso sentir, seria uma solução mais *estrutural*, ética e jurídica do que as saídas *conjunturais*, movidas por valores estritamente económicos e políticos que o legislador tem encontrado para combater os problemas verificados na contratação turística – designadamente no que toca aos casos de maior ressonância na comunicação social[39].

7. O "Salto"

Entretanto, faltando singrar um oceano de dificuldades a fim de alcançar as soluções para os problemas apresentados, é interessante retomar velozmente as ideias mencionadas sobre o Direito ao Turismo, na medida em que podem

---

[37] Cf. art. 20, números 2 e 3 no DL 61/2011. A doutrina, contudo, não é unânime quanto a este posicionamento. Ver, por exemplo, as posições contrastantes de MIGUEL DE SÁ MIRANDA em *O Contrato de Viagem Organizada*, (Almedina/Coimbra, 2000) e JOAQUIM DE SOUSA RIBEIRO em *O Contrato de Viagem Organizada na Lei Vigente e no Anteprojecto do Código do Consumidor* em Estudos de Direito do Consumidor nº 8, (Centro de Direito do Consumo/Coimbra, 2006/2007).

[38] Cf. art. 45, nº 2, *b)* e nº 3, *c)* do DL 37/2011.

[39] A criação de novas garantias aos consumidores, como o aludido FGVT, sem prejuízo das críticas que poderão ser feitas no futuro, parece decorrer de uma grave situação verificada no sector turístico português durante as férias de verão deste país no ano de 2010, na sequência da falência de uma conhecida empresa que deixou muitos turistas, os quais já haviam pago por suas viagens organizadas, sem poderem aproveitar suas férias, "obrigando" a que recorressem a uma caução que não serviu, pelo menos num momento inicial, para ressarcir os consumidores lesados pelos incumprimentos contratuais. Enquanto isso, vemos que os Tribunais portugueses ainda relutam em reconhecer a possibilidade de indemnizar o dano moral sofrido pelo turista em virtude de incumprimentos contratuais por parte dos operadores do sector, quando o tema já vem assentado por Acórdão marcante do Tribunal de Justiça da União Europeia no Proc. C-168/00 (disponível em www.curia.europa.eu), que no dia 12 de Março de 2012 completa 10 anos de existência.

facilitar tremendamente a tarefa através da *formação e educação* para as relações existentes no âmbito da interacção entre o Direito e o Turismo. Intimamente, temos para nós que este tema pode ser utilizado de maneira decisiva para que alguns países "saltem" – por intermédio dos seus habitantes, está claro – do plano de consumidores turísticos para o de idealizadores de produtos turísticos (em termos económicos) ou ainda – como preferimos – transformem os seus cidadãos em *convidados* de outros países (um *guest* na essência da palavra[40]), superando a dificuldade de não poderem viajar face à escassez ou à ausência de recursos financeiros.

Consoante referido, o Turismo, como qualquer actividade que lida com a mudança, estimula a criatividade, o que actualmente parece fundamental, já que vivemos numa sociedade em constante transformação e na qual o trabalho meramente baseado na força e na repetição vem sendo superado pela criação e pelo intelecto.

Entretanto, convém lembrar que o Direito do Turismo abrange, além dos temas antes versados, outros assuntos não tratados de maneira específica no presente trabalho, como as relações dos operadores turísticos (i) entre si e (ii) com o Poder Público. Diante disso, a fim de efectuar as mudanças antes mencionadas, as relações entre o Direito e o Turismo mereceriam, a nosso ver, ser mais profundamente estudadas, preferencialmente através de uma única disciplina de estudos, a fim de ser leccionada com autonomia didáctica e servindo, potencialmente, a diferentes cursos.

Com efeito, poderiam ser criados grupos de estudo sobre temas como os versados nos presentes estudos, inclusive como forma de estimular o intercâmbio cultural entre juristas. Segundo a nossa breve experiência, o assunto desperta relevante interesse nas pessoas e não seria mero optimismo se pudesse ser estabelecido um "sistema de trocas" para investigação nesta área de conhecimentos.

A criação desta nova escola e desta nova pedagogia dependeria certamente de alguns "sacrifícios" por parte do que hoje entendemos por turistas: retomando a ideia acima explicitada, os membros de tal classe deveriam trabalhar, efectivamente, para a erradicação das desigualdades, tomando o assunto como tema-chave para o desenvolvimento escolar.

Na realidade, parece-nos muito interessante a proposta de "ensinar" o turismo como um modo de compreender a cultura, não apenas como um meio

---

[40] Como nos lembrou, no aludido Congresso Internacional de Turismo, o Prof. JAFAR JAFARI, fundador da revista *Annals of Tourism*, não é correcto classificar um visitante como *guest* se, depois de recebê-lo com comida e alojamento, apresentamos-lhe uma conta para pagar o que deve. Trata-se antes da figura do *consumer*...

de lazer. Em termos educacionais, o pluriculturalismo caminha em conjunto com múltiplas maneiras de processar a inteligência, algumas delas subestimadas pelos currículos escolares, como o processamento sinestésico, visual-espacial e musical. Esta abordagem mais abrangente permite formar estudantes criativos e com diferentes tipos de inteligência, facilitando ainda a jornada criativa de adultos em idade avançada.

8. Viajar é preciso...

Lembrando que a palavra grega *metaphorá* significa transporte, se este trabalho fosse uma viagem, depois de termos sidos transportados para diversos lugares, até então inexplorados e desconhecidos (mesmo para quem já se vem tornando um devoto da causa de protecção aos turistas), agora estaríamos a regressar para o aconchego de casa. Pois a comodidade e a segurança de ter um lugar seguro, onde seja possível "*deixar os chinelos*", também é necessária – pelo menos até a próxima viagem...

Oportunamente, gostaríamos de agradecer aos Professores Doutores Luís Moutinho (Universidade de Glasgow), Manuel Januário da Costa Gomes (Faculdade de Direito da Universidade de Lisboa) e Maria Olinda da Silva Nunes Garcia (Faculdade de Direito da Universidade de Coimbra), respectivamente, por "dar o mote", por consentir com a feitura do presente estudo e por orientar as nossas ideias em relação ao tema, rogando que os proveitos pessoais por nós obtidos, em termos de investigação, possam ser estendidos a todos os viajantes, nos quais certamente estarão incluídos.

Finalmente, em homenagem ao viajante e viajado Prof. Mário Frota, especialmente no que toca ao carinho demonstrado em terras estrangeiras (com grande destaque para o Brasil, que faz-se feliz quando lhe faz feliz), atentos à comunhão dos ideais de expansão "itinerante" dos estudos interdisciplinares relacionados com as ciências do consumo, encerramos com as palavras que de um homem que procurou extrapolar a sua formação jurídica para fazer com que muitas pessoas, ainda que sem grandes riquezas materiais, pudessem "viajar" livremente, dando "asas" à sua imaginação.

Assim, resumindo o que foi dito, mais a título de estímulo à reflexão do que propriamente como "considerações finais", lembremos da metodologia de ensino de JULIO VERNE:

"*Educar para divertir; Divertir para Educar.*"

Os Direitos dos Consumidores à Luz da Constituição e da Lei

*Vinício A. P. Ribeiro**

A Constituição da República Portuguesa foi publicada, por Decreto da Presidência da República, no DR, I Série, de 10 de Abril de 1976.

Foi objecto de sete revisões constitucionais com vários reflexos, além do mais, no âmbito do *direito dos consumidores.*

A «Constituição de 1976 é a mais vasta e a mais complexa de todas as Constituições portuguesas – por receber os efeitos do denso e heterogéneo processo político do tempo da sua formação, por aglutinar contributos de partidos e forças sociais em luta, por beber em diversas internacionais ideológicas e por reflectir (como não podia deixar de ser) a anterior experiência constitucional do país.» (Jorge Miranda, *Manual de Direito Constitucional*, Tomo I, 6ª edição, 1997, Coimbra Editora, pág. 348 e *A Constituição de 1976 – Ontem e hoje*, artigo do mesmo autor publicado no jornal *Público*, de 6 de Abril de 2006).

Alguma doutrina, nomeadamente do Prof. Jorge Miranda, tem-se manifestado contra o excesso de revisionismo constitucional[1].

Escreveu Jorge Miranda que «A revisão de 1997 chegaria ao extremo de, em coisa nunca vista em parte alguma do mundo, modificar a numeração de mais

---

* Procurador-Geral Adjunto

[1] *Uma lamentável revisão constitucional*, jornal *Público*, de 24 de Julho de 1997; *Acabar com o frenesim constitucional e debater a Europa*, jornal *Público*, de 28 de Julho de 2003; *Constituição "europeia" e revisão constitucional*, jornal *Público*, de 1 de Outubro de 2003; *Os projectos de revisão constitucional*, jornal *Público*, de 27 de Dezembro de 2003, todos artigos da autoria de JORGE MIRANDA; LEONETE BOTELHO, *Sampaio "pregou no deserto" contra o excesso de revisões constitucionais*, no mesmo jornal, de 4 de Março de 2006.

de 150 artigos (do art. 92º ao art. 262º).» (*Acabar com o frenesim constitucional e debater a Europa*, jornal *Público*, de 28 de Julho de 2003, cit.).

«A primeira revisão constitucional, apesar de vasta e, em alguns casos, profunda, não implicou todavia uma ruptura com a versão originária da CRP e não se configurou como uma «outra» Constituição. Produziu um *novo texto* da CRP, não uma nova Constituição.» (J. J. Gomes Canotilho e Vital Moreira, *Constituição da República Portuguesa Anotada*, I Vol., 4ª ed., 2007, Coimbra Editora, pág. 29.)

Conforme se escreve no *Ac. TC 597/99, DR II S., de 22 de Fevereiro de 2000*, a propósito das diversas revisões:

«A Constituição de 1976, embora alterada nas revisões constitucionais de 1982, 1989, 1992 e 1997, continua a ser a *mesma* Constituição. As *revisões* introduziram *alterações* mais ou menos profundas e produziram um *novo texto*, mas *não uma nova Constituição*. As *revisões*, tendo sido feitas com respeito pelos limites materiais fundamentais que a própria Constituição põe ao poder de revisão (cf. o artigo 290º, na versão originária, e o actual artigo 288º), produziram *textos* que, em muitos e significativos pontos, são *bastante diferentes* do primitivo. A Constituição continua, porém, a ser *a mesma* (...).».

A CRP tem uma das suas bases essenciais no reconhecimento e consagração dos *direitos e deveres fundamentais* a que dedica, expressamente, toda a sua I parte (arts. 12º a 79º). E tais *direitos fundamentais*, em regra constantes do texto constitucional, podem, de acordo com o nº 1, do art. 16º da CRP, estar consagrados noutras leis[2] e nas regras aplicáveis do direito internacional.

Os *direitos e deveres fundamentais* assumem-se na dualidade entre *direitos, liberdades e garantias* (Título II da Parte I: arts. 24º a 57º), por um lado, e *direitos e deveres económicos, sociais e culturais* (Título III da Parte I; arts. 58º a 79º), por outro.

Os primeiros podem configurar *direitos, liberdades e garantias pessoais* (arts. 24º e ss.), *direitos, liberdades e garantias de participação política* (arts. 48º e ss.) e *direitos, liberdades e garantias dos trabalhadores* (arts. 53º e ss.).

Por seu turno, os *direitos e deveres económicos, sociais e culturais*, que a doutrina também apelida de *direitos fundamentais sociais* ou *direitos sociais*, podem configurar *direitos e deveres económicos* (arts. 58º e ss.), *direitos e deveres sociais* (arts. 63º e ss.) e *direitos e deveres culturais* (arts. 73º e ss.).

Estes direitos foram conquistados e consagrados ao longo do tempo e das transformações sociais e políticas.

---

[2] Como exemplo clássico de direitos fundamentais contidos em leis ordinárias podem apontar-se, de acordo com o ensino de JOSÉ CARLOS VIEIRA DE ANDRADE, *Os Direitos Fundamentais na Constituição Portuguesa de 1976*, Almedina, 1983, págs. 87-88, os direitos de personalidade consagrados no Código Civil, designadamente, o *direito geral de personalidade* (art. 70º do C.C.) e o *direito ao nome* (art. 72º do C.C.).

Enquanto os tradicionais direitos ligados à *liberdade* foram conquista do liberalismo e os de *participação política* da consolidação democrática do Estado, os *direitos sociais* estão profundamente ligados ao Estado social.

Sendo os *direitos, liberdades e garantias* (Título II) tendencialmente mais de índole negativa, de abstenção por parte do Estado, os *direitos e deveres económicos, sociais e culturais* (Título III), embora também não homogéneos[3], traduzem-se, essencialmente, em imposições ao Estado, em direitos positivos dos cidadãos a prestações por parte do Estado. Mas, como lembram J. J. Gomes Canotilho e Vital Moreira, *Constituição da República Portuguesa Anotada*, I Vol., 4ª ed., 2007, cit., pág. 315 e 312, também existem *direitos sociais* de índole *negativa*, como, por exemplo, o direito de iniciativa privada (art. 61º, nº 1), o direito de propriedade privada (art. 62º), a autonomia das universidades (art. 76º, nº 2) e *direitos, liberdades e garantias* configurados como *direitos a acções ou prestações do Estado*.

Assim, se os tradicionais *direitos de liberdade* não pressupõem, em regra, prestações do Estado, nos «direitos sociais a norma de direito fundamental traduz-se essencialmente na imposição ao Estado de um dever de prestar cuja realização, todavia, por estar essencialmente dependente de pressupostos materiais, designadamente financeiros, não se encontra (ou pode deixar de estar) na inteira disponibilidade da decisão do Estado. Por esse facto, ou seja, pelo essencial condicionamento material e financeiro da prestação estatal, a norma constitucional não pode garantir, na esfera jurídica do titular real ou potencial do direito fundamental, uma quantidade juridicamente determinada ou determinável de acesso ao bem protegido.» (Jorge Reis Novais, *Os princípios estruturantes da República Portuguesa*, Coimbra Editora, 2004, pág. 293). Por isso a doutrina construiu, relativamente aos direitos sociais, o conceito de direitos *sob reserva do possível* (Jorge Reis Novais, *Os princípios estruturantes da República Portuguesa*, cit., pág. 294; J. J. Gomes Canotilho, *Direito Constitucional e Teoria da Constituição*, 6ª edição, pág. 479).

O Estado tem importantes incumbências neste campo como resulta do disposto no artigo 9º da CRP, com a epígrafe *Tarefas fundamentais do Estado*:

São tarefas fundamentais do Estado:

b) Garantir os direitos e liberdades fundamentais e o respeito pelos princípios do Estado de direito democrático;
d) Promover o bem-estar e a qualidade de vida do povo e a igualdade real entre os portugueses, bem como a efectivação dos direitos económicos,

---

[3] Não faltam, na doutrina, teorias sobre a configuração e a estrutura dos *direitos liberdades e garantias* e dos *direitos sociais*; relativamente a estes últimos, cfr., v.g., CRISTINA QUEIROZ, *O princípio da não reversibilidade dos direitos fundamentais sociais*, Coimbra Editora, 2006, pág. 15 e ss.

sociais, culturais e ambientais, mediante a transformação e modernização das estruturas económicas e sociais;

O regime dos *direitos, liberdades e garantias* apenas se aplica aos enunciados no título II e aos direitos fundamentais de natureza *análoga*, de acordo com o preceituado no artigo 17º da CRP.

Os direitos fundamentais de natureza *análoga* podem encontrar-se nos Título I (princípios gerais), II (*direitos liberdades e garantias*) ou III (*direitos e deveres económicos, sociais e culturais*) da Parte I, ou dispersos em qualquer lugar do texto constitucional.

Há direitos *análogos* espalhados pelo articulado da Lei Fundamental porque era tecnicamente muito complicado encaixar todos os direitos fundamentais no mesmo catálogo ou no mesmo sector da Constituição. José Carlos Vieira de Andrade, *Os Direitos Fundamentais na Constituição Portuguesa de 1976*, cit., pág. 128, escreve que «o modo de consagração dos direitos fundamentais na nossa Constituição é atomístico.».

Pese embora a alteração da redacção do artigo 17º, na primeira revisão constitucional suprimindo a expressão «previstos na Constituição e na lei», que se encontrava a seguir a «natureza análoga», há doutrina (*v. g.*, J. J. Gomes Canotilho e Vital Moreira, *Constituição da República Portuguesa Anotada*, I Vol., 4ª ed., 2007, cit., págs. 375 e 376) que admite a existência de direitos *análogos* fora da CRP, seja em convenção ou norma de organização internacional, seja na lei interna.

De acordo com estes dois autores (obra cit., pág. 374), serão de considerar como direitos fundamentais de natureza *análoga*, entre outros, os consagrados nos arts. 20º, 21, 23º, 59º, 61º, 62º, 68º, nº 3, 74º, nº 2, alínea *a*), 94º, nº 1, 113, nº 2, 124º, nº 1, 207º, 245º, nº 2 e 264º, nº 2, 268º (os direitos fundamentais do cidadão, enquanto administrado, consagrados neste artigo – *direito à informação; direito de acesso; direito à fundamentação; direito ao recurso contencioso; direito à tutela judicial* – são dos mais trabalhados pela jurisprudência do Tribunal Constitucional: cfr. *Acs. TC 161/99, DR II S, 16 de Fevereiro de 2000; 254/99, DR II S, 15 de Junho de 1999; 128/2000, DR II S, 25 de Outubro de 2000; 248/2000, DR II S, 6 de Novembro de 2000*), 269º da CRP.

Actualmente, conforme escreve José de Melo Alexandrino, *Os direitos fundamentais na CRP de 1976: zonas de diferença no confronto com a Constituição Federal Brasileira de 1988* (tópicos de uma lição proferida na Faculdade de Direito da Universidade de Lisboa, em 2 de Fevereiro de 2010, disponível em http://www.fd.ul.pt/LinkClick.aspx?fileticket=ksdzrMw1PRw%3D&tabid=332; este autor opta pela primeira das correntes), «podemos dizer que se confrontam hoje na doutrina duas correntes nítidas:(i) uma no sentido da *reafirmação da distinção* e do dualismo entre os direitos, liberdades e garantias e os direitos económicos, sociais e culturais (caso de José Carlos Vieira de Andrade, entre outros); (ii) uma segunda no sentido contrário, tentando *relativizar ao máximo essa distinção* e defendendo mesmo uma unidade dogmática e de regime entre essas duas categorias de direitos fundamentais (casos de Jorge Reis Novais, Rui Medeiros, Vasco Pereira da Silva, entre outros).».

Atentas as diferenças que separam os *direitos liberdades e garantias* (Título II) dos *direitos e deveres económicos, sociais e culturais* (Título III) são igualmente distintos os seus regimes.

A disciplina traçada no art. 17º, e essencialmente concretizada nos arts. 18º e 19º, abrange apenas os *direitos liberdades e garantias* (Título II) e os direitos fundamentais de natureza *análoga*, ficando de fora os *direitos e deveres económicos, sociais e culturais* (sobre a força jurídico-constitucional destes direitos v. Ac. TC 39/84), salvo aqueles que tiverem natureza *análoga*.

Mas os direitos sociais também mereceram a tutela do legislador. Além de beneficiarem da aplicação dos princípios da universalidade e da igualdade (J. J. Gomes Canotilho e Vital Moreira, *Constituição da República Portuguesa Anotada*, I Vol., 4ª ed., 2007, cit., pág. 378) estão também protegidos, em caso de não cumprimento por parte do Estado, pela *inconstitucionalidade por omissão*.

Vejamos o enquadramento legislativo sobre os *consumidores* na CRP de 1976 e sua evolução ao longo das diversas revisões constitucionais.

Na versão originária da Constituição da República Portuguesa, publicada por Decreto da Presidência da República, DR, I Série, de 10 de Abril de 1976.

Na parte II, sobre *Organização económica*, Título I sobre *Princípios gerais*:

Artigo 81º
Incumbências prioritárias do Estado
Incumbe prioritariamente ao Estado:
  m) Proteger o consumidor, designadamente através do apoio à criação de cooperativas e de associações de consumidores;

Na parte II, sobre *Organização económica*, Título VI sobre *Circuitos comerciais*:

Artigo 109º
Preços e circuitos de distribuição
  2. É proibida a publicidade dolosa

Na versão resultante da 1ª revisão constitucional operada através da LC 1/82, de 30 de Setembro.

Na parte II, sobre *Organização económica*, Título I sobre *Princípios gerais*:

Artigo 81º
Incumbências prioritárias do Estado
Incumbe prioritariamente ao Estado no âmbito económico e social:
j) Proteger o consumidor;

Na parte II, sobre *Organização económica*, Título VI sobre *Comércio e protecção do consumidor*:

Artigo 110º
Protecção do consumidor
1. Os consumidores têm direito à formação e à informação, à protecção da saúde, da segurança e dos seus interesses económicos e à reparação de danos.
2. A publicidade é disciplinada por lei, sendo proibidas todas as formas de publicidade oculta, indirecta ou dolosa.
3. As associações de consumidores e as cooperativas de consumo têm direito, nos termos da lei, ao apoio do Estado e a ser ouvidas sobre as questões que digam respeito à defesa dos consumidores.

Na versão resultante da 2ª revisão constitucional operada através da LC 1/89, de 8 de Julho.
Na parte I, sobre *Direitos e deveres fundamentais*, Título III sobre *Direitos e deveres económicos, sociais e culturais*:

Artigo 60º
Direitos dos consumidores
1. Os consumidores têm direito à qualidade dos bens e serviços consumidos, à formação e à informação, à protecção da saúde, da segurança e dos seus interesses económicos, bem como à reparação de danos.
2. A publicidade é disciplinada por lei, sendo proibidas todas as formas de publicidade oculta, indirecta ou dolosa.
3. As associações de consumidores e as cooperativas de consumo têm direito, nos termos da lei, ao apoio do Estado e a ser ouvidas sobre as questões que digam respeito à defesa dos consumidores.

Na parte II, sobre *Organização económica*, Título I sobre *Princípios gerais*:

Artigo 81º
Incumbências prioritárias do Estado
Incumbe prioritariamente ao Estado no âmbito económico e social:
j) Proteger o consumidor;

Na parte II, sobre *Organização económica*, Título III sobre *Políticas agrícola, comercial e industrial*:

Artigo 102º
Objectivos da política comercial
São objectivos da política comercial:
e) A Protecção dos consumidores;

Na versão resultante da 4ª revisão constitucional (a 3ª revisão constitucional levada a efeito através da LC 1/92, de 25 de Novembro não introduziu quaisquer alterações na matéria) operada através da LC 1/97, de 20 de Setembro.

Na parte I, sobre *Direitos e deveres fundamentais*, Título II sobre *Direitos, liberdades e garantias*:

Artigo 52º
Direito de petição e direito de acção popular
3. É conferido a todos, pessoalmente ou através de associações de defesa dos interesses em causa, o direito de acção popular nos casos e termos previstos na lei, incluindo o direito de requerer para o lesado ou lesados a correspondente indemnização, nomeadamente para:

a) Promover a prevenção, a cessação ou a perseguição judicial das infracções contra a saúde pública, os direitos dos consumidores, a qualidade de vida e a preservação do ambiente e do património cultural;

Na parte I, sobre *Direitos e deveres fundamentais*, Título III sobre *Direitos e deveres económicos, sociais e culturais*:

Artigo 60º
Direitos dos consumidores
1. Os consumidores têm direito à qualidade dos bens e serviços consumidos, à formação e à informação, à protecção da saúde, da segurança e dos seus interesses económicos, bem como à reparação de danos.

2. A publicidade é disciplinada por lei, sendo proibidas todas as formas de publicidade oculta, indirecta ou dolosa.

3. As associações de consumidores e as cooperativas de consumo têm direito, nos termos da lei, ao apoio do Estado e a ser ouvidas sobre as questões que digam respeito à defesa dos consumidores, sendo-lhes reconhecida legitimidade processual para defesa dos seus associados ou de interesses colectivos ou difusos.

Na parte II, sobre *Organização económica*, Título I sobre *Princípios gerais*:

Artigo 81º
Incumbências prioritárias do Estado
Incumbe prioritariamente ao Estado no âmbito económico e social:
h) Garantir a defesa dos interesses e os direitos dos consumidores;

Na parte II, sobre *Organização económica*, Título III sobre *Políticas agrícola, comercial e industrial*:

Artigo 99º
Objectivos da política comercial
São objectivos da política comercial:
e) A Protecção dos consumidores;

Na versão resultante da 6ª revisão constitucional (a 5ª revisão levada a cabo através da LC 1/2001, de 12 de Dezembro deixou inalterado o quadro legislativo neste aspecto) operada através da LC 1/2004, de 24 de Julho, apenas se modificou a alínea do artigo 81º conforme esquema que segue:
Na parte II, sobre *Organização económica*, Título I sobre *princípios gerais*:

Artigo 81º
Incumbências prioritárias do Estado
Incumbe prioritariamente ao Estado no âmbito económico e social:
i) Garantir a defesa dos interesses e os direitos dos consumidores;

Na versão resultante da última revisão constitucional (a 7ª), operada através da LC 1/2005, de 12 de Agosto (apenas aditou um novo artigo 295º sobre o referendo acerca do tratado europeu), manteve-se o quadro legal.

Verifica-se assim que, logo na primeira revisão constitucional, o legislador, embora ainda no domínio da organização económica, dedica, especificamente, um artigo (110º) ao consumidor com a epígrafe de **_Protecção do consumidor_** (sublinhados nossos).

Com a revisão de 1989, o legislador transferiu, como vimos, para o âmbito dos *Direitos e deveres económicos, sociais e culturais* (título III da Parte II) a matéria relativa aos *consumidores* corporizada agora no artigo 60º com a epígrafe **_Direitos dos consumidores_** (sublinhados nossos).

Esta transferência, porém, não tem apoio unânime da doutrina[4].

---

[4] Manifestando muitas reservas a esta deslocação operada pelo legislador de 1989, e dando conta de que, em geral, a protecção dos consumidores não é formulada em termos de direitos subjectivos das pessoas, e que na generalidade dos Estados tal protecção funciona como uma mera tarefa estadual, cfr. JORGE REIS NOVAIS, *O estatuto constitucional dos consumidores*, texto publicado na RLJ, ano 138, Janeiro-Fev. 2009, pág. 140; para este autor, loc. cit. pág. 148, a consagração na Constituição dos direitos

Não obstante o carácter específico dos *direitos sociais* (essencialmente direitos a prestações, não directamente aplicáveis e dependentes de mediação concretizadora do legislador), sempre nos parece de realçar o simbolismo do gesto do legislador constitucional, pela importância que lhes confere (mesmo que se entenda só formalmente) ao encaixar tais direitos dos consumidores na parte I relativa aos *direitos e deveres fundamentais* e já não no sector da *organização económica* (parte II) da CRP.

O artigo 60º da CRP (*direitos dos consumidores*), que foi introduzido pela revisão de 1982 e corresponde ao anterior artigo 110º, como ressalta da súmula das revisões constitucionais atrás efectuada, foi alterado em 1989 com o acrescento, no seu nº 1, do «direito à qualidade dos bens e serviços consumidos» e em 1997 com o acrescento, no seu nº 3, da expressão «sendo-lhes reconhecida legitimidade processual para defesa dos seus associados ou de interesses colectivos ou difusos.».

Embora o artigo 60º se enquadre no sector dos *Direitos e deveres económicos, sociais e culturais* (título III da Parte II), alguns dos direitos que consagra têm natureza *análoga*, e por isso beneficiam do regime do artigo 17º[5].

A CRP não define *consumidor*. De acordo com o ensino de Jorge Miranda e Rui Medeiros, *Constituição Portuguesa Anotada*, Tomo I, 2005, Coimbra Editora, pág. 617, em anotação ao artigo 60º «Pela localização sistemática, consumidores são aqueles a quem são fornecidos bens ou prestados serviços no âmbito de uma actividade económica, seja qual for o escopo desta e seja qual for a entidade que a desenvolve, pública, privada ou cooperativa.».

O art. 2º da L 29/81, de 22 de Agosto (posteriormente revogada pela actual L 24/96) definia consumidor nos seguintes moldes: «Para os efeitos da presente lei, considera-se consumidor todo aquele a quem sejam fornecidos bens

---

dos consumidores como direitos fundamentais, além de não ter paralelo nos demais países, como por exemplo, em Espanha, onde o art. 51º da Constituição se limita «a estabelecer um conjunto de tarefas estaduais dirigidas à defesa dos consumidores e utentes...» traduz uma «visível expressão de «paternalismo estadual», (que) acaba por tratar os consumidores como se de pessoas menores ou inabilitadas se tratasse»; MARIA DA ASSUNÇÃO ESTEVES, num parecer sobre direitos dos consumidores, publicado na CJACSTJ, ano VIII, 2000, Tomo III, pág. 6 reconhece que a «Ao contrário dos direitos de liberdade (cfr. CRP, Título II) que, marcados pelo valor da autonomia, por via de regra, reclamam do Estado uma ausência de interferências, os direitos fundamentais do Título III (ou direitos fundamentais a prestações, em sentido amplo) abrem-se a formas de paternalismo estadual legítimo, o qual se justifica no valor da dignidade do homem e no desiderato constitucional de asseguramento de uma liberdade fáctica entre sujeitos juridicamente iguais.».

[5] Segundo o entendimento de JORGE MIRANDA e RUI MEDEIROS, *Constituição Portuguesa Anotada*, Tomo I, 2005, Coimbra Editora, págs. 144-145, anotação ao artigo 17º, são direitos de natureza *análoga* o direito dos consumidores à reparação de danos – art. 60º, nº 1, *in fine*; o direito dos consumidores à informação – art. 60º, nº 1; os direitos de participação na protecção do consumidor – art. 60º, nº 3.

ou serviços destinados ao seu uso privado por pessoa singular ou colectiva que exerça, com carácter profissional, uma actividade económica.».

A vigente lei de defesa do consumidor (L 24/96, de 31 de Julho) consagra no seu art. 2º a seguinte definição: «Considera-se consumidor todo aquele a quem sejam fornecidos bens, prestados serviços ou transmitidos quaisquer direitos, destinados a uso não profissional, por pessoa que exerça com carácter profissional uma actividade económica que vise a obtenção de benefícios.».

Se a Lei Fundamental nos fornece as traves mestras do direito dos consumidores, na legislação secundária encontramos o enquadramento adequado relativamente a tal área jurídica, de que são exemplos paradigmáticos, entre outros, os diplomas a seguir enunciados:

DL 446/85, de 25 de Outubro (alt. pelos DL 220/95, de 31/8; 249/99, de 7/7; 323/2001, de 17/12) – cláusulas contratuais gerais;

DL 383/89, de 6 de Novembro (alt. pelo DL 131/2001, de 24/4) – produtos defeituosos;

L 23/96, de 26 de Julho (alt. pelas L 12/2008, de 26/2; 24/2008, de 2/6; 6/2011, de 10/3; 44/2011, de 22/6) – lei dos serviços públicos essenciais;

L 24/96, de 31 de Julho (alt. pela L 85/98, de 16/12; DL 67/2003, de 8/4) – lei de defesa do consumidor;

DL 143/2001, de 26 de Abril (alt. pelos DL 57/2008, de 26/3; 82/2008, de 20/5; 317/2009, de 30/10) – contratos celebrados à distância;

DL 156/2005, de 15 de Setembro (alt. pelos DL 371/2007, de 6/11; 118/2009, de 19/5; 317/2009, de 30/10) – livro de reclamações.

O Governo há muito manifestou a intenção de proceder a uma reforma profunda e sistemática do direito do consumo através da feitura de um *Código do Consumidor*, à semelhança do que aconteceu noutros países, de que são exemplo o Brasil, a França ou a Bélgica (opção, porém, que nem todos os países trilharam: alguns, como a Alemanha, optaram, como informa António Pinto Monteiro, *A contratação em massa e a protecção do consumidor numa economia globalizada*, RLJ, ano 139, Março-Abril 2010, pág. 232, por inserir o direito do consumidor no Código Civil).

Assim, para esse efeito, o Despacho da Ministra do Ambiente nº 42/MA/96, DR II S., de 3 de Julho de 1996, designou um professor da FDUC com o encargo de elaborar um anteprojecto de articulado do código do consumidor e de constituir uma comissão de especialistas[6].

Tal anteprojecto foi entregue, por aquela comissão, em 15 de Março de 2006, ao Secretário de Estado do Comércio, Serviços e Defesa do Consumidor

---

[6] A constituição da comissão consta do despacho 64/MA/96, DR II S., de 23 de Novembro, com aditamentos posteriores, nomeadamente através do despacho 3873/97, DR II S., de 12 de Julho).

(*O Anteprojecto do Código do Consumidor*, discurso proferido pelo Prof. António Pinto Monteiro, encarregado de elaboração de tal anteprojecto, publicado na RLJ, ano 135, Março-Abril 2006, pág. 190 e ss.). O referido Anteprojecto, esteve aberto a discussão pública, deu lugar a um Projecto, confidencial, entregue ao Governo (António Pinto Monteiro, *A contratação em massa e a protecção do consumidor numa economia globalizada*, RLJ, ano 139, Março-Abril 2010, cit., pág. 232).

Porém tal Projecto parece ter-se perdido pelos corredores ministeriais e o *Código do Consumidor* tarda em ver a luz do dia.

Não obstante, pese embora alguma dispersão e fragmentaridade, afigura-se-nos que o consumidor português tem ao seu alcance e dispor um quadro legislativo suficientemente adequado e capaz de proteger os seus direitos. Assim esteja disposto a fazer, na prática, uso do mesmo.

A Previdência Privada e a Causa dos Consumidores

*Wagner Balera**

I. Introdução

À iniciativa de homenagear a esse notável jurista e, sobretudo, lidador incansável da causa dos consumidores não poderia deixar de me associar.

É que, sem embargo dos antigos e fortes laços de amizade com o Professor MARIO FROTA, faço com ele essa causa comum em um dos terrenos da minha militância profissional e acadêmica: o da previdência e, mais particularmente, o da previdência privada.

Após expor, muito sumariamente, o arcabouço jurídico da previdência privada, tal como delineado no direito positivo brasileiro, tratarei de enfrentar a instigante questão da aplicação, a esse arcabouço jurídico, do preceituário estampado no Código de Defesa do Consumidor.

E, adiantando a conclusão, refletirei sobre em que medida a causa dos consumidores se verá reforçada com a sua submissão a tão importante regime jurídico.

II. Do regime jurídico da Previdência Privada no Brasil

Embora já se tenha implantado, no Brasil, há bastante tempo, é fato que a previdência privada não foi objeto de oportuna disciplina normativa. Ao contrário, o posicionamento do legislador apontava para outra direção.

Pretendia-se que o sistema previdenciário oficial viabilizasse seguro coletivo destinado a ampliar os benefícios do regime geral. Esse o teor do

---

* Professor Titular da Faculdade de Direito da Pontifícia Universidade Católica de São Paulo e Acadêmico Catedrático de Direito Previdenciário da Academia Nacional de Seguros e Previdência.

art. 68 e seu parágrafo único da Lei nº 3.807, de agosto de 1960, a primeira Lei Orgânica da Previdência Social.

Anotam os consagrados juristas ARNALDO SUSSEKIND e DÉLIO MARANHÃO que a estratégia do legislador: "... *não logrou êxito, tendo-se ampliado, ao contrário, paralelamente ao sistema estatal, e com a mesma finalidade, fundos de pensões empresariais e fundações de previdência complementar vinculadas a determinadas empresas ou, ainda, social de Previdência privada abertas ao público.*"[1]

No entanto, seguia insistindo o legislador com a sua posição. Tanto que alçou ao nível constitucional a determinação para que o sistema oficial de previdência viesse a gerir planos privados.

É o que estabelece o art. 201, § 7º, da Constituição, quando dispunha:

> *§ 7º A previdência social manterá seguro coletivo de caráter complementar e facultativo, custeado por contribuições adicionais.*

Ocorre que, com as profundas modificações introduzidas no sistema previdenciário brasileiro pela Emenda Constitucional nº 20, de 15 de dezembro de 1998, operou-se significativa mudança de rumos.

No tema que nos interessa, resultou estabelecida a minudente redação do art. 202 da Superlei que, oportunamente, examinarei no que couber.

De tudo o que se acha estampado na Constituição é possível deduzir que o sistema previdenciário brasileiro possui duas esferas de atuação, na atualidade, e que a seguridade social age mediante conjugação entre Poder Público e particulares.

Mais precisamente, a seguridade social pátria terá três modalidades de acesso a vários problemas sociais: a] a via previdenciária (o seguro social e o complementar); b] a via sanitária (sistemas público e privado de saúde) e; c] a via assistencial integrada pelo sistema estatal, pelo sistema privado e por sistemas mistos. Estes últimos com o tom de benemerência que justificou o surgir do fenômeno assistencial e cujo aperfeiçoamento conceitual é a seguridade social.

Traço significativo, no modelo contemporâneo de proteção é esta coordenada atuação do Poder Público com as entidades particulares no esforço de unificação das variadas políticas sociais para o setor.

O estágio primitivo da assistência privada, que aparece nos primórdios da proteção social, não foi substituído pelo da proteção integral, pelo Poder Público, de todas as necessidades. Houve complementação; aperfeiçoa-

---

[1] ARNALDO SUSSEKIND e DÉLIO MARANHÃO, *Direito do Trabalho e Previdência Social – Pareceres*, Editora LTr, São Paulo, vol. IV p. 286.

mento, expansão, do plano originariamente engendrado e, com as recentes modificações, é definitivamente estabelecida a comum responsabilidade dos poderes públicos e das entidades privadas na gestão dos planos de seguridade social.

Sobressaem, nesse arcabouço, as entidades fechadas e abertas de previdência privada. Complementares ao sistema de seguridade social, é bem definido o seu espaço na arquitetura atual da proteção social pátria.

Atuam em conjunto com o Poder Público, no interior do sistema, sem perderem características que são peculiares às pessoas privadas, entes assistenciais e os fundos de pensão.

A Emenda Constitucional nº 20 determinou que toda essa matéria seria disciplinada mediante legislação complementar à Constituição. E, neste momento, já se encontram em vigor as Leis Complementares nº 108 e 109, de maio de 2001, que cuidaram de conferir ordenamento jurídico ao tema em referência.

Vigoram, ainda, é verdade, um sem número de normas de diversos níveis hierárquicos, destinados a dar cumprimento executivo ao amplo preceituário instituído pelas citadas Leis Complementares.

Sobreleva anotar que, no particular, a faculdade regulamentar foi deferida tanto ao Conselho Nacional da Previdência Complementar como à Superintendência Nacional de Previdência Complementar – PREVIC, no âmbito das entidades fechadas e ao Conselho Nacional de Seguros Privados e à Superintendência de Seguros Privados – SUSEP, no das entidades abertas de previdência complementar.

Ganham, portanto, notável relevo, na arquitetura normativa que rege o conjunto das relações privadas de proteção previdenciária, os atos constitutivos da pessoa jurídica (os estatutos) e os planos de benefícios (nas mais das vezes editados sob a forma de regulamentos ou regimentos internos).

Cabe, pois, ao regime geral de previdência, mantido pelo Poder Público, garantir não a renda integral para os beneficiários mas, sim, uma renda básica que corresponderá à média nacional de ingressos per *capita*.

Já o móvel justificativo da existência do plano complementar é o de proporcionar, ao participante, a manutenção do mesmo padrão de vida de que se fazia detentor no momento em que ingressou na inatividade.

Ambos os regimes subordinam-se aos princípios vetores da Seguridade Social, que se encontram expressos no art. 194, da Constituição de 1988.

A diretriz da seletividade dos benefícios e serviços (prevista no inciso III do art. 194, parágrafo único) significa, quando aplicada ao regime geral, que a proteção a todos os beneficiários, se situa dentro de certos limites.

A mesma diretriz, quando aplicável ao regime complementar, exige que haja um seguro coletivo privado capaz de atender às demandas daquela parcela da população cujos rendimentos se encontram situados para além dos limites de proteção estabelecidos pelo regime geral.

Neste segundo nível de proteção, porém, é exigência da seletividade que os planos supletivos não funcionem de modo compulsório. Ao contrário do que se passa com o regime geral, aqui são livres tanto a institucionalização quanto as modificações e a adesão dos trabalhadores ao plano complementar.

A legislação básica (as Leis nº 8.212 e 8.213, de julho de 1991) cuida do rol de contribuições sociais e de prestações que, mantidas pelo regime geral de previdência social, incidem de modo cogente sobre a comunidade protegida.

A Lei Complementar nº 109, de maio de 2001, que dá configuração aos regimes de previdência privada, em observância aos critérios da contratualidade e da facultatividade, admite que o instituidor (patrocinador) e os participantes ajustem o que melhor convier aos objetivos dos planos privados de seguridade social.

O plano supletivo nasce revestido, tal como o plano básico, da manifesta e característica feição securitária que inspirou o modo de proteção social criado por BISMARCK no final do século dezenove.

Com a instituição do regime supletivo haverá recursos financeiros específicos para a melhoria da condição social dos participantes, recursos esses que tanto podem ser vertidos pelos participantes e pelos patrocinadores quanto exclusivamente por estes últimos.

No seguro social, existe nexo necessário entre contribuição e prestação.

Dito em melhores palavras, há correlatividade entre contribuição/risco e entre contribuição/prestação.

Claro que, a ser considerado o ideário da seguridade social como mecanismo universal de proteção[2] ter-se-ia entranhado o sistema de tal modo no aparelho do Estado que seria impossível distinguir a função estatal daquela de seguridade. De fato, a seguridade social é a mais autêntica expressão do *Welfare State*.

O Brasil permanece, porém, atrelado a modelo de financiamento baseado no seguro social. A seguridade social é, por enquanto, programa para o futuro.

Por isso mesmo, as finalidades do plano básico, impõem limites máximos para a incidência das contribuições e de prestações.

O que se quer, por agora, é a garantia de padrão de bem estar que corresponda à média nacional. No futuro sim: proteção integral, segundo os moldes da seguridade social.

Ocorre que a média nacional, no caso do Brasil, se encontra situada em nível de subsistência.

---

[2] Veja-se, a propósito, o meu *A Seguridade Social na Constituição de 1988*, São Paulo, RT, 1989, p. 50.

Donde a necessidade de instituição dos sistemas privados e complementares, aptos a dar atendimento aos trabalhadores que lograram situar-se, pelo esforço individual, nos mais elevados padrões da escala social.

A Lei Complementar 109, de maio de 2001 não veda a criação de planos exclusivos para determinado grupo de empregados ou dirigentes pertencente à Instituidora de plano previdenciário complementar porque, nessa rede de proteção social, é o talante das partes que deve dispor a respeito.

Pode-se mesmo dizer, e isso é inegável, que a faculdade de adesão dos potenciais participantes do grupo está diretamente relacionada à sua capacidade contributiva e à isonomia, dentro do ideário do sistema protetivo de previdência privada. Este só pode ter razão de ser na medida em que signifique evolução e aperfeiçoamento da técnica básica de proteção.

Releva ponderar que, como natural exigência de todo e qualquer instrumental inspirado na técnica atuarial e na técnica do seguro, o plano privado de previdência deverá impor a si mesmo limites válidos de operação.

Tal limitação deve ser inserida nos normativos internos do plano privado, tornando-se cogente para o grupo que nele se encontra agremiado regularmente.

Veja-se, pois, que nessa relevante matéria, o negócio jurídico privado é revestido de manifesta nota facultativa.

É que, a força normativa dos atos internos se nos apresenta como dado elementar do sistema.

Nem poderia deixar de ser assim, notadamente diante dos atributos lançados pelo constituinte no preceito exarado no art. 202 do Estatuto Fundamental de outubro de 1988 após as pertinentes modificações levadas a efeito pela Emenda Constitucional nº 20, de 1998.

Além da característica da facultatividade a outra nota dominante do plano privado é a que diz respeito ao aspecto atuarial.

Trata-se de angulo de observação fundamental, revelador do instrumento técnico de que o fundo de previdência complementar deve se valer, necessariamente, para alcançar seus objetivos institucionais.

A avaliação atuarial, prudente, necessária e obrigatória, apresenta-se como dado estrutural dos programas previdenciários privados.

Dela decorre a dogmática exigência de manutenção, em caráter permanente, do equilíbrio financeiro do plano. Só assim, consoante a expressão normativa ressalta, estará o plano habilitado a proporcionar o máximo possível de bem estar (seguridade) aos seus destinatários.

Os destinatários por sua vez serão todos aqueles que queiram livremente aderir ao plano. É a coincidência das vontades do participante com a do patrocinador/instituidor, no caso das entidades fechadas, ou com a do tomador do plano, em se tratando das entidades abertas, que impõe e dita as regras aptas a disciplinar o negócio jurídico em estudo.

Evidente que a capacidade contributiva dos potenciais participantes está diretamente relacionada ao acesso ao plano de previdência complementar e à autonomia da vontade. Nesse sentido já afirmei em outra oportunidade que "a universalidade da cobertura e do atendimento (inciso I, § único do artigo 194 da CF), se constitui "na especifica dimensão do princípio da isonomia (garantia estatuída no artigo 5º, da Lei Maior) na Ordem Social. É a igual proteção para todos".[3]

Cumpre aprofundar o estudo das duas características fundamentais, anteriormente mencionadas, delineadas na Constituição de outubro, emendada em 15 de dezembro de 1998, do sistema previdenciário privado.

Assim se acha lavrado o primeiro dos preceitos que cuida da previdência privada na Constituição:

> Art. 202. *O regime de previdência privada, de caráter complementar e organizado de forma autônoma em relação ao regime geral de previdência social, será facultativo, baseado na constituição de reservas que garantam o benefício contratado e regulado por lei complementar.*

Consagra, o comando constitucional, o binômio característico da previdência privada que, na ordem lógica com que analiso o fenômeno jurídico é composto de:

a) contratualidade e;
b) facultatividade.

Em primeiro lugar, o plano previdenciário privado é figura obrigacional do tipo contratual.

Vale dizer que, segundo a clássica distinção entre as obrigações e, em conformidade com a dicotomia do fenômeno previdenciário já antes referida, é, esta, contrariamente ao que ocorre com a relação implementada pelos Poderes Públicos, obrigação contratual.

Deveras, a previdência social é compulsória, instituída *ope legis*, e protege até mesmo aquelas pessoas que nela não confiam ou que nela não acreditam (desde que atuem – trabalhando – em conformidade com o ordenamento jurídico).

No negócio jurídico previdenciário privado vigora o princípio da autonomia privada, que a seu modo se ajusta à antiga concepção da Escola Clássica,

---

[3] Cf. o meu livro acima citado, p. 36.

capitaneada por SAVIGNY. Trata, a autonomia privada, do: "poder da vontade, ou uma soberania da vontade concedidos pela ordem jurídica.".[4]

É em virtude desse poder inerente à vontade livre que o organiza em bases jurídicas, que o seu titular pode exigir a ação ou abstenção dos demais.

Naturalmente, como se trata de negócio em tudo e por tudo assemelhado ao seguro, de cuja raiz obteve parte do respectivo arcabouço, as disposições contratuais da previdência privada já se encontram adrede delineadas no pano de fundo contratual em que se assentam as relações do tipo securitário.

ARNOLDO WALD ensina:

> "... o contrato previdenciário é um contrato de seguro mútuo de natureza privada, de caráter sui generis, bilateral, aleatório, de adesão e formal".[5]

As partes podem decidir, desde que capazes para contratar, sem qualquer tutela, a extensão, os limites e os efeitos do negócio jurídico que engendram entre elas e que somente a ela diz respeito.

Ao definir, pois, o negócio previdenciário privado como contrato, a Norma Fundamental já imprime os lineamentos que revestirão, sob o império da autonomia privada, o comportamento humano.

É evidente que a lei, ao estabelecer a tipologia contratual previdenciária, irá configurar, com caráter genérico e abstrato, os termos do negócio privado. A lei é, sempre e sempre, a fonte das obrigações.

Digamos, explicando melhor, que a lei cuidará dos elementos externos do negócio previdenciário, deixando ao talante das partes a manifestação da vontade contratual que afeiçoa o arquétipo genérico legalmente estabelecido ao querer que justificou a avença.

Nesse momento, vale sublinhar a segunda característica do negócio previdenciário privado, que também se encontra estampada no citado art. 202 da Constituição emendada.

Trata-se da facultatividade, a envolver o poder com que os interessados são investidos, pelo ordenamento jurídico, para fazerem ou deixarem de fazer alguma coisa.

SANTI ROMANO define que o exercício dessa faculdade pertence à categoria dos **poderes normativos** das partes, ao esclarecer:

> "los poderes normativos, tanto de los entes públicos y el primero de ellos el Estado, como de los particulares em cuanto son sujeitos de autonomia: mediante teles poderes, se constituyuen,

---

[4] FRIEDRICH C. SAVIGNY, *Traitè de Droit Romain*, Paris, 1855, vol. 1, p. 7.
[5] ARNOLDO WALD. *Curso de Direito Civil Brasileiro, Obrigações e Contratos*. 13ª ed. 1998. RT. p. 615.

se modifican y se extinguen, sobre la base de um ordenamiento jurídico, nuevas normas jurí-dicas, o hasta otros ordenamientos jurídicos enternos, esto es, instituciones;"[6]

Cuida-se, aqui, da liberdade – de que todos dispõem, na previdência privada – de obrigar-se, conforme os termos do negócio jurídico que se engendra. Eis o signo distintivo do princípio da autonomia privada, no domínio que examinamos. A força dos normativos que conformam o plano deriva da costura inicial que aquele que irá oferecer o plano – tanto pode ser a entidade aberta, que faz a oferta a quem quer que seja, como a entidade fechada, que oferece ao grupo de integrantes designado pelo patrocinador – resolveu delinear com o gestor.

Pensar, portanto, na previdência privada como contrato exige, em nossos dias, a sua consideração à luz dos três fundamentos de todo o direito contratual: a já referida autonomia privada, a boa-fé objetiva e o equilíbrio contratual.

E, como veremos a seu tempo, pensar na previdência privada como relação de consumo exige mais. Merecem considerada não apenas os objetivos da assim chamada *política nacional das relações de consumo*, como definidos no art. 4º do Código de Defesa do Consumidor, como particularmente aqueles dois requisitos que, nesse contrato, atuam como cláusulas de garantia: a transparência e a vulnerabilidade.

A função social do contrato, quase um corolário do negócio previdenciário privado é a suma dessa necessária consensualidade entre o interesse da comunidade protegida, dos patrocinadores do plano e da entidade de previdência complementar.

Advirta-se que a função social do contrato inscrita no art. 421 do Código Civil não afronta a autonomia contratual, que segue essencial no negócio jurídico que se examina, mas faz sujeitarem-se aos interesses do grupo protegido os interesses do indivíduo. Este se torna, destarte, elo da cadeia que permitiu a concretização do projeto comunitário.

De fato, a função social do contrato tem supedâneo constitucional na solidariedade que impõe aos contratantes e terceiros cooperação mutua, ressalvadas particularidades que, mesmo no grupo, implicam exigências específicas e mais intensas de proteção social para que a justiça da situação concreta seja mantida ou ampliada.

Consideremos, agora, o aspecto da boa-fé objetiva. Pode-se dizer que esse signo do contrato aponta para o interesse do outro, para o cuidado desse interesse como se fosse o próprio.

---

[6] SANTI ROMANO, *Fragmentos de um Dicionário Jurídico*, Buenos Aires, AJEA, 1964, tradução de SANTIAGO SENTIS MELENDO e MARINO AYERRA RADIN, p. 307.

Não é fácil explicar esse valor do contrato, tendo em vista as notórias e clássicas concepções individualistas (e, até mesmo, egoístas) que demarcaram o direito privado ao longo do tempo.

Mas a todos soa bem o conceito de lealdade, que regula a conduta humana, notadamente na esfera contratual. É leal quem opera com honestidade (*honeste vivere*, primeira definição do direito, insculpida no Digesto) com fidelidade; com espírito de cooperação. Parece conformar-se, esse requisito, com a antiga noção do *bonus pater famílias* que insuflava seus negócios com a probidade.

Em suma, a boa-fé opera, na relação de previdência privada, como uma cláusula geral.[7]

O sucesso de um condomínio social, no qual parceiros se dispõe a respeitar a propriedade, que lhes incumbe defender como coisa comum, da qual esperam proteção futura, com expectativas razoáveis, na qual não pode haver abusos, deslealdades ou vantagens excessivas e incompatíveis com o equilíbrio inerente ao grupo; onde a cooperação entre fornecedor e participante é essencial para o cumprimento dos fins últimos do negócio jurídico depende desse atributo essencial ao coletivo: a boa-fé.

III. A relação previdenciária privada sob a égide do Código de Defesa do Consumidor

Delineados os termos da relação previdenciária privada percebemos, para logo, que nos pólos ativo e passivo sempre estarão presentes, de um lado, o fornecedor e, de outro, o consumidor.

No linguajar típico da Previdência Privada, o fornecedor será, sempre e necessariamente, a entidade privada de previdência.

Conquanto seja da maior relevância para o estudo detalhado da Previdência Privada, a distinção normativa entre os dois tipos de entidades que operam no setor – as entidades fechadas e as entidades abertas – não será objeto das considerações deste estudo.

É que, para os efeitos da aplicabilidade das normas do Código de Defesa do Consumidor, tal distinção não foi considerada relevante pela máxima instância judiciária que apreciou o assunto: o Superior Tribunal de Justiça.

---

[7] NELSON NERY JUNIOR, no *Código Brasileiro de Defesa do Consumidor*, 5ª edição da FORENSE UNIVERSITÁRIA, p. 410/411 explica: "'O Código adotou, implicitamente, a cláusula geral de boa-fé, que deve reputar-se inserida e existente em todas as relações jurídicas de consumo, ainda que não inscrita expressamente no instrumento contratual. O princípio é praticamente universal e consta dos mais importantes sistemas legislativos ocidentais, em leis e normas de proteção do consumidor. É o caso, por exemplo, do § 9º da AGB-Gesetz alemã, já referida; do art. 16 do Decreto-Lei português nº 446/85; do art. 10, 1, c, da lei espanhola de proteção ao consumidor (Ley nº 20/1984, de 19 de julho).*

De fato, ao assentar a jurisprudência que deu causa à polêmica que, pelo menos parcialmente, enfrentamos aqui, o Superior Tribunal de Justiça expediu a **Súmula** n. 321 que assim se acha redigida:

"O Código de Defesa do Consumidor é aplicável à relação jurídica entre a entidade de previdência privada e seus participantes".

Percebe-se, à luz desse julgado, que tanto podem ser considerados fornecedores as entidades abertas quanto as entidades fechadas.

De outra parte, integram a relação de previdência privada os participantes e respectivos beneficiários que, adaptado o termo aos contornos da relação de consumo, são os consumidores.

O objeto jurídico do contrato é o benefício previdenciário privado.

Tal objeto jurídico integra os próprios contornos do serviço de natureza securitária prestado pela entidade de previdência privada.

Com efeito, ao definir os serviços que são objeto da respectiva disciplina jurídica, o Código de Defesa do Consumidor explicita:

> *Art. 3º*
> *§ 2º Serviço é qualquer atividade fornecida no mercado de consumo, mediante remuneração, inclusive as de natureza bancária, financeira, de crédito e securitária, salvo as decorrentes das relações de trabalhista.*

A relação jurídica de previdência privada se ajusta, em todos os seus termos, ao instituto jurídico do contrato de adesão.

Aliás, pode-se dizer que tem cunho doutrinário a definição desse instituto estampada no art. 54 do Código de Defesa do Consumidor, assim grafado:

> *Dos Contratos de Adesão*
> *Art. 54. Contrato de adesão é aquele cujas cláusulas tenham sido aprovadas pela autoridade competente ou estabelecidas unilateralmente pelo fornecedor de produtos ou serviços, sem que o consumidor possa discutir ou modificar substancialmente seu conteúdo.*
> *§ 1º A inserção de cláusula no formulário não desfigura a natureza de adesão do contrato.*
> *§ 2º Nos contratos de adesão admite-se cláusula resolutória, desde que a alternativa, cabendo a escolha ao consumidor, ressalvando-se o disposto no § 2º do artigo anterior.*
> *§ 3º Os contratos de adesão escritos serão redigidos em termos claros e com caracteres ostensivos e legíveis, cujo tamanho da fonte não será inferior ao corpo doze, de modo a facilitar sua compreensão pelo consumidor. (Redação dada pela nº 11.785, de 2008)*
> *§ 4º As cláusulas que implicarem limitação de direito do consumidor deverão ser redigidas com destaque, permitindo sua imediata e fácil compreensão.*
> *§ 5º (Vetado)*

Os contratos de previdência privada terão suas cláusulas submetidas aos organismos estatais – as já referidas PREVIC e SUSEP – e mesmo quando tenham sido resultado do amplo consenso imposto pelas diretrizes da contratualidade e da facultatividade já antes referidas, valem somente nos termos aprovados pela autoridade pública.

A interferência do poder social nesse negócio jurídico, como tenho sustentado em diversos outros escritos, é garante da dúplice característica desse negócio jurídico: o previdenciário e o securitário.[8]

Advirta-se que o contrato de adesão deve ser caracterizado pela transparência, verdadeiro principio informador do clausulado.

Nesse negócio jurídico, a transparência (encravada no caput do art. 4º do Código do Consumidor) é direito subjetivo do participante. Essa característica foi sumariada pelo art. 6º do mesmo Diploma, cujo inciso III delineia os termos em que se dará a transparência: *informação adequada e clara sobre os diferentes produtos e serviços, com especificação correta de quantidade, características, composição, qualidade e preço, bem como sobre os riscos que apresentem*;

A transparência figura, por igual, como exigência legal específica para os planos de benefícios da previdência privada.

Assim dispõe, com efeito, o art. 7º da Lei Complementar n. 109, de 2001:

> *Art. 7º Os planos de benefícios atenderão a padrões mínimos fixados pelo órgão regulador e fiscalizador, com o objetivo de assegurar transparência, solvência, liquidez e equilíbrio econômico-financeiro e atuarial.*

É possível que até mesmo um coletivo de pessoas venha a integrar o contrato de adesão, o que exigirá ainda maior transparência.

Deveras, os chamados planos coletivos:

> *"poderão ter como participantes tanto grupos de pessoas físicas – por isso "coletivos", destinados a uma coletividade de pessoas com determinadas características comuns – vinculadas a determinada pessoa jurídica ou pessoas jurídicas que explorem atividade comercial financeira ou de prestação de serviços, quanto grupo de pessoas físicas vinculadas a entidades representativas de pessoas jurídicas que contratem plano previdenciário coletivo para pessoas físicas filiadas."*[9]

---

[8] Cf. o meu Sistema de Seguridade Social, São Paulo, LTr, 5ª edição, p. 88.
[9] Vide WAGNER BALERA, *Coordenador, Comentários à Lei de Previdência Privada*, Quartier Latin, São Paulo, 2005, p. 171. Dentre os planos coletivos, como os mencionados no texto, destacam-se os denominados "planos instituídos", cuja organização incumbe a entidades de classe. Assim, verbi gratia, a Ordem dos Advogados do Brasil instituiu um plano de previdência privada em favor de advogados que queiram obter essa modalidade de proteção social.

Negócio de risco – atributo essencial de todo e qualquer seguro – o contrato de previdência privada deve estar informado pelos critérios atuariais que permitam a manutenção, em caráter permanente, do respectivo equilíbrio financeiro.

Bem apreendeu essa realidade o seguinte julgado:

> Previdência privada. Plano de benefício. **Contrato de adesão.** Informações ambíguas. Restrição ao beneficiário. Inadmissibilidade. Ementa: *"Contendo a proposta de inscrição em plano de previdência privada, bem como os respectivos carnes de pagamento, informações ambíguas, não pode a empresa negar o pagamento do pecúlio, sob o pretexto de que o atraso em uma das contribuições impossibilita o recebimento do benefício, pois qualquer restrição em contrato de adesão deve ser explicitada de forma clara e destacada, em observância ao art. 54, § 4º, c/c o art. 47 da Lei nº 8.078/90"*. Do acórdão: *"Assim, pois, as dúvidas resultantes de obscuridade e imprecisões em apólices de seguro interpretam-se contra o segurador. Presume-se que ele conheça melhor o assunto e haja tido inúmeras oportunidades práticas de verificar o mal resultante de uma redação, talvez propositadamente feita em termos equívocos, a fim de atrair a clientela, a princípio, e diminuir, depois, as responsabilidades da empresa na ocasião de pagar o sinistro"*. Em Hermenêutica e Aplicação do Direito, Freitas Bastos, 1961, p. 433-444 (citação de Carlos Maximiliano).[10]

É manifesta a hipossuficiência do participante.

De fato, ao contratar um seguro, o participante não está aparelhado, ordinariamente, do cabedal técnico de conhecimento que lhe permitiria discernir, de pronto, todos os termos do arcabouço negocial em que se insere.

Eis a razão pela qual, ao nominar expressamente as relações de consumo, o Código do Consumidor inseriu dentre elas as que tenham natureza securitária, consoante os termos do já transcrito art. 3º, § 2º, da Lei em comento.

Observa ILIDIO DAS NEVES:

> *"...a natureza voluntária dos regimes privados origina fortes condicionamentos, resultantes da incapacidade ou da debilidade dos indivíduos para a previsão dos riscos que os possam afectar e a tomada de decisão quanto à sua cobertura."*[11]

Nesse serviço securitário que presta, e pelo qual é remunerada, a entidade privada há de expor, com claridade, os termos da avença, inclusive explicitando os institutos do carregamento; da carência; da portabilidade; do prazo

---

[10] Tribunal de Alçada de Minas Gerais, 3ª C. Civil, AC nº 183.104-1, j. em 21.12.94, rel. Juiz Ximenes Carneiro, v.u., Revista de Jurisprudência do Tribunal de Alçada de Minas Gerais 56-57/259-261.
[11] ILÍDIO DAS NEVES, *Direito da Segurança Social*, Coimbra Editora, 1996, p. 843.

de diferimento; do regime financeiro e, acima de tudo, do critério de apuração do valor do benefício previdenciário a que o participante (ou seu beneficiário) fará jus a seu tempo.

O ideário do seguro, aliás, constitui uma das características históricas dos modelos de previdência privada brasileira, como bem observou ARTHUR BRAGANÇA ao explicar:

> *"Como a Previdência Privada encontra-se num campo intrínseco à temática dos seguros, o próprio Código Comercial de 1850 constitui marco histórico, ao disciplinar nos arts. 666/684 o seguro garantidor de viagens marítimas (nesse cenário há a abertura de espaço para outros tipos de seguros privados). O Decreto n. 2.679, de 2 de novembro de 1860, tratou do funcionamento das empresas de seguro, sendo complementado pelo Decreto n. 2.711, de 19 de dezembro de 1860. De cunho fiscalizatório sobre entidades seguradoras, é importante citar a Lei n. 294, de 5 de setembro de 1895, que foi regulamentada pelo Decreto n. 2.153, de 1 de novembro de 1895. O Decreto n. 4.270, de 10 de dezembro de 1901, conhecido como "Regulamento Murtinho", regulou em termos gerais os mecanismos de seguros no Brasil. Essas foram em linhas amplas, as bases da criação da Previdência Privada, pois permitiram a solidificação de um alicerce de securitização privada. Realmente, até 1977 não há previsões legais específicas sobre a Previdência Privada no Brasil. A falta de legislação refletia a existência exígua de mercado. Não houve, até 1977, a necessidade do legislador de se preocupar com a regulamentação de um sistema minimamente difundido, e por isso deixou-se pairar sobre o tema a normatização de seguros privados."*[12]

O seguro como que protege, inclusive, a particular hipossuficiência do participante do plano de previdência privada.

Explicando a hipossuficiência, RIZZATO NUNES acentua:

> *"O consumidor é a parte fraca da relação jurídica de consumo. Essa fraqueza, essa fragilidade, é real, concreta, e decorre de dois aspectos: um de ordem técnica e outro de cunho econômico."*[13]

Na perspectiva técnica supõe-se que o próprio Poder Público, por intermédio do órgão regulador e fiscalizador velará para que o contrato não contenha elementos capazes de prejudicar o participante.

---

[12] ARTHUR BRAGANÇA DE VASCONCELLOS WEINTRAUB, *Previdência Privada: atual conjuntura e sua função complementar ao Regime Geral da Previdência Social*. Juarez de Oliveira, 2ª Edição, 2003, páginas 5 e 6.
[13] LUIZ ANTONIORIZZATO NUNES, *Comentários ao Código de Defesa do Consumidor, direito material*. São Paulo: Saraiva, 2000, p. 106.

Em perspectiva econômica, por seu turno, deve ser garantido ao hipossuficiente que possa contar com suporte para, se for o caso, enfrentar os ônus de uma demanda gerada pela relação de consumo.

O ideário estampado no art. 4º do Código – ao delinear os termos em que há de se desenvolver a relação de consumo – define atributos que se ajustam, com precisão, ao negócio previdenciário privado.

Ali se cuida da *dignidade*, supremo valor que norteia todos os direitos humanos, inclusive os direitos sociais, como são os direitos previdenciários.

Ali se cuida, igualmente, da a *segurança*, sinônimo de seguridade – aliás, na pátria do homenageado, o eminente Professor MARIO FROTA, a seguridade social é denominada segurança social – com a caracterizar que, em nosso idioma comum, estamos diante de expressões de igual sentido.

Ali se cuida, por fim, de *melhoria da qualidade de vida*, objetivo último dos planos de previdência privada cujo escopo consiste em proporcionar ao participante estatuto econômico de proteção social equiparável ao que deteve durante o período de sua vida laborativa.

A hoje pacificada jurisprudência a respeito da aplicabilidade do Código de Defesa do Consumidor às relações de previdência privada firmou entendimento no sentido de que a jurisdição competente para apreciar tais negócios jurídicos é a do foro do domicilio do consumidor, beneficiário do plano.[14]

Sem dúvida nenhuma, a problemática dos contratos de previdência privada, enquanto expressões da relação de consumo, é mais um daqueles fenômenos que a sociedade de risco torna cada vez mais freqüentes.

Apreendendo esses negócios jurídicos, CLAUDIA LIMA MARQUES, que os identifica como "contratos cativos de longa duração", dentre os quais cita como

---

[14] CONFLITO NEGATIVO DE COMPETÊNCIA. ENTIDADE DE PREVIDÊNCIA PRIVADA EM LIQUIDAÇÃO EXTRAJUDICIAL. AÇÃO OBJETIVANDO DEVOLUÇÃO DE QUANTIA PAGA E INDENIZAÇÃO POR DANOS MORAIS. LEI FALIMENTAR. INAPLICABILIDADE, NA ESPÉCIE. CÓDIGO DE DEFESA DO CONSUMIDOR. INCIDÊNCIA. FORO DO DOMICÍLIO DO AUTOR.
I – Com a edição da Súmula 321 desta Corte, consolidou-se entendimento segundo o qual "o Código de Defesa do Consumidor é aplicável à relação jurídica entre a entidade de previdência privada e seus participantes".
II – Legítima a opção do beneficiário do plano de previdência privada em litigar no foro do seu domicílio, objetivando a devolução de quantia paga e indenização por danos morais, conforme lhe autoriza o artigo 101, inciso I, do Código de Defesa do Consumidor.
III – Inaplicabilidade, na espécie, do artigo 3º da Lei nº 11.101/05, que trata apenas da competência para a homologação da recuperação extrajudicial, deferimento de recuperação judicial e decreto de falência.
IV – Conflito conhecido, declarando-se a competência do Juízo da Vara Cível de Arapongas-PR. (Conflito de Competência 102960 – SP) Diário da Justiça de 03/08/2009.
No mesmo sentido a decisão proferida no Conflito de Competência 78765 – SP, DJ de 07/04/2008.

exemplo o contrato de previdência privada, explica o escopo da relação de consumo que neles se pode visualizar:

> *"Nestes contratos de trato sucessivo a relação é movida pela busca de uma segurança, pela busca de uma futura prestação, de um status ou de uma determinada qualidade nos serviços, o que reduz o consumidor a uma posição de "cativo"-cliente do fornecedor e de seu grupo de colaboradores ou agentes econômicos. Após anos de convivência, da atuação da publicidade massiva identificando o status de segurado, de cliente ou de conveniado a determinada segurança para o futuro, de determinada qualidade de serviços, após anos de contribuição, após atingir determinada idade e cumprir todos os requisitos exigidos, não interessa mais ao consumidor desvencilhar-se do contrato."*[15]

A causa dos consumidores, que encontra em MARIO FROTA um intimorato advogado, ganhou qualidade e relevância jurídica com a definição, pela jurisprudência sumulada da mais alta Corte de Justiça Ordinária do Brasil, das relações de previdência privada como partes integrantes das relações de consumo.

A Superintendência de Seguros Privados – SUSEP e o Conselho Nacional de Seguros Privados, órgãos que gerenciam o seguro no Brasil, integram o Sistema Financeiro Nacional e foram investidos de grande responsabilidade para levarem avante os planos de proteção previdenciária complementar.

Causa estranheza que, até hoje, não tenha sido alterada a composição do Conselho Nacional de Seguros Privados para que, em atendimento ao disposto no art. 194, parágrafo único, VII, da Constituição, venha a integrar a estrutura do colégio um representante dos consumidores.

Em suma, a causa dos consumidores está apenas encetando algumas das suas batalhas iniciais.

Esperemos que, sob a lúcida liderança de nosso homenageado, seja vitoriosa em todas as trincheiras em que se posicionar.

---

[15] CLÁUDIA LIMA MARQUES, *Contratos no Código de Defesa do Consumidor*, 5ª Ed., RT: São Paulo, 2006, p. 92 e 101.

ÍNDICE

PREFÁCIO
NOMES DOS PROMOTORES

Direitos Individuais Homogêneos: os Requisitos da Prevalência e Superioridade e Dano Moral Coletivo
Ada Pellegrini Grinover
1. Os direitos individuais homogêneos ... 11
2. A regra 23 das Federal Rules ... 12
3. Requisitos específicos da "class action for damages": a "prevalência" das questões comuns e a "superioridade" da tutela coletiva ... 13
4. Alguns exemplos de decisões norte-americanas ... 15
5. Os requisitos da tutela dos interesses individuais homoagêneos no sistema brasileiro: a origem comum e a homogeneidade ... 19 / 20
6. Homogeneidade e prevalência dos interesses comuns. A possibilidade jurídica do pedido e o interesse de agir ... 20
7. Superioridade (rectius, eficácia) da tutela coletiva e interesse de agir ... 21
8. Técnica processual e efetividade do processo: a eficácia e justiça das decisões ... 23
9. Conclusão: aplicabilidade dos requisitos de "prevalência" e "superioridade" (ou eficácia) à ação civil pública reparatória dos danos individualmente sofridos ... 25
10 Direitos individuais homogêneos e dano coletivo ... 26

Comércio Electrónico e Direito do Consumo
Adelaide Menezes Leitão
1. Direito Europeu do Comércio Electrónico ... 31
1.1. Directiva do Comércio Electrónico ... 32

2. Direito nacional do comércio electrónico ... 33
2.1. Direito à informação ... 34
2.2. Publicidade na rede ... 34
2.3. Contratação electrónica ... 35
3. Contratos celebrados à distância ... 37
4. Perspectivas Futuras ... 38
5. Conclusões ... 38

Da Legitimidade nas Acções Colectivas de Consumo
Ângela Frota
1. Generalidades ... 41
2. Do Exercício Transnacional do Direito de Acção ... 43
3. Especificidades da Acção Inibitória ... 44
4. Da Acção Popular ... 45
5. Da Tipologia dos Interesses e Direitos ... 46
6. Direitos Individuais Homogéneos ... 46
7. Interesses Colectivos ... 47
8. Interesses Difusos ... 47

A Tutela do Consumidor de Produtos Financeiros
António Menezes Cordeiro
1. Aspetos gerais do Direito do consumo ... 51
2. O Direito europeu e as leis nacionais ... 53
3. A tutela no setor financeiro ... 56
4. O provedor bancário ... 59

Informação e Publicidade.
Em Especial, a Publicidade de Produtos Financeiros
Cláudia Madaleno
1. Enquadramento ... 61
2. Conceito de publicidade ... 65
3. Relação entre a publicidade enganosa e a concorrência desleal ... 70
4. Regulação da publicidade: a proibição de práticas comerciais desleais no Direito Comunitário e no Direito Interno ... 72
4.1. Casos especiais; subsidiariedade ... 73
4.2. Proibição das práticas comerciais desleais ... 74
4.3. Consumidor médio ... 75
4.4. Proibição em especial das práticas comerciais enganosas e agressivas ... 79
4.5. Decreto-Lei nº 57/2008, de 26 de Março ... 80
5. A publicidade no Direito Interno ... 81

6. Códigos de conduta	83
7. Da publicidade de produtos financeiros em especial	85
7.1. Instituições de crédito e sociedades financeiras	86
7.1.1. Regime geral das Instituições de Crédito e das Sociedades Financeiras e Aviso do Banco de Portugal nº 10/2008, de 22 de Dezembro	86
7.1.2. Actividade de promoção financeira	90
7.1.3. Produtos financeiros em especial	93
7.2. Valores mobiliários	95
7.3. Seguros	97
8. Problema das comunicações não solicitadas	97
9. Conclusão	100

O Direito à Informação do Consumidor na Contratação à Distância
Fernanda Neves Rebelo

Introdução	104
Capítulo I	
Da informação em geral do consumidor	
1. Razão de ordem	110
2. O "movimento consumerista" e a "assimetria informativa"	110
3. Breve nota da evolução do direito à informação do consumidor	113
4. Enquadramento legal dos contratos à distância	118
4.1. O DL 143/2001, de 26/4 – relativo à protecção dos consumidores nos contratos celebrados à distância aplicável à generalidade dos bens e serviços	118
4.2. O DL 95/2006, de 29/5 – relativo à comercialização à distância de serviços financeiros prestados a consumidores (Directiva 2002/65/CE)	120
4.3. O DL 7/2004, de 7/1 – sobre o comércio electrónico	120
4.4. Perspectivas de evolução legislativa: a proposta de Directiva sobre direitos dos consumidores	121
5. Direito à informação/deveres de informação	122
5.1. Conceito e delimitação objectiva e subjectiva	122
5.2. Modalidades dos deveres de informação	124
5.3. Características do dever de informação	126
a) Na Lei de Defesa do Consumidor	126
b) No regime das cláusulas contratuais gerais	127
c) No regime das práticas comerciais desleais	127

Capítulo II
Da informação nos contratos celebrados à distância
1. Preliminares 129
1.1. Critérios de abordagem 129
1.2. Requisitos da informação 130
2. O regime jurídico dos deveres de informação nos contratos à distância 131
2.1. Nos contratos celebrados à distância para a generalidade dos bens
 e serviços – DL 143/2001 (Directiva 97/7/CE) 131
   2.1.1. Utilização de um qualquer meio de comunicação
 (à excepção do telefone ou da Internet) 131
     2.1.1.1. Requisitos da informação na fase da oferta
 ou proposta contratual 131
       a) Conteúdo essencial 131
       b) Requisitos formais 133
       c) Momento da prestação das informações 135
     2.1.1.2. Requisitos dos deveres de informação a prestar
 em sede de execução do contrato 136
       a) Conteúdo essencial das informações 136
       b) Requisitos formais 136
       c) Momento da prestação das informações 138
   2.1.2. Utilização de técnica de comunicação por via telefónica 138
   2.1.3. Utilização de técnica de comunicação por via electrónica 139
     2.1.3.1. Requisitos a observar ao longo de todo *iter* negocial 140
       a) Quanto ao conteúdo das informações 140
       b) Quanto à forma e ao momento da prestação da informação 141
     2.1.3.2. Requisitos exigíveis na fase da oferta contratual 141
       a) Conteúdo essencial 141
       b) Quanto à forma e ao momento da prestação
 da informação 141
     2.1.3.3. Requisitos exigíveis após a recepção de ordem
 de encomenda exclusivamente por via electrónica:
 quanto ao conteúdo, à forma e ao momento
 da prestação da informação 142
2.2. A proposta de Directiva 2008/0196/(COD) sobre direitos
 dos consumidores (em 23.06.2011 com as alterações
 do Parlamento à proposta da Comissão) 142
2.3. Nos contratos de prestação de serviços financeiros à distância
 – DL 95/2006 (Directiva 2002/65/CE) 144
   2.3.1. Utilização de *qualquer meio* de comunicação
 (excepto Internet e telefone) 144

2.3.1.1. Requisitos da informação na fase da oferta ou proposta contratual	145
a) Conteúdo essencial	145
b) Quanto à forma (meio e modo) e ao momento de comunicação das informações	145
2.3.1.2. Requisitos da informação a prestar após a celebração do contrato	146
2.3.2. Comunicações por telefonia vocal	146
2.3.2.1. Requisitos a observar na fase da oferta ou proposta contratual	146
3. Consequências derivadas da violação dos deveres de informação	146
Conclusão	150

A *Alternatividade* dos Meios de Defesa do Consumidor no Caso de Desconformidade da Coisa com o Contrato de Compra e Venda
Fernando de Gravato Morais

§ 1. Introdução	156
§ 2. Noção de desconformidade da coisa com o contrato	157
§ 3. Meios de defesa do consumidor perante o vendedor	158
1. Enquadramento legal	159
2. O problema da alternatividade dos remédios jurídicos	160
2.1. Argumento de texto	160
2.2. Argumento histórico	161
2.3. Argumento sistemático	162
2.4. Argumento racional	164
2.4.1. A denúncia do defeito	164
2.4.2. Princípios basilares determinantes da procura da conformidade	164
2.4.3. O abuso do direito	165
2.4.4. Apreciação dos pressupostos gerais que legitimam o recurso aos quatro remédios jurídicos em especial	166
2.4.5. Regras que conferem privilégio à reposição da conformidade no caso de privação do uso dos bens	167
2.4.6. A protecção do consumidor não justifica uma alternatividade pura	168
3. Resultado da interpretação	168
§ 4. O direito à indemnização	169

495

Da Garantia de Produtos Defeituosos ou Não-Conformes no Brasil e em Portugal
Flávio Citro

1. Introdução	171
2. O defeito é inerente ao risco do empreendimento na produção em massa	172
3. Das garantias e das políticas de pós-venda	174
4. Da garantia de produtos e serviços no Brasil	177
5. Da responsabilidade por vício do produto ou serviço	180
6. Dos defeitos no produto e no serviço	182
7. Da garantia de conformidade da coisa na compra e venda em Portugal	183
7.1. Da partilha de competências entre a União e os Estados-Membros	183
7.2. Da Diretiva 1999/44/CE do Parlamento Europeu e do Conselho, de 25 de Maio de 1999	185
7.3. Da transposição operada pelo DL 84/2008	190
7.4. Dos remédios contra as não-conformidades	192
7.5. Da forma e dos prazos de exercício e gozo dos direitos dos consumidores em razão da não-conformidade	201
8. Do quadro comparativo	204
9. Da conclusão	205

The Common Frame of Reference and the Europeanization of the Private Law
Guido Alpa

1. "European Private Law": definitions	209
2. The frame of the DCFR	210
3. The objections to a "Europeanization" of private law	213
4. The DCFR, the European Charter of Human Rights, the Nice Charter and consumer law	215
5. Fundamental rights, the European Charter of Fundamental Rights and the DCFR	217
6. Consumer rights	219
7. The drafters' choices	222

Problemática de la Ejecución Hipotecaria en el Contexto de la Crisis Financiera
Guillermo Orozco Pardo/José Luis Perez Serrabona González

1. Introducción	227
2. Notas sobre el contrato de préstamo	231
3. Aplicación en el crédito hipotecario	237

4. La ejecución hipotecaria y sus problemas	239
5. Posibles soluciones	248
6. Medidas adoptadas	256
7. Conclusión	257

Les Recours Collectifs: vue d'ensenble,
Modes d'action, résultats, perspectives
Henri Temple

I. Quelques utiles distinctions	260
II. Modes d'actions pour les recours collectifs	264
III. Résultats et perspectives	268

Nótula sobre a Venda à Distância e a Limitação Contratual
da Responsabilidade dos Prestadores de Serviços em Rede
Hugo Ramos Alves

§ 1. Introdução	271
1. A venda à distância e a Internet	271
2. Sequência	274
§ 2. Serviços da Sociedade de Informação	275
§ 3. Os prestadores de serviços em rede	278
§ 4. A limitação de responsabilidade do prestador de serviços em rede	281
1. Razão de ordem	281
2. Regime geral	282
3. Contratos de adesão	285
§ 5. Conclusões	288

Notas Breves Sobre os Mecanismos de Garantia
do Cumprimento no Crédito ao Consumo
Isabel Menéres Campos

1. Considerações prévias	291
2. A relevância das garantias «tradicionais» elencadas no Código Civil para os contratos em estudo	295
3. A fiança	299
4. A utilização de títulos de crédito com a função de garantia	301
5. A reserva de propriedade	302
6. Considerações finais	310

Regard Critique sur L'harmonisation Européenne du Droit de la Consommation
Jean Calais-Auloy

I. Complexité de la législation	312
A. Défaut de clarté	313
B. Manque de cohérence	314
II. Insuffisance de la protection	315
A. Des droits limités	316
B. Des droits difficiles à mettre en œuvre	317
Conclusion	319

A Intervenção Cível do Ministério Público na Defesa dos Consumidores – a Necessidade de Mudança
João Alves — 321

Algumas Reflexões a Propósito do Direito dos Consumidores à Informação
Jorge Pegado Liz

Introdução	336
1. O direito à informação, direito fundamental de cidadania e o direito dos consumidores à informação	336
2. Transparência, obrigação geral da Administração Pública	339
3. Consumidor "médio" versus consumidor "vulnerável"	340
4. Consequências desta aproximação política ao nível da responsabilidade na contratação e no próprio conteúdo contratual	342
5. O consumidor "parte fraca" e a a noção de informação adequada	343
6. Informação, Publicidade e "Marketing"; a Directiva 2005/29/CE	345
7. Informação no âmbito dos contratos; a proposta de directiva "Direitos dos Consumidores"	347
8. A informação pré-contratual	348
9. A informação contratual e pós-contratual	350
10. Deveres de Assistência e Aconselhamento	350
11. Vícios e consequências da falta de informação	351
12. Informação dos consumidores e realização do Mercado Interno	352
Conclusões	352

Os paradigmas da Acção Executiva na Europa
José Lebre de Freitas

1. O acesso à execução	355
2. O tronco comum do processo executivo	356
3. Do grau de intervenção do juiz e do tribunal	358
4. Da extensão do título executivo	360

5. Dos credores perante a execução	362
6. Das formas da execução	364
7. Da forma da penhora e da venda	365
8. Da descoberta dos bens do devedor	365
9. Regulamentos comunitários	367

As Práticas Comerciais Desleais nas Relações de Consumo
Luís Manuel Teles de Menezes Leitão

1. Generalidades	369
2. A proibição genérica das práticas comerciais desleais nas relações de consumo	371
2.1. Generalidades	371
2.2. Prática comercial	371
2.3. Desconformidade da prática à diligência profissional	371
2.4. Efeito ou susceptibilidade de distorcer de maneira substancial o comportamento económico do consumidor seu destinatário ou de afectar este relativamente a certo bem ou serviço	372
3. Proibições específicas de certas práticas comerciais desleais	373
3.1. Generalidades	373
3.2. As práticas dirigidas a consumidores particularmente vulneráveis	373
3.3. Práticas comerciais enganosas e práticas comerciais agressivas	374
3.3.1. Generalidades	374
3.3.2. Práticas comerciais enganosas	374
3.3.2.1. Acções enganosas	374
3.3.2.2. Omissões enganosas	375
3.3.2.3. Práticas comerciais enganosas em qualquer circunstância	376
A) Falsas declarações em relação à existência de regulação ou de certificação	376
B) Falsas declarações relativas à disponibilidade dos produtos ou serviços	376
C) Comparações falsas ou enganosas com outros produtos	377
D) Declarações falsas ou enganosas em relação à assistência pós-venda	377
E) Indução do consumidor em erro em relação às condições jurídicas do negócio	378
F) Indução do consumidor em erro quanto à independência de conteúdos editoriais relativos ao produto	378
G) Indução do consumidor em erro em relação ao custo dos produtos ou quanto à existência de vantagens económicas na sua aquisição	378

       H) Levar o consumidor à aquisição dos produtos com base no medo, ignorância ou superstição ... 379
3.3.3. Práticas comerciais agressivas ... 379
3.3.3.1. Definição ... 379
3.3.3.2. Práticas comerciais agressivas em qualquer circunstância ... 380
       A) Criar a impressão de que o consumidor não pode deixar o estabelecimento, sem que antes tenha sido celebrado um contrato ... 380
       B) Realização de visitas insistentes ao domicílio do consumidor ... 380
       C) Utilização dos meios de comunicação à distância para realização de contactos insistentes com o consumidor ... 381
       D) Ausência de resposta ou utilização de expedientes dilatórios para recusar o cumprimento de contratos de seguro ... 381
       E) Inclusão em anúncio publicitário de uma exortação a crianças para comprarem ou convencerem os pais ou outros adultos a adquirirem os bens ou serviços comercializados ... 382
       F) Exigência do pagamento ou devolução de bens ou serviços não solicitados ... 382
       G) Informação ao consumidor de que a recusa de aquisição do bem ou serviço põe em perigo o emprego ou a subsistência do profissional ... 383
       H) Transmitir a falsa impressão de que o consumidor ganhou ou pode ganhar um prémio ou uma vantagem inexistentes ou geradoras de custos ... 383
4. Meios de reacção às práticas comerciais desleais ... 384
4.1. Generalidades ... 384
4.2. A qualificação das práticas comerciais desleais como contra-ordenação ... 384
4.3. A invalidade dos contratos ... 385
4.4. A responsabilidade civil pelos prejuízos causados ao consumidor ... 385
4.5. A acção inibitória ... 386

Sobre Viagens Organizadas e "Férias Estragadas". Breves Notas
Manuel Januário da Costa Gomes
1. Introdução ... 387
1.1. O dealbar das viagens organizadas ... 387
1.2. A Directiva 90/314/CEE ... 389

1.3. O regime interno português sobre viagens organizadas	392
1.4. Noção de viagens organizadas	393
1.5. A importância do programa de viagem	395
1.6. A celebração do contrato de viagem organizada	396
2. O artigo 5 da Directiva 90/134/CEE e o Acórdão *Leitner*	398
3. A indemnização pelo dano autónomo "férias estragadas"	400
4. Os titulares do direito a indemnização	402
5. A responsabilidade objectiva da agência de viagens	403
6. A responsabilidade solidária da agência vendedora com a agência organizadora	405

O Direito do Consumidor ao Cumprimento Antecipado nos Contratos de Concessão de Crédito
Paulo Duarte

1. A solução normativa adoptada no art. 19º do Decreto-Lei nº 133/2009, de 02 de Junho, que estabelece o Regime dos Contratos de Concessão de Crédito ao Consumidor (RCCC)	410
2. Antecedentes normativos do art. 19º do RCCC	411
2.1. O art. 9º do Decreto-Lei nº 359/91, de 21 de Setembro	411
2.2. O Anteprojecto do Código do Consumidor	411
2.3. A Directiva nº 2008/48/CE, do Parlamento e do Conselho, de 23 de Abril	412
2.3.1. O procedimento de aprovação da Directiva	412
2.3.2. A relação normativa entre a DCC e o direito interno dos Estados-Membros	413
2.3.3. Directiva de *harmonização plena*? Ou apenas de *harmonização parcial* e *relativa*?	416
3. O âmbito de aplicação do art. 19º do RCCC	417
3.1. Os tipos e figuras contratuais abrangidos	417
4. Modalidades: cumprimento total e cumprimento parcial	425
5. A relação entre a solução do art. 19º do RCCC e as regras gerais sobre a determinação do beneficiário do prazo de cumprimento das obrigações	426
6. Conteúdo e estrutura	427
7. Modo de operar	427
8. Efeitos da antecipação do cumprimento	428
8.1. Extinção da obrigação de capital	428
8.2. Extinção do direito do credor aos juros e encargos referentes ao período da antecipação	429
8.2.1. Fundamento da solução legal: apenas a exigência	

de protecção do consumidor ou também a manifestação de estruturas mais profundas?	430
8.3. O direito do credor à "compensação dos custos directamente relacionados" com o cumprimento antecipado	433
8.3.1. Pressupostos	433
8.3.2. Conteúdo	435
8.3.3. Limites	436

O Consumidor-Viajante e as Regras do Consumo Turístico: Uma Clara Visão do Mundo ou um Mero Olhar no Espelho de Casa?
Rafael Augusto de Moura Paiva

1. Plantamos boas sementes para bons frutos colher	439
2. No *balanço* da rede	440
3. Do sonho ao pesadelo	442
4. O turista e o jurista	446
5. Temos "bagagem"	450
6. Turismo dos direitos do turista?	456
7. O "Salto"	459
8. Viajar é preciso...	461

Os Direitos dos Consumidores à Luz da Constituição e da Lei
Vinício A. P. Ribeiro

463

A Previdência Privada e a Causa dos Consumidores
Wagner Balera

I. Introdução	475
II. Do regime jurídico da Previdência Privada no Brasil	475
III. A relação previdenciária privada sob a égide do Código de Defesa do Consumidor	483

Índice 491